Un jour je serai Roi

DU MÊME AUTEUR

Le Boîtier rouge, Denoël.
Le Mille-pattes, Denoël.
Rendez-vous chez Scylla, Flammarion.
Les Voleurs d'ouragan, Flammarion.
Petits arrangements avec les femmes de ma vie, La Martinière.
Un homme de liberté, Flammarion.
Le Secret de Champollion, Flammarion. J'ai Lu, n° 7922.
L'Insoumise du Roi-Soleil, Flammarion. J'ai Lu, n° 8289.
La Prophétie de Golgotha, Flammarion. J'ai Lu, n° 9032.
1630, La Vengeance de Richelieu, Flammarion. J'ai Lu, n° 9199.
1658, l'Éclipse du Roi-Soleil, Flammarion. J'ai Lu, n° 9493.

Jean-Michel Riou

Le Palais de toutes les promesses

Un jour je serai Roi

(1638-1664)

Flammarion

ISBN : 978-2-0812-4090-2

Au Douzième,

Plein des espérances dont on l'avait enivré,
il partit pour Versailles et n'y fut regardé de personne.

Jean Le Rond d'Alembert (1717-1783).
Mathématicien et philosophe des Lumières.

Prologue

Le Palais de toutes les promesses

En juin 1693, le vent du nord rugissait tant sur Paris que l'on vit les femmes des faubourgs sortir leurs vêtements d'automne, et personne n'aurait su dire de quel mois surgissait ce ciel d'apocalypse. Au cours de cette année, aucune saison n'allait idéalement, délivrant la douceur puis la rudesse et toujours excessivement sans que rien ne domine ou ne dure. Ainsi, le 2 juillet, tout changea brusquement : à la tombée du jour, une tempête brûlante, saturée de sable sang et or, s'engouffra dans le couloir de la Seine recouverte jusque-là d'une bruine aux allures de Toussaint. Ce vent-ci appelé sirocco était chaud. L'été vint donc d'un coup, soudainement, flamboyant. Un assaut sans nuance, déchirant peu à peu, ça et là, le voile de nuages, libérant pour finir un ciel d'azur aux rayons si ardents qu'à midi l'esprit capricieux du Parisien quémandait la fraîcheur qu'il détestait la veille.

L'époque du Roi-Soleil avait déjà connu des phénomènes pareillement extravagants. En hiver, le vin gelait ; au moment de la débâcle, les fleuves s'arrachaient de leur lit, charriant dans un chaos abyssal, poissons, arbres, ragondins et toutes sortes de bêtes méconnaissables sorties de l'enfer, boursouflées par la mort, et, à Versailles, la Cour grelottait. Certains printemps, l'orge pourrissait sur pied, le pain se faisait rare. Sans raison, l'été enfantait l'hiver. L'équilibre de la nature se rompait-il ? Dieu punissait-il Ses enfants ? Ce désordre était tel et durait depuis si longtemps que la terre de certaines régions du royaume de France renonçait à livrer sa manne. Des voyageurs racontaient que, dans les vallées des Alpes, la neige tenait bon en été, qu'il n'y avait rien à manger pour les hommes et les animaux, que la glace ne voulait pas fondre, qu'on mourait de faim, et qu'eux-mêmes, ces êtres fiers devenus vagabonds, avaient déserté leur village, errant depuis, sébile en main, quémandant chaque matin de misère l'obole d'une vie désormais maudite. Mais en janvier de cette année-là, 1693, dans le pays du grand roi Louis XIV, c'était pire encore. Il faisait si froid, le sol était si dur, que l'on renonça à enterrer les morts[1].

Le laboureur Judicaël Goulwen[2] et son épouse Soizick étaient de ceux que le malheur avait frappé cruellement. Ils avaient perdu leurs trois fils au cours de cet hiver. Audren, l'aîné, n'avait que dix ans. Rien de bon ne pouvant jamais plus se produire sur leurs terres de Benac'h[3], ils fuirent les lieux dès le premier jour de l'été, poussés par la faim, tournant le dos à l'océan, à l'Ouest, aux racines des Anciens. Un moine du monastère voisin de Loc-Maria leur avait parlé de Versailles où l'on cherchait continûment des bras pour construire et agrandir le château fabuleux de Louis XIV, le Roi-Soleil. Et l'épithète d'un tel monarque n'était-elle pas plus prometteuse que tout l'or de l'Eldorado, ce monde d'aventures dont les marins échoués de Beg Meil à Locquirec parlaient d'un air entendu, en claquant du gosier et en faisant briller leurs yeux ?

*

Ils entrèrent à Paris ce 2 juillet, alors que le ciel s'éclaircissait et que l'été se montrait. Ils ne prirent pas le temps de découvrir la ville. Cela viendrait plus tard, se disaient-ils, et ils étaient pressés d'atteindre leur destination finale. Judicaël et Soizick Goulwen

1. En France, au cours des hivers 1693 et 1694, le froid fit mourir deux millions de personnes.

2. Le lecteur trouvera à la fin du livre une présentation des principaux personnages du roman.

3. Belle-Isle-en-Terre en breton.

prirent donc aussitôt la route du *Palais de toutes les promesses.* Sur le chemin des Chantiers[1] qui menait à Versailles, des dizaines de chariots chargés à ras bord attendaient de livrer leur cargaison. C'était un cortège criard et bigarré, une file immense de travailleurs où se mêlaient et se frottaient les hommes et leurs animaux, tous meuglant et vociférant, piétinant et soulevant le sol poussiéreux et desséché par le coup de chaud de juillet. On houspillait ses voisins, l'humeur était orageuse, on poussait les bêtes sur le côté pour ne pas être écrasé, on suait autant qu'elles. Terrassiers, paveurs, maçons, scieurs, couvreurs, éteigneurs de chaux, barbouilleurs, charpentiers... Ils arboraient à l'épaule des piques, d'autres des masses et des haches, quelques-uns transportaient leur attirail dans des brouettes. Judicaël y vit une armée partant en campagne, prête à en découdre, impatiente de se coltiner au colosse de pierre, de marbre et d'or dont il apercevait enfin la démesure par-dessus la masse solide et bouillante. Le château était presque là, si près qu'il semblait possible de le toucher en tendant le bras, mais, ce premier jour, les Goulwen n'osèrent s'aventurer au-delà de la place d'Armes, même s'ils mouraient d'envie de se frotter à cette nouvelle contrée.

En revenant sur leurs pas, sur le chemin des Chantiers, ils trouvèrent la rue Ménard et, dans un angle droit, une auberge plutôt borgne cernée d'écuries, de baraques vétustes, d'enclos où poussaient quelques plants rabougris. Son enseigne indiquait *Auberge de l'Ours* ; c'était un de ces établissements que l'on appelait communément « hôtels de Limoges » car le gros de ceux qui y logeaient provenait du Limousin. Une mégère somme toute accorte proposa une chambre tapissée, à deux lits, pour le prix de vingt sols. Judicaël accepta le tarif en précisant un peu naïvement qu'il se séparait de ses derniers sous. La femme y vit une saine franchise et décida

1. Aujourd'hui rue des Chantiers, ce chemin emprunté pendant la construction de Versailles par les milliers d'hommes qui s'y rendaient débouche sur l'actuelle avenue de Paris qui, elle-même, aboutit sur la place d'Armes du château.

de récompenser la droiture du jeune Breton en offrant le souper, sans supplément de prix. Elle fit mieux encore en l'informant que la solide entreprise de maçonnerie Pontgallet cherchait des bras de courageux. La bonne tête de Judicaël lui plaisait. À son épouse, elle offrit de devenir lavandière et, si elle n'avait pas assez pour l'occuper, il restait la cuisine, les repas, le poulailler. Au premier soir, ils étaient donc logés, nourris, et même accueillis tels des égaux par les hommes qui rentraient du chantier.

Cette nuit, après le souper, et malgré la fatigue, tous se posèrent dehors, devant *L'Auberge de l'Ours*, et s'intéressèrent au nouveau manœuvre qui dut se présenter. Le Breton Judicaël raccourcit sa vie qui d'ailleurs se résumait à peu. Il voulait surtout qu'on lui raconte le pays où il émigrait. Un vieux, plus ridé qu'une pomme ayant passé l'hiver à la cave et qui se faisait appeler Vautron, vint à ses côtés et s'assit péniblement, maudissant son dos perclus de douleurs, accusant les tombereaux de gravats et de déblais qu'il avait charriés depuis quarante ans. C'était un tailleur de pierre, parvenu ici en 1653 et, selon lui, l'histoire des lieux se révélait encore plus longue que sa vie de forçat. Elle remontait à l'an 1623, quand le roi Louis XIII avait fait bâtir un petit relais de chasse sur un promontoire entouré de marécages car, au commencement, racontait-il, il n'y avait qu'un moulin éreinté par les mauvais vents et un bourg hanté par quelques dizaines d'âmes[1].

Goulwen n'y croyait pas. En arrivant, il avait vu une ville animée et bruyante et il lui semblait impossible que tant d'immenses changements aient pu se produire.

— Crois-moi, grimaça Vautron. Des milliers et des milliers d'hommes comme moi ont réalisé le miracle que tu découvriras demain, à l'aube. Mais pour le comprendre, il te faudrait connaître la légende de ceux qui ont fait Versailles…

Le vieux Vautron se cala contre un mur :

1. Le nom de Versailles proviendrait de *verses saillantes*, indiquant la présence de marécages et de rus propices au développement du gibier – et donc excellent écrin pour la chasse.

— Te sens-tu d'attaque pour entendre ce qui n'est qu'un début ?

Judicaël oublia la fatigue de son voyage.

— Je dois d'abord te présenter Toussaint Delaforge, murmura Vautron après y avoir réfléchi. L'homme qui se promit un jour d'être roi…

Il ferma les yeux.

— Écoute ce qui suit.

Cette nuit-là et les suivantes, Judicaël Goulwen dormit peu.

Première Partie

1638

Roi ou misérable

Chapitre 1

Ce jour de septembre 1638, le 5 précisément, Paris sombre sous des trombes d'eau glaciale et si ininterrompues qu'on viendrait à douter de l'existence du soleil. Se cache-t-il sous la nappe épaisse de nuages ? Peut-être s'est-il éteint ? Même les mécréants commencent à croire à une punition divine, tant ce maudit déluge s'acharne et dure depuis longtemps. Les esprits solides se résignent et composent avec l'idée de vivre, une bougie en main, moitié dans le gris, moitié dans le noir, et tous s'étonnent ce matin encore de ne pas trop savoir à quelle heure rattacher un ciel impénétrable. On perd le goût de sourire. On bougonne. On renâcle à sortir pour biner la pâte glaireuse des terres gorgées d'eau et de sales humeurs des potagers de la rive droite de la Seine. Depuis que la ville grandit, ces petits jardins privés, ces carrés d'Éden où le pauvre s'échine à faire pousser quelques racines cèdent peu à peu la place aux constructions en pierre, plus solides que les maisons d'autrefois, des masures bâties à la va-vite, sans l'aide d'un maçon, dans un mortier de boue qui gobe l'humidité de l'air, pourrit tout. En ce matin d'automne lugubre, Paris se calfeutre, vit vaille que vaille. Les mères interdisent aux marmots de sortir de peur d'attraper froid – de tenter la mort. Les mieux lotis louchent sur le bois de chauffe auquel il ne faut pas toucher, avant la Toussaint, peut-être jusqu'à l'Avent, si on veut tenir l'hiver. Pourquoi se risquer dehors, grelotter à cause de ces vêtements humides et moisis qui refusent de sécher ?

Ce monde est immobile, comme suspendu, et c'est peut-être aussi parce qu'aujourd'hui nobles et roturiers attendent un miracle : la naissance de l'héritier de la Couronne. Si elle se produisait, ce serait comme un éclair. Un éclat. Un rayon de soleil.

*

Depuis des mois, la France de Louis XIII semble figée, tel le royaume des contes enfantins envoûté par un sort. De fait, ses sujets patientent, et qu'il pleuve ou qu'il gèle, il en sera ainsi tant que canons et cloches n'auront pas annoncé qu'un fils, un Bourbon, est né. Il le faut pour mettre fin à la malédiction qui, depuis vingt-trois ans, tourne autour du couple royal. Ce serait aussi le moyen d'étouffer les esprits frondeurs qui intriguent[1], calculent, car le pouvoir se marie mal avec l'indécision et le vide. Le présent a besoin d'un nom pour l'avenir, d'une tête à couronner demain, quand ce roi-ci sera mort. Mais Louis XIII ne s'emploie guère à faire taire les agiotages. Qu'un ange, mieux, que Dieu Lui-même souffle à cet homme de se glisser dans le lit de sa femme ! Qu'il délaisse ses mignons, qu'il oublie le modeste relais de chasse qu'il vient de faire construire à Versailles, un lieu encerclé de marais putrides que ce prince secret dit préférer aux forfanteries du Louvre ! Qu'il se rende auprès d'Anne d'Autriche, une épouse qui se languit dans la résidence royale de Saint-Germain-en-Laye !

Vaines prières. Le roi la fuit, s'en méfie, l'accuse de comploter contre lui, de soutenir son frère espagnol, Philippe IV, l'ennemi de la France. Quand, le 5 décembre 1637 – voilà donc exactement neuf mois –, par une nuit aussi glaciale que celle qui s'achève, ce seigneur qu'on surnomme le Juste, forcé par les intempéries, se détourne du chemin le menant à Saint-Maur et se rend au Louvre

1. Le fait que Louis XIII n'ait toujours pas d'héritier pousse son frère, l'ambitieux Gaston d'Orléans, à s'imaginer en roi. Ce ne sont que cabales et trahisons, tournées contre la Couronne ou Richelieu. Voir *1630, La Vengeance de Richelieu*, même auteur.

pour y dormir auprès de la reine. Quelques heures ont suffi pour mettre fin aux questions. Un enfant va naître. Un don de Dieu, porté par la ferveur et des milliers de suppliques tournées vers ce seul vœu : un fils pour la France. Un roi pour assurer le futur. Un roi que l'on appellerait forcément Dieudonné.

*

Naître est peut-être le plus facile. La mère est grosse, ronde à souhait, nourrie de lait, de fruits et de légumes. Placée au repos, Anne garde la chambre, entourée de dames de compagnie isolées de la Cour et des inquiétantes exhalaisons de ce monde. La peste menace. Dès la première contraction, la reine disposera d'une kyrielle de matrones pétries d'expérience et d'attention, de dames d'atour roucoulant en espagnol, sa langue maternelle, de barbiers aux mains agiles, prêts à panser, de savants médecins pour délivrer leurs opinions sur la vertu, la forme, la texture des chairs que la mère délivrera après la naissance. Dès que l'enfant chéri apparaîtra, tous dévoués, ils joueront un rôle capital, répété en silence. Depuis des semaines, ils campent, sur le qui-vive, comptent les jours, dorment d'un œil dans l'antichambre de la reine, prompts à bondir au premier soupir. Les linges, cent fois lavés, sont pliés, les rôles répartis, ordonnés. Les gestes aident à conjurer le temps, et l'on chuchote, marche à pas doux par crainte d'attirer l'attention du diable. Superstitions ? Ce serait oublier que par le passé la reine fut enceinte, mais qu'une mauvaise chute dans les couloirs sombres du Louvre entraîna une fausse couche.

Le miracle semble si ténu que, depuis quelques mois, Louis XIII a placé son royaume sous la protection de la très Sainte et Glorieuse Vierge Marie. Le vénérable Olier, fondateur de Saint-Sulpice, use de la haire[1] et du fouet qu'il se donne pour obtenir les faveurs des cieux. Le jésuite Nicolas Caussin entend chaque

1. Chemise de crin portée à même la peau. Instrument de mortification et de pénitence chez le dévot.

jour Louis XIII en confession, et tous s'accrochent à la prophétie de Jeanne de Matel, fondatrice de l'Institut du Verbe Incarné, qui annonce la naissance d'un fils. À tout cela s'ajoute la vision d'une jeune carmélite, Marguerite du Saint-Sacrement, ayant reçu de Jésus l'ordre de prier et, qu'ainsi, la reine accoucherait d'un Dauphin. Est-ce possible, est-ce vrai ? Le 15 décembre 1635, Marguerite a affirmé que la reine était grosse. Elle le *sait*. Pourtant, l'enfant vient seulement d'être conçu. Tant de signes accumulés attisent les plus grands espoirs et augmentent la foi du peuple chrétien. Sur ordre des sévères abbesses, les jeunes filles entrées récemment au couvent coupent leurs belles chevelures, offrande au Tout-Puissant, et psalmodient de l'aube jusqu'aux vêpres, suppliant Marie, mère de toutes les mères, de veiller sur celui qui va naître comme elle le fit sur le fils unique du royaume des cieux.

Ces incantations, même les plus sincères, suffiront-elles pour que l'enfant vive, qu'il soit fort, résiste aux sournoiseries de la nature ? Sa santé sera-t-elle aussi fragile que celle de son royal père ? Ce dernier souffre des entrailles, et ce, de mal en pis, se tord de douleurs, se vide d'un sang noir, épais, qui laisse indécis son médecin, Charles Bouvard[1]. Devant tant de mystère, on multiplie les saignées, pas moins de douze cette année. On y ajoute les purges et les lavements, parfois deux fois le jour. Rien n'y fait, sans qu'il soit possible de savoir si le remède n'est pas cause du mal. Ou l'aggrave. Il faudrait un fils. Bientôt, il sera trop tard et Marie, Mère de Dieu, manne des hommes, source de fécondité et d'amour, est encore appelée. Un enfant, oui. Mais sera-ce un fils ? Aujourd'hui, peut-être, on le saura enfin. Sinon, il faudra encore attendre sous cette pluie battante qui apporte le froid et semble précéder la mort.

Même les intrigants, au premier rang desquels figure Marie de Rohan, duchesse de Chevreuse, connue pour détester le roi, accusée d'être responsable de cette maudite chute qui mit fin en son

1. Ou Bouvart.

temps à la grossesse de la reine, se signent, s'agenouillent, implorent, comme ce roi pieux, Louis XIII, qui a composé son propre livre de prières. Un enfant, enfin. Un fils, par pitié. Du plus humble au plus grand, les Parisiens font de même, retenant leur souffle, conspuant ce mauvais temps, écho des pires prédictions. Ce matin encore, les commerçants ouvriront tard, les marchands ambulants, bouchers, fripiers, vanniers, rempailleurs, feront peu entendre leurs boniments bien qu'il s'agisse d'un dimanche, jour de grâce et de repos qui pousse d'habitude les paroissiens à sortir de chez eux, à se joindre à la messe afin d'adorer le Seigneur tandis que les moins fervents adressent des œillades amoureuses aux jeunes paroissiennes. Mais, aujourd'hui, le cœur ne songe pas à la gaudriole. On se rendra à l'église, implorant, suppliant, dans l'espoir que vienne ce fils de roi qui se fait tant désirer. L'humeur est détestable comme cet air corrompu et pourri qui décourage les âmes, tue le bétail, gâte les récoltes, ruine davantage l'indigent. Le chaland compte ses sous, le commerce bat de l'aile, les prix montent, le pain d'hier était gorgé d'eau, infesté de blattes, les commères n'en veulent pas et filent, sans même clabauder, le cabas vide. D'ailleurs, il est trop tôt pour qu'une honnête femme montre le bout du nez. Sept heures. La journée sera longue, l'attente pénible. La ville semble déserte. Entre chien et loup. Comme abandonnée.

*

L'église de la Visitation Sainte-Marie sonne l'angélus, courte répétition avant d'appeler les fidèles au rite dominical, mais l'éclat de sa cloche neuve se perd dans la brume, et ce passant qu'on aperçoit enfin dans la rue de la Tonnellerie se sent seul. Dans ce coupe-gorge étroit du quartier du Marais, situé non loin de la rue Saint-Antoine qui mène à l'abbaye du même nom, il marche, yeux baissés, cherchant péniblement sa voie parmi les immondices qui flottent dans ce passage – un égout à ciel ouvert.

Sa botte repousse la dépouille d'un rat mort trempant dans la boue, le ventre gonflé comme une barrique.

— Ta peste, je n'en veux pas, dit-il, s'apprêtant à cracher dessus pour conjurer le sort.

Mais sa manœuvre en reste là. Un hurlement strident, dont il ne saurait dire de quoi il retourne et d'où il arrive, le fait sursauter de peur.

Devant ! Maintenant sur le côté... Voilà que ça recommence. Il tend l'oreille, flaire d'où vient le danger. Le cri se rapproche. Ici ! Il jaillit du soupirail d'une cave d'où monte l'odeur pestilentielle de la pourriture.

— Mordiou, grogne-t-il en secouant ses cheveux trempés par la pluie. Bougre de gueulard...

Ce ne sont que les braillements d'un nouveau-né. Une vie de plus dans le monde des misérables.

Ce petit-là deviendra, à coup sûr, voleur, coupe-jarret, esclave des turpitudes d'un chef de bande de la cour des Miracles. Vivra-t-il seulement ? Un sur deux, nés ce jour, roi ou misérable, mourra avant d'avoir goûté à la manne sucrée du sein d'une mère – et avant même que l'angélus de midi déchire à nouveau le brouillard épais, noyé d'une pluie redoublant de force. On accusera l'indigence, le malheur des hommes, la punition du Tout-Puissant et, pour cette femme qui vient d'enfanter, le péché.

Pour se terrer ici, elle doit être de mauvaises mœurs.

*

L'endroit est infect, maudit, connu pour accueillir les âmes sataniques, adoratrices du poison et des messes noires. Notre homme fait tout pour oublier les lieux, le soufre qui s'en dégage. Espérant briser l'effroi qui le tenaille, il se signe encore, supplie Dieu d'écarter le diable rôdeur. À présent, sa main serre la bourse épaisse qu'il porte à la taille, dissimulée sous le manteau. Quel idiot ! Emporter dix livres qui sonnent et tintinnabulent plus fort que ses bottes quand il n'avait besoin de rien ! Le chant des pièces suffit pour attirer le coupe-jarret, un loup à l'affût de tout. Et on le retrouvera égorgé. Un coup d'œil sur ses arrières, il redresse le col de son manteau par lequel s'infiltre le torrent du ciel, piquant et glacial. Il vient d'oublier la fille et son chiard. Il s'en moque.

Nicolas Pontgallet, un maçon de Paris, file vers la rue Saint-Antoine. Cent pas le séparent de l'abbaye où il se rend afin d'entendre la messe et, surtout, observer la nef gothique de l'église qui réclame des travaux. Mais cent pas, c'est beaucoup. Un cri, encore. Maudit gnasse. Il gueule toujours. Un instant, Nicolas Pontgallet décide qu'à choisir, si l'enfer veut son quota quotidien de morts, il vaut mieux qu'il se serve ici plutôt qu'à Saint-Germain où la reine... Mesurant aussitôt qu'il risque de déplaire au Créateur, Père des innocents, il chasse ses pensées pécheresses pour se concentrer sur le rendez-vous où il se rend.

*

Pontgallet ayant pris soin de se faire annoncer, l'abbesse qui règne sur l'abbaye, *la Dame du Faubourg*, ainsi qu'on la surnomme, le recevra personnellement avant l'office de huit heures. À moins que d'aventure, a-t-elle prévenu, si par bonheur, ou par malheur... La reine, l'enfant... Mais cette nuit, rien de bon ou de mauvais n'est parvenu de Saint-Germain-en-Laye. Ce maçon de vingt-huit ans est un des compagnons qui érigea sous les ordres de l'architecte Philibert Le Roy le *petit château de cartes*[1] de Versailles voulu par Louis XIII en remplacement de son relais de chasse. L'œuvre, bien que modeste, achevée en 1634, lui a conféré renommée et prestige. Depuis, les commandes affluent et si l'abbesse est satisfaite de son projet, elle lui offrira une collation après la messe à laquelle il se rend pour faire *bonne figure*. Le dimanche, on mange gras à l'abbaye, se souvient-il. Avec de la chance, si les nouvelles sont bonnes, on lui servira ce cochon élevé en ces lieux. La chair est fameuse, tendre à souhait car ces porcs-ci,

1. Expression péjorative employée par Louis de Rouvroy, duc de Saint-Simon, pour désigner ce château très modeste et peu royal – du moins à ses débuts.

fort bien nourris, vaquent librement dans les rues voisines, faisant tinter la clochette accrochée à leur cou dodu et que tous connaissent car elle est ornée d'une croix. Les croyances font le reste. L'animal est quasi sacré. On le gave, on lui offre les restes de la misère commune en échange d'un vœu, d'une brève prière. Cochons gras de Saint-Antoine, veillez sur nous ! Et sur la Couronne. Pas un brigand, par peur de plaire au Malin, ne songerait à égorger la pitance de l'abbaye. Mais, dans ce passage plus noir que les abysses, tout reste possible.

*

Le maçon s'éloigne, et si son ventre gargouille, ce n'est plus à cause de la peur. L'image d'un beau cochon de lait trotte dans sa tête. Serrant des plans sous son manteau pour éviter qu'ils soient trempés, il sortira bientôt de la rue de la Tonnellerie. Un carrosse déboulant de la rue voisine étouffe les braillements de l'enfant, mais il l'entend encore. Il est vivant, il a faim.

Qu'attend donc sa mère pour lui donner le sein ? s'étonne Pontgallet, avant de les oublier, elle et le petit. Aujourd'hui, seul compte l'enfant que la reine doit mettre au monde.

Chapitre 2

CRÉNOM ! ACCROCHE-TOI, ma fille...

Dans la cave que vient de dépasser le maçon Pontgallet, il y a deux femmes, si dissemblables, si opposées que leur réunion sonne contre nature.

L'une est sans âge, marquée, plus que vieille. Elle porte les stigmates d'une vie fabriquée à coups d'indignités, de nuits noires et blanches, de débauches, d'abandons. Chez elle, le sordide domine. Le visage gravé de rides tortueuses raconte ce temps englouti dans les excès de la chair, l'offrande vénale aux hommes de passage pour un rien, une chopine de vin, pour le plaisir, parfois. Elle paraît encore solide, ses avant-bras sont noueux, ses mains puissantes. Qui était-elle avant que sa bouche s'édente, ses yeux s'injectent de sang, sa chevelure se grise, se raidisse, s'effiloche ? Qui habitait ce corps avant qu'il ne devienne repoussant, même pour le plus affamé des soudards ? Cette sorcière ressemblait-elle à la jeune fille qu'elle secoue sans le moindre égard, houspille maintenant, celle qui vient d'accoucher et que l'on devine, à l'inverse, délicate, innocente, fragile au point de défaillir ?

La vieille grimace hideusement :

— Ne t'endors pas ! L'enfant a besoin de toi.

C'est dit froidement. C'est un ordre.

Mais la faible femme ferme les yeux. Plus encore que son âge (a-t-elle seize ans ?), sa pureté et son innocence attendriraient le cœur le mieux barricadé, même celui de Pontgallet, si ce dernier avait eu la crânerie de regarder par le soupirail. L'étonnement lui serait venu. Tant de grâce et de beauté dans ces lieux misérables l'auraient forcé à s'interroger. À quel monde appartient-elle ? En oubliant la cave et les braillements de la laideronne, on l'imagine honnête roturière, pauvre mais intègre. Sa mine est défaite, sa peau crayeuse tranche avec le gris du sale drap de la couche dans lequel elle se trouve allongée, épuisée. Elle cherche à reprendre des forces, s'y emploie en avalant par petites touches un air qui brûle sa gorge. Ce n'est rien, cherche-t-elle à se rassurer. Quand elle aura rassemblé le courage abandonné dans le travail de la nuit, elle offrira son lait au petit qui, aussitôt, a été éloigné d'elle, mais dont elle sait qu'il s'agit d'un fils. *Sainte Vierge, Mère bienfaitrice,* prie-t-elle en silence, *le Vôtre est né dans la paille. Pourtant, il vécut. Par pitié, accomplissez un miracle.* Elle desserre une bouche que la fièvre crevasse. Elle voudrait parler à l'enfant, lui dire : *Patience, mon adoré, maman se repose, cherche à revivre. Elle t'aime, n'en doute pas, et veut te protéger. Bientôt, elle te secourra. Donne-lui un peu de temps avant que la vie reprenne, commence pour nous deux.* Les forces lui manquent. Plus tard, oui. Tout reviendra sûrement.

— Debout, ma fille !

C'est le ton sans amour, la voix intraitable de celle qui, la nuit, houspillait la malheureuse afin de hâter le jaillissement du petit corps. L'ignoble matrone est une devineresse du Pont-Neuf achetée dix sols pour glisser ses mains crasseuses entre les cuisses de la pauvresse afin de couper le cordon.

— La garce est étroite. Écarte les jambes, raillait l'ordurière peu avant que l'enfant ne vienne. Tu sais comment faire. Sinon, tu ne serais pas avec moi à dodeliner de la tête !

Une fois, en effet, mais on l'avait forcée. Une fois avait suffi pour qu'elle tombe enceinte.

— Mordiou ! La tête est grosse. Pousse ! Foutre de merde, pousse encore ! Tu étouffes ton propre gosse !

Tous les saints du ciel savent que la mère et son enfant n'ont pas ménagé leurs efforts, ont partagé le travail pour trouver, chacun à sa façon, le chemin vers la lumière. Après neuf mois de vie commune, de gigotements, de petits coups dans le ventre pour dire *je suis là*, auxquels répondait une voix rassurante, murmurant pour ce seul être, *je t'entends*, ces deux-là se connaissent presque parfaitement.

— Pousse ! Ah ! je vois ses cheveux. Voilà qu'il se décide… Ce diable est pressé. Il vient d'un coup. Veux-tu que je devine son sexe ? Une catin ? Ou une arsouille qui engrossera des filles comme toi ?

Cette nuit, les mots de la sorcière l'ont blessée tout autant que la torture qui lui déchirait le ventre. Si forte, si brûlante que depuis, elle n'a pu desserrer les mâchoires.

— Un fils ! Un bougre de costaud. Il te faudra beaucoup de lait pour le nourrir, rugissait la devineresse en brandissant le nouveau-né par les pieds, tête en bas, comme le lapin qu'on égorge et qu'on vide de son sang. Un coup sec sur les fesses, un autre. Suffoquant de peur et de douleur, le petit avait produit son premier cri, crachant un peu de sang et de matières fœtales à l'instant où Pontgallet passait devant le soupirail. Sur sa couche, sa mère, toujours incapable de se relever, n'avait que des larmes à offrir pour supplier la sorcière d'approcher et de lui donner son enfant, qu'elle le prenne dans ses bras, le caresse, le rassure, que les deux se rencontrent, se frottent à la peau de l'autre et gazouillent de concert pour se dire combien ils s'aimaient déjà.

Marie, je m'appelle ainsi…

La jeune femme a répété mille fois ces mots, décidant qu'elle se présenterait aussi simplement à lui. Mais le voici au loin, allongé sur une table encombrée de victuailles et d'un pot de vin que l'accoucheuse a vidé en deux, trois rasades pour se donner, s'est excusée la soiffarde, du cœur à l'ouvrage. Marie lève un bras, le repose, tourne la tête, elle voudrait voir, baiser, caresser la chair de sa chair. Qu'on lui donne un instant ce qui est à elle. Pourtant, la vieille approche seule. Elle pue.

— Plus tard. D'abord, tu te lèves. Allez, fainéante, bouge-toi. Si tu veux le gosse, viens le chercher. Montre-moi que tu en es capable.

Marie est lourde, comme paralysée, gourde des membres. Elle implore le Tout-Puissant. Dans Son infinie bonté, lui rendra-t-Il l'allant, la douce légèreté, et cette joie de vivre qui, avant qu'un homme brutal et monstrueux ne la force à s'offrir, prédisait un avenir prometteur ? Que le Seigneur permette à Marie de recouvrer sa joie. D'abord, qu'Il l'aide à remettre en mouvement ce corps roide comme celui d'une morte. Et Dieu entend-il cette prière ?

— Montrez-le moi, vient enfin de chuchoter la jeune maman.

La vieille fait la sourde oreille et, tournant le dos, retourne du pied la terre battue du sol afin que le sang et les restes du *gâteau*[1] disparaissent dans la sciure épaisse et sombre. Ce soir, les rats auront tout pris. Un regard vers Marie. Désormais, ses yeux sont clos. Il se peut qu'elle ait renoncé.

*

La devineresse connaît son métier. La mère lui semble trop faible pour allaiter le poupon. Il vaudrait mieux qu'il meurt de suite, avant que les sentiments s'attachent à ce corps maigrichon qui couine son malheur. Il a faim. Qui viendra à son secours ? Pas elle, pas la sorcière. Une nourrice, mais ça coûte, et on ne fait pas appel à Paillard, *la vieille à deux dents*, quand on a le sou. En somme, l'affaire est ficelée. Qu'il crève maintenant ou plus tard, le petit est condamné. La fille de mauvaise vie ne pourra pas le nourrir. À cet instant, le seul sursis pour l'enfant, c'est le prêtre qui doit venir le baptiser. Que fait-il d'ailleurs ? Pourquoi tarde-t-il ? Un *Pater Noster*, un peu d'eau sur le front, un signe de croix, prémices à l'extrême-onction, et *ad patres* dès que l'ecclésiastique, qui a bien d'autres ouailles à réconforter, aura tourné le dos. Tudieu ! râle la sorcière, en jetant un œil sur le bambin qui respire difficilement, si ce n'est pas terminé à midi, il faudra s'en débarrasser. La folle calcule qu'il sera étouffé.

1. Le placenta.

Eh quoi ! sa mère ne le lui reprochera pas, ratiocine cet esprit malade, perverti. Toutes pareilles, les chiennes du faubourg ! À la première œillade d'un joli cœur, les voilà allongées sur le dos, bientôt le ventre arrondi, les hanches déformées, les reins meurtris, incapables de porter une bûche, un seau à l'étage. Il ne reste plus qu'à faire appel à elle, la Paillard, pour défaire ce que ces garces ont fait. Dix minutes de petite jouissance et une pour y mettre fin. Quand on vient *mettre bas* chez elle, ça se termine souvent ainsi. Les filles regardent le gamin – *leur bêtise* – d'un air apeuré. Elles dodelinent de la tête, elles sont perdues. Et maintenant ? Où trouver du secours ? Un regard en coin en direction de l'accoucheuse. Que peut-elle ? La réponse vient sans un mot : un pouce sous la gorge et un geste sec de la gauche vers la droite. Étouffé ou égorgé, ce sera le même prix. La vieille a choisi pour le gueulard du jour. Elle le serrera dans le drap qu'elle entortillait cette nuit autour du ventre rond de la fautive afin que le bâtard sans nom sorte plus vite et montre son museau de fouine.

Bien sûr, cela aurait été plus simple, surtout moins coûteux, de l'expédier aux anges aux premiers mois de la grossesse. À quoi bon ce fichu travail, ce chagrin inutile, se dit-elle, en jetant un coup d'œil méchant sur Marie qui est toujours inerte. Le suivant est pour le gosse qui mord dans le vide, cherche un sein, un peu de peau à téter pour apaiser la faim. Cette nuit, déjà, elle aurait dû en finir. Mais ce morceau d'homme s'accrochait, montrant un sacré courage. D'ailleurs, il gardait la trace du combat. Un front fuyant, car la tête avait été malmenée, écrasée, comme serrée dans un *brise mâchoire* de l'Inquisition ; une balafre profonde barrant la joue gauche, vestige des forceps de fortune, rouillés du sang des victimes précédentes.

Tout ce gâchis pour rien, peste-t-elle en se demandant encore pourquoi le prêtre se fait attendre.

*

Si seulement Marie se doutait des projets de la mère Paillard, sa faiblesse s'évanouirait-elle ? Pourrait-elle au moins se relever ? Son sang a tant coulé, étrangement, avant même que lui viennent les eaux annonçant que l'enfant se présentait. Après, le travail fut lent, pénible. Des heures que lui avait reprochées la vieille en se moquant d'elle, jurant qu'elle avait dû montrer moins de timidité lorsqu'elle avait ouvert les cuisses afin d'accueillir le père. Marie priait en silence pour oublier ces injures, promettant de ne plus jamais être soumise et faible. Pour y croire davantage, elle s'imaginait caressant le visage de l'enfant. Oui, le courage revenait, maintenant. Perdue dans ses rêveries, à moitié lucide, elle se le représentait grand. Il avait sept ans, il était beau, il lui souriait. *Ma chère maman…* Il était bon aussi. Tout le contraire de son maudit père.

— Pousse !

La voix de l'accoucheuse claquait sur les murs grêlés de salpêtre, plus lugubres qu'un caveau. Marie avait mal, sa poitrine cognait à en mourir. Lors du dernier déchirement, une douleur inouïe avait un instant arrêté les battements de son cœur. Mais son enfant se montrait, la libérait, le plus dur était fait. Il fallait oublier l'antre de la sorcière, ne penser qu'à demain. Et elle cessa de pleurer en l'entendant crier. Il l'appelait. Marie en était certaine.

— Un pisseur qui engrossera un jour une fille comme toi.

Ce furent les mots de bienvenue de sa tortionnaire.

À cet instant, Marie s'en moque puisqu'elle et lui vivent. Mais le sang coule toujours et la vieille doit glisser un chiffon roulé en boule entre les cuisses de l'innocente.

— Comprime ça ou tu vas te vider.

Elle obéit, attendant que ses forces reviennent, assez, du moins, pour qu'elle tienne sur ses jambes, parte, son fils dans les bras. C'est une question de minutes, une heure peut-être… Mais la vieille reprend le chiffon, arrachant un gémissement à Marie.

— Assez ! J'ai besoin de la paillasse. À l'étage, une drôlesse dans ton genre demande à se délivrer de ses péchés. Bouge-toi, sinon…

Ignorant le mal, elle ne comprend pas cette menace voilée. Du regard, elle supplie pour obtenir un peu de temps. Elle veut effacer la nuit, le passé qui l'a conduite ici. Alors, tout finira. Non, non ! Tout commencera.

Mais son enfant vivra-t-il si elle ne parvient pas à le nourrir ? Pour veiller sur lui, il reste la mère protectrice du Fils de Dieu ; et de tous ceux qui naîtront aujourd'hui.

Chapitre 3

Ce dimanche-ci, le 5 septembre 1638, l'église de Saint-Germain-l'Auxerrois, située en face du Louvre, est pleine à craquer. Les paroissiens se pressent pour entendre le révérend père Philippe Chamans de La Salle, connu pour exalter les consciences. Les sermons du jésuite sont sévères, le ton glacial, l'opinion tranchée. Selon sa méthode, le pardon s'exerce avec parcimonie et la foi seule efface les fautes. Que l'on ne compte pas sur son ministère pour négocier un arrangement avec le royaume des cieux. L'absolution des péchés s'appuie sur une confession honnête et de rudes pénitences. Car qui ose prétendre que les voies du Seigneur sont impénétrables ? Sa parole est limpide, aussi franche que la main de Moïse tranchant les flots de la mer Rouge. Il y a le Bien et le Mal que le véritable chrétien se doit de séparer lui-même, tel le bon grain de l'ivraie. Le salut est donc une affaire de choix. Aucun saint ne viendra au secours de l'impie. Aucun mystère ne permet de croire que les uns sont élus, les autres condamnés. Dieu, gronde-t-il chaque dimanche pour que les regards se tournent vers le haut de la chaire, punit sans exception ! Pas d'arrangement ! Aucun miracle !

Pourtant, ce dimanche, Chamans de La Salle espère un miracle et sa voix se mêle au chœur du peuple de Dieu. Debout, assis, agenouillés, mains jointes, partout, dans les cathédrales comme dans les plus humbles chapelles, les fidèles espèrent que la grâce implorée auprès de Marie, protectrice de la France, sera exaucée.

Depuis bientôt un mois, chacun s'adonne à la dévotion. Trois neuvaines à la suite, soit trois fois neuf jours de recueillement et de prière depuis qu'un ultime signe divin a confirmé que la reine porterait en effet un Dauphin. Ce fil ténu entre le ciel et la terre, cet espoir, vient d'un moine provençal dont l'histoire, authentifiée par la communauté des Augustins, a été transmise au cardinal de La Rochefoucauld. Elle se résume ainsi : au milieu de la nuit, alors qu'il était en prière, ce moine a entendu les cris d'un nouveau-né. Ouvrant sincèrement les yeux, il vit Marie tenant en ses bras un enfant. *N'ayez crainte,* murmura-t-elle alors d'une voix mélodieuse. *Voici le Dauphin que vous attendez et que Dieu envoie à votre royaume.* Le moine se crut victime d'une rêverie, mais Marie revint plus tard auprès de lui. Elle se montra alors sans l'enfant et lui demanda de transmettre ce message : que chacun, y compris la reine, s'adonne à la dévotion le temps de trois neuvaines, qu'on s'y consacre sincèrement. En échange de quoi, le moment voulu, un fils viendra.

*

— Les trois neuvaines sont passées. Tout a-t-il été accompli ? Avons-nous prié comme il se doit ? Y avons-nous mis notre espoir ? Avons-nous sans répit demandé à Marie son indulgence ?

De l'index, Chamans de La Salle survole la foule, pointe ici et là, au hasard, mais ne s'arrêtant jamais vraiment. Les manches de son aube ballottent dans l'air, puis, fort de ce bel effet, elles viennent se poser sur la chaire. En bas, nombre baissent les yeux pour ne pas se sentir visés.

— L'attente prendra-t-elle fin ou avons-nous trahi la confiance de notre protectrice ?

La pluie martèle les vitraux. La voix grave du prêtre s'envole et résonne sur les piliers de l'église.

— Plus de deux décennies que nous espérons ce moment…

Il lève les yeux vers la voûte, marque un silence. Compte-t-il les années qui défilent depuis le mariage du roi ? Vingt-trois. Et rien. Trois neuvaines pourront-elles rompre la malédiction ?

— Aujourd'hui, le miracle s'est-il produit grâce à nous tous ?

Seul l'écho s'interpose et se meurt peu à peu.

— Avant l'office, reprend-il cependant, j'ai reçu le témoignage d'un séminariste attaché à l'église de Notre-Dame-de-Grâces, ce saint pèlerinage, situé à Cotignac, en Provence[1].

Il se penche vers l'auditoire, les mains posées sur le bord de la chaire :

— Il croit à la sincérité du moine pour avoir reconnu, dans sa description, la Vierge déjà apparue en ces lieux miraculeux. Il a foi en Dieu. Marie nous viendra en aide, par amour et par charité. Mais a-t-on répondu à son appel ? martèle-t-il. A-t-on cru honnêtement ?

Des pieds raclent le sol. On tousse. On soupire. Rien de plus. Combien, à cet instant, regrettent de ne pas avoir consacré plus de temps à la prière ?

— Corrigeons notre désinvolture. Ensemble, adressons-nous à la Vierge. Prions tous d'une même voix.

La contrition est un acte intime, personnel ; la méthode dont use Chamans de La Salle, audacieuse, inhabituelle. Mais la grâce qu'il réclame est prodigieuse, le moment exceptionnel. Un miracle ? Le prêtre a joint les mains, il ferme les yeux, prononce les premiers mots :

— *Je vous salue Marie, pleine de grâce. Le Seigneur est avec vous. Vous êtes bénie entre toutes les femmes, et Jésus…*

*

Ne monte vers la voûte qu'un chuchotement. Chamans de La Salle hausse le ton, lève les bras, scande chaque syllabe tel un maître de musique. La méthode produit son effet. L'âme se libère

1. Notre-Dame-de-Grâces est un sanctuaire marial depuis que la Vierge y est apparue avec l'Enfant Jésus en 1519 entourée de l'archange saint Michel et de saint Bernard. Louis XIV s'y est rendu afin de remercier Marie de la grâce de sa naissance, ainsi obtenue.

peu à peu. C'est un bourdonnement, puis une plainte, une vague qui enfle, pénètre les cœurs, bientôt, un roulement de tambour, une clameur où chacun mêle sa foi. Lorsque la prière s'achève sur un murmure, Chamans de La Salle reprend de plus belle. *Je vous salue Marie...* Emportées par la ferveur, les têtes se courbent, les mains se cherchent et s'unissent, les corps, saisis d'adoration, se rapprochent, se serrent, et ne font qu'un.

Y a-t-il déjà eu tant d'ardeur et de vénération à Saint-Germain-l'Auxerrois ? Soudain, le jésuite se redresse et se fige. Maintenant, il ne prie plus. Plongés dans la récitation, les fidèles poursuivent encore la litanie, mais, sans guide, l'harmonie se délite. Ils se taisent, un à un, lentement, à regret. Et ils ouvrent les yeux.

— Entendez-vous ? clame Chamans de La Salle.

Et Jésus, le fruit de vos entrailles est béni...

Un dernier fidèle continue seul la prière.

— Entendez-vous ? répète le prêtre.

Cela vient de dehors. Un chant aigu, fragile, indécis, arrivant de loin, d'au-delà de la Seine.

— Les cloches de Notre-Dame, chuchote le révérend père. Et, à cette heure, il n'y a pas d'office...

Tous tendent l'oreille. Oui, c'est bien le choc des battants sur le bronze. Et maintenant, n'est-ce pas le son du canon ?

— Ouvrez les portes ! hurle-t-il.

Dix hommes sont à l'action, pesant sur les lourdes ouvertures de toutes leurs forces. Le tintement se rapproche, entre dans Saint-Germain-l'Auxerrois. La volée se mêle au désordre qui règne dans l'église, tandis qu'au loin les canons tirent et cognent à nouveau. C'est la batterie des Tuileries. Maintenant, les mortiers du Louvre envoient leur réponse. Le fracas enfle, déborde, la foule sort en désordre, talonnée par le père s'accrochant à sa soutane pour ne pas se prendre les pieds dedans.

Dehors, la pluie a cessé. Un ciel bleu, fort, éclatant illumine Paris. Un miracle s'est-il produit ? Un homme parti en courant vers le Louvre en revient, le souffle court, les jambes flageolantes. Il avance tel Phidippidès[1] et se jette dans les bras du prêtre.

— Un fils, bredouille-t-il.

— Quoi ? Répétez !

— Un fils. Dieu nous a donné un Dauphin… La nouvelle arrive de Saint-Germain-en-Laye.

Le révérend père Philippe Chamans de La Salle, comme tous les fidèles, s'agenouille, ne doutant plus qu'il s'agisse d'un miracle.

1. Chargé de porter à Athènes la victoire de Miltiade contre les Perses à Marathon (490 av. J.-C.). Ayant couru à perdre haleine, Phidippidès mourut d'épuisement en arrivant, mais après avoir prononcé : « Nenikekamen ! » (Nous avons gagné).

Chapitre 4

DANS LA CAVE, la faiseuse d'anges entend les coups sourds du canon. Si elle ne sait pas trop compter, elle devine qu'ils sont nombreux. Dix, vingt, peut-être. Qu'importe le chiffre, le message est clair. Tant de salves saluent la naissance d'un Dauphin[1]. Elle se tourne vers la fille qui vient d'accoucher, puis regarde le petit qu'elle aura bientôt tué. Ce matin, la terre comptera un roi de plus et un misérable de moins. Et qu'on en finisse ! Pourquoi le prêtre qui doit baptiser le nouveau-né n'est-il pas encore arrivé ?

*

Au château de Saint-Germain-en-Laye, on réserve à l'enfant les meilleures attentions. Charles Bouvard, comte des Archiâtres – un titre ronflant pour signifier qu'il occupe les fonctions de médecin –, s'aide d'un stylet d'argent afin d'étudier le royal placenta, déposé dans un bassin de même métal. Au regard de ses connaissances, le magma lui semble un peu mystérieux, mais il cherche les mots qu'il assénera, son étude achevée, afin d'édifier la reine et l'aréopage

1. La naissance d'un enfant royal de sexe masculin est saluée par vingt et un coups de canon. Le 20 mars 1811, le roi de Rome, fils de l'empereur Napoléon Ier, eut droit pour sa naissance à cent un coups de canon. Ce dernier nombre correspondait, sous l'Ancien Régime, à la mort du monarque et à l'intronisation du suivant.

attroupé dans la chambre. Au premier rang, on découvre Gaston d'Orléans, frère de Louis XIII – et ancien futur roi. La naissance d'un fils met fin à ses espoirs. Aussi s'est-il placé devant pour s'assurer qu'aucune falsification ou tromperie n'entourait la naissance de ce garçon prénommé Louis Dieudonné.

Comme d'autres, Gaston d'Orléans n'a rien raté, assistant à la scène depuis le commencement. Est-on sûr qu'il s'agit du fils d'Anne d'Autriche, qu'aucune substitution ne s'est produite ? Hélas ! pour lui, le doute n'est pas permis. L'enfant est sorti de son ventre. Dix, vingt témoins pourraient le jurer. Est-il en bonne santé ? Bouvard achève l'examen scrupuleux du placenta et se tourne vers Jean Bienaise, le chirurgien de la reine, pressé de recueillir son avis. Le visage de ce dernier reste de marbre. À chacun son métier. Le sien est de trancher et d'éponger le sang. La suite est du ressort de la Faculté. Bouvard doit décider si l'enfant est viable. Pour conforter un avis capital, il aurait aimé s'appuyer sur les conseils d'une sage-femme telle que l'excellente Louise Bourgeois qui exerça son métier avec talent auprès de Marie de Médicis jusqu'à ce que de mauvaises accusations noircissent une femme remarquable, douée, auteur d'un savant traité sur la maternité et les soins à prodiguer aux jeunes mamans.

Le frère du roi n'est pas étranger à la nouvelle règle qui place au premier rang le médecin. Louise Bourgeois, dite la Boursier, a aidé Marie de Médicis, la mère de Louis XIII, à accoucher six fois en neuf ans. Mais sa réputation sans faille fut ternie lors de la mort de Marie de Bourbon-Montpensier, l'épouse de Gaston d'Orléans, alors qu'elle donnait naissance à sa fille, la Grande Mademoiselle. Usant de cette regrettable conclusion pour prendre la main, le clan des médecins accusa la Boursier d'avoir oublié des morceaux du placenta dans le ventre de Marie de Bourbon-Montpensier[1]. Depuis, la sage-femme, reconnaissable

1. L'accusation poussa Louise Bourgeois à rédiger une réponse au « rapport des médecins » sous la forme d'un livre dans lequel elle exposa ses connaissances.

au port d'un chaperon de velours et d'une chaîne en or, symboles de la charge, se montre discrète lors des œuvres royales. Dès que l'enfant apparaît, un médecin le prend en main et l'ausculte de la tête aux pieds.

— Parfait… murmure Charles Bouvard.

Il mesure le crâne à l'aide d'une règle, recompte ses doigts de pied, le force à ouvrir la bouche, ce qui provoque chez le poupon une saine révolte. L'assemblée se tient coite, attendant que le médecin délivre sa sentence.

— Un fils ! Incontestablement…

Marie de Longuet de la Giraudière hausse les épaules[1].

— Et royalement fort, poursuit-il alors que le nouveau-né pisse dru sur sa veste.

— Qu'en est-il du placenta ? s'inquiète Gaston d'Orléans, sans que l'on sache s'il espère ou redoute une mauvaise nouvelle.

— L'enveloppe est en tout point admirable. Sa texture, souple, son apparence, exemplaire.

Il hume le *gâteau*, y plonge un doigt et le porte à la bouche :

— Un nid douillet dans lequel l'enfant s'est développé dans la plus élégante des harmonies.

La nouvelle est saluée par un tonnerre d'applaudissements. Elle se propage au dehors. À Paris, on a déjà décidé que lundi serait férié et qu'il en sera de même le lendemain et même mercredi. À Saint-Germain, Louis XIII ordonne qu'un *Te Deum* soit chanté dans une heure. Il est midi. La reine réclame un peu d'eau sucrée et demande au médecin si elle est autorisée à manger du chocolat, le péché mignon de l'Espagnole. Le savant soupire, fait mine d'hésiter. En fait, il ne sait trop quoi dire.

— Soit, finit-il par asséner doctement. Une tasse tiédie avec du lait du jour.

1. Première nourrice de Louis XIV.

Et chacun prend cet accord comme une saine information : la mère se porte bien ; le Dauphin plus encore.

*

Autour de la mère et du petit règnent la douceur, l'amour, la protection. Alors que sa mère s'en remet aux soins de son entourage, l'enfant est emmailloté dans une robe de soie. Une servante a lavé son corps, mais point trop ; essuyé serait plus juste. Au fond de la pièce, des femmes de chambre et une escouade de remueuses[1] attendent de prendre la suite. Il est temps que Séguier, l'évêque de Meaux, ondoie le nouveau-né[2]. Bientôt, la douce Pierrette Dufour prendra la suite des huit nourrices qu'épuisera ce petit ogre né avec deux dents. Chaque matin, elle le réveillera d'une voix tendre. Elle écoutera son prince lui raconter ses rêveries, elle le consolera de ses chagrins, supportera sa colère. Elle l'aimera comme son propre petit.

C'est alors qu'un homme, jusque-là discret, s'avance vers le lit où Anne est toujours allongée. On s'efface. Il s'agit de Louis XIII. Sa nature réservée lui a dicté d'attendre avant d'être certain que tout allait bien. Sans doute craignait-il une fin tragique, un enfant mort-né. Mais à présent, il se penche vers la reine, la gratifie d'un sourire. Depuis combien de temps n'avait-on pas vu un signe de tendresse entre eux deux ? Le roi maintenant lui parle tout bas, des mots affectueux car son visage s'éclaire et s'apaise. La scène s'éternise au-delà de ce qu'exigent l'étiquette ou les conventions, et on comprend pourquoi quand le roi se redresse. Des larmes coulent sur ses joues, « grosses comme des petits pois », prétendront les présents. Le roi est livide, ses traits sont tirés. L'événement exacerbe-t-il la maladie

1. Femmes chargées de changer les langes.

2. L'évêque Séguier baptisera à nouveau le Dauphin le 21 avril 1643 dans la chapelle de Saint-Germain. Le 14 mai suivant, Séguier administrera les derniers sacrements à Louis XIII et lui récitera les prières de l'agonie.

qui lui tord les entrailles[1] ? Soudain, il se ressaisit. Trop d'émotion finirait par nuire à sa fonction.

— Il fait froid, jette-t-il d'une voix forte. La cheminée s'éteint. Que fait-on ?

Deux valets surgissent du fond de la pièce et *presto* chargent le foyer.

— Montrez-moi mon fils, réclame-t-il à présent.

D'un signe, Bouvard ordonne à la nourrice de s'exécuter. Le roi veut porter le Dauphin.

*

Bien sûr, c'est un peu gauche, maladroit. Cet homme est plus habitué à la chasse qu'aux gestes attentionnés. Croyant plaire, on approche un chandelier, mais il préfère se diriger vers les fenêtres qui donnent sur un parc fleuri. Ainsi, en tournant le dos, il peut chuchoter à l'oreille de son fils. Que dit-il ? Les mots d'un père, probablement, et sans doute davantage, car il s'agit de celui qui lui succédera. *Un jour, tu seras roi...* Est-ce ainsi qu'il lui parla ?

Faute d'intimité, le charme est vite rompu. Cependant, Louis XIII prend encore le temps d'étudier ce ventre rebondi, cette bouille ronde, ces yeux bleus, profonds comme le ciel de la fin de la journée. Le médecin n'a pas menti. La Vierge non plus. Dieu leur a fait don du meilleur. À regret, il tend l'enfant à sa nourrice. Combien de fois aura-t-il encore l'occasion d'être seul avec son fils ? À peine né, le Dauphin sera élevé dans le seul dessein de devenir roi. Celui qui règne le sait pour avoir connu le même sort, prodigieux et solitaire, exaltant et dangereux. Un regard circulaire, un pâle sourire à quelques courtisans qui s'inclinent sur son passage. Tous pourront l'attester. À présent, les yeux de Louis XIII sont secs. Et il sort ainsi, sans plus rien montrer de ses sentiments.

*

1. On suppose que Louis XIII souffrait de la maladie de Crohn, une inflammation chronique et douloureuse du tube digestif.

Tels des figurants, les présents se pressent alors pour admirer le prodige. D'abord, les membres de sa famille, Gaston en tête, venus le saluer et surtout le *reconnaître.* Puis s'avance le clan des Espagnoles, bruyantes, exubérantes comme les femmes du Sud, et que la reine tente de maintenir à la Cour, malgré l'avis contraire de Louis XIII, inquiet de ces accointances qui rapprochent Anne de son frère, Philippe IV, roi d'Espagne et ennemi de la France. L'on plaint encore la duchesse de Chevreuse, écartée du Louvre pour avoir déplu au roi et influencé, funestement, son épouse. Mais, aujourd'hui, les difficultés, la brouille, la discorde du couple royal sont oubliées. Un enfant les réunit. L'atmosphère s'en ressent. Tout est aussi léger que l'air soudain indulgent. Les rayons du soleil entrent dans la pièce, ajoutant à l'enchantement et à la joie qui baignent les lieux. Les dames d'atour au sang ibérique en oublient qu'il leur est fait obligation de parler français à la Cour : *Maravilloso ! Querubín ! Niño prodigio ! Tesoro ! Bonito ! Chico Rey*[1]*!* De toutes parts fusent les promesses bienveillantes de ces femmes semblables à des fées penchées sur le berceau d'un prince. L'Espagne réconciliée ouvre la voie aux autres courtisans, impatients de faire preuve d'autant d'enthousiasme. Bientôt, le tapage est tel que Marie de Longuet de la Giraudière finit par se plaindre. On dérange le Dauphin, mais surtout, il boit goulûment le lait au sein de sa nourrice et lui arrache des cris ! Aussitôt, la sévère marquise de Lansac, future gouvernante principale de Louis[2], intervient pour mettre fin à la cohue.

— Il est temps de laisser la reine se reposer.

Tel un ballet parfaitement réglé, les courtisans tournent le dos et s'échappent. La porte est close. La nourrice berce l'enfant qui s'est endormi. Sa mère les regarde, envie cette

1. Merveilleux ! Chérubin ! Enfant prodige ! Trésor ! Beau ! Petit Roi !

2. Choisie par Mazarin, Madame de Lansac, fille du maréchal de Souvré, sera la gouvernante de Louis. Le marquis de Villeroy tiendra les fonctions de gouverneur. Au total, une trentaine de personnes seront affectées à l'éducation du Dauphin.

femme, et plus encore la gouvernante qui dormira dans la chambre de son petit et sera, avec Mazarin, quand ce dernier prendra la suite de Richelieu, l'une des rares personnes à l'approcher[1]. Dans quelques jours, Anne d'Autriche retournera au Louvre pour tenir son rang. Combien de fois aura-t-elle encore le droit d'être la maman de Louis ? Reine est son premier rôle. L'affection, la tendresse deviendront le privilège de la nourrice Pierrette Dufour, robuste paysanne de Triel qui, à l'inverse des autres, vivra dans l'intimité du jeune prince jusqu'à ce qu'il atteigne ses vingt ans. C'est pourquoi Anne réclame l'enfant quand il en est encore temps. Elle le tient dans les bras, le pose sur son ventre. Gavé, il s'est endormi. Comme toutes les mères, elle le berce et lui chante une comptine de son pays. *Yo tenía diez perritos, Yo tenía diez perritos. Uno se perdió en la nieve. No me quedan más que nueve*[2]... Le bébé gazouille dans son sommeil, soupire paisiblement. Ici, il ne craint rien. C'est l'enfant roi.

Derrière la porte, les commentaires des oisifs vont bon train. A-t-on vu sa façon de mordre de bon cœur le sein de la nourrice ? Son appétit est féroce et l'indice vaut mieux que toutes les fadaises du médecin Bouvard. Quelqu'un crie encore au miracle. C'est le duc de Saint-Simon, ami de Louis XIII. Et tous s'échappent pour se rendre à Paris, afin de raconter l'événement. La vie d'un futur roi débute. Lundi, il sera installé sous un grand pavillon de damas blanc à fleurs. Devant, on installera un balustre afin que *ses fidèles serviteurs* approchent et le voient *de douze ou quinze pieds de loin*[3]. Mardi, les

1. La gouvernante veille à ce que le Dauphin soit protégé des maladies. Il vivra donc son enfance à l'écart de la Cour, entouré de son frère et des neveux et nièces de Mazarin, le clan des Mancini (voir *1658, L'Éclipse du Roi-Soleil*, même auteur).

2. *J'avais dix petits chiens. J'avais dix petits chiens. Un s'est perdu dans la neige, Il n'en reste plus que neuf...*

3. Selon le compte rendu de Mathieu Molé, procureur général et futur garde des Sceaux, rapporté par François Bluche dans son remarquable *Louis XIV* (Fayard, 1986).

parlementaires de Paris se rendront à Saint-Germain pour féliciter le roi et saluer son fils, posé sur un oreiller de satin blanc. Et au deuxième jour de sa vie, Louis donnera, les yeux grands ouverts, sa première audience publique.

Chapitre 5

Les canons se sont tus. Les cloches, non. Viennent s'y joindre la clameur de la rue, les vivats du peuple saluant le fils de sang royal. La pluie ayant cessé, on sort de chez soi, on se réunit pour gloser sur la nouvelle que nul désormais n'ignore. Pour rejoindre le Louvre où la foule s'attroupe, il existe dans le Marais un raccourci, un passage étroit, mal famé, que les honnêtes gens hésitent à prendre en temps normal. Mais aujourd'hui, même ici, dans la rue de la Tonnellerie, on progresse épaule contre épaule. Dans ce joyeux tohu-bohu, chacun raconte son historiette, parfois sa fable, grossissant la légende entourant le Dauphin. Un marchand d'oripeaux affirme sans faiblir que l'enfant serait né avec des dents et qu'il aurait mordu sa nourrice. Il le tient d'un filleul, valet de la fille cadette de la comtesse de Torre, l'ancienne surintendante de la Maison de la reine. C'est tout dire. Pour ne pas être en reste, un autre, bonimenteur en diable, sait que le poupon souriait en sortant du ventre de sa mère et qu'il avait les yeux grands ouverts. Un troisième les met d'accord. Il connaît le prénom du petit prince, Louis Dieudonné, et tous partagent au moins cet avis : voici un don du ciel.

*

Le bruit étouffé des conversations se glisse par le soupirail de la cave où Marie vient d'accoucher. L'enfant qu'elle a mis au monde se prénomme Toussaint. Marie l'a dit à Paillard tandis que le petit tambourinait dans son ventre.

— Je l'appellerai Toussaint, souriaient alors ses beaux yeux verts.

La douleur n'était pas encore là. L'œuvre destructrice de l'accoucheuse n'avait pas agi. Toussaint ! raillait cette dernière en haussant les épaules. Il lui faudrait au moins cela, le soutien de tous les saints du paradis, des anges et des archanges, pour survivre.

Mais les heures passent et aucun ne vient à son secours. Pas même Marie qui voudrait se relever, fuir les lieux, la puanteur de la matrone, et qui, par trois fois, s'effondre sur la paillasse. Sa faiblesse est trop grande. Sa main retombe sur le drap. Sa tête tourne de côté. Elle s'éteint comme un cierge d'église se consume peu à peu.

— Debout !

Entend-elle seulement les braillements de la mère Paillard ? Si elle succombe maintenant, Toussaint, l'enfant à la balafre, au front bas, la suivra. Ventrebleu ! *La folle à deux dents* n'a pas prévu tant de désagréments. Le gosse, il reste peu à faire pour qu'il y passe et, à le regarder presque mort, le destin va se charger de la besogne. Mais sa mère… De rage, elle serre le drap sale entre ses doigts crasseux quand la porte de la cave s'ouvre.

*

L'homme est grand, maigre. Il s'annonce d'un mouvement de la tête. Il porte des habits noirs. La vieille plisse les yeux, prend son air méfiant avant de reconnaître le prêtre qu'elle attend.

Hier soir, en effet, il est venu la voir au Pont-Neuf, s'annonçant comme Joseph de Marolles, père jésuite. Et si l'habit ne fait pas un moine, son allure invitait à le croire. Ses mains, par exemple, fines, délicates, faites pour élever le calice. Ou encore son ton ferme, ses mots pesés quand il lui parla d'une jeune femme grosse qui réclamait ses services :

— Je connais la pauvresse pour l'avoir entendue en confession. S'il n'est un secret pour personne qu'elle attend un enfant, elle m'a aussi appris que vous l'assisteriez pour… la naissance…

Des mots bien compliqués pour dire que Paillard était connue pour donner le coup de main final aux filles perdues en échange d'une pièce ou deux.

— Elle se prénomme Marie…

— C'est possible, répondit-elle prudemment.

— Vous a-t-elle donné le nom du père ? demande brusquement le curé.

Elle se ferme comme une huître.

— Ne craignez rien, insiste-t-il en se forçant à sourire. Je la sais bien seule et je veux simplement lui venir en aide.

Que cherchait donc ce personnage habillé en corbeau ? Au Pont-Neuf, quand la nuit tombe, la volaille n'a pas de plumes et si elle vole, ce n'est pas dans les airs. Or, déjà, cette engeance approchait. Des catins, flambeaux en main, avides de savoir dans quelle combine se fourrait *la vieille à deux dents*. Elles gloussaient, juraient, vibrionnaient autour de la belle cape du bonhomme telles des mouches attirées par le miel. Maintenant, elles s'excitaient de la voix en découvrant que le visiteur était un ecclésiastique – quelque chose comme cela – et plutôt jeune. Un curé, oui, ce n'était pas fréquent.

— Pourquoi perds-tu ton temps avec Paillard ? s'aventura une fille dont la chemise déchirée ne cachait rien de sa poitrine. Il y a mieux ici.

— Viens plutôt de mon côté, beugla une autre en écartant sa concurrente. La garce qui t'aguiche ne t'offrira que la vérole.

Elle passa la langue sur ses lèvres.

— Veux-tu goûter à mon calice ?

Elle souleva sa jupe. Elle était nue.

— Bénis-moi, mon père, gémit une troisième en s'agenouillant devant le jésuite, les cuisses écartées.

Marolles, ne perdant rien de son calme, détourna le regard et prit Paillard par le coude.

— Allons plus loin, murmura-t-il.

Les filles s'écartèrent à regret, injuriant l'étrange assemblage qui s'enfonçait dans le noir, filait vers l'ancienne île de la Gourdaine[1].

— Ce diable s'est entiché de la vieille, beugla l'une d'elles.

— Et sa corne se cache sous son habit, cracha une seconde.

La Paillard suivait sans desserrer la bouche. L'expérience lui enseignait d'attendre la suite. Et de gueuler au loup, si nécessaire.

Ils entrèrent dans les jardins du Vert-Galant[2]. La nuit avalait les silhouettes. La sorcière cherchait le piège même si, en effet, cette fille, Marie, était venue la voir parce qu'elle n'avait pas les moyens de s'offrir une vraie sage-femme. Ses yeux imploraient l'accoucheuse. Acceptait-elle de l'assister ? Plutôt que de partager sa détresse, la vieille avait calculé le prix du service. Une livre payée de suite, soit vingt sous.

— Vous a-t-elle versé la somme ? lui demanda le prêtre.

— Sûr que non, mentit-elle. Ce n'est pas des façons honnêtes !

Joseph de Marolles fit mine de la croire sur parole.

— Ne lui dites rien quand elle viendra, mais je paye pour elle.

Une main se glissa dans les plis sombres de la soutane. En lui tendant la pièce, les ongles de l'ecclésiastique caressèrent la paume de la mère Paillard. Ils étaient longs, taillés proprement comme les nobles savent le faire. Sans rien dire, elle empocha l'autre livre se promettant de cacher ce trésor à Marie afin de toucher deux fois la solde.

— C'est pour bientôt, affirma le jésuite. Elle ne tardera pas à perdre les eaux.

Elle ne chercha pas à comprendre pourquoi il semblait bien informé.

1. Lors de la construction du Pont-Neuf, trois îlots (l'île aux Bœufs, l'île aux Juifs et l'île du Patriarche) furent réunis à l'île de la Gourdaine pour former l'île de la Cité.

2. Le square du Vert-Galant, ainsi appelé en l'honneur du roi Henri IV, connu pour être « vert » avec ses maîtresses, se situe à la pointe ouest de l'île de la Cité.

L'entretien ne dura guère plus longtemps. Marolles tourna le dos et prit la direction de la rue de Harlay. À vingt pas, il ajouta qu'il la retrouverait après l'Angélus pour baptiser le nouveau-né. Et pour faire autre chose encore, lança-t-il tandis que sa voix s'éloignait. Sans préciser quoi. Il viendrait donc au matin, et il l'avait fait.

*

Marolles avance, voit l'enfant et se signe. Tout de sa méthode laisse croire qu'il s'agit vraiment d'un prêtre.

— Vous êtes en retard, grince la vieille. Pour un peu, le ciel lui prendrait son âme.

Son menton ridé pointe le nourrisson.

— Il a faim. Il gueule depuis qu'il est né… Moi, j'en ai fini avec eux deux ! Il faut m'en débarrasser…

Le prêtre comprend-il la menace ? Il achève une courte prière un genou en terre et, en se relevant, époussette sa soutane.

— L'office de la matinée a été plus long que prévu, répond-il calmement. La cause en est la naissance du Dauphin. Et en venant ici, j'ai dû fendre une foule énorme. Les rues débordent de monde et…

— Je sais ! le coupe-t-elle en se rapprochant. J'entends ces gueulards depuis des heures. Je m'en moque. Que fait-on pour le chiard et sa mère ? Vous m'avez dit que vous veniez le baptiser et pour autre chose encore. C'est quoi ?

Le jésuite écarte la Paillard d'un geste autoritaire. Il regarde la jeune maman inanimée, comme morte, et détourne aussitôt le regard pour s'intéresser à l'enfant assoupi dont la respiration est hachée. Puis il se penche, touche son front, glisse sa main sur la cicatrice barrant sa joue gauche. Marolles le baptisera sur-le-champ. Il sort de la poche de sa soutane un christ en bois et commence. Paillard n'y connaît rien en matière de religion, mais s'étonne que la célébration se limite à un signe de croix sur le front fuyant de l'innocent. Ni cierge allumé ni onction avec le saint chrême. Entre deux formules latines, le prêtre marmonne le prénom de l'enfant. Toussaint. Comment le connaît-il ? La fille en a parlé en confession, imagine Paillard. D'ailleurs, elle s'en moque. *In nomine Patris et Filii et Spiritus sancti, Amen…* La cérémonie s'achève. En prononçant ces mots cette fois à voix haute, il verse un peu d'eau sur les lèvres du bébé qui s'éveille, s'agite, pousse des petits cris hachés, presque inaudibles. Si frêle qu'il soit, l'appel au secours est entendu par sa mère car ses yeux se dessillent. Est-elle surprise de découvrir Marolles ? Son regard est vague, sa bouche tremble, son front se couvre de sueur. Mais est-ce de douleur ou de peur ?

— Donnez-le moi, je vous en prie, gémit-elle, puisant dans ses dernières forces.

Elle s'adresse au jésuite. La vieille réalise que cette présence ne l'étonne pas. Sûr qu'ils se sont vus plus d'une fois. Et s'ils se connaissent, pourquoi a-t-elle accouché dans le ventre de Paris ? L'ecclésiastique est richement habillé ; elle sait depuis hier que sa bourse est remplie. Sa charité a-t-elle besoin d'être calculée au denier près ?

Pour mettre fin aux questions qui tarabustent la sorcière et se lisent sur son visage, le prêtre sort deux pièces qu'il glisse dans la main de la crapule. Puis, parlant à mi-voix, il réclame un linge afin de recouvrir l'enfant. En voyant la manœuvre, Marie tente de s'opposer.

— Je vous l'interdis ! Ne le touchez pas !

Parle-t-on ainsi à son confesseur ? Mais la femme hurle maintenant et tente encore de se lever. Ce dernier effort est de trop. Une horrible douleur déchire son ventre. L'hémorragie reprend. Du sang, il y en a partout. Marie gémit, retombe sur la couche.

— Je ne veux rien savoir de vos affaires, grince Paillard qui sent l'aubaine. Et pour mon silence, offrez-moi vingt sous de plus.

Joseph de Marolles s'exécute, convainquant la *vieille à deux dents* que ses élucubrations ont du vrai. Ces deux-là n'ont pas la conscience tranquille. Eh quoi ! Qu'est-ce que ça peut encore lui rapporter ? Elle s'approche de la soutane, tire dessus, s'y accroche.

— Elle sera bientôt froide, murmure-t-elle en désignant Marie d'un mouvement du menton.

Son haleine est forte, répugnante.

— Je dirai une messe, jette-t-il.

Sans un regard pour la mère, il prend l'enfant dans ses bras et se dirige vers la porte d'un pas décidé.

— Doucement… chuchote Paillard. *Après*, j'en fais quoi ?

Marolles plonge dans la manne sans fond enfouie dans la doublure de sa soutane. Sort dix livres. La vieille baisse le visage pour cacher son plaisir. La journée est bonne. Ce soir, elle boira jusqu'à plus soif.

*

Le prêtre et l'enfant sont partis. Est-ce le pas du jésuite qu'on entend par le soupirail ? La soûlarde tend l'oreille. Un bruissement… Elle se retourne. Satan est témoin, Marie cherche à se lever. L'affaire se complique. Courir après le confesseur ? Où est-il allé ? Et c'est un coup à perdre ses sous. Il reste ses mains, taillées pour résoudre tous les problèmes. Alors elle tord le drap, l'entortille, le noue jusqu'à ce qu'il soit épais, solide.

— Allons, ma fille, calme-toi. Le curé revient…

La faiseuse d'anges plus habituée à donner la mort que la vie se glisse dans le dos de Marie, écarte les jambes pour augmenter sa force et se penche sur elle. Ensuite elle l'étrangle, en prenant garde de ne pas se faire griffer au visage. Le corps dodeline, devient mou, s'affale. C'est fini. La cloche neuve de l'église voisine de la Visitation Sainte-Marie sonne l'angélus de midi. Paillard n'écoute pas. Elle cherche le nom d'un écorcheur qui la débarrassera du cadavre.

*

Le maçon Nicolas Pontgallet mord dans le gras d'un cochon de l'abbaye Saint-Antoine. L'abbesse est satisfaite. Un Dauphin est né et les projets du bâtisseur sont excellents. Par une journée si belle, on a même convenu du prix des travaux.

À Saint-Germain-en-Laye, la malédiction a pris fin.

Rue de la Tonnellerie, Marie s'est éteinte.

Deuxième Partie
Indomptable et indestructible

Chapitre 6

C'EST EN SEPTEMBRE, le 5 précisément, de l'an 1642. Le moment ne peut être mieux choisi pour ce que Louis XIII compte faire. Le roi se rend à Versailles dès le petit matin, et un temps idéal l'accompagne. Quand la brume légère se sera évanouie, le ciel radieux d'un été finissant viendra réchauffer une terre grasse, apaisée, gorgée de parfums enivrants. Déjà la rosée se retire, son travail fait. De fines gouttelettes s'accrochent aux éclats éblouissants des premières fleurs d'automne, colchiques, cyclamens, chrysanthèmes, dont les robes chatoyantes rivalisent d'audace, invitent à l'indolence. Un coq du cloître de Notre-Dame vient de chanter, un chien aboie, une charrette grince dans la rue. Une brise légère fait danser le vert encore éclatant des feuilles des arbres des Tuileries. Ici et là, on s'éveille et les corps se sentent en harmonie avec l'esprit. Sans pouvoir dire pourquoi, les heures qui s'annoncent seront comme on les aime, douces, sereines, à l'image du futur Éden.

Dans la cour du Louvre, un carrosse s'élance ; les sabots des chevaux raclent le pavé, troublant la quiétude ouatée dans laquelle paressait Paris. Ce départ matinal ne surprend pas les familiers. Le roi s'en va à la chasse, dans son domaine, chez lui plus que nulle part ailleurs. Sa tenue est austère car ses goûts le sont depuis l'édit somptuaire de 1633 qui proscrit l'exubérance. Désormais, l'habit se porte sombre et sans dentelles. Ce matin, le roi n'a pas dérogé à sa règle. Les manches de sa veste de coton, fendues dans la longueur comme des lanières reliées entre elles de l'épaule au poignet, laissent deviner que la chemise est blanche, telle celle des bourgeois. Ses bottes montent aux genoux où se montrent des bas de laine et non de soie. Sa cape, taillée dans une étoffe unie, n'affiche aucun ornement, ni or ni argent. Son visage seul illumine l'ensemble. Le roi est heureux quand il devient chasseur, quand il s'en retourne à Versailles. Alors il oublie le mal qui ronge ses entrailles et le tue lentement. Quand il s'est levé, à l'aube, l'air et le vent lui ont fait comprendre qu'il s'agirait d'un beau moment, qu'une nature bienveillante l'accompagnerait lors de ce qui sera peut-être l'une des dernières occasions d'assouvir sa passion[1].

*

En quittant Paris, Sa Majesté retrouve vite la colline de Saint-Cloud, ultime frontière avant cette route plate et sèche sur laquelle le cocher réclame le meilleur à l'équipage, quatre chevaux mordant le cuir, impatients d'en découdre, de voler s'ils le pouvaient jusqu'à Versailles. La sortie se fait sans courtisan, l'escorte se limite à l'essentiel. Six cavaliers armés de fer, voilà pour assurer la protection du monarque. Si on ajoute l'habile conducteur du carrosse qui claque le fouet au ras de l'encolure de ses puissants entiers, ils sont neuf car, dans l'attelage royal, se trouve un second passager de marque. Est-ce le duc de Saint-Simon, ami fidèle de Louis XIII ? Richelieu, le plus proche conseiller ? Nenni. Ceux qui suivent habituellement le roi à la chasse ou font partie de son entourage ne sont pas de l'aventure. Ce périple-ci est secret, ignoré de tous. Il s'agit d'un voyage initiatique où les lieux comptent pour beaucoup.

Au bout de la route, Louis XIII aperçoit les frondaisons marquant la limite septentrionale de son véritable royaume. Il pose

1. Louis XIII s'éteint le 14 mai 1643, trente-trois ans, jour pour jour, après la disparition de son père, Henri IV.

une main à la portière, hume l'atmosphère, redécouvre les effluves de la bruyère, la fragrance des jeunes cèpes. Il sait déjà qu'une brise légère étourdira le gibier et dispersera l'odeur de l'homme. Voilà qui est prometteur.

*

Versailles, la création de Louis XIII, a été édifié par Philibert Le Roy sous la forme d'un modeste château dont l'économie de style et de confort sied à l'humeur du Juste. Il n'y a rien d'excessif, de superfétatoire dans ce qui prend la suite de l'ancien relais de chasse, cette *piccola casa che fa fabricare a Versaglia per ricreazione*[1] déjà conçue pour accueillir de viriles retrouvailles. Ce qui a été reconstruit à partir de 1631 se veut avant tout un havre d'amitié, un refuge accueillant les fidèles et les intimes, ignorant les lourdeurs qu'impose la Cour. Là, le roi se sent bien. Heureux. C'est si vrai qu'il a agrandi ce domaine de cent vingt-sept arpents[2] et acheté le territoire seigneurial de Versailles-au-Val-de-Galie que détenait l'archevêque de Paris, Jean-François de Gondi.

Mais connaît-on les raisons qui le font tant aimer sa *ricreazione* ? Si un proche s'autorise à lui poser la question, Louis XIII sourit mystérieusement et détourne le regard. Sa Majesté est avare de mots. Peu pourraient se vanter de connaître ses pensées intimes tant il renâcle à se confier, ne brisant que rarement l'armure que lui impose sa fonction. Pour s'y trouver aussi souvent que possible, on comprend qu'il aime la simplicité des lieux, la quiétude, le silence, la sérénité n'existant pas au Louvre. Dans son *château de cartes*, il est vraiment lui-même et, s'il vente trop,

1. *Petite maison construite à Versailles pour le divertissement...* Jugement d'un ambassadeur vénitien que signale Louis Batiffol (brillant historien, décédé en 1946) et que reprend à son tour Pierre Verlet (*Le Château de Versailles*, Fayard, 1985).

2. Environ 120 hectares.

si le sol est gorgé d'eau ou gelé, si le *marais puant* est par trop infecté de miasmes, il préférera loger dans la piètre hostellerie voisine du petit bourg versaillais plutôt que de rejoindre Saint-Germain-en-Laye. Hélas ! il lui faut souvent mettre entre parenthèses sa passion pour Versailles. Son médecin le supplie de ne plus s'y rendre. Trop humide, trop glacial. Mais ce matin de septembre n'est pas comme les autres. Il vient, accompagné d'un enfant.

*

Il s'agit d'un garçon d'à peine quatre ans, à qui on donnerait deux ou trois ans de plus, car il est fort. Pour l'occasion, il ne porte pas ces habits qu'il déteste et le font ressembler à une fille, d'autant que sa chevelure blonde descend jusqu'aux épaules. Il est vêtu comme le roi et chausse des bottes ornées de beaux étriers. Il s'est donc séparé de la robe blanche, ridicule, que lui impose sa nourrice, quand ce n'est pas sa gouvernante ou son directeur de conscience qui lui dictent ses faits et gestes. Chaque matin, il renâcle, tape du pied, menace d'arracher tout et de courir nu dans les couloirs de l'immense demeure où il loge. La nourrice patiente… Puis se fâche.

— Qui que vous soyez, soutient-elle, les petits sont vêtus ainsi.

Le garçon hausse les épaules :

— Qui que vous soyez ? Mais je ne suis pas n'importe qui ! Je m'appelle Louis Dieudonné, clame-t-il d'une voix aiguë qu'il voudrait grossir. Je suis le Dauphin. Un jour, je succéderai à mon père et mettrai fin à cette loi.

Pierrette Dufour le regarde amusée en l'écoutant parler comme ceux qui s'adressent à lui. S'il ne comprend sans doute pas le sens profond des mots qu'il emploie, ce sont déjà ceux d'un prince. Son ton, ses manières sont altiers. Le jour venu, Louis deviendra un grand roi. Puis le cœur de la nourrice se serre. Il est jeune, trop pour être couronné. Hélas ! elle n'ignore rien de la santé de celui qui règne. Elle sait, pour être intime de la famille royale et pour l'avoir entendu hier en refermant la porte de la chambre de la reine, que Sa Majesté sent poindre la mort.

*

— Est-ce encore loin, Sire ?

Louis XIII sourit à son fils. Ainsi, il cache la grimace qui lui vient tant la douleur tenaille son ventre.

— Apprenez la patience, Louis. Vous en aurez bientôt besoin.

— Chasserons-nous au faucon ? insiste l'enfant.

— Patience, je vous dis.

Le roi désire présenter à celui qui, bientôt, prendra sa place, le domaine auquel il est follement attaché. Avant que la nuit tombe, ils reviendront au Louvre pour fêter dignement l'anniversaire de Louis Dieudonné. Quatre ans que les canons retentirent. Quatre années miraculeuses au cours desquelles le roi n'a cessé de remercier la Vierge.

Cette expédition s'apparente aussi à une sorte de pèlerinage. Louis XIII connaît Versailles depuis que son propre père, Henri IV, l'y emmena alors qu'il avait six ans. Les souvenirs sont lointains, flous, incertains, mais l'un d'eux est gravé. C'était un jour comme celui-ci. Il faisait beau, l'air était sec, la nature foisonnante. Il lui revient le vol d'un faisan débusqué par Sévère[1], un chien auquel tenait son père. Un limier. Un compagnon dont il ne craignait rien, ajoutait ce roi. Au soir de la chasse, le gibier fut rassemblé. Les hommes parlaient fort, buvaient, tranchaient le pain en se contant leurs exploits, réussis ou manqués. Les plumes du faisan levé par Sévère brillaient parmi les autres. La pièce était belle. Henri IV se pencha et voulut s'en saisir pour soupeser la bête. Au même instant, le chien surgit de la pénombre et, crocs sortis, mordit son maître. L'oiseau était sa proie, aucun homme, pas même un roi, n'y toucherait. Le gant fut déchiré, le sang coula. Alors qu'un écuyer se jetait sur le chien pour l'égorger, Henri IV

1. Septime Sévère fut empereur de Rome de 193 à 211 après J.-C.

ordonna de le laisser en vie. Le futur Louis XIII regardait la scène d'un air terrorisé. Son père s'en rendit compte et vint vers lui.

— Ne craignez rien, mon fils. Je ne sens déjà plus la douleur et, voyez vous-même, la plaie est peu profonde.

— Sire, pourquoi l'avez-vous laissé en vie ? bredouilla l'enfant. Il vous veut du mal…

— Souvenez-vous de ce chien quand votre heure sera venue d'être roi, répondit son père. Seul l'ami vous trahit. Je le croyais tel, je ne m'en méfiais pas, et voilà pourquoi il a pu me blesser. La leçon est comprise. Je le garde, mais le surveillerai d'un œil. Ainsi, il ne pourra plus me nuire. Maintenant, songez à sa mort. Il faudrait le remplacer et comment savoir si je ne choisirai pas plus nuisible ? Le nouveau peut se montrer docile, je le croirai sans danger, et quand je m'y attendrai le moins, il m'attaquera. Aussi, surveillez ceux qui se disent fidèles, plus encore que vos ennemis. La trahison arrive par ceux auxquels on ne s'attend pas. Retenez cette leçon.

Est-ce pourquoi Louis XIII se montre méfiant ? Une chose est sûre : de père en fils, la chasse coule dans les veines des Bourbons.

*

Depuis peu, le carrosse avance au pas. Louis XIII cherche la clairière qui se cache derrière un épais bois de chênes. Il faut connaître pour la trouver du premier coup.

— C'est ici.

Le roi montre à l'enfant une trace qui se dessine à peine entre les arbres. L'herbe est légèrement couchée, piétinée par le gibier, mais il faut son œil d'habitué pour deviner la trouée. Aussitôt, il frappe sur le toit du carrosse. D'un geste sûr, le cocher tire sur les rênes. Louis XIII ouvre sa portière avant même que l'arrêt soit assuré. Un écuyer se presse pour l'aider. Il refuse, saute à pieds joints, gratte le sol de sa botte, repère bientôt l'empreinte d'une perdrix. Le Dauphin l'a rejoint et regarde son père, cherchant à comprendre les règles de ce nouveau jeu.

— Ne marchez pas ici, Monsieur mon fils, vous risqueriez de brouiller les pistes. Allons, suivez-moi, maintenant.

Louis le Juste n'est plus le même. Il redresse le buste, parle d'une voix forte, saisit l'enfant à l'épaule pour lui éviter de trébucher sur une souche morte alors qu'ils s'engagent dans l'étroit passage. Le roi marche devant, taille, coupe les branches basses, dégage la route à l'aide de la miséricorde[1] qu'il portait à l'instant à la ceinture. Son fils le suit sans faiblir, lève haut les jambes pour franchir des obstacles qu'un géant de sa taille affronte courageusement. Son père se retourne parfois et l'encourage de la voix. Mais il a peu à faire tant l'enfant veut prouver son audace.

Qui devinerait qu'il s'agit du roi et du Dauphin ? Rien ne les distingue des sujets de la Couronne. Leur tenue est ordinaire, leurs échanges brefs, badins, naturels. Ceux d'un père et d'un fils en balade qui ne calculent, ne pèsent rien, à l'inverse de ce qu'ils sont au quotidien. Le fait d'être simple est donc *extraordinaire*. L'explication se trouve dans le fait qu'ils vont seuls. À l'entrée du sentier, Sa Majesté a ordonné qu'on ne l'accompagne point. À cent pas, on devine encore sa silhouette, mais celle du petit a disparu. L'épaisse végétation de leur route de fortune se referme peu à peu, au grand dam de la garde, hésitant entre désobéir ou les perdre de vue. Mais les deux aventuriers ont oublié Jean-Armand du Peyrer, comte de Tréville, et plus encore mousquetaire, qui suppliait de les accompagner et n'a pu que se soumettre quand le roi, sur un ton inhabituellement sec, lui intima l'ordre de *le laisser en paix*[2].

1. Petit poignard que les chevaliers portaient de l'autre côté de l'épée et qui leur servait à tuer leur adversaire après l'avoir renversé, s'il ne criait pas miséricorde. C'est aussi une arme utilisée à la chasse pour achever la proie.

2. Jean-Armand du Peyrer, comte de Tréville, est capitaine lieutenant de la compagnie des mousquetaires chargée de la protection du roi lors de ses déplacements. Athos, Porthos, Aramis et d'Artagnan ne sont pas loin... L'histoire de ce personnage est romanesque. Très proche de Louis XIII, il fut cependant relevé de ses fonctions par Richelieu qui ne lui pardonnait pas d'avoir été en contact avec Cinq-Mars, ce comploteur qui voulait éliminer le Cardinal. Après la mort de Richelieu, le mousquetaire revint toutefois auprès du roi.

Depuis qu'ils se savent assez loin pour ne plus être vus, ils flânent, laissent aller le regard sans craindre d'être observés à leur tour, découvrent, surtout pour l'enfant. Soudain, celui-ci s'est accroupi et il appelle son guide qui étudiait une boule de poils bruns accrochée aux brindilles d'un hêtre. La route est empruntée par un cerf.

— Qu'est-ce que c'est ? bredouille le petit.

Il désigne un scarabée doré.

— Une créature de Dieu, répond le roi.

Louis Dieudonné pointe l'insecte de l'index, tente de compter le nombre de ses pattes.

— Une, deux…, trois ?

La suite ne vient pas.

— Trois, en effet… Puis quatre.

La scène attendrit le père. Depuis combien de temps n'a-t-il pas vu son enfant en tête-à-tête ? À bien y réfléchir, il lui semble que leur unique moment d'intimité remonte à la naissance du Dauphin. Le roi n'a pas oublié que le ciel s'était éclairci, les canons tonnaient, les cloches volaient. Il avait pris le poupon dans ses bras et s'était avancé vers une fenêtre où des larmes vinrent. *Mon fils tant désiré*, se racontait-il. *Mon fils que Dieu m'a donné, je jure de veiller sur toi et de t'aider à devenir roi. Mon fils, mon fils, promets-moi à ton tour de vivre… Entends combien ton père t'aime et s'il te le chuchote rarement, sois certain que son cœur est rempli de joie et d'amour.* Puis le roi s'était retourné vers son frère, les dames d'atour, les courtisans et la reine et tous étaient étonnés de voir son émotion sincère. Alors il avait repris sa méthode, la neutralité exigée par son rang, s'inquiétant cependant car le feu s'éteignait dans l'âtre.

Par la suite, combien de fois était-il venu regarder ce fils dans son sommeil, exigeant de sa nourrice, Pierrette Dufour, de taire son secret ? Et rien ne réjouissait plus cette femme généreuse.

*

— Comptez encore les pattes de ce scarabée, jeune seigneur !

Louis fronce le nez et recommence :

— Une, deux, trois…

Il soupire. S'interrompt. Ne sait plus.

— Sire, gémit-il en redressant d'un coup de tête sa chevelure blonde, quand irons-nous chasser ?

— Regardez devant vous. Voilà notre clairière.

— Le gibier est encore loin ? insiste le petit bonhomme.

— Il faut encore marcher. Mais d'abord, laissez-moi vous aider à traverser ce gué.

Un filet d'eau barre l'entrée de la clairière.

— Donnez-moi votre main, Monsieur le Dauphin.

Louis recule de trois pas, prend son élan, s'élance et saute par-dessus sans même mouiller le talon de ses bottes. Son père ne fait pas de même. Il trempe les pieds et c'est son fils qui se propose de l'aider à remonter sur l'autre rive. Un instant, ils se regardent en silence puis, finissent par éclater de rire. Alors, et seulement, l'enfant tend la main et cherche celle de son père. Dieu, pense Louis XIII, combien de fois connaîtrai-je ce bonheur ? Il voudrait tant vivre ce moment plus tard, lorsque son fils, gagné par la raison, comprendrait qu'il ne s'agit pas uniquement d'un jeu, mais d'un apprentissage, de la leçon d'un père telle qu'elle lui fut enseignée par Henri IV dans cette même forêt. Aura-t-il la force de vivre aussi longtemps ? Dieu, poursuit-il, accordez à mon fils assez de grâce pour qu'il se souvienne de notre tête-à-tête.

Ce dernier a pris de l'avance. Ignorant la peur, il court dans la clairière, brandissant l'épée de bois que Louis XIII lui a remise au moment du départ. Il se sent soldat, prêt à affronter les plus féroces créatures de la forêt et rien ne pourrait arrêter sa cavalcade, n'eût été son père qui lui ordonne de l'attendre. Comment retenir un enfant si jeune, le captiver pour qu'il colle à ses basques, songe-t-il ?

— Venez voir, Monsieur mon fils.

À regret, l'enfant revient sur ses pas.

— Sauriez-vous me dire qui loge dans ce trou ?

De nouveau captivé, Louis Dieudonné se met à quatre pattes et approche la tête du terrier.

— Prudence, murmure le roi. Est-ce le repère d'un renard ?

Un renard ? Il n'en a jamais vu. Toutefois, Pierrette, sa nourrice, prétend que l'animal est dangereux. Louis bondit sur ses jambes et se saisit de son épée en bois, prêt à faire face, tels les preux chevaliers des livres qu'on lui lit. Mais il recule de deux pas.

— Ou la cachette d'un lapin ? insiste son professeur.

Voilà qui rassure Louis. Des lapins, il y en a chez lui. Il lève droit la tête pour scruter ce savant qui connaît tout. Son regard est intense. L'enfant est captivé.

— Regardons aux alentours. D'abord, cherchons les indices qui pourraient nous renseigner.

Louis XIII fait semblant de réfléchir :

— Un renard qu'on dit rusé, malin si vous préférez, crotterait-il devant sa maison ?

Louis le Juste parle calmement, use de mots simples. Parfois, l'enfant écarquille les yeux. Il ne comprend pas tout, loin de là, mais il s'amuse follement. Personne ne lui répète *à chaque bout de champ*[1] ce qu'il doit dire ou faire. Tout à l'heure, il avait faim. Son père a ouvert une besace dans laquelle se trouvaient des tranches de pain et un morceau de lard qu'ils mordent gaillardement. Il voit la journée comme un divertissement et l'apprécie puisqu'il n'a jamais joué avec son père, toujours entouré, occupé, inatteignable. Il se tait, détaille ce visage, voit qu'il a quelques cheveux gris, s'accroche à chacune de ses paroles, même s'il est dur de tout retenir. Voilà, lui raconte-t-on, comment tailler un bout de bois, siffler en coinçant un brin d'herbe entre deux doigts, imiter le chant du merle et celui de la caille qui courcaille, cachée derrière ces roseaux… Pour cette initiation – car il s'agit aussi de cela –, le roi juste use de gestes, de symboles et aussi recourt à la comédie. Et qu'il lui semble bon de faire rire aux éclats son enfant !

1. Formule du XVIIe siècle. Aujourd'hui : à tout bout de champ.

La nature, plus encore que la chasse, devient un instrument d'éducation. Peut-on tout apprendre en un jour ? Sûrement pas. Mais voilà comment s'orienter, chercher vers où le soleil dormira, trouver à quoi il sert – et combien il domine les éléments. Louis Dieudonné prend goût à ces exercices moins ennuyeux que ceux de ses maîtres.

La journée s'étire ainsi. Il est midi, raconte encore le roi, en montrant que l'ombre a disparu, mangée par l'astre qui la dessine, quand celui-ci est à son firmament.

— Quand reviendra-t-elle ? s'inquiète le petit.

— Ce matin, elle était dans votre dos. Le temps de manger, et vous marcherez dessus à chacun de vos pas.

Parfois, il est difficile de comprendre les tours de passe-passe de ce magicien. L'enfant écarquille les yeux devant tant de mystères qui le dépassent. Le roi comprend qu'il ne peut aller plus loin.

— Êtes-vous fatigué ?

— Non, Sire, répond-on fermement.

— Pourtant, vous bâillez...

— Je repose mes yeux, ment-il en bombant le torse. Je prends des forces en attendant la chasse !

Voilà qu'on en revient à la promesse faite pour célébrer un anniversaire. Mais il n'y a ni faucon ni émerillon[1].

— Préparons-nous ! lance cependant Louis XIII sans trop savoir comment expliquer au Dauphin qu'il est trop jeune pour se mesurer au gibier.

— Donnez-la moi, pleurniche-t-il en tentant de saisir la miséricorde de son père.

Ce dernier est courbatu. Les douleurs au ventre se réveillent. Le soleil vient de passer derrière la cime des arbres, la lumière décline lentement. La leçon de chasse ? Il respectera sa parole ; il le faut. Alors, il s'emploie à chercher une trace sans y croire,

1. Louis XIII chassait beaucoup au faucon.

et s'engage à l'est, s'éloignant un peu plus du carrosse et de ses gardes.

— Vous sentez-vous prêt ?

Louis Dieudonné opine d'un air sérieux. Mais à quoi devrait-il s'attendre ? À tout hasard, il se saisit de son épée en bois.

— Avant de s'armer, il convient d'étudier si l'on est chasseur.

Eh quoi ! L'enfant en est convaincu.

— Quelle qualité doit-on posséder ? demande le roi.

— La force !

— Et encore…

L'enfant n'a plus d'idées.

— Savez-vous qui je suis ? commence Louis XIII.

— Mon père ! crie le fils.

— Et qui d'autre ?

— Le roi, Sire ! ânonne le petit pour l'avoir tant de fois appris.

— Croyez-vous que je sois fort ?

Louis Dieudonné regarde ce visage aux traits tirés, ces poils gris piqués dans la barbe… Savant, oui, mais invincible ?

— Ai-je toujours assez de vigueur pour régner sur des millions de sujets ? insiste le monarque.

— Des millions ?

— Autant que les gouttes de pluie un soir d'orage…

— Comme celles qui picotent le front ?

— La puissance n'est pas tout. Et régner ou chasser s'annonce pareillement…

Le petit n'imaginait point que la chasse était aussi compliquée.

— Croyez-vous que l'animal s'inclinera parce que je suis le roi, et vous, le Dauphin ? Le combat se fait d'égal à égal. Et la force ne suffit plus. S'y mêlent la ruse, la patience… Il faut attendre, se méfier de la branche sèche qui se brise sous la botte, du vent qui trahit votre présence. Être rusé comme le renard. Eh bien ! Régner – ce qui vous arrivera plus souvent que de chasser – exige les mêmes qualités.

Louis XIII voudrait expliquer à son fils que régner est un combat où, sous la courtisanerie hypocrite, se cache la trahison, plus féroce que celle du chien Sévère. Régner, c'est cerner l'essence des hommes, la connaître aussi parfaitement que celle des arbres qui les entourent. Régner, c'est repérer sa proie, ne jamais relâcher son attention, sentir l'air, deviner qu'il y flotte la fronde, couper la main de celui qui tend la coupe plus mortelle qu'un champignon aux couleurs attirantes, se taire, regarder, attendre que *l'animal* se montre. Et n'agir qu'ensuite.

— Comprenez-vous ? demande à voix basse Louis XIII.

Louis Dieudonné hoche la tête pour plaire à son père et ne pas le lasser. Pour qu'il joue encore avec lui.

— Maintenant, voilà votre récompense. Tournez lentement la tête de ce côté-ci et voyez-vous votre gibier ?

Le petit s'exécute. Dieu ! Que l'animal est grand...

— Oui, Sire !

L'enfant a crié.

*

Au loin, la biche relève la tête, tend les oreilles. Elle a entendu le danger. D'un bond gracieux, elle fuit dans les sous-bois. Louis Dieudonné tombe en larmes parce que ses bottes sont lourdes, parce qu'il ne comprend pas pourquoi l'animal n'est pas resté afin de lui plaire. Son père s'agenouille, essuie ses joues et, pour la première fois, se montre dans cette humble position.

— Nous avons perdu, dit-il d'une voix douce. Il vous faut aussi apprendre la vertu de l'échec.

L'enfant boude. Ces mots sont trop compliqués.

— Nous reviendrons ici pour chasser, lance ce père infatigable. Je vous le promets.

Le croit-il vraiment ? L'élève applaudit, la biche est oubliée.

— Recommencer inlassablement, travailler sans relâche... Tel sera votre métier, murmure le roi à lui-même.

L'enfant est trop petit, s'assombrit-il, doutant de sa méthode. Six ans, comme ce jour où il chassa avec son propre père,

Henri IV. Sept ans, si cela était possible… Voilà ce qu'il faudrait pour que le prochain roi entende son testament.

— Allons ! Votre mère, la reine, vous attend au Louvre.

*

Le retour est maussade. Louis XIII souffre, le Dauphin n'en peut plus. Mais alors qu'ils atteignent le sentier les ramenant au carrosse, un cerf, un mâle immense, un dix-cors, surgit et leur barre le passage. La saison des amours débutera bientôt, le brame, dit-on encore, et la bête est en transe, brutale, se montre intraitable. On viole son territoire. La biche qu'ils ont surprise faisait-elle partie du sérail ? Les flancs de l'animal se gonflent de colère, son pied racle la terre, il grogne, râle. Bientôt, il chargera, bois en avant, plus aiguisés que la lame du spadassin. Louis Dieudonné tremble de peur. Sans lâcher le cerf du regard, son père le prend par la main et, doucement, le place derrière lui. Maintenant, le Juste affronte seul le danger.

— Ne criez pas. Ne bougez pas, glisse-t-il calmement.

Et ces paroles, ni violentes ni brutales, agissent plus sûrement que la plus formidable des forces.

*

Le regard du monarque ne faiblit pas. Son corps, à l'instant sans vigueur, fait rempart. Il fixe le cerf. Il ne reculera pas, il ne fuira pas et se refuse à appeler la garde campant à l'autre bout du chemin et qui, malgré l'éloignement, pourrait peut-être l'entendre.

L'affrontement se prolonge peu, mais dure une éternité. Le cerf jauge l'ennemi. Il le flaire, le menace en reculant, en avançant. Le roi pourrait, devrait se saisir de sa miséricorde, mais il préfère toiser le danger. Il ne le craint pas. La force, tentait-il d'expliquer à ce fils ? Elle niche dans le silence, la patience, la ruse. Peu à peu, le doute, puis la peur change de camp. On résiste, est-ce parce que l'on est plus puissant ? Le mâle hésite, devient la proie d'un chasseur dont l'assurance s'avère la meilleure des armes.

Soudain, le cerf tourne la tête. À cet instant, il vient de perdre le face-à-face. Il jette une dernière fois ces bois en avant, puis choisit la fuite en forçant un passage entre les ronces. Il disparaît.

Alors seulement, Louis XIII se saisit de son arme.

— Allez-vous bien ?

Le ton n'a pas varié. Aussi calme que celui dont le roi use à la Cour.

— Oui, Sire, bredouille le petit.

— Eh bien ! Quel combat ! fait-il mine de se réjouir. Au moins, nous avons appris une chose importante…

Louis Dieudonné tremble sur ses jambes.

— Nous sommes de vrais chasseurs, reprend le monarque. Pas un instant, nous n'avons douté de notre force, et l'animal l'a compris…

— Oui, Sire, répond l'enfant d'une voix peu convaincue.

— Vous n'avez pas bronché, pas pleuré, pas gémi. Cependant, méfions-nous, Monsieur le Dauphin. Sortez votre épée pour venir si besoin au secours de votre roi.

Louis Dieudonné obtempère aussitôt et ce geste suffit pour qu'il recouvre sa bonne humeur.

— Encore qu'il me semble que ce ne sera pas nécessaire…

— Pourquoi ?

— Nous avons triomphé.

— C'est sûr ? insiste le petit en jetant un regard inquiet vers le bois où s'est enfui le cerf.

— Je vous fais cette promesse. L'animal ne s'approchera jamais plus d'ici.

— Moi, je crois qu'il faut le tuer…

— La victoire n'a pas toujours besoin de sang.

Le petit pense que la seule façon de triompher d'une mouche, c'est de l'écraser. Il s'y emploie depuis peu… Sans trop y parvenir…

— Pour toujours, cette clairière est à nous, insiste Louis XIII.
— Pourquoi ne reviendra-t-il jamais ?
— En n'ayant pas eu peur, il nous a crus plus forts que lui.
— Oui, je n'ai pas eu peur... répète Louis Dieudonné.
— Maintenant, rentrons.

*

Louis Dieudonné se colle à son héros, redresse la tête pour se grandir, et il va ainsi, ne cessant de parler de ses exploits, comparant son épée aux bois de la bête furieuse, se souvenant qu'elle ronflait tel un dragon, que ses yeux étaient rouges, et le roi écoute, encourage les rêves de son fils. Ils vont à pas lents vers le sentier qui les reconduit au carrosse. Que devrait-on encore lui dire pour que la leçon soit complète ? Qu'il ne faut jamais renoncer ? S'entêter ? Non. *Simplement* être roi. Ils arrivent au chemin. Encore quelques instants de liberté et ce sera fini. Louis XIII pose la main sur l'épaule de son fils :

— Cette clairière n'est qu'une part infime d'un domaine que j'ai aimé plus que tous les châteaux de notre royaume. Et bientôt, vous y serez seul chez vous, murmure-t-il.

— Est-ce plus grand que ce vous m'avez montré ? continue le Dauphin sans comprendre la portée des derniers mots de son père.

— Assez pour un roi. Peut-être trop pour un homme...

Il se penche pour chuchoter la suite :

— J'y ai construit une demeure qui abrite mes secrets.
— C'est loin d'ici ?
— Une heure de marche.
— C'est beaucoup ?
— On nous attend au Louvre. Une autre fois.
Je voudrais voir votre cachette, supplie-t-il.
— Vous reviendrez, car la clairière, comme le reste, sera à vous.
— Comment ferai-je pour retrouver le chemin ?
— Vous le connaissez déjà. Nous l'avons pris ce matin.

Et pour la première et la dernière fois, le roi tutoie son fils :

— Montre-moi que tu as appris, dis-moi où nous devons aller.

Sans hésiter, le Dauphin s'engage dans l'étroit passage :

— Je vais raconter comment nous avons chassé le cerf !

— Un roi ne parle jamais de ses prouesses. Ce ne sera qu'un beau souvenir entre vous et moi.

*

Le 14 mai 1643, soit huit mois plus tard, Louis XIII mourut à Fontainebleau. Peu avant, il demanda à voir son fils :

— Avez-vous parlé de notre secret ? Le cerf dans la clairière…

— Jamais, mon père…

Les larmes venaient. Louis XIII fronça gentiment les yeux :

— Vous y apprîtes ce que signifie être fort. Avez-vous oublié ? Affichez toujours cette vertu car, en étant grand, vous soumettrez le plus féroce de vos ennemis, et vous deviendrez indestructible.

Chapitre 7

TROIS ANNÉES se sont écoulées depuis la mort de Louis XIII, le 14 mai 1643, et le Dauphin a grandi. Mais il n'est pas facile d'être à la fois enfant et monarque. Régner devrait lui permettre de gouverner au moins sa vie. Or il n'en est rien. Être roi, n'est-ce pas décider, choisir, commander, ordonner, en lieu et place de la vertigineuse procession de conseils qui, de l'aube à la nuit, l'invite à se vêtir ainsi, à manger ceci et pas cela, ni trop ni trop peu, à décider de l'heure où il se couche et se lèvera ? Il y a pire. Gouverner exige d'apprendre. Roi et enfant, ce couple ne fonctionne pas, surtout quand il s'agit de s'instruire comme n'importe quel sujet. Un roi entouré d'une armée d'ecclésiastiques a-t-il besoin de versifier en latin ? Son précepteur – et directeur de conscience –, Hardouin de Péréfixe de Beaumont, s'entête à lui faire apprendre par cœur la carte de la Terre sainte. Mais lui préfère pincer les cordes de la guitare que lui a offerte la reine et reproduire les beaux airs que lui enseigne le compositeur italien Francesco Corbetta. Ce qu'il aime, c'est jouer avec ses petits soldats pour apprendre la tactique militaire[1]. Et les mathématiques du maître Le Camus, sont-elles utiles aux calculs politiques ? L'histoire ? Il la bâtira. Apprendre à l'écrire ? Quelqu'un le fera pour

1. Sur l'éducation de Louis XIV, comme sur sa vie et la construction de Versailles, voir le hors série de *GéoHistoire* consacré à ce sujet, si tant est que le roi en fût un.

lui ! Il existe déjà un dénommé Bernard pour lui donner la lecture. Pourquoi suivre les cours d'italien d'Antoine Oudin quand son parrain, Jules Mazarin, maîtrise pour lui les ruses de la langue transalpine ? Le roi aime danser, dessiner. Mais il patiente. Bientôt, il sera un homme. D'ailleurs, n'est-ce pas fait ? Le 9 mars de cette année 1646, alors qu'il avait sept ans, il a triomphé de l'épreuve du passage aux hommes. Pour cela, il a défilé nu comme un ver devant les femmes qui l'ont élevé jusque-là. On l'a trouvé beau et fort. Et le médecin s'est félicité de sa santé. Oui, un jour prochain, il dirigera selon son droit et à sa façon. En homme et en roi. Qui osera alors lui donner des leçons ?

*

— Vous obtiendrez les résultats que j'espère de vous.

Le petit garçon auquel s'adresse cet homme maigre, habillé de noir, n'est pas Louis XIV et il n'a pas d'autre choix : il doit apprendre. Le 3 juin 1646, à huit heures, Toussaint Delaforge franchit la porte du collège de Montcler[1], situé rue Saint-Jacques, à Paris, dans le quartier de l'Université. L'illustre établissement longe l'ancien *cardo* de Lutèce[2]. Créé par les Jésuites, le collège connaît depuis sa création un succès considérable, d'autant que les cours d'un excellent niveau y sont dispensés gratuitement pour les externes. Mais l'école est aussi réputée pour la dureté de son éducation. Personne n'envie le sort des internes. Or Toussaint Delaforge a, comme le roi, sept ans depuis le mois de septembre dernier. C'est l'âge de raison. Son parrain, l'homme en noir qui l'accompagne, a décidé qu'il était temps de l'éduquer. Toussaint entre au collège de Montcler comme pensionnaire.

1. Il existe dans cette rue le célèbre lycée Louis-le-Grand. On y verra plus qu'une coïncidence, même si la dureté de l'éducation du collège de Montcler n'a rien à voir avec l'excellent collège de Clermont qui s'y trouvait en ces temps-là.

2. Axe principal de circulation dans la Gaule romaine, ici pour franchir la Seine, montrant combien Paris mérite le titre de « ville-pont ».

Au moment de s'y présenter, le parrain de Toussaint tente de prendre sa main, mais celui-ci la lui refuse. Un mouvement d'humeur ? Calmés, le préfet de discipline qui accueille les nouveaux élèves scrute la scène. Il observe chaque enfant car l'expérience lui a enseigné que la première impression est souvent bonne, mais il s'attarde sur ce garçon parce qu'il le juge aussitôt hermétique au monde extérieur, comme enfermé dans ses songes. Un petit sauvage, imagine-t-il, aidé dans ce jugement péremptoire par la physionomie du garçonnet. Il est bosselé de la tête et sa joue gauche est barrée d'une cicatrice dont on ne saurait dire si elle est récente ou ancienne. Les chairs peinent à se refermer, et le futur surveillant général de Toussaint y songe comme aux stigmates d'une souffrance profonde.

— Père Marolles…

Le préfet de discipline vient de saluer sobrement le parrain de Toussaint Delaforge. En effet, c'est également un prêtre. Un jésuite comme son vis-à-vis. Celui qui baptisa Toussaint et le prit à sa mère, Marie, sept ans plus tôt, le jour de la naissance du futur Louis XIV.

*

Sitôt après avoir arraché le nourrisson des griffes de Paillard, *la vieille à deux dents*, le révérend père Joseph de Marolles s'était enfoncé dans la rue de la Tonnellerie, jouant des coudes, serrant le nouveau-né dans les bras pour fendre la foule qui rejoignait le Louvre afin de saluer la naissance du Dauphin ou se précipitait place de Grève où les échevins, ces magistrats de Paris, avaient convié tout ce monde à un grand feu de joie et autres illuminations et pétarades. Était-il possible de retrouver cette soutane dans la cohue ? La sorcière qui avait mis fin à la vie de Marie en l'étouffant dans le drap où était né son fils n'y croyait pas. C'était une manière de soulager sa conscience. Pas assez pour ne pas la condamner aux flammes de Satan, car si elle avait pris son courage à deux mains, si elle avait bondi dans la rue, si elle s'était accrochée aux pas de Marolles, elle aurait vu qu'il n'avait pas eu beaucoup à marcher pour se rendre dans l'hôtel du marquis de La Place où il s'était présenté à la porte arrière. Se faisant reconnaître par un valet, il avait alors traversé la cour intérieure, dos courbé, cachant l'enfant sous le manteau, puis il s'était glissé jusqu'aux écuries au-dessus desquelles se trouvait un logement confortable – le sien même, rue de la Couture-Sainte-Catherine, non loin de l'hôtel Carnavalet, propriété de la veuve Françoise de Kernevenoy [1].

Toussaint n'avait pas bronché durant ce périple et tout laissait croire que son évanouissement durable annonçait sa mort. Ne l'était-il pas ? Une nourrice attendait l'enfant dans l'appartement de Joseph de Marolles. Elle l'avait examiné, ne pouvant retenir un cri lorsqu'elle avait découvert son visage tuméfié et fendu d'une profonde cicatrice.

— Vit-il ? Répondez-moi.

Marolles interrogeait vivement la nourrice. Celle-ci se pencha pour écouter le petit cœur et crut l'entendre battre.

— Alors, il faut le réveiller ! Qu'il ouvre la bouche ! Qu'il boive votre lait ! Faites votre métier !

Ces cris suffirent-ils ? Le nouveau-né grimaça, gémit. Déjà la nourrice ouvrait sa chemise, mais hésitait encore. Marolles ne la quittait pas des yeux.

— Mon père...

Le prêtre comprit enfin et détourna son regard.

— Que faut-il pour le sauver ? s'inquiéta-t-il, épaules tournées.

— De l'eau chaude, des serviettes, de l'huile grasse pour masser son corps. Et nombre de prières...

Marolles sortit soudainement, dévala l'escalier quatre à quatre et courut aux cuisines de l'hôtel du marquis de La Place. Il était chez lui, ordonnant à la brave Berthe de faire chauffer l'eau et de lui donner du linge propre.

---

1. Rue de la Couture ou de la Culture-Sainte-Catherine. Aujourd'hui, rue de Sévigné, pour y avoir accueilli, dans l'hôtel Carnavalet, la célèbre marquise de Sévigné.

— L'enfant est là ? demanda timidement la cuisinière.

— Oui, répondit sobrement Marolles.

— Et sa mère ?

— Morte en couches, lança-t-il en baissant la tête. Mais je tiendrai la promesse que j'ai faite à cette jeune femme. Je veillerai sur son enfant.

Berthe se pencha et embrassa la main de Marolles.

— Que Dieu bénisse votre générosité, Marie était si…

Le prêtre se dégagea brusquement :

— Cela suffit ! Donnez-moi l'eau et la serviette.

Il sortait déjà de la cuisine :

— Cet enfant restera auprès de moi le plus longtemps possible.

— Marie aurait été si heureuse, pleurnichait Berthe.

Marolles se raidit et fixa rudement cette femme généreuse :

— Si vous voulez qu'il s'en sorte, ne parlez jamais de sa mère. Elle est morte. Paix à son âme. Il ne doit rien savoir de ses origines, sinon, je ne pourrai le garder chez le marquis de La Place. Est-ce compris, Berthe ?

— Oui, murmura-t-elle.

— Jurez-vous devant Dieu dont je suis le témoin ?

— Oui, fit la cuisinière. Mais, osa-t-elle, quel est son prénom ?

— Toussaint. Celui qu'avait choisi sa mère.

— Et quel nom portera-t-il ?

Marolles sortit sans répondre.

*

Pour l'heure, Toussaint vivait. Une semaine s'était écoulée, et la nourrice produisait des miracles, ne relâchant jamais son attention, se reposant auprès de l'enfant, lui donnant le sein sans compter. Marolles s'était retiré dans l'autre aile de l'appartement, dormant dans la pièce qui lui servait de bureau. C'est ici qu'il s'isolait quand il éprouvait le besoin de réfléchir. L'endroit était sombre, éclairé par un œil-de-bœuf de petite taille. On y trouvait le strict nécessaire et pour seul décor un christ de facture modeste qui voulait signifier que la foi sincère est avant tout intérieure et n'a nul besoin de représentation somptuaire. Jésus se montrait en bois, sans couleurs, sans dorures et se noyait dans la pénombre de l'antre de Joseph de Marolles. Le jésuite avait installé devant la croix un prie-Dieu recouvert d'un velours patiné par les heures passées à se recueillir. Il était sans âge, si bien qu'on ne pouvait dire si la marque des genoux ancrée dans le coussin illustrait la dévotion de son actuel propriétaire ou celle d'un plus ancien.

Pour que le visiteur ne doute pas que ce révérend était habité par un fervent esprit de pénitence, une haire, cette petite chemise fabriquée dans le crin de la chèvre, était posée sur le prie-Dieu, en évidence. Portée pendant le carême, la haire brûlait la peau, provoquait d'infinies souffrances – sans qu'on puisse les comparer à celles du Fils de Dieu. On y gagnait une place au paradis, du moins l'espoir du pardon de ses péchés.

Quels étaient ceux du révérend père Marolles ? Son hôte, Philippe de Voigny, marquis de La Place, n'en voyait aucun et quand il rendait visite à son confesseur, lui seul parlait de ses fautes, avouant surtout son penchant pour la luxure. Marolles aimait orchestrer ces rendez-vous avec son bienfaiteur qui, en échange de pénitences fort modestes, et bien étudiées pour soulager son âme, lui accordait le gîte et le couvert. Le marquis s'agenouillait sur le prie-Dieu, Marolles allumait le cierge posé sur son bureau encombré de peu de choses, pour tout dire d'une Bible dont le coin des pages était éreinté tant elles avaient été tournées. Les deux se signaient. Alors, la litanie commençait. *Mon père, j'ai péché…* Marolles aurait pu réciter par cœur ce qu'il entendait chaque semaine. Dévergondages et sauteries avec le commun de la société. Des bonnes, des servantes, des filles de la campagne du domaine d'Anjou auquel le marquis rendait visite chaque mois pour recevoir ses intérêts, chasser et surtout forniquer. L'homme était vert. Son épouse décédée. La nature a ses exigences… *Amen.*

Le pardon accordé, Philippe de Voigny se sentait mieux, plus léger. Pour ainsi dire, libéré. Cela ouvrait son appétit. Le cycle reprenait. Manger, boire, chasser… La suite ne se faisait pas attendre. Mais, en échange d'une tirade morale, calculée au plus juste pour ne pas écorner ces bonnes relations, y ajoutant un soupir ou deux racontant mieux qu'un discours la mansuétude du jésuite, La Place s'en retournait aux us et coutumes habituels du oisif. Et Marolles profitait des rentes de son hôte.

*

C'est ainsi qu'il avait aussi en charge les bonnes œuvres qu'un marquis doit aux pauvres. Marolles, la bourse pleine, soulageait la misère au gré de ses rencontres, recevant l'indigent en lieu et place de Voigny, trop occupé ailleurs. Parfois, il l'accompagnait en Anjou et pendant que le propriétaire usait du droit féodal de cuissage, il disait des messes, entendait les paysans en confession, bénissait les enfants, baptisait et délivrait les derniers sacrements. Un noble aussi riche que le marquis de La Place a son prêtre à demeure, autant qu'un cuisinier ou un valet de chambre. Marolles remplissait ses fonctions avec discrétion et sagesse et pour rien au monde son commanditaire n'aurait brisé cette entente féconde pour l'un et pour l'autre.

Il avait été assez facile d'expliquer au marquis que son confesseur hébergeait provisoirement un nouveau-né et qu'il vivait ici, dans cet appartement. Un acte de charité, entendu dans l'indifférence car Voigny ne comprenait rien à la générosité. C'est pourquoi le jésuite existait. Une chose cependant l'étonnait :

— Pourquoi ne le confiez-vous pas à un orphelinat ?

Marolles s'attendait à la question :

— Peu avant qu'elle mette au monde cet enfant, j'ai entendu la jeune mère en confession et son désarroi m'a touché. Aussi, n'ai-je su lui refuser quand elle m'a supplié d'être le parrain de son fils.

Voigny salua l'altruisme du prêtre. Ainsi, devenait-on saint ? Lui ne l'était pas :

— Sa présence sous mon toit et, comment dire, délicate. Il ne faudrait pas que les mauvaises langues en profitent. Mon confesseur devine comment cette affaire risque d'être comprise…

Faisait-il allusion aux soubrettes qu'il troussait ? Craignait-il qu'on l'accusât d'héberger un bâtard ? Tant de choses à vrai dire vraisemblables.

— Entendez-vous le... conserver ici longtemps ? insista-t-il.

— Sa santé est encore fragile. Et la charité, même provisoire, n'est pas interdite à un bon chrétien.

Bon. Le marquis se contenta de cette réponse. En œuvrant à sa façon aux bons soins de ce poupon, n'empruntait-il pas la voie qui le rapprochait de Dieu ? Et effaçait un peu ses turpitudes. Une question demeurait. Pas une fois, le marquis n'avait montré un quelconque intérêt pour la mère de cet enfant. Aucune curiosité, aucune compassion. Pas une interrogation sur les origines du petit Toussaint. Mais pouvait-il en être autrement d'un être fort dédaigneux des autres ? La fille mère inconnue et l'enfant ne comptaient pas plus que les gens qui le servaient fidèlement, silhouettes lointaines et floues auxquelles il ne prêtait attention qu'à l'instant où elles lui étaient utiles et qu'il houspillait, maltraitait, renvoyait et séduisait parfois avant de les confier à l'oubli.

*

Ce jour-là, Marolles avait gagné du temps. Et l'enfant continuait de vivre. Il devait donc lui trouver un patronyme sans rapport avec sa mère et, pour étouffer la rumeur qui préoccupait le marquis de La Place, un nom auquel il pourrait accrocher une fable crédible. Plus il cherchait, plus le sale souvenir qui le hantait revenait. Il voyait le dernier regard de Marie, sentait l'odeur de la vieille maquerelle. Il se repassait dans la tête chaque détail de cette cave semblable à l'idée qu'il se faisait de l'enfer et, chaque fois, le visage de l'enfant, tuméfié, marqué à jamais d'une plaie surgissait. Il devait mourir mais il s'accrochait. De quelle énergie était-il fait ? Joseph de Marolles songeait à Héphaïstos, le seul dieu laid de l'Olympe. Héphaïstos, le dieu du feu, des forges, des entrailles de la terre. Là où était né Toussaint. Ce fut comme une évidence. Il l'appellerait La Forge. Non. Delaforge. Un sobriquet dont le jésuite serait seul à connaître le sens et qui le relierait au passé sans que jamais personne ne sache pourquoi. Delaforge l'aiderait à inventer son histoire. Toussaint Delaforge, le garçon sans famille né d'un père angevin, forgeron et mort ainsi que la mère. Un orphelin que le bon père Marolles avait recueilli. Un misérable sauvé de l'enfer par son parrain.

*

Toussaint jette un regard en coin au préfet de discipline qui se tient à l'entrée du collège de Montcler. Il est peu habitué à voir du monde. Depuis sa naissance, il n'a guère lâché la soutane noire du jésuite. C'est un garçon craintif, effrayé de tout. Il redoute le bruit, la rue, la foule. Il a vécu cloîtré, tantôt chez sa nourrice dans le village de Neuilly-sur-Seine, tantôt dans le petit appartement situé à l'arrière de l'hôtel de Philippe de Voigny, à trois cents pas de là où il naquit ; où sa mère mourut. De tout cela, il ne sait rien. C'est un enfant recueilli par Joseph de Marolles. Entré le 5 septembre 1638 dans la cour pavée de l'hôtel, il n'en est sorti que pour rejoindre, lors de séjours plus ou moins longs, la petite maison de sa nourrice qui a accueilli l'enfant quand il devenait indésirable à l'hôtel de La Place. Au cours de la première année, il ne fit guère parler de lui. Mais bientôt, son caractère se montra. Violent, coléreux, au point d'effrayer les deux fils du marquis, François et Antoine, auxquels s'ajoute Aurore, une fille douce qui est, semble-t-il, la seule humaine à pouvoir approcher et calmer le jeune Toussaint.

Un jour, cependant, le marquis en eut assez et bien que le prêtre ait la lourde tâche d'arbitrer et (de tenter) de sauver son âme, il lui fit comprendre que ce bâtard ne pouvait rester chez lui. Au cours d'une confession plus longue que d'ordinaire, sanctionnée sur la fin par une lourde pénitence (quatre semaines d'abstinence, applicable au vin et au sexe), le prêtre entama un sermon inhabituel sur le sens de l'effort et du don. Une âme noble se devait de partager, et c'était le prix pour rejoindre le Tout-Puissant lors du Jugement dernier. Un arrangement fut trouvé. Le détestable Toussaint passerait les mois d'été et d'automne chez sa nourrice, car la campagne avait du bon en ces saisons. L'hiver et le printemps, il reviendrait à Paris, à condition de rester isolé. Mais quand vinrent ses sept ans, le contrat fut dénoué.

Voigny ne supportait plus ce gamin qui parlait peu, mangeait peu, faisait sale, était laid. On le voyait rôder dans les cuisines, voler du pain, s'enfuir sans se retourner. Et François, le fils aîné du marquis, un peu plus âgé que Toussaint, finissait par ne plus supporter ce bâtard au regard noir, soupçonné de noyer les chats pour protéger son seul compagnon, un rat avec qui il dormait.

— Un rat ! Y songez-vous !

La Place a convoqué Marolles dans le bureau où il trône en maître. Il s'y sent d'attaque pour résister au gardien de sa conscience.

— Vous devez mettre un terme à ce qui devient un malaise. Ce garçon dérange mon service, gêne mes gens, nuit à l'équilibre de mes enfants !

Le marquis était décidé à affronter l'ire du confesseur, pasteur de ses péchés, plutôt que de vivre avec l'horrible gamin.

— Il n'a que sept ans depuis septembre dernier, répondit Marolles qui se félicitait d'avoir tenu si longtemps.

— L'âge de raison, grommela le marquis.

— Je l'ai inscrit au collège de Montcler pour le mois de juin.

Le marquis de La Place connaissait la réputation de dureté de l'établissement.

— Un solide tutorat ne pourra pas lui nuire, acquiesça-t-il.

Et puisque l'affaire était classée, il passa à autre chose.

*

Toussaint Delaforge rejoignit le collège de Montcler à pied, du quartier du Marais à la rue Saint-Jacques. Au cours du trajet, il ne desserra pas les dents et cela n'étonna pas son parrain qui, après une brève tentative pour l'intéresser au Louvre puis à la

Seine, renonça à lui parler. L'enfant découvrait par lui-même, sans montrer la moindre émotion. À peine sembla-t-il s'intéresser au charivari des lavandières qui plongeaient leurs mains blanchies, ridées, dans la rivière, battaient le linge et injuriaient à qui mieux mieux les équarrisseurs parce qu'ils jetaient par-dessus bord la carcasse des bêtes mortes et rougissaient ainsi l'eau dont elles se servaient pour curer les culottes des hommes. Leur tapage fut interrompu par le passage d'une lourde embarcation chargée de victuailles, qui, prise dans les courants, vint taper contre le quai de la rive gauche. Les curieux s'amassèrent et chacun donna son avis pour sauver ce qui pouvait l'être.

Toussaint ignorait ce manège. Son esprit était resté rue de la Couture-Sainte-Catherine. De son adieu aux lieux, il conservait le souvenir d'une jolie petite fille à la chevelure cuivrée dont les joues colorées de taches de rousseur se couvraient de larmes silencieuses en le voyant partir. Il s'agissait d'Aurore, la fille du marquis avec qui il avait joué en secret et à qui il souriait. Au cours de l'heure qui le conduisit au collège de Montcler, Toussaint ne goûta pas à la liberté, préférant graver ce visage dans sa tête. Pour être certain de ne pas l'oublier, il serrait les mâchoires, rentrait les lèvres, les mordait. Un sacrifice qui racontait sa douleur – au point qu'un fin filet de salive vermeille s'échappait de sa bouche –, et c'était sa façon de sangloter. De la main, il s'essuyait de temps à autre afin que son parrain ne découvre pas son chagrin, puis il redressait fièrement la tête, regardant ce Paris qu'il n'avait jamais connu et se refermait alors qu'il se présentait au collège de Montcler.

Qui est donc son nouvel élève ? se demande Paul Calmés, le préfet de discipline. Pourquoi Marolles prête-t-il attention à un garçon si étrange ? Lui et tous les autres jésuites du collège disposeront d'une infinie de jours et de nuits pour tenter de résoudre ces questions.

*

— Vous obtiendrez les résultats que j'espère de vous.

Joseph de Marolles ne lui a dit que cela, puis il est parti. De même, il n'a rien montré, pas même un vague sourire. Toussaint ne s'en est pas étonné puisque c'était ainsi depuis sept ans. Le jésuite a tourné les talons. Quand reviendra-t-il le chercher ? L'enfant n'en sait rien.

Chapitre 8

À QUOI RÊVE UN GARÇON de sept ans ? Pour cela, il faudrait qu'il dorme et ce n'est pas le cas de Toussaint. Depuis qu'il est entré à Montcler, chaque nuit s'égraine pesamment. Ce n'est que peu avant l'aube qu'il sombre dans un sommeil agité, fébrile, dont il sort brusquement, sur injonction du surveillant du dortoir qui vocifère et menace le traînard d'une punition. Il doit se lever, poser les pieds sur le sol humide, ouvrir sa couche, montrer qu'il ne l'a pas salie. Il se tient droit, comme au garde-à-vous, hébété de fatigue, dodelinant de la tête jusqu'à ce qu'on s'intéresse au suivant. Alors, un jour nouveau commence.

Avant, dans le noir le plus profond, il a écouté les bruits de cette salle où s'entassent plus de cent gamins. Il y a tous les âges, et certains ont au moins dix-sept ans, peut-être plus, il ne sait pas. Dès la fin de la prière du soir, exécutée à genoux, mains jointes, les internes doivent s'allonger, remonter leur drap. Ils le font un à un, l'occupant de droite ayant pour mission de border le lit de son voisin. Le dernier est lui-même confiné dans sa méchante couche par le jésuite gardien qui, mission accomplie, jette un regard sur les rangées parfaitement alignées d'une mer lisse, blanche et plate. Ainsi, croit-il, personne ne bougera pendant son sommeil, car si un lit n'est pas d'équerre au réveil, si un garçon a passé une jambe au-dessus de sa couverture, la correction tombe sans entendre la plaidoirie de celui qu'on accuse de s'être levé. C'est interdit.

Et une seule nuit passée dans ce lieu suffit pour comprendre pourquoi.

Les heures sombres sont fort contraires aux certitudes du surveillant. Dans le dortoir, on parle à voix basse, on se lève aussi, on circule, se réunit, va d'un lit à l'autre, soupire et pleure. Surtout, on punit. Toussaint Delaforge a compris le sens du mot dureté. Non pas celle des jésuites, hantés par l'idée de l'obéissance, clef de voûte d'un système qui se négocie ainsi : le respect des règles contre la garantie de l'indifférence, le docile étant comme invisible. Imagine-t-on alors qu'il suffit de fléchir pour vivre en paix ? L'erreur vient de là, car, à l'inverse, dans le code gouvernant la société secrète des internes, la soumission est un vice sévèrement corrigé. C'est la loi du plus fort qui, de fait, s'applique en priorité aux plus petits. Ainsi, dans ce monde se disant orchestré, policé, réglementé, règne un état sauvage. Sitôt que le surveillant souffle sur sa bougie, les puissants se relèvent, entrent en scène, s'acharnent. Mais à quoi se reconnaît le faible ? Le premier jour, Toussaint l'a compris.

*

Un régent, nom donné au professeur principal chargé de son éducation, avait guidé Toussaint dans les méandres de l'établissement et, sans que l'enfant mesure combien son sort était peu enviable, les premières heures se déroulèrent sereinement. Ici, il apprendrait. Ici, il prierait. Ici, il mangerait. Ici, il dormirait. Quatre temps, quatre lieux qui rythmeraient pour les années à venir, la vie de l'élève. La classe n'avait rien d'exceptionnel et d'ailleurs elle était vide, la matinée de ce premier jour étant laissée au libre choix des régents. Une estrade de bois, un bureau installé dessus, des tables et des chaises. Il fallait voir comment tout cela s'animerait pour juger l'endroit.

La chapelle, en revanche, fut un choc pour Toussaint. En entrant, il s'y sentit tout de suite à son aise et, pour la première fois peut-être, apaisé. Pourtant, rien ne distinguait les lieux.

L'autel, bien que recouvert de marbre, se voulait d'une sobriété monastique, les murs affichaient peu d'icônes et seule une statue de la Vierge éclairait le chœur. La lumière de juin entrait par des vitraux incolores qui reproduisaient l'exacte clarté du dehors. Ainsi, ailleurs, se souvint Toussaint, le soleil brillait encore pour des enfants libres. En tendant l'oreille, il entendit le pas des gens descendant la rue Saint-Jacques. Deux personnes discutaient et l'une d'elles se mit à rire. La chapelle, se dit-il, était un bon endroit pour s'évader tout en respectant la règle de l'obéissance.

— Je vous montre la sacristie.

Le père Boulanger, le régent, se dirigea vers une porte située à droite de l'autel. Son élève le suivit, toujours sans prononcer un mot, mais au moment où le prêtre posait la main sur la poignée, un de ses coreligionnaires sortit de la pièce. L'homme était rond, fort, des traits qui laissaient entrevoir la bonhomie.

— Voici le père Baltius. Il dirige la chorale.

— Quel est ton nom ? demanda ce dernier à l'interne.

— Toussaint Delaforge, répondit-on.

— Serais-tu le filleul du père Marolles ?

Le régent Boulanger répondit à sa place :

— C'est lui.

— Bien, sourit Baltius en se penchant vers l'enfant. Tu seras peut-être intéressé par nos activités. Note que la chorale se réunit les lundis et mercredis pendant les heures d'étude…

Il caressa les cheveux de Toussaint :

— C'est une façon chrétienne d'échapper aux devoirs…

Et Toussaint fut convaincu que la chapelle serait l'endroit du collège de Montcler qu'il détesterait le moins.

*

La matinée s'achevait et le régent Boulanger faisait entendre de drôles de bruits avec son ventre. Il passa la main dessus :

— Il est temps d'aller dîner.

Dans le même instant, la cloche retentit. Une cohue joyeuse se forma près des portes du réfectoire et il fallut l'intervention du préfet de discipline pour rétablir l'ordre. Il le fit sans un mot, juste en appuyant le regard et en tapant deux ou trois fois du pied. Toussaint avait faim également. Les anciens découvraient les arrivants et afin que leur position de dominants soit comprise, ils gonflaient le torse afin de les intimider. Ils se poussaient du coude, tendaient le menton si l'un des nouveaux soutenait leur regard. Puis les portes s'ouvrirent et Toussaint sentit l'odeur écœurante de la soupe grasse. C'était si épais qu'elle s'accrochait aux bancs, et les mains, quand on les posait sur la table, gardaient jusqu'au soir la puanteur du chou. Il y eut une prière et un claquement des mains. En silence, dans un mouvement parfait, les élèves s'assirent. Toussaint ne chercha pas s'il avait l'autorisation de parler. Il n'en éprouvait pas le besoin. Son voisin tendit le bras pour attraper un morceau de pain. Son coude heurta sciemment le visage de Toussaint, cherchant à le provoquer. Il se tourna alors vers sa victime qui ne bronchait pas et vit la plaie au visage. Son teint se mit à pâlir et il plongea le nez dans son potage où nageait le fameux chou de Montcler. Autour d'eux, on observait la scène, calculant qui du grand ou du laid l'avait emporté.

— La lecture sera faite par l'élève Étienne Darçon.

Le préfet de discipline venait de désigner qui aurait l'honneur d'instruire l'assemblée en partageant de saines connaissances. L'élu se trouvait parmi les meilleurs, cette distinction s'appréciant à l'aune de ses résultats ou de sa parfaite obéissance. En somme, choisir un élève revenait à stigmatiser celui qui était, selon le gouvernement secret des internes, le plus soumis, le plus faible. Donc, la victime.

Étienne Darçon se leva et, tête baissée, se dirigea vers la table où dînait le corps enseignant. On le fit monter sur une chaise afin que chacun le voie, on lui tendit un livre épais ouvert en son milieu et sur un geste du préfet de discipline, il déglutit et commença :

— Tite-Live.

Il marqua une pause, soupira et reprit :

— *Titus Livus. Ab urbe condita libri. Liber unus*[1].

Le premier livre racontait l'histoire de Romulus et Remus, et c'était la base même d'une solide instruction à laquelle se mêlait la pratique du latin car ce texte était ânonné dans la langue antique. Si bien que, dès la deuxième ligne, l'élève Darçon trébucha sur *um* à la place d'un *us*. Il releva la tête, sonda l'assistance. Reprit d'une voix plus chevrotante. Toussaint ne comprit pas d'abord pourquoi à son côté, on chuchotait *un*. Puis *deux*, à la deuxième erreur de Darçon. Puis *trois*, et ainsi de suite jusqu'à compter douze quand le lecteur se tut. Douze fautes, en effet. Ainsi, se calculait la punition que subirait Darçon, dans ce dortoir, sous les ordres de Ravort, un « grand » de neuf ans, chef de bande et tyran du second étage.

La nuit même, le fouet fut donné en silence, Ravort frappait et ses sbires dressaient le pouce à chaque coup. Un murmure s'échappa une fois de la bouche de Darçon. La sanction tomba. Une treizième brûlure lui martyrisa le dos.

*

Aujourd'hui, Delaforge songe à mourir. Voilà un mois qu'il est au collège et sa vie va de mal en pis. Ravort, le maudit Ravort, ne le supporte pas et Toussaint ne comprend pas pourquoi. Il se tait, fait le dos rond, n'est jamais monté sur la chaise du réfectoire pour lire ; d'ailleurs, il ne pourrait pas. Il connaît à peine ses lettres et bafouille les syllabes quand on l'interroge. Il n'est ni le premier ni le dernier au lit, mange peu, ne se plaint jamais si on lui arrache des mains son morceau de pain. Et c'est peut-être pour cela que Ravort a décidé de lui « faire la peau ». Delaforge est l'exemple du faible et du soumis.

— Puisque tu n'es pas enragé, je t'apprendrai à le devenir…

1. *Tite-Live. Les Livres depuis la fondation de Rome*, livre I. Né à Padoue, en 59 avant J.-C., Tite-Live est l'auteur d'une monumentale histoire de Rome.

Ce matin, Ravort l'a menacé, entouré de son clan qui ricanait, le provoquait et a fini par l'amener près de l'escalier. L'équilibre s'est rompu, une marche a fui sous son pied. Toussaint roule dans l'escalier, se cogne sur l'arête coupante du granit et finit dans les pieds de Paul Calmés, le préfet de discipline. L'homme ne l'aide pas à se relever. Il l'observe, mains croisées sur la ceinture de sa soutane.

— On vous a poussé ?

— Non, j'ai... j'ai glissé.

— Cessez de vous rendre intéressant. Essuyez votre visage...

Delaforge passe son coude sur le front. Une matière humide et sombre se noie dans le méchant tissu de sa veste. C'est du sang. Sa plaie s'est rouverte.

Calmés, indifférent, a tourné le dos. Ravort et sa troupe descendent quatre à quatre et se jettent sur l'innocent.

— Tu as parlé au préfet ! Tu lui as dit qu'on t'avait touché !

À quoi bon se défendre ? Delaforge a compris que son cas est jugé. Cette nuit, il aura droit au fouet puisque sa place se situe en bas.

*

Ce n'est pas de souffrir qui le désespère, mais d'attendre que la sanction tombe. Tout le jour, il croise les regards des autres qui connaissent son sort. Il y a les lâches qui, pour ne pas déplaire à Ravort, se joignent à son camp, ricanent nerveusement puisqu'ils ont échappé – pour un jour, une nuit – à son arbitraire. Puis viennent les soumis, ceux qui ont connu le fouet, ou les indifférents. Personne ne le secourt. Aucun ne se révolte. Tandis que son régent tente de lui inculquer les mérites de l'algèbre, Toussaint divague, son esprit s'envole. Il passe au-dessus des murs, se glisse dans la chapelle, seul lieu où il trouve une sorte d'apaisement. Il voit la statue de la Vierge Marie, et sans deviner qu'il s'agit du prénom de sa mère, songe à elle. Elle lui manque, et c'est peut-être la première fois. Qui était-elle ? Quel était son visage ? Lui ressemble-t-il comme les fils du marquis de La Place, François et Antoine, portraits crachés de leur père ? Un jour, en questionnant Berthe, la cuisinière du marquis, il lui a arraché une confidence : il aurait été abandonné par sa mère au bord de la Seine. Si la brave femme dit vrai, si elle n'a pas menti pour qu'il la laisse en paix, pourquoi cette mère ne l'a-t-elle pas jeté par-dessus un pont tel un bâtard de chien ? C'est bien ainsi qu'on se débarrasse des animaux estropiés, non ? S'était-elle tuée pour avoir eu trop de chagrin et de honte en découvrant ce laideron ?

— M'écoutez-vous, Delaforge ?

Le père Boulanger, son régent, pointe sa règle sur Toussaint.

— Oui, mon père…

— Nous verrons bien. Je dois m'absenter. Calculez la surface de ce cercle avant mon retour.

Il se lève. Il sort. Delaforge est seul dans l'étude.

*

Est-il temps de rejoindre sa mère ? Car au Ciel, lui répète son confesseur – un vieux jésuite aveugle du lycée que ce handicap a rendu plus humain – tout est parfait, le bossu marche droit, l'aveugle voit et celui qui ne l'était pas n'a que la beauté à contempler. Oui, se tuer afin d'en finir à jamais ? En venant à Montcler, il a compté ses pas et repéré le chemin pour se rendre à la Seine. Et s'y jeter. Retourner d'où il vient. Mais les grilles de Montcler sont surveillées par ce maudit préfet de discipline. Comment s'y prend-on pour que le cœur s'arrête de battre fort et que le ventre ne fasse plus mal ? Un jour, on a parlé devant lui d'un homme trouvé mort, rue de la Tonnellerie, pas très loin de l'hôtel du marquis, un couteau dans la gorge.

— Comme celui-ci, grognait la cuisinière en brandissant la lame dont elle se servait pour découper la volaille, et aussi pour écarter les bougres quand ils s'approchaient trop d'elle.

Mais Toussaint ne possède pas d'arme et s'il en trouvait une, il s'en servirait d'abord contre ses ennemis. De quelle manière enfonce-t-on une lame sous la peau ? Il n'a jamais tué de chat, malgré les racontars. En revanche, et personne ne le sait, le jour de son départ, il a attrapé le rat avec qui il dormait et lui a tordu le cou. Il l'a fait pour le bien de l'animal. Il n'y a rien de pire que d'être abandonné, et le rat l'aurait été puisqu'il n'avait que Toussaint. Mais ôter la vie à Ravort est plus difficile. Il se sent si mal qu'il tape du poing sur la table. La plume jaillit de l'encrier, noircit la feuille où le nargue le cercle inventé par le père Boulanger. Il balaie le tout, renverse la chaise, sort en courant. Il s'en va à la chapelle pour se réfugier et se cache derrière l'autel, roulé, replié la tête sur les genoux, tel l'enfant dans le ventre de sa mère. Il attend de mourir. Il ferme les yeux, sommeille, peut-être, dort un peu, et beaucoup mieux qu'au dortoir. Il sursaute en entendant la cloche du dîner. Il sent l'odeur du chou. Qu'il est bien ici !

Soudain, un bruit se fait entendre. Quelqu'un ouvre la porte. Ravort ? Pris de panique, Toussaint se précipite dans la sacristie et trouve refuge dans une armoire sentant l'encens et le vin de messe. Mais on approche, tire la porte, entre. Il croit reconnaître le timbre d'Octave Baltius, chef de la chorale et patron des lieux. Le jésuite n'est pas seul et vient de prononcer le nom de l'inconnu :

— Monsieur Nicolas Pontgallet, je connais votre talent…

— De grâce, roucoule le maçon, pas de flagornerie en ces lieux saints.

— Allons ! On vous doit le château de feu notre bon roi Louis XIII.

— Le mérite en revient aussi à l'architecte Philibert Le Roy, concède Pontgallet sans y mettre trop d'enthousiasme.

— Et donc, vous avez pris sa place ?

Il devrait répondre que non.

— Remplace-t-on l'irremplaçable ? susurre-t-il, et la modestie plaît à Baltius. Quoique, se reprend le bâtisseur, reproduire à la *perfection* le chef-d'œuvre des plus anciens, c'est le dessein de l'artisan. Je m'y attache de mon mieux depuis des années et, glisse-t-il adroitement, ma clientèle ne s'en plaint pas. Je termine à présent le chantier de l'abbaye Saint-Antoine et je vous invite à en parler avec sa sainte abbesse qui, j'en mettrais ma main à couper, vous décrira l'attention que j'ai mise dans l'exécution des travaux.

— Je l'ai entendu dire, en effet, grommelle le prêtre.

Pontgallet se vante, se compare à un architecte et prétend exceller aussi bien. L'entrepreneur est en affaires, en rendez-vous avec le père Baltius.

Toussaint Delaforge comprend-il ce qui se raconte ? Les deux personnages sont passionnés, volubiles, irrespectueux des lieux où on lui a appris qu'il était interdit de bâiller, de tousser, pis encore, de parler. Quel pouvoir les autorise-t-il à enfreindre la loi du collège ? Ils conversent librement, sans méfiance. Aucun ne s'intéresse à l'armoire dont la porte entrebâillée peut à tout moment trahir la présence de l'élève. Des travaux ? C'est le mot qu'ils emploient.

— Il faudra détruire. Ce n'est pas réparable, affirme le visiteur.

— Voulez-vous dire qu'il faut s'en prendre à ces murs ?

— Bien plus ! La voûte est dans un triste état. L'eau entre par ici. Voyez vous-même, l'humidité attaque la pierre, la pluie la décolle et le gel achève son œuvre diabolique. Tenez ! Le salpêtre décolle la chaux. Oui, je crains qu'il faille démolir le chœur. Sans compter ce que nous trouverons en désossant la toiture.

— La toiture !

— Cette fente m'inquiète. Qu'y a-t-il derrière ?

— Les classes et au-dessus les dortoirs, bredouille Baltius.

— Il y a trop de risques. Il faudra songer à trouver un autre lieu pour assurer votre enseignement, prédit sombrement le maçon.

— Votre analyse est très inquiétante.

— Elle se fonde, hélas ! sur l'expérience…

— Et que vous dit-elle encore ?

— Ce que je peux sauver, je m'y emploierai. S'il faut détruire, je le ferai.

Détruire. S'agit-il de l'église ou du collège ? s'interroge l'enfant. Il joint les mains, les serre. *Sainte Marie, écroulez ces lieux et je partirai.*

Qui possède le pouvoir d'abattre des murs, de commander à Baltius, de s'en prendre à la maison de Dieu ? Qui est l'inconnu ?

Apparemment, il bâtit et détruit à sa guise et son métier porte un nom : maçon. Comment cet homme s'appelle-t-il ? Il ne s'en souvient plus. Mais un ange vient au secours de l'enfant : Pontgallet. Baltius l'a répété, y ajoutant le titre de maître. C'est donc qu'il est respecté et puissant. Plus encore que Dieu Lui-même ? Pour s'en convaincre, il suffit à Toussaint d'écouter la suite. Le maçon sera payé. Des centaines de livres. La somme lui semble considérable.

Ainsi, un maçon est riche et libre d'agir, sourit le garçon dans le noir, et sa fortune vient du fait qu'il démolit et s'en prend à autrui. Qui l'affirme ? Un prêtre, un de ces jésuites respectueux de Dieu, et qui pourtant encourage quelqu'un à faire le Mal – car détruire, n'est-ce pas ce qu'on lui a toujours interdit ? Mais alors que Toussaint s'imagine portant lui-même le premier coup de pique dans les pierres de Montcler, engloutissant Ravort et sa clique sous un tombereau de gravats, une main se pose sur la porte de l'armoire où il se cache.

Et la referme. À double tour. Il est prisonnier.

*

Les pas s'éloignent, les voix faiblissent. Toussaint est seul, dans le noir. Désormais, il a faim. Il a froid. Il s'en moque. Il se sent protégé, à l'abri, à l'écart du danger que représentent les collégiens. Qu'importe les souffrances qu'il endurera peut-être cette nuit. Il veut vivre parce qu'il a trouvé une raison de s'y employer : exister pour détruire. Pour se venger de ce qu'il a enduré.

Chapitre 9

UN…

Le bourreau assure sa prise en serrant le manche en bois d'un martinet, un fouet comptant six lanières. Il soupèse l'instrument, le tourne dans la main pour doser sa force et trouver l'angle d'attaque. Chose faite, il frappe méthodiquement.

— Deux…

Un murmure répond au son mat du cuir martyrisant le dos de la victime.

— Trois…

C'est le chœur des pensionnaires, massés dans la cour du collège de Montcler. Ils font cercle. Ils y sont obligés.

— Quatre…

La chair du puni rougit.

— Cinq…

Toussaint Delaforge, torse nu, ne bronche pas.

— Six…

Les petits ferment les yeux. Qui sera le prochain ? L'un d'eux vomit sur ses pieds.

— Sept…

Ravort, le tyran du dortoir, sourit. Pourtant, ce n'est pas lui qui organise la correction.

— Huit…

Le préfet de discipline s'applique. Ses coups sont réguliers. Le poignet se lève lentement, le bras se détend, s'abat. Le geste est sûr. La main ne fatigue pas.

— Neuf...

Le jésuite n'y met ni haine, ni passion, ni férocité. Il frappe. C'est la punition.

— Dix...

Ravort en voudrait encore, mais Calmés se fige.

— Rhabillez-vous, ordonne froidement le dépositaire de l'obéissance.

Toussaint s'exécute sans rien montrer de sa douleur.

Dix coups. Voici comment débute le châtiment de Delaforge.

*

— Que tous mesurent le sens et la portée de notre sanction.

Le préfet de discipline s'exprime sans émotion, et sa méthode est calculée pour effrayer. Il ne cède aucunement à la mansuétude. La loi est la loi. Calmés ne juge pas. Il applique la règle avec calme et lucidité. Il ne peut y avoir d'exception, d'atténuation, compte tenu de la gravité des faits : à l'heure des vêpres, un élève vêtu en enfant de chœur est entré dans la sacristie. Il a ouvert l'armoire afin d'en sortir un calice. En découvrant ce visage balafré dressé dans le noir, il a poussé un cri, l'objet sacré est tombé de l'étagère. Le prêtre, qui se trouvait aussi dans la sacristie, a d'abord giflé le maladroit qui pleurnichait. Mais une ombre a surgi du placard, celle du diable cherchant à fuir. Le prêtre a saisi sa manche, a cogné alors que cette boule de nerfs se débattait et poussait de furieux grognements d'animal. La paupière de Toussaint en garde la trace. Cédant à plus fort que lui, il se mit à genoux, mains dans le dos. Une poigne redoutable le força à ouvrir la mâchoire. Le prêtre renifla.

— Tu as bu le vin de messe !

Il ne pouvait s'agir que de ça, d'un larcin méritant une lourde peine. Pourquoi chercher une autre cause ? Le garnement s'est caché pour voler ! Conduit chez le Supérieur, Delaforge a d'ailleurs refusé de s'expliquer. Tant d'impertinence, de mépris méritaient un verdict exemplaire. Le martinet redressera l'âme et le corps du pêcheur. Quoi d'autre ? Calmés est chargé de faire une déclaration publique et, lui, l'exécuteur d'une méthode séculaire qui a maté les plus coriaces, agit la conscience tranquille. À présent, il glisse le manche du martinet à la ceinture de sa soutane et, d'une voix neutre, annonce la suite de la sentence :

— Jusqu'au premier jour de l'Avent, vous vous tiendrez chaque matin, bras tendus, genoux fléchis, face contre ce mur, et ce, pendant une heure.

Ceux qui ont subi cette punition savent combien la position est douloureuse.

— Vous laverez le dortoir à grande eau, quatre dimanches à la suite.

Quand le froid vient, les mains se raidissent. En hiver, elles se crevassent. Il faut attendre midi pour pouvoir tenir une plume. Et si les devoirs ne sont pas faits, on ajoutera une nouvelle punition.

— Pendant six jours, votre dîner sera de pain noir, la prière se chargera de nourrir votre esprit dissolu. Maintenant, retournez tous en étude.

C'est fini. Le groupe se délite en silence. En passant devant la victime, Ravort crache sur sa veste, mais Toussaint ne bronche pas. Il se moque de ce garçon cruel, de ces messieurs déguisés en noir, des élèves. Lui se sait fort. Son esprit ? Calmés peut tenter de le réformer, il ne matera pas un enfant de sept ans qui croit avoir trouvé le moyen de fuir ce monde. Mieux. De le mettre en coupe réglée.

*

L'idée est venue au collégien tandis qu'on l'extirpait avec brutalité de sa cachette. Il fut d'abord ébloui par l'éclat des cierges et ferma les yeux de peur de prendre un nouveau coup. Mais le jésuite le délaissait pour compter le vin.

En manquait-il ? Le prêtre n'aurait su dire, mais en l'absence de preuves, l'intime conviction se chargea de conclure au forfait.

— Allons chez le Supérieur !

Toussaint rouvrit prudemment les paupières et détailla pour la première fois les merveilles que recelait la sacristie. À la différence de la chapelle, le lieu contenait un fatras de tableaux, des statues de saints en bois précieux, des croix ourlées d'argent, toute la garde-robe de l'église, de l'aube au pourpre cardinalice. Il voyait ce que le maçon Nicolas Pontgallet aurait bientôt le droit de détruire puisque Baltius, gardien de ce temple, semblait l'y autoriser. Mais aux yeux de l'enfant, tout ici renvoyait à l'image de la beauté, des prodiges, du miracle. Son regard s'élevait vers une Vierge peinte, aux cheveux brodés de fils d'or. Elle semblait lui sourire, s'apitoyer sur son sort. Mais elle demeurait muette et son regard fixe ne lui était d'aucun secours. Que pouvait la Mère de l'Enfant Jésus ? Rien pour lui, et rien pour elle quand Pontgallet viendrait un jour la faire disparaître. D'un coup de pioche, il les ensevelirait, elle et tous les saints, sous les gravats, mettant fin à la protection exercée autrefois sur les lieux. Une offense si grave méritait les flammes de l'enfer – bien plus que d'avoir bu un peu de vin de messe amer ou grignoté quelques hosties pour soulager la soif et la faim. Qu'avait dit Baltius, celui qui croyait au pouvoir de Dieu et dont la mission sur la terre était de défendre la foi, la religion, les représentations du ciel ? Il ne songeait qu'à savoir ce que lui coûterait la destruction des lieux – le sacrilège du maçon.

*

Dans la tête d'un garçon naïf, encore si petit, tout basculait, rien n'allait plus, tout devenait vertigineux. Où se trouvait le Bien et qu'était vraiment le Mal ? Alors que le prêtre le prenait par le col et le poussait dans les travées de la chapelle, il lui sembla découvrir l'autel et la chaire à l'allure plus modeste. Son regard innocent s'attardait sur ce qu'il imaginait un chef-d'œuvre tandis que le prêtre le questionnait férocement, pinçant son bras pour le forcer à répondre.

— Qu'as-tu encore volé ? Il manque des hosties. Avoue que tu t'es nourri au corps du Christ !

Que deviendraient ces fades fragments de pain sans levain sous les coups de boutoir du puissant Pontgallet ? Toussaint Delaforge se taisait. Il réfléchissait. Détruire... Quelqu'un avait le pouvoir de le faire, d'agir, de fracasser et de briser ce qu'il y avait de plus sacré sur terre. Plus beau, plus rare, bien plus cher, bien mieux encore que la vaisselle en porcelaine du marquis de La Place dont il avait cassé le saladier l'été dernier. On l'avait maudit pour ce qui n'était que maladresse, mais un homme était autorisé à mettre à sac la chapelle sans qu'on le chasse, l'accable ou le punisse. Si lui-même devenait maçon, se disait-il alors qu'il recevait le châtiment de Calmés et que la douleur aggravait ses divagations, il pourrait se venger. Tenir le fouet. Tuer, peut-être. Que diraiton ? Rien, s'il était maçon, puisque le père Baltius encourageait le maître Nicolas Pontgallet à produire le Mal.

*

Toussaint Delaforge a sept ans. N'est-ce pas l'âge de raison ? Le fouet seul lui sert de méthode pour apprendre, grandir. Pour ce garçon sans autre tuteur qu'un manche de bois orné de six lanières, qu'une poigne intraitable, que ce dos endolori, la vérité sera désormais ce à quoi il croit. À qui confier ses doutes ou ses espoirs si personne ne lui montre comment devenir dignement fort ? Alors, il se forge sa propre morale : être à jamais plus puissant que Ravort et tous ceux qui font cercle, le regardent souffrir. En meurtrissant un corps, le cuir n'endurcit qu'une vie. Le père Calmés a raison et tort. La souffrance, les privations feront mûrir le puni. Mais à l'inverse de ce qu'espère le jésuite. Cet enfant ne gagne rien en sagesse ; il ne sera pas soumis. En revanche, il se fabrique à sa façon, en secret. Ainsi, la méthode séculaire du fouet échoue, et le soldat chargé de l'appliquer ne s'en rend pas compte.

Toussaint grimace-t-il ou sourit-il alors que le fléau cesse d'agir ? Calmés se demande s'il a frappé assez fort pour être juste ; Toussaint réalise que la souffrance l'a rendu plus solide. Ce jour-là, tout se fixe chez lui, et rien ne changera. Il sait ce qu'il fera : résister, puis détruire pour se venger de tout. De ce père et de cette mère qui l'ont abandonné, du marquis de La Place et de ses fils qui l'ont détesté, de Marolles et de sa froide indifférence, du collège, de la cruauté des maîtres, des collégiens qui le haïssent et, sans exception, de tous ceux qui, désormais, barreront sa route. Pour cela il doit être redouté, craint, respecté comme Pontgallet. Maçon ? Ainsi, il bâtirait ou détruirait à sa guise et ne serait jamais misérable. Au dernier coup de fouet, la douleur s'efface. Il se sent indomptable, indestructible. Il a choisi quel chemin emprunter.

Ravort a tourné les talons, mais Delaforge ne le quitte pas des yeux. Un jour, lui aussi payera. Avant, il faut apprendre, patienter, se montrer faussement docile puis, telle une bête jaillissant de l'ombre, punir, anéantir ce monde dont il est prisonnier.

*

Cette nuit-là, Toussaint ne subit pas la loi des pensionnaires. Pourtant, à l'extinction des feux, Ravort encercle son lit, accompagné de sa cour. Il tient une bougie en main qu'il approche du visage du persécuté, mais ce dernier ne dort pas. Il fixe Ravort et ne cède rien. Il le provoque même et, au grand étonnement de ses complices, Ravort ne sait comment s'y prendre, simplement répondre. Et tant d'incertitude décide Delaforge. Voici l'occasion d'éprouver ce qui fonde sa morale. Est-il vrai que la force peut tout détruire ? Déjà, il sort du lit, nu, et reste ainsi, campé sur ses jambes, avant de tourner le dos à ses tortionnaires. Ainsi, on voit les traces du fouet. Puis il croise les bras et déclare clairement :

— Frappe plus fort que le curé, Ravort. Frappe pour me tuer, car si j'en réchappe…

C'est la première fois que Ravort et les autres entendent tant de mots sortir de la bouche de Delaforge, et sa voix ne faiblit pas :

— Frappe ou je te crève !

Le révolté parle fort. Il y a du mouvement dans le dortoir. On se réveille, lève la tête. Bientôt, le surveillant se montrera.

Les lâches encerclant Ravort comprennent qu'ils risquent gros si on les surprend debout. Alors, ils se dispersent.

— On viendra demain, glisse Ravort sur un ton plein de hargne avant de fuir à son tour.

Mais la voix du tortionnaire a flanché. Granchard, le second de Ravort, en est sûr : son chef a dégluti et la cire de la bougie est venue mourir sur sa main parce qu'il tremblait et manquait d'assurance.

*

Cette nuit-là et les suivantes, Toussaint ne subit plus la loi des pensionnaires. Ravort a pris l'habitude de l'ignorer. Dans ce dortoir, il y a d'autres proies – de plus faciles à tourmenter. S'il croise Toussaint, il baisse la tête. Ainsi, chacun se construit à sa façon. Les lâches ou les puissants de leur côté ; Toussaint Delaforge d'un autre, dans un monde par lui seul fréquenté.

Chapitre 10

Le 7 juin 1654, Louis XIV entre dans la cathédrale de Reims ; il vient pour être sacré. Le royaume est à la fête. Il dansera, chantera, festoiera, ses canons et ses mousquets se feront entendre. En ce jour extraordinaire, le Père supérieur de l'estimable collège de Montcler a accordé un peu de liberté aux ouailles dont il a la charge. Ainsi, tandis que Louis Dieudonné pénètre dans le chœur de Reims où s'exposent les tentures festonnées de la couronne et les plus beaux tapis d'Asie, et qu'il progresse à pas lents sur les premières notes du *Veni Creator* chanté par une armée de moines grégoriens, Delaforge avance, lui, vers les portes d'un collège qu'il quittera pour la première fois depuis huit ans.

Dans un instant, Louis, le nouveau roi David, portera un long manteau violet sur lequel a été brodée une multitude de lys, et ses bottines, éperonnées d'or, jetteront mille feux sur les vitraux de Reims. Épée, tunique, sceptre, diadème… les ornements royaux ont été apportés de Saint-Denis. L'autre, le bâtard, filleul de Joseph de Marolles, est vêtu d'une veste de laine qu'il devra user jusqu'à l'hiver – plus tard encore, si les manches rapiécées résistent aux frottements des coudes sur la table en chêne pendant les longues heures d'étude. Dans la cathédrale, ils sont mille à prier, s'incliner, se prosterner au passage du roi. Marie veille sur l'enfant miraculé depuis sa naissance, et la prophétie de Cotignac s'est réalisée. À presque seize ans, le prince donné par Dieu ne lâche pas du regard l'autel où l'attend le Tout-Puissant. Il vient à Lui, à sa Cour, à son peuple, tel le danseur des ballets qu'il aime orchestrer. La grâce est son double ; à ceux qui ne résistent pas à l'envie de le regarder, il montre son profil sculpté par la beauté et dont l'aura affadit l'éclat laiteux et immaculé des cierges s'élevant vers les voûtes. Il est l'élégance, le calme, la puissance quand il rejoint le comte de Vivonne. Posté au centre de la travée centrale, ce fils du marquis de Mortemart, gouverneur des évêchés de Metz et de Verdun, premier gentilhomme de la chambre, prend la place du chambellan qui, à l'instant, aidait Sa Majesté à revêtir une dalmatique[1] cousue d'or et d'argent. Non loin, voici le duc d'Anjou, et tant de seigneurs, tant de courtisans, encadrés par les Suisses, ces gardes inflexibles, triés sur le volet dont les cent regards s'alignent à l'unisson. Toussaint est seul, et tandis que tous acclament le roi – *Vivat rex in aeternum* –, à Paris, rue de l'Université, Calmés, le préfet de discipline, saisit son élève par la manche :

— N'oubliez pas. Retour à cinq heures et je vous questionnerai sur ce qui s'est produit cette nuit. Je ne vous lâcherai pas, Delaforge. En attendant, restez humble, ne répondez pas aux provocations de la rue, ne cédez à aucune tentation. Vous êtes du collège de Montcler. Représentez dignement *votre* maison.

Il penche le nez :

— Qu'avez-vous dans ce sac ? demande-t-il avec brutalité.

Compte tenu des événements qui se sont produits, Calmés se montre méfiant. Toussaint ouvre son baluchon. Il y a si peu. Un ouvrage auquel il tient plus que tout. *Les Quatre Livres de l'architecture*, écrit par Andrea Palladio[2].

— Vous n'en aurez pas besoin, s'adoucit le jésuite. Donnez-le moi.

1. Vêtement liturgique à manches courtes.

2. *I Quattro Libri dell'Architettura,* titre original. L'œuvre de l'architecte italien Palladio connut un immense succès dans toute l'Europe. Outre des centaines de planches et de dessins, on trouve un plaidoyer pour l'architecture classique. Richelieu aurait lui-même initié sa traduction afin de stimuler l'art français.

Toussaint s'exécute. Si Calmés l'avait fouillé, il aurait aussi trouvé un couteau, caché sous sa chemise, dans le dos, à hauteur de la ceinture.

*

Dans la cathédrale de Reims, l'évêque de Soissons saisit l'épée du roi, celle de Charlemagne, puis la bénit. À tous, il montre la sainte ampoule contenant le saint chrême[1]. L'onction est proche. Il prie humblement le roi d'être le guide des puissants et un secours pour les pauvres, d'être juste, de ne pas céder à l'orgueil, puisque nul autre que Dieu ne lui est supérieur. Louis XIV fait le serment de se soumettre au ciel, de respecter la liberté de l'Église et jure d'être miséricordieux. Toussaint rumine sa vengeance. Il ne pardonnera rien à ce jésuite, comme aux autres. Il se tait pour ne pas retarder sa sortie. Dans peu de temps, il sera dehors, libre, insoumis. Et, croit-il, maître de son propre royaume.

À Reims, le roi reçoit l'anneau, le sceptre, la main de justice[2]. Dans un instant, il ôtera la couronne de Charlemagne pour s'emparer d'un diadème *d'honneur, de gloire et de majesté*[3], couvert de pierres précieuses, qui divinisera son lustre. Mais le sacre n'est qu'une étape d'un long parcours qui le conduira vers les sommets. Louis n'est pas encore maître de son destin. L'État, ce n'est pas tout à fait lui. Il y a Mazarin, ce fidèle ministre qui veille, prépare le moment où son filleul guidera seul ses passions et ses rêves.

L'art de gouverner s'apprend comme la patience.

Dehors, les sujets jubilent, crient leur joie – *Vive le Roi !* Celui-ci les saluera, avant d'atteindre la salle du banquet où l'attend la Cour. Le peuple ? Le roi ne l'oublie pas. Il posera les mains sur

1. L'huile sacrée fut « envoyée du ciel à saint Rémi pour le baptême de Clovis ».

2. L'anneau unit le souverain à son peuple. Le sceptre, puisque le roi commande. Et la main de justice pour rendre cette dernière.

3. Procès verbal du sacre de Louis XIV (Monseigneur Simon Le Gras, évêque de Soissons).

la tête de deux mille malades victimes de tuberculose, appelée aussi maladie des écrouelles, et prononcera les paroles sacrées : « Le Roi te touche, Dieu te guérit. » Voici celui qui deviendra un jour *le Roi-Soleil* et le maître de Versailles.

Au collège de Montcler, Toussaint jette un dernier regard sur le livre d'Andrea Palladio. D'un geste du menton, Calmés l'autorise à descendre l'escalier qui mène à la cour.

*

Toussaint Delaforge a seize ans ou presque, lui aussi. Comme ceux de sa condition, le pensionnaire du collège de Montcler sort du dortoir, emprunte les marches en respectant scrupuleusement la progression en rang par deux et en silence. On le repère de loin du fait de sa grande taille qu'une minceur trompeuse accentue. Il marche le dos raide, carré, puissant, les bras sagement collés au buste, au contraire de ceux qui l'encadrent et se montrent désordonnés, agités, malgré le rappel à l'ordre du préfet de discipline. On voit encore ses cheveux, dépassant de la mêlée, taillés court, noirs comme l'aile du corbeau et on pense ainsi à cause de l'épi rebelle dressé au-dessus du crâne. À vrai dire, c'est l'allure du romantique avant l'heure, d'un quasi-jeune homme et, si on lui ôtait cette méchante tenue pour l'habiller d'une veste légère, puisque le joli temps de printemps le permet, et de chausses grises ou blanches, voilà qu'il ressemblerait au portrait d'un Parisien du Quartier latin d'extraction bourgeoise – ou peut-être au fils d'un noble. Oui, aujourd'hui, tout est possible. Puis, au profit du virage dans l'escalier qui marque l'arrivée au rez-de-chaussée, on découvre sa face. Alors, les joues sont terriblement creuses, le regard gris sans vie, sans joie, la bouche serrée au point que les lèvres forment un simple trait marqué aux commissures par des rides précoces. Ce visage est hanté, habité par des forces violentes. Il cache la tempête, pis, un caractère brutal, bagarreur, sans doute, comme en témoigne la cicatrice qui barre sa joue et achève ce portrait lugubre.

Sitôt dans la cour, les rangs se dispersent et les groupes se forment par affinité. Toussaint reste seul et s'il approche de ceux qui, ici ou là, forment un cercle, on s'écarte, recule, laisse le passage à ce garçon indifférent à tout, l'œil fixé sur les portes du collège, attendant le moment où elles s'ouvriront.

*

À l'évidence, ce jeune homme inspire la peur et on comprend pourquoi en apprenant ce qu'il s'est produit la nuit même, au dortoir.

Pour Ravort, minable chef de bande, c'en était fini. À dix-sept ans, il quittait Montcler à jamais. Paquetage prêt, il trônait au milieu de ses lieutenants, assemblés pour l'élévation d'un successeur. Le tyran du deuxième étage retrouvait la liberté. Il retournait à la Bastille, le quartier qui l'avait vu naître et dont il avait été arraché dans l'espoir de devenir honnête – la suite démontrant le contraire. Mais Ravort exultait. Dans son vrai chez-lui, pendant que tous ici réunis crèveraient de peur et se soumettraient, il vivrait affranchi, décidé à proroger les méthodes qui lui avaient tant réussi au pensionnat. Ravort se voyait déjà comme le nouveau démon de la Bastille, imposant sa terreur, et il profitait de ce moment, sommet d'un règne de dix années. Dans ce dortoir éclairé par la seule lueur de la pleine lune, il allait de l'un à l'autre, les toisait tour à tour, murmurait à chacun un mot, expliquant les qualités que réclamait la domination :

— Serait-ce toi, Granchard ?

Trop délicat.

— Et toi, Vantier ?

Trop généreux.

— Charpentier ?

Trop docile.

— Vous êtes comme le chien attaché à son maître, le jésuite. Il vous a mis une chaîne autour du cou ! Il lui suffit de tirer dessus pour que vous lui obéissiez. Car les caresses du révérend Baltius vous plaisent…

Ravort aimait cette mise en scène, cette belle occasion pour organiser une ultime humiliation.

— C'est moi qui prendrais ta place.

La voix avait résonné comme une sentence.

Delaforge avançait dans la pénombre.

Ravort se força à ricaner. Ses seconds en firent autant quand, à trois pas, on vit que le téméraire tenait dans sa main un couteau. La suite se produisit en un éclair. Le petit despote du dortoir fut saisi au poignet et forcé de faire un demi-tour pour ne pas se le voir arraché. Delaforge était dans son dos, main sous la gorge, le couteau dessus. Sous la menace de l'arme, l'ancien satrape s'agenouilla. La lame était effilée et, d'où qu'elle vienne, Delaforge l'avait aiguisée en songeant à sa vengeance. Maintenant, elle entrait dans la peau de sa victime qui suppliait qu'on la laisse en vie. Et personne n'aurait pensé que Ravort était si lâche, Delaforge si audacieux. Du sang se glissait entre les doigts de l'agresseur qui en ressentait une sorte de jouissance, notant chacun de ses effets pour s'en souvenir plus tard. Tuer était donc un plaisir.

— Qu'en fait-on ? murmura l'assaillant à l'intention de ceux qui s'étaient approchés. On l'égorge ?

Personne ne répondit car on comprenait combien une telle sauvagerie tentait Delaforge.

— N'avez-vous pas envie de vous venger ?

Il enfonça la lame davantage. Ravort gémit. Son assaillant le tira en arrière.

— Un cri et tu y passes.

Sa victime chercha bien du secours auprès de ses lieutenants, mais aucun ne se risqua à provoquer Delaforge. Ravort baissa la tête et serra les lèvres pour ne pas laisser s'échapper des sanglots. Mais le mal était fait. Il n'existait plus.

— Une dernière fois, demanda le tueur en sondant l'assemblée, j'en finis avec lui ?

Ravort répondit pour lui-même d'une voix suppliante.

— Épargne-moi…

Un instant, il sembla aux autres que Toussaint réfléchissait et qu'il pouvait gracier sa victime. Ce n'était qu'un effet, un juste retour des choses à l'endroit du sadique et de son infecte domination. Tout était calculé depuis des mois, peut-être des années.

— Je te laisse le choix.

Il tira Ravort par les cheveux jusqu'à la fenêtre.

— Ouvre !

Et Ravort le fit.

— Je t'achève comme une bête ou tu sautes.

Et on se souvint qu'ils étaient au second étage d'un immeuble qui, en calculant vite, s'élevait à ce niveau à plus de trente pieds[1].

Dans un sursaut désespéré, Ravort tenta de s'échapper. Il fut repris de justesse. Toussaint Delaforge enfonça la lame dans le cou, le sang coulait de plus en plus abondamment.

— Saute, murmura un gamin effrayé par la scène. C'est ton seul salut.

La poigne de Delaforge, ce solitaire que la plupart découvrait, décida de la suite. S'emparant de la chemise du condamné, et usant d'une force inconnue jusque-là, il hissa la chiffe molle – un tas de guenilles recroquevillées – sur le rebord de la fenêtre.

— Crève, Ravort. Crève pour tout ce que tu as commis…

On entendit très distinctement ces mots, puis les hurlements du condamné s'accrochant des mains, des ongles à la saillie du mur, aux arêtes jointées des pierres, à la corniche de la fenêtre du dessous, dans l'espoir impossible d'échapper à une chute mortelle et, après un temps insupportable, un bruit sourd, celui d'un corps s'écrasant dans la cour.

Il y eut un silence terrible. Les lieutenants de Ravort étaient atterrés, les jeunes retenaient leurs larmes, la foudre s'était abattue sur le dortoir. Delaforge souriait. Pas un n'osait bouger de peur d'attirer la colère de ce fou, du diable en personne, quand monta de la cour une sorte de gémissement, un râle plus exactement qui

1. Dix mètres environ.

dressait les cheveux sur la tête. Ravort vivait-il ? Déjà, des torches se montraient. Les jésuites débarquaient. Les yeux se dessillèrent. Il fallait bouger, courir dans son lit. Ceux aperçus debout seraient accusés d'être auteurs ou complices d'un drame effroyable. Mais alors qu'ils filaient, Delaforge dit ceci :

— Le premier qui parle, je le saigne.

Ils opinèrent en silence ou baissèrent les yeux. Pas un ne prit le risque de se rebeller. Plus tard, peut-être… Et leur nouveau chef ajouta :

— Pour récompenser votre silence, je vous donne le droit de vous venger des souffrances imposées par Ravort en faisant payer ses lieutenants. C'est compris ?

Un seul chuchotement se fit entendre :

— Oui, maître.

*

Au petit matin, le dortoir dans son ensemble agit comme si rien ne s'était produit. Calmés assista au lever pour sonder les faibles, les dociles, les favoris. Rien ne filtra. Delaforge était là. En se rendant au réfectoire, Charpentier, un ancien compagnon de Ravort fourbe à souhait, s'approcha de Toussaint et murmura que *l'autre* n'était pas mort. Seules ses deux jambes étaient brisées, tout comme la mâchoire qui n'avait pas résisté. Un jésuite l'avait assuré au Père supérieur et ils étaient si tendus qu'ils ne s'étaient pas méfiés de Charpentier, posté à deux pas. Bien sûr, ils parlaient à voix basse, précisa-t-il, ajoutant qu'il avait bonne oreille et que cette qualité avait servi *au temps de* Ravort. Delaforge ne réagit pas. L'espion se retira et fit le compte rendu de son entretien à deux internes qui se chargèrent de propager les nouvelles. Plus encore que le sort de Ravort, la solidité, la froideur de Toussaint marquèrent les esprits. Le balafré semblait ne rien craindre, ne rien redouter. Il ne montrait aucune inquiétude alors que Ravort était vivant. De sorte qu'il y gagna un surplus de respect et un temps précieux puisque personne ne le dénonçait encore. Mais la conjuration résisterait-elle si les esprits, ne songeant qu'à cette liberté promise, au-delà des grilles de Montcler, étaient soumis à un nouvel examen de conscience ?

*

À neuf heures, on les réunit tous dans la cour. Calmés prit la parole :

— Cette journée se voulait un moment de bonheur et il nous faut déplorer… l'accident dont a été victime votre camarade Eusèbe Ravort.

Il crut bon de marquer un silence avant de reprendre.

— Aucun d'entre vous n'a vu ou entendu quoi que ce soit ?

Un merle seul se mit à chanter. Qui oserait défier Delaforge pour le profit de l'ignoble Ravort ? Il payait ses forfaits. D'ailleurs, il n'était que blessé, une mince pénitence pour ses années d'ignominies.

— Dans ce cas, rugit le jésuite, nous mettrons l'affaire sur le compte du diable… Ou de l'un de ses suppôts.

Il s'apprêtait à taper dans ses mains pour disperser le groupe quand une voix se fit entendre :

— Ravort a-t-il pu expliquer ce qu'il s'était produit ?

C'était Toussaint.

Insensiblement, le vide se fit autour de lui.

Calmés toisa l'élève. Avait-il maille à partir avec le blessé ? Le préfet de discipline ne connaissait de Delaforge qu'un caractère taciturne et renfermé. Depuis cette sévère punition, huit ans plutôt, il n'avait eu qu'à se plaindre d'un esprit secret, d'un être impassible, indifférent au monde qui l'entourait. Un modèle étrange d'obéissance. En aucun cas, un sujet à blâmer, selon les lois du pensionnat.

— Qui dit qu'il est encore vivant ? rugit Calmés.

— Charpentier vous a entendu le dire, répondit l'insolent.

L'idiot à l'ouïe fine tassa les épaules. Mordiou ! On le mettait au centre. À coup sûr, Calmés l'interrogerait. Et cela ne manqua pas.

— Charpentier !

— Oui, mon père, bredouilla l'ancien lieutenant.

— Avez-vous entendu autre chose qui nous éclairerait ?

Toussaint avait pris un risque énorme, mais il semblait n'avoir peur de rien. Affichant une grimace pleine d'arrogance, il provoquait Charpentier en silence et semblait lui dire : vas-y, si tu as du courage. Ensuite, tu seras mort...

— Charpentier ! hurla Calmés.

Rien, pas même le chant de l'oiseau ne crut bon de répondre au préfet de discipline. Et lui comme les autres comprirent que la loi du silence tiendrait au moins jusqu'à la sortie de Montcler.

Calmés allait rompre les rangs quand Delaforge se fit encore entendre :

— Il a donc survécu !

L'audace rivalisait avec l'impertinence. C'était si nouveau chez Delaforge que Calmés se défit de son impassibilité, ce contrôle de soi sur lequel reposait pour beaucoup son emprise sur les collégiens.

— Qui vous donne le droit de vous exprimer ? enragea-t-il.

— Il faut bien que l'un de nous parle au nom de tous. Et je ne vois ici personne d'autre souhaitant ou osant s'adresser à vous...

Calmés serra les poings. S'il répliquait sévèrement à l'assaut, il ne pouvait qu'y perdre un peu plus de son sang-froid.

— C'est notre droit de savoir ce qui est arrivé à Ravort, reprit Delaforge, sentant qu'il gagnait du terrain.

— Soit, céda à contrecœur le préfet de discipline. Il s'en sort, grogna-t-il. Mais l'état est grave. Ses jambes sont brisées et, je le crois, à jamais. Or, s'il doit son état à l'un de vous...

Il menaçait et perdait patience à nouveau. Pourtant, son élève ne baissait pas les yeux. Il le provoquait. Il se sentait fort. Calmés le découvrait sous un angle jusque-là inconnu.

— Il souffre ? demanda encore Delaforge sans montrer s'il s'en réjouissait.

Pouvait-on lui reprocher de faire preuve de compassion ? Son intérêt pour un camarade, et pas le meilleur, était toutefois étrange.

— A-t-il raconté ce qu'il s'était produit ? insista Toussaint.

Calmés se garda bien de répondre, espérant laisser croire que Ravort lui avait confié sa propre version des faits.

— Sa mâchoire est-elle brisée, comme l'a dit Charpentier ?

Le préfet de discipline fusilla du regard ce dernier, se jurant de punir le bavard.

— En effet, se décida-t-il à regret.

— Donc, il ne peut même pas ouvrir la bouche pour vous éclairer sur ce mystère, glissa Delaforge terriblement calme. Quel ennui…

Son regard se fit circulaire :

— Puisque lui seul connaît la vérité.

Chapitre 11

MALGRÉ UNE SÉVÉRITÉ EXEMPLAIRE, Calmés se disait tolérant. Du moins, il le racontait. Son œuvre principale était de comprendre et de pardonner, en accommodant parfois la volonté impénétrable de Dieu aux cheminements tortueux de l'âme. En confession, il entendait pis que pendre puisque le combat contre l'entreprise satanique l'obligeait à fréquenter l'amoralité des êtres, et les rives sombres de Sodome lui étaient familières, sa mission ne se cantonnant pas à Montcler. Trois fois par semaine, il s'obligeait à recevoir une procession de pécheurs, extraits de la bonne société de Paris. Nombre s'agenouillaient sur le prie-Dieu du père jésuite parce qu'il était connu pour accorder plutôt *généreusement* l'absolution.

Pourtant, rien de lui ne désignait le partisan du compromis. L'intransigeance semblait attachée à sa nature comme en témoignait une apparence physique composée de raideur, d'ascèse. Il était petit, sec plus que maigre, et son visage n'avouait aucune émotion. Ses traits restaient lisses à un âge que les élèves estimaient à quarante ans. Les anciens soutenaient l'avoir toujours vu dès l'aube, le visage rasé, le cheveu court, brossé. De même, il semblait être né avec un teint morne, aussi gris que ses yeux. Ce portrait en faisait un homme craint qui possédait le don de surgir dans le dos. Son sobriquet était d'ailleurs *Passe-Muraille*.

Mais cette allure lui servait de façade, de masque, taillé pour son métier. Calmés se révélait en effet très différent auprès de ceux qu'il entendait en confession. Alors, en bon jésuite, il s'efforçait de démontrer qu'il avait suffisamment connu les travers du monde pour les comprendre, que l'imperfection était le signe même de la vie, et que sa vocation consistait, pour le salut de l'âme, non à condamner, mais à entendre. Était-il donc *vraiment* tolérant ? La découverte d'un père Calmés apaisé, patelin, yeux clos, prêt à recueillir le pire d'un signe de la tête, constituait une agréable surprise et aidait l'impétrant à avouer ses entorses à la Loi du Seigneur. En sortant de l'épreuve, il se sentait soulagé, libéré d'un poids et presque sauvé.

L'indulgence constituait ainsi la seconde nature du jésuite, et combien il devenait bon d'être compris par cet homme rigoureux, froid en apparence et si clément de l'intérieur ! Sa rémission avait un autre sens que le plat discours du curé de paroisse. Mais ce portrait à la Janus cachait en réalité un sens inné du juste calcul. Calmés pardonnait, en effet, mais à l'aune des intérêts de son ministère. Tuer, disait-il, et seulement dans l'intimité de son prétoire, constituait, en théorie, une faute capitale. Mais *quid*, lorsqu'un chrétien versait le sang pour le progrès de la foi ? Lutter contre l'hérésie, une épée en main, ne s'apparentait-il pas à une cause digne ? Finesse, génie de l'argutie jésuitique !

Prolongeant l'analyse, il en venait au cas de ce duel dont s'accusait son visiteur du jour. En y réfléchissant, l'assaut, certes mortel, visait-il à se venger de l'infidélité de son épouse ou à châtier le galant qui avait *converti* une innocente au libertinage ? Jugeait-on les faits selon le sixième commandement – *Tu ne tueras point* – ou devait-on lui préférer le septième, aussi capital – *Tu ne commettras pas d'adultère* ? Dès lors, qui punir ? Le mari jaloux, la femme volage, l'amant occis ? La ruse de Calmés était d'apprécier au cas par cas, sans règle générale, et de peser ses avis. En laissant comprendre à ses ouailles que l'indulgence était possible, il obtenait en retour la soumission et l'obéissance, la loi au-dessus de toutes. Moyennant la promesse de ne jamais enfreindre les ordres du directeur de conscience, et au prix d'une pénitence, la faute était pour ainsi dire lavée, du moins celle de ceux qui servaient au mieux le camp du jésuite. Calmés n'œuvrait pas pour son bien, mais pour celui de sa cause, excusant parfois ce qui était contraire à ses convictions. Mais il était attaché à l'ordre fondé par Ignace de Loyola, respectueux des consignes qui lui étaient imposées par la *Societas Jesu.*

Les voies du Seigneur se veulent impénétrables, soupirait-il pour apaiser sa révolte, quand il réhabilitait un fautif au prétexte qu'il avait ses entrées à la Cour, qu'il y était apprécié, qu'il représentait ainsi l'un des maillons de la chaîne fortifiant chaque jour l'ascendant des jésuites sur le pouvoir temporel. Il n'empêche. En son for intérieur, il doutait de sa capacité à faire entrer au paradis ceux à qui il accordait à foison le pardon et, à force d'écouter le pitoyable *lamento* des humains, s'endurcissait. Sa sévérité à l'égard des pensionnaires du collège de Montcler venait sans doute du rapport complexe et douloureux qu'il entretenait avec l'insondable noirceur des êtres. En secret, Calmés s'était convaincu qu'il ne pouvait les réformer et son avis sur le genre humain était aussi tranché que celui d'un janséniste : beaucoup d'appelés et peu d'élus.

*

Au cours des dix dernières années, il avait toutefois tenu avec ferveur, la foi chevillée au corps, son rôle de préfet de discipline. Le bilan se révélait consternant. Combien d'élèves l'avaient-ils convaincu de l'efficacité de sa mission ? Combien méritaient-ils son attention ? Combien seraient-ils élus ? À peine se souvenait-il d'avoir redressé un ou deux travers, tancé quelques dissipations, sensibilisé ici et là les moins médiocres aux bienfaits de la constance, de la discipline et de l'effort. Pour l'essentiel, il ne retenait qu'une masse confuse d'enfants bruyants, négligents, condamnés aux bassesses du monde. Combien avait-il croisé de cas remarquables qui donnaient un sens à sa mission terrestre ? Il y pensait en observant Delaforge alors que les rangs se rompaient et que le gros de la troupe se dispersait, renouant avec ses habitudes brutales. On se bousculait, on se collait aux grilles tels des animaux mis en cage. Qu'en était-il de Toussaint ? À son habitude, il se tenait à l'écart, indifférent à l'humeur générale de cette masse qui semblait avoir oublié le drame de Ravort. Le cas Delaforge demeurait un mystère. Malgré son expérience, Calmés aurait été incapable de choisir le côté vers lequel penchait ce garçon. Le Bien ou le Mal ?

Des huit années passées en commun, Calmés ne retenait que deux événements majeurs. La punition infligée les premiers jours à cet élève et, ce matin même, son intervention spectaculaire. Pour le reste, quasi rien. Depuis l'épisode où on l'avait soupçonné d'avoir bu le vin de messe et englouti quelques hosties consacrées, il ne s'était jamais fait remarquer, ne montrant ni révolte ni haine à l'endroit de l'école et de ses cadres, et respectant les règles de l'obéissance. Avait-il lié une amitié avec l'un de ses camarades ? Pas à la connaissance du préfet de discipline qui, de loin, gardait l'œil sur lui. Cette admirable constance éveillait l'intérêt de Calmés. Renseignement pris auprès de Chevalier, son régent, l'enquête s'était vite achevée sur la conclusion que l'élève se rangeait dans le camp des taciturnes. Mais le révérend fréquentait trop les rouages secrets de l'engeance humaine pour ne pas imaginer autre chose – comme l'eau dormante, prête à bondir au premier orage. À la fin de la punition qui avait marqué son entrée au collège, ayant constaté que le dortoir avait été lavé selon les règles fixées, que Toussaint Delaforge n'avait réclamé que sa ration de pain noir, qu'il s'était appliqué à tenir une heure chaque jour, jambes pliées et bras tendus, sans rechigner ou se plaindre, le père Calmés s'était rendu à l'évidence. Ce garçon disposait d'une résistance remarquable et d'une solide personnalité, autant de signes qui l'alertaient. Était-ce une forte tête, de celles qui troubleraient l'ordre de Montcler ?

Delaforge avait été admis au collège grâce à l'introduction de Joseph de Marolles. Calmés se méfiait de ce jésuite qui s'accrochait au confort du marquis de La Place. Sa mission de confesseur attitré lui conférait de multiples avantages, tels que le logement dans une noble demeure et de beaux revenus, si on en jugeait à ses tenues soignées. Bien sûr, Marolles soutenait la cause des plus pauvres en se chargeant des bonnes œuvres du marquis, mais cette cure était sans commune mesure avec celle d'un Calmés partageant la sobre vie des élèves et la frugalité des repas servis aux enseignants. Non, le préfet n'aimait pas Marolles, mais il fallait bien que chacun aille selon ses moyens et ses dons, et Joseph de Marolles était apprécié de sa hiérarchie pour s'être adroitement introduit dans le meilleur des mondes, celui du Louvre. En ce sens, il participait à la mission des ecclésiastiques qui cherchaient à faire entendre la parole de Jésus chez les puissants.

Joseph de Marolles s'était adressé au Supérieur du collège de Montcler pour que ce dernier admette Toussaint Delaforge. Calmés, par ses fonctions, assistait à l'entretien. Le bureau du Père supérieur ne comptait que deux chaises dont le dossier carré martyrisait le dos. Assis derrière un bureau noirci de brou, sans style et sans fioritures, le docte directeur écoutait Marolles, mains jointes, le regard fixe. Le visiteur occupait le second siège et se tenait jambes croisées, tel un laïc, tête droite, hautaine, l'air à son aise, époussetant machinalement la manche de sa soutane, comme si la fréquentation des lieux faisait craindre le pire à une étoffe trop soyeuse. Debout, en retrait, engoncé dans des vêtements lustrés par les ans, Calmés observait cet autre jésuite expliquer combien le cas de l'enfant lui tenait à cœur. Il en avait fait son filleul, respectant les dernières volontés d'une pauvre fille mère, morte au Pont-Neuf. Il défendait sa cause, celle du garçon, avec l'aisance que lui procurait la fréquentation des riches. C'était un devoir chrétien de venir en aide aux indigents, disait-il, expliquant au Supérieur et au préfet en quoi consistait la charité qu'ils prodiguaient eux-mêmes au quotidien.

Il y avait tant d'habile plaidoirie, de souci de plaire, de convaincre dans les propos de Marolles que sa sincérité venait à être mise en cause. Quel rapport entretenait-il avec l'enfant ? Au fond, que cachait-il ? La méfiance de Calmés se mit en action. Quelle que soit la vérité, il fallait surveiller le cas. Toussaint avait été durement puni et plus que nécessaire, car le filleul d'un jésuite servait d'exemple. Mais ensuite, le préfet *Passe-Muraille* chercha à comprendre son étrange différence avec le commun, ses absences, son isolement.

Calmés maîtrisait l'art et les rouages de la maïeutique, usant de la confession, méthode éprouvée pour faire accoucher les secrets les mieux ancrés. Il se décida peu après avoir sanctionné l'élève. Il en aurait le cœur net. Il saurait ce que n'avait pas avoué Marolles.

*

— Vous devez reconnaître vos fautes !

Le ton ne changeait pas. La voix était dure, intransigeante. Le préfet de discipline toisait Toussaint, corps malingre, âgé de sept ans, grattant le sol carrelé du dortoir à mains nues.

— Vous expliquerez à Dieu pourquoi vous vous cachiez dans la sacristie…

Toussaint ne bronchait, et à peine leva-t-il les yeux. Calmés comprit qu'il lui serait difficile d'extirper ce qui trottait derrière cette cicatrice impressionnante. Le soir même, il le reçut dans sa chambre, une sorte de cellule pour moine austère, sans rien d'autre qu'un lit de ferraille et une table de chevet accueillant l'Ancien Testament, un chapelet en bois, une fine bougie pour éclairer le tout.

— Prosternez-vous.

Toussaint le fit en silence, s'inclinant sur ce sol qu'il avait tant de fois récuré, repérant un endroit plat, mais surtout, évitant de faire reposer le poids de ses genoux sur l'arrête des carreaux plus coupants qu'un ciseau.

— Faites votre signe de croix…

Toussaint s'exécuta et sans attendre, prononça les paroles que lui avait enseignées Marolles :

— Mon Père, pardonnez-moi parce que j'ai péché…

Calmés ouvrit les yeux. L'enfant était de côté, sa cicatrice ne se montrait pas ; lui, voyait un ange. Sans le vouloir, sa voix s'assagit :

— Avez-vous eu le désir de nuire à l'Église, au Christ, à Montcler, en vous cachant dans la sacristie ?

— Non, répondit-on sans hésiter.

— Que cherchiez-vous alors ?

— Je voulais prier. Je suis entré. Puis j'ai entendu du bruit. J'ai eu peur. Je me suis caché. On a fermé la porte de l'armoire. J'étais enfermé. C'est tout.

Ainsi raconté, tout pouvait être vrai.

— Pourquoi aviez-vous peur ?

L'enfant redressa les épaules et fixa le jésuite :

— Je venais d'arriver. Maintenant, c'est fini.

— Qu'est-ce qui est fini ?

— Je n'ai plus peur, répéta Toussaint.

— Racontez-moi…

— Je sais pourquoi je suis là et ce que je vais y apprendre.

Calmés s'en défendait, mais il était comme aimanté par cette voix, ce garçon de sept ans qui parlait clairement et semblait sincère.

— Que voulez-vous apprendre ?

— Je veux être maçon, dit l'enfant sans hésiter.

— D'où vous vient cette idée ? Est-ce votre entourage ou votre famille qui vous a inspiré cette vocation ? insista le jésuite en creusant son enquête.

— Je ne connais que le père Marolles, répondit Toussaint, et ça ne vient pas de lui. Non, maçon, c'est mon idée.

— Vous n'avez ni frères ou sœurs, ni cousins ?

— Je suis seul depuis que ma mère est morte en me donnant la vie.

C'étaient les mots exacts de Joseph de Marolles et celui-ci avait dû les dire et redire à son filleul.

— Vous ne savez rien de votre passé ?

Un mouvement du menton de la droite vers la gauche servit de réponse.

Après cela, comment fixer la contrition ? Calmés se contenta de réclamer trois *Pater* et deux *Ave*. Et il renvoya l'élève au dortoir.

*

Au cours des années suivantes, le préfet de discipline s'efforça le plus souvent qu'il le pouvait d'entendre le jeune Delaforge en confession, s'entêtant à comprendre les méandres d'un esprit en apparence si clair. Mais rien ne venait, rien ne sortait. Il fallut s'en tenir à ce tacite arrangement. Toussaint ne constituait pas un danger pour l'ordre de Montcler parce qu'il y était étranger. Pour autant, quelle énigmatique combinaison germait-elle, grandissait-elle dans cette cervelle ? Calmés avait trop vu, trop entendu pour ne pas se méfier du Mal et de ses racines ancrées dans les âmes. Chez Toussaint, l'eau dormait, oui, mais que deviendrait-elle en s'éveillant ? Par habitude et par méfiance, *Passe-Muraille* espionnait ce garçon, espérant surprendre la vérité.

En de rares occasions, il croyait l'effleurer, lorsque les traits du pensionnaire se relâchaient, quand son regard s'enflammait et que lui seul décourageait Ravort ou les autres de l'approcher. Oui, il y avait le meilleur en apparence et peut-être le pire sous cette façade stigmatisée par une cicatrice qui ressemblait à l'entrée d'un volcan débordant de lave et prêt à rugir. Calmés l'aurait juré, s'il n'avait craint d'offenser le Seigneur. Et son avis n'a pas changé au cours des huit années. Plus le temps a passé, plus l'enfant devenu jeune homme a bâti une muraille entre lui et le reste. Et ce matin encore, alors qu'il s'affirmait comme jamais auparavant, Calmés s'est convaincu que le torrent, enfoui dans le cœur de Delaforge, ne demandait qu'à jaillir pour s'être tu trop longtemps.

*

Les portes du collège de Montcler se sont enfin ouvertes. Les élèves sortent un à un, sous la condition d'être pris en charge par un parent venu en compagnie des siens, et cela donne lieu aux effusions, aux belles retrouvailles. Peu à peu, la cour se vide et il ne reste que quelques attardés qui traînent du pied, jettent des regards inquiets vers la sortie. Les a-t-on oubliés, abandonnés ? Toussaint Delaforge est de ceux qui attendent, mais là aussi, il ne montre aucune émotion.

Calmés ne résiste pas à l'envie de s'approcher de lui, peut-être dans l'espoir de lui tirer les vers du nez.

— Personne ne vient vous chercher ?

Il tente de poser sa main sur la manche de l'élève, une façon qu'il juge adroite pour l'aborder *en paix*, mais celui-ci fait un geste de côté et, sans que le jésuite s'en aperçoive, serre le poing. Le regard qu'il expédie décourage son vis-à-vis. Il n'en obtiendra rien.

— N'oubliez pas, murmure-t-il, répétant ce qu'il lui disait au dortoir. Retour à cinq heures…

Il se voudrait chaleureux, mais sa voix ne peut s'empêcher de rester dure. Au moins, *Passe-Muraille* ne parle pas de Ravort et de sa promesse d'interroger le pensionnaire sur les événements de la nuit. *Je ne vous lâcherai pas*. Il l'a dit. Pour autant, Delaforge ne semble pas inquiet. Il se tait et ce silence ne trouble pas Calmés qui a fini par s'y habituer, cessant de juger le mutisme de l'élève comme une injure. Le garçon n'est pas désinvolte. Il ne fait même pas la sourde oreille. Il se comporte ainsi depuis toujours. *Bon élève, reclus et solitaire*. Voilà ce qu'il conviendra d'écrire sur lui lorsqu'il quittera Montcler d'ici deux ans. Lui reprochera-t-on de ne pas avoir aimé le chant et la liturgie ? De ne jamais avoir exprimé le désir d'être enfant de chœur ?

« Je ne veux qu'apprendre pour devenir maçon et maître. Et un jour, je serai l'architecte du roi… » Voilà ce que fut son leitmotiv.

Delaforge s'est écarté. Désormais, il dépasse d'une bonne tête Calmés. Il sera grand, prédit ce dernier. Dieu ! s'émeut-il, Toussaint serait si beau sans cette cicatrice. Le préfet de discipline regrette sans doute de ne pas avoir mieux connu le garçon qui échappera un jour à son influence. Un échec personnel… Mais que n'a-t-il pas tenté pour se rapprocher ? Il se souvient ainsi du temps où il fallut entreprendre la restauration de la chapelle. Le maçon Pontgallet avait bousculé l'organisation séculaire de l'établissement, faisant régner sur les lieux un désordre inhabituel. Il avait fallu vider la chapelle de ses meubles, entasser les bancs, enfermer dans des caisses les statues des saints et celle de la Vierge. Et voilà que Delaforge avait manifesté de l'intérêt pour la communauté. Il s'était proposé pour déplacer les objets lourds, offrant ses services pour venir en aide aux maçons. Il fallait voir avec quel enthousiasme il voulait s'associer à ceux qui démolissaient, et on avait dû freiner son ardeur. Ce n'était pas de son âge. Calmés, puisqu'il connaissait les projets de l'élève, avait fini par l'autoriser à discuter avec Pontgallet. Pourquoi lui refuser cette faveur alors que Toussaint montrait exceptionnellement son désir envers quelque chose ? Et devenir maçon, n'était-ce pas ce qu'il avait exprimé en confession ?

Architecte du roi ! Un rêve, sourit Calmés. L'orphelin, bâtard de surcroît, n'est d'aucune coterie, d'aucun clan. Mais la règle que s'est imposée le préfet de discipline est de soumettre, sans briser ce qu'il y a de meilleur en chacun. Pourquoi pas architecte ? songe-t-il encore en apercevant la silhouette de Marolles à l'entrée de Montcler. Qui sait ? Delaforge parviendra peut-être à profiter de l'entregent de son parrain…

Une dernière fois, il s'approche de Toussaint, qui, lui, semble insensible à l'apparition de Marolles. Aussitôt, l'élève serre à nouveau le poing, comme s'il se sentait menacé ou pour se défendre.

— Encore un effort, et la vie s'ouvrira devant vous, glisse Calmés qui n'a pas vu son geste.

Passe-Muraille s'exprime avec douceur, indice fragile et maladroit d'une affection qu'il s'interdit généralement de prodiguer.

— Je ne vous ai jamais détesté, répond Toussaint. Même quand vous m'avez injustement frappé alors que j'avais sept ans.

Calmés en reste muet. Une émotion l'assaille. Ne pas détester, est-ce comme aimer ? Et pourquoi en parle-t-on au passé ? Sa méfiance revient. Il devine une menace, plutôt un avertissement. Il voudrait interroger Toussaint, mais ce dernier s'éloigne et rejoint un Marolles affichant la même froideur que son filleul. Entre eux, pas un mot n'est échangé – pas même un sourire. De loin, le jésuite s'incline pour saluer Calmés. Ce sera tout.

*

Marolles et Toussaint marchent côte à côte, en silence. Et ce n'est qu'après avoir franchi cent pas que le collégien de Montcler desserre le poing qu'il gardait fermé. Dans le creux de la paume, il cache une fleur desséchée, une rose semble-t-il, ou ce qu'il en reste tant ses pétales furent comprimés, et tant le jour où ils se sont éclos paraît daté.

Chapitre 12

MAROLLES NE SAIT COMMENT s'y prendre avec son filleul. Faut-il lui parler, faut-il se taire ? Trop d'absence et d'inconnues les séparent. Toussaint n'a aucun regard, aucun geste pour le révérend. Il va seul, indifférent à celui qui l'accompagne. Pour la première fois, personne n'ordonne sa vie, et il ne songe qu'à goûter à la liberté. Mais pourra-t-il en apprécier les délices en si peu de temps ? De retour à Montcler, qu'adviendra-t-il ? À l'évidence, on le trahira, un élève racontera à Calmés la façon dont Ravort fut défenestré. Pourtant, Delaforge ne paraît pas inquiet et, faute d'autres indices, sa légèreté s'explique par l'inconscience de la jeunesse. Il faut croire qu'il veut oublier ce qu'il se produira nécessairement quand, de retour, il sera face à Calmés. Ses presque seize ans – il en fait d'ailleurs un ou deux de plus, et les aura dans trois mois – lui soufflent de profiter de ces quelques heures, émancipé du joug du collège. Tant de légèreté déconcerte. Se croit-il supérieur depuis sa victoire sur le tyran du dortoir ? En pèse-t-il les risques ? L'exclusion, l'internement dans une institution redoutable, sans doute le bagne[1]. Se moque-t-il des suites ? La froide détermination qu'il affichait la nuit dernière – cette façon de dominer son monde – signifie-t-elle qu'il s'imagine intouchable ?

Il marche à pas lents, tourne la tête, regarde sur sa gauche, sur sa droite et derrière, comme s'il ne voulait pas lâcher ce qu'il vient

1. À Marseille où les bagnards trimaient sur les galères.

de voir. Et Marolles l'observe en silence, imaginant qu'il faut laisser faire ce moment. Qu'il s'agit *simplement* d'un excès d'émotions brutales se libérant d'un coup. N'ont-ils pas la journée pour se parler ?

*

Toussaint est sorti si peu de Montcler qu'il ne connaît rien ou presque des rues, des arbres, des gens de cette ville. Les beaux jours, on le menait parfois au jardin du Luxembourg en empruntant la rue d'Enfer, hantée, racontait-on, par le *diable Vauvert*[1]. Et Toussaint se disait que, si la tanière du mal ressemblait aux lieux vers lesquels il se rendait, Calmés aurait fort à faire pour le décourager de ne pas céder à ses tentations. Les jardins imaginés pour Marie de Médicis, la mère de Louis XIII, regorgeaient en effet de trésors délicats. L'œil s'attardait sur les bosquets, les fontaines, les statues sculptées par un artiste qui aurait voulu assouvir les rêveries de l'adolescent. Alors que les autres internes organisaient deux camps pour s'adonner à des jeux dont la règle unique était de se battre, lui s'échappait au hasard des allées qui le conduisaient chaque fois vers des royaumes différents. Il se nourrissait du silence qui n'existait jamais à Montcler, laissant faire de lui-même le chemin dessiné par les feuilles mortes craquant sous ses pieds.

Il choisissait, comme destination finale, l'immense palais du jardin érigé par l'architecte de génie Salomon de Brosse. Il s'imaginait à ses côtés, choisissant la hauteur d'un pignon, la courbe ou le délié d'un balcon, la taille et l'équilibre des fenêtres, le nombre exact de marches qui formeraient la volée des escaliers et leur don-

1. Aujourd'hui intégrée au boulevard Saint-Michel, la rue d'Enfer était connue pour sa légende. Non loin de celle-ci, dans l'ancien château de Vauvert, devenu couvent des Chartreux, un démon aurait élu domicile. Moins romanesque, le nom d'enfer venait d'*infera*, la rue « basse », car elle se trouvait topographiquement sous la rue Saint-Jacques. Il reste au *diable Vauvert* sa renommée et une autre légende qui conduit aux marécages du village de Vauvert, sur le chemin de Saint-Jacques-de-Compostelle.

neraient un bel équilibre. Vingt marches lui semblaient parfait. Et s'il devait un jour bâtir – bientôt il le déciderait aussi simplement que de détruire –, ses marches à lui seraient larges et solides afin qu'un hardi chevalier les gravisse au galop. Il divaguait ainsi, flânait tant que *Passe-Muraille* ne déboulait pas, exigeant de son air austère qu'il rentre dans le groupe et se mette en rang car c'était l'heure du retour. Il lui fallait alors ronger son frein, attendre l'escapade suivante et, pour seul réconfort, tendre l'oreille dans l'espoir de capter les bruits de la ville, le pas pressé des habitants allant librement, à un jet de pierre de l'étude spartiate de Montcler. Fuir ? Bien sûr, il y réfléchissait souvent, mais ne se sentait pas prêt. Il lui manquait la force et l'audace. Le temps et la patience étaient ses alliés. Oui, le torrent grondait, même s'il fallait attendre avant qu'il ne déborde, et pendant que la vague se formait, Toussaint préparait son futur et, puisqu'il tardait trop, il cherchait le moyen de le hâter. S'évader ? Il y revenait sans cesse. Mais après avoir échappé à la vigilance des jésuites, comment, simplement, manger ? Il devrait se battre, tuer, peut-être. Saurait-il s'y prendre ? Afin de trancher cette question et de mettre fin à ses doutes, il avait pris la décision d'éprouver sa volonté et sa vigueur le moment venu. Pour cela, il y avait Ravort. S'il triomphait de lui et de la terreur qu'il sécrétait, il saurait ce qu'il valait vraiment. S'il perdait, à quoi bon vivre ? Pour se préparer à ce rendez-vous crucial, il fallait se convaincre de ne jamais renoncer, et surtout de ne pas tourner les talons, de ne pas avoir peur à l'heure de l'affrontement. Quoi d'autre ? Se munir d'une arme solide. Lorsque le maçon Pontgallet travaillait sur la chapelle, Toussaint avait réussi à lui chaparder un couteau pointu. Depuis, quand il se rendait au jardin du Luxembourg, et dès que Calmés relâchait son attention, il aiguisait la lame sur le socle des statues, ses seules confidentes.

*

Les nuits qui suivaient les promenades dans le jardin de Marie de Médicis, Toussaint s'interrogeait aussi sur ce qu'il ferait, une fois dehors. Que connaissait-il de la vie ? Comment en devenait-on le maître, tel le maçon Pontgallet ? Le jardin du Luxembourg constituait l'infime partie d'un monde dont il devinait qu'il regorgeait de trésors et de dangers. Chez le marquis de La Place, il était trop petit pour s'y intéresser. De son arrivée à Montcler, il ne restait que des images floues. Au cours de ces huit années, il s'était rendu trois fois en cortège à Notre-Dame pour la fête d'un saint (lequel ?) et aussi afin d'honorer un mort (un seigneur ?). Il se souvenait surtout d'avoir compté ses pas avant de toucher le parvis de la grande église. Deux mille cent vingt et un. Il était revenu l'an passé à Notre-Dame pour écouter un prédicateur menacer les élèves d'être maudits s'ils n'obéissaient pas aux Lois du Seigneur. À quinze ans, ce souvenir-ci restait plus clair.

Pour entendre un sermon tant de fois rabâché, les portes de Montcler s'étaient donc entrouvertes. Entraîné par la voix cadencée de *Passe-Muraille* interdisant de frotter les sandales sur le pavé rugueux, mêlé au long serpent noir que formait la colonne des internes, Toussaint marchait nez en l'air, observant la façade des bâtisses, découvrant le curieux nom que l'on donnait aux auberges – *Trois Casseroles*, *Le Chien Fumant*, *Renard Corsé* –, et il humait le parfum enivrant des tonneaux de bière et le gras de cuisson qui s'échappait des bouges à l'entrée sombre. Il accrochait au passage les bribes de la conversation des Parisiens qui semblaient s'amuser d'un rien et se plaindre de tout. Bientôt, il serait l'un des leurs.

À chaque nouvelle sortie, il s'orientait un peu mieux, la rue Saint-Jacques devenait familière. Mais en arrivant à la Seine, avant de trouver la cathédrale, il ressentait une déception immense. Il espérait revoir le Pont-Neuf emprunté autrefois avec son parrain en se rendant à Montcler, et celui qu'il franchissait s'appelait Petit-Pont et se présentait bien ainsi. Sous ses arcades étroites coulait une eau noirâtre ne ressemblant pas à celle de la rivière qu'il croyait avoir connue. Au retour, il pleuvait, il faisait froid.

Qu'importait la raison, ils devaient presser le pas. Pourquoi ? L'odeur du chou de Montcler ne pouvait-elle attendre ?

Mais désormais, tout cela est fini, sa victoire sur Ravort sonne tel un symbole : il ne se taira plus, ne cédera jamais à la dictature d'un autre. Toussaint est sorti. Son plan fonctionne. Il est libre et jure qu'il le restera. Voilà pourquoi il ne montre aucune inquiétude.

*

Le 7 juin 1654 s'annonce comme une belle journée.

À Reims, il est aussi dix heures. Les douze pairs du royaume entourent Louis. On aperçoit les évêques de Beauvais, de Noyon, de Langres, de Laon et le comte évêque de Châlons-en-Champagne puis, aux côtés de ces ecclésiastiques, les ducs d'Aquitaine, de Bourgogne, de Normandie, non loin des comtes de Champagne, de Flandre, de Toulouse. Dans une belle harmonie, ils présentent la couronne avant que l'archevêque de Reims n'en ceigne la tête du jeune roi sacré. Louis XIV reçoit alors l'hommage de ce douzième pair du royaume, et ce moment est choisi pour lâcher une ribambelle d'oiseaux qui volent, s'éparpillent dans la cathédrale sous un tonnerre de cloches. Le Roi Très-Chrétien peut compter sur Dieu pour l'aider. Mais sur terre, qui viendra à son secours ? Le voici infaillible, au-dessus du commun. Et bien seul. Pour devenir ce que promet son sacre, il devra s'affranchir du passé, se distinguer de ceux qui l'ont précédé sans jamais les renier. Être soi et roi à la fois, est-ce possible ? Alors qu'on s'incline sur son passage, Louis se souvient des paroles de son père alors qu'il s'éteignait : *en se montrant fort et grand, on devient indestructible.* C'est ainsi que tous deux triomphèrent du cerf de la forêt de Versailles… Que faire et que décider pour conquérir son propre destin ? Louis sort de la cathédrale de Reims et se laisse acclamer. Pour ne jamais être esclave de son rôle, il sera lui-même et se le jure. Il ne restera pas prisonnier du poids de sa charge. Un grand roi a besoin d'un grand projet. Il se trouve peut-être à Versailles, là où son père lui a transmis son héritage.

À Paris, le soleil passe par-dessus le toit des majestueux bâtiments du Quartier latin, siège de la connaissance et du peuple estudiantin de Paris. Accrochée à l'azur, une colombe vole vers le nord – l'inconnu pour Toussaint. Il suit le battement de ses ailes. Bientôt, il ne sera plus enchaîné.

— Ils ont fière allure…

Marolles montre un groupe d'étudiants vêtus de toge et pense avoir enfin trouvé le moyen d'engager la conversation.

— Les carabins ! lance-t-il d'un ton qui se voudrait léger.

Des apprentis médecins déambulent rue Saint-Jacques et cette pérégrination vaut le coup d'œil. La marche s'accompagne d'effets de manches, leur discours, de parade. Ils se déplacent en ligne, forçant le quidam à s'effacer pour que passe le Savoir. Quand ils le décident, ils s'arrêtent, prennent la pause, opinent du chef en s'aidant d'un bonnet carré, insigne suprême de l'appartenance à la Faculté, et qui, à défaut de donner plus de sens à des sentences obscures, proférées en grec, confère de l'importance à ces têtes que l'on dit bien faites.

— Médecin, y as-tu réfléchi ? poursuit Marolles. Ton Supérieur me dit que tu en aurais les moyens. Ne crois-tu pas qu'il est temps de te décider ?

— Vous, qu'avez-vous choisi pour occuper la journée ? cingle son filleul.

À vrai dire, le jésuite n'a conçu aucun projet. Et c'est ainsi chaque fois qu'il se déplace à Montcler. Depuis huit ans, il rend visite deux fois par an à l'interne. L'entretien est court. En premier lieu, il lui remet la missive d'une jeune fille. La nouvelle a de quoi surprendre, mais il s'agit d'une *vieille amie*, la seule en vérité – et Toussaint la connaît depuis sa naissance. L'élève de Montcler prend la lettre sans l'ouvrir, tant que le jésuite est là. Il sait que son parrain l'a lue, vérifiant la vertu de chaque mot avant de la lui donner. Toussaint la glisse dans une poche, sans rien dire, rien montrer, ni joie ni émotion. Il l'étudiera une fois seul, en décortiquera chaque mot au point de se les réciter en silence, mais n'y répondra pas. Le jésuite insiste. La jeune fille, dit-il, parle de lui et serait heureuse d'avoir en retour un signe de vie. Il prétend qu'elle finit par croire que Toussaint ne sait pas écrire. Ces mots arrachent une grimace à l'orphelin, et cela pourrait être sa façon de s'émouvoir. Renonçant à comprendre son entêtement, Marolles l'interroge alors sur ses études et l'élève soutient qu'il ne rencontre aucun souci. C'est vrai. Les notes sont excellentes. De fait, ce garçon sait écrire, versifier en grec, compter. Puis vient l'interrogatoire sur les conditions de vie. Rencontre-t-il des problèmes ? La réponse est non. Alors, l'entretien s'achève, chacun se contentant du devoir accompli.

— Marchons encore, murmure Toussaint. Bientôt, je vous dirai ce que je souhaite faire.

— Bien, lui répond-on. Si tu le vois ainsi…

*

Marolles ne se sent pas à son aise. Cette sortie est un pensum. Le secret qu'il porte depuis la naissance de son filleul accapare ses pensées. Le temps n'a pas fait son œuvre. Les images de Marie agonisante, les mots qu'il prononça et qui la condamnèrent ne se sont pas effacés. La nuit, Paillard, *la vieille à deux dents*, lui revient en plein sommeil. Il entend sa voix grinçante. L'odeur fétide de la cave brûle ses poumons. Il voit le linge ensanglanté. Dans l'espoir d'atténuer ses remords, il se répète qu'il ne pouvait agir autrement. La mère mourait, il a sauvé l'enfant. N'est-ce pas grâce à lui si Toussaint vit ? Dans son plaidoyer *pro domo*, il se garde d'ajouter que la disparition de Marie arrangeait ses projets. Vivante, elle aurait pu dire de qui était Toussaint et, pour une raison irréfragable, personne ne doit apprendre le nom du père. Marolles a vécu ainsi, se convainquant parfois d'avoir agi pour une cause juste – honorable, car le sujet est l'honneur. Dieu a choisi le destin de Marie et de son fils. Mais les années passant, son opinion est devenue moins claire. Il s'est pris à douter et parfois même regrette de ne pas avoir sauvé la mère. Il l'a abandonnée quasi morte, ce qui revient à admettre qu'elle ne l'était pas quand il a déguerpi avec Toussaint. En l'aidant autrement qu'en promettant de dire une messe, existait-il une chance qu'elle s'en sorte ? Pouvait-il alors conclure un marché avec elle ? Un donnant, donnant. Argent contre silence... Ensuite, il l'expédiait avec son enfant en province et aucun scandale ne se produisait.

Il est bon de réinventer le monde, de vouloir le corriger dans l'espoir de pardonner les fautes dont on se sent responsable, mais en approchant au plus vrai, en perçant l'âme de Marolles, on découvre ce qui le hante et le rend détestable. Il craint que Toussaint réclame des explications. Un jour, il voudra savoir ce qu'il s'est passé à sa naissance, pourquoi Marolles est son parrain, d'où il connaissait sa mère. Étrangement, et sans que cela le rassure, l'orphelin n'a jamais posé de questions. Il se contente de ce qui est. Il fut trouvé au Pont-Neuf. Enfant d'une mère inconnue, il doit sa vie à un miracle. Le jésuite se trouvait là. La charité le décida à le recueillir. Sa version tient bon. D'autant qu'il limite les contacts avec Toussaint par peur d'être confronté à son regard, à cette cicatrice qui lui rappelle l'horreur de cette naissance. Marolles craint de se trahir ou de ne pas trouver les mots mettant fin à la discussion qu'il redoute. Cela explique qu'il laisse aller ce garçon étrange, comptant ses pas comme autant de secondes interminables.

Que proposer à un jeune homme pour lui occuper l'esprit ? Il n'a pas d'idées si ce n'est de lui demander, comme chaque fois, comment se sont passés les semaines et les mois depuis leur dernier face-à-face. Et ce sujet vient d'être épuisé.

— Oui, marchons encore, répète le jésuite. La journée débute à peine.

Tant qu'ils ne sont pas à l'arrêt, il espère s'en sortir.

*

Toussaint, lui, sait précisément ce qu'il veut faire, mais il n'en parlera pas. Il profite de l'indécision du jésuite pour descendre la rue Saint-Jacques, s'approchant de la Seine, là où il compte se rendre. En huit ans, Marolles n'a guère changé. Même tête, même maigreur. Peut-être s'est-il tassé, à moins que le pensionnaire ait soudain grandi, rattrapant en taille son parrain. Est-ce cette allure commune qui confère à leur marche le même air de gravité morbide ? Pour la première fois, Toussaint s'interroge sur l'âge de son guide. Il tente de comparer avec Calmés, mais il faudrait tenir compte des vêtements de chacun, les uns soignés, les autres fatigués. De même, Marolles n'a guère les traits usés et son teint est celui de l'homme bien nourri, n'ayant jamais eu à connaître les nuits de *Passe-Muraille* hachées par les rondes. Il n'a pas cinquante ans, décide-t-il. Dans ce cas, un peu plus de trente quand il naquit. Que faisait-il au Pont-Neuf, la nuit où il fut trouvé ? Le jésuite serait surpris de découvrir que Toussaint connaît une partie de sa vie – du moins celle que son parrain a inventée depuis le premier jour où il le ramena à l'hôtel des La Place. Une histoire qu'il a servie au marquis, à François, Antoine, Aurore, ses trois enfants, et au Père supérieur de Montcler, en présence de Calmés. La suite est affaire de maïeutique – mais au profit du confessé. Lors des entretiens où *Passe-Muraille* tentait d'ouvrir le cœur de Toussaint, il y eut des échanges, des mots lâchés ici et là qui, peu à peu, éclairaient l'orphelin sans qu'il soit utile de questionner son parrain. D'infimes détails. Mais si importants quand le passé est vide. Le filleul en sait plus que ne le croit Marolles. Et ce qu'il ignore l'intéresse, contrairement à ce qu'il montre.

— Pas le Petit-Pont, ordonne Toussaint. Je connais. Il conduit à Notre-Dame. Prenons par ce chemin. Allons vers le Pont-Neuf.

Le jésuite est embarrassé, mais, faute de pouvoir s'opposer, se laisse entraîner vers ce quartier obscur qu'il se garde de fréquenter depuis des années afin de ne pas affronter les souvenirs lui rappelant combien la naissance de Toussaint fut détestable.

*

Le Pont-Neuf mérite en effet qu'on s'y rende. Construit par la volonté du roi Henri IV, il relie la rive gauche à la rive droite de Paris par le génie de sa construction harmonieuse, scandée presqu'en son milieu d'un balcon scellé à l'île de la Cité. En ce point, s'élève la statue du bon roi, poignardé par un fanatique. La longueur du pont ajoute à la grâce d'un passage parcouru sans relâche par les porteurs de chaise, les piétons, les voitures[1]. On s'y engage sans distinction de rang ou de titre, mêlé au trafic incessant engendré par la proximité du Louvre et du Parlement. On réclame le passage, bousculant sans vergogne les courtisans richement habillés, les juges en habits noirs, les bourgeois endimanchés, les dignes conseillers du Châtelet tirant par la manche une épouse bonimentée par des fripiers ambulants portant à l'épaule de lourdes caisses en bois où s'amoncelle un bric-à-brac de soieries, et, à ce tohu-bohu général, s'ajoutent les grincements de la pompe de la Samaritaine aspirant l'eau boueuse de la rivière Seine qui alimente le Louvre et les Tuileries. La bâtisse s'élève au-dessus de la deuxième arche du pont, côté rive droite[2], et son observation permet d'admirer le travail de l'architecte flamand Jean Lintlaër, concepteur de l'édifice et locataire des étages supérieurs. De fait, il en est un peu le gardien, tel celui du phare, car les rouages délicats de la machinerie exigent une attention particulière. Les secrets de sa mécanique se dissimulent derrière une façade en pierre ornée d'une représentation sculptée de Jésus et de la Samaritaine étanchant la soif du Fils de Dieu en offrant l'eau de son puits[3]. Le Seigneur, source de vie, veille sur le destin de l'horlogerie complexe dont le bon fonctionnement assure le confort de la Cour. Sa complexité et ce dessein royal attisent donc la curiosité des Parisiens. Accoudés au rebord du pont, chacun glose en ce beau jour de juin sur la vie de ces

1. Le Pont-Neuf est le plus ancien de Paris. Sa longueur est de 238 mètres. Ce fut le premier pont construit en pierre.

2. La Samaritaine fut détruite en 1813, mais, sur ses décombres, fleurit le commerce d'Ernest Cognacq, créateur par la suite du grand magasin du même nom.

3. En échange, la Samaritaine pria Jésus de lui donner Son eau « afin qu'elle n'ait plus soif ».

entrailles, guettant la moindre anicroche, signe d'un arrêt aux conséquences dramatiques.

— Le bois craque, dit un habitué, le chapelier Simon Clarentin.

— C'est mauvais signe, lui répond un homme portant une épée d'apparat et qui semble être le conseiller Thierry de Millard s'en allant au Louvre.

— Quelque chose venant de l'eau fait obstacle, avance encore le chapelier.

— Quoi, selon vous ? demande Antoine Petitbois, l'espion de la Couronne, et second de l'architecte Lemercier, sans que l'on sache s'il surveille Thierry de Millard ou s'intéresse à la construction[1].

Oui, que pourrait-il sortir de ce bouillon ténébreux, miroir opaque d'un monde sous-marin et mystérieux ? Peut-être la vérité...

*

Toussaint et Marolles ne s'intéressent guère au clabaudage des voisins. Ils sont là parce que le pensionnaire de Montcler l'a voulu. Il désirait voir ce pont, mais n'a pas dit pourquoi. Le jésuite est sur ses gardes. Figé devant la pompe de la Samaritaine, il scrute la rive embouteillée d'embarcations lépreuses et de misérables attendant la nuit pour régner de nouveau sur les lieux. C'est ici qu'il est venu chercher Paillard, *la vieille à deux dents* et, bien que les années passent, il craint de croiser son visage tanné par la férocité. Un coup d'épaule le fait sursauter. Ce n'est qu'un inconnu qui se fraye un chemin. Un coup d'œil sur Toussaint. Il fixe la Samaritaine sculptée par Bernard et René Frémin et semble attiré, fasciné par la représentation de cette femme, statufié comme elle,

1. Pour ces trois personnages (Thierry de Millard, Antoine Petitbois et le chapelier), voir *1630, La Vengeance de Richelieu* et *1658, L'Éclipse du Roi-Soleil.* On y découvrira les aventures d'Antoine Petitbois, l'espion de la Couronne, écrites par le même auteur.

et l'effet saisit Marolles car la tête du jeune homme, plus grand que la moyenne, émerge de la multitude et se démarque de l'incessant mouvement de la foule par son étrange fixité. Une digue résistant à la houle, songe le jésuite, et il en a la force, jauge-t-il en scrutant cette carrure puissante qui efface celle des passants.

En haut du bâtiment, on trouve une horloge, et on vient aussi ici pour regarder tourner des aiguilles qui indiquent qu'il est presque midi. Voilà une heure qu'ils sont là. Le vent s'est levé, d'épais nuages flottent sur la Seine. Il fait froid, et rien n'explique la fascination de son filleul pour cet ouvrage. S'il veut observer des caryatides, ils iront au jardin du Luxembourg. D'abord, s'éloigner. Déguerpir, oui ! Quitter l'endroit. Soudain, le carillon résonne, égrenant les douze coups de l'angélus. Toussaint reste de marbre, quand Marolles sursaute. Les nerfs à fleur de peau, il décide de se rapprocher :

— Pouvons-nous partir, maintenant ?

Sa voix est peu assurée, le regard fuit. Dieu ! Qu'il se sent mal à l'aise. Mais l'entêté ne bouge toujours pas. Toussaint a-t-il seulement entendu qu'on s'adressait à lui ? L'aiguille des minutes chevauche le chiffre un quand ce bougre de filleul tourne le visage, montrant sa cicatrice. Son regard semble brûler, ses traits sont tendus :

— Est-il vrai, comme l'affirme le père Calmés, que la femme, la Samaritaine, a connu cinq hommes ?

La question surprend Marolles.

— Oui, oui, bredouille-t-il. Selon l'apôtre Jean, la femme était pécheresse. Mais allons parler ailleurs. Il me vient une idée. J'ai pensé que…

— Est-ce parce que mère était femme de mauvaise vie qu'elle vivait ici, au Pont-Neuf ?

La sortie prend le jésuite par surprise. Une chape de plomb s'abat sur ses épaules, son ventre se tord. Il ne sent plus ni le vent, ni le froid, ni les premières gouttes de pluie qui s'écrasent sur sa cape.

— De quoi parles-tu ?

— Répondez-moi, fait claquer Delaforge, insensible à la pluie qui redouble.

Marolles ne sait pas encore que le pensionnaire de Montcler organise ce moment depuis longtemps, qu'il s'est gardé de poser des questions et a rongé son frein par crainte d'être trop jeune, de ne pas discerner la vérité du mensonge. Mais il a appris de Calmés et de son régent. Il connaît les ruses de la maïeutique. Il a discipliné sa pensée, gagné en audace. Son talent s'est affirmé, selon les vœux de *Passe-Muraille*. Puis il y a eu Ravort. De quoi peser son courage. Au moment d'affronter son passé, il compte également sur les heures de solitude, répétant mille fois chacune des questions qu'il posera. Il pense avoir anticipé toutes les réponses, gardant en tête qu'elles seront peut-être fuyantes et fausses. Il s'est aussi juré d'endiguer son émotion. Il pense être organisé pour entendre le pire. Mais en face, qu'en est-il ? Voilà le moment que redoutait le jésuite. Et qui le prend de court. S'est-il au moins préparé ? Dans ce qu'il imaginait, il s'exprimait en premier. Sa version était courte, fade, impersonnelle. Il survolait le parcours d'un orphelin sans racines, et ne s'y attardait pas, préférant aborder l'avenir, y puisant une sorte de morale. Malgré les épreuves, personne n'était condamné. Toussaint en était la preuve. Si le début se montrait difficile, la suite s'annonçait heureuse. En échange du travail, vertu cardinale, le destin lui offrirait le meilleur de la vie. Médecin serait un excellent choix. Ils auraient la journée pour en discuter, jetant aux oubliettes l'origine ténébreuse de Toussaint Delaforge.

Mais, brutalement, son plan s'effondre.

— Femme de mauvaise vie ? Ta mère… Comment le saurais-je ? s'affole Marolles.

— Pourtant, vous l'avez connue.

— Non ! se défend-il trop rapidement.

— Vous mentez.

— Comment oses-tu !

— N'est-ce pas elle qui a choisi mon prénom ?

— Qu'est-ce qui te permet de le croire ? résiste l'ecclésiastique.

— Vous l'avez assuré à Calmés quand vous vîntes à Montcler. Et vous ne pouviez avoir appris mon prénom qu'auprès de ma mère.

— Bien, bien, bien, balbutie Marolles. C'est peut-être ainsi que j'ai présenté l'affaire. Tout cela est déjà si loin…

Le révérend père se redresse d'un coup :

— Je cherchais à attendrir l'opinion du Supérieur et faciliter ton entrée au collège.

— Vous avez donc inventé, ce qui revient à mentir.

— On peut le voir ainsi.

— Mais quand dites-vous la vérité ? Et à qui ?

Les questions tournent à l'interrogatoire et, en dépit de son âge, Toussaint affiche une assurance redoutable.

— Je ne t'ai pas tout raconté, rétorque son vis-à-vis, car tu étais trop jeune. Je ne voulais pas te… blesser.

— Le moment est venu de parler avec sincérité.

— Comment peux-tu en douter… bredouille Marolles en baissant les yeux.

— Dans ce cas, dites-moi où vous m'avez trouvé ! cingle Delaforge.

— Par là, je te dis.

— Où exactement ? insiste le jeune homme en ne cédant rien.

— En bas. Dans ce coin, je crois.

La soutane montre vaguement le quai où se massent les indigents.

— Allons-y

C'est un ordre et le révérend est trop mal pour s'y opposer.

*

J'étais ici, dites vous ? Sous cette arche ?

— Peut-être, répond le prêtre du bout des lèvres, mais comprends-tu que ce souvenir remonte à bientôt seize ans, qu'il faisait nuit, que…

— Avais-je déjà cette balafre à la joue ?

— Tu es né avec. J'en suis certain.

— Certain ? Vous n'étiez pas là quand je suis né !

Le raisonnement est implacable. Marolles doit se ressaisir, reprendre le dessus, contrôler la panique qui enfle depuis qu'ils sont descendus au bord de la Seine. Mais ce milieu est hostile, dangereux, et les canailles entassées sur le quai s'intéressent à eux. On les dévisage, on s'approche.

— Partons, supplie Marolles. Tu n'es pas en sécurité…

— Je suis chez moi ! Que craindrais-je ?

Marolles jette un regard sur les ombres qui les entourent. Parmi elles, existe-t-il l'une de celles qu'il croisa à l'époque ? La peur au ventre, il voudrait fuir. Mais l'autre s'emploie à le retenir, à le torturer, et il détaille les lieux, sonde les curieux agglutinés, montre son visage, comme si l'un d'eux pouvait reconnaître sa plaie.

— M'avez-vous déjà vu ? lance soudainement Toussaint à la foule.

On recule d'un pas.

La voix est si forte. C'est peut-être celle d'un fou.

— Savez-vous qui je suis ? Toussaint Delaforge. À cet endroit même, ma mère m'a mis au monde. Je vais avoir seize ans. Quelqu'un était-il là ?

Rien, bien sûr. Pas un mot.

L'acharné se retourne brutalement vers Marolles. Son œil est dominé par la colère. C'est le regard de celui qui menaça Ravort, le saisit au col, ouvrit la fenêtre et le jeta dans le vide.

— Ne me trompez surtout pas : quelqu'un a-t-il aidé ma mère à accoucher ? gronde-t-il.

— Peut-être… Oui, en effet… Mais comment l'affirmer ?

Malgré la pénombre, Joseph de Marolles a vu que ce forcené serrait furieusement les poings. De quoi est-il capable ? Et qui, parmi les gueux, s'opposerait s'ils venaient à s'affronter ?

— M'avez-vous recueilli avant ou après qu'elle soit morte ?

— Elle s'éteignait, biaise le jésuite.

Elle s'éteignait… Un rien de temps, une ombre se dessine sur le quai : silhouette incertaine, fantomatique, d'une femme inconnue. Jusque-là, Toussaint n'associait ces mots – une mère – à aucun corps, aucun regard, aucun sourire. Un instant, oui, Marie prend vie, souffre, appelle… Et s'éteint, en effet. Son fils ferme les yeux. Il doit s'accrocher, ne pas céder à l'émotion.

— Vous ne la connaissiez pas ?

Le ton reste solide, sans appel.

— Je le jure !

Une promesse lâchée trop vite. Le visage est gris, le regard fuyant. C'est celui d'un homme ignorant la méthode forte, amolli par des années de confort, de prudentes et civiles manières, et jamais contredit par un monde policé, craignant son pouvoir d'absolution. Le voici à mille lieues de son confessionnal, les pieds baignant dans la gadoue, dans le cloaque de la Seine, entouré de forbans, de canailles qui comptent les points, détaillent la riche tenue dont ils s'empareront quand celui qui le menace en aura terminé, car ils connaissent cette colère-là. Elle finit toujours mal.

— Alors, mon parrain, je le réclame encore, et pour la dernière fois : comment deviner qu'elle avait choisi de m'appeler Toussaint ?

Il pose les mains sur les hanches. Il ricane :

— Faut-il remercier le Saint-Esprit !

Marolles balaye l'air de la tête. Pas un instant il n'a imaginé subir une telle épreuve. Où est passé l'enfant taciturne que lui décrivait le Père supérieur ?

— Ta mère a prononcé ce prénom alors qu'elle mourait, cède-t-il, emporté par l'assaut. Ensuite, je t'ai pris dans mes bras, et…

— Elle mourait. Vous l'avez donc bénie, foi de jésuite !

— Oui, oui… Je l'ai fait, gémit-il.

— Afin de recommander son âme à Dieu, s'adoucit Toussaint, vous lui avez donc demandé son nom, n'est-ce pas ?

Il serait impossible de prétendre le contraire.

— Oui, je l'ai fait, répète-t-il.

— Quel est-il ?

Le prêtre ouvre la bouche, hésite trop. Il étouffe. Un prénom, vite. Mais un seul vient, cogne pour sortir. Sa tête en est remplie, ses yeux ne voient qu'un visage et le sang et Paillard. Il faut les chasser. Qu'ils partent ! Hélas ! tout est si confus…

— Marie, jette-t-il malgré lui, maudissant cet aveu guidé par la panique.

— Son nom !

— Je ne le connais pas.

— Jurez-le.

— J'ai déjà juré. Je l'ai fait, souffle-t-il pour la troisième fois, tel Pierre reniant Jésus[1]. Elle ne m'a donné que son prénom…

Marie pénètre doucement dans le cœur de Toussaint, entre dans ses veines. *Marie.* Mais il ne peut s'attendrir. Pas encore. Alors, il sort de sa torpeur et sonde Marolles tel le père Calmés soumettant ses élèves à un examen de conscience.

— Sur ce point, lâche-t-il enfin, j'accepte de vous croire.

La voix a faibli, paraît moins assurée. Marolles doit en profiter :

— Je t'ai caché la vérité pour te protéger. Je ne voulais pas que tu souffres en découvrant des détails douloureux.

Il se tait. Son histoire pourrait être vraie.

— Où a-t-elle été enterrée ?

Tudieu ! Marolles l'ignore. Mais il faut répondre :

— Après t'avoir sauvé, je suis revenu. Son corps avait disparu.

Le regard de son adversaire vacille, s'égare de-ci de-là, sonde le quai. Qu'a-t-on fait de la dépouille ? Où se trouve-t-elle ? C'est très exactement les questions que redoute le jésuite. Mais sans réponse, la mort ne sera pas complète, le deuil ne peut commencer.

— Souhaites-tu entendre que ta mère a été jetée dans la Seine ? invente le jésuite avec autorité afin d'en finir.

L'image est trop dure. Toussaint fléchit, sa tête dodeline, ses épaules s'affaissent. Marolles comprend qu'en se montrant féroce il reprend le dessus. Aussitôt, le ton devient méchant :

1. Accusé de connaître Jésus qu'on conduit au grand prêtre pour y être jugé, Pierre, par trois fois, jure que non. Tel que le lui avait dit Jésus : « Avant que le coq chante deux fois, tu m'auras renié trois fois. » Évangile selon saint Marc.

— C'est la vérité de ce monde ! crache-t-il en désignant les gueux qui les entourent. Et tu me reproches d'avoir voulu t'épargner ?

— Vous ne savez rien d'autre ? souffle le jeune homme, alors que les larmes lui montent enfin aux yeux.

Un mouvement bref du menton sert de réponse. Mâchoires serrées, c'est non. Voilà une vie raccourcie, résumée, qui glisse dans l'eau, s'y dissipe, meurt doucement. La tension se relâche. Le jésuite reprend espoir. Ils vont quitter le quai. Les heures suivantes seront lourdes, mais le plus difficile est passé.

— Ici, il n'y a plus rien à apprendre, assène-t-il.

Toussaint est-il convaincu ? Il remplit d'air ses poumons :

— Je désire retourner dans la maison où je vécus autrefois.

Son regard, remontant de l'enfer, semble s'adoucir :

— Et revoir Aurore.

Marolles est prêt à tout pour quitter ces lieux.

Chapitre 13

L'HÔTEL DU MARQUIS de La Place, situé rue de la Couture-Sainte-Catherine, compte parmi les remarquables constructions du quartier du Marais. On y accède par une cour d'honneur ouvrant sur un corps de logis s'élevant sur deux étages parfaitement équilibrés par quatre travées encadrées de piliers exaltant les fenêtres qui, rectangulaires au premier, et cintrées au second, s'animent d'une multitude de carreaux cristallins, ondoyant à chaque caresse du soleil. Le coup d'œil général s'enrichit de deux ailes d'égale longueur, et d'égale hauteur, achevant l'idée d'atteindre l'îlot secret et imprenable d'un seigneur : un havre préservé des errances du temps et se moquant des contingences. Ce monde perpétuant en effet l'idéal et l'harmonie se laisse maintenant approcher. Avant de pousser un portail agrémenté d'une guirlande de feuilles de chêne, et orné d'un cartouche où la gouge de l'artiste a sculpté les initiales L & P – pour La Place –, tout n'était qu'impatience, et voici qu'au milieu du silence, le bruit du gravier roulant sous la botte devient assourdissant. La progression se fait plus timide et plus lente, et c'est peut-être voulu par l'architecte des lieux afin que son visiteur, tête en l'air, admire les décors du cabinet de travail situé à l'étage. Par les vastes ouvertures, se devinent des glaces enluminées de feuilles d'or et les lambris chaulés et laiteux d'une pièce dédiée aux paisibles œuvres de l'esprit. On doit y écrire avec plaisir, lire dans de soyeux fauteuils, interrompant ce moment de félicité afin d'accueillir la cordiale conversation d'un fidèle ami. Et on rêverait d'être convié, d'autant que le fronton présidant la baie d'entrée s'honore d'un relief vantant la Vérité, belle promesse autorisant à penser qu'on vient d'atteindre le siège de la tempérance, de l'équilibre, de la tolérance[1].

*

La *vérité* ! Toussaint Delaforge l'a-t-il trouvée ? En cheminant vers la demeure ravissante de Philippe de Voigny, marquis de La Place, rien de ce qu'il a en tête n'a transpiré, mais sa morne indifférence a ressurgi. Marchant à ses côtés, Marolles s'interroge sur les risques qu'il a pris en cédant à sa demande. Il s'y est plié dans l'espoir de mettre fin au calvaire qu'il endurait. Refuser n'aurait qu'accru la méfiance ; plus encore, la fureur de l'exalté. Marolles s'avoue qu'il mourait de peur. Pris par surprise, il a en effet perdu pied. Mais il est trop tard pour le regretter et le délai obtenu lui permet d'organiser sa défense, se rassure-t-il. Depuis qu'ils ont quitté ce maudit Pont-Neuf, il s'échine à la manœuvre. Se gardant d'aborder de lui-même le sujet qui enflamma son filleul, il agit comme si la parenthèse était fermée. Tout a été dit ! Pourquoi y revenir ? Il tente de s'en convaincre, d'autant que chaque nouveau pas les éloigne de la Seine, du passé, du mensonge. La foule le rassure, le protège d'un esclandre. Se quereller encore ? Il n'en voit pas la raison, jugeant même qu'il fut convaincant sur la fin. D'ailleurs, son filleul l'a reconnu : *« J'accepte de vous croire. »* En y réfléchissant, Marolles se souvient que la confiance du garçon se réduisait au seul fait que sa mère n'avait livré qu'un prénom. Il n'empêche, la dernière trouvaille – le corps jeté dans la Seine –

1. La description rappelle celle de l'hôtel Le Peletier de Saint-Fargeau, situé rue de la Culture ou Couture-Sainte-Catherine (rue de Sévigné), œuvre de l'architecte Pierre Bullet. On peut voir ce chef-d'œuvre, non loin du musée Carnavalet.

a produit son effet. Après, sa violence s'est éteinte, comme le volcan sans lave.

A-t-il décidé de ne plus s'acharner ? A-t-il accepté que l'on puisse ne rien savoir d'autre ? Pour montrer que, selon lui, l'affaire est close, et qu'il est temps de passer à autre chose, le jésuite a d'abord laissé agir le silence. Puis, tel le Samaritain se portant au secours du chagrin, il s'est approché peu à peu, et, depuis, tente l'onctuosité. Procédant prudemment, par touches délicates, il se veut serviable et gentil. Ainsi, il parle, non pas de sujets personnels puisqu'il n'en voit aucun à partager, mais de ce Paris que découvre le pensionnaire. Le Louvre, citadelle du roi, les Tuileries... Combien il s'essouffle, donne de la voix, s'efforce d'être naturel, sans oublier d'épier un voisin décidément muet !

Pourtant, lorsque son guide l'invite à tourner la tête afin d'admirer un clocher, Toussaint s'y emploie sans résister, se montrant tel que le décrivait Calmés : docile et résigné. Mais est-il taciturne ou pensif ? Apaisé ou sur ses gardes ? Avant sa foudroyante colère, ils se comportaient tous deux tels des étrangers. Désormais, sont-ils ennemis ? Comment trancher ! Ce fier-à-bras reste bouche close. Il pourrait asphyxier son cicérone de questions sur sa mère. Quelle était la couleur de ses yeux, de ses cheveux ? Le timbre de sa voix ? À la façon dont, ce matin, le barrage a cédé d'un coup, Marolles reste prudent. En prévision d'un assaut, il s'efforce de réunir ses idées tandis qu'ils entrent dans le Marais. Si on l'interroge, il répondra avec calcul, autorité. Il affirmera que les années ont effacé les détails, qu'il se souvient *surtout* de celui qu'il a sauvé.

Anticipant un nouvel interrogatoire, le révérend travaille ses répliques. Entendant les cris d'un nouveau-né alors qu'il allait sur le pont, il s'est précipité. Constatant qu'il était trop tard pour secourir la mère, il a décidé avec clairvoyance de protéger un être sans défense. N'en étant pas moins prêtre, il s'est penché sur la jeune femme pour bénir son âme et l'adresser à Dieu. Un court réconfort destiné à une mourante qui, accrochée à son bras, murmurait son prénom, *Marie*, et celui qu'elle donnait à son fils.

Toussaint fut donc choisi. Delaforge ? La décision du parrain. Maintenant, se dit-il, venons-en à la gêne entourant la révélation du prénom de cette mère. Fallait-il le dévoiler, abordant dès lors les circonstances tragiques de sa disparition ? Bien sûr. Mais comme un testament qu'il comptait *évidemment* partager avec ce jeune garçon, quand il le jugerait assez fort pour entendre un récit cruel. Eh quoi ! L'enfant a grandi et son tuteur ne l'avait pas compris ? Peut-on le lui reprocher quand son dessein sincère était de préserver un innocent ?

Marolles se sent pousser des ailes, il reprend confiance. Et si ce maudit filleul lui reprochait d'avoir agi légèrement en abandonnant sa mère, il répondrait :

« Elle mourait. Elle l'était. Son enfant seul pouvait encore être sauvé. Et voici pourquoi tu peux aujourd'hui me torturer ! Si je ne t'avais pas pris dans mes bras, toi aussi, tu serais ad patres *! Mais avant, tu aurais connu la cour des Miracles. Un bougre, un de ceux que tu as vus ce matin, t'aurait arraché au corps tiède de ta mère, il se serait battu avec ses frères brigands pour récupérer ce petit trésor. N'en doute pas, sa protection n'aurait que peu duré et, si tu avais survécu à la faim et au froid, sans doute, t'aurait-il arraché un œil ou coupé une main pour te donner un bel air de mendiant… Tu aurais survécu un temps, jusqu'à cesser de plaire à ton tuteur. Oui, tu serais mort ! Et voilà que tu accuses ton parrain, ton protecteur, de mentir, ou plutôt de t'avoir tu la vérité au seul motif que tu étais fragile, petit, et réservé au point de ne jamais poser la moindre question ? Vas-tu bientôt me reprocher d'avoir veillé sur toi ? De t'avoir sauvé ? »*

Le jésuite se sent soudain à l'aise, si décidé à combattre qu'il en viendrait à espérer que Toussaint engage à nouveau la bataille…

— C'est ici. Je reconnais l'entrée.

Arraché à ses pensées vengeresses, Joseph de Marolles sursaute. Toussaint montre du doigt une lourde porte fermée.

— Nous voici arrivés chez le marquis de La Place, poursuit-il.

Pourtant, ce porche n'est pas orné d'une guirlande de feuilles de chêne.

De fait, il s'agit de l'accès où s'annoncent les domestiques, les valets et les nombreux artisans œuvrant à l'entretien de la bâtisse. On s'attend à une cour quelconque, écho vulgaire à la majestueuse entrée principale, or l'inverse se produit. Devant, c'est une île ; ici, un jardin ou mieux encore, une oasis. Celle-ci est cernée de rosiers, arborée aux quatre coins d'essences nobles, sillonnée d'allées, tandis qu'au centre trône un parterre de broderie de buis centenaires que la main d'un habile et patient jardinier a métamorphosé au fil des ans en d'infinies arabesques. Dans cet olympe terrestre, l'eau claire chante par la grâce d'un bassin où, entrelacés à un tourbillon de bulles argentées, nagent quelques poissons dignes et philosophes aux écailles mordorées. Mais le principal – du moins, le plus sublime –, et le point d'orgue de ce tableau, réside dans la majestueuse orangerie siégeant sur le côté et dont on ne sait dire si elle fut conçue pour exhaler l'effluve parfumé des arbres fruitiers qu'elle protège l'hiver ou pour servir de palais aux faunes et farfadets qui règnent la nuit sur ce jardin, rival de Babylone.

Quels souvenirs restent-ils à Toussaint ? Tout est si proche et si différent des images auxquelles il s'accroche depuis huit ans. Les proportions, les tailles, les couleurs ont changé. Ici, un arbre a grandi, les branches de celui-là caressent désormais le treillage en forme d'arc de triomphe fixé au mur frontalier de ce royaume, un autre n'existait pas. Les allées ont-elles rétréci ? Pourquoi le bassin ne ressemble-t-il plus à un océan sans limites, aux fonds peuplés de monstres aquatiques dont son cœur d'enfant redoutait l'apparition ? Pourtant, la magie opère. Des voix, des visages, remontent à la surface. La parenthèse de Montcler se referme. Il lui semble être venu en ces lieux la veille, y avoir joué ce matin, couru, crié. Lui reviennent ces courses folles où il prenait le pari de faire le tour complet du parterre sans respirer, et s'il réussissait, Aurore descendrait sûrement le rejoindre. Voilà que d'autres images se précisent, se précipitent. Il trébuche sur un caillou pointu et tombe, mains en avant. La blessure aux paumes est profonde, mais il ne grimace pas car Aurore est là, soigne sa plaie.

Non, il n'a pas oublié la douleur à laquelle se mêlait la douceur de la petite fille – et les deux surgissent de la nuit des temps.

*

— Ne reste pas ainsi sans bouger, s'impatiente un Marolles plus solide depuis qu'il se sent sur ses terres. Personne n'attend ta visite. Il faut nous annoncer.

Une silhouette furtive passe derrière une baie donnant sur le jardin. La démarche est lourde, le dos se courbe, les bras s'accrochent à un seau débordant de fruits rouges. Toussaint a reconnu Berthe, la cuisinière. Elle porte un tablier semblable à celui dont elle se servait pour s'essuyer les mains avant d'ouvrir la porte du jardin, maugréant et se reprochant de céder aux jérémiades du garçon qui la suppliait et lui jurait d'être sage. Alors, et seulement les jours où le marquis et son confesseur s'absentaient, Toussaint rejoignait Aurore. Chaque minute comptait, pourtant Berthe prenait encore le temps de réunir les deux enfants et tandis qu'ils croisaient sagement les bras, elle leur récitait les règles à respecter : ne jamais fouler les parterres, sinon Gaston, le jardinier, se plaindrait à monsieur le marquis. Ne pas approcher du bassin ou monter aux arbres, et autant d'interdits terriblement tentants. Ainsi, qui aurait pu résister à l'envie de braver la censure et de couper une rose pour l'offrir à un petit garçon qui ne se plaignait pas le jour du départ au pensionnat de Montcler ? Toussaint s'en était saisi sans sourire, sans même desserrer les dents, emprisonnant sa tristesse de peur que les larmes jaillissent. Mais il l'avait gardée et prise si souvent entre ses mains qu'après tant d'épreuves et de chagrin, un seul pétale, fané, séché, meurtri, devenu papyrus, avait survécu : celui qu'il enfermait dans son poing à la sortie de collège.

*

— Berthe est-elle toujours en cuisine ? demande-t-il d'une voix calme qui rassure Marolles.

— Elle mourra à la tâche ! grimace le jésuite.

— Je serais heureux de la revoir.

— Et Aurore ?

— Plus tard, murmure Toussaint. Plus tard…

— Dans ce cas, je vais la prévenir. D'ailleurs, est-elle là ?

Toussaint ne semble pas avoir entendu. Il compte les pas qui le séparent de la cuisine. Sur le fronton de cette façade, on trouve un cartouche faisant pendant au thème de la Vérité évoquée dans la cour d'honneur. Est-ce elle qui le pousse à entrer chez le marquis de La Place ? La porte est ouverte. Il regarde Berthe qui lui tourne le dos.

— Je te laisse, glisse Marolles, soulagé de ne plus avoir à jouer ce personnage chafouin.

Le prêtre n'est pas inquiet. Cette femme ne l'a jamais trahie depuis le jour où il a surgi dans ses cuisines, réclamant de l'eau chaude et des linges propres pour le nouveau-né car, disait-il, sa mère était morte en couches – et il s'engageait à veiller sur lui. La générosité du jésuite, tout comme la présence à ses côtés d'une nourrice, n'avaient pas surpris la cuisinière puisqu'elle connaissait Marie. Pourquoi ne lui était-elle pas étrangère ? S'étaient-elles déjà croisées ici, chez le marquis ? Comment le savoir, puisque Marolles lui avait fait jurer de ne plus jamais prononcer son prénom, ni même d'y faire allusion, d'oublier jusqu'à son existence, sous peine de se condamner aux enfers. Au cours des années où Toussaint vécut dans ses jupons, elle avait respecté sa promesse, craignant l'ire du confesseur du marquis de La Place et plus encore, s'interdisant de blasphémer Dieu. S'ajoutait chez elle une sincère opinion : elle savait qu'évoquer l'existence de Marie déclencherait aussitôt un séisme aux effets redoutables, y compris pour Toussaint, un enfant qu'elle aimait protéger. Marolles l'a prévenue : si la vérité s'apprend, le petit devra quitter l'hôtel du marquis de La Place. Depuis, le révérend n'en doute pas. Berthe s'arracherait la langue plutôt que de trahir sa parole.

— Je viendrai te chercher, souffle-t-il encore.

Il a beau parler bas, la vieille Berthe possède une fine oreille. Elle se retourne, regard méfiant. Qui entre chez elle ? Elle écarquille les yeux. Le jésuite, oui. Mais à ses côtés ? Il lui faut encore réfléchir et chercher avant de se convaincre qu'il s'agit de…

— Toussaint, Grand Seigneur !

Et la cuisinière ne trouve rien de mieux à faire que de fondre en larmes.

*

Celle qu'il craignait dès qu'elle fronçait les yeux se montre en réalité une petite femme pétrie de bonté. Berthe s'est nichée dans les bras du jeune homme, mais son visage ne dépasse pas les épaules de celui qu'elle serre, qu'elle étouffe contre sa poitrine et son ventre rebondi. Il l'entend pleurer et rire, son corps est parcouru de soubresauts et malgré l'armure qu'il s'est construite, la tendresse le gagne.

— Crénom ! suffoque Berthe en s'écartant enfin, tu es devenu un beau jeune homme…

Elle s'essuie les yeux à l'aide de son tablier pour détailler Toussaint, et ne s'en lasse pas. Qu'a-t-il gardé de son enfance ? La cicatrice, bien sûr, une plaie si vive qu'on la croirait d'hier. Le reste de son visage lui semble charmant. Mais est-elle impartiale ? Ses yeux ne la trahissent pas, décide-t-elle. Ceux de Toussaint sont éclatants. Le voile terne, et touchant à la fois, qui racontait la triste solitude du garçon orphelin a disparu. Désormais, le regard est perçant et des pépites de vert et de bleu azur se mêlent au gris, hier affadi. Ses yeux-là feront tourner les têtes, prédit la cuisinière, et le reste du personnage ne la déçoit pas. Les dents sont régulières, la bouche s'est épaissie, seuls les cheveux noirs où affleurent quelques boucles séduisantes mériteraient d'être plus longs. Mais la faute en revient au collège. Ses mains, voyons cela… elles sont fines et longues. Et regardez cette carrure, cette belle taille ! Six pieds, ou pas loin[1].

— As-tu faim ?

Berthe le lui demandait toujours.

Pas trop…

La réponse la déçoit. La nourriture est son territoire, sa façon d'exprimer sa gentillesse.

1. Sans doute autour de 1,80 m.

— Mais j'attends depuis huit ans ton pain perdu, se reprend-il.

— Tant que ça ?

Le front de la cuisinière se plisse. Le calcul n'est pas son fort. Toussaint vient à son secours :

— Je suis parti le 3 juin 1646...

— Ça, je m'en souviens, soupire-t-elle.

— Et nous sommes le 7 juin 1654. Cela fait donc...

Berthe renonce à cette opération trop savante.

— Dis-moi plutôt ton âge, fronce-t-elle les sourcils.

— Presque seize ans.

Delaforge s'attarde sur le visage ridé et fatigué de la domestique. Tant de jours se sont écoulés...

— Ton pain perdu, murmure-t-il en souriant. S'il te plaît. Il m'a tellement manqué...

— Diable ! Je m'y mets. Allez, assois-toi et raconte-moi.

Elle sort un poêlon, y jette un peu de graisse, attise le feu.

— Mon pauvre garçon. Mon pauvre garçon...

Elle prend le pain, le coupe, le débite, saisit trois beaux œufs, les casse, sépare le blanc du jaune.

— Apprendre, c'est compliqué ?

Elle fouette le jaune d'une main sûre. Un geste que Toussaint pensait avoir oublié.

— Non, ne réponds pas. Je sais bien que c'est dur. Un jour, j'ai essayé d'écrire. Je voulais t'envoyer une lettre. Mais le révérend me l'a déconseillé...

Berthe a toujours été ainsi. Elle parle, il se tait. Et leur couple va de concert.

— L'école ? Tu as souffert, mon pauvre petit ! Mais, soupire-t-elle, monsieur le marquis ne voulait plus de toi.

Elle badigeonne de jaune d'œuf le pain tranché qu'elle dépose ensuite dans la graisse. Aussitôt, la cuisine se parfume.

— Est-il en âge de boire un peu de cidre ? marmonne-t-elle, ayant toujours l'habitude de livrer ses pensées à voix haute.

— Pour un bâtard, tu t'en sors bien, lance-t-elle en remuant le pain.

Ce n'est pas cruel. Elle le disait déjà quand il était petit. Elle-même arrachée à la misère, elle s'adresse à l'orphelin comme s'il était un membre de sa famille.

— Veux-tu du cidre ? répète-t-elle sans le regarder.

Et pour la première fois depuis de longues années, le jeune homme se sent en paix auprès de Berthe. Il redécouvre cette pièce qu'il a tant de fois fréquentée. Il trouve que les murs sont sales, mais que la chaleur y est douce. Il détaille les marmites, les cocottes charbonnées par la braise dans lesquelles se mêle l'odeur du thym, de l'ail, du gibier. Il se lève pour attiser l'âtre et se décide à tremper ses lèvres dans le cidre. Oui, il retrouve ici la confiance de son enfance. Assez pour partager avec la vieille femme qui chantonne le peu de ce qu'il a découvert de sa vie.

— Berthe… glisse-t-il tout bas.

— Oui ?

— Toi qui me connais depuis le premier jour…

— Ah ! Tu peux le dire. Le révérend est arrivé chez moi et…

— Berthe…

— Quoi encore ? dit-elle en surveillant le pain qui dore dans le poêlon.

— Avec toi, je peux me confier.

— Oui, mon enfant, répond-elle d'un air distrait.

— Ma mère s'appelait Marie…

Ce coup de canon, elle ne s'y attendait pas. La cuisinière lâche sa cuillère, se tourne. Son visage s'est vidé de son sang.

— Doux Jésus, d'où tu l'as appris ?

C'est donc vrai. Mais comment le sait-elle ? Que peut-elle encore lui apprendre ? Soudain, tout change. Delaforge a le cœur qui bat comme la nuit où il se jeta sur Ravort.

*

Joseph de Marolles n'a pas tardé. Sa longue soutane se montre dans la cuisine. Un regard circulaire, un autre qui s'attarde sur Toussaint, puis sur Berthe. Ils sont silencieux, graves, et ne semblent pas heureux. Pourquoi Berthe affiche-t-elle une mine sombre ? Il voit le pain perdu, le cidre. Et désapprouve ce choix. L'eau claire suffisait, le garçon n'est pas habitué au ferment qui tourne la tête. Est-ce à cause du breuvage que son regard brille aussi durement qu'au Pont-Neuf ? Faut-il accuser une sorte d'ivresse ou craindre à nouveau la colère ?

— Aurore est prévenue. Elle t'attend dans le vestibule.

En se levant, Toussaint prend appui sur le coin de la table, sa main tremble. Le cidre est à son œuvre, conclut *in petto* Marolles. Sans doute vaut-il mieux qu'il ignore la cause du malaise qui étourdit son filleul : Berthe a parlé pendant son absence. Et ce qu'elle vient d'apprendre à l'orphelin, au bâtard, a réveillé le torrent qui grondait. La cuisinière n'a pas rompu son jurement. Pas le moins du monde, quand on sait que la trahison ne prend sens que si on agit consciemment. Or ce n'est pas son cas. Toussaint, en revanche, s'est servi du prénom arraché ce matin à son parrain. Il n'était sûr de rien, convaincu de n'obtenir aucune réponse. Il s'adressait à elle dans le seul dessein de partager son lourd secret, puisqu'il ne connaît personne d'autre avec qui le faire. Et qu'avait-elle répondu ? *Doux Jésus, d'où tu l'as appris ?* Dès lors, l'orphelin s'était dit qu'elle lui avait toujours menti, que tous étaient contre lui, cachant la vérité. Doucement… s'organisa-t-il aussitôt. Avec Berthe, la violence n'était peut-être pas utile. Du moins, pour débuter.

— Qui d'autre que mon parrain aurait pu m'apprendre que ma mère se prénommait Marie ? commença-t-il d'une voix calme, alors que Marolles ne se montrait pas encore

La cuisinière tanguait sur place, sa tête lui semblait trop lourde.

— Il m'avait fait jurer de ne jamais t'en parler. C'est dangereux pour toi. Si monsieur le marquis est mis au courant, il sera furieux…

Voilà qu'on avance, calcula l'enquêteur. Mais que faisait le maître des lieux dans cette histoire ?

— Le père Marolles a estimé aujourd'hui que j'étais en âge de comprendre, sonda-t-il prudemment.

— Il n'a pas pu tout te révéler ! s'exclama Berthe, commettant une nouvelle bévue.

Quoi ? Quoi encore ! avait envie de hurler le jeune homme.

— Plus que tu ne l'imagines, répondit-il sans se démonter.

Berthe hésitait. Il fallait la convaincre.

— Marie ! cria-t-il. C'est bien ainsi qu'elle s'appelait ?

— Oui, oui.

— Que te faut-il pour que tu cesses d'écarquiller les yeux ? Cela t'étonne, pourtant c'est ainsi. Mon parrain m'a révélé toute l'histoire de ma mère…

Elle réfléchissait, visiblement sonnée par le poids et la gravité de chacune de ces paroles. Lui ne bronchait pas, épiant la cuisinière dont la cervelle mijotait comme ses sauces. Soudain, la marmite explosa :

— Il t'a aussi dit qu'elle travaillait ici, chez le marquis ?

— Bien sûr, rétorqua-t-il sans sourciller.

— Mordiou ! Il faudra qu'il s'explique.

— Surtout pas ! J'ai juré de me taire…

— Moi aussi, soupira-t-elle.

— Vois-tu ce qui arriverait si on apprenait la vérité, avança le jeune homme. Sans compter la pénitence que l'on t'infligerait…

— Tu peux le dire. Quelle tornade ! Ce qu'on se dit doit rester entre nous et ce n'est pas moi qui en parlerai. Le jésuite me ferait aussitôt renvoyer… Mais Dieu, quelle idée lui est montée à la tête en te faisant découvrir ce qu'il m'avait ordonné de ne jamais raconter…

La brave femme s'interrompit pour le sonder, un peu comme au temps où elle cherchait à lui faire avouer un petit larcin dicté par la gourmandise. Quand découvrirait-elle qu'il la trompait ?

— Bien sûr, il n'a pas pu te livrer le nom de ton père…

Toussaint approchait si près de la vérité qu'il en fut stupéfait. Tant, d'ailleurs, qu'il marqua un temps d'hésitation.

— Non. Bien sûr, il te l'a caché, marmotta Berthe pour elle-même.

Si prometteur et, désormais, si lointain, si injuste ! La folie qui ne le lâchait plus depuis la nuit où il avait failli tuer Ravort se réveilla. Il ne voyait plus Berthe, mais l'ennemi qui barrait sa route. Sans quitter des yeux la cuisinière, il glissa lentement une main dans la poche où se cachait le couteau volé au maçon Nicolas Pontgallet, prêt à en user s'il le fallait afin d'en savoir plus.

— Berthe, jeta Toussaint d'une voix méconnaissable.

La cuisinière se rendit soudain compte qu'un chaos intérieur le bouleversait, mais avant qu'elle n'ait le temps d'en avoir peur, Marolles surgit dans la cuisine, l'air méfiant et inquiet. Aurore, la fille du marquis, attendait dans le vestibule.

*

Alors que Toussaint s'est levé à regret, le jésuite sonde Berthe, cherche ce qui claudique dans cette pièce :

— Qu'avez-vous dit ? gronde-t-il.

Berthe baisse les yeux. Toussaint le toise :

— Je racontais la vie de Montcler.

Sans doute s'apitoyait-il, en déduit le prêtre. La cuisinière est tendre. Voilà qui explique son air contrarié.

— Rien d'autre ?

— Rien de ce que vous m'avez appris aujourd'hui...

Marolles se tend. La cuisinière les écoute.

— Puisque le passé est enterré à jamais, continue son filleul.

Rien de ce que vous m'avez appris aujourd'hui. Berthe en déduit que Toussaint ne lui a donc pas menti. Se parjurant, le jésuite a bien divulgué une partie de la vérité. Voilà qui est étrange, incompréhensible et contraire à toute prudence. Le bon sens de la cuisinière lui a toujours soufflé de ne jamais dire à Toussaint ce qu'elle sait de sa naissance. Et l'autre, le fichu confesseur du marquis de La Place met les *pieds dans le plat*... Fichtre ! Ces combinaisons et ces arrangements dépassent une âme simple. On lui a demandé de se taire ? Elle le fera. Surtout pour venir en aide à l'orphelin et aussi parce qu'elle n'aime pas le révérend et son air de fausseté. Hier, il fallait tout cacher ; aujourd'hui, il agit au contraire ! Cette affaire soudain compliquée lui déplaît. Sa nature est trop sincère et trop bonne pour aimer les coups tordus.

Motus et bouche cousue, voilà ce qu'elle décide et s'y pliera. Quant à Marolles, il entend ce qui l'arrange ou le rassure : *le passé est enterré*, vient d'assurer Toussaint. C'est donc qu'il tournerait la page et s'engagerait sur la voie de l'apaisement ? Croire à un retournement aussi rapide, aussi… miraculeux serait imprudent.

— Allons, lance froidement le jésuite, toujours sur le qui-vive. Aurore nous attend.

Toussaint enrage. Mais que faire ? La tête lourde, il entre dans les pas de Marolles. Ils sont déjà sortis, s'éloignent.

— Attendez, mon parrain !

— Qu'y a-t-il ? se tend Marolles. L'heure du retour à Montcler avance.

— Justement. Je n'aurai pas le temps de dire au revoir à Berthe et je songeais à le faire à présent…

— Je t'attends. Dépêche-toi !

*

Berthe, posée sur un tabouret, a l'œil songeur. En voyant Toussaint revenir, elle sursaute.

— Mon garçon, murmure-t-elle, pourquoi remuer la terre ? Ce qui est enfoui n'est pas bon pour toi… Crois-moi, tu ne dois plus chercher…

— C'est ma vie. À moi de décider !

— Je t'en supplie, laisse le passé où il est.

— À une seule condition, rugit-il. Mon père ? Son nom !

— Jamais, bredouille Berthe. Tu éprouverais trop de chagrin…

Elle le connaît ! Première victoire. Malgré la fureur qui l'anime, Toussaint s'efforce de recouvrer son calme.

— Dis-moi au moins s'il est vivant ? s'adoucit-il.

La cuisinière se tait. Peu importe. La réponse se trouve dans la question suivante :

— Il demeure à Paris ?

Toujours rien. Mais Berthe ne peut s'empêcher de jeter un regard vers la porte de la cuisine. Puis ses yeux se lèvent vers le ciel, ou le plafond, comme l'enfant à qui on demande où se trouve sa cachette et qui ne parvient pas à retenir un coup d'œil fugace vers le tiroir de la commode.

— Il vit ici ? tente-t-il le cœur battant.

Berthe baisse la tête et ce geste équivaut à un aveu.

— Va-t'en… bredouille-t-elle alors que ses joues se couvrent de larmes.

Toussaint se retourne brusquement. Il part, se retient de claquer la porte, et quand il retrouve Marolles, rien de lui ne raconte sa folie intérieure.

Chapitre 14

LE CHEMIN QUI MÈNE au vestibule est d'inégale longueur pour Joseph de Marolles et Toussaint Delaforge. Le premier s'active dans l'espoir de raccourcir le temps, comme si l'allure pouvait effacer les minutes, car il ne songe qu'au moment du départ. Dès que son filleul aura quitté l'hôtel de La Place, il le rendra à Montcler. Et en sera débarrassé. Cinq heures, a précisé Calmés, et les aiguilles de l'horloge trônant dans le couloir qu'ils traversent s'acharnent sur le chiffre trois. Le second vogue entre deux eaux où se mêlent les émotions les plus contraires. Si la porte derrière laquelle se cachaient de ténébreux mystères s'est entrouverte pour lui, la scène reste floue, manque cruellement d'éclairage. Qui était sa mère ? La réponse se heurte à l'inconnu. Chemin faisant vers le Marais, il s'est retenu de questionner ce parrain qui jurait de n'avoir rencontré que brièvement la jeune femme près du Pont-Neuf. Désormais, Toussaint se félicite de sa prudence. Le prêtre le trompe. Il a forcément croisé Marie auparavant puisqu'elle travaillait chez le marquis de La Place. Aussi, quand la soutane réapparut dans la cuisine où Berthe lâchait prise, ce gaillard fougueux et dangereux retint-il l'irrépressible envie de sauter à la gorge du menteur. Il en avait le courage, il s'en sentait le droit. Il était cependant parvenu à juguler la voix intérieure qui lui ordonnait d'agir. Berthe n'avait pas encore tout dit. Ainsi, l'histoire progresse, mais reste incomplète. Et lui se promet de quitter l'hôtel des La Place en y mettant un point final.

Voilà de bonnes raisons pour suivre Marolles, mais il en est une autre qui l'anime tout autant : le désir de revoir Aurore. Hélas, à présent, son bonheur est corrompu, et son rendez-vous vicié par l'idée lancinante de découvrir la vérité, d'exercer sa vengeance. Sans elle, sans Aurore, agir serait simple. Il confondrait Marolles car, depuis ce matin, il le sait lâche, fragile. Il s'en prendrait à Berthe, au marquis, s'il le faut. Possédé par la fureur, son esprit y pense sans raison, mais le courage se dérobe. Aurore de Voigny ? En se montrant intraitable, comme avec Marolles, ne se condamne-t-il pas à la perdre ? Car elle choisira son camp, et toutes les promesses écrites dans ses lettres, ces doux mots que lui portait le jésuite à Montcler, et qu'il lisait une fois seul, seront perdus. Est-il prêt à renoncer au seul beau souvenir de l'enfance ? Serrant le manche du couteau, il s'adresse à sa mère, la supplie de lui venir en aide afin de découvrir ce qu'on s'acharne à lui cacher, et, même s'il n'y croit pas, de ne surtout pas y mêler Aurore. Chaque pas vers le vestibule lui réclame un effort. Il voudrait se poser, prendre sa tête entre ses mains, y rassembler les projets qui y tournoient et lui coupent le souffle. Les tremblements reviennent, ses jambes vont le trahir. Marie – *maman*, ose-t-il à présent – a-t-elle caressé ces bibelots, frôlé cette cheminée, ouvert cette porte ? Il se répète ce qui, à ses yeux, semble acquis. *Maman* travaillait chez La Place et la logique le pousse à l'imaginer en domestique. Au service de qui ? Dans l'hôtel, qu'y a-t-il ? Un marquis veuf et trois enfants dont le plus âgé a vingt ans. Quand Toussaint y logeait, ils étaient trop jeunes pour avoir leur propre soubrette. Fut-elle leur nourrice ? Toussaint enrage ! Il ignore l'âge de sa mère quand il vint au monde. Sinon quoi ? Le jardin, les écuries… Non, ce n'est pas là qu'on trouve des femmes. Et s'il oublie les cuisines, il ne lui reste en effet que la domesticité de Philippe de Voigny, le marquis de La Place.

*

— Il faudra te presser.

Marolles s'emploie à le faire. Il saisit le jeune homme par la manche, le pousse en avant alors que le couloir se termine :

— Je n'ai pu cacher au marquis que tu étais là et il ne désire pas que tu traînes ici.

Pourquoi un gentilhomme montrerait-il tant d'agacement à l'endroit du fils d'une ancienne servante ? Toussaint ne peut guère y songer davantage. Le voici, en effet, dans le vestibule.

— Je cours chercher Aurore, chuchote le jésuite. Attends-moi. Surtout, ne bouge pas !

Doit-il patienter, jouir de l'instant qui vient et lui promet de retrouver Aurore ou s'acharner jusqu'à tirer au clair le passé ? Son esprit s'agite, les sentiments s'y battent. La conscience s'en mêle. Qu'est-ce qui est plus important ? L'image nostalgique d'une jeune enfant dont il n'a pu se défaire lorsqu'il se trouvait à Montcler ou la traîtrise du monde dont elle fait partie ? Car il n'en doute plus, ici naquit son malheur.

*

Le vestibule grandiose, monumental, richement décoré de l'hôtel de La Place n'est pas fait pour calmer ce malaise. On entre et trouve, sur le côté gauche, un escalier d'honneur s'échappant vers le premier étage – et donc le cabinet de travail qui, dès la cour, laissait entrevoir par les fenêtres ses somptueux détails. L'ascension des marches y conduisant s'accomplit, si l'âge ou la bienséance l'exige, en s'aidant d'une rampe coulée dans assez de fonte pour armer de bombardes un régiment de Sa Majesté[1]. Sinon, elle sert d'apparat. Toussaint se souvient du pas de ceux qui empruntaient la noble élévation. L'allure s'y voulait lente, calculée, et si la semelle s'élevait pour ne pas frotter la pierre, le talon marquait le *tempo* d'un claquement

1. Toujours en référence avec l'hôtel Le Peletier de Saint-Fargeau situé rue de Sévigné. La rambarde en fonte existe. Elle est présentée comme la plus ancienne de Paris.

sec, décuplé par l'écho. De fait, l'espace ne manque pas, mais que penser du volume, de la hauteur en somme, dont l'œil du visiteur cherche les limites en estimant, le cou tordu, la longueur de la chaîne soutenant un lustre orné de dizaines de chandelles ? Trente pieds au moins. L'impression d'immensité, de toute-puissance intimidante, se renforce du fait que peu de meubles y sont réunis. Une desserte d'acajou, une vitrine abritant une collection de porcelaines, six fauteuils aux accoudoirs ciselés, c'est tout.

Les lieux ont une autre visée. À l'entrée, là où patientent les visiteurs, figure l'essence de l'âme *la placienne*. Les murs racontent l'histoire d'un clan et d'un titre – un pan du royaume de France. La chasse y tient le premier rang. Les trophées s'accumulent. Sangliers, cerfs, renards ou loups – et, dans le coin droit, un ours – rivalisent d'attitudes féroces grâce au talent d'empailleurs ayant fixé pour l'éternité la sauvagerie de fauves herculéens et vaincus, livrant un ultime rictus. La tuerie des animaux fascine les marquis de La Place, et il faut saluer ces aïeux qui ont transmis leur titre aristocratique et préservé leurs richesses afin que la descendance puisse y consacrer la moitié d'une vie.

En remerciement, les murs exposent *in extenso* les portraits de la lignée. Quand ils ne se montrent pas à la chasse – à courre, à pied ou à cheval –, parfois en compagnie d'un faucon ou de gentes dames, les ancêtres s'en vont à la guerre, une occupation dispersant ce qu'il leur reste de temps. Pour illustrer cette autre passion, on voit ici François Ier, non loin Henri IV et là, Louis XIII, entourés tour à tour de Jules, Placide, Jean de Voigny, les marquis de La Place, et, bien en évidence, le tableau de la bataille d'Azincourt[1] où Henri, transpercé par les flèches des archers anglais, y gagna un supplément d'honneur. Puis au cœur de la galerie, si encombrée qu'on cherche où fixer le prochain titulaire du titre et des terres, voilà que se montre un gigantesque miroir de Murano ciselé d'argent.

1. Octobre 1415. La chevalerie française, peu mobile car trop lourdement équipée, est décimée par les archers anglais.

Toussaint le connaît et le déteste. Un jour, échappant à la vigilance de Berthe qui lui interdisait de musarder dans le vestibule, il s'y était vu de la tête aux pieds. Et n'en avait retenu que le reflet exécrable et cruel de sa cicatrice. Aujourd'hui, Delaforge s'en approche si près que la glace se couvre de buée. Il pose la main sur sa plaie, la cache pour qu'elle n'existe plus. Qu'est-ce que cela donne ? Un nez droit, un front qui n'est plus aussi fuyant qu'autrefois. S'il sourit, les yeux gris, en effet, s'illuminent, les joues s'animent de fossettes laissant croire à la candeur. Un visage à qui on donnerait le bon Dieu sans confession. Puis il retire sa main. Le sillon vif qui barre sa joue et remonte vers le front est toujours là. Alors, l'innocence s'évanouit.

— Pour ça aussi, tu devras t'expliquer, murmure-t-il en pensant à Marolles.

— À qui parles-tu ?

À droite, au-dessus de son épaule, le songe qui adoucissait les nuits de Montcler est apparu dans le miroir de Murano.

*

Voici la preuve que le temps n'a pas effacé l'attirance. Malgré les années, il semble à Toussaint qu'hier encore il disait au revoir à Aurore ; qu'une nuit est passée, qu'il s'éveille au matin, et que tout est intact. Préservé. Un instant, il a fermé les yeux sur une enfant. Quand il les rouvre, la jeune fille a seize ans. Pourtant il s'agit de la même. Sa longue chevelure retombe sur les épaules. C'est une boule de feu couleur bronze d'où émergent des yeux immenses emprisonnant le bleu céruléen d'un saphir. Sur ce visage d'opale, un peintre a semé çà et là d'émouvantes touches de rousseur – au creux des paupières, non loin de la commissure des lèvres et, pour achever son œuvre, sur le vallon des seins nichés dans le décolleté d'une robe en soie rose. Toussaint ne s'en lasse pas. Par peur de rompre l'alchimie, il voudrait rester ainsi, ne plus bouger, mais l'émoi fait vaciller son regard. Un instant, il quitte l'apparition pour s'intéresser à lui. Alors, il s'accroche à sa cicatrice, ne voit qu'elle, et le miracle s'achève. Ce visage dans le miroir, à côté d'Aurore, est indécent, insupportable. Mais elle, qu'en pense-t-elle ? La réponse vient aussitôt. Elle sourit, ose un pas, et lui se retourne. Ils se font face. Plus rien, pas même un miroir, ne les sépare, et c'est Aurore qui prend sa main, l'ouvre doucement, écarte ses doigts, les glisse entre les siens, chauds et doux. Aurore s'enhardit, cherche l'autre poignet. Brusquement, Toussaint se dégage, poings serrés.

— Que caches-tu dans ta paume ? souffle-t-elle.

Il l'ouvre à regret. Dedans s'y trouve le dernier pétale fané de la rose qu'elle lui offrit pour son départ.

— Te souviens-tu ? glisse-t-il aussi bas.

Ses yeux se ferment pour dire oui. Mais quand elle les rouvre, un voile de tristesse s'y est glissé :

— Moi, je ne t'ai jamais oublié. Je t'ai écrit…

— Vingt-quatre fois, la coupe-t-il.

Son joli minois se plisse d'agacement.

— Ne commence pas à m'interrompre !

Et Toussaint croit la revoir lorsqu'elle avait sept ans et s'énervait.

Reprennent-ils là où ils s'étaient arrêtés, comme si rien ne les avait séparés ? Chamailleries, petits cris d'animaux… Et on signera la paix. Oui, se peut-il que tout soit resté comme avant ?

— Tu as grandi, dit la jeune fille, changeant ainsi brusquement de sujet, et toujours selon sa façon, ses méthodes qui étourdissaient le garçon.

Elle s'éloigne un peu, mais c'est pour mieux le détailler, sans vraiment s'arrêter sur ce faciès qu'il déteste.

— Serais-tu devenu un jeune homme ?

Elle revient à ses côtés, l'oblige à se tourner, fait de même et se colle à son dos.

— Je t'arrive là, décide-t-elle en posant la main sur son épaule.

Ses mains sont fines, les attaches gracieuses. Mais sa caresse prend déjà fin. Elle s'écarte, fait un demi-tour sur les talons, et les plis de sa robe s'envolent.

— As-tu appris à danser ?

Toussaint est pétrifié de peur. Il ne sait comment s'y prendre pour qu'elle s'approche encore.

— Tes lettres… commence-t-il.

La voilà qui boude. Une mèche cuivrée tombe sur le front. La frimousse grimace, le nez se plisse, donnant vie à quelques tâches de rousseur. Le charme y gagne encore. Le sait-elle ? Est-elle volage ou vulnérable ? Toussaint s'attarde sur ce corps sensuel, fait de fragilité et de douceur.

— N'as-tu pas d'autres sujets plus drôles que celui de vouloir te faire pardonner ton inqualifiable mépris ? jette Aurore en croisant les bras au-dessous de la poitrine.

Le sang du jeune homme bat dans ses veines.

— Je t'ai tenu au courant de chaque instant de vie, continue-t-elle, et combien…, hésite-t-elle, tu m'as manqué. Alors, maintenant, à toi ! Je veux tout entendre.

Quoi de plus légitime ? Aurore voudrait tant renouer avec le passé. Mais que Toussaint se méfie. La jeune fille n'est pas comme lui. En le découvrant, elle a hésité. Pour tout dire, ce n'est plus tout à fait celui auquel elle songeait en écrivant ses lettres. Peut-être n'a-t-elle même jamais imaginé que le petit homme pouvait grandir ? Il est vrai que les ans, les jours, les heures furent légères pour elle. Fugaces et souvent futiles. Ce n'est pas ce physique qui la gêne ou lui déplaît. Il lui semble même qu'elle le trouve – elle cherche le mot – attirant, et que cette cicatrice ajoute du mystère. Il est si différent des fats et des oisifs qui tournent autour d'elle, jurent de l'aimer et font des ronds de jambes à son marquis de père dans l'espoir d'obtenir, un jour, la main qui se refuse et la dot qui se montrera avec ! Oui, qu'il parle, afin qu'elle comprenne ce que ce jeune homme a de commun avec le garçon qu'elle a connu et dont le souvenir a été si idéalisé qu'elle supplie le ciel de ne pas accueillir un étranger n'ayant jamais répondu à ses appels. Qu'ai-je fait ? devrait-il répondre. Rien d'autre que penser à elle, ou encore qu'il est toujours le même, plus fort, plus courageux, peut-être, et qu'elle se rassure si elle peine à le reconnaître. Entre eux, tout est semblable.

Pourquoi ne lui avoue-t-il pas qu'il se servait du silence pour arrêter le temps, le réduire à néant, à une simple parenthèse ? Non, il n'a pas écrit. Qu'aurait-il raconté ? Les sévices, les privations, quand elle parlait du bonheur ? Qu'au fil des lignes qu'elle lui adressait, il la voyait grandir, devenir femme. Qu'ainsi, il ne l'a jamais *perdue de vue*. Il pourrait réciter tous ses mots encrés sur le papier d'une plume légère, raconter ses *aventures* en détail, même celles dont elle ne se souvient pas. Sa robe, par exemple, de soie rose comme la fleur qu'il n'a jamais lâchée, elle en parlait dans sa dernière lettre, ajoutait qu'elle la porterait lors du sacre du roi qui, croyait-elle, serait une journée de liberté, même à Montcler. Était-ce sa façon de l'inviter ? Sûrement. Mais celui qui est venu est si différent du gamin de sa prime enfance. Est-ce le même ou un autre ? Pour effacer le doute qui la gagne, il faut que la magie revienne. Toussaint doit agir. Les moments tendres, complices, qu'elle a idéalisés sont en train de s'envoler, de disparaître, car l'esprit humain est conçu de telle sorte qu'il ne retient du passé que le bien et le bon. Et l'instant présent ne ressemble pas au monde qu'elle a cherché à préserver.

Toussaint devrait-il lui expliquer qu'il a, lui, composé avec l'éloignement, fabriqué, imaginé ce que la prison de Montcler lui interdisait de voir ? Chaque nuit, il a caressé secrètement le visage de la jeune fille qu'il s'est inventée, posé les mains sur ce corps, brûlant d'un désir qui, depuis peu, salit sa paillasse et l'aurait condamné si le jésuite, au petit matin, avait découvert qu'elle était maculée du péché inspiré par Satan. Pourtant, celle qu'il contemple aujourd'hui est plus belle que la plus voluptueuse de ses chimères. Oui, tout a changé aussi pour lui, mais en mieux. Sont-ce les mots qu'attend Aurore ?

Toussaint serait déçu s'il perçait ses pensées car, à l'inverse, elle souhaite seulement retrouver les souvenirs qu'elle connut et pour lesquels sa tendresse est sans limites. Ses yeux gris qu'elle aimait, quels sentiments lui renvoient-ils aujourd'hui ? Une froideur, une dureté presque douloureuse. Dedans, ne perce ni quiétude ni repos. Dessous, au plus profond, quelle âme s'y abrite ?

— Sans toi, sans tes lettres… répète-t-il misérablement.

Il hésite. Sa gorge se noue. Son visage se tend. Désormais, les yeux sont plus gris que l'océan en tempête. Ceux d'Aurore sont restés d'azur.

— Oui, Toussaint ? l'encourage celle-ci d'un air soudain grave.

— Je me serais tué, lâche-t-il, imaginant combien il serait bon d'entrer au paradis en compagnie d'Aurore.

Cette pensée est de trop. N'y tenant plus, il s'approche d'elle. Aussitôt, elle recule :

— Le père Marolles est avec mon père, mais il va arriver. Et ajoute pour qu'il comprenne que la décence les oblige à garder leurs distances : il me faut un chaperon.

Dans le lit de Montcler, c'était simple. Ils se retrouvaient, et le charme agissait. Comment s'y prendre ?

— Mon père ne peut se séparer de ce prêtre ! reprend-elle pour meubler un silence qui n'en finit plus et devient inconfortable.

De grâce, se dit Aurore en comprenant tristement qu'elle ressent une gêne, ce n'est pas à une jeune fille de trouver un sujet de conversation. Il lui revient la visite récente de l'aîné du comte de Langes. Un oisif qui regorge d'humour, se montre tellement à son aise. Que dirait-il ? Puisqu'elle ne voit aucun thème à partager avec le pensionnaire de Montcler – ni la mode ni la Cour –, elle préfère distraire l'embarras en s'intéressant au cas de ce jésuite, confesseur des La Place et parrain de Toussaint. N'est-il pas une sorte de *point commun* ?

— Je ne comprends pas ce que mon très cher père trouve à cet homme sinistre, débute-t-elle, imitant le ton et les manières du fils du comte de Langes quand celui-ci tourne ses victimes en ridicule.

Toussaint se tend. Aurore ne l'a pas vu. Se prenant à son jeu, elle cherche le trait qui piquera l'ecclésiastique et la fera sourire :

— Faut-il se confesser chaque jour ? À croire que le marquis de La Place a beaucoup à se faire pardonner…

Aurore se mord les lèvres. En voulant singer l'ironie des gens d'esprit, elle s'aventure trop loin. On ne se moque pas d'un père. Elle sonde son vis-à-vis. À son air furieux, lui non plus ne semble pas apprécier.

— Quel parrain est-il ? tente-t-elle pour faire oublier sa raillerie.

— Je le connais peu, lui répond brutalement Toussaint.

— Cela ne retire rien à sa bonté… s'entête la fille du marquis de La Place. Il t'a sauvé…

— Sauvé ? répète-t-il d'une voix glaciale.

— Ta mère était morte… Et toi, le garçon sans nom…

— Ce n'est pas vrai !

Aurore pâlit. Qu'a-t-elle dit pour provoquer tant de colère ?

— J'ai un passé ! J'ai un nom ! Et celui de ma mère était Marie, rugit le garçon.

— Eh bien, je ne le savais pas, murmure-t-elle doucement. Pardonne-moi si je t'ai blessé.

Son malaise est si manifeste que Toussaint ne doute pas de sa sincérité.

— Tu ignorais aussi qu'elle travaillait pour ton père ?

Aurore ouvre la bouche, mais rien n'en sort. De quoi parle-t-il ? C'est impossible ! La surprise se double maintenant d'inquiétude. Car l'allure d'en face change. À l'instant, Toussaint se montrait maladroit, timide, et désormais le voilà agressif, presque menaçant. Il ricane, grimace, étire sa cicatrice qui soudain la dérange.

— Seigneur… Qui a pu le prétendre ? finit-elle pas bredouiller.

Répondre reviendrait à trahir Berthe. Aurait-il des scrupules ? Plus l'ombre d'un depuis quelques minutes. En revanche, Toussaint craint de couper le lien qui l'unit au secret entourant le nom de son père. La prudence s'impose.

— En es-tu certain ? insiste-t-elle voyant qu'il faiblit.

Comment mettre fin à son air incrédule ? Il hésite, tergiverse. Il voudrait tant qu'elle le croie ! En parlant de ce parrain menteur lui ayant caché la vérité pendant seize ans, il lui prouvera qu'il dit bien la vérité. Elle devrait s'attendrir et même compatir. Après quoi, il verra si son cœur est honnête et, seulement, décidera s'il peut se confier davantage.

— Écoute-moi... s'aventure-t-il.

Sa main effleure la manche de soie rose, et le poignet qu'il saisit ne se dérobe plus. Mais une cavalcade se fait entendre dans l'escalier. On descend au pas de charge. Sur le palier du premier, deux têtes se montrent.

— François ! Antoine !

Toussaint ne devine pas combien Aurore est soulagée de voir surgir ses frères.

*

— Éloignez-vous de ma sœur, jeune homme !

Lui, c'est François, l'aîné. À vingt ans, il est capitaine[1]. Le ton méprisant s'accorde à l'allure. Le premier fils du marquis de La Place se tient raide, à la façon des cavaliers endurcis. Il porte la tenue choisie par son père : une veste rouge ornée d'un galon et de boutons dorés, ainsi qu'un gilet bleu brodé de lys[2]. Toussaint se souvient que sa sœur en parlait dans ses lettres comme d'un jeune homme irascible et coléreux.

— Reculez, je vous dis. Vous n'avez rien à faire si près !

L'autre balaye l'air de sa cravache, puis la fait claquer sur les bottes.

— Mon frère, je vous en supplie, intervient Aurore, il s'agit de Toussaint. Vous le reconnaissez ? Et...

— Je sais ! cingle le jeune soldat. Sa fichue cicatrice est toujours là.

---

1. Ce grade, réservé aujourd'hui aux hommes plus expérimentés, n'a rien d'étonnant. Le célèbre marin Jean Armand de Maillé-Brézé, troisième marquis de Brézé (1619-1646) fut colonel à 15 ans, général des galères à 20 et grand-maître de la navigation à 24. Il mourut à 27 ans à la bataille d'Orbetello.

2. L'uniformisation des armées ne sera réalisée qu'à la fin du XVIIe siècle. De plus, les officiers ne portaient pas nécessairement la tenue de leur corps ou de leur unité.

Il est tel qu'il se montre habituellement, autoritaire et arrogant avec les gens qui ne sont pas de son rang. Avec d'autres, la méthode prend. Toussaint ? À l'instant, il semblait perdu, mais le voilà pas le moins désarçonné. Campé sur ses jambes, il jauge François de Voigny à la manière d'un homme habitué à se frotter à de pareils adversaires. Aurore peut-elle compter sur son autre frère, Antoine, pour apaiser ces chiens fous ? Le cadet se tient prudemment dans l'ombre du plus audacieux. Mais qu'a-t-il en commun avec l'aîné, un brun tiré à quatre épingles, quand lui, aussi blond que les foins, porte une tenue de courtisan, chamarrée de soie jaune ? Rien ou peu, toujours selon Aurore qui, dans ses lettres, le présentait comme un artiste féru d'Antique et de sculpture. Et surtout un jeune homme hésitant et timide, fuyant la Cour et les salons du Marais pour manque d'audace. Un anachronisme dans le clan batailleur et dominateur du marquis de La Place.

— Le révérend Joseph de Marolles nous envoie parce qu'il est retenu par notre père, cingle le jeune capitaine. Et je vois qu'il a eu le nez creux. Ce rustre est trop près de vous pour être honnête !

Toussaint serre la mâchoire. Il songe à la manœuvre qui lui a permis de se jeter sur Ravort et se sent prêt à recommencer.

— Petit, vous étiez déjà dérangeant, continue le matamore. Toujours dans les jupons de ma sœur. Maintenant, il suffit ! Tenez-vous dans la cour jusqu'au retour de votre parrain. Ensuite, dehors !

Cette fois, Delaforge va bondir. Il jette un regard vers Aurore, peut-être pour lui dire ce qui va se produire. Il purgera sa rage.

— François ! De grâce, écoutez-moi !

Elle lève un bras et ce geste s'adresse aussi à Toussaint.

— En m'apercevant, vous m'avez vu émue, commence-t-elle à l'intention de son frère le plus âgé.

— Plus un mot ! rugit ce dernier. Vous déshonorez votre nom.

— Attendez d'entendre mes raisons… Il s'agit de sa mère…

— Ne dis rien, Aurore, tente Toussaint.

— Si ! se défend l'innocente. C'est important pour toi et tu…

— Cessez ce tutoiement ! aboie François de Voigny. Et parlez, Aurore. Il n'est rien que vous puissiez me cacher.

— Toussaint sait qui fut sa mère.

Les fils du marquis ne bronchent pas.

— Ce n'est pas tout. Elle travaillait ici, pour notre père…

— Il ne fallait pas… enrage l'orphelin dans un murmure.

Mais François l'a entendu.

— Pourquoi ne fallait-il pas ? raille le soldat sans montrer le moindre étonnement. En vous confiant à Mademoiselle de Voigny, vous n'aviez aucune gêne, que je sache.

Il pose les mains sur les hanches où brille une épée :

— Cherchiez-vous en fait à l'attendrir avec vos sornettes ?

Il paraît si assuré qu'Aurore est prise d'un doute.

— Toussaint, le supplie-t-elle, tout est-il faux ?

— J'ai dit la vérité.

— J'en doute, réplique aussitôt François.

— Comment osez-vous, gronde l'accusé en s'avançant, décidé à étouffer la suffisance du fils de La Place.

Devinant ce qui va se produire, ce dernier brandit sa cravache, prêt à s'en servir :

— Votre sincérité ne retire rien au fait que vous soyez un sot ! Et ce défaut est, hélas ! irréparable.

— Pourquoi te montres-tu si outrageant ? ose sa sœur.

— Parce que, ma chère sœur, je connais l'histoire de ce rustre.

Il montre tant d'aplomb que Toussaint marque le pas. Le jeune Voigny observe sa proie, en joue comme à la chasse :

— Il ne suffit pas de rouler des épaules, jeune homme, pour être courageux. Aurez-vous assez de force pour m'entendre ?

Il fait mine de réfléchir :

— Votre allure paraît robuste, votre front est celui d'un buté, et je sais que Montcler forge à la dureté. Oui, on vous a dressé pour supporter le pire…

Cette fois, Delaforge n'en peut plus. Il plonge la main dans sa poche, en sort son couteau. François de Voigny voit la manœuvre ; elle ne l'impressionne pas :

— Méthode de brigands, façon de va-nu-pieds… Le portrait de votre mère. Une fille de mauvaise vie qu'en effet notre père a recueillie pour satisfaire la bonté de votre parrain.

La lame du couteau brille, le bras se détend. Aurore hurle. Toussaint s'apprête à frapper quand, d'un geste plein d'assurance, le soldat fait jaillir l'épée du fourreau. Le plat de sa lame s'abat sur le poignet de l'agresseur. Son coup est violent, la botte précise, efficace. La douleur oblige Toussaint à ouvrir la main. Son arme tombe à terre, du sang coule, la plaie semble profonde.

— Votre mère s'appelait Marie, assène alors calmement François de Voigny. Elle travailla dans cet hôtel quelques semaines sans dire qu'elle était enceinte. Quand elle fut ronde et grosse au point de ne plus pouvoir dissimuler sa faute, elle prit la décision de partir sans même avertir mon père. Sans doute que le monde d'où venait cette insolente lui manquait. Elle y est retournée, préférant accoucher parmi les siens.

Il rentre son épée d'un geste tout aussi sûr :

— C'était une catin et vous l'ignoriez par la seule bonté de mon père et de votre parrain qui avaient décidé de taire vos origines trop misérables. Maintenant, vous savez. Et quelle gloire en tirez-vous, monsieur le bâtard ?

Toussaint se tient le poignet sans comprendre ce qui lui fait le plus mal.

— Un mot encore, continue l'aîné. Ne torturez plus Berthe ou quiconque. Vous m'avez vu en fureur tout à l'heure, autant pour vous trouver seul avec ma sœur qu'en découvrant plus tôt notre cuisinière en pleurs.

Le capitaine toise l'intrus avec mépris :

— Vous pensiez lui arracher le nom d'un père, m'a-t-elle avoué après avoir calmé ses sanglots. Et vous imaginiez qu'elle pouvait satisfaire votre curiosité… Ne mentez plus, Delaforge. Elle s'est confiée sans nul besoin de la menacer, ce qui, j'imagine, ne fut votre cas. Vous entrez et vous torturez mes gens ? Mais de quel droit, l'orphelin ? Vous cherchiez qui vous êtes ? Ouvrez grandes vos oreilles. Berthe n'a rien dit car elle voulait, elle aussi, vous épargner la douleur de vous apprendre que vous étiez l'infect rejeton d'une fille de joie. Oui, vous n'avez pas de père. Plutôt, vous n'en manquez pas. Pensez à ceux qui ont pris leur plaisir avec votre mère ! Voilà le malheur dont Berthe, en se taisant, souhaitait vous protéger.

Aurore s'approche de Toussaint dont le visage est celui d'un mort.

— J'ignorais tout… Je te le promets.

Il ramasse son couteau, le glisse dans sa poche.

— Depuis quand étiez-vous au courant ? demande-t-il, la voix blanche, au jeune capitaine.

— Qu'importe ! Je sais, répond-il à regret, sans se montrer plus précis. Et cela suffit ! N'approchez plus jamais de la fille du marquis de La Place.

*

Tel un ballet parfaitement orchestré, Marolles choisit ce moment pour entrer. Il voit la scène, la main ensanglantée de son filleul. Son regard va de Toussaint au fils du marquis.

— Il sait tout, affirme ce dernier, y compris pour son père.

D'un coup de tête, François de Voigny montre la blessure :

— Vous aviez raison. Un enragé… Faites-le sortir.

Le jésuite prend un air malheureux. Il se dirige vers Toussaint qui, lui, cherche Aurore du regard, elle qui ne répond pas, prisonnière de ce frère violent et intraitable. Il le saisit par le bras, le guide vers la porte conduisant à la cour d'honneur. Son filleul ne réagit pas, bouleversé par la nouvelle, et refusant de l'accepter, même si, en se raisonnant, les méthodes de son parrain pourraient s'expliquer. Certes, celui-ci a menti, mais ses intentions étaient louables : il voulait préserver son protégé. En cachant l'existence de Marie, il lui épargnait la honte et le chagrin d'une mère, fille publique. Et d'un père crocheteur violent et aviné ? Ou bagnard en cavale, mercenaire aux mains rougies par le sang de ses victimes ? Ou tout cela à la fois ?

La porte se referme. Ils piétinent le gravier de la cour. Toussaint s'efforce d'oublier qu'Aurore, immobile et muette, n'a rien entrepris pour le retenir. Mais pouvait-elle s'opposer à son frère, à l'aîné, au soldat ? Le garçon rassemble ses idées, cherche où le bât blesse. Que lui a appris Berthe ? Marie travaillait chez le marquis, et l'honnêteté lui ordonne de revoir les moments où lui-même habitait dans cette demeure. Marolles était en charge des bonnes œuvres de la famille. Comment, de fait, oublier les indigents venant supplier le jésuite de leur venir en aide ? L'un d'eux ne fut-il pas engagé comme jardinier ? Donc, la bonté aurait pu profiter à une autre. À Marie ? Sans doute.

— Il est temps de retourner à Montcler.

Le jésuite use d'un ton mesuré. Le retour sera pesant. Il y aura peu de mots et il s'y est préparé. Tout compte fait, les choses s'arrangent grâce au rôle tenu par François. Il connaît la fougue du jeune homme, devine que Toussaint ne fut pas épargné, d'autant que ces deux-là ne se sont jamais entendus. Au temps de l'enfance, ils se détestaient et l'affection d'Aurore n'a fait qu'accroître une sorte de jalousie troublante, possessive. En apprenant que le collégien se trouvait ici, le soldat devint furieux. Il arpenta l'hôtel, sonda les valets jusqu'à dénicher Berthe qui ne put cacher pourquoi elle sanglotait. François jaillit alors chez son père, accusant l'intrus d'agir en soudard, de se comporter en maître, et exigeant son renvoi immédiat. Le marquis était d'accord, ce qui ajouta à l'embarras d'un Marolles tentant de justifier cette présence en évoquant une sorte de *pèlerinage*. Son filleul avait souhaité se rendre sur les lieux de ses primes années afin de retrouver son passé. Le jeune capitaine y vit plutôt un honteux procédé pour se rapprocher de sa sœur, et les façons employées avec Berthe montraient qu'il s'agissait d'un mufle. Aussi, demanda-t-il à son père le droit de le chasser sur-le-champ, *manu militari*. Le jésuite sauta sur l'occasion pour donner une leçon à un filleul trop curieux. Il confirma, à mi-mot, les assertions de François. Le matin, Toussaint avait fait montre d'exagération et, pour tout dire, s'était emporté violemment tant son désir d'apprendre tournait en tyrannie. Marolles avait toutefois laissé entendre qu'un tel vœu pouvait se comprendre :

— Qui ne veut pas savoir d'où il vient ?

— Qu'on le lui dise ! rugit le fils aîné du marquis.

— La vérité est crue, répondit le révérend d'un ton empesé.

— Expliquez-vous, réclama aussitôt François.

Le piège se refermait.

Marolles n'eut plus qu'à livrer sa version. Marie était une fille mère connue lors du secours qu'il apportait aux indigents, selon les vœux même du marquis. Et ce dernier opina. Elle avait été accueillie pour servir. Ce qui fut également confirmé. Et elle avait renoncé de son propre chef à l'asile que lui offrait La Place, peu avant d'accoucher. À son habitude, le peu disert marquis acquiesça du menton. Mais, ajouta le prêtre, ces révélations étaient si cruelles et si désolantes, qu'il n'avait pu se décider à les partager avec un jeune homme jugé fragile et trop impulsif. Aussi s'accusait-il d'avoir menti par omission, même si son dessein demeurait vertueux.

— Vous manquez de courage, avait cinglé François.

— Oui, je pèche par trop de bienveillance.

— Je vais m'en charger !

Le capitaine de Voigny rêvait depuis longtemps de remettre l'orphelin à sa place. En apprenant que celui-ci se trouvait seul avec Aurore, son sang ne fit qu'un tour. Il bondit. Son père obtint toutefois qu'il se fasse accompagner de son jeune frère, plus mesuré – mais bien incapable de contrôler la fougue du soldat. On connaissait l'aîné, on savait de quoi la colère le rendait capable.

Marolles accepta au prétexte que la mansuétude agissait sur sa volonté et, dit-il, François se montrerait sans doute plus persuasif que lui. Puis il compta les minutes. S'en donna dix, en ajouta cinq avant de rejoindre le vestibule. En entrant, il comprit que *tout était joué*. Et s'en réjouit.

*

Oui, le retour sera pénible, mais la torture s'achève. S'il vient à son filleul l'envie de l'interroger, ses réponses sont prêtes. Qu'en est-il du mensonge du matin quand il prétendait n'avoir connu Marie qu'au jour de sa mort ? Mais pour te préserver, cher filleul. La rencontre avec Marie ? Trois ou quatre mois avant la tragédie. Voyons voir... Un soir, alors qu'il portait l'extrême-onction à un pauvre bougre, il croisa une jeune fille qui semblait perdue... Pourquoi l'a-t-il fait entrer au service du marquis ? La magnanimité. Ce mot seul suffirait. Pourquoi était-elle partie ? Un simple haussement d'épaules. Comment savoir ? Pour finir cet interrogatoire, il conclurait sur sa dernière rencontre, voulue par sa mère qui, dans un dernier soupir, avait souhaité lui confier la garde de son enfant. Après cela, pouvait-on lui reprocher quoi que ce soit ? Non, vraiment, se dit-il alors qu'ils sortent rue de la Couture-Sainte-Catherine : l'affaire est close.

— Nous sommes très en retard. La cloche du collège va sonner...

Toussaint sort de ses rêveries. Le visage est terreux, le regard s'échappe et plonge dans les abysses de son passé.

— Le collège ? répète-t-il à mi-voix.

— Son préfet de discipline ne t'accordera pas de délais.

— *Passe-Muraille*, chuchote le pensionnaire.

— Qui ?

La question a au moins le mérite de le sortir de sa torpeur.

— Calmés, Baltius, *votre* Supérieur, tous les autres... C'est fini.

— Que marmonnes-tu ? s'impatiente Marolles.

— Je ne retournerai pas à Montcler. La voix est calme : ce n'est pas la place d'un fils de catin.

— Mais enfin, mon ami... C'est impossible ! bredouille le jésuite, devinant un nouveau danger.

— Ne cherchez plus à me diriger. Mon père peut le faire. Et...

Il tourne la tête à droite, à gauche, s'arrête sur les passants, un rictus sur les lèvres :

— Serait-ce lui ? Ou lui ? Voulez-vous que je demande ?

— Je t'en prie... Allons ! Ressaisis-toi.

— À moins qu'il se cache chez le marquis de La Place auprès du spectre de ma mère… Peut-être m'a-t-il vu tout à l'heure…

Pourquoi dit-il cela ? Par bravade ? Pour se moquer du jésuite et de sa religion qui bannit la sorcellerie et toutes les complicités avec l'au-delà ? Parce qu'il ne supporte plus d'avoir été défait par le fils du marquis. Pour ne pas ignorer aussi que c'en est fini avec Aurore. Mais surtout, parce qu'il hait cette famille qui semble s'être liguée afin de l'humilier.

— Qu'en dites-vous ? ricane Toussaint.

Le jésuite panique et c'est exactement comme ce matin : sa tête est toujours celle du menteur.

— Ignorant qui est mon père, rien ne m'interdit d'en imaginer un, poursuit-il, voyant combien l'autre est mal à l'aise.

Le prêtre déteste ses provocations, mais son tourmenteur s'en repaît.

— Ma mère, cette diablesse, ne l'aurait-elle pas connu après être entrée chez le marquis ?

— Il suffit ! On t'a expliqué qu'elle était enceinte avant…

— Qui le prétend ? François de Voigny ?

Delaforge regarde son poignet où le sang ne coule plus.

— Comment croire celui qui m'a blessé et me hait ?

— Eh bien ! Moi, je te l'assure…

Le ton n'est pas net. Les yeux s'échappent. Berthe a fait ainsi, tout à l'heure. Son regard a fui vers la porte de la cuisine. Et pour se rendre où ? La déraison entre à nouveau dans la cervelle du jeune homme. Il est le fils de quelqu'un, et Marolles, qui lui a déjà tant menti, le connaît.

— Tout n'est pas encore écrit à propos de mon père. Aussi, ai-je mieux à faire que de retourner à Montcler.

Dieu du Ciel ! Le parrain n'en peut plus. Il croit tout réglé, et voilà qu'on recommence. Ce… monstre est décidé, sa main ne lui fait plus mal. Il le nargue, le menace encore…

— À la fin, que veux-tu ? hurle-t-il.

— Ma liberté, réplique froidement Delaforge.

— Sinon ? ne peut s'empêcher de poursuivre le jésuite, ne mesurant pas qu'en répondant ainsi il cède peu à peu à tous les caprices.

— Je retourne chez eux… Et cette fois mieux armé. Je questionnerai jusqu'au marquis, mais j'apprendrai de qui je suis.

Marolles flageole.

— De quoi avez-vous si peur ?

— Tu montres tant de folie… se décompose son parrain.

— À moins que vous n'ayez d'autres choses à m'apprendre…

Le garçon souffre tant que le désespoir le pousse à s'accrocher au plus petit détail. Si le jésuite hésite, c'est qu'il cache quelque chose, comme ce matin.

— Vous n'imaginez pas comme je suis capable du pire, ajoute Toussaint qui sait désormais combien il lui est facile de fragiliser l'ecclésiastique.

Ce dernier n'a guère besoin de se forcer pour concevoir ce que mijote cet esprit forcené. Il connaît les gens de son espèce. Telle mère, tel fils ! songe-t-il. Quand il rend visite aux pauvres et que ces enragés le pressent trop, il jette des pièces, ils se battent à mort. L'argent. Voilà ce qui règle tout avec ces bêtes, voilà le moyen d'apaiser la vengeance et la volonté de nuire de celui qui le menace.

— Disons que tu ne retournes pas à Montcler… commence le prêtre.

— C'est déjà acquis.

— Comment vivras-tu ? Bien sûr, s'empresse-t-il d'ajouter, tu ne peux revenir chez le marquis.

Il fait mine de réfléchir :

— Il te faudrait de l'argent…

Un coup d'œil de travers : le filleul ne bronche pas.

— Oui, je pourrais t'en donner, chuchote le tentateur comme s'il s'adressait à Judas.

Il s'approche et tente un sourire :

— Qu'en penses-tu ?

— Soyez rassuré, le nargue Toussaint. J'y réfléchis, mon cher parrain.

C'est un tel soulagement que Marolles est prêt à capituler.

— Alors ! jette-t-il à bout de nerfs.

Un temps insupportable. Qui cédera le premier ?

— Cent livres et je disparais, se décide brusquement le plus jeune.

— La somme est grosse, réplique aussitôt le révérend, sans vraiment s'opposer.

— Débrouillez-vous !

— Il me faut du temps et…

— Je suis très bien ici.

Ils se trouvent à cent pas de l'hôtel du marquis. Et de quoi ce diable est-il encore capable ?

— Soit ! flanche le prêtre trop brusquement. Attends-moi.

— Je ne patienterai guère.

Marolles a déjà tourné les talons.

Troisième Partie
Les chemins de la liberté

Chapitre 15

Il existe, rue Mouffetard, une taverne plutôt borgne dont le nom, *Le Rat gris,* se dit sous le manteau. Ce rongeur familier de Paris se pavane sur l'enseigne signalant la gargote. Voilà qui est étrange car la bête est maudite, détestée tout du moins, dans cette rue gargantuesque, pays de cocagne, montagne de tentations où, dès l'aube, les étals débordent de victuailles ragoûtantes, exhalent le parfum alléchant de la viande braisée par le rôtisseur qui y mêlera vers midi l'ail et le thym de Provence. Là-haut, sur cette colline, niche la gourmandise, et l'on est trop occupé à peser, humer, palper les richesses de la nature pour regarder à ses pieds. Ainsi, la faim siège en hauteur pendant que le rat glouton se promène en bas, trottinant sur ses pattes, happant les reliques que lui cède le négoce des bipèdes. Et chacun va dans cette corne d'abondance charriant des tombereaux de vivres aux couleurs chatoyantes, salive devant le mordoré du faisan de Fontainebleau, le camaïeu vert et brouillon des rangs de légumes, les pyramides vermeilles des fruits de saison, tandis que çà et là se pavanent des filles aux joues rougeaudes qui battent la crème onctueuse de leur pays, la Normandie. C'est un flux continu de mains tripotant la volaille et la miche de pain, de nez penchés sur le ventre du poisson, d'yeux estimant l'éclat de ses écailles. C'est un temple à ciel ouvert dédié à la mastication, l'éden païen des cinq sens. Il faut jouer des coudes, râler, palabrer fort pour couvrir la causerie des mégères se plaignant du prix des choses qui remplissent le ventre de l'homme, et celui du rat, rival affamé, combatif, chasseur tenace de viscères, de denrées gâtées, du rassis. Décidément, la bestiole n'est pas bienvenue. Pourtant, elle plastronne sur l'écusson du *Rat gris*, sculptée en relief dans un morceau de chêne épais. Elle se tient sur ses gardes et sa taille, celle d'un ragondin, impressionne.

Pour lui donner plus de cruauté, un peintre, barbouilleur des ateliers voisins des Gobelins, a pourvu l'animal de traits féroces. Sa mâchoire grande ouverte exhibe des crocs jaunâtres et pointus évoquant ceux du loup, et ses yeux injectés du sang du pestiféré scrutent le chaland qui, par mégarde, viendrait à s'intéresser au commerce des lieux. Attention ! Tout indique qu'il vaut mieux passer son chemin. L'animal a le dos arrondi, les poils hérissés, les griffes accrochées à la planche. Il est prêt à bondir, et si le dessein est de décourager le curieux, l'artiste a bien travaillé. D'ailleurs, c'est le cas. N'entre pas ici qui veut.

*

Malgré cet accueil peu affable, à laquelle se joint l'hospitalité versatile du propriétaire, Simon Lazard, le *Rat gris* ne désemplit pas. La décoration y est sobre, les tables extrêmement robustes, les murs noircis par la fumée. Mais on ne s'y attarde guère, aspiré d'un coup par l'ambiance volcanique. La salle, plongée dans la pénombre, déborde d'une faune suspecte faisant entendre un pataquès de rugissements, de cris, de borborygmes, d'épouvantables jurons obligeant les jeunes filles pudiques de la Miséricorde-de-Jésus à se boucher les oreilles quand elles passent devant la porte entrouverte, avant de rejoindre leur pensionnat, situé à cent pas de ce monde de perdition. Si le *Rat gris* tourmente le curieux, c'est aussi pour ce bruit continu et confus de bagarres, de chaises que l'on brise, de silhouettes qui se cognent, s'étourdissent, se brutalisent – et s'étranglent peut-être. À moins qu'il s'agisse du cochon qu'égorge Simon Lazard, colosse de muscles noueux, taillé à la serpe, que le sort a orné d'une tête sans cou, embrouillée d'une barbe fabriquée à la hâte dans le même poil roux que des sourcils épais qui se joignent au milieu, achevant l'impression de faire face au bélier prêt à charger.

Grâce à Dieu, Simon Lazard, dit *l'Irlandais*, est occupé et c'est à peine s'il lève les yeux sur les ivrognes qui s'étripent pour une raison futile, sortie d'un énième pichet de vin de Montmartre. Au soir de ce lundi 8 juillet de l'an 1658, il affichera complet. Beltavolo, fine épée de la *Mouffe*[1], viendra jouer aux cartes. Une partie de piquet dont l'enjeu se monterait à cent livres, au moins. Une somme considérable, disproportionnée, dont le vrai dessein n'est pas l'argent, mais le pouvoir.

*

Beltavolo a trente ans. Il est beau, grand, brun aux yeux verts. Été comme hiver, il porte des chemises blanches, immaculées, dont les manches sont relevées et le col ouvert. C'est son élégance à lui, sa façon d'impressionner, mais aussi de séduire les jouvencelles de la rue Mouffetard. Au milieu du torse, il s'est fait tatouer un soleil orange et or par Zanko, un Tzigane sévillan, marin et pirate des Caraïbes, dont la langue fut coupée par l'un des derniers guerriers Taïnos d'Hispaniola[2]. Au-dessus de l'astre, sur les pectoraux, est gravé *Morir per non morir*, « Mourir pour ne pas mourir ». À bon entendeur, salut. Beltavolo est prêt à renoncer à la vie, mais il défendra son honneur, celui de brigand et de chef. Il détrousse et rançonne. Il gouverne un peuple de coupe-jarrets et de femmes aventurières. Son règne est grand, mais sera-t-il court ? Pour qu'il dure longtemps, Beltavolo surveille ses arrières et le présent. Sa secte de fidèles lui reconnaît la qualité du juste. Il punit sévèrement

1. Surnom donné à la rue Mouffetard, anciennement rue Saint-Marcel.

2. Le peuple des Taïnos habitait l'île de Saint-Domingue (ou Hispaniola) avant l'arrivée de Christophe Colomb. Bien que luttant farouchement, les Taïnos furent exterminés par les conquistadors, le peu de survivants préférant se suicider plutôt que de tomber en esclavage.

la trahison, il tue, s'il le faut, mais il n'est pas avare des richesses que lui procure son statut de hors-la-loi. Il partage en effet, au sou près, le butin que sa troupe rapporte de ses escapades furtives, en bas, près de la Seine et du Louvre, mais assez loin du Marais. À chacun son quartier.

La devise est sage. À ce prix, la paix règne entre les bandes, même s'il lui faudra, ce soir encore, défendre son rang car il ne compte plus ceux qui l'ont défié sans succès. Mais Beltavolo ne craint personne. Encore qu'il se méfie du nouveau prétendant. On dit qu'il se bat tel Hercule, qu'il vit seul, sans second. N'aurait-il peur de rien ? La provocation tourne à l'insolence en apprenant que c'est lui qui se présentera au *Rat gris*. La rencontre avec Beltavolo n'est pas officielle. Rien ne dit qu'il s'agira d'un défi. Le nouveau venu a simplement fait savoir qu'il se rendait dans ce bouge pour jouer aux cartes et qu'il croyait respectueux d'informer Beltavolo. L'intrus est donc rusé. Sa visite ne se voudrait pas belliqueuse, mais, en la rendant publique, elle devient incontournable. Et contrariante… Deux coqs sur le même territoire, cela peut tourner mal.

Jusqu'à présent, une sorte de *modus vivendi* régentait leurs relations. À moi le haut de la Contrescarpe, à toi le bas de la rue Sainte-Geneviève. Mais comment accuser le gêneur de vouloir la guerre ? Il vient et prévient, ménageant la susceptibilité de son hôte. Le coup est finement orchestré. Manie-t-il les cartes aussi bien que le couteau ? À sa façon de s'annoncer en se servant de sa tête, on doit l'imaginer, d'autant qu'une belle réputation le précède. Ce guerrier aurait, raconte-t-on, l'âme d'un chef. Oui, s'il monte et s'il gagne, le ver sera dans le fruit car l'opinion des hommes est versatile et n'aime pas les perdants. Alors que faire ? Éliminer le danger à la faveur de l'ombre, entre lune et caniveau ?

Voilà exactement ce qu'un champion s'interdit – du moins dans un premier temps. Il lutte au grand jour, se mesure et l'emporte. Mais s'il échoue ? Pour l'heure, la question ne se pose pas. Beltavolo s'installera à la table, ce soir. Lui seul, car il a décidé qu'il ne pourrait y en avoir d'autre. En attendant, il se veut fataliste.

Qui vivra verra. Surtout, ne pas se montrer inquiet. Ce matin, on l'a donc vu musarder dans *son* royaume et s'il saluait, on lui répondait, puisqu'il est apprécié. Un contrat tacite l'unit aux *natifs*. Il ne s'en prend jamais à eux et ne rançonne aucun commerce. Mieux, il les protège des vandales de la Bastille, de l'île de la Cité, de la cour des Miracles – il y en a tant – qui rêvaient de mettre en coupe réglée la montagne Sainte-Geneviève avant que ce César en chemise blanche ne la choisisse pour patrie. Dès lors, et au moins jusqu'à ce soir, personne ne songe à dénoncer ce traité. Lâcher la proie pour l'ombre ? Mieux vaut un Beltavolo aux méthodes connues et dont les hommes, postés au Pont-aux-Biches, là où coule la paisible Bièvre[1], gardent la frontière septentrionale de la montagne Sainte-Geneviève. À ce passage, les *étrangers* versent une taille[2] dont le montant s'estime selon ce que chacun monte à pied, en charrette, à dos de mulet, vers la place de la Contrescarpe, siège du gouvernement de Beltavolo, l'homme libre qui se plaît dans les cimes de son firmament.

*

— As-tu des cartes neuves, *l'Irlandais* ?

Beltavolo se montre au *Rat gris* au bras d'Eva del Esperanza, sa compagne d'alors. La beauté de la jeune femme ne se mesure plus. Elle porte une robe de velours sombre, cintrée à la taille et décolletée à la poitrine, de sorte que tout semble calculé pour que l'œil s'attarde sur la courbe sensuelle des fesses, puis revienne, s'égare sur celle des seins dont la chair pleine et ambrée laisse deviner la jouissance de celui seul qui, la nuit et le jour, caresse ce tableau. Mais il semble peser sur elle une malédiction dont l'histoire se devine parfois lorsqu'un voile éteint ses yeux couleurs

1. Deuxième rivière parisienne, la Bièvre coule toujours sous la chaussée et se jette dans la Seine. Elle traversait l'abbaye de Saint-Victor et alimentait les potagers.
2. Impôt sous l'Ancien Régime, comme la dîme ou la gabelle.

de lave. Ses amants sont morts dans le sang. Pour les hommes entourant Beltavolo, l'explication est plus simple que l'hypothétique tragédie du destin : la femme est sorcière ! Et pour Beltavolo, ce sera quand ? Il hausse les épaules, s'en moque : *Morir per non morir* ! Il éclate de rire et serre dans ses bras Eva del Esperanza.

— Alors, ces cartes !

Simon Lazard se décide à répondre :

— *Traîne la patte* les apporte…

— Le boiteux des arènes ? s'inquiète Beltavolo qui a entendu parler du personnage.

L'Irlandais acquiesce d'un coup de tête :

— Il se présentera ce soir avec celui que tu attends.

La *Mouffe* ne dort jamais et Beltavolo le sait. Son règne tient parce qu'il reste puissant, que le soleil brille ou s'efface. Cette nuit, d'une manière ou d'une autre, il aura réglé le cas de la *mouche dans son lait* qui ose le provoquer. Et si on lui veut la guerre…

— Il faudra vérifier qu'ils ne portent pas d'arme.

Lazard, *l'Irlandais* du *Rat gris*, secoue sa barbe. Ce sera fait.

*

Cet autre, son ennemi, d'où vient-il ? De la nuit, en effet, et d'un peu plus bas, des anciennes arènes romaines situées rue Saint-Victor[1], non loin de l'abbaye fondée par le chanoine Guillaume de Champeaux. Du bel amphithéâtre, il ne reste qu'un cercle auquel on accède par un goulet étroit entre deux maisons lépreuses : voilà où se battaient quinze siècles plus tôt les gladiateurs. Puis les lieux s'effacèrent, ensevelis par la ville. Mais la mémoire du sang s'accrochait. La piste seulement assoupie patientait, réclamant de nouveau la harangue du peuple et la hargne des combattants. Alors, dès que le jour s'éteint et que les ténèbres viennent, l'arène reprend vie pour donner la mort, et son sable

1. Aujourd'hui, rue Monge.

rougit comme au temps du héros Spartacus, et réclame son preux, celui qui menace Beltavolo.

On ne sait d'où il tient sa science du combat. Il surgit, œuvre et retourne en enfer. Il n'est qu'un contour, le vent, un inconnu, un fils de gladiateur, un souffle revenant du passé. Son visage se cache sous un masque de cuir et ses longs cheveux tombant sur les épaules ajoutent au mystère. Personne ne l'appelle, car aucun ne connaît son nom. S'il souffre, on ne l'entend pas. Sur le bras qui tient le couteau est tatoué *Vivo ad extremum.* « Je vis jusqu'au bout. » Un message envoyé à ceux qui le bravent. « Comptez les secondes. Il vous en reste si peu. » La nuit, ses fidèles se réunissent. Une plainte s'élève : le chant martial d'une tribu païenne. On frappe dans les mains, lourdement, attendant que le combattant se décide, qu'il se montre aux siens. Lorsqu'il se présente enfin, il ne veut ni cris ni acclamations. Il se battra, c'est certain, ne refusant aucun défi, jetant sa cape sur le sol aride, cendré, de l'arène, exhibant trop peu de temps un torse veiné de cicatrices anciennes, tournant déjà autour de sa prochaine victime, choisie par le boiteux surnommé *Traîne la patte* ou encore *le Tordu* parmi les prétendants qui rêvent de triompher.

D'un geste, le lutteur demande qu'on éteigne un flambeau sur deux. On s'exécute. Il ne reste que deux silhouettes, presque irréelles, un ballet d'ombres qui s'affrontent. Des règles, il n'y en a qu'une, fixée par *Traîne la patte*, le maître des cérémonies : le sang coulera. On peut bien s'armer d'un bâton, d'une lance, d'un fléau, d'une masse, lui, le lutteur aux cent victoires ne variera pas. Il sortira une lame de sa botte, jouera avec, puis il la serrera dans la main droite, et attendra, jambes pliées, le premier assaut. *Vivo ad extremum...* Le boiteux réclamera le silence et abaissera son flambeau. On se jaugera peu, l'impatience poussera l'impétrant à en finir de suite. En face, il y aura une parade, une seule, un assaut, un seul, puis le sang de l'adversaire qui devra supplier, demander grâce. La foule n'aura guère le temps de se rassasier que déjà, les flambeaux de l'arène s'éteindront, le rideau tombera.

C'est à peine si l'on distinguera encore l'homme masqué, penché sur sa victime. Prie-t-il ? L'achève-t-il ? On ne le saura. On n'entre pas dans le cercle. C'est un ordre. Quand *Traîne la patte* en aura fini avec les parieurs assemblés autour de lui, et que tous penseront à scruter la scène, il n'y aura plus ni vaincu ni vainqueur. Ce mystère excite, ajoute au spectacle. C'est pourquoi, on reviendra dans l'espoir de voir gagner ou perdre enfin son champion – pourvu que ce soit aussi bon.

*

Ce soir, avant de se rendre au *Rat gris*, l'homme au couteau combattra un solide gaillard de l'Oise, un manieur de lame embauché le jour même chez Marcadet, solide boucher installé au bord de la Seine qui, à l'aube, a vu le jeune équarrisseur trancher d'un coup le ventre d'un veau et l'ouvrir comme s'il s'agissait d'un poulet, puis jeter la carcasse entière dans la rivière sans le moindre embarras. De plus, c'est un gaucher.

Alors, Eusèbe Marcadet s'est approché :

— On dirait que le sang ne te fait pas peur…

Pour répondre, l'équarrisseur a léché le taillant affilé de son désosseur.

— Et te battre ?

Le même a souri, et ouvert la bouche, découvrant ses dents de carnassier.

— J'en parle au *Tordu*, a glissé le patron de l'équarrisseur.

— Qui c'est ?

— Un boiteux. Il organise des combats. Ce soir, ça ira ?

L'équarrisseur a haussé les épaules.

— Si tu gagnes, c'est cent deniers.

Mordiou ! Mieux que la paie.

Marcadet a tendu la main pour acter le contrat :

— Ton nom ?

— Basile.

— C'est tout ?

L'autre a hoché de la tête.

Ce sera court à graver sur sa tombe, a songé Marcadet.

*

Le puissant Basile se présente aux arènes le soir même et il aime que les badauds le regardent, que certains le touchent pour vérifier la dureté de ses muscles et sifflent, poussent des oh ! – ce qui est sûrement un sacré signe de respect. Marcadet lui a conseillé de conserver sa veste pleine de sang. Cela ajoutera au spectacle.

— On fait quoi, maintenant ?

— On attend que les flambeaux s'éteignent, répond le boucher.

Traîne la patte se montre enfin. On le voit arriver de loin, claudiquant et allant de guingois.

— Voilà Basile, grogne Marcadet.

Le Tordu apprécie la carrure :

— Ce sera un beau combat. Tu paries ?

Marcadet se démunit de cinq livres.

— Non ! Pas sur mon gars. Je mise sur l'autre…

Basile suit la conversation et ne comprend pas que son patron joue contre lui. Le boucher doit lui expliquer qu'ainsi il gagnera à tous les coups.

— Tu l'enfonces, je touche dix. Il te tue, je sauve cinq…

Ces calculs troublent la cervelle de Basile, ce qui n'est pas prudent. Il vaudrait mieux qu'il soupèse la hache prêtée par Marcadet. Qu'il s'entraîne, en somme. Mais, il n'y a plus de regret à avoir. *Le Tordu* baisse déjà son flambeau. Alors, un masque de cuir surgit d'ailleurs.

*

— *Le Tordu…* murmure Beltavolo.

— Oui, mais on l'appelle surtout *Traîne la patte.*

— Tu peux compter sur lui ?

— J'en réponds, soutient Simon Lazard, dit *l'Irlandais.*

Et ce n'est pas une chose à promettre à Beltavolo. Du moins, s'il y a le moindre doute.

— L'autre, le combattant des arènes… Sais-tu qui c'est ?

— Il porte un masque de cuir, débute le patron du *Rat gris.*

— Et dessous ?

Simon Lazard essuie ses mains sur le tablier et ramasse autant de gras qu'il n'en dépose.

— Il serait balafré. Je sais que ça.

*

Basile, l'équarrisseur, a du courage à revendre et il ne redoute pas la douleur. Ce soir-là, par deux fois, le couteau de son adversaire l'a touché – au ventre, à la cuisse. Il ne bronche pas, la main reste ferme, la hache ne tremble jamais. Il attend. Il sent qu'il n'aura droit qu'à un coup, comme pour le veau, ce matin. Alors, il tourne, pareillement à son adversaire. Mais la manœuvre l'étourdit. À moins qu'il perde trop de sang. À l'instant, l'homme au masque lui a demandé s'il voulait en rester là et Basile a montré sa rage en frappant le sol avec la hache. Rien n'est dit, rien n'est fait, les parieurs se régalent. *Traîne la patte* encaisse. S'il compte juste, ils sont plus de cent autour de l'arène, massés sur deux ou trois rangs derrière un cercle aux limites fixées par douze galets blancs. Entre chaque pierre, un flambeau est piqué dans le sol. Douze fanaux dont six sont déjà éteints. À l'intérieur, n'entrent que les combattants et la mort. Au-delà, on trouve un peu de tout. Des hommes, des femmes, pas d'enfants, des riches qui s'encanaillent et se montrent aux bras des filles de joie, des pouilleux venus faire les poches aux premiers, ici et là, ceux que le sang excite, quelques prétendants au titre venus observer la technique des lutteurs, et aussi un lieutenant de Beltavolo, chargé d'espionner ce qui se trame. Noyé dans le nombre, un homme âgé, peut-être a-t-il cinquante ans, se distingue par son calme. Il tient fermement les pans d'une cape usée qui cache une tenue incongrue, puisqu'il s'agit d'une soutane. Mais personne ne s'y intéresse. Il y a le spectacle. Cette nuit, tous les chats sont gris. En s'approchant encore, en se glissant à ses côtés, en oubliant les cris, on entend qu'il murmure. Tout près, voici ce qu'on découvre : l'homme prie. Pour le salut de qui ?

La hache se lève et s'abat plus vite que l'éclair. Un coup terrible, porté par Basile, quand à l'instant l'équarrisseur semblait prêt à se laisser mourir. On ne l'attendait plus, on ne l'espérait plus. D'autant que la ruse marche. Le bras d'en face ne s'est pas replié assez vite pour échapper au tranchant de la lame. La foule braille, s'excite, spécule. Cette fois, l'invincible est touché. Rompant gaillardement avec la prudence, Basile fait un pas pour achever le travail. La réplique arrive aussitôt. En face, le genou se plie, la jambe fléchit, l'assise est solide. Assez pour s'en servir d'appui et tendre ce bras qu'on croyait blessé. La lame entre dans le ventre de Basile, et se retire afin de mieux trancher son gras, ses muscles, ses viscères. Il souffre, crache, s'effondre. Aussitôt, un feutier vêtu d'une aube tel l'enfant de chœur se présente muni d'un éteignoir. Sans entrer dans le cercle, il étouffe une à une la flamme des flambeaux brillant encore, plongeant l'arène dans le noir, et dit : « Esprit du feu, accueille l'esprit de ce malheureux. » C'est fini pour l'équarrisseur.

— Je le savais !

Le voisin de l'homme en soutane qui priait a parié sur le masque de cuir et ne le regrette pas.

— Seigneur, ayez pitié, chuchote celui qui, à coup sûr, est un prêtre.

Mais on ne l'entend pas, on ne l'écoute pas, et plutôt que de chercher le vainqueur désormais invisible, on entoure *le Tordu* afin de toucher son gain. Ainsi, personne ne prête attention au religieux qui enfreint la règle et entre dans le cercle. Le sable de la piste et les cris des parieurs étouffent les pas de l'inconnu qui s'habitue à la pénombre, approche peu à peu et voit le vainqueur agenouillé, drapant le vaincu dans sa veste, un linceul maculé de sang.

— Je t'ai prévenu. Je t'ai dit d'arrêter, glisse son bourreau au blessé. Si tu cesses de vivre, c'est par ta faute.

*

Dans l'arène, au temps lointain de Spartacus, le gladiateur de Rome plongeait son glaive dans la gorge de sa victime avant de lui percer le cœur. Et le prêtre croit comprendre ce qui va se produire.

— Toussaint ! hurle-t-il.

L'arme se fige. Un instant, elle faiblit. Puis reprend son élan.

— Toussaint Delaforge !

C'est la voix du dortoir, le ton du jour où l'enfant reçut le fouet.

— Je t'en supplie… Pour l'amour de Dieu !

Le masque se tourne, regarde la silhouette que dessine la lune.

— Je te cherche depuis quatre ans, souffle le préfet de discipline du collège de Montcler. J'ai eu tant de mal à te retrouver.

— Et moi, tout fait pour vous oublier, répond Delaforge.

L'arme se lève encore. Elle va frapper.

— Pour l'amour de Dieu… répète une dernière fois Calmés.

Est-ce grâce à lui ou grâce aux cieux ? Peut-être aussi que la blessure au bras empêche Toussaint Delaforge de commettre l'irréparable. Car il renonce. Le bras retombe et, sous le masque, les traits se crispent, dénonçant la souffrance. Mais ce remue-ménage intrigue les parieurs, amassés autour du *Tordu*. D'habitude, le lutteur s'éclipse. Il discute ? Avec qui ? Sûrement pas l'équarrisseur, la masse immobile qui se devine au centre. En revanche, une cape longue se mêle aux combattants.

— Donne-moi ce couteau, glisse Calmés d'une voix solide.

Une poignée de gobe-mouches approche sans pénétrer dans le cercle. Comme les curieux, *le Tordu* abandonne son affaire. Il marche lentement, en claudiquant. Il est trop loin pour comprendre ce qui arrive. L'espion de Beltavolo n'a pas le même embarras. Il joue des coudes, se place en tête. Dans un instant, il verra la soutane.

— Je ne te lâcherai plus, souffle *Passe-Muraille* en s'évanouissant dans l'ombre.

— Allez au diable ! grogne Delaforge.

Lui-même fend la foule pour s'échapper par le côté opposé, bousculant au passage l'espion de Beltavolo qui voit sa plaie au bras. Elle saigne abondamment.

— Et toi, où vas-tu ? tente-t-on encore pour le retenir.

Seul le silence répond.

— Il se rend au *Rat gris*, se vante un habitué. J'ai entendu *Traîne la patte*. Il va défier aux cartes le *capitan* Matamore d'en haut.

L'envoyé de Beltavolo se raidit. Voilà qui devient intéressant, et redoutable. *Capitan* Matamore est un personnage de la *commedia dell'arte* réputé pour sa couardise. Un lâche se servant de l'épée pour s'en prendre aux femmes.

— Celle qui bat à la taille de Beltavolo n'est pas en bois ! jette son espion en tournant les talons.

Il a du grain à moudre, des choses à raconter à son maître. Et n'oubliera pas de dire que celui qui le menace est blessé.

Chapitre 16

Qui, À L'EXCEPTION DE CALMÈS, aurait pu savoir que le bâtard de la rue de la Couture-Sainte-Catherine était devenu l'invincible lutteur des arènes ? Quatre années plus tôt, le 7 juin 1654, le collégien de Montcler affrontait son parrain, Joseph de Marolles, exigeant cent livres et promettant en échange de disparaître. Et le jésuite semblait prêt à payer. L'argent qui achète, était-ce la solution ? Tout dépend du cœur qui y pensait et des ombres y logeant. Un esprit sans reproche n'aurait pas cédé au chantage. Si Marolles acceptait, il fallait donc en déduire qu'il se savait malhonnête et, pour Toussaint, cette réaction sonnerait comme un aveu. Mais voilà qui ressemblerait à une formidable erreur de la part du prêtre car l'aplomb et les mots assassins de François de La Place avaient fini par faire douter l'orphelin. Il se pouvait qu'on ne l'ait pas trompé. Il était peut-être l'enfant d'une catin, le fils de personne. Et Berthe, la cuisinière, n'avait-elle pas fui son regard par crainte qu'il n'y lise ce qu'elle voulait charitablement qu'il ignorât ? Devait-il donc se résoudre à l'ignoble ? Toussaint s'en convainquait, quand ce parrain avait parlé de Montcler. Le collège ? Il n'y retournerait jamais. *Passe-Muraille* l'attendait pour l'entendre sur la chute de Ravort puisqu'on l'aurait trahi : Charpentier, le bras droit du tyran du dortoir, ou un autre. Alors, il avait lancé une ultime provocation – la liberté ! À quel titre ? L'humiliation que venait de lui faire subir l'aîné des La Place prouvait qu'il n'avait nul droit de se rebeller ; qu'il n'était rien. Pourtant, Marolles ne s'était pas opposé à ce qu'il déserte Montcler. Pis, il semblait prêt à accepter un donnant, donnant. Peu avant, Toussaint sombrait dans un gouffre et une pâle lumière avait brusquement surgi. Elle lui montrait qu'il ne s'était sans doute pas trompé. L'argent ? Parce qu'on cherchait à acheter son silence. Pourquoi en douter puisque Marolles avait tourné les talons, acceptant à l'évidence le chantage du filleul. Mais s'il avait pu imaginer ce qui interdisait à l'insoumis de rentrer à Montcler, il n'aurait pas capitulé. Ainsi, le 7 juin 1654, la fatalité était à l'œuvre et gouvernait l'implacable mécanique du moment. Chez Toussaint qui attendait le retour du jésuite, les idées galopaient. Si on lui donnait l'argent, c'était bien parce que sa naissance, la place de sa mère chez le marquis, le nom de ce père qui refusait d'apparaître dessinaient les contours d'un secret qui rongeait le jésuite, factotum de La Place, et le poussait à éliminer une présence qui l'oppressait, lui et le clan qu'il représentait.

Alors qu'il rejoignait l'hôtel de la rue de la Couture-Sainte-Catherine, Marolles marchait à pas vifs, courait presque, respirait par à-coups. Il y avait du pécheur fuyant le démon quand il gravit quatre à quatre l'escalier, pénétra dans son petit appartement, chercha la clef ouvrant le tiroir d'un meuble bas, en sortit une bourse fermée par un cordon épais dont le nœud s'acharnait à lui résister. Ses mains se mirent à trembler en s'emparant d'un coupe-papier afin de déchirer le cuir qui emprisonnait son pactole. Échappant à son contrôle, des pièces jaillirent, roulèrent et il tenta maladroitement de les rattraper. Ce qui tombait, se disait-il, il le ramasserait plus tard. D'abord réunir le plus gros comme un tas de sable, l'enfermer entre les paumes, les rouvrir en se répétant de rester calme. Voilà, c'est fait. Compter à vue de nez. Au jugé, trois cents livres, au moins, puisées dans le trésor destiné aux bonnes œuvres du marquis. La paix n'avait pas de prix. Puis Marolles avait rangé le reliquat dans un tiroir, glissé le plus gros dans la bourse tandis que des pièces se carapataient par la déchirure qu'il venait d'y faire. Il avait ficelé comme il pouvait. Il était dehors, cherchant Toussaint. Qui se trouvait toujours là.

— Il y a plus que le compte, susurra-t-il pour adoucir son filleul.

Ce dernier tendit la main afin de s'emparer de sa dot, mais Marolles ne se rendit pas encore :

— C'est une somme très importante.

En face, toujours aucun mot.

— Dis-moi d'abord où tu comptes aller. Où logeras-tu ?

— Je vous informerai, répondit-il.

— Quand ?

— Dès que cette bourse sera vide.

Le jésuite aurait dû protester, s'insurger. Il serra seulement la mâchoire quand Delaforge lui arracha l'argent des mains. Le cuir de la bourse était marqué aux lettres de La Place, comme la preuve qui manquait pour démasquer le vrai donateur.

— Si tu reviens par ici… avait glissé l'homme à tout faire de Philippe de Voigny.

Sans répondre, sans rien promettre, Toussaint avait tourné les talons. Marolles revit la mère Paillard, *la sorcière à deux dents.* Et se maudit. Il aurait dû laisser crever ce chiard, comme sa mère.

*

À dix-sept heures, ce même jour, Calmés se tenait devant la porte du collège de Montcler. Il surveillait le retour des pensionnaires. Il les comptait. Il en manquait un. Au même moment, Toussaint Delaforge se décidait à rejoindre la Seine. Il empruntait un chemin qu'il connaissait, ne pouvant renoncer au Pont-Neuf où planait l'unique souvenir de sa mère. Pourquoi aurait-elle fui l'hôtel du marquis de La Place ? Les hypothèses trottaient ; aucune ne s'imposait.

À dix-huit heures, Calmés franchissait le seuil du collège, décidé à se rendre chez Marolles en allant également par le Pont-Neuf. La ville était-elle assez grande pour éviter à ces deux-là de se croiser ? Il le fallait pour l'élève de Montcler car son préfet de discipline n'avait dépensé qu'une heure pour se faire une solide opinion sur l'affaire Ravort. Il avait cueilli les élèves, choisi les plus dociles. Employant la sévérité, puis la compassion, recourant avec habilité au faux pour qu'éclate le vrai, il avait réuni assez de témoins, de preuves pour clore son enquête et arrêter la sentence. Le cas Delaforge méritait un châtiment exemplaire. Par la nature même de la faute dont il était accusé, il connaîtrait le fouet, la geôle, et peut-être la galère.

Mais d'autres pensées assaillaient Calmés. La brutalité dont avait fait preuve l'accusé le dérangeait. Rien n'allait avec ce qu'il croyait avoir appris de lui au cours des sept années passées en commun. Ce garçon était calme, solitaire. L'opposé de Ravort, fourbe, violent, pervers. S'il se laissait porter par l'indulgence, il lui venait que Dieu condamnait autant Ravort qu'il savait détestable et méchant. Calmés s'en défendait, mais son opinion se troublait et le pardon se mêlait à la sévérité. Que serait son sacerdoce sans l'imperfection de l'homme, à quoi servirait-il s'il ne devait toujours chercher à comprendre ? Fallait-il toutefois absoudre l'acte inexcusable de Delaforge ? Lors des interrogatoires, les langues s'étaient déliées et certains élèves l'avaient défendu : Ravort avait commis de multiples exactions, imposé la violence, exercé des représailles. Le préfet de discipline imaginait que la réaction de Toussaint était la conséquence des sévices perpétrés par Ravort qui, lui aussi, devrait rendre compte, s'il survivait à ses blessures. Mais pouvait-on se faire justice soi-même – œil pour œil, plaie pour plaie –, même si le geste était inspiré par la loi du Talion ?

La rhétorique, ce doux calvaire de l'esprit jésuitique, s'était mise en marche, et, lorsque Calmés hésitait, il se tournait vers la prière, espérant que la réponse viendrait des cieux. Mais devant la pompe de la Samaritaine, son opinion n'était toujours pas arrêtée. Qui était vraiment Toussaint Delaforge ? Il devait savoir avant de trancher – donc le questionner, connaître ses mobiles, entendre peut-être ses excuses. Et il imaginait que le coupable, accablé de remords, se cachait chez Marolles, bien que ce dernier n'eût jamais fait preuve d'attachement envers son filleul. Sans se l'avouer, Calmés allait aussi chercher les arguments qui adouciraient le châtiment pesant sur un jeune homme dont la vie, prometteuse hier, semblait brisée. Après une telle faute, comment imaginer qu'il puisse être un jour bâtisseur, architecte du roi ?

Sur ce Pont-Neuf, *Passe-Muraille* s'était même arrêté un instant et avait fermé les yeux. Il s'abîmait dans la prière, espérant que le ciel lui enverrait un message. S'il s'était contenté du réel, il aurait vu, à moins de cent pas, la haute silhouette de Toussaint se détachant de la foule. À l'inverse, l'ancien collégien, yeux grands ouverts, aperçut Calmés, figé et lui tournant le dos. D'un bond, il s'était écarté du pont pour se jeter sur le quai. Si bien qu'en un éclair, le tour était joué. Sa prière achevée, le préfet de discipline avait repris sa route, mais il perdait son temps : ce n'était pas dans le Marais, rue de la Couture-Sainte-Catherine, qu'il trouverait les réponses à ses questions.

*

Au cours de sa première nuit de liberté, Toussaint Delaforge apprit plus que durant les seize années précédentes. Oubliant ce qui le rongeait, il se concentra sur la règle majeure de sa nouvelle vie : survivre. Dans ce monde inconnu, la loi naturelle dominait toutes les autres. Il se montrerait fort ou disparaîtrait. Bien sûr, sa bourse était pleine. Il n'avait nul besoin de voler. Mais où trouver un lit et un repas ? Il ne savait où aller, comment s'y prendre, quoi payer. En entrant dans une auberge, que demandait-on à un *sans aveu*[1] ? Il verrait demain. Un moment, il avait songé à se réfugier au Luxembourg, mais il ne savait pas si le jardin était fermé la nuit. Sur ce quai, il se sentait en terrain *familier*. Il avait tort.

À la nuit, les têtes qui se montraient ne ressemblaient pas à celles du matin. Les miséreux avaient déserté. Désormais, le territoire était occupé par des soudards qui eurent tôt fait de s'intéresser au garçon solitaire. L'un d'eux, un borgne, s'approcha. Toussaint plongea sa main blessée dans la poche où se trouvait

1. Terme désignant quelqu'un sans domicile fixe et sans papiers.

son couteau. Son expérience du combat se limitait à une victoire et à un échec : Ravort et le fils aîné de Voigny. Assez pour se sentir en confiance et se montrer méfiant.

— Que cherches-tu ? demanda le borgne dont les vêtements puaient le bouc.

Toussaint n'avait pas la moindre idée de ce qu'il fallait répondre.

— Tu es muet ?

— Je ne sais où aller, finit-il par lâcher.

— Tu fuis quoi ? Le diable ou Dieu ?

Il avait faim. Il était assoiffé.

— On te cherche ? insista l'autre.

Toussaint baissa les yeux. Le borgne s'en contenta.

— La balafre, c'est quoi ?

D'autres approchaient. L'inconnu excitait leur curiosité.

— Tu te bats, hein ?

Dans ce monde, il s'agissait sans doute du meilleur des atouts.

— Oui, assura-t-il.

— Avec quoi ? questionna un type maigre, maladif, mais qui semblait être le chef. Tes poings ? Une arme ? Laquelle ? Celle que tu caches dans ta poche ?

Toussaint hésita, mais il s'était trop aventuré. Alors, il sortit son couteau, découvrant sa main, touchée par Voigny et couverte de sang séché.

— Tu t'es coupé ? ricana l'un.

— Tu comptes faire peur à qui avec un canif de barbier ? railla le borgne.

La bande approcha encore, le pressant davantage. Les regards étaient narquois, la dégaine assurée. On le détaillait. En pensée, on le pillait déjà. S'il ne représentait pas un danger, il devenait une proie. Qu'avait-il dans la besace cachée sous son manteau ? Cela faisait une heure que Delaforge s'essayait à la liberté et il lui vint que son prix pouvait être très élevé. Il recula, se colla à un pilier du Pont-Neuf, mais fit face :

— Pas plus tard qu'aujourd'hui, je me suis battu, asséna-t-il en montrant le sang sur sa chemise. Et, hier, j'en ai tué un.

La sortie modéra l'ardeur d'en face, mais l'éclipse ne dura guère. Un coup d'œil au chef qui, lui, se tenait sur ses gardes, puis un geste de ce dernier : l'ordre était clair. La manœuvre des prédateurs consistait à encercler le gibier.

— Tu n'as pas tué pour rien, jeta le plus hargneux. Qui as-tu rançonné ? Où se cache ton larcin ?

Delaforge ne put s'empêcher de serrer sa besace, geste qu'il regretta aussitôt car, en face, le flottement prit fin, et chacun sembla savoir ce qu'il devait faire. Un bâton se cachait sous une cape, une épée sous une autre, une dague se montra. L'attaque fut rapide, précise. Un rondin toucha Toussaint à l'épaule, déclenchant une douleur terrible. L'os craqua. Il mit un genou en terre, découvrit son visage. Le coup suivant fut frappé dans la nuque. Il s'effondra. La bataille était perdue. On lui arracha son bien et le chef des pillards n'eut guère besoin de fouiller longtemps pour trouver la bourse. En haut, sur le Pont-Neuf, la foule ignorait le drame qui se déroulait. Ce qui sauva Delaforge d'une mort immédiate ? L'argent. La découverte d'une somme considérable déboussola les brigands, d'autant que la bourse était déchirée et que des pièces roulaient sur le pavé. La bagarre n'avait attiré personne, mais ce bruit sonnant et trébuchant excita l'intérêt des concurrents. D'autres arrivèrent. À quoi bon y laisser des plumes ? La prise était suffisante. Le chef houspilla les siens.

— En route !

Il quitta des yeux celui qu'il venait de dépouiller. Alors, le coriace, pas assez assommé, bondit sur ses jambes, détendit le bras et planta son couteau dans le ventre de cet adversaire.

— Foutre ! hurla un de ses sbires. *La Rogue* est à terre.

Delaforge se redressa. Il secoua la tête pour chasser le brouillard qui voilait son regard, oublia la douleur aiguë à l'épaule. Il allait charger, mais un assaillant le tenait à distance avec une épée tandis qu'un complice se précipitait sur *La Rogue*, inconscient, et lui arrachait la bourse. Toussaint, l'œil à tout, se gardait à gauche, à droite, devant. Ils étaient trois à tournoyer, avancer, reculer, cherchant une faille dans la défense. Un gourdin la trouva, la tête prit rudement. Toussaint resta immobile un instant. Le second coup fut plus violent encore. Son buste se plia, son corps s'affaissa. Il tomba, bras en croix, yeux fermés. Le sang s'échappait de sa cicatrice. Deux hommes étaient à terre dont un, *La Rogue*, assurément mort. Au loin, une femme se mit à crier. Elle alertait le monde. Le quai ressemblait désormais à une souricière.

— Foutre de merde ! grogna le borgne en donnant un coup de botte dans le ventre de *La Rogue*. Le gosse l'a eu…

— Secoue-toi ! aboya l'homme au gourdin, un gaillard aux mains épaisses dont la tête était dévorée par la teigne. On a l'argent. *La Rogue* aura droit à une messe…

— Et l'autre ?

Le teigneux avait pris la place du chef.

— Il a son compte, assura-t-il en brandissant son gourdin.

— T'es sûr ?

La masse se leva :

— Bon Dieu, regarde autour de toi, ça grouille de partout ! Obéis au lieu de perdre du temps ! Chacun file de son côté. Rendez-vous au *Chapeau rouge*.

Le teigneux avait la bourse. Plus rien d'autre ne comptait. Il se mit à courir. La fuite générale s'organisa.

*

Le *Chapeau rouge* est une taverne lugubre située à l'entrée de la rue de la Montagne-Sainte-Geneviève. Naguère, c'était le chemin que gravissait la fille unique de Severus et de Geroncia[1] pour se rendre au monastère des Saints-Apôtres. En grimpant la colline qui, au temps de Clovis et de la reine Clotilde, s'appelait le *Mons Lucotitius*, on parvient à la place de la Contrescarpe, au royaume de Beltavolo. Mais trois jours après avoir été laissé pour mort au Pont-Neuf, Delaforge ne songeait pas à s'y rendre. Trois jours,

1. Sainte Geneviève (402-512), patronne de Paris.

c'était en effet le délai qu'il lui avait fallu pour trouver le *Chapeau rouge*, un indice lâché par les crocheteurs lui ayant dérobé sa fortune, deux mots entendus alors qu'il sombrait et auxquels il s'accrochait depuis qu'une jeune femme s'était portée à son secours, avait soigné sa plaie et partagé avec lui la moitié d'une boule de pain. C'était elle, Hélène, la fée qui criait au crime quand le borgne et le teigneux s'acharnaient. Elle encore qui avait veillé deux nuits et un jour, écartant les crapules, les rats, les écumeurs qui rôdaient. Elle, enfin, qui lui avait proposé ses deux sous sans rien exiger en échange, et lui qui les avait refusés. Hélène avait quinze ans à peine, un âge où un cœur innocent se montre encore désintéressé et peut donner sans rien attendre en retour. Il se pouvait aussi que le visage balafré de ce garçon l'ait attendri. Et puis Toussaint – elle savait qu'il se prénommait ainsi – l'avait appelée Marie, comme la Vierge à l'Enfant, et même parfois maman dans son délire, et Hélène en avait été émue. Maintenant qu'il tenait à peu près sur ses jambes, il souhaitait partir, mais promettait de revenir. Son corps lui faisait mal, il était imprudent, faible, risque-tout. Elle le suppliait de rester. Lui, il répétait qu'il retrouverait le borgne. Pour cela, il se rendrait au *Chapeau rouge*, une taverne située sur l'autre rive de la Seine, rue de la Montagne-Sainte-Geneviève, car elle s'était renseignée, sans jamais s'être aventurée *aussi loin*.

— Attends-moi.

Hélène n'y croyait pas. Il mourrait ou disparaîtrait, décidant pour finir d'abandonner son projet funeste. Et il l'oublierait.

Avait-elle raison de ne pas croire en Delaforge ? Depuis des heures, il se postait devant le *Chapeau rouge*, caché dans l'encoignure d'une petite maison dont la porte s'ouvrait rarement. Seules deux femmes étaient sorties, des mioches accrochés aux jupes. Chaque fois, il s'était effacé, avait baissé la tête, doutant de plus en plus de sa stratégie. Bientôt, on le repérerait, on viendrait à se méfier de son visage tuméfié. Et s'il s'opposait, il y aurait du grabuge.

Au moment où il se décourageait, le borgne apparut dans la rue de la Montagne-Sainte-Geneviève. Un de ceux qui l'avaient dévalisé le suivait. En revanche, rien à propos du teigneux qui s'était emparé de son bien. Delaforge se dissimula dans l'entrée de la maison. Le borgne poussa sans hésiter la porte du *Chapeau rouge*. Les deux disparurent. Toussaint compta jusqu'à cent avant de traverser la rue. Attendre encore l'arrivée du teigneux ? Trop risqué. Trop incertain. Il se décida, le couteau en main.

*

Le *Chapeau rouge* vivait dans la pénombre et ce fut sans doute ce qui trompa le nouveau venu. Il avança, croyant que la salle était vide, à l'exception de ses deux proies. En trois bonds, il était sur le dos du borgne qui n'eut pas le temps de prier pour son âme. Le couteau lui fendit la gorge. Delaforge passa au second. Il était assis ; ce fut son malheur. Il perdit trop de temps à vouloir se relever. Ses mains restèrent accrochées à la table, son épée sous la cape. Et de deux, et si vite que Toussaint n'avait pas vu le tavernier, tapi dans l'ombre du *Chapeau rouge*, et qui semblait calme, détaché – pour être habitué à ce genre de scène. Raymond de la Montagne, évadé des galères royales, s'intéressait même à celui qui, en fouillant ses victimes, finit par dénicher une poignée de sous qui ne calma pas sa fureur.

— Les chiens ! entendit alors le tavernier.

C'est donc qu'il cherchait plus, se dit ce dernier en posant rudement le cul d'un pichet de vin sur une table.

Delaforge se redressa, devina la silhouette. Sa main étrangla le manche du couteau. Mais Raymond de la Montagne resta de marbre :

— Tu dois être celui qu'ils ont dépouillé au Pont-Neuf et qu'ils croyaient mort.

— Comment le sais-tu ? s'emporta Toussaint.

— Ils ont passé la nuit à boire à ta santé, à celle de leur chef, *La Rogue*, et à raconter leur exploit.

Raymond de la Montagne détaillait froidement le tueur. Puissant et courageux. Jeune, aussi. Inconscient, à n'en pas douter. Foncer ainsi, ce n'était pas dans les habitudes d'un coupe-jarret.

— Ta fortune, ils l'ont jouée, s'adoucit-il.

Delaforge hésitait. Lui mentait-on encore ?

— Il y avait un teigneux avec eux ?

— Ils se sont battus pour le magot. Il a eu son compte sans que tu t'en occupes. Tu n'auras pas plus que ce que tu viens de trouver.

Il se pencha et saisit une hache cachée sous la table :

— À moins que tu ne veuilles t'en prendre à moi ?

— Ne tente rien contre moi, et je ne te ferai rien de mal.

Le tavernier connaissait les caractères. Celui-ci était aussi emporté qu'abrupt. Il disait vrai.

— À ce que je vois, tu n'as pas peur de te battre, même si tu manques de technique, lança-t-il.

Toussaint ne répondit rien.

— Pas loin d'ici, il y a les arènes et je crois savoir qu'on cherche des gens comme toi. Si ça te dit… Tu seras bien payé, et tu pourras récupérer une partie de ce qu'on t'a volé.

Sur l'étroit sentier menant au monastère des Saints-Apôtres, Geneviève avait trouvé assez de foi pour chasser les Huns de Paris. Et que gagna Delaforge sur le chemin de *sa* liberté ?

Guidé par la haine, il était plus orphelin que jamais, combattant toujours, quatre années plus tard, et pour la centième fois, en bas de cette colline.

Chapitre 17

L'ENDROIT A DES ALLURES militaires. Cette nuit, au *Rat gris*, Beltavolo tient réunion avec ses lieutenants. Dehors, leurs seconds montent la garde. Il est minuit. On attend celui qui s'est invité, là-haut, dans le royaume de l'amant de la belle Eva del Esperanza.

L'espion qui se trouvait aux arènes vient de rendre compte du combat de l'homme masqué. Il est question d'une blessure au bras.

— Grave ? l'interroge Beltavolo.

— Sérieux, préfère-t-on lui répondre.

— Quoi d'autre ?

L'espion s'appelle Tino Mezzalira. *Mezza* et *lira*, en italien, signifie la moitié d'une lire, somme que cet ancien maçon a emportée en fuyant la bourgade de Jesolo, près de la lagune de Venise, après le meurtre d'un *gabbelluto* venu réclamer le *pizzo* à son père[1]. La pièce est toujours dans sa main. Il joue avec quand il a besoin de réfléchir.

— Quoi d'autre ? répète Beltavolo.

Mezzalira hésite.

— Qu'est-ce que tu me caches, Tino ?

— Aux arènes, ils ont parlé de toi, finit-il par avouer.

— Ah, oui ! Et ça a l'air fichtrement dur à dire…

1. Termes de la Mafia. Le *gabbelluto* est celui qui recueille le *pizzo* : la gabelle (qabàla en arabe) ou encore la « contribution » dans le cas d'un racket.

D'un geste sec, l'espion lance la pièce en l'air. L'Italien est superstitieux. La pièce tourne et brille dans la flamme du bougeoir. Il faut qu'elle retombe sur pile… Face. Mauvais présage.

— On t'a appelé *capitan* Matamore.

Beltavolo serre la mâchoire :

— Alors, c'est la guerre.

— Ce n'est pas le lutteur qui parle ainsi, corrige Tino.

— C'est pareil ! rugit son chef en balayant du revers de la main les restes de leur repas.

Il se lève, tourne comme un lion en cage :

— Je dois le battre aux cartes et…

— Quoi d'autre ? demande Tino.

— Ensuite, je le tuerai.

Il se tourne vers Lazard, dit *l'Irlandais*, le patron du *Rat gris* :

— Les cartes !

— *Traîne la patte* les apporte, je t'ai dit.

— Il est arrivé ?

— Oui. Il attend dehors. Je savais pas trop si tu voulais le voir avant…

— Fais-le venir !

— Pourquoi ? demande *l'Irlandais*.

— Je vais truquer le jeu.

Tino Mezzalira joue avec sa pièce. Pile. Un chef se comporte-t-il ainsi ? se demande-t-il.

*

Le Tordu est un être laid que l'infirmité rend presque émouvant. Il en joue en dodelinant, en raidissant la patte, en arrondissant le dos. De sorte qu'il attendrit – pour mieux escroquer. Il a l'instinct de survie. Et pour cause, puisqu'il s'appelle Ravort.

Voilà quatre ans, après sa chute, on le disait mort. Le lendemain, il bougeait et gémissait. Il était resté allongé pendant deux mois, peinant à prononcer deux mots, les jambes emprisonnées dans un carcan de bois confectionné par un barbier devenu chirurgien qui jurait qu'on réparait ainsi les chèvres dans les fermes du Jura. Il fallait emprisonner fermement la bête, du jarret à la cuisse. À la lune suivante, elle galopait. Ravort, lui, se remettait moins vite et savait bien qu'il ne courrait plus. De même, s'il avait recouvré l'usage de la parole, sa mâchoire brisée s'était mal rafistolée. Il en gardait un menton en avant, une bouche qui partait de travers, sur la gauche, et laissait penser qu'il souriait ou grimaçait tout le temps. Au total, le faciès complétait la description : on le prenait pour l'incarnation de Pantalone[1].

Il amusait – grave erreur – car cruauté et méchanceté étaient enracinées chez lui. Chaque fois qu'il rendait visite à l'infirme dans une petite chambre de Montcler où il restait alité, Calmés s'en convainquait. Mais qu'allait-on en faire ? Sa déchéance s'annonçait irrémédiable. Les langues des pensionnaires s'étaient déliées. Les conclusions, accablantes, s'imposaient : tortures, rançonnages, brutalités, humiliations qui révoltèrent le préfet de discipline. Comment avait-on pu ignorer de tels agissements ? Le scandale n'était pas loin. Réuni sous l'autorité du Supérieur, l'aréopage des jésuites avait entendu Calmés. Les semaines et les mois passaient, le boiteux claudiquait dans les couloirs du collège. Il gênait, on ne savait plus qu'en faire. Si bien que, pour le moment, Delaforge passait au second plan. L'affaire Ravort devait être conclue – et sans bruit.

— Que proposez-vous, Calmés ? demanda le Supérieur.

Passe-Muraille trouvait juste que Ravort soit puni.

— Ne l'est-il pas déjà assez ? s'interrogeait Baltius, le maître de la chorale de Montcler. Je l'ai vu ce matin, se tordant pour marcher…

Calmés pensait plutôt que Ravort singeait bien.

— Dieu l'a puni, continua Baltius…

Non ! Delaforge l'a fait, se retint de répliquer le préfet de discipline.

— Dans l'intérêt de tous, ne doit-on pas… tourner la page ?

---

1. Autre personnage comique de la *commedia dell'arte*.

Voici que le mielleux régent Boulanger s'y mettait.

Calmés aurait volontiers répondu que les fautifs, c'étaient eux. Oui, le *corpus* de l'établissement, négligeant, défaillant, aveugle, fermant les yeux sur les sévices subis par ceux qu'ils juraient de protéger.

— En effet, finit par trancher le Supérieur. Renvoyons Ravort.

— Songez-vous à le rendre à la rue ?

— C'est ce que je crois le plus *juste*, ajouta platement le Supérieur.

Ravort était un enfant de Moïse, vocable sous lequel se cachait le programme du collège qui accueillait chaque année son quota de sans famille, des gosses pouilleux, sauvages, errants dans Paris. L'action était charitable car, ainsi, ils échappaient à la vie de mendiant, d'esclave, de fripouille. Ravort avait survécu jusqu'à l'âge de huit ans à ce monde où il s'était fait une réputation prometteuse. Avant de mourir, écartelée et rouée vive en place de Grève pour sorcellerie, racolage et empoisonnement, sa mère lui avait appris les rudiments de la filouterie, comme sectionner le tendon du chien pour l'empêcher de courir – car la mendicité réclamait un animal attendrissant. Livré à lui-même, il imagina que cette méthode pouvait s'appliquer aux humains, qu'il suffisait de se glisser derrière une victime, d'attendre son arrêt pour lui trancher d'un coup vif le nerf du talon. Alors elle s'effondrait, tordue de douleur, invalide à jamais, incapable de se défendre tandis qu'on lui chapardait ses sous.

Il en parlait à un jeune complice, assis sur les marches d'une maison lugubre de la rue du Faubourg-Saint-Antoine, quand il fut « arraché à son malheur », dénoncé par une bonne conscience de la paroisse qui ne supportait plus la pouillerie de ce garnement errant devant son domicile. Conduit de force à Montcler, il fut lavé, brossé, nourri. On tenta de l'éduquer, de lui enseigner la Loi de Dieu comme à tous les enfants de Moïse sortis, et quelquefois sauvés du ruisseau. Mais pour Ravort, il n'y eut aucun miracle. Le janséniste, objecteur du jésuite, aurait soutenu qu'il s'agissait de la preuve que le sort des élus était prédestiné, que l'on ne pouvait lutter contre le décret divin décidant de ceux qui seraient sauvés. Mais Calmés croyait à la rédemption par l'éducation. À ses yeux, personne n'était maudit. Aucune fatalité n'emprisonnait l'homme, tous même méritaient d'être protégés – et il le pensait pour Ravort. Bien sûr, la conversion passait par le travail, et encore l'effort. Mais n'était-ce pas l'ardente mission de l'éducateur qu'il accusait, dans ce cas précis, à commencer par lui, de négligence et de légèreté puisqu'il n'avait su empêcher les exactions de son élève ? S'en séparer maintenant revenait à reconnaître l'échec du tuteur et à le condamner aux démons que Montcler s'était engagé précisément à écarter de sa route.

— Ici, par notre aveuglement, il a touché Charybde. Et vous l'expédiez chez Scylla ! s'insurgea Calmés.

— Souvenez-vous que la mort promise par Scylla reste soumise aux aléas du destin, plaida imperturbablement le Supérieur. Dans le cas de Ravort, nous n'y pouvons plus rien. Lui seul édifiera désormais sa fortune. Rendons-le à cette rue d'où il vient, et avouons que, nous aussi, nous commettons des erreurs. En posant le regard sur lui plus que sur un autre, nous nous trompâmes ? Voici la preuve que nous ne sommes pas à l'abri des faiblesses terrestres. Eh bien, soyons plus vigilants lors de nos prochains recrutements. C'est le seul enseignement qu'il faut tirer de ce regrettable épisode.

Le Supérieur consulta sa fiche :

— Il a dix-huit ans ? Dehors, conclut-il sans élever la voix.

Vous renoncez donc, songea à se rebeller Calmés. Dans un mois, il serait mort ou plus brigand que jamais… Mais l'obéissance, la première règle de la compagnie de Jésus, prit le dessus. Il se tut.

— L'affaire étant close, parlez-nous plutôt de Delaforge par qui le mal est arrivé, susurra le Supérieur. L'avez-vous retrouvé ?

Bien sûr, aurait dû répliquer Calmés puisqu'il savait où se cachait Toussaint. Depuis le Pont-Neuf où son ancien élève avait failli mourir, jusqu'à son entrée au *Chapeau rouge*, il avait reconstitué patiemment son trajet. Mais comment ? Calmés ne partagerait pas ce secret : l'obéissance n'interdisait pas le silence.

*

Ravort vient d'entrer au *Rat gris*. Il clopine, forçant sur sa jambe, l'œil humblement baissé pour ne pas agacer Beltavolo. Face à lui, il s'arrête et cherche un appui au coin de la table où trône le chef de la Contrescarpe. Non, se dit-il, ce personnage n'est pas le *capitan* Matamore et mieux vaudra s'en méfier. Simon Lazard a pris soin de faire le vide autour de son hôte de prestige. À dix pas, Tino Mezzalira et deux lieutenants font mine de boire, mais surveillent la scène, prêts à bondir au moindre signe de Beltavolo.

— Assieds-toi, jette ce dernier.

— Ce n'est pas de refus, gémit Ravort en s'arrachant un soupir.

— Alors, dis-moi, tu connais ce… personnage masqué qui ose venir chez moi.

— Connaître, connaître, grince *Traîne la patte* en tirant sur la grimace qui lui sert de menton. C'est beaucoup trop…

— On te voit avec lui aux arènes. C'est ton ami ? insiste le chef de la Contrescarpe.

Ravort se penche en avant et ouvre assez le bec pour montrer qu'il n'a plus ses dents de devant.

— Ami ? souffle son haleine tiède. Ce n'est pas non plus le bon mot… Que cherches-tu à savoir ?

*

Ravort était né, quartier de la Bastille, non loin de la forteresse dont on ne s'approchait pas, de peur de lui plaire. Parfois, il fallait bien emprunter la place battue par le vent qui fouettait les murailles noircies de la prison royale. On ne s'y engageait qu'à la tombée de la nuit, le dos tendu, un œil sur la ronde des gardes, un autre sur les corbeaux, une engeance qui régnait sur les airs et chassait rouges-gorges, moineaux et merles à coups de bec pour faire entendre son croassement grinçant et lancinant, couvrant les cris des désespérés enfermés dans leur geôle. À croire que le caractère de Ravort s'inspirait de cet entourage. Pour lui tout était noir. Et ce monde l'attirait, comme l'abysse plaît au diable.

En sortant de Montcler, Ravort, dit désormais *Traîne la patte*, avait fait ce qu'il promettait dans le dortoir la veille de son départ, juste avant d'être… *contrarié* dans ses projets par l'assaut brutal de Delaforge. Il était retourné dans son fief, la Bastille.

Dix ans n'avaient rien changé à ce faubourg de Paris hanté par sa prison, et si les visages avaient mûri ou disparu, il en restait quelques-uns pour se souvenir du jeune voleur de huit ans, écorcheur et déjà rançonneur. Sa réputation n'était plus à établir et son infirmité, finement embellie par la description d'un combat épique dont il prétendait être sorti vainqueur, renforça son aura. La suite, c'est-à-dire sa nouvelle rencontre avec Toussaint Delaforge, fut une affaire de circonstances plus que de hasard. Dans les entrailles de Paris qu'il venait de rejoindre, Ravort n'avait pas le physique pour détrousser et tuer, mais il n'avait rien perdu de son bagout. Entre bandes, on se devait de négocier. Son art de la parlote, auquel s'ajoutait un faux air de misérable, le destinait à devenir un excellent diplomate. Ce n'était pas la place de chef qu'il rêvait d'occuper, mais au moins il n'avait pas à se battre et s'en trouvait presque soulagé. La confrontation avec Toussaint, alors qu'il se croyait fort, avait enseigné la peur à cette petite vermine, n'ayant jamais été ce qu'elle prétendait être. Par quel talent Ravort était-il parvenu à tenir si longtemps à la tête du dortoir du pensionnat ? À l'évidence, chez lui, la causerie valait mieux que le geste : ce don pour le verbe qui, jamais, ne l'avait obligé à prouver dans les faits qu'il était bien le maître. La puissance se nourrit de mots plus que de muscles, en conclut-il.

Depuis, *le Tordu* parlementait, commerçait, contractait, et on ne tuait jamais l'émissaire, le porteur du drapeau blanc, si fourbe et menteur qu'il fût. Cela n'excluait pas les petits arrangements entre faux amis, les combinaisons adroites qui préservaient ses intérêts. Dès qu'un accord se formait, sa main détournait un profit personnel. Lui aurait-on reproché ? Il n'était un poids pour personne, n'intervenait que si on le lui demandait, ne prenait que si on donnait, s'en tenait au rôle de l'intermédiaire, dont même sa société ne pouvait se passer. Il maîtrisait l'art du compromis que l'orgueil du chef, violent et entier, rendait trop souvent impossible. On envoyait *Traîne la patte* dans les cas difficiles. Oui, sa main était collante, mais pas totalement traîtresse. En somme, tordu d'esprit et de corps, assez adroit pour en jouer, il s'était vite mêlé aux trafics qui naviguaient d'une rive à l'autre de la Seine. La prostitution, le vol, la mendicité. Le jeu aussi. Et, bien sûr, les paris clandestins. Ainsi, il y avait de l'argent à prendre dans les combats de rue. Un an après sa sortie de Montcler, il traversa la Seine et rencontra Raymond de la Montagne, le tenancier du *Chapeau rouge*.

— Un champion se bat dans les arènes, affirma *Traîne la patte.*

— Possible, répondit laconiquement le patron de l'estaminet.

— J'ai de l'argent à parier. Beaucoup…

En voyant sa dégaine, il y avait de quoi douter.

— Je représente les intérêts du clan de la Bastille. Je viens en mission, si tu préfères.

— Sois là demain, jeta Raymond de la Montagne. Tu verras de quoi celui dont tu parles est capable. Et cette fois, apporte ce qu'il faut.

Ravort se rendit aux arènes, et au premier rang pour voir combattre l'homme masqué. À ses yeux, il ne l'était pas. Avant que les flambeaux ne soient éteints, il l'avait reconnu. Ce corps, cette voix qui rugissait, excitait l'adversaire, réclamait le sang, ce couteau… Et ces huit années de vie commune à Montcler auxquelles se mêlait le souvenir terrifiant de la défenestration. Mais Ravort ne fut pas chiche. Il engagea trente sols à titre personnel et gagna. La grimace s'étira. Il jubilait. Maintenant, il en était certain : ce lutteur lui rapporterait beaucoup d'argent. Non à cause de ce qu'il miserait sur sa tête, mais parce que le négociateur roi venait d'imaginer un bel accord. Et s'il n'était pas accepté, Ravort n'aurait qu'à se rendre à Montcler pour révéler aux jésuites où agissait

Delaforge. Eh quoi ! Ne lui avaient-ils pas assuré que son renvoi du collège ne réglait pas le cas de celui qui avait tenté de le tuer ?

*

— Vous n'êtes pas amis ? insiste Beltavolo.

— J'ai de bonnes raisons de ne pas l'être, sourit Ravort.

— Pourtant, c'est toi qui prends les paris quand il se bat.

— Tant que l'intérêt est là, brise-t-il. Mais ce n'est pas le sujet. Pourquoi as-tu voulu me voir avant la… confrontation ?

Depuis qu'il négocie, *Traîne la patte* a appris la prudence. Au nom d'elle, il est venu plus tôt repérer les lieux, humer « le climat des affaires ». Cette nuit, il sera juge de la partie qui s'engagera. À ce titre, il distribuera les cartes, comptera les points, annoncera le gagnant. Un rôle exigeant l'impartialité, et voilà qu'on sous-entend qu'il serait partisan. Ravort n'aime pas la façon dont tout cela s'engage.

— Je sais des choses sur toi, ajoute Beltavolo. On dit par exemple que tu es rusé dès qu'il s'agit d'argent. Et ton esprit se montrerait souple lorsque tes intérêts sont en jeu. D'ailleurs, tu viens de le reconnaître. Ce qui compte, ce sont eux.

La manœuvre est lente. Beltavolo ne se découvre pas encore. Il tâtonne, tourne autour du pot, mais Ravort respire. Il a compris vers quoi on se dirige.

— Eh quoi ! glisse le maître de la Contrescarpe en clignant de l'œil, quelle est ton idée à propos du gagnant ? Car tu es juge, mais on pariera pour toi, hein ! Et sur qui ?

Maintenant nous entrons dans le vif du sujet, songe Ravort.

— Tu me demandes sur qui je jouerais si je pouvais le faire ?

— En quelque sorte…

Traîne la patte bouge sur sa chaise.

— Toi, qu'en penses-tu ? répond-il prudemment.

— Je suis certain de l'emporter, mais le fléau de la balance est parfois capricieux…

— Ce maudit hasard, renchérit Ravort. Surtout en matière de jeu. Oui, il serait bon de gagner sans prendre de risques. Mais comment ?

L'infirme est tel que le décrivait *l'Irlandais* : on peut l'acheter. Voilà qui se présente bien, pense Beltavolo.

— Moi aussi, ose-t-il plus fermement, je préfère quand les choses sont convenues d'avance. N'as-tu jamais rêvé de posséder le don de prévoir ce qui va se produire ?

— Qui ne voudrait pas ? soupire *Traîne la patte* à la manière du jésuite.

— Domestiquer la chance, l'emporter à coup sûr ?

— C'est hélas impossible !

— Tout dépend, continue son vis-à-vis, moins rusé. C'est ainsi qu'en prenant certains accommodements…

— Voilà qui devient reprochable – ou fort risqué –, coupe l'ancien élève de Montcler. Aussi, m'en tiendrai-je à ma méthode.

Il fixe Beltavolo :

— Si je misais, je m'engagerais sur ton visiteur.

Le chef de la Contrescarpe serre les poings :

— Pourquoi ?

— Je connais ses talents. Il gagne toujours. Tu comprendras en le voyant. Il ne devrait pas tarder. Pardonne-moi, mais, sur un point, tu as raison : en ne laissant faire que le hasard, tu n'as aucune chance de l'emporter.

La méthode, l'assurance désarçonnent celui que l'on a appelé le *capitan* Matamore. C'est voulu. Et ce n'est pas fini :

— Crois-moi, j'en parle pour te servir. Tu joues gros. Bien plus qu'une simple partie de cartes.

— Par tous les saints ! braille l'autre, te voilà chez moi, assis à ma table et tu es en train de me dire qu'un homme vient ici, assuré de triompher ! Serais-tu devin ? Non ! Alors, impossible de le jurer.

La colère défigure son visage :

— À moins qu'il ait l'intention de tricher. Et dans ce cas…

— Je ne pense pas, répond calmement *Traîne la patte.*

— Alors, dis-moi d'où te vient cette certitude.

— Il est fort, répète-t-on, peut-être plus que toi. Mais une autre raison explique sa volonté farouche de te battre.

— Laquelle ? bondit Beltavolo.

— Répondre pourrait me nuire, mais te servirait grandement, ruse Ravort. C'est à toi de décider : tu m'aides à parler ou tu laisses faire l'inconnu. Et dans ce cas, adieu à la victoire…

Le Tordu fait mine de se lever dans un mouvement d'une lenteur parfaitement étudiée.

— Attends ! Qu'a-t-il de plus que moi ?

Ravort se tait.

— Je suis prêt à te récompenser, cède Beltavolo.

— Mes intérêts, mes intérêts… Tu traites ce sujet légèrement. Ça me rapporterait quoi, si je me confiais ?

— Je couvre ta mise… Dix fois !

— Voilà qui est bien. Je vais y réfléchir. Mais avant…

Ravort se caresse le menton. Le sang fourmille sous sa peau et il connaît ce signe avant-coureur. La fin est proche.

— Comment s'y prendre pour te faire triompher *certainement* ?

— Donne-moi les cartes avec lesquelles nous devrions jouer, s'impatiente Beltavolo. Et tu vas comprendre.

C'est fait. L'adversaire est dans la nasse. Il trichera. Ravort a connu des tractations plus âpres. Lentement, il plonge la main dans sa veste.

— Des cartes neuves, grince-t-il. Elles n'ont jamais servi. En principe, personne n'y touche avant le début de la partie, et moi seul les distribue.

— On appliquera mes méthodes. Donne ! grogne Beltavolo en tentant d'arracher le jeu des mains de Ravort.

— Tout doux… Il faut d'abord que nous finalisions notre accord. Je ne veux pas que tu décuples mon pari, car je ne jouerai pas. Voyons, un juge honnête se l'interdit. En revanche, tu me nommes dans trois mois négociateur pour tous les conflits qui viendraient au sud de la rue de la Montagne-Sainte-Geneviève.

— D'accord, cède Beltavolo en se disant qu'il y pensera plus tard… Mais seulement si je l'emporte.

Il marque un temps avant d'ajouter :

— Et ce sera le cas, si nous nous servons de mes cartes.

Beltavolo est allé trop loin. Ravort ne peut reculer à moins de risquer sa vie. Pourtant il vient de secouer la tête :

— Il n'en est pas question !

Le ténor de la Contrescarpe se lève, décidé à ne faire qu'une bouchée de l'avorton et saisit la lame affûtée que lui tend Mezzalira.

— Doucement, l'ami, murmure l'agressé.

Il soupire. Dieu ! Combien négocier l'amuse…

— Tu crois ton adversaire assez stupide pour t'affronter avec tes propres cartes ? À l'instant où je les lui montrerai, il se doutera qu'on cherche à le gruger. Tu y perdras la vie, et moi aussi…

— As-tu une autre idée ? s'agace Beltavolo qui doit admettre que ce maudit infirme n'a pas tort.

— *Vous* jouerez avec *mes* cartes et *je* distribuerai. Crois-moi, le hasard ne se mêlera pas à la partie, et elle te sera favorable.

— Prouve-le !

Ravort prend le jeu, le bat :

— Coupe. Non, pas toi. Celui qui a une pièce dans la main.

Mezzalira s'exécute.

— Quatre rois, ça te dit ?

Sans attendre la réponse, Ravort distribue deux fois six cartes.

— Retourne les tiennes.

Quatre rois, en effet, se montrent.

— Les deux as te sont fournis *gratis*. Sommes-nous d'accord ?

Beltavolo acquiesce en silence.

— Désormais, je suis ton négociateur pour les conflits du sud.

Beltavolo baisse la tête pour la seconde fois. Ravort grimace afin de cacher son plaisir. Mordiou ! Il n'y a pas meilleur que lui quand il faut traiter. Maintenant que décide-t-il à propos de Delaforge ? Est-ce le moment de se venger puisque son plan fonctionne ? Alors, il se redresse pour ce qui ressemble à une mise à mort :

— Voilà ce que tu dois savoir sur ton ennemi : sous ce masque, se cache Toussaint Delaforge. Il perdra et il sera furieux, je te le jure. Il peut imaginer qu'il y a eu tricherie. Ce n'est pas grave. S'il attaque, n'oublie pas que ce combattant est blessé.

— Mais pourquoi vient-il, s'il est affaibli ? murmure Beltavolo.

— Eva del Esperanza.

— Que dis-tu ? balbutie son amant.

— Delaforge cherche à te la prendre. S'il te bat, son prix sera la femme. Il pense que tu refuseras et que tu tenteras de le tuer, mais c'est lui qui le fera après avoir provoqué le combat qu'il est venu chercher. Et il pourrait y arriver, même diminué, si tu ne t'y attendais pas. Oui, si tu ne te méfiais pas, la belle Eva serait libre, et il la veut. Ah, l'amour ! s'amuse Ravort en caressant sa jambe déboîtée. Grâce à Dieu, j'en suis préservé. Toi, te voilà prévenu. Fais en sorte qu'on veille sur tes os, lance-t-il en jetant un œil sur Mezzalira.

— Ce n'est qu'un sale porc ! tonne Beltavolo.

— Moi, je le trouve plutôt malin, le torture Ravort. Il t'élimine en ne faisant que répondre à ton attaque. Tous les présents en seront témoins. Tu auras accepté la partie et joué. Mauvais perdant, tu auras voulu le tuer. Qui te défendra ? Qui te pleurera ? Voilà un beau stratagème pour prendre ta place et s'installer naturellement dans ton lit ! Maintenant, montre qui est toujours le chef, et n'oublie pas ce que tu m'as promis.

Ravort se lève et clopine vers la sortie du *Rat gris*.

— Un moment, fait claquer Beltavolo.

Traîne la patte s'immobilise, mais son équilibre reste fragile. Il fait tant pitié qu'on lui donnerait une pièce.

— Quoi encore ?

— Pourquoi trahis-tu Delaforge ?

— J'ai mes raisons, répond sèchement *le Tordu*, et j'y gagne plus que toi si tu respectes ta parole.

— Je n'en ai qu'une.

— Très bien. Prépare-toi. Delaforge sera là dans un moment.

À côté de Beltavolo, Mezzalira a lancé sa pièce. Elle tourne et retombe en se décidant pour pile. Le lutteur des arènes mourra, promet-elle. Mais sera-ce assez pour libérer son maître de la malédiction qui plane sur la belle Eva del Esperanza, celle dont tous les amants périssent ? Il devrait peut-être sonder le futur en interrogeant une nouvelle fois sa pièce ? Mais il renonce, de peur d'y lire la réponse qu'il redoute.

*

Ce lundi 8 juillet 1658, place de la Contrescarpe, rue Mouffetard, les commerçants se sont sagement retirés pour qu'éclose le monde sauvage et nocturne de Beltavolo. Ses hommes ont l'œil à tout. Ils scrutent les têtes, cherchent un masque. À défaut, le visage d'un défiguré puisque *l'Irlandais* en a parlé ainsi. Quand ils voient une silhouette surgissant de l'ombre, habillée par les couleurs de la nuit. Elle se mêle au vent, elle se meut en silence. L'homme, ou le fauve, qui l'habite s'approche, expose son visage à la lumière d'une torche. Beau ? Non. Troublant est plus juste. De longs cheveux bouclés couvrent le front et la joue gauche où se montre une cicatrice racontant et promettant la force comme la violence. Voilà qui avertit et impressionne. Lorsqu'on s'arrache à cette entaille profonde, on tombe sur le regard. Celui-ci est gris, glacial. De peur de lui déplaire, on le lâche pour descendre sur la bouche dont les lèvres pleines piègent qui s'y attacherait. Eva del Esperanza y a succombé. Voilà un mois que ces lèvres caressent et baisent ses seins, descendent sur son ventre, s'attardent, conquièrent davantage, et de plus en plus violemment, de plus en plus sûrement. Un désir qui les a dévorés, au premier regard accroché, en bas de la rue de la Montagne-Sainte-Geneviève. Aujourd'hui, il lui a fait l'amour avant d'aller combattre l'équarrisseur. Il l'a prise comme la première fois, pressé de venir et de jouir en elle. Ils étaient dans la chambre qu'il occupe au-dessus du *Chapeau rouge* depuis sa rencontre avec Raymond de la Montagne et son premier combat dans les arènes. C'est une pièce sans souvenirs, vide, parfaite pour leurs ébats brutaux. Il aime sans un mot, Eva pense qu'il voudrait en mourir. Puis il cherche son souffle, nu, impudique, fragile. Elle voudrait qu'il pose encore ses lèvres sur elle. Elle avance la main, caresse ce corps et son ventre supplie d'être possédé. Lui se détache, se rhabille, cachant les plaies du combattant. Il tremble tant le plaisir l'a épuisé.

C'est trop fort, imprudent. Le lutteur a besoin d'ascèse, d'agressivité s'il veut triompher. Mais le rut n'en finit pas. Dès qu'elle quitte la chambre, le sexe de Toussaint se durcit. Il la veut pour lui seul. Eva del Esperanza le consume lentement. Est-ce pourquoi il fut blessé par l'équarrisseur ? À moins qu'il n'ait que trop pensé à elle, à ce qui l'attendait : battre Beltavolo, qui ne pourra le supporter et sortira sa lame pour le tuer. Delaforge va à la mort et le sait. Tout a été fait pour que ce combat se produise : l'annonce de sa venue, la partie de cartes au *Rat gris*, la remarque d'un complice qui a traité Beltavolo de *capitan* Matamore quand Delaforge savait qu'il y aurait un espion – même la négociation de Ravort, chargé de prévenir le chef de la Contrescarpe que le lutteur masqué des arènes se montrerait, qu'il désirait l'affronter à visage découvert. Attention ! Eva, l'enjeu de la victoire, Ravort ne doit pas en parler. Delaforge le fera face à face. Voudra-t-on le tuer sur-le-champ ? Il ne craint pas ce combat de plus. Mourir, voilà qui mettrait fin aux questions, à cette vie de violence à laquelle il s'est abandonné trop longtemps, sacrifiant la quête sur ses origines. De quel père est-il ? Toussaint n'a pas renoncé à cette question, mais l'a laissée en suspens, la remettant à demain, la repoussant chaque jour pour se glisser dans la peau du lutteur – un ténébreux tunnel empli de morts –, parce que triompher interdit toute halte, tout repos, parce qu'aussi le goût du sang lui est venu et qu'il s'y est attaché comme la bête qui mord et devient enragée. Enfant, il voulait détruire et bâtir à sa guise. Et peut-être serait-il aujourd'hui maçon, demain architecte, si Ravort, Marolles, La Place et tous les autres n'avaient fait basculer sa vie ? Il ne regrette rien, pas même les œuvres de l'architecte Andrea Palladio. Parfois il se souvient que Calmès lui avait pris *Les Quatre Livres de l'architecture* le jour où il fuyait Montcler, et y songe comme à un signe, une prédiction lui annonçant que son destin ne serait jamais celui que l'orphelin de sept ans imaginait. Mais combattre lui a appris à être fort, à ne jamais renoncer. Ce fut un formidable apprentissage. Bien mieux que celui d'un maçon à l'esprit court, pétri d'intentions louables. Il en sort maintenant et s'échappera peut-être. Avec ou sans Eva. Pour cela, il doit se battre contre Beltavolo, et ce sera le point final. Mais faut-il encore tuer ? Le maître de la Contrescarpe est un homme rusé. C'est pourquoi il est le chef. Qui est Eva pour lui ? Un jouet, une simple passade, ou la sultane de ses plaisirs ? Selon la réponse, un accord sera ou non trouvé.

L'enjeu, Eva, est en effet assorti d'une somme considérable. Mille livres accumulées après cent victoires. Eva a dit à Toussaint que son autre amant ne tenait pas à elle, qu'il préférait l'argent. Elle ment pour apaiser la jalousie du plus jeune, car elle aime cette vie, ces plaisirs brûlants, et, quand elle revient à Beltavolo, elle s'offre, rêvant que les lèvres de Toussaint se posent sur elle. Ainsi, les deux la croient à eux seuls. L'un pour être trahi, l'autre trompé. « Que veux-tu de plus ? », dit-elle au lutteur des arènes, espérant l'apaiser. « Je suis à toi. Viens, et tu verras comment. » Puis, sans un mot, il se rhabille, hanté par celle qui jouit de lui et de Beltavolo. Afin que tout cesse, ces mensonges, ces tueries et ce masque de proscrit qui étouffe son existence, il est prêt à mettre le prix. Mille livres pour celui qui idolâtrerait l'argent plus que le corps d'Eva. S'il refuse, ce serait donc par orgueil ? Alors, ils s'affronteront.

Oui, il en finira cette nuit, et s'il manque de motifs pour se décider, il se souvient de *Passe-Muraille*, déboulant aux arènes. *Je ne te lâcherai plus*, disait-il. Est-ce pour faire condamner celui qui se terre depuis quatre ans ? Demain, l'arrêtera-t-il ? En effet, dans peu de temps, anticipe Toussaint, tout s'achèvera ou commencera, et s'il se confie au destin, c'est aussi en sachant qu'il repose beaucoup sur Ravort, missionné, payé pour attiser la curiosité de Beltavolo. Cent livres afin de satisfaire la voracité d'un être capable du pire ? Et pourtant Delaforge n'est pas fou. Ce soir, il s'en prendra à Beltavolo, mais il réglera aussi ses comptes avec Ravort dont il est prisonnier et auquel il est redevable depuis que ce *Traîne la patte* l'a découvert aux arènes. Et si le boiteux l'a trahi, il en aura moins de gêne au moment où il lui plantera son couteau dans le ventre.

L'homme masqué l'a juré. Il tourne la page. Il livre le dernier combat de sa vie, et peut-être le fait-il davantage pour se libérer que pour ravir la captive de Beltavolo.

*

Avant que le diable ne replace Ravort sur sa route, Toussaint Delaforge vivait en solitaire, partagé entre les tortures de son âme et les blessures de l'arène. Il se battait. Gagnait. S'effaçait. Souvent pour ne pas montrer que son sang coulait. On le croyait invincible, il recevait des coups, et la rage qu'il mettait à lutter n'avait rien de faux. C'était celle d'un guerrier hanté par la mort, celle qu'il donnait ; celle qu'il ne craignait pas. Avant lui, aucun n'avait tenu si longtemps, aucun montré autant d'ambition, et on aurait été surpris d'apprendre qu'il résistait aussi à cause d'un visage qui ne le lâchait pas quand il tendait le bras pour tuer. À chaque fois, il se battait contre le même homme, murmurant son nom lorsqu'il perçait le malheureux du jour. Il exterminait dans l'espoir que ce personnage meure pour de bon, qu'il disparaisse, cesse de le hanter. Mais François de Voigny, fils du marquis de La Place et figure symbolique de ce clan, revenait dès qu'il rentrait dans la pièce louée à Raymond de la Montagne, à la fois minuscule et trop grande pour lui et ce fantôme, et ce qu'il vivait. Il retrouvait une paillasse jaunie, une chaise, un broc toujours rempli d'eau afin de se soigner et un clou planté dans le mur auquel il accrochait le masque de cuir, déguisement imaginé par le patron du *Chapeau rouge*.

— Ton visage, soutenait Raymond de la Montagne, ne doit jamais montrer ce que tu as décidé. Tu serres la mâchoire et, en face, on sait que tu vas frapper.

Il y avait également l'idée de rester anonyme. Delaforge n'oubliait pas qu'on l'avait sans doute accusé du meurtre de Ravort, incapable d'imaginer que l'on puisse survivre à une telle chute. Avant de refaire surface, et de percer le mystère de sa naissance, il fallait, se persuadait-il, que de l'eau coule sous les ponts. Marolles devait avoir été informé par le collège de Montcler de la fin tragique de Ravort, et de qui en était responsable. Pas question de se présenter à nouveau devant son parrain et de le torturer en lui réclamant à nouveau de l'argent – cent livres encore, tirées d'un puits sans fond qui racontait combien on achetait le silence de l'orphelin. Toussaint y pensait souvent. Et renonçait aussitôt. Il risquait d'être dénoncé par Marolles, cet être retors. Il devait donc patienter se convainquait-il et choisir le bon moment pour se montrer à nouveau chez les La Place afin d'obtenir les réponses aux questions qui le taraudaient. Plus le temps passait, plus il devenait fort et, dans sa solitude, le lutteur s'imaginait dans le rôle du vengeur intraitable. Après le chantage, il userait de la violence. Cette fois-ci, il ne se laisserait pas prendre. Et ses victoires dans l'arène lui démontraient chaque jour davantage qu'il pouvait triompher de tout, même d'un jeune capitaine arrogant et fat. Il ruminait sur son passé, sortant peu et allant parfois sur le quai du Pont-Neuf dans l'espoir fabuleusement vain qu'un indice viendrait à se montrer.

Et peut-être aussi pour revoir Hélène, la jeune fille qui l'avait sauvé d'une mort certaine, le jour où il avait extorqué une jolie fortune à Joseph de Marolles avant de la perdre aussi vite. Hélène n'était pas jolie. Sa grâce était tout autre, celle d'une enfant de Dieu, généreuse et douce, vivant honnêtement d'un travail de lavandière sur les rives de la Seine. Dès l'aube, elle tapait le linge à grands coups de bâton afin d'en extraire la crasse du mois, puis le tordait, le frottait en s'aidant d'une pierre bombée et polie par le même geste, répété des milliers de fois, et rinçait encore les chemises, les chausses, les bas, les vestes des bourgeois jusqu'à la nuit tombée. Ses mains étaient gercées, rougies, bleuies par le froid et la dureté de l'eau. Son dos la faisait souffrir et après être restée tout le jour durant accroupie, il lui arrivait de vomir un peu de bile.

Toussaint lui rendait visite et c'était la seule joie de sa vie. Il prenait cent sous sur ses gains et les lui donnait, mais il fallait insister, faire semblant de se fâcher pour qu'elle accepte. Jamais elle ne sut comment il gagnait l'argent ; de même, jamais il ne l'invita à dormir chez lui. Hélène aurait dit oui. Toussaint ne la désirait pas. Chaque fois qu'il allait se battre, il lui rendait visite en fin de journée, un peu avant qu'elle ne rejoigne une chambre sans cheminée, située près du Châtelet, partagée avec quatre lavandières du même âge. Il venait avec du pain blanc, du lard de la rue Mouffetard et un broc de vin. Ils parlaient simplement, surtout Hélène qui rêvait de partir en Navarre où elle croyait savoir que l'on vivait bien. Il était évident qu'elle sondait son avis et peut-être son cœur. Se joindrait-il à elle ?

Un soir, ils se quittèrent sur la question sans réponse, Toussaint triompha, mais fut blessé à la jambe et au thorax. Il resta deux ou trois mois sans la revoir, et quand il se rendit à nouveau sur le quai, près du Pont-Neuf, elle avait disparu. Il questionna une lavandière qui répondit qu'elle avait du labeur, une autre se moqua de celui qui avait perdu son amoureuse. D'autres l'aguichèrent, osant des mots qui auraient fait rougir le charretier. L'une eut pourtant pitié : Hélène était partie pour Tudela, au-delà des Pyrénées, dans le royaume de Navarre. Elle avait attendu Toussaint longtemps et s'était décidée après la visite inquiétante d'un homme en noir, un curé, semblait-il, qui l'avait questionnée sur Toussaint et cherchait à savoir où il se trouvait. Ce ne pouvait être que Marolles ou un jésuite de Montcler, pensa le jeune homme. En le voyant blanchir et serrer les poings, la jeune lavandière crut le jeune homme chagriné par le départ d'Hélène et, clignant de l'œil, se proposa de le consoler. Mais l'intéressé ne l'écoutait plus : il scrutait les alentours, cherchant une soutane escortée de gens d'armes. C'est ainsi qu'il repéra une vieille femme, laide et ridée, qui ne le quittait pas des yeux et paraissait terrifiée comme si elle dévisageait un revenant.

— Qui est-ce ? demanda Toussaint à la lavandière.

— La mère Paillard, la *vieille à deux dents*. Mais elle n'en a plus depuis belle lurette. Méfie-toi. La devineresse est pire que le Mal.

*

Toussaint ne s'en approcha pas moins afin de comprendre ce qui provoquait son effroi. De près, elle était repoussante, sale, puante et ses jours, peut-être ses heures, semblaient comptés. Allongée dans ses propres immondices, incapable de bouger, elle leva tout de même le bras quand Toussaint se trouva face à elle. Était-ce pour se défendre ou pour ne plus le voir ?

— Fils de Satan… bredouilla-t-elle avant d'attraper un pichet de mauvais vin et de boire sans respirer une longue rasade dont le surplus dégoulina sur sa robe relevée jusqu'aux cuisses.

Sa peau fripée se montrait, jaunasse et jaspée de tumeurs.

— Que dis-tu ? lâcha-t-il sans barguigner[1].

— Je te connais, toi et ta cicatrice, depuis que tu es né…

Le cœur de Toussaint s'accéléra. Oubliant son dégoût, il la saisit sous les bras pour tenter de la relever. Elle retomba inerte, mâchouillant des phrases inintelligibles où surgissait encore Lucifer. Elle parlerait ou il l'étranglerait ! Mais elle ouvrit un œil :

— Le corbeau noir est venu te prendre…

— Marolles ?

— Ne sais pas…

— Et ma mère ?

Elle sembla chercher et son regard s'assombrit davantage.

— Le curé est venu te prendre, s'entêta-t-elle.

— Comment sais-tu cela ? Comment ?

Elle se laissait glisser dans le gouffre qui engloutissait sa raison, mais Delaforge la secoua encore. Alors, elle revint un peu et tendit sa main droite :

— La devineresse te révélera ton avenir… Ton passé, elle l'a oublié…

1. Sans hésiter (vieux français).

Si près, il sentait son haleine putride. La lavandière disait vrai : la vieille était folle, sa langue, étouffante et mauvaise. Sur le point de vomir, il la relâcha, quand Paillard l'attrapa au cou et serra comme pour l'étouffer.

— Ne fais pas l'enfant. Montre-moi, ta paume. Tu ne sais pas qui je suis... Sinon, tu te montrerais plus gentil... Allez, donne-moi une pièce !

Un malaise le saisit. Paillard était envoyée par le Mal, peut-être la Mort. Pour la première fois depuis sa fuite de Montcler, il se sentit vulnérable et appela secrètement sa mère. *Marie, aide-moi !* Il voulut s'écarter, *la vieille à deux dents* s'accrochait à lui.

— Ma pièce, mon petit... Si tu savais qui je suis...

Pourquoi cette poigne lui semblait-elle familière ? Personne en ce monde n'aurait pu lui livrer la réponse, mais Marie, Marie, peut-être, d'où elle se trouvait, le suppliait de partir. Il arracha la main qui lui ôtait sa force et recula de trois ou quatre pas. Plus loin, il se sentit un peu mieux. Mais ce n'était plus l'invincible.

— J'en ai vu assez, grimaça Paillard. Jette-moi une pièce si ça te dégoûte d'approcher.

Et pour se libérer, Toussaint le fit.

— Je boirai à ta santé et, fichtre, tu le mérites.

Elle hoqueta, chercha encore du vin, mais le pichet était vide.

— À mon tour d'être généreuse, ricana-t-elle.

Elle vacillait, ses yeux roulaient, sa bouche tremblait, c'était la possédée.

— Tu as failli mourir, et cela t'arrivera encore, mais tu es né le même jour qu'un roi et, comme pour lui, Marie veille sur toi. Non, mon petit prince, le diable ne s'emparera pas de ta vie, chuchota-t-elle d'une voix étonnamment claire, car, toi aussi, tu seras roi. Maintenant, viens plus près. Maman Paillard a autre chose à te dire. Viens, fit-elle encore en soulevant sa robe, ton secret se trouve ici.

Toussaint ne put en entendre davantage. Il courait encore en traversant le Pont-Neuf et ce n'est qu'en arrivant en bas de la rue de la Montagne-Sainte-Geneviève qu'il recouvra son calme. Mais il était écrit que ce jour serait marqué d'une pierre noire.

Il poussait la porte du *Chapeau rouge* quand une main se posa sur son épaule. Il pensa à Paillard et bondit sur le côté.

— Du calme, l'ami…

C'était un revenant. Tordu, bancal, difforme, Ravort souriait.

— Tu boirais à ma santé, si je t'invitais ?

Sa mâchoire était de travers, mais il était vivant.

Ravort entra le premier et Delaforge le suivit. Sa rencontre avec la mère Paillard l'avait affaibli. Sans cela, il se serait opposé. Mais il ne broncha pas quand *Traîne la patte* s'assit comme un familier et appela le tenancier, Raymond de la Montagne, réclamant son meilleur vin.

— Tu te bats, ce soir, le lutteur des arènes, débuta un Ravort goguenard, sans le menacer ou lui reprocher ce qu'il avait fait un an plus tôt. Eh bien, je suis là pour parler affaires…

Il but lentement sans lâcher Delaforge du regard, puis essuya sa grimace du revers de la manche :

— Tu sais que je pourrais te dénoncer à Montcler…

— Et moi, te tuer, répondit Toussaint.

Ravort haussa une épaule :

— Tu l'as déjà fait. Tournons la page. Si tu ne m'avais pas jeté par la fenêtre, je ne serais pas infirme, et sans doute pas négociateur. Tu vois, petit chef, ça ne me dit plus rien. Je ne te remercie pas, mais je serai magnanime. À une seule condition…

— Laquelle ? se força Toussaint.

— J'entre dans ta combine. Désormais, c'est moi qui prendrai les paris de tes combats. Moitié-moitié, ce n'est pas négociable.

— Sinon ?

— Une galère t'attend à Marseille.

Chapitre 18

S'IL FALLAIT RÉSUMER, tout se présente mal quand Delaforge parvient place de la Contrescarpe. Du moins, c'est l'avis de Raymond de la Montagne, puisque le patron du *Chapeau rouge* l'accompagne. Il est venu en ami, en allié. Il râle, peste, traîne le pied. Sa vieille expérience lui souffle depuis la veille qu'ils vont tous deux à la mort, qu'il ne faut pas défier Beltavolo, encore moins sur ses terres, que l'utilisation de Ravort comme messager et juge est scabreuse, idiote, vouée à la trahison, à l'échec. Mais autant parler à une branche morte. À une mule ! a-t-il envie de hurler alors que les hommes du maître des lieux les entourent et les serrent de près pour les fouiller. On sait que le lutteur des arènes cache son arme dans sa botte droite. C'est donc là qu'on cherche. Rien. On lui demande de lever les bras au-dessus de la tête. Il grimace, sa manche est maculée de sang. Dessous, un bandage épais s'entortille du poignet au coude. Mezzalira disait vrai, l'homme est sérieusement blessé.

Raymond de la Montagne subit le même examen, mais quand on demande à vérifier la besace qu'il porte à l'épaule, il se tend. D'un coup d'œil, Delaforge lui ordonne d'obéir. On s'en saisit. Elle est lourde, emplie à ras bord de pièces. Des centaines de livres. Les hommes de Beltavolo n'en ont jamais vu autant d'un coup. L'un d'eux n'y résiste pas. Il plonge la main dedans.

— Laisse ! lui jette le lutteur.

— C'est ce qu'il jouera ce soir, répond plus sagement le patron du *Chapeau rouge.*

L'ordre est de saisir les armes. L'argent, voilà qui est l'affaire de Beltavolo. Raymond récupère donc son trésor. Le premier barrage cède. Ensuite, il faut franchir cent pas avant de trouver le *Rat gris*, l'antre de *l'Irlandais.* Le bouche à oreille a fonctionné. Curieux et familiers se pressent pour voir le visage du lutteur masqué. La légende est plus jeune qu'on ne l'imaginait. Vingt ans peut-être, et cent victoires. L'invincible arrive, et ceux du premier rang pourraient le toucher. « J'ai vu ses yeux, ils sont gris, diront-ils après. J'ai vu aussi la cicatrice qu'il dissimulait sous une mèche, et le tatouage sur son bras meurtri, *Vivo ad...* et quelque chose d'autre caché sous un bandage pourpre. Je l'ai vu comme seuls l'ont fait ceux qui allaient mourir et, pourtant, je suis vivant. » Un badaud cependant ne tente pas d'approcher. Il se fond dans la foule tel *Passe-Muraille.* C'est une ombre venue assister au combat des héros. Celui des arènes passe à sa hauteur. Le regard est resté droit. Il n'a pas reconnu Calmés. Il s'éloigne, paisible et décidé, à l'inverse du patron du *Chapeau rouge* qui progresse dans ce sillage, et que nombre connaissent, s'étonnant de le découvrir aux côtés du lutteur. Il marche tête baissée, l'épaule rentrée, alourdie par la besace. Pourquoi un tel attelage ? Seul Ravort, planté sur ses jambes rabougries à l'entrée du *Rat gris*, sait ce qui unit les deux hommes.

*

Raymond de la Montagne avait été pour le moins surpris par ce jeune fou déboulant au *Chapeau rouge* qui, sans hésiter, avait tué le borgne et le teigneux. D'où venait-il ? Qui était-il ? L'ancien galérien de Marseille se montrait généralement peu curieux des affaires des autres, l'expérience lui ayant enseigné que le monde qu'il fréquentait détestait les questions, surtout quand on les posait à un individu armé, décidé à s'en servir. Dans les cas extrêmes, et il s'y trouvait mêlé, il se fiait à son nez pour juger la qualité des hommes. Ainsi, ce garçon se montrait *pour le moins* courageux. Téméraire, certes. Mais dangereux ? Il venait de dire qu'il ne lui voulait aucun mal, et ce pouvait être vrai. Tous deux en étaient là, se surveillant de loin, Raymond ressassant la scène du combat. Si l'effet de surprise expliquait la réussite totale de l'inconnu, le patron du *Chapeau rouge* savait combien le belliqueux possédait rarement la lucidité et le calme, vertus premières de l'art de tuer. Il ne fallait pas en manquer pour exécuter tour à tour, et dans la même action, un duo de victimes, puis affronter le témoin de ses crimes et, sans montrer la moindre émotion, lui promettre qu'il ne craignait rien. Pour une raison qu'il ne s'expliquait pas – peut-être à cause de ce nez sur lequel il comptait depuis soixante ans afin d'arrêter son jugement –, Raymond était attiré par le regard de l'inconnu, par son visage orné d'une cicatrice étrange et trop ancienne pour être l'œuvre d'un autre combat. La manière dont il avait triomphé laissait croire qu'il tenait le futur champion des arènes et, la seule façon de s'en assurer, était de ne pas le laisser filer, donc de ne pas crier au meurtre ou appeler au secours – procédés par ailleurs proscrits dans son établissement. À l'inverse de ceux que le sang effraie, Raymond de la Montagne n'avait aucunement paniqué, cherchant plutôt à retenir celui qui venait de produire la mort. Aussi, avait-il tranquillement fermé à double tour la porte du *Chapeau rouge*, puis retournant du même pas vers un tonneau de vin d'Anjou, évitant pour cela soigneusement les corps du borgne et du teigneux, avait-il rempli deux pichets et s'était-il avancé, les mains prises : donc, sans défense. Voilà qui voulait signifier qu'il appréciait cette compagnie, du moins qu'il n'en avait pas peur puisqu'il s'assit à une table, invitant son vis-à-vis à faire de même. Ce dernier hésita, ne sachant s'il devait se méfier ou accepter. Mais Raymond de la Montagne voulait discuter. « Pas loin, avait-il dit, il y a les arènes et tu n'as pas peur de te battre... » Ce premier jalon posé, l'autre n'avait pas fui. Raymond crut bon de s'aventurer. En somme, d'engager la conversation.

— Mais d'abord, on va se débarrasser de ceux-là, avait-il grogné en jetant un regard oblique vers les deux refroidis.

Raymond ne manquait pas de ressources. *Le Chapeau rouge* disposait en effet d'une cour et d'une sortie discrète donnant sur la rue Basse-des-Carmes, et servant à toutes sortes de trafics. L'enseigne excellait dans le recel de tableaux, de tapis, de sculptures, de livres de prières enluminés par les moines des abbayes, de bougeoirs argentés, de bijoux, et de statues aussi. Cette plaque tournante redirigeait les prises d'une bande de monte-en-l'air, jongleurs, trapézistes, acrobates des Carpates, réfugiés rue du Mont-Thabor, non loin de l'opulente rue Saint-Honoré. Voler consistait à escalader des murs, forcer des serrures, se glisser entre des barreaux tordus par Abakoum Batlowka, l'homme fort du quatuor, se déplacer en silence, remplir ses poches, repartir par le même chemin pour rejoindre *fissa* la piste d'un cirque ambulant afin d'accueillir une pluie d'applaudissements. Nika, le chef de la bande, occupait dans la vie civile le rôle de Mascarille[1] et de violoniste. Il s'était présenté la nuit même au *Chapeau rouge* à bord d'une charrette attelée à un Camarguais robuste et placide qui n'attirait pas le regard des *mouches*, les espions de la police royale. On charria les corps, puis direction la Seine. Chose faite, Raymond demanda à Toussaint s'il avait faim et ce dernier répondit que oui. Le tenancier proposa une poule au pot à la façon du bon roi Henri IV, et, tout en buvant le bouillon, dit, l'air de rien, qu'il disposait d'une pièce à l'étage et que, si l'austérité ne dérangeait pas l'invité, ce serait *gratis*, ainsi que les repas jusqu'au premier combat. Delaforge ne savait où aller, qu'avait-il à perdre ? Et savait-il faire autre chose que se battre ?

— Tu n'auras pas besoin de tuer. Au premier sang, le combat peut s'arrêter.

Raymond reposa son bol :

— Tu recevras dix livres par combat. Vingt si tu l'emportes.

1. Autre personnage de la *commedia dell'arte*. C'est un homme de l'art en matière de friponnerie…

— Et toi, que gagneras-tu ?

— Un dixième de tes gains. Les repas et le lit sont compris.

Il s'essuya la bouche sur la manche :

— Ça comprend aussi les soins. Dans le cas où tu serais blessé…

Il déglutit avant d'ajouter :

— Si tu meurs, ton pécule sera porté à la personne que tu me désigneras. J'en fais le serment.

— Il n'y aura aucun nom, répondit Delaforge aussitôt.

— Personne ?

La jeune recrue ne fit que détourner le regard.

Bien, se dit Raymond de la Montagne. Ni père ni mère, ni frère ou sœur et pas même une amie… Le portrait idéal du mercenaire.

— Avec quelle arme te battras-tu ?

Delaforge montra son couteau.

— Il te faudra être agile et rapide. Mais je t'ai vu à l'œuvre.

Alors il servit une gnole du pays d'Oc, un cru de l'Armagnac, et parla de son idée :

— Ton regard est trop franc. Il te faut un masque.

Delaforge y vit le moyen de se dissimuler. Il écouta la suite.

— Quand tu te bats au couteau, ton visage ne doit pas montrer ce que tu as décidé, dit-il pour la première fois, ce qu'il ne cessa jamais de répéter par la suite. Si tu serres la mâchoire, en face, on sait que tu vas frapper.

Raymond ramassa les bols :

— Je vais te montrer ta chambre.

*

Quatre années plus tard, l'ancien galérien de Marseille ne sait pas vraiment à qui il a affaire, mais il s'est lié d'amitié avec ce garçon rongé par une torture intérieure. C'est si vrai qu'il lui a conseillé de cesser de combattre. Car cette fois, Raymond de la Montagne a peur. Il maudit le choix de Ravort, chargé d'encaisser les paris. Ce n'est pas qu'il se sente trahi d'avoir perdu la place, mais le bancal est fourbe et les adversaires qu'il choisit sont de plus en plus coriaces, au motif que le spectacle exigerait de faire monter les enchères. Raymond sait que le sale éclopé exerce un chantage, qu'il tient l'invincible et qu'éliminer ce sournois ne mettrait pas fin à la menace puisque le lutteur des arènes serait aussitôt dénoncé à Montcler grâce aux bons offices du clan de la Bastille.

La confidence est venue un soir où le patron du *Chapeau rouge* pestait plus que d'habitude. Pourquoi se soumettre au boiteux ? avait-il demandé à Toussaint. Raymond avait d'autres idées que celle de faire couler le sang aux arènes. On y mettait fin ; l'invincible rangeait son couteau ; il y avait assez d'argent amassé – il pouvait l'affirmer mieux qu'un autre puisqu'il conservait les gains de Delaforge. Une belle affaire était même en vente, non loin du Louvre, près de la maison du Grand-Coq de Théophraste Renaudot, une rôtisserie où les conseillers du Parlement se donnaient rendez-vous. Et lui cherchait un futur associé. Pourquoi ne pas s'entendre ?

C'était comme s'accorder, et si nouveau pour l'orphelin. Si bien que – cela ne vint pas d'un coup – le chien enragé s'adoucit, s'apaisa, se livra peu à peu parce qu'il se sentait en confiance. La vie du collège surgit, les années de silence, la volonté farouche de détruire ce monde qui lui avait enseigné Virgile *in extenso* et caché la vérité sur sa naissance. Tout ou presque était sorti, y compris Ravort qui avait payé pour les autres, et lui faisait payer depuis. Ainsi le voile se soulevait peu à peu.

Au fil des retours de combats, tandis que la pression retombait et que Raymond de la Montagne pansait les plaies, les souvenirs se montraient, parfois sans prévenir. Un soir, Delaforge avoua avoir aimé une jeune fille, Aurore, avant de mesurer ce qui séparait un orphelin de son monde. Un autre, il ajouta qu'il se battait en ne pensant qu'à tuer le frère de cette jeune fille noble, et qu'il le ferait. Détruire… Voilà le seul enseignement qu'il gardait de ses années au collège de Montcler. Et combien ses rêves où il se voyait bâtir et démolir selon ses vœux s'étaient évanouis ! Il évoqua Hélène, la lavandière du Pont-Neuf, il cita le nom de Marolles, son parrain, quand Raymond pensait qu'il n'avait aucune famille, aucun lien. Pourquoi serrait-il les mâchoires lorsqu'il parlait de ce jésuite ? Oui, qui était ce jeune homme refusant d'accepter que sa mère fût putain et croyant à l'existence d'un père vivant dans le sérail de la famille La Place ? Imaginait-il qu'il s'agissait du marquis lui-même ? Son regard se fermait, il se taisait. La vérité viendra un jour, disait-il avant de s'enfermer dans ses tourments.

Avait-il d'autres obsessions à partager ? Raymond le sage attendait que l'âme se rouvre. Cela pouvait durer des semaines ou des mois. Quand, il y a trois jours, Delaforge a repris vie, s'est excité. Il a raconté son plan à propos d'Eva, cette silhouette que le tenancier voit passer dans l'escalier qui conduit à la petite chambre de Toussaint. La femme est-elle démon ? Le patron du *Chapeau rouge* s'en tient aux faits. Eva est la maîtresse de Beltavolo. Et ses caresses ne valent pas la somme colossale d'ennuis qui menacent Delaforge. Mais, dans cette caboche-ci, siège le silence ou l'entêtement ! Toussaint aurait trouvé le moyen de mettre fin à l'histoire du lutteur, et peut-être à celle de Ravort. Raymond croit plutôt qu'ils iront à la mort.

*

Tout va mal, en effet, place de la Contrescarpe. Delaforge vient de croiser Ravort devant le *Rat gris* et soupçonne la traîtrise quand le boiteux baisse les yeux, se détourne et pénètre en claudiquant chez *l'Irlandais*. Qu'a-t-il raconté à Beltavolo pour exciter son intérêt ? Le plan consistait à proposer une partie de cartes dotée d'une mise formidable, mais de taire la véritable raison : la possession d'Eva. A-t-il tout divulgué, animé par l'intérêt et par la haine ? Rien ne serait plus logique, estime Toussaint, puisqu'il a annoncé au *conciliatore* du clan de la Bastille qu'il cessait de combattre. Qu'en somme, leur contrat était rompu. Et si le lutteur des arènes ne lui rapporte plus, pourquoi respecterait-il sa parole ? *Traîne la patte* sait à propos de la maîtresse sulfureuse. Ce matin encore, il a vu Eva sortir du *Chapeau rouge*. Il s'est gardé de réagir, mais a dû réfléchir, chercher ce que lui rapporterait l'information.

Davantage que le lutteur qui n'en est plus un. Déchaîner Beltavolo ou se taire ? Delaforge n'a aucun mal à imaginer le boiteux livrant les détails les plus crus au maître du clan de la Contrescarpe. Si on y ajoute la vengeance, en souvenir de ce que lui a fait subir l'ancien collégien de Montcler, l'affaire est entendue : Judas l'a vendu à Beltavolo, négociant au prix fort ses révélations. Et si toutes ces suppositions sont vraies, Raymond a raison de s'évertuer depuis trois jours à expliquer qu'ils se jettent dans la gueule du loup. Mais Toussaint s'en félicite. Pour exciter Beltavolo, provoquer leur rencontre, le défier, il fallait une raison grave, intime, qui le touche, lui et son orgueil. Il n'y avait pas d'autre moyen de l'approcher d'aussi près afin de livrer un *mano a la mano*[1], seul face à lui et à ses hommes. Et à Ravort qui y passera aussi. Delaforge a menti sur un point : cette nuit, il se battra encore une fois, mais qu'il triomphe ou perde, il s'agira de sa dernière représentation.

À l'entrée du *Rat gris*, on le fouille à nouveau. Il lève les bras. Rien. Parfait, se dit-il, alors que la lame de son couteau rafraîchit sa blessure. L'arme est là, sous le bandage ensanglanté. Personne n'y pense, à l'exception du sage Raymond, inventeur du stratagème.

*

La salle du *Rat gris* est pleine à craquer. On s'y presse pour voir le lutteur. Sous le feu des chandelles, sa jeunesse est encore plus éclatante. Le masque tombe en effet et le miracle dure car ce n'est pas le portrait d'un barbare, mais celui d'un jeune homme aux traits fins, soulignés par une cicatrice profonde ajoutant à l'envoûtement qui s'en dégage. Beltavolo est là. Il se tient debout, bras croisés, une miséricorde accrochée à la taille. Il porte une chemise blanche et, sur son torse dégagé, plastronne son tatouage :

1. Expression de la tauromachie. Deux toréadors combattent six taureaux à la fois. Parfois, le toréador est seul.

Morir per non morir… Il regarde, estime son ennemi et, malgré lui, ne peut s'empêcher de le trouver séduisant. Pour un peu, il comprendrait qu'Eva ait cédé à l'attirance d'une bouche si bien dessinée. Et pour cela aussi, il le hait davantage. L'autre mourra, cette nuit.

— Avance ! lance-t-il en y joignant un sourire ravageur. J'ai tant de hâte à connaître le lutteur des arènes…

Mais ses bras ne se décroisent pas, sa main ne se tend pas :

— Depuis combien de temps te bats-tu ? Trois, quatre ans ? Et pas encore mort. Tout ce temps à vivre l'un à côté de l'autre, et toute cette amitié que nous aurions pu faire fructifier. Oui, j'aurais regretté de ne pas te connaître avant que tu ne sois transpercé par le fer.

Voilà qui est dit. Le combat a déjà commencé.

— Regarde, *l'Irlandais*, ajoute Beltavolo. Il y a Raymond du *Chapeau rouge* ! Eh ! Tu es lourdement chargé. Débarrassez cet ami et donnez-lui à boire.

La besace vient d'être confisquée par Tino Mezzalira, l'Italien de Jesolo, près de Venise. Il l'apporte à son chef qui y jette un œil :

— Une sacrée somme, apparemment.

Delaforge reste muet.

— C'est plus qu'il n'en faut pour une partie de cartes, lâche l'autre froidement.

En face, toujours rien.

— Explique-toi ! Tu viens chez moi, tu me nargues avec ton or… Ai-je l'air de manquer ?

Il fait mine de réfléchir.

— À moins que tu aies dans l'idée d'acheter quelque chose ?

Cette fois, il s'emporte :

— Crois-tu que tout soit à vendre ici ?

Le ton a changé. L'attitude aussi. Il se tourne vers son camp et s'adresse à lui car il en est le chef. Ensuite, il regarde la salle et celle-ci le lui rend bien. Elle l'applaudit.

— Parlons-en en tête à tête, se décide enfin Delaforge.

Plus un bruit. On ne voudrait rien rater du duel qui s'engage.

— Je n'ai rien à cacher ! clame Beltavolo, toujours à l'intention des siens. Allons, viens plus près. Assieds-toi et causons.

On s'écarte pour laisser passer le rival qui entre dans le cercle formé par les lieutenants du maître de la Contrescarpe. Raymond de la Montagne s'y trouve, solidement encadré. Au centre, s'affronteront les deux adversaires. Au-delà, le *vulgum pecus* se presse. Delaforge vient de retrouver ses repères. Il est aux arènes.

— Si j'estime la besace, tu m'apportes pas loin de mille livres, se décide Beltavolo. Pourquoi ? Que proposes-tu ?

— Mille livres, en effet, répond-il.

La salle frémit. Des voix s'élèvent pour qu'on se taise.

— Pour une partie de piquet ? insiste cet hôte redoutable. Mais je n'ai pas cette somme ! fait-il semblant de gémir. Que puis-je t'offrir en échange ?

— Écoute-moi, d'abord.

— Je suis impatient, glousse Beltavolo qui aime se donner en spectacle.

— Si je perds, tu gardes les mille livres et…

— Voilà qui ressemble à la décision d'un jeune fou, coupe-t-on. Il faudra l'expliquer. Avant, dis-moi ce que tu exigerais, si tu gagnais ?

— Toute la besace restera à toi, continue Toussaint imperturbablement.

Cette fois, la salle grogne, s'exclame, certains sifflent même.

— Taisez-vous ! hurle Beltavolo. Et toi, tâche d'être plus clair !

— Si je l'emporte, je ne te réclamerai aucune somme.

— Quoi alors ? Ma vie, peut-être ! ricane ce Matamore à qui le rôle du cabot semble plaire.

— Non, celle d'Eva del Esperanza.

On entendrait voler les mouches. La maîtresse de Beltavolo ! Comment oser un tel affront ? Pourtant, l'intéressé ne bronche pas, ne se lève pas pour tuer l'impudent. Bien au contraire, il sourit :

— Tu as bon goût, chuchote-t-il, et tu es sacrément courageux.

— Et toi, tu aimes l'argent, paraît-il…

L'affront est de trop. Il va saisir sa miséricorde et…

— Tu sembles confiant, répond-il seulement. As-tu demandé à cette damoiselle si elle était d'accord pour que tu… l'achètes.

— Je veux simplement qu'elle soit libre. Ensuite, elle décidera.

— Oui, on devrait sans doute lui poser la question, insiste Beltavolo en faisant mine d'y réfléchir.

D'un coup de tête théâtral, il la cherche dans la salle :

— Où es-tu, ma belle ? Ah ! J'y pense à présent… Elle est dans mon lit. Elle m'y attend.

La salle rit.

Delaforge ne bronche pas.

— Et si tu perds, continue son vis-à-vis, moi, j'y gagne quoi ?

— Mille livres, je te l'ai dit.

— Mais tu me les as promises, même si je perds ! Non, non, il me faudrait plus.

Il joue, hésite. Soudain, son visage s'éclaire :

— Tu veux me prendre une vie, celle d'Eva ? Pourquoi pas, si elle est du même avis. Mais si tu perds, il m'en faudra une.

Son index tournicote, hésite, s'arrête sur Raymond, repart en direction des lieutenants, passe en revue l'assemblée, avant de revenir sur Toussaint :

— Et je choisis la tienne.

Dans la salle, on n'en espérait pas autant. Fichtre ! Cette nuit sera formidable.

— Qu'en dis-tu ?

— J'accepte ta méthode, lui répond Toussaint sans faiblir. Si je gagne, Eva décidera avec qui elle veut rester, et tu garderas l'argent.

— Et si tu perds, enchaîne Beltavolo, je prends tes mille livres et ta vie.

Il se lève d'un bond :

— Ravort !

Traîne la patte se montre, lui et sa fausse faiblesse.

— Les cartes. Des neuves ! Et pour qu'il n'y ait aucun soupçon, c'est toi qui distribueras. Allons, ne perdons plus de temps. Nous ne jouerons qu'une donne car j'ai hâte de retrouver ma princesse. Raymond ! Raymond de la Montagne, apporte ta besace et pose-la sur la table.

Le tenancier du *Chapeau rouge* s'exécute. Au passage, il tente d'accrocher le regard de son équipier afin de lui faire comprendre que l'assurance de Beltavolo cache un piège. C'est une évidence, Ravort a truqué le jeu. Mais Delaforge ne le regarde pas. Ce qui compte, c'est ce bras bandé qu'il pose sur la table et que personne ne craint.

*

En cette année 1658, qui ignorerait le fameux jeu du piquet, inventé, croit-on, pour distraire Charles VI de sa folie ? Rabelais en fait état, Molière y songe pour nourrir ses pièces. Le jeu du piquet est la distraction du seigneur et du roturier, du fripon et de l'honnête. Il faut trente-deux cartes – as au sept –, deux joueurs à qui on distribue douze cartes, le solde, huit cartes, constituant l'écart. Suffit-il, comme dans les règles vulgaires, de posséder les cartes les plus fortes pour l'emporter ? Ce serait faire fi de la stratégie, de la ruse et de la chance, car le piquet se gagne autant en emportant le plus de plis qu'en formant les combinaisons les plus riches : tierce, carré, quinte. Plus on cumule de suites, de seizièmes, de dix-septièmes, de dix-huitièmes… plus les points se multiplient. Pour tout expliquer, ce jeu se gagne ou se perd en trois temps : par l'écart, les annonces et le jeu proprement dit. Voilà qui se comprend mieux en suivant une partie. Dans celle qui débute, on trouve Delaforge, côté cour, et Beltavolo, côté jardin. Au centre, tel le souffleur, Ravort. Devant, derrière, tous les autres. Et, voguant entre les vagues, *l'Irlandais* qui vend son vin et se félicite de la recette.

*

— Messieurs, débute Ravort, je vais tirer au hasard deux cartes et en donnerai une à chacun. La plus forte désignera le donneur.

Ce titre n'est pas anodin car il décide souvent de la suite et de ses incertitudes. Le donneur est en effet celui qui se sépare le premier de ses mauvaises cartes en puisant jusqu'à cinq fois dans l'écart formé de huit cartes. Ses chances d'améliorer son jeu sont donc plus élevées que celui qui intervient en second.

— Roi, fait entendre Beltavolo.

— Valet, répond son adversaire.

Voilà qui débute comme convenu, se dit le maître de la place de la Contrescarpe. Ravort triche et le fait bien. La suite confirme ce présage. Beltavolo hérite de six trèfles : as, roi, dame à la suite. Puis 9, 8, 7. Viennent trois piques et une nouvelle *tierce* à cœur : valet, 10, 9. Ce jeu est parfait, et la sagesse consisterait à rejeter le petit pique, à prendre ce qui se présente dans l'écart et, surtout, à ne rien changer d'autre. Ravort lui a conseillé d'opter pour la prudence. Tout sera fait dès la donne.

Jouer petit ? Beltavolo veut triompher avec panache. Alors, il jette trois cartes, s'accrochant à l'espoir de récupérer le valet de pique pour former une *quatrième*, quatre cartes qui se suivent. As, roi, dame, valet. Bougre ! La séquence aurait du chien. Une, deux, trois. Il prend trois cartes dans l'écart, et aucun valet. Quatre, cinq… C'est fini. Et aucun pique. Allons, se dit-il, nous verrons. Ravort est là.

Mais *Traîne la patte* a distribué, et la triche reposait sur cette séquence du jeu. Pour l'écart, il a livré son conseil : ne prendre aucun risque. Avec effroi, il constate qu'il n'a pas été écouté. L'orgueil, enrage-t-il, n'a pas sa place au jeu. Beltavolo s'est mis en difficulté. Mais bon, rien n'est fait. C'est à Delaforge de renforcer son jeu en s'aidant de l'écart.

Qu'a-t-il pour commencer ? Cinq carreaux : roi, dame, 10, 8, 7. Il lui faudrait le valet pour former une *quatrième*, à hauteur du roi. Il tire trois cartes. La dernière est la bonne. Ce valet-ci a fière allure, mais est-ce suffisant pour gagner ? Non, calcule Ravort qui pourrait annoncer les cartes des deux adversaires car, après la donne et l'écart, et avant le jeu proprement dit, on doit compter les points en main.

— Combien annonces-tu, Beltavolo ? demande Ravort, bien qu'il connaisse la réponse.

Au piquet, l'as vaut onze, le roi, la dame, le valet, dix. Puis dix pour le dix, neuf pour le neuf, huit pour le huit, etc. Beltavolo tenant six trèfles, c'est dans cette couleur (la mieux fournie) qu'il compte ses points :

— Cinquante-trois.

Delaforge fait de même. Il possède cinq carreaux, sa majeure. Mais la plus forte n'est qu'au roi :

— Quarante-sept.

Ravort respire :

— Beltavolo l'emporte. Cinq points pour lui.

Voilà ce que gagne le jeu le plus fort. Mais ce n'est pas fini.

— Maintenant, les enchères, glisse l'arbitre en tentant de rester de marbre.

Beltavolo a deux tierces, l'une à trèfle, donc (as, roi, dame) et une à cœur, à hauteur du valet. Il les annonce.

— Six points de plus, récite *le Tordu*. Onze, au total. À toi...

Delaforge a sa *quatrième* à carreau.

— Quatre points...

Et une *tierce* à pique.

— Trois nouveaux points. Sept au total. C'est tout ?

Ravort connaît la réponse et ne peut s'empêcher de grimacer. Le lutteur des arènes est battu...

— Et un brelan de sept : carreau, cœur, pique, renchérit ce dernier.

L'enfant de catin a pris dans l'écart le sept rejeté par ce crétin de Beltavolo !

— Ajoute-moi trois points, glisse Delaforge d'une voix calme. Et si je compte bien, cela fait dix en tout.

Allons, allons, tente de se rassurer Ravort, il reste le jeu de la carte. Comme à la bataille, la plus forte gagne le pli. Et la distribution est ainsi faite, qu'au pire les plis seront répartis à égalité.

Dans ce cas, les points du jeu sont annulés. On restera sur le onze à dix et Beltavolo l'emportera.

— Commencez, dit-il d'une voix blanche.

Beltavolo attaque. Trois plis pour lui, les trois suivants pour Delaforge, et ainsi jusqu'au dixième : égalité parfaite. Si Beltavolo emporte le onzième, il en comptera six. Il ne peut plus être battu.

— As ! hurle-t-il.

Delaforge n'a qu'un valet. Aussitôt, Beltavolo jette sa dernière carte, un petit huit, battu par un dix.

— Six plis de chaque côté, déclare Ravort. Égalité. Les points de jeu sont annulés. On en revient aux enchères…

Delaforge est donc mort.

— Je ne crois pas, glisse-t-il pourtant. En cas d'égalité de plis, le dernier compte double. C'est la règle.

C'est vrai, et *Traîne la patte* ne peut l'ignorer.

— Il existe des versions, tente-t-il, où ce codicille n'est pas pris en compte.

— Je n'en connais pas, répond Delaforge calmement.

La salle est de son avis. Elle commence à crier au scandale.

— Silence ! braille Beltavolo.

Le calme revient de suite.

— Dans ce cas, nous serions à égalité. Onze à onze, jette-t-il en adressant à Ravort un regard criminel.

— Je le crains, bredouille ce dernier.

Beltavolo se lève brusquement et lui saute à la gorge :

— Il n'y a qu'un gagnant ! C'est ma règle, sale petite ordure de négociateur !

Sa miséricorde jaillit, la lame fend le cou. Le sang monte dans la gorge, étouffe le boiteux qui s'effondre. Sans attendre, Beltavolo est déjà face à Delaforge.

— Maintenant à toi ! Que fait-on en cas d'égalité ?

Son visage est celui du damné :

— Je prends ton trésor, et toi, Eva ? On se quitte bons amis, et bonne chance aux tourtereaux !

Sa chemise, sa main armée sont couvertes du sang de Ravort.

— Qui es-tu pour venir m'humilier ?

— Je te donne les mille livres, c'est entendu, répond calmement Delaforge. Pour Eva, à elle de décider. Tu l'as dit tout à l'heure.

Beltavolo cligne des yeux. De quel monde revient-il ? Il essuie la bave coulant de sa bouche avec sa manche passée aux couleurs du carmin et secoue la tête.

— Oui, murmure-t-il, un contrat est un contrat. Je te la donne. Mais l'accord ne disait pas que tu l'aurais vivante.

Beltavolo pointe la lame de sa miséricorde, un sourire fou aux lèvres :

— Il te reste son corps. Moins chaud que lorsque tu forniquais.

*

Le coup est terrible. Eva. Morte ? Le regard de son jeune amant faiblit. Il baisse les yeux. Il croit l'entendre gémir de plaisir et ce matin encore…

— Et même froide, tu devras me tuer pour venir la chercher, chuchote Beltavolo, qui se jette en avant.

Un geste, et il sera sur sa proie.

— Toussaint ! braille Raymond la Montagne qui voit la manœuvre. Regarde devant toi !

L'habitude revient, le lutteur des arènes fait face, saisit la lame du couteau caché sous le bandage de son bras droit. Et il frappe à l'aveugle, un coup dans le vide. Beltavolo, plus vif, lui rend la pareille, le touche à hauteur des côtes. La miséricorde s'enfonce, mais pas assez. Delaforge saigne, il doit reculer. Ses jambes le trahissent, la blessure de l'équarrisseur s'est rouverte. La foule vocifère, choisit le camp du chef de la Contrescarpe qui se nourrit de la clameur pour accroître son audace. Il avance, mouline, cingle l'air, montre sa force. Delaforge cherche un défaut, n'en trouve pas. Il gagne du temps, hésite. Ce n'est pas comme dans les arènes. Les chaises et les tables sont autant d'obstacles qui gênent ses mouvements, et son bras lui fait mal. Il réfléchit trop, si bien que la miséricorde d'en face trace sa route une deuxième fois.

Son flanc, le gauche, est touché. La douleur tétanise ses muscles, sa main devient lourde. Elle tâtonne, cherche d'où s'écoule le filet tiède qui descend sur ses jambes. Il se vide. Il va fléchir, mourir même, Beltavolo le devine. L'hallali est venu. Le chef de la Contrescarpe tend le bras, grogne, éructe. Il frappera au cœur et, pour cela, s'approche du lutteur des arènes qui ne bouge plus. Adieu, l'invincible ! Envoûté par le coup fatal qui fera taire son ennemi, l'imaginant dans sa tête, tant il en jouit, tant les jeux sont faits, Beltavolo, comme au piquet, devance sa victoire et lâche les yeux de sa victime. Maintenant ! Mais il est stoppé dans sa course, suspendu, bouche ouverte. Ses bras retombent le long de son corps, sa main s'ouvre, lâche la miséricorde. Delaforge a planté en premier son couteau. *Morir per non morir,* le beau tatouage, se teinte d'écarlate. La lame reste enfoncée. Le *capitan* Matamore s'effondre sur la terre battue du *Rat gris.*

*

Un seul homme, sans doute, gardera assez de sang-froid pour décrire exactement ce qui suivit cette nuit-là. C'est l'ombre de Calmés, glissée entre morts et vivants, mêlée à la foule du *Rat gris.* Ravort gît, la gorge fendue, et Beltavolo a son compte. Toussaint est-il mieux ? Il dodeline sur place, la main sur le flanc pour retenir le sang qui s'échappe entre ses doigts. Eva est morte. C'était le combat de trop. À quoi aura-t-il servi ? À nourrir la haine, à couvrir de grenat le sol du *Rat gris.* « Vengeance ! » beuglent d'ailleurs les affidés de Beltavolo. Delaforge est si faible qu'on en finira avec lui. On tuera le lutteur des arènes, le faucheur du chef de la Contrescarpe afin d'achever l'horreur. Tino Mezzalira, *l'homme à la pièce*, est le seul à ne pas bouger. Les autres seconds de feu *capitan* Matamore cernent Delaforge quand la voix de Raymond de la Montagne tonne et s'élève au-dessus des autres :

— Le premier qui avance, je le recommande au diable.

Il tient l'arme de Beltavolo et se montre décidé. Pour preuve, il rejoint Toussaint, arrache son couteau du cœur de Beltavolo, lui glisse dans la main, et se place du côté de son flanc meurtri.

— Pourras-tu marcher ?

Un mouvement du menton suffit.

— Nous allons sortir, annonce-t-il à tue-tête. Je vous laisse la besace. Vous y trouverez assez pour vous battre. Dégagez le passage !

Le ton de l'ancien galérien de Marseille calme les ardeurs. Sa réputation et l'appât du gain font le reste. Les yeux se tournent vers le magot. Se battre pendant que les autres se serviront ? Qu'ils partent, on les retrouvera plus tard. Raymond saisit Toussaint à la taille pour le soutenir. Cahin-caha, ils progressent, desserrent l'étau, mais la sortie du *Rat gris* est loin.

— Écartez-vous !

On le fait. La miséricorde vaut tous les sermons.

— Bois ça…

Au passage, Raymond s'est emparé d'un pichet d'eau qu'il donne au blessé. Le remède a du bon, et le corps, sans doute, s'habitue à la douleur. Toussaint se redresse, tousse, crache, mais s'affaisse à nouveau. Ce n'était qu'un sursis.

— Accroche-toi à moi… murmure le patron du *Chapeau rouge* en raffermissant sa prise.

Il baisse la main qui tient la lame de Beltavolo pour passer le bras de Toussaint sur son épaule. *L'Irlandais*, tapi à l'entrée, n'espérait que ça. Il surgit. Et plante sa hache à découper le cochon dans le dos de Raymond. L'attaque est réussie. Raymond se fige, paralysé par la douleur. Le patron du *Rat gris* va frapper encore pour achever la besogne…

— Arrête !

Derrière, quelqu'un serre *l'Irlandais* à la gorge et l'empêche de respirer.

— Jette ton arme ou je t'étouffe…

C'est la voix de Tino Mezzalira. *L'Irlandais* obéit. L'ancien de Jesolo est connu pour respecter sa parole.

— Beltavolo a voulu ce combat, lâche Mezzalira à voix haute afin que tous entendent. Il a perdu, le lutteur a gagné loyalement. Il nous laisse la besace. Que faut-il de plus ? Raymond la Montagne n'a jamais agi contre nous. Regardez-le : le mal est fait. Regardez-les : ils iront crever plus loin. Allez, dehors ! Il y a eu trop de sang, cette nuit.

Mezzalira a raison. En voyant ces deux-là sortir du *Rat gris*, personne ne donne cher de leur peau. Qui aide qui ? Qui soutient qui ? On les retrouvera à l'aube, dévorés par les rats de la rue Mouffetard. La *Mezza*, la pièce de l'Italien, prédisait la mort du lutteur. Elle ne mentira pas.

*

C'est une ombre en effet qui se penche et murmure. Que dit-elle ? Delaforge croit entendre une prière. *Marie*… Marie est appelée au secours de son enfant. *Marie*, mère de Dieu, et mère de Toussaint, priez pour lui…

*

Parfois, quand il reprend conscience, il lui semble apercevoir des cierges ou sentir le bon encens de l'église. Hier – mais était-ce à l'instant ? –, il entendait chanter. *Ave Maria*, toujours. Un chœur d'enfants comme celui de Montcler. Marie est avec lui. Mais où se trouve Raymond ? L'endroit est si calme, si reposant. Il y a du bon à descendre aux enfers, pense-t-il, puisqu'il ne peut en être autrement. Mais pourquoi Raymond n'est-il pas là ? Sans doute parce que, lui, est monté au paradis…

*

Ce matin, ou ce soir, l'angélus a retenti. Une voix chuchotait près de lui. Il croit comprendre que Louis XIV vient de réchapper à la mort et qu'on parle d'un miracle. Il venait de triompher à la bataille des Dunes, près de Dunkerque quand, soudain, il est tombé dans une sorte de profond évanouissement, et l'on doit sa survie à l'œuvre de ses médecins, et de Dieu, plus sûrement. Toussaint se demande si lui-même est miraculé. Il lui semble avoir vu des anges ou peut-être les aubes des enfants de chœur. Raymond n'est toujours pas apparu. Il se souvient, maintenant : une femme qu'il aimait est morte. Mais quel était son nom ? Et lui, à qui manquera-t-il ?

*

Quand il ferme les yeux, les visages reviennent, se précisent. La jeune fille du Pont-Neuf – comment s'appelait-elle, Hélène, peut-être ? Et qui d'autre encore ? Aurore de Voigny, fille du marquis de La Place, qui lui tend une rose de son jardin. Il grimace en voyant surgir son frère, François, et le révérend Marolles – pourquoi déteste-t-il ces deux-là ? *Passe-Muraille* se penche sur son lit, vérifie que le drap est bordé, comme il le fallait au pensionnat de Montcler. Tous défilent… Raymond manque à l'appel. Raymond de la Montagne ? Toussaint a soif, a mal. Son bras le démange. Il veut l'arracher. C'est peut-être bon signe. Une fois mort, souffre-t-on ?

*

— Toussaint… Toussaint Delaforge…

Il reconnaît cette voix.

— Toussaint, ouvre les yeux…

Il le fait, redoutant d'apercevoir l'antre de Lucifer.

Sur la gauche, tout en haut, il y a des vitraux. Il veut tourner la tête sur la droite ; il en est empêché par une douleur qui lui cisaille le bras et l'épaule. Alors, il regarde devant lui. Et devant, il y a Calmés. Est-il aux galères ? Il faudrait demander à Raymond.

— Où est-il ?

Sa voix est si faible qu'elle lui paraît étrangère.

— De qui parles-tu, mon fils ?

— Raymond de la Montagne…

— Paix à son âme. Il est mort, murmure le préfet de discipline en se signant.

Roué de coups ou écartelé, s'agite Delaforge, poings fermés, prêt à se défendre.

— En bas de la rue Mouffetard, là où je vous ai retrouvés, toi presque mort, et lui…

L'Irlandais ! Tout revient. Beltavolo, Ravort, Eva… Il s'appuie sur le coude gauche. Il va retourner au *Rat gris*. Son couteau ! Il le cherche dans sa botte, se souvient que, la dernière fois, il était sous le bandage de son bras. Il tâtonne… Son bras, où est-il ?

— Il a fallu t'amputer, annonce calmement Calmés.

— Quoi ?

— La gangrène.

Toussaint regarde sa manche, l'agrippe, s'y accroche, cherche… Jusqu'au coude, tout va. Dessous ? Pourtant, il la sent, cette main ; elle le brûle, il sait qu'elle peut encore serrer son couteau et tuer. Tuer, tuer ! Il hurle, tente de se lever, retombe sur sa couche. Trop faible. Non ! Mais la pièce de Mezzalira n'a pas menti. Celui qui se dresse à nouveau n'est plus le lutteur des arènes. Pourtant, il tente encore de prendre appui sur ce bras qui était là et qui… Non ! Il roule sur le côté, ses lèvres qu'aimait Eva touchent terre, boivent la poussière, les larmes s'y mêlent. Il veut disparaître, mourir. Marie, pourquoi n'es-tu pas là ?

— Dieu t'a peut-être puni ainsi, glisse le jésuite calmement.

— Il m'a conduit en enfer ! gémit l'ancien collégien.

— Accepterais-tu que je t'aide à revoir le jour ?

Calmés pose la main sur les cheveux de Toussaint. Sa vie est un sacerdoce. Et il est dit qu'il n'y aura jamais les élus d'un côté, et les maudits de l'autre. Tous vont sur le même chemin et jusqu'au dernier souffle, anges ou démons, cherchent la liberté.

Quatrième Partie
La Gloire ou la mort

Chapitre 19

La chambre reste plongée dans la pénombre, les lourds rideaux doublés de soie sont tirés. Quelqu'un d'invisible vient de ranimer les douze bougies des quatre candélabres encadrant de part et d'autre un baldaquin. La lumière prodiguée est douce, dorée – juste ce qu'il faut pour ne pas troubler le sommeil du malade qui occupe un grand lit installé sous le dais. En passant dans le couloir qui dessert cette pièce, on marche sur la pointe des pieds. Si l'on doit tourner la poignée de la porte, on use de lenteur, on se montre prudent, priant l'huisserie de ne pas grincer. Il s'agit de ne pas réveiller celui qui reçut le 8 juillet 1658 l'extrême-onction, tant on le croyait perdu, et que le Dieu Sauveur secourut en interrompant un *évanouissement* continu auquel se mêlait un flot d'humeurs sombres et morbides.

À n'en pas douter, le retournement qui fit rouvrir les yeux de ce jeune homme est prodigieux. À la mi-juillet, le miraculé – on en parle ainsi – revient de l'enfer. Il mange avec moins de retenue, boit son vin, mais le coupe encore d'eau, sourit de plus en plus nettement, surtout quand Marie Mancini lui rend visite. La grâce siège chez la demoiselle habillée ce matin d'une robe rouge et noire, calculée pour mettre en valeur le galbe de sa taille. Elle ne frappe pas, de peur de déplaire au convalescent, entre à toute heure pour y être autorisée, puis patiente, penchée sur le visage qu'elle idolâtre et désire, espérant que les yeux de son élu se dessillent. Parfois il ne dort pas, mais il fait semblant, soupire, grommelle, gémit afin qu'elle s'approche encore et se penche sur lui jusqu'à ce que sa chevelure brune caresse sa joue. La main de l'adorée s'attarde sur ce front divin et royal tandis que lui l'attire et baise l'orée de sa gorge, submergé par le désir et l'envie. Louis XIV revit et personne, pas même Mazarin, n'oserait le déranger quand il se trouve ainsi.

Louis Dieudonné, roi de France, aime Marie Mancini, la nièce du cardinal – lui-même parrain du roi. Et ce depuis qu'une étrange maladie empoisonna son sang à la bataille des Dunes où il vainquit son cousin, Condé, allié à l'Espagnol. Marie fut de ceux qui ne le quittèrent pas, espérèrent sans retenue sa guérison tandis que d'autres, courtisans assemblés autour du duc d'Orléans, agiotaient sur la succession[1]. Quand le vrai roi sortit de son embarras, il s'adressa à sa nourrice, Pierrette Dufour, qui était restée sans relâche auprès de lui, comme toujours depuis sa plus tendre enfance :

— Dis-moi qui a cru à ma mort ?

La liste fut longue.

— Dis-moi qui l'a sincèrement pleurée ?

— Marie, et plus que nulle autre, répondit Pierrette sans hésiter au grand dam de Mazarin, juge et partie de cette mésalliance.

Depuis, le cœur de ce jeune homme de vingt ans se conjugue avec les récits amoureux des romans de chevalerie dont Marie lui a donné le goût en lui faisant la lecture à haute voix. Quand il se lasse des mots, il invite son amante à partager le même philtre d'amour. Ce matin, ils l'ont fait, bu à la même coupe et connu l'ivresse des sens. Puis Marie s'est retirée afin que repose Sa Majesté.

Que Mazarin se rassure : lorsqu'il se trouve seul, son filleul conçoit d'autres projets qu'une union épique avec sa nièce, même si les caresses lascives de l'Italienne lui manquent dès qu'elle sort

1. Gaston d'Orléans, frère de Louis XIII. Comploteur et frondeur. Rêva de prendre place sur le trône de France. Fut exilé en son château de Blois par Mazarin. Y mourut en 1660.

de sa chambre. L'attaque foudroyante qui faillit l'emporter a produit d'étranges effets sur sa personne. Ce qui ne tue pas grandit, raconte-t-on. C'est vrai, puisqu'il se sent plus fort, plus solide, plus décidé qu'avant. L'apprentissage de la guerre s'achève. La jeunesse s'efface. Mazarin est vieux, las, perclus de douleurs. Viendra le temps de gouverner selon ses désirs[1]. D'être plus grand encore. La crise qui s'achève a balayé l'insouciance. Il doit se préparer à des tâches immenses, à briller tel le soleil.

Dans ce lit éclairé par quatre candélabres, il songe à son père, Louis XIII, si faible sur la fin. Il l'a si peu connu, si peu approché, il n'avait pas même cinq ans à sa mort ! S'il y pense encore, et il a du temps pour cela, lui revient la journée fantastique qui lui fut offerte dans la forêt de Versailles – un des rares moments d'intimité que ce père et ce fils ont partagé. Il se souvient du cerf immense qu'ils croisèrent et dont le roi d'alors, bien que faible et souffrant, triompha. Qu'a-t-il retenu de ce combat silencieux, du face-à-face où le plus solide, l'animal, recula ? Pendant qu'il délirait, submergé par la fièvre, ce passé lointain a ressurgi. Il marchait dans une clairière et ses bottes lui faisaient mal. Il portait une épée de bois trop lourde. Puis le cerf se montra, une bête à ses yeux terrifiante, décidée à foncer. Alors son père, ne cédant jamais à la peur, imposa sa force, son autorité. Avant de s'éteindre, Louis XIII, alité, mourant, comme lui-même l'était hier, évoqua ce moment. *À Versailles, vous apprîtes ce que signifie être fort. Affichez toujours cette vertu car, en étant grand, vous soumettrez le plus féroce de vos ennemis, et vous deviendrez indestructible.*

Louis Dieudonné se dit que le moment d'être celui qu'appelait de ses vœux ce père, ce roi juste, arrive. Demain, ils se promèneront de concert, Marie et lui. Mais l'impatience le gagne. Il veut retourner à Versailles, un bien presque *familial* qu'il considère peut-être comme la part la plus personnelle de l'héritage qu'il

1. Mazarin s'éteint le 6 mars 1661.

reçut. Là-bas, se trouve son vrai royaume. Là-bas, il montrera sa puissance et sa force. Et la grandeur d'un roi.

*

Delaforge sait désormais qu'il se trouve dans l'église de Saint-Médard, située en bas de la rue Mouffetard, côté sud. On l'a installé dans une pièce qui communique avec la sacristie et les jours défilent, scandés par les rites immuables de l'Église. Matines avant l'aube ; laudes au lever du soleil ; prime au point du jour ; tierce à neuf heures ; tierce au zénith ; none après le dîner ; vêpres au coucher du soleil ; complies quand la nuit est tombée. Qu'on fasse silence, qu'on chante les bienfaits de la création ou que l'on psalmodie la vanité des choses terrestres, l'ancien lutteur des arènes y voit le formidable tableau de sa vie. À vingt ans, le voici infirme, voué à la décision de Calmés qui lui rend visite, vérifie que ses plaies cicatrisent, se tait sur la suite. L'avenir ? Toussaint grimace et se moque. Le présent ? Pour manger, simplement pour cela, il lui faut l'aide d'un tiers, souvent un enfant de chœur qui coupe sa viande et lui verse l'eau. Chose faite, il s'allonge sur le lit qu'il n'a guère quitté depuis le 8 juillet 1658, voilà un mois. Dans cette position, il se sent encore fort et puissant. Parfois, il oublie presque qu'il est amputé. Dans sa tête, les gestes du lutteur reviennent, si familiers. La lame siffle, les visages des vaincus défilent. *Dans les arènes, on voit chaque nuit un homme aux yeux gris, couteau en main, affrontant les hommes de tous les milieux. Il croise le fer et triomphe des mercenaires sardes ou maltais, des lutteurs grecs, des aventuriers, des marins perdus, des forçats évadés, des géants, des brutes, des sournois…* Sa rêverie continue. *Lors d'un dernier combat, il affronte un officier de l'armée royale : François de Voigny, fils du marquis de La Place. Et cette fois, il est battu…*

Mais ses yeux s'ouvrent comme ceux de Louis XIV. Il ne sera jamais plus le même. Et cherche qui il pourrait devenir. Grand, fort, puissant ! Lui, il doit y renoncer. La rage le prend. Il serre les poings et croit le faire avec les deux. Il se sent prisonnier, incapable. La nuit dernière, alors que l'église était déserte, il s'est aventuré dans les travées. Il s'accrochait d'une main aux piliers, tâtonnait, cherchait sa voie en se servant de la pâle lumière de l'immense cierge pascal trônant près de l'autel. Son regard s'est échappé par-delà les colonnes de Saint-Médard, par-dessus les toits. Dehors, il y avait la vie. Pourtant, il n'a pas même songé à fuir. Il se sait trop faible. Alors, il est retourné dans sa tanière. Il attend. Ce matin, il a été réveillé par le chant plaintif des grandes orgues situées au-dessus de l'entrée principale. Tous les mardis, le maître de chapelle s'exerce, c'est donc que ce jour est un mardi. Le musicien accroche les notes, se reprend, martèle les mêmes gammes discordantes, assassine la *Missa de Beata Virgine* de Josquin des Prés[1], une belle messe habituellement chantée. Toussaint se retient de hurler. Il ne doit pas. Le supplice cesse enfin. L'organiste parle fort maintenant, à haute voix, et un homme s'est joint à lui. Il pourrait s'agir du menuisier Germain Pillon, l'artiste qui a fabriqué le buffet habillant l'instrument de musique. Ils règlent quelques détails. Les graves ne vibrent pas assez, croit deviner Toussaint. Ils ignorent sa présence, clandestine et invisible. Un proscrit caché dans la sacristie comme au temps de Montcler quand il s'était réfugié dans la chapelle. Saint Médard est le protecteur des prisonniers, mais qui est Calmés, celui qui le fouetta lorsqu'il n'était qu'un enfant et qui, aujourd'hui, semble veiller sur lui ?

*

Ce n'est qu'une question parmi tant d'autres. Maintenant que le temps s'étire et n'en finit plus, Toussaint Delaforge en consomme à foison et ressasse ces années d'antan, perdues, inutiles, sombres. Pour s'être plié tant de fois à cet exercice depuis un mois, il a pour ainsi dire classé sa vie, l'a organisée entre bons et

1. Josquin Lebloitte dit Josquin des Prés (1440-1521). Célèbre compositeur de la Renaissance.

mauvais moments et ne peut s'empêcher de débuter par le meilleur. Lui vient d'abord sa prime enfance, insouciante et naïve, ignorant le malheur qui entourait sa naissance. Une époque sans haine, sans interrogation, sans aigreur, bercée par la tendresse de Berthe, la gentille cuisinière, et l'affection d'Aurore. Il lui faut faire un effort pour ne pas laisser entrer la colère dans cette scène, se concentrer pour que François de Voigny ne vienne souiller ce tableau et parce qu'il n'y résiste pas assez, la rage prend la suite. Ce sont les années de Montcler, la barbarie des nuits et l'odieux Ravort qui surgissent. Tout se mélange alors comme dans une boule de feu. La dernière image de *Traîne la patte*, cou taillé par la lame de Beltavolo, apparaît. Si le *concilatore* de la Bastille était le complice du chef de la Contrescarpe, aurait-il été éliminé ? Parfois, il conclut que oui ; parfois que non. Tout se brouille. Le voilà en train de penser à Eva, morte pour rien, à Raymond de la Montagne, mort pour l'avoir sauvé. Calmés lui a au moins expliqué où il les avait trouvés : à cent pas de la place de la Contrescarpe, comme le prédisait Tino Mezzalira : lui, à l'agonie ; l'autre, roide. Mais comment *Passe-Muraille* a-t-il fait pour se trouver là ? Ce dernier sourit :

— C'est encore trop tôt. Il faut te reposer.

Toussaint en est réduit à obéir. Avant de décider de la suite, il tente d'y voir clair dans son passé. La revue de ce qui était agréable se termine déjà. Que reste-t-il de ces vingt années ? Le sang, la rancœur, l'animosité. Non, il n'a pas oublié Marolles et ses manières secrètes de masquer la vérité. Qui était sa mère ? De quel père est-il né ? Ces interrogations n'ont jamais cessé de l'obséder et il n'a jamais renoncé à percer le sombre, à fendre la carcasse du jésuite. Il y pensait en se battant, à lui, le parrain, et au fils de La Place. Oui, leur tour viendrait. Plus il triomphait, plus sa conviction se renforçait. Il forcerait un jour les hauts murs de l'hôtel de la rue de la Couture-Sainte-Catherine. Il se présenterait dans le vestibule, affronterait le miroir de Murano. Il arracherait les mots de la bouche du marquis, de son fils, du jésuite. *Cent livres pour acheter mon silence ? Cent livres, ce n'était rien ! Je suis riche, j'existe, je suis aimé d'une femme belle ! Maintenant, parlez !* Il n'avait plus peur, pas même de faire face à Aurore, à la morgue des gens de son milieu. Grand, fort, puissant, il l'était ! Il y croit encore à cet instant, quand son regard brûlant s'échappe, divague, revient sur la manche de sa chemise ballottant dans le vide. Il lui faut un moment avant de comprendre à qui appartient ce moignon. Il cherche son couteau caché sous le lit, le saisit de la main gauche et le lance pour le planter dans le bois du petit autel de la sacristie. Avant, il ne ratait jamais ce geste, répété mille fois. Mais aujourd'hui, la trajectoire n'est plus droite, la lame hésite, ripe, rebondit sur un calice qui fait basculer une croix, et le tout vient mourir au sol. La pointe du couteau est cassée. Les orgues se sont tues. Le musicien et le menuisier Pillon ont entendu le bruit. On marche dans l'église, s'approche de la sacristie. La porte s'ouvre. Calmés montre son visage, sa chevelure grise, sa soutane usée. Et son regard rude en découvrant le christ à terre :

— Veux-tu que l'on t'arrête ?

*

Passe-Muraille ne porte pas ce surnom par hasard. Depuis que Toussaint Delaforge ne s'est pas présenté à Montcler, il suit l'ancien collégien. Le premier jour, il s'est rendu chez Joseph de Marolles, passant par le Pont-Neuf et, sans le savoir, près du fugitif. Calmés se souvient d'un entretien pénible, fait de silence et de sournoiseries, la première d'entre elles étant que son hôte ne s'était pas montré étonné d'apprendre que son filleul n'avait pas rejoint le pensionnat. Pouvait-il expliquer pourquoi il semblait y être préparé ? Marolles avait parlé d'un garçon méconnaissable, emporté, violent, excessif, faisant table rase du passé et du respect dû à son parrain.

— Il semblait hanté, ajouta Marolles, sachant que ce mot ferait mouche.

— Une sorte de folie ? corrigea le préfet de discipline.

— Extrême et inquiétante, répondit son vis-à-vis.

— Le jugement est grave, reprit Calmés en songeant toutefois à l'affaire Ravort. Connaissez-vous la cause de cet… emportement ?

Un mouvement d'épaules puis un soupir laissèrent entendre que le mystère demeurait entier. Seul le Saint-Esprit pouvait l'éclairer.

— Compte tenu de l'état préoccupant de votre filleul, n'avez-vous pas jugé utile de le raccompagner jusqu'à Montcler ?

— Eh ! Il a fui…

— Vous n'avez pas souhaité me prévenir ?

— J'étais décidé à vous rendre visite quand vous avez surgi… prétendit-t-il du tac au tac, mettant fin au débat.

Marolles n'avait donc rien à dire, une attitude bien étrange pour un parrain. Se méfiant de ce jésuite aux apparences pourtant honnêtes, Calmés l'avait sondé sur le passé, cherchant par tous les moyens à éclairer la personnalité d'un collégien secret. Selon sa méthode, le préfet de discipline voulait comprendre l'âme des coupables avant de trancher entre châtiment ou absolution. Marolles, qui ignorait encore le drame visant Ravort, se montra peu disert, méfiant, sur ses gardes, soucieux de lisser le portrait qu'on lui réclamait, usant de banalités affligeantes, et s'interrogeant *in petto* sur les raisons poussant ce prêtre mal fagoté à le soumettre à la torture à propos d'un garçon qu'il avait fréquenté quotidiennement pendant sept années et dont il connaissait mieux que quiconque les vices et travers. Mais bon, la journée avait été éprouvante, et s'il fallait courber le dos pour qu'elle s'achève enfin…

Au moins, il apprenait une excellente nouvelle : Toussaint respectait sa promesse. Ils s'étaient évanouis, lui et sa bourse. Et si on le coinçait, il serait aisé pour le confesseur du marquis de La Place de jurer qu'il n'avait rien donné, ou mieux, que son filleul l'avait volé… Un mensonge de ce genre qui aggraverait la punition, et l'éloignerait davantage. Ainsi, l'heure d'avant, il tremblait. Désormais, tout s'apaisait. Par méfiance, il était jusque-là resté sur la défensive, et peut-être trop. Aussi, au moment de conclure l'entretien, lui vint-il l'idée de prouver qu'il était l'homme généreux qu'il s'efforçait de paraître. Le mieux, se dit-il, consistait à rappeler, avec modestie et compassion, les circonstances dans lesquelles il soutenait que l'enfant avait été trouvé. Il déballa sa version, celle du nourrisson geignant quai de Seine près du Pont-Neuf, dans les bras d'une mère mourante. Et lui, héritant d'un prénom, celui de Toussaint, et d'une promesse : secourir un nouveau-né. Il n'avait qu'à conclure ce long discours en évoquant la commisération qui cheminait aux côtés du sacerdoce du jésuite. Persuadé d'avoir été reçu par la charité même, Calmés se laisserait guider vers la sortie. Hélas ! ce ne fut pas du tout ce qui se produisit. Son visiteur connaissait ce récit depuis le jour où Marolles s'était présenté à Montcler pour y faire accepter son filleul. Il trouvait l'histoire quelque peu idéale. Parfaite. Proprette, en réalité. Il en désirait plus.

— Avez-vous creusé la piste ? rebondit *Passe-Muraille* en ne lâchant pas les accoudoirs de son fauteuil.

— Que voulez-vous dire ? balbutia l'autre.

— Avez-vous cherché à savoir qui était cette jeune femme ? Si elle avait des parents ? Toussaint n'avait-il vraiment aucune famille ?

Calmés le fixait de cet air qui effrayait les collégiens :

— D'ailleurs, comment s'appelait-elle ?

— Marie, chuchota Marolles, pris au piège.

On lui arrachait les tripes.

— Rien d'autre ? ne céda pas l'inquisiteur.

— Je le jure…

Des mots qui heurtaient le préfet de discipline, tant ils avaient été prononcés sans l'once d'une conviction.

— Dans ce cas… murmura-t-il simplement.

Marolles se leva pour en terminer. Il étouffait.

— Si vous découvrez quoi que ce soit… recommença Calmés.

— C'est entendu, le coupa-t-on aussitôt en tendant une main pressée de dire adieu.

Mais Calmés la retint. Sa poigne était ferme. Marolles s'affola.

— Je dois vous apprendre ceci…

*

La probité du préfet de discipline l'obligeait à aborder le cas de Ravort et la menace qui planait sur Toussaint Delaforge. Il serait puni gravement… Marolles ne répondit rien, mais se convainquit que ces événements ne tournaient pas totalement au désastre. Voilà qui le sauvait et rendait ce garçon infréquentable. On le trouverait avec son trésor. Le vol s'ajouterait à la barbarie d'une défenestration. Et adieu ! La scène s'éclairait, le poids se fit moins lourd. Il se mordit les lèvres pour ne pas sourire, mais *Passe-Muraille* nota le rictus que n'avait pu retenir Joseph de Marolles en apprenant que son filleul hériterait peut-être de la galère pour la tentative de meurtre sur un élève. Oui, derrière les manières policées et l'affliction de façade, se cachait une réjouissance malsaine, comme s'il s'en félicitait, comme si la chape de plomb qu'il portait depuis des années venait de se dissoudre. Le sort de son filleul ne lui appartenant plus, se sentait-il comme libéré de ses obligations ?

Tant d'indifférence et de dédain pour le sort d'autrui firent douter le préfet de discipline. Aiguisé par la fréquentation des pensionnaires et se reprochant de ne pas avoir vu venir le conflit entre Delaforge et Ravort, Calmés se méfiait de plus en plus de tout, et, ce jour-là, de Marolles en particulier. Sitôt franchi le seuil de l'hôtel des La Place, il rejoignit le collège, espérant que son élève y serait revenu. Il se donna une semaine avant de retourner voir Marolles. Cette fois, le parrain ne cacha pas son agacement. Il fallait en déduire que celui-ci tournait la page. Ou qu'il refusait de coopérer.

— Je vais être franc, dit-il en recevant le préfet de discipline debout, dans l'entrée, et sans égard. Je me porterais mieux si je n'entendais plus parler de ce misérable.

Il semblait à bout de nerfs.

— Cette… erreur de la nature, ajouta-t-il sans réfléchir.

La haine apparaissait, mûrissait. Calmés la laissa s'épanouir en se gardant de réagir.

— Oui, je regrette que mes pas m'aient conduit sur le quai du Pont-Neuf. Je regrette ma générosité, ou plutôt la curiosité qui m'a conduit vers cette femme. J'y songe comme à un égarement…

Sans doute comprit-il, mais un peu tard, les conséquences de ses mots. L'opprobre était si définitive qu'il crut bon de se justifier :

— Ai-je tort de parler ainsi ? Voyez le mal que ce foutriquet produit. Par sa faute, un de vos collégiens est infirme. Qu'allons-nous apprendre encore ? Il aura volé ? Tué pour de bon ?

Sa voix se mit à trembler :

— Une nuit, j'ai tourné le regard vers la misère des autres. Mais ce fut peut-être... Oui, c'était une erreur... Une faute capitale...

Plus rien du poseur n'existait.

— Qui me guidait alors ?

Il fixa Calmés intensément, étrangement.

— Saviez-vous que le diable peut se glisser dans une bonne action ?

Mais c'était à lui-même qu'il s'adressait, à son âme torturée, rongée par le doute et d'autres choses qui n'appartenaient qu'à Dieu. Pour la première fois, Calmés le crut sincère et il ne lui vint que l'idée de se porter à son secours :

— Parlez-vous de ce moment où vous avez sauvé un enfant ?

Aussitôt, Marolles se ressaisit. Il ferma nerveusement les yeux plusieurs fois. Il semblait découvrir le visiteur :

— Bien sûr ! De quoi d'autre ?

— Dans ce cas, ne doutez plus. Le Seigneur se trouvait à vos côtés.

— Dans ce cas, répéta-t-il, je n'ai plus rien à vous apprendre.

Le visage du confesseur du marquis de La Place se ferma et, sans prononcer d'autres mots, il disparut dans l'hôtel de la rue de la Couture-Sainte-Catherine.

*

Tant de troubles, tant de violence et d'égarements ne firent qu'accroître les soupçons du préfet de discipline. Son confrère jésuite ne montrait aucune mansuétude pour Delaforge, aucun pardon, une position contraire à la vocation même du pasteur.

Comment pouvait-on parler d'erreur lorsqu'il s'agissait de sauver une vie, même la plus exécrable ? Apparemment, l'entretien s'était conclu sans lendemain. À quoi bon aller et venir entre le Quartier latin et le Marais si plus rien n'en sortait ? Pourtant, Calmés se refusa à lâcher prise. Marolles avait parlé du Pont-Neuf. C'était la genèse de l'existence de Toussaint et, de l'avis même de son parrain, cet orphelin semblait hanté par le lieu. Il avait exigé d'y revenir dès sa sortie de Montcler et c'était ici, toujours selon le même, que sa *folie* avait éclaté. Logiquement, Calmés imagina que son collégien connaissait peu Paris et si l'endroit lui était pour ainsi dire *familier*, il se pouvait qu'il ait fait le choix de s'y cacher. Ne dit-on pas que l'homme sans refuge, abandonné de tous, revient toujours à ses origines ?

Quelle que soit la raison, il décida qu'il fallait débuter par là et s'arrêta au Pont-Neuf au retour de sa visite, rue de la Couture-Sainte-Catherine. La nuit tombait quand il se présenta sur le quai et il aimait ce moment entre chien et loup, camouflage parfait du *Passe-Muraille*. La faune était sordide, et il lui vint l'idée que Marolles ne lui avait jamais expliqué ce qu'il était venu y faire seize ans plus tôt. Mais déjà, on l'entourait, cherchant ce que cachait sa soutane usée. Il fit face, raide et sévère, imposant ses manières à deux soudards qui se mirent presque au garde-à-vous.

— Un jeune homme ? ricana le premier. Ici, ça ne manque pas.

— Un balafré, dites-vous ? répéta son compère quand Calmés l'interrogea.

La pêche devint miraculeuse.

— Ah oui ! Une cicatrice sur la joue. Et un beau lutteur…

Cela remontait à une semaine environ, autant dire au jour de sa fugue. *Passe Muraille* se força à ne rien montrer.

— Par les couilles d'Adam ! renchérit l'acolyte. Mille excuses, mon père… Une sacrée bagarre. Et beaucoup de pièces à la clé !

— Il en pleuvait comme ce jour où Jésus multiplia les pains…

— Mais où était le garçon ? s'impatienta Calmés.

Les choses se compliquèrent. Il avait été dépouillé et blessé sérieusement. Autre chose ? Une fille, racontaient-ils, l'avait soigné. Il était resté deux ou trois jours. Puis il avait disparu.

— La fille ? Vous en demandez trop, monsieur l'abbé…

Le fripon gonfla les joues et les vida d'un coup, expédiant dans l'air des relents d'ail et de vin.

— C'est sa manière à lui de dire qu'on la connaît pas, expliqua son voisin. Pourtant, les filles, c'est pas ça qui manque ici…

Il oublia de préciser que le quai accueillait une peuplade de jour, et une autre la nuit, et que les deux s'évitaient.

— Soyez bénis, remercia à sa façon Calmés.

Les deux autres s'évanouirent dans la nuit. *Passe-Muraille* reprit le chemin de Montcler en se promettant de revenir autant de fois que nécessaire pour trouver cette fille mystérieuse. Et l'origine du « trésor » dont les pendards avaient parlé.

*

Méfiant, Calmés se garda de donner ces détails à Marolles. Et il en fut toujours ainsi quand il s'entêtait à se présenter de temps à autre, par surprise, rue de la Couture-Sainte-Catherine, pour y être très mal reçu – ce dont il se moquait éperdument. En rentrant au collège, l'obstiné passait par le quai et faisait chou blanc. Puis il cessa ses visites chez le marquis de La Place qui ne servaient à rien, du moins les espaça, se décidant enfin, mais des mois plus tard, à franchir à nouveau la Seine afin de revoir Marolles, peut-être pour la dernière fois. Il lui vint alors l'idée de varier les heures et d'en choisir de plus chrétiennes. Ce coup-ci, il s'arrêta sur le quai avant de se rendre dans le Marais, constatant aussitôt que le peuple diurne du Pont-Neuf n'avait rien de commun avec le monde nocturne qu'il n'avait eu de cesse d'interroger. Pourquoi n'y avait-il pas songé plus tôt ? se reprocha-t-il. Sans doute avait-il confusément assimilé le fuyard à l'ombre, et c'était une erreur. La nuit n'étant pas tombée, la prise fut excellente. Jamais lassé de poser la même question – en cherchant bien, si besoin en remontant le temps, en somme en faisant un effort et pour le bien de Dieu, avait-on aperçu un jour ou l'autre un jeune homme portant une cicatrice ? –, il se dirigea vers un groupe de lavandières qui s'arrêtèrent de jurer en voyant la soutane.

— Le garçon à la cicatrice ? reprit la plus rapide, une costaude qui suait sang et eau. Voyez plutôt cette fille là-bas qui bat le linge.

— C'est son amie, crut utile d'ajouter sa voisine.

Le cœur battant plus fort qu'il ne l'aurait voulu, le prêtre marcha vers elle. En entendant son pas, elle se releva, se massa le dos et tourna la tête. De suite, il fut rassuré par le regard doux et, sans hésiter, lui dit :

— Je cherche Toussaint...

Hélène sourit en entendant ce prénom.

Et Calmés remercia le Seigneur de l'avoir conduit au bon chemin.

— Je ne lui veux aucun mal, crut-il nécessaire d'ajouter.

— Je le vois dans vos yeux.

— Sans doute parce qu'ils vous cherchent depuis longtemps.

C'est elle, reconnut la jeune femme aussitôt, tant elle aimait parler de lui, qui avait soigné Toussaint, blessé par les détrousseurs en voulant à sa bourse.

— Une fortune, confessa-t-elle naïvement.

Et en demandant quand, Calmés découvrit que l'affaire s'était produite le jour de sa fugue, et probablement en arrivant de la rue de la Couture-Sainte-Catherine. D'où provenait cette bourse qui, selon la lavandière, contenait des centaines de livres ? L'avait-il volée ? L'idée que le marquis de La Place pût être la victime lui traversa l'esprit, mais il y renonça. Marolles n'aurait pas manqué d'en parler. Calmés garda ces questions pour lui. Hélène aurait pu s'effrayer. L'expérience lui avait enseigné que les meilleures confessions s'obtenaient par le silence et de discrets hochements de tête. Ainsi, il apprit que Toussaint lui rendait visite, mais de moins en moins souvent, la dernière remontant à deux mois et elle en ressentait de l'inquiétude puisqu'elle savait qu'il se battait dans les anciennes arènes. Calmés n'alla pas plus loin, d'autant qu'elle étouffait ses sanglots. Son chagrin s'expliquait par le fait qu'elle quitterait Paris, sans doute sans l'avoir revu. Elle partait pour Tudela, un village au-delà des Pyrénées.

— Je m'en vais demain. J'ai même vendu le lit que j'occupais…

Elle tordait ses mains rougies par le froid.

Le prêtre promit de prier afin que le Seigneur veille sur son voyage, et repartit à Montcler sans aller voir Marolles, muni d'un détail crucial : Delaforge fréquentait le *Chapeau rouge*. Le reste fut affaire de finesse et d'observation. Des arènes de Paris à la taverne de *l'Irlandais*, place de la Contrescarpe, il suivait la trace de son gibier. Et s'en approchait.

*

Pourquoi ne le dénonçait-il pas ? La réponse appartenait à la part d'incertitude – de libre arbitrage – que le Seigneur glisse dans Ses créatures et auquel le jésuite était attaché. Calmés avait droit de décider seul, en son âme et conscience, selon ce qu'il reconstruisait au fil des découvertes. Delaforge était-il un démon ? La question le taraudait. Il y pensait à la façon dont Ravort avait été défenestré. Et parfois il doutait. Ainsi, la sincérité de Marolles, procureur excessif et implacable, était discutable. Mais il y avait plus que la violence des mots, le jugement sans appel, les silences, la méfiance de l'homme. Calmés, en limier averti, gardait pour lui un témoignage troublant, et peut-être capital. Au fur et à mesure de ses visites, il avait fini par mieux cerner le peuple bigarré du Pont-Neuf, s'habituant aux visages, les classant par genre, distinguant bientôt l'ivraie du bon grain. Tous ne se rangeaient pas dans la caste des filous, des forbans, des coupe-jarrets baignant dans la lie. Hélène, par exemple, appartenait à ceux que le sort défavorisait. Ce prêtre, issu d'une souche modeste, doté d'une foi de charbonnier, un campagnard, aîné d'une lignée de dix enfants élevés dans l'amour du prochain, s'efforçait de n'en rejeter aucun de prime abord. Sans qu'il devienne un familier, son refus des préjugés le fit accepter par la faune nocturne, mais en y réfléchissant, *tolérer* serait plus exact. À force de se montrer ainsi, droit dans ses bottes, irréprochable, cherchant honnêtement un garçon balafré, on s'habituait à lui. Et si d'aucuns se moquaient du curé grisonnant plus têtu qu'un Don Quichotte courant après les moulins, d'autres venaient lui demander de l'aide, en secret – un sou ou deux –, et il s'exécutait autant que sa bourse le pouvait, non pour soudoyer, mais afin de soulager la misère.

Il en était une toutefois, vieille femme détestable et laide, qu'il avait prise en horreur comme ceux qui la côtoyaient. À la nuit tombée, Paillard – le nom qu'elle se donnait –, se trouvait au pied d'un pilier, avachie et ivre, jupes retournées, vautrée dans la fange que la Seine déversait sur le quai. S'il passait un quidam, elle hurlait de s'écarter car le diable lui tenait compagnie, et autant d'autres menaces qui impressionnaient le commun, mais guère *Passe-Muraille.* Un soir, délaissant ses recherches, il s'intéressa à cette âme noire. Aussi, faisant fi des injures, s'approcha-t-il de *la vieille à deux dents*, quand le seul fait de tourner une épaule vers elle et de la fixer déchaîna son charabia :

— Recule, sale corbeau ! Je connais ceux de ta race. Tordus et menteurs…

Elle se recroquevilla tel un chien enragé, cherchant d'une main tremblante une pierre pour se défendre. Fiévreuse et pleine de vin, elle délire, se dit Calmés. Mais il s'agit d'une pécheresse que l'Éternel met sur le chemin du pasteur pour éprouver sa foi. Aussi, fit-il un pas.

— N'avance pas, je te dis.

— Pourquoi tant de haine ? murmura *Passe-Muraille.*

Elle redressa son torse étique en s'appuyant sur les mains :

— Par la faute d'un des tiens, j'irai bientôt servir le diable. Sois maudit comme le loup de ton espèce qui me força au pire.

Pourquoi accusait-elle un prêtre ? Voilà qui méritait de laisser de côté Toussaint, au moins un instant.

— Personne ne va aux enfers s'il se repent de sa faute, soutint-il doucement en ne lâchant pas son regard. Qu'avez-vous fait ? Dites-le moi, et vous serez pardonnée…

La vieille vacilla, dodelina de la tête, emportée par la vinasse qui lui soufflait de s'abandonner. Elle se mit à hoqueter, crachant sur sa robe une sorte de bile nauséeuse qui se mêlait à son souffle et fit croire à Calmés qu'elle s'étouffait. En se souvenant que Dieu lui imposait une épreuve, qu'il en était ainsi de son sacerdoce, il se pencha pour la redresser. L'odeur était pestilentielle, insupportable et lui-même fut pris de nausée. Mais l'Esprit saint se trouvait non loin du jésuite, car elle rouvrit les yeux :

— Tu n'es pas comme l'autre. Je le sais. Je suis devineresse...

Quel autre ? Sa voix était plus solide. Elle agrippa sa main, la serra tant que ses ongles entraient dans la paume de Calmés qui pria pour qu'On lui donne la force de ne pas se détacher.

— Je te reconnais. Tu cherches le garçon balafré...

— Oui, dit-il simplement en tentant de calmer sa respiration.

Une langue d'ébène se montra. Des dents, il n'y en avait plus.

— Ce gamin est comme l'ombre. Tu ne l'attraperas jamais, toi, le gentil corbeau...

Elle se mit à rire comme la folle qu'elle était :

— Même la mort n'en a pas voulu !

— Comment le savez-vous ?

Elle le sonda longuement et cracha à ses pieds :

— Tu parles à celle qui l'a aidé à naître...

Sa tête s'inclina. Elle s'échappait à nouveau, renonçait. Malgré le dégoût, le jésuite la saisit aux épaules. Il voulait qu'elle lui révèle tout ce qu'elle savait.

— Ne me touche pas, corbeau ! Je pourrais encore te tuer...

— Vous étiez ici, près de l'enfant, quand il est né, c'est cela ? tenta-t-il en la secouant doucement.

L'autre tangua, hésita, se souvint peut-être qu'elle vivait encore.

— Je l'ai aidé à vivre, répéta-t-elle. Il faut qu'on le sache. Il faut le dire à ton Dieu avant que je crève à mon tour...

— Rassurez-vous. Il vous en rendra grâce. Voilà une action qui comptera au moment de vous présenter devant Lui.

Mais ces mots ne l'apaisèrent pas. Bien au contraire, une lueur cruelle enflamma son iris :

— Il me demandera alors pourquoi j'ai pris celle de sa mère…

Paillard se tut. Le Styx l'emportait peut-être. Et combien de fois en avait-il été ainsi, le ciel l'abandonnant au seuil de la nuit, yeux vitreux et mi-clos, pour la faire renaître à l'aube ? Qu'elle meure ou réchappe à son délire, Calmés était persuadé qu'il n'apprendrait plus rien à cette heure et pour se séparer d'elle, il lui fallut tirer, tirer jusqu'à ce que leurs doigts se décroisent.

*

Sa main était encore engourdie quand il traversa le Pont-Neuf afin de rejoindre Montcler. Paillard avait-elle réellement pris la vie de Marie, la mère de Toussaint ? Et comment ? Marolles était-il le *corbeau* qu'elle maudissait ? Autant de questions ne se régleraient pas en une nuit. À ces mystères, s'ajoutait celui de Delaforge qui s'infligeait seul, comme la *vieille à deux dents*, pécheresse dévorée de remords, son propre châtiment. Installé dans la peau du lutteur, risque-tout, provoquant plus sûrement les souffrances et les douleurs que si on le traînait au bûcher, l'ancien collégien, avait donc expliqué Hélène, narguait la mort aux arènes de Lutèce. Pis, avait-elle ajouté, il ne la craignait point, se moquant de ses blessures et paraissant parfois s'en réjouir. Était-ce à cause de son passé, de plus en plus troublant, ou parce que sa *nature* était viciée, comme l'avait soutenu Marolles ? Ce que savait désormais Calmés remettait en cause la thèse du parrain retors et débouchait sur des interrogations abyssales, laissant croire à une sorte de cabale, à un ignoble mensonge. Et absolvait en partie la culpabilité du filleul. Du moins, l'excusait. Coupable, ou non, de sa vie ? Les fondements étaient corrompus. Sans bases saines, l'arbre ne pouvait pousser droit, et le responsable n'était plus la jeune pousse, mais le tuteur. Voilà qui éclairait le passé, mais n'annonçait rien de bon pour le futur. Redressait-on ce qui avait été tordu ?

La mission plaisait au ministère de Calmés : Toussaint pouvait-il être sauvé ? C'était croire – ou espérer – que la *nature* restait bonne, que la fange ne corrompait pas totalement l'humus. Que l'espoir, vertu enracinée dans le cœur de ce prêtre, perdurait. En somme, afin de trancher entre le Bien et le Mal, il fallait approcher le sujet qui réunissait tant d'incertitudes, et le faire ne fut pas aisé, même pour *Passe-Muraille.*

Mais un soir, il se décide. Il approche du *Chapeau rouge*, rôde, mêle sa soutane à l'ombre, tourne en rond et se voit récompensé de ses efforts. Toussaint sort. Il le suit, lui et un autre – sans doute le patron de la taverne puisqu'il vient d'en fermer la porte. Où vont-ils ? Par tous les saints ! Comme l'annonçait Hélène, ce sont bien les arènes, malfamées pour les combats qui s'y déroulent. Et qui voit-il ? Ravort tordu, boiteux, associé à Delaforge, le lutteur masqué. Que penser de l'attelage, d'une alliance impossible ? Un non-sens pour un être aux pensées carrées. Si la victime – Ravort – n'accable pas son bourreau – Delaforge –, Calmés doit-il le faire ? Sa conscience s'agite. Il lui vient que Ravort a peut-être menti sur le nom de son agresseur, et renonce aussitôt à cette idée saugrenue, sans s'accrocher à aucune autre. Il se torture, abandonne… Qu'ils aillent au diable ! La *nature* de ces hommes est trop compliquée. Et il y revient quand même.

Il lui faut de l'obstination pour se présenter à nouveau aux arènes, plus discret qu'un chat noir. Cette fois, il s'intéresse – et le regrette – au combat. En observant la scène, *Passe-Muraille* calcule qu'il peut approcher de l'invincible lorsque les flambeaux s'éteignent. Et pendant que les parieurs sont à leur affaire autour de Ravort, il voit Toussaint penché sur sa proie, ne l'achevant pas, murmurant qu'elle s'éteint par sa faute pour avoir voulu défier la mort. Si le préfet de discipline y réfléchit encore, pourquoi le lutteur se bat-il au couteau quand son adversaire est lourdement armé ? Surgissent d'insondables questions. Qui Toussaint cherche-t-il à faire disparaître ? Lui ou son ennemi ? En effet, rien n'est clair, rien n'est sûr. Contrairement aux accusations de Marolles, ce n'est pas un *monstre, un misérable, une erreur de la nature.* Il n'est peut-être qu'un orphelin à qui on a menti.

Calmés s'efface dans la nuit avant d'être repéré, rongé par le doute qu'il ne peut partager avec ses coreligionnaires de Montcler.

Il veut oublier, n'y parvient pas. Une troisième fois, il réapparaît aux arènes, tombe sur le centième combat de Delaforge et décide de tout entreprendre pour arrêter ce massacre, cette orgie de sang, ce suicide qui n'avoue pas son nom. De gré ou de force, par celle que Dieu lui donne, il agira afin que ce soit le dernier.

Renonçant à la prudence, il avance dans le cercle, s'adresse au vainqueur, lui ordonne de donner son arme. On ne l'écoute pas. Donc le pécheur a choisi. Calmés le dénoncera pour empêcher sa propre fin. Et, puisqu'il ne veut pas céder, qu'il fuit, *Passe-Muraille* entre dans sa trace et arrive au *Rat gris*.

La suite est insoutenable. Quand il voit Toussaint sortir avec Raymond de la Montagne, exsangues tous deux, prêts à mourir, il n'a que le temps de courir réveiller les frères de Saint-Médard. De l'aide ! Il en obtient. Le plus vieux s'éteint, le plus jeune… Voilà. Ils sont dans la sacristie. Toussaint délire, bientôt la blessure s'infecte, la peau se décompose, la vermine niche dessous, le bras pue horriblement. Il faut couper – rompre avec le passé ? Calmés y songe comme au purgatoire. C'est le sort misérablement humain de ceux qui lavent leur faute.

Maintenant, l'heure est venue de conclure. Quel chemin empruntera Toussaint ?

*

Ce mardi de fin juillet 1658, Calmés se présente à Delaforge. Il vient demander à un jeune homme de vingt ans qui a connu plus de vies que tant d'autres s'il a décidé de mettre fin à celles qu'il a connues. Il veut savoir si son sujet peut être sauvé. Ange ou démon ? Pour décider enfin, il est prêt à lui apprendre la vérité.

Chapitre 20

ILS SONT SEULS, face à face, dans la sacristie de l'église Saint-Médard. À l'autre bout, l'organiste et le charpentier Germain Pillon vérifient la qualité du sommier, le cœur des orgues, distillant les sons du bel instrument qui, dimanche, louangera Dieu, élèvera le cœur des paroissiens. Leurs voix sont lointaines, étouffées. C'est donc qu'ils ne peuvent entendre ce qui se dit ici, près du tabernacle et du petit autel en désordre depuis que Toussaint y a jeté son couteau.

— Tu sais maintenant comment je t'ai retrouvé, souffle Calmés en ramassant le calice que Delaforge a renversé.

Le jésuite procède par touches, avance lentement. Ainsi, n'a-t-il pas encore parlé des aveux de Paillard et de l'étrange découverte qui a suivi.

— Pourquoi ne m'avez-vous jamais dénoncé ?

Ta vie est étrange, ton passé mystérieux, pourrait-il répondre. Qui faut-il condamner, qui es-tu vraiment ? Le lutteur des arènes, le collégien secret, brutal de Montcler ? Ai-je tort ou raison d'accuser Joseph de Marolles de t'avoir menti et, en cela, poussé à la déraison ? Dois-je te dire où tu es né et de quelle étrange façon ?

— J'ai voulu te laisser aller jusqu'au bout de ta route, répond-il simplement.

Son opinion est fragile, il redoute tant ce qu'il a déniché ! À supposer qu'il ne se soit pas trompé. Faut-il apprendre ce qu'il sait à son protégé ? se répète-t-il. Quelle sera sa réaction ?

Delaforge brandit son bras coupé :
— Ma route ! Parlez-en comme d'une souricière…

*

Calmés s'en défend, mais ce jeune homme le trouble. Non, ce n'est pas physique, encore moins charnel, du moins il ne le croit pas. Mais l'attirance est là, depuis toujours. Est-ce aussi pourquoi il ne l'a pas trahi ?

Aux premiers temps de Montcler, il avait été impressionné par le mystère de ce regard gris, ces lèvres toujours serrées, ce visage ourlé d'une cicatrice étrange et profonde dont certains pensionnaires se moquaient, quand d'autres s'en effrayaient. Il avait presque à regret puni l'enfant, convaincu que la peur de ce nouveau monde expliquait pour beaucoup qu'il se soit caché dans la chapelle du collège. Par la suite, il n'avait eu qu'à se féliciter de la docilité de l'élève, encore que, ce mot – docile – ne fût jamais approprié. Toussaint allait parmi les autres sur une île désertée par ses pairs. Il ne se plaignait jamais, ne manifestait aucun désir, prenait ce qui venait, nourriture terrestre et spirituelle, sans intérêt. Pourtant, lors des travaux de consolidation de la chapelle, son regard s'éclaircit, les mots sortirent de sa bouche.

Le maçon Pontgallet avait mis sens dessus dessous l'ordre immuable de Montcler. Nombre de collégiens prenaient ce prétexte pour déserter la chorale et alléger le *pensum* des prières. Delaforge avait été le seul à s'intéresser à la magie du bâtisseur. On le voyait porter des pierres trop lourdes pour lui, poser moult questions sur la taille, le mortier, la chaux, l'édification miraculeuse d'une voûte romane suspendue dans le ciel, soutenant toutes ses fractions agrippées entre elles. Comment *faire voler* plus lourd que l'air ? Les anges y étaient-ils pour quelque chose ? Le préfet de discipline surveillait ce bonhomme questionnant Nicolas Pontgallet qui se soumettait de bon cœur. Un matin cependant, le maçon se plaignit du vol d'un couteau et il y songeait pour le danger que représentait la lame aiguisée. *Passe-Muraille* enquêta, interrogeant Toussaint, suspect principal puisqu'il accédait aux instruments du maçon. Le gamin ne lâcha rien. On le crut. Le fautif se trahirait. Le couteau portait sur son manche les initiales *N & P* du propriétaire. Mais le mystère restant entier, il finit aux oubliettes. Calmés n'y pensa plus.

On devine son étonnement en découvrant que l'arme du lutteur des arènes portait les lettres *N & P* sur son manche usé, encrassé de sang. Oui, aujourd'hui, se dit-il en regardant ce jeune homme, est-ce un voleur ? Un tueur ? Un esprit torturé, *une erreur de la nature*, comme l'affirmait Marolles ?

*

Toussaint porte une chemise largement ouverte sur le thorax. On aperçoit les stigmates de ses combats. Le corps est sec, noueux, amaigri ; le visage émacié, les joues creuses, au point que la cicatrice du visage s'y fond, le regard s'est durci, le gris s'assombrit. C'est celui d'un fauve blessé mais toujours sauvage. Quelqu'un, un jour, passera-t-il un collier autour de ce cou ? Puis on en vient au bras qui manque. Toussaint commence à prendre l'habitude de s'en passer. Il se sert du moignon du coude pour saisir le dossier d'une chaise afin de s'y asseoir, face à Calmés. Il attend ce que son sauveur veut lui dire.

— Avant que tu n'ailles affronter Beltavolo, je t'ai mis en garde. Je t'ai supplié d'arrêter.

— La morale du bon curé ! J'ai connu vos sermons et mon dos se souvient de votre fouet ! Passez votre chemin…

Tant d'injustice révolte Calmés qui retrouve sa dureté :

— Le tien se termine en impasse ! Une souricière, tu l'as dit ! Dieu, j'aurais dû mettre fin à ta folie bien plus tôt.

— Non, mon père, grince Toussaint, vous avez eu raison…

Il montre son bras coupé :

— Désormais, raille-t-il, je ne crains plus les galères…

— Il te reste le pilori ! enrage *Passe-Muraille*.

— Comment ferez-vous pour me mettre en croix ? braille-t-il.

— Tais-toi ! tonne Calmés. J'ai veillé sur toi, je t'ai sauvé ! Et tu me remercies en blasphémant, en jurant sur ce qu'il y a de plus sacré !

— Mon père…

Brutale, haineuse, la voix de Toussaint se fait soudain douce.

—… Rendez-moi service. Envoyez-moi en enfer. Maintenant…

Il baisse la tête, pose sa seule main sur ses yeux. Tremble-t-il ? Le geste est si maladroit, si balourd et si enfantin qu'il ne peut cacher toutes les larmes qui sortent. Toussaint l'invincible pleure comme un petit garçon, celui qu'il n'a jamais eu le temps d'être. Cela suffit pour convaincre Calmés que la tempête qui gronde au fond, où personne ne va, cache une souffrance qui elle seule doit être adoucie. Mais il ne sait comment s'y prendre.

— Je te donne une semaine pour me faire part de ta décision, assène le prêtre d'une voix blanche qui cache une sincère émotion. Acceptes-tu de rentrer dans la raison et la foi ?

Toussaint ne répond pas. Il s'en veut d'avoir été faible.

— Trouve ta vie ! insiste Calmés dans l'espoir qu'il réagisse. À Montcler, tu parlais du métier de bâtisseur. Tu en rêvais.

Il se penche pour saisir le couteau de Pontgallet.

— Sa pointe est cassée… Ne crois-tu pas qu'il pourrait t'être utile à des choses plus… constructives ?

Toujours rien.

— Ce couteau appartenait à un homme bon qui accepterait de te venir en aide. Ne serait-ce qu'en souvenir du passé…

Cette fois, en face, on réagit. L'œil est sec, attentif.

— Tu t'en servais pour aider ce maçon, s'attendrit Calmés. Et tu l'as volé…

La sortie fait son effet. L'accusé ne peut cacher sa surprise.

— Ne suis-je pas le *Passe-Muraille* ? continue le jésuite en se servant de la même douceur. Mais oublie-le… Pardonne ses méthodes qui te parurent si dures. Ne retiens que la sincérité d'un homme qui veillait sur toi, qui voulait t'aider. Écoute ses conseils : réforme-toi pendant qu'il en est encore temps. Souviens-toi de celui que tu désirais être.

Toussaint montre qu'il n'a qu'un bras. Voilà sa réponse.

— Tu peux dessiner, peindre, tailler. Il te suffit d'apprendre...

Les yeux se ferment. C'est non. Peut-on réformer la *nature* ? Calmés pense avoir échoué. À quoi bon raconter ce qu'il sait ?

— Je reviens mardi, jette-t-il. Tu me donneras ta réponse.

Il se lève, va partir, quand la voix de Toussaint retentit enfin :

— Voulez-vous savoir pourquoi je voulais apprendre le métier de ce maçon ?

Dieu ! Les fils se renouent, fragiles, indécis, incertains, mais le regard est là, fixé sur Calmés.

— Je vais vous décevoir, grimace Delaforge.

Le jésuite ne réagit pas. Un mot et tout s'arrêtera. Mais il faut occuper le temps, remplir l'espace. Sans réfléchir, il saisit un prie-Dieu où sommeillaient deux aubes blanches qu'il pose délicatement sur l'autel. Il ne fait aucun bruit quand il s'assoit, plus bas que l'autre, genoux pliés, mains dessus et croisées.

— Vous souvenez-vous des coups de fouet que j'ai reçus peu après mon arrivée à Montcler ?

Calmés acquiesce en silence.

— La raison en était que j'avais été surpris dans la chapelle du collège et que vous me soupçonniez d'avoir bu le vin de messe...

— J'ai agi pour l'exemple, ne peut s'empêcher d'intervenir son vis-à-vis. Il fallait punir l'indiscipline...

— La vérité est tout autre, l'interrompt Toussaint. Le fouet aurait dû condamner mes pensées. Celles-ci étaient... Comment diriez-vous ? haineuses, violentes, malveillantes...

Calmés écoute et remercie Dieu. Voilà peut-être la confession qu'il n'espérait plus. Seigneur, se dit-il, aidez ce garçon. Donnez-lui la force de se livrer encore. De se sauver, peut-être.

— Non, je n'ai rien pris, je n'ai rien volé ce jour-là, continue l'ancien collégien comme si, en effet, il cherchait à se libérer. En revanche, j'ai juré de détruire le monde qui m'emprisonnait.

— Est-ce à cause du fouet que je t'ai donné ?

Calmés se mord les lèvres. Il s'en veut. Écouter, simplement.

— Allons, monsieur le préfet de discipline, ne vous sentez pas responsable. Et pour apaiser votre conscience, apprenez ceci : votre fouet m'a endurci et appris que je pouvais résister, souffrir sans faiblir. Il le fallait pour détruire à mon tour ce que je haïssais. Pour tout dire, c'est dans la chapelle que j'ai compris comment. Nicolas Pontgallet y est entré avec Baltius, le cauteleux chef de la chorale, expliquant qu'il fallait démolir avant de reconstruire. Et pendant que Baltius suppliait de procéder avec prudence, le maçon se montrait intraitable. Détruirait-il ce qui était intouchable ? J'entendis Baltius céder à l'inimaginable. Un enfant de sept ans y a mis ce qu'il voulait comprendre. Il allait abattre le monde qui l'avait fait laid et misérable pour le rebâtir à *sa façon*. Ainsi, pendant toutes ces années, vous m'avez cru passionné par l'architecture, mais ce n'était qu'une tromperie à laquelle vous avez mis fin vous-même, comme si la main de Dieu vous guidait, en me reprenant *Les Quatre Livres de l'architecture* de Palladio, le jour de mon départ de Montcler... Je n'ai jamais voulu édifier. Bien au contraire, je ne songeais qu'à défaire, écrouler.

Il se tait un instant avant de reprendre :

— Croyez-vous maintenant qu'un manchot habité par de telles idées ferait un bon bâtisseur ?

— Tu peux repartir sur des bases saines, le conforte le jésuite. Un silence. Puis : tu n'es peut-être pas celui que tu crois, murmure enfin *Passe-Muraille*. Et ce que tu veux détruire n'est pas forcément la vérité...

— Que voulez-vous dire ? cède Toussaint à son tour.

— Ce que tu as haï n'est pas toi, avoue-t-il en le regrettant déjà.

— Cessez vos mystères, s'emporte le torturé. Que savez-vous ? Il est trop tard pour reculer.

— J'ai de bonnes raisons de croire que tu n'es pas né au Pont-Neuf et que ta mère n'y est pas morte.

— Que racontez-vous ? jette Toussaint en se redressant.

— Promets-moi de te soumettre à ma décision et je parlerai.

— Un chantage ! gronde l'ancien collégien. Comme Marolles et ceux du clan des La Place ! Vous êtes aussi fourbe qu'eux...

Oubliez-vous qui je suis ? D'une main, je vous ferai rendre gorge !

Calmés montre le couteau :

— J'ai ton arme et tu ne mesures pas ma puissance…

Toussaint va bondir, mais Calmés lève les bras en croix :

— Tu n'es plus invincible. Attends ! J'ai d'autres arguments. Je te propose de faire table rase du passé – de le détruire, comme tu le dis –, mais sans user de la brutalité qui t'a mené jusqu'ici.

— Comment ? chuchote Delaforge, magnétisé par l'aplomb du jésuite.

— Écoute-moi et comprends ce que tu y gagneras. Ensuite, tu y réfléchiras. Mardi prochain, tu me donneras ta réponse.

*

Calmés est parti. Toussaint a promis de réfléchir. Au loin, les orgues se sont tues. Le charpentier et le musicien passent près de la sacristie. Le charpentier parle d'un chantier. Il est heureux, ce métier le comble, il aime sa vie et se vante d'avoir signé une belle commande pour un client important. Soudain, il prononce le nom du lieu où il interviendra, et si proche du monde qui a détruit la vie du manchot. Un nom qui attise sa haine, renforce l'idée de ne pas renoncer à sa vengeance. Les voix s'éloignent, les mots s'enfuient. Toussaint se lève comme Louis XIV l'a fait. Bâtir ? Détruire ! L'impatience le gagne. Sa promesse d'enfant remonte des enfers. Il s'empare du couteau de la main gauche, l'enserre à s'en faire mal. Les sensations viennent. Mardi, il donnera sa réponse au préfet de discipline. Il dira oui. Mais non pour les raisons qu'espère le jésuite.

Cinquième Partie

Anges et démons

Chapitre 21

AU PLEIN CŒUR de l'automne 1660, le 25 octobre, précisément, il plane sur le royaume de France une sorte de bien-être. Le temps – le maudit temps qui annonçait le pire des hivers – vire à la clémence. Ce n'est pas la douceur, mais, à l'aube, la toile cotonneuse obscurcissant le ciel depuis six semaines s'est déchirée. La pluie a cessé. Même le vent ne hurle plus. C'est une pause quasi prodigieuse au milieu d'une saison maussade. Une parenthèse de douceur, idéale pour se jeter hors de Paris. Sortir, bouger, chasser ou, pour ceux qui le peuvent, rendre visite à leurs terres. Et ce carrosse-ci semble décidé.

Il vient du Louvre, diablement escorté, tiré par six chevaux puissants qui arrachent le lourd attelage à la glaise épaisse, charriée sur les chemins par des tombereaux d'eau tombés sans discontinuité, la nuit et le jour. À bord, se trouvent le jeune Louis XIV et une femme boulotte, petite et au visage plutôt ingrat que même les portraits d'elle réalisés par le maître Velasquez n'ont pu rendre lumineuse. Marie-Thérèse d'Autriche, infante d'Espagne, reine de France, a le même âge que son mari et royal cousin et, à vingt-deux ans, elle croit encore au conte de fées. Elle espérait un mariage d'amour, bercée par les preuves que lui adressait son promis : des cadeaux et des lettres d'énamouré, dictées par l'adroit Mazarin qui comptait sur cette union pour faire enfin la paix avec le puissant royaume voisin, *où le soleil ne se couche jamais*. Elle a quitté Madrid, son père, le roi Philippe IV, et les pesanteurs d'une

Cour austère. En songeant à la France, à Paris, à ce roi qu'elle savait beau, elle y allait de bon cœur. Et en contemplant à présent son profil, dans ce carrosse qui les conduit elle ne sait où – à Versailles, paraît-il –, elle convient que l'homme est encore plus séduisant que dans ses songes les plus tendres. Quand il danse, Louis est porté par la grâce. Il parle, on l'écoute. Il scrute, on se plie et on tremble. Il passe, simplement cela, et l'on s'agenouille. Il domine, impressionne, il est roi.

Ah oui ! cette union ressemblait à la plus belle chose qui pouvait se produire pour la jeune princesse désireuse de s'affranchir du poids de sa belle-mère, Marie-Anne de Habsbourg, d'un confesseur méfiant, des encombrantes *meninas*, ses demoiselles d'honneur, d'un père obsédé par la question de sa descendance, d'un pays miné et ruiné par la guerre. Mais voilà que depuis son mariage à Saint-Jean-de-Luz, le 9 juin 1660, elle découvre ce qu'il en coûte d'être la frêle épouse d'un mari infatigable. Elle s'est donnée en confiance, le cœur battant, timide et maladroite, apportant dans ses bagages sa naïveté – et du chocolat et de l'orange qu'elle a fait découvrir au jeune roi. Pour le reste, il semble qu'il connaissait, y compris et surtout l'amour dont il ne se lasse pas, au point de la lutiner sans cesse, sans répit, au risque d'épuiser cette nature fragile. Ce n'est pas tout. Mettrait-il dans ses assauts un peu de sentiment ? Bien qu'elle n'ait nul moyen de faire des comparaisons, Marie-Thérèse en doute. Si le roi n'est jamais au repos, il procède comme s'il mangeait ou buvait. Goulûment. C'est fait et il passe à autre chose. Chaque jour, et plusieurs fois, il faut céder à son insatiable, son bestial appétit.

Depuis un mois, Marie-Thérèse a mal à la tête et ce carrosse ne l'aide pas. Il va au grand galop, puisque le roi l'exige. Il fonce férocement. Louis Dieudonné est toujours ainsi, pressé, et ce jour, davantage encore. Il entraîne son épouse dans un lieu qui lui tient à cœur et où il n'a pas eu le loisir de se rendre depuis leur mariage. Trop d'obligations, de réceptions, de déplacements incessants entre le Louvre et Saint-Germain. Louis XIV est doté d'une énergie redoutable. Il épuise Marie-Thérèse, formée au lent rituel hispanique.

Mais, voici trois jours, le roi entre sans frapper chez elle. Elle craint une énième saillie. Nenni. Il est souriant, affable, aimable. Il se tient à trois pas, ne renvoie pas les dames de compagnie – ce qui d'ailleurs ne le dérangerait point – et annonce une surprise : ils iront eux deux seuls. Et c'est une sorte de voyage d'amoureux, imagine-t-elle, même s'il ne dure qu'un jour. Où ? À « Versailles ». Marie-Thérèse plisse les yeux, ouvre une bouche trop petite. Elle ne parle pas bien français, répète « Versailles » en appuyant sur le *s* devenant soudain une espèce de *cheu* qui agace Louis, même s'il ne montre rien.

Pendant trois jours, rêvant à son *rendez-vous*, elle a cherché comment se vêtir pour plaire à son bel époux. Au final, la tenue choisie est maladroite. Elle déteste le froid. Elle fait engoncée. La robe est doublée d'un tissu sombre qui ne met en relief que la taille épaisse quand Louis aime ce qui est vif, brillant et léger. Plus haut, c'est pire. L'habit monte jusqu'au cou, cachant sous un col une poitrine maigrelette. Non, ce n'est pas ainsi que Sa Majesté voyait les choses. Car lui a choisi une veste légère – il ne craint rien, pas même l'humidité – et une chemise ample dont les poignets brodés battent au vent puisque la fenêtre du carrosse est grande ouverte. Marie-Thérèse éternue. Il est sept heures. Elle a sommeil. L'Espagne lui manque.

De tout cela, Louis est conscient et s'en désole. N'est-ce pas la femme qui doit donner un Dauphin à la France ? Ne doit-il pas vivre avec elle toute sa vie, si Dieu y consent ? Il soupire en la regardant. Le jour est maintenant levé. Fichtre, quel visage ! Éteint, chagrin, maussade. Malgré ce mariage arrangé, il espérait tomber amoureux de sa cousine, sans pour autant exclure quelques aventures de passage. Qu'y peut-il ? Sa force est celle d'un lion, il épuise la gent féminine comme hier le sein de ses nourrices. Mazarin, le vieux parrain, serait prêt à passer outre, à fermer les yeux comme il le fit pour Marie Mancini, sa nièce, mais il faut une solide complicité pour qu'un couple, même royal, survive aux épreuves. Sur quels sujets pourraient-ils tous deux trouver des points communs ? La guerre et la chasse étant des occupations viriles, de quoi parler à l'exception du chocolat ? Mazarin a conseillé son filleul :

— Ouvrez votre cœur. Montrez-lui ce que vous aimez sincèrement.

Versailles a surgi aussitôt.

*

Dans le carrosse, Louis rompt le silence. Il s'exprime avec lenteur pour être bien compris et même si ce *tempo* ne lui plaît pas, il s'applique, car il s'agit de la reine. Le cardinal Mazarin serait content de son élève qui semble décidé à trouver les liens qui manquent à l'union entre la France et l'Espagne.

Le jeune Louis ne dit rien des causes de son attachement à Versailles. Il garde pour lui cette partie de chasse avec son père. C'est son jardin secret. En revanche, le futur, annonce-t-il, il le verrait ainsi. Inspiré par son parrain qui l'a éduqué aux beautés de l'art, il imagine faire construire un château dans l'écrin du domaine où ils se rendent. À moins, corrige-t-il, d'agrandir celui que lui a légué son père, il ne sait pas encore. Il y réfléchit, prétend-il en se tournant vers Marie-Thérèse – ce qui peut signifier qu'il souhaiterait entendre ses idées. Et quel couple n'aimerait échanger sur le projet d'une maison commune ? Converser comme de bons amis sur la décoration, les tissus brodés, les étoffes, les meubles, les vases, les tableaux, voilà qui plaît à la jeune reine, bercée par les paroles de son mari. Louis ne manque pas d'adresse. En s'approchant d'elle, en se collant tout près, en posant la main sur sa cuisse, il évoque les souvenirs du Palais-Cardinal, la demeure majestueuse qu'occupèrent Anne d'Autriche, le jeune Louis et Mazarin. Marie-Thérèse accepte les caresses, ne se défile pas. Qu'y a-t-il de plus beau que d'entendre que son époux adore les meubles en argent, qu'il apprécie la porcelaine de Chine, les tapisseries et les tableaux, dont ceux du maître Raphaël, citant un *Saint Michel* et un *Saint Georges* figurant chez son parrain, le cardinal. Ses connaissances sont précises, son jugement acéré. À ses yeux, compteraient donc autre chose que le sexe, la ripaille, les conquêtes, et toutes ces activités horribles et vulgaires, apanage des hommes et d'un roi ? Maintenant, il évoque le *Mariage mystique de sainte Catherine*, peint par Corrège et, pour Marie-Thérèse qui a connu dans son palais royal de l'Alcazar, à Madrid, les trésors de l'âge d'or espagnol, c'est une révélation. Son époux apprécie l'art et, semble-t-il, autant, si ce n'est plus, que ses chevaux et ses maîtresses. Dans ce château qu'il espère, il fera travailler les plus grands talents, s'inspirera de ce qui vient d'être réalisé au Louvre pour sa mère, Anne d'Autriche.

Marie-Thérèse écarquille les yeux. Est-ce possible ? L'appartement du palais parisien de la reine mère vient en effet d'être restauré. Ce ne sont que beaux parquets de marqueterie, plafonds richement décorés, profusion de meubles finement vernis, de miroirs cerclés d'argent, la vaisselle est en or et on y trouve même, lui chuchote-t-il en cherchant ses lèvres, un salon des Bains habillé de colonnes de marbre et rehaussé de bronze. Même à Madrid, cela n'existe pas… Et Louis n'en a pas fini. En s'approchant encore de son épouse, en dégrafant ce col qui, soutient-il, étoufferait sa respiration, il décrit la vie qu'il y proposera.

Fleurs et parfums régneront sans partage. L'oranger, l'essence qu'elle lui a fait découvrir, sera partout présent. Marie-Thérèse soupire de plaisir, ses joues se colorent. Le roi l'aimerait donc ? L'œil, poursuit cet habile conteur, ira des statuettes antiques aux vases de jaspe et de cristal. Tout sera spectacle et beauté, dédié à la grâce des femmes. C'en est assez. Avant de pénétrer dans le domaine de Versailles, Marie-Thérèse a cédé. Elle se donne sans hésiter, éprouve un plaisir véritable, brutal et rapide. Trop, sans doute.

Mais le cocher tire sur le frein. Les chevaux s'arrêtent net. Louis est déjà dehors. Marie-Thérèse est plus lente. Ses lourds vêtements l'embarrassent et elle prie pour que personne ne montre sa tête à la portière. Mais il faut descendre, le roi s'impatiente. Marie-Thérèse pose un pied dehors. Aïe ! Une flaque noie ses souliers. Le chemin n'existe pas. Elle cherche un page pour l'aider, comme à Madrid, mais il n'y en pas. C'est une sortie pastorale, bucolique !

La reine frissonne. Où se trouve-t-elle ? Son regard s'échappe afin d'admirer le château de Louis XIII. Et la désillusion l'étreint. Elle ne voit qu'un modeste relais, tout juste la demeure d'un gentilhomme campagnard tournée vers les travaux des champs, l'élevage du bétail. Du moins, c'est ce à quoi doivent servir les deux corps de logis qui encadrent le château, se dit la reine. On doit y entasser le fourrage, les faux, la cisaille. Et devant ce U, qu'y a-t-il ? Il faut longer une des ailes avant de trouver… une butte donnant sur des champs, des prés mal taillés. En contrebas, pâturent les bestiaux. Au moins, le bourg misérable qu'elle a traversé en arrivant se cache. Mais est-ce mieux ? L'autre façade du château est aussi décevante. Une terrasse maigrelette, pompeusement ornée d'une balustrade – un simple garde-corps, décide-t-elle, aux allures bourgeoises. Une façade austère, juste agrémentée de balcons et ce ne sont pas les deux pavillons, situés chacun à une extrémité, qui sauvent l'ensemble. Marie-Thérèse compte les fenêtres, croit en voir huit ou neuf à l'étage quand elle imaginait un palais aux mille ouvertures, et s'effraie à l'idée de dormir dans cette maison habitée par les souris et les araignées. Ce bâtiment sans grâce, aux allures quasi militaires, sans fantaisie ni génie, décourage la jeune reine formée à l'art de Vélasquez. Elle soupire, lève les yeux au ciel. Mon Dieu ! Le toit est en ardoise. Qu'y a-t-il de plus triste pour l'Hispanique à qui manque la tuile mordorée par le soleil de son pays natal ? La main d'un sculpteur aurait-elle au moins mis un grain de folie dans cette monotonie ? Tout est plat, pesant, lourd. Rien n'est beau ici. Pas même un jardin, une allée, des bosquets de fleurs aux fragrances entêtantes. Tout juste cette butte, ces champs gras à perte de vue et des masures d'indigents. Est-ce cela, Versailles, le *Palais de toutes les promesses* ? Pourtant, Louis n'en démord pas. Il promet un miracle à la reine. Ce n'est qu'une question d'argent, de volonté, de talents. Et de temps. Mais ce roi si pressé sera-t-il patient ?

Chapitre 22

Au printemps de l'an 1663, le 21 ou le 22 avril (un samedi, à coup sûr), un carrosse file hors de Paris peu après l'aube. À bord, se trouve un homme seul, vêtu richement, selon la mode du temps. Il ne porte pas de pantalons – ce genre d'habits ne sied qu'aux gens du peuple – et, pour se convaincre de sa fortune, voici qu'il croise les jambes, montrant des bas en soie de couleur jonquille, un choix osé, outrancier peut-être, mais qui, finalement, s'harmonise avec le temps et l'humeur du jour puisqu'il fait doux et que le ciel nimbé de touches chatoyantes de cobalt et de pourpre chasse poliment le gris de la nuit. Bien qu'il s'en aille à la campagne, le voyageur a délaissé les bottes, préférant des souliers à talons, lustrés comme des sous neufs, ornés de boucles dorées, jumelles de celles que perdit Gaston d'Orléans, l'oncle de Louis XIV, au bourg du Pouliguen[1]. De toute évidence, il ne se rend pas à la chasse. Il visitera ses terres ou s'en va rencontrer un notaire afin de conclure la vente d'un lot de bêtes, des veaux gras de l'Orne, car il pique vers l'ouest. On l'imagine oisif la plupart de sa vie, échappé de la cour du Louvre, parti régler ses affaires, encaisser la rente dont il a besoin

1. Visitant ce port de pêche proche de La Baule, Gaston d'Orléans y aurait perdu la boucle d'un de ses souliers. Une légende laisse croire que la boucle est toujours au Pouliguen et qu'une famille se transmet le *trésor* de génération en génération.

pour paraître à Paris. La route est dure, l'allure trop vive. Il s'accroche de la main gauche à la poignée de la portière, luttant contre les nids-de-poule, vestiges d'un hiver pluvieux qui a gondolé la voirie et fait tanguer l'attelage. Le fouet du cocher s'entend. Il jette la machine en avant. La manière est brutale. La chandelle qui éclaire faiblement l'habitacle pâlit, tremblote, le châssis craque sinistrement. Un rien de chahut en plus et le passager perdra sa prestance. Le voilà qui s'agace et tape du pied pour calmer l'ardeur de son conducteur.

— Moins vite, Bourdine ! Nous ne sommes pas aux pièces, que diable ! Cessez de vous comporter en Parisien !

L'attelage des deux andalous repasse au trot.

— Fichtre, murmure l'inconnu, ce Bourdine est un sauvage, et moi, j'ai grandement besoin de me reposer…

D'un geste nerveux il pince entre ses doigts gantés la mèche de la chandelle et, toujours de la main gauche, écarte le rideau de la fenêtre qui l'isolait du monde. Il hume l'air vif de la colline de Saint-Cloud, jette un dernier regard sur les courbes oblongues de la Seine, au loin, embrumée, endormie.

Son teint est pâle, ses traits tirés. Sans doute a-t-il peu dormi. À son âge, vingt-cinq ans peut-être, la vie est courte, folle, dense, le sommeil attendra. Bien qu'il soit assis, on le devine grand, mince, nerveux, indocile puisqu'il ne se plie pas au port de la perruque. À quoi bon une telle *coquetterie* ? Ses longs cheveux bruns et bouclés, soigneusement brossés, affichent la propreté et le lustre qui sied aux gens de sa condition. En effet, l'homme est soigné comme l'atteste son gilet, un pourpoint de velours carmin qui met en valeur une veste de soie jaune – printanière, en somme – brodée dans le même ton que ses bas clinquants. Ce camaïeu ocre et topaze est un peu *m'as-tu-vu*, d'autant que la panoplie se complète de ferrets en argent cousus aux aiguillettes reliant le pourpoint aux chausses. Ainsi, l'homme fait… endimanché. Étrange choix pour un samedi, presque déplacé se réjouirait la plume saignante du moraliste toujours prêt à croquer le portrait du fat et du parvenu.

On pense à une faute de goût, un hiatus qui tranche avec l'allure racée du personnage. Mais rien n'est clair sur ce cas et le projet qui se dessinait – la visite d'un désœuvré à ses terres provinciales – s'évanouit quand le carrosse quitte la route de Normandie après le relais de Vaucresson et attaque une allée infinie, tracée au cœur d'une forêt de chênes séculaires aux limites incertaines. Une heure de route, moins de deux assurément, et Paris semble si loin…

En avril, la sève coule dans les veines des essences flamboyantes de ce domaine secret, point final du voyage qui s'achève. Quatre lieues viennent d'être franchies et c'est un monde nouveau, sauvage encore, où badine le gibier étourdi par les effluves des premières pousses des fougères gorgées de rosée. Un cerf aux bois puissants sort du fossé et traverse le chemin parsemé d'herbes folles qui conduit à un petit bourg dont le bout du clocher se montre en haut du dernier faux plat. La suite est une descente qui force le cocher à juguler la fougue des chevaux. Maintenant, le temps s'arrête vraiment. Dans quelle campagne lointaine se trouve-t-on ? Dans quel siècle entre-t-on ? Ce qu'on voit là-bas, perché sur un monticule de terre, balayé par le vent, est-ce le *château de cartes* que construisit Louis XIII ? Qu'y a-t-il de royal à Versailles ? s'interroge le visiteur. De quoi parle Le Vau, le premier architecte de Sa Majesté ? Où sont les jardins qui épuisent le génie du jardinier Le Nôtre ? Ce marais pestilentiel, est-ce le trésor, la merveille qui hante Louis XIV ? Faut-il s'esbaudir, applaudir l'odeur putride qui éreinte les senteurs pastorales de la forêt ?

— Passez cette mare infecte et arrêtez-vous !

L'ordre s'accompagne d'un coup sec asséné de la main droite sur le toit du carrosse. C'est un bruit mat, pareil à celui du pommeau d'une canne. Ce bruit-ci est celui d'un manchot, car sous le gant gainé de cuir de Toussaint Delaforge gît une main de bois, pétrifiée, morte, et figée jusqu'à la fin des temps dans la pose immuable qu'inventa, il y a quatre ans déjà, le ciseau de son géniteur, un habile menuisier, ami du maître maçon Pontgallet.

*

Quatre ans plus tôt, Toussaint Delaforge s'était apparemment plié à l'ordre du révérend Calmés. Il rejoindrait le maçon Pontgallet pour y apprendre un métier digne et honnête. Et s'il ne devenait pas tailleur de pierre en raison de son handicap, il pourrait apprendre le dessin, le tracé d'un toit, la toise d'un terrain. À défaut, son éducation lui laissait entrevoir la possibilité d'être un bon trésorier. Il savait lire, compter de tête. En apprenant, il parviendrait à tenir une plume de la main gauche sans trembler. C'était une question d'effort, de travail, valeurs auxquelles le jésuite accordait des vertus supérieures pour remettre sur le droit chemin l'âme perdue. En échange d'une honnête soumission, Calmés promettait d'effacer la dette ancienne de Montcler, d'oublier le geste impardonnable à l'endroit de Ravort, d'autant que le sujet de cet acte odieux n'existait plus. Le boiteux n'était-il pas mort ? Calmés avait vu le sang gicler de la gorge quand Beltavolo s'était jeté sur son complice. On ne pouvait réchapper d'une telle meurtrissure. De sorte qu'un chemin nouveau s'ouvrait. Au moins chez les hommes, la faute s'effaçait. Et Dieu verrait en Son temps la manière de juger, à l'aune de l'éternité et de Sa connaissance infinie, la perversité de Ravort et la culpabilité de son agresseur. C'était la juste application de la ligne de conduite du jésuite. Il interprétait le retour de son protégé au bercail comme le troublant écho de la parabole du fils prodigue qui, après avoir fait son propre apprentissage, erré, divagué, commis le mal – en somme, jeté sa gourme – retrouvait son père et renouait avec la probité. Emporté par ses convictions, s'efforçant de rallier Toussaint à sa cause, il cita Thomas de Celano[1] : *« Voilà donc un*

1. Extrait de la *Vita Prima*, la vie de saint François d'Assise, écrite en 1228 ou 1232 par Thomas de Celano. La *Vita Secunda*, seconde œuvre du même auteur sur saint François d'Assise, est connue en 1244.

homme que sa juvénile ardeur plonge dans la fièvre du péché ; les penchants de son âge sont plus forts que lui ; il jette sa gourme ; le venin de l'antique serpent l'empêche de se discipliner... »

Dans la sacristie de l'église Saint-Médard, le sermon fut sincère, semblable au caractère vrai et entier de l'homme de foi. Toussaint l'écoutait-il ? Il fit le nécessaire pour que le prédicateur le croie, n'ignorant rien de l'art d'entendre sans écouter pour s'y être tant de fois exercé au collège. Il dit encore qu'il réfléchirait jusqu'au mardi suivant, comme l'y invitait Calmés, mais la cause semblait entendue. Il se rangerait à la raison. En vérité, l'esprit du manchot se trouvait ailleurs car, avant de lui proposer de devenir apprenti chez le maître maçon Pontgallet, Calmés s'était expliqué sur sa façon d'effacer le passé, sans user de la brutalité. De se venger, en somme, d'un destin cruel sans recourir à la sauvagerie. De triompher en faisant simplement éclater la vérité car, à force d'obstination, le préfet de discipline avait, croyait-il, reconstitué l'essentiel de la véritable vie de l'orphelin au cours de son enquête, de la rue de la Couture-Sainte-Catherine au Pont-Neuf.

*

— Tu n'es pas né comme ton parrain te l'a dit, débuta-t-il sans avertissement.

L'annonce produisit un bel effet. Cette fois, Toussaint ouvrit grandes les oreilles.

— Comment le savez-vous ?

— Quand je cherchais à te retrouver, j'ai croisé sur le quai du Pont-Neuf une vieille femme étrange, véritable diablesse. Elle disait s'appelait Paillard. Ce nom ne t'alerte pas ?

Le visage de la sorcière surgit du passé.

— Pour te la décrire, insista Calmés, elle hurle, jure, s'en remet au Mal. Quoi d'autre ? On l'appelle *la vieille à deux dents*, mais elle n'en a plus.

Il s'agissait de la même. Pourtant, Toussaint ne dit rien.

— Elle délirait sous l'effet du vin, continua le jésuite, et il faut remercier les effets de ce poison car elle me confia d'étranges choses, comme quoi elle t'avait aidé à naître et même sauvé…

Il marqua un temps avant d'ajouter :

— Ce qui ne fut pas le cas de ta mère…

— Elle l'a tuée ? s'emporta Toussaint.

— Patience… D'abord écoute-moi. Donc Paillard racontait et je crus possible d'en apprendre plus, mais elle sombra soudainement sous l'effet de la boisson. Son état était si pitoyable qu'il semblait vraisemblable qu'elle mourrait sans livrer son secret. Mais ni l'enfer ni le paradis ne voulurent l'accueillir cette nuit, puisque je la revis.

Il s'excusa presque :

— Que veux-tu, je suis entêté…

— S'est-elle livrée davantage ? reprit impatiemment Toussaint.

Calmés fit mine de ne pas entendre la question.

— J'ai hésité avant de la chercher, poursuivit-il, ne sachant pas s'il fallait croire à ses fadaises. Mais je devais en avoir le cœur net. Aussi, suis-je retourné sur ce quai qu'elle semblait n'avoir jamais quitté. Elle divaguait autant qu'à mon premier passage. Entre injures et jurons, elle s'est encore vantée de t'avoir aidé à vivre et que sans elle tu serais mort. Tout cela je le savais. Alors, priant le Seigneur de me pardonner pour ce que j'allais faire, je l'ai saisie par le col, et affrontant sa puanteur qui m'arrachait les tripes, j'ai secoué sa carcasse. « Vous vous trouviez sur le quai quand l'enfant est né ? » La diablesse tanguait, ricanait, crachait sa haine. « Non ! » répondit-elle, et ce fut l'un des rares moments de ma vie où la colère monta. Je vouais aux enfers cette manipulatrice, mais, plus je la menaçais, plus elle se moquait. « Non, finit-elle par répéter, je ne t'abuse pas. Alors, maudit corbeau, grinça-t-elle, Dieu t'aidera-t-il à découvrir pourquoi je n'étais pas là et comment j'ai sauvé le balafré ? »

Calmés fixa Toussaint :

— Toi, aurais-tu su répondre ?

— Elle n'était pas au Pont-Neuf, murmura-t-il. Pourtant elle m'a aidé à naître. C'est impossible…

— Réfléchis, l'encouragea le jésuite. Prends ton temps. Moi, je n'en ai eu guère le loisir. J'étais tel Œdipe interrogé par le Sphinx[1]. Si je ne résolvais pas son énigme…

— La garce ! jeta Delaforge. Elle n'inventait pas…

— En effet. Et pourquoi ?

— La question était mal posée…

— Continue…

— Partons du principe qu'elle était aux côtés de ma mère…

— Bon début.

— Mais pas sur le quai.

— Donc…

— Ma mère n'a pas accouché où Marolles le prétendait.

C'était vrai. Et Calmés vit dans la vivacité de son ancien élève l'illustration des bienfaits de son éducation.

— Tu es né rue de la Tonnellerie, dans une cave, précisa-t-il. La vieille Paillard a méchamment ajouté qu'il y avait plus de rats que sur le quai.

— Qu'est devenue ma mère ? demanda son fils en étouffant l'émotion qui l'assaillait.

— Elle serait morte en couches.

— Peut-être, fit entendre Delaforge entre ses dents. Une seule chose est certaine : Marolles a menti !

— Oui et non, murmura Calmés.

— Il a menti ! répéta l'orphelin de plus en plus hors de lui.

— Fichtre ! s'emporta à son tour le jésuite. Quand arriveras-tu à prendre les choses une à une, à te féliciter des progrès et à chercher à savoir ce que t'apprend ce que tu as découvert ?

---

1. Ce monstre doté d'un corps de lion et d'une tête de femme posait une question aux passants. Le Sphinx interrogea Œdipe : « Qui avance sur quatre pieds le matin, à midi, sur deux et sur trois, le soir ? » Réponse : l'homme. Enfant (à quatre pattes). Adulte (deux jambes). Enfin vieillard (appuyé sur son bâton).

— Né dans une cave, bougonna l'ancien élève. Voilà qui n'est pas mieux que sur un quai…

— La nouvelle n'a rien de réjouissant, je te l'accorde, mais il devient certain que ton parrain t'a recueilli. Du moins, je le crois, car Paillard a évoqué la présence d'un corbeau – c'est le nom qu'elle donne à tous les prêtres, et à moi en premier. Il serait donc venu te chercher peu après ta naissance. Et pourquoi ? Voilà la seule question intéressante…

— Il a abandonné ma mère !

Toussaint n'écoutait pas, affecté, détruit par la scène qui se précisait : une femme mourante, et Marolles ne faisant rien pour elle.

Le préfet de discipline comprit ce qui passait devant les yeux du balafré.

— Paillard soutient qu'elle avait déjà rejoint le Seigneur…

Mais lui-même ne semblait y croire et Toussaint le sentit.

— Que me cachez-vous, mon père ?

— Rien. Je le promets. Mais quelque chose ne va pas…

— Vous doutez de la sincérité de cette sorcière ?

— Elle n'a pas voulu en dire en plus, mais je sens qu'elle porte un poids. Comme si elle se sentait responsable de la fin de ta maman.

— Elle l'a tuée, je vous l'ai déjà dit !

— C'est peut-être un accident… L'incompétence, le vin, la sottise soufflée par le diable…

— Cela revient au même. Pour moi, elle est coupable.

Calmés hésitait.

— J'ai sondé nombre d'âmes noires. Aucune créature de Dieu ne pourrait ôter la vie d'une mère devant son enfant.

Devant tant d'innocence, le plus jeune haussa les épaules :

— C'est une sorcière ! Vous l'avez reconnu.

— Que fais-tu de Marolles ? N'oublie pas qu'il est prêtre. Non, c'est impossible. Il n'aurait pu être témoin d'un tel acte sans agir…

— Votre esprit s'y refuse, pourtant, vous savez que le pire peut s'être produit.

— C'est impossible, répéta-t-il en baissant la tête.

— J'ai vu couler le sang, j'ai donné la mort, rétorqua le lutteur des arènes. Je n'ai pas besoin de confesser les créatures de Dieu pour mesurer de quoi elles sont capables. Paillard me dira ce qu'elle n'a pas osé vous avouer !

Toussaint se leva d'un bond. Il se mit à tourner comme un lion en cage, et Calmés le crut capable de filer sur-le-champ faire rendre gorge à la vieille folle, si elle vivait encore.

— Mesures-tu la ruse et la patience dont j'ai usé pour obtenir tout cela ? Me crois-tu stupide au point de m'être laissé abuser par cette sorcière ? Elle a tout raconté. Alors, vas-y ! Tu n'apprendras rien de plus. Vas-y et tue encore ! Et détruis-toi davantage quand, moi, je m'échine à te sauver !

— Tout l'est déjà. Détruit. Ruiné. Anéanti. Par la faute de…

— Paillard ?

— Elle n'était pas seule, murmura Delaforge entre ses dents.

— Marolles aurait-il pu sauver ta mère ? Est-il coupable ?

Le silence suffit.

— Avant de conclure hâtivement et de te soumettre à la colère, entends-moi, reprit Calmés. J'ai eu le temps d'envisager toutes sortes de théories. Car une interrogation capitale demeure. Oui, bien sûr, je mesure ton chagrin, ton désir de savoir ce qui est advenu réellement à ta mère, mais ce qui compte aujourd'hui c'est…

— Promettez-moi une chose, coupa Toussaint. La vieille Paillard ne vous a vraiment rien appris de plus ? Où est enterrée ma mère ? L'a-t-on fait ?

Son visage blanchissait, sa bouche tremblait. L'émotion gagna Calmés plus qu'il ne le désirait. Il se força à le fixer solidement dans les yeux, composant le faciès implacable du préfet de discipline :

— Plus un mot ne sortit de la bouche de la soiffarde.

Un homme droit mentirait-il ? Au prix d'un intense effort, Toussaint recouvra un peu de son calme et décida de remettre à plus tard le cas de Paillard. Il fallait patienter. Il savait où la trouver et n'avait pas précisé qu'il la connaissait. La vieille avouerait ce que le trop tendre *Passe-Muraille* n'avait pas découvert.

— Eh bien, venons-en à cette interrogation capitale que vous annonciez plus tôt.

— Promets-moi en échange de te rendre chez Pontgallet et de te soumettre à son éducation, répéta le jésuite.

Toussaint pouvait toujours le faire.

*

Parmi les raisons multiples et confuses qui expliquaient qu'il eût finalement cédé au projet de Calmés, les révélations de ce dernier comptaient lourdement. Mais venait aussi, et peut-être en premier, le sentiment brutal de n'être plus rien. Ce séjour d'un mois dans l'église Saint-Médard avait torturé son âme, détruit ses illusions, et le supplice qu'il endurait – infirme à jamais – lui paraissait infiniment plus douloureux que sa blessure, et plus intolérable que la mort. De Montcler aux arènes de Lutèce, l'invincible n'avait connu que la force et n'avait existé que par elle. Désormais l'ancien lutteur se voyait réduit au rang des reclus, condamné au rôle du misérable. Calmés lui tendait la main. Le gaucher regardait la sienne, et la rage le gagnait. Dans cette ville où il connaissait le sort réservé au faible, n'ayant d'autre talent que celui de savoir se servir d'une lame, combien de temps survivrait l'estropié ? Devait-il mourir, laisser faire la lassitude, s'abandonner à l'œuvre de la Faucheuse, tant de fois narguée ? Partir pour ne plus voir cette manche sans vie ? Mais être faible – céder, en somme ! –, c'était renoncer à la vengeance, oublier ceux par qui le mal était arrivé. Y penser simplement réveillait la colère, la tempête qui grondait depuis que Calmés lui avait confié ce qu'il imaginait.

La présence de Joseph de Marolles dans la cave de la rue de la Tonnellerie, le jour de la naissance de Toussaint, suffisait pour se persuader que le confesseur privé du marquis de La Place n'avait pas trouvé miraculeusement un orphelin au Pont-Neuf, pas plus que ne s'expliquait pourquoi il s'était empressé de venir à son secours. Sa présence avait donc un sens, et l'expliquer était capital. Toussaint songeait à la manière forte. Un face-à-face musclé, et les aveux suivraient. Sans surprise, Calmés plaida la prudence mâtinée de ruse, et ses arguments restaient convaincants. Il estimait tout d'abord que les informations dont il disposait reposaient sur Paillard, un témoin discutable. Que vaudraient les borborygmes mystiques de la sorcière si on décidait de les confronter aux propos mesurés d'un honorable ecclésiastique ? Que lui reprochait-on ? D'avoir sauvé un enfant, de s'être occupé de son éducation ? En somme, l'accusait-on d'avoir nui au nouveau-né qu'il avait protégé ? Le procès était perdu d'avance. Venait l'examen de l'accusateur. Qui était Delaforge ? Une *erreur de la nature* ? L'affaire Ravort ressortirait. S'y ajouterait la désertion de Montcler, preuve de sa culpabilité, et Calmés ne pourrait que se taire, de crainte que l'on découvre le passé du lutteur invincible. Accorderait-on le *bon droit* au tueur des arènes ? Afin que la vérité éclate, Calmés faisait confiance au recul et au temps plus qu'à la colère, à la raison plus qu'à l'emportement juvénile et désordonné.

— D'évidence, ta mère n'était pas une inconnue pour Marolles. Il reste à découvrir, dit-il, pourquoi il s'est intéressé à toi. C'est après qu'il faudra agir – et penser, peut-être, à la réparation…

Toussaint écoutait. On s'intéressait à Marie, à sa mère, et de façon honnête. On ne la traitait pas de catin comme l'ignoble fils du marquis de La Place. On cherchait à savoir ce qui l'unissait à ce clan maudit.

— Qui était-elle pour Marolles ? fit entendre Calmés comme s'il s'interrogeait.

— Une servante des Voigny, se jeta à l'eau Delaforge.

— Comme le sais-tu ? s'étonna *Passe-Muraille*.

— Berthe, la cuisinière du marquis, me l'a dit quand je suis revenu rue de la Couture-Sainte-Catherine, le jour de mon départ de Montcler.

— Voilà qui explique ta colère. Et nourrit ma… théorie. Intéressant…

Il soupira fortement :

— Quoi de plus ? M'apprendrais-tu d'autres choses que j'ignore ?

— Un des fils Voigny, un soldat vaniteux, a soutenu que la servante… Marie, hésita-t-il, était enceinte en entrant au service du marquis. Elle en serait partie très vite, et Marolles l'aurait trouvée par hasard…

— De mieux en mieux ! Tout cela va dans le bon sens.

Il se frotta les mains :

— Je doute que le révérend Marolles se soit penché sur le cas d'une fille-mère, encore moins sur son enfant, par souci de charité. Non, il était en mission. Et devines-tu pourquoi ?

Toussaint tendait le cou.

— Parce que tu n'es pas l'enfant de n'importe qui. Aussi, ne peux-tu agir n'importe comment.

*

C'était peut-être vrai. Calmés semblait convaincu. Marolles avait veillé sur le garçon parce qu'il était le bâtard d'un père illustre et il y avait peu à faire pour murmurer le nom de Philippe de Voigny, chef d'une famille honnie. Le secret se résumait au classique libertinage du vieux noble libidineux puisant chez les jeunes servantes. Il engrossait, il se débarrassait. La réputation du marquis donnait du crédit à cette pitoyable hypothèse. Veuf et vert à la fois, connu pour ses escapades sur des terres d'Anjou, où il ne câlinait pas que la croupe des vaches, le marquis de La Place réunissait sous ses traits chafouins le caractère du lubrique, esclave de ses sens.

Restait à deviner pourquoi il s'était intéressé au cas de l'enfant. L'action du révérend Marolles, lui insufflant des remords, expliquait-elle cette volte-face ? Le marquis entendu en confession, et avouant sa faute, le prêtre avait ordonné trois *Pater* et peut-être exigé que la fille et le nouveau-né soient au moins secourus. À contrecœur, le pécheur s'était soumis, chargeant en retour Marolles de la besogne. Et ce dernier n'avait pu que constater la mort de Marie, prenant alors son fils dans ses bras et le ramenant chez le fautif. Ainsi s'expliquait combien l'orphelin avait été toujours détesté, sa présence à peine supportée et que, ses sept ans venus, il fut expédié à Montcler. Par la même occasion, s'éclairait le mépris de François de Voigny, traitant la mère de Toussaint de catin pour l'avoir tant de fois entendu d'un père lâche, cachant sous les insultes la vérité crue, si désagréable pour lui. Fils du marquis de La Place et demi-frère bâtard des héritiers ?

La scène avait de l'allure et pourtant, elle ne satisfaisait pas Toussaint. Il voulait l'entendre ; qu'il soit enfin reconnu. La meilleure façon consistait à questionner le coupable et Marolles, son complice. Mais Calmés plaidait contre, expliquant qu'en l'état, au sortir des arènes, Delaforge ne ferait qu'aggraver son cas. Il n'obtiendrait rien. Pis, il l'empirerait. Il fallait donc attendre, devenir à nouveau *fréquentable*, se faire une place dans ce monde en acceptant ses lois et ses règles. Et, le moment venu, démasquer l'imposture. Comment ? Dans combien de temps ? *Passe-Muraille* se gardait de répondre, sans doute parce qu'il refusait l'idée du châtiment, prérogative réservée à Dieu. Du moins, il ne l'imaginait pas, tant la vengeance se montrait contraire à ses opinions. Et Toussaint ne fit rien pour le presser sur ces questions qui l'auraient mis mal à l'aise. Maintenant qu'il savait tout, son plan s'imposait avec force et netteté. Et en matière d'expiation, il ne manquait pas d'idées.

Comme tout était dit, Calmés partit. Il lui donnait jusqu'au mardi suivant pour décider du futur. Ou Toussaint se fiait à la sagesse et à la sincérité de son ancien préfet de discipline, ou il agissait selon son caractère, emporté et sauvage. Ce sermon sirupeux et naïf restait hors de portée d'un être ballotté par la haine depuis tant d'années. Le plan du manchot était plus définitif. Et, en effet, le maçon Pontgallet y prenait place.

En passant devant la sacristie, le menuisier Pillon avait parlé à l'organiste d'un prochain chantier. Il se situait tout près de l'hôtel du marquis de La Place, au couvent des Annonciades célestes, voisin de la demeure Carnavalet. Toussaint se souvenait qu'enfant il entendait le gazouillis des *Filles bleues*[1], les occupantes des lieux, quand elles passaient rue de la Couture-Sainte-Catherine. Par l'œil-de-bœuf situé dans les combles, il voyait le défilé des habits blancs, drapés dans un manteau, et un scapulaire couleur azur posé sur leurs épaules. Elles chantaient l'amour de Dieu, puis rentraient prier dans l'église. C'est ici que Pillon devait se rendre prochainement pour intervenir sur l'encadrement du tableau du maître-autel, un chef-d'œuvre de Poussin représentant l'Annonciation. Les nobles du Marais venaient chaque dimanche s'incliner devant. La Place en faisait partie, se disait Toussaint. Et si ce n'était pas aujourd'hui, bientôt il s'approcherait de ces intouchables. Pillon avait précisé qu'il ferait appel à un maçon car il avait besoin de mains expertes pour desceller le tableau de l'autel. Il songeait à Bergeron, à Mazière, de puissantes dynasties de bâtisseurs. Ou encore au maître Pontgallet, un maçon fameux dans le quartier du Marais.

Toussaint, à vingt ans, était aveuglé, prêt à tout pour croire à sa revanche. Il entrerait chez Pontgallet pour que *Passe-Muraille* le laisse en paix. Dès que ce dernier aurait le dos tourné, il reprendrait sa liberté. Vite. D'abord, il appliquerait son châtiment, l'œuvre qui le tenait éveillé, puis il se détacherait de la charité candide, insupportable de son protecteur. Il renouerait avec l'orgueil qui s'accordait mal avec l'impuissance, puis il lâcherait prise puisque plus rien n'avait de sens pour un estropié. Oui, il mettrait fin à cette vie devenue inutile.

Étrangement, le fait de choisir librement sa mort, en somme, de maîtriser son destin, renforçait son envie de se battre. S'entêtant dans l'idée de régler ses comptes avec la clique du marquis de La Place, il organisait sa vindicte. Pour François, Antoine et leur père, la cause était entendue. Il les condamnait à mort. Qui d'autre ? Il n'oubliait pas Marolles. Le cas de son parrain – une alliance qui lui faisait horreur – méritait plus d'attention. La sentence serait

1. Ce surnom péjoratif venait de leurs habits de couleur bleu.

moins brutale, mais la punition amère. Si la méthode variait, le résultat demeurait. Le jésuite connaîtrait l'opprobre, subirait l'ostracisme du maudit. Banni par les siens, il serait rejeté par la compagnie de Jésus, pour avoir couvert la faute de son mécène. Il finirait plus orphelin que Toussaint ne l'avait jamais été.

Et ce dernier calculait, devançait son triomphe, aiguisant sa colère comme hier il affûtait son couteau. Mardi, avait dit Calmés, pour se décider. Bien. Delaforge entrerait dans le rang et patienterait jusqu'à ce que le destin le venge. Il dirait oui pour qu'on le laisse en paix et, quand il se sentirait prêt, il se présenterait chez le marquis. Ou lui planterait son couteau, devant le tableau de l'*Annonciation*.

Une seule question troublait la paix intérieure qu'il pensait avoir trouvée. Que déciderait-il à propos d'Aurore ? De toute évidence, elle n'avait rien à voir avec le complot fomenté par sa famille, mais en la faisant souffrir, il toucherait son père au cœur. Afin de briser cet homme détestable, fallait-il débuter par cette demi-sœur qu'il avait cru aimer ? Il ne tranchait pas, gardant cette part d'incertitude et de jouissance pour le jour où il se trouverait en face du marquis ou de François, l'aîné. Oui, il se vengerait de tous. Et il fermait les yeux, tentant d'accueillir le sommeil, rongeant son frein en attendant le retour de Calmés. Mardi. Trois jours, deux jours, demain. Pour patienter, il répétait les mots prononcés par le jésuite, les mots qui accusaient les La Place et expliquaient la sauvagerie des pensées de leur victime.

Chapitre 23

Ce samedi d'avril 1663, le cocher Bourdine s'arrête non loin de la place d'Armes qui marque l'entrée de l'ancien château de Louis XIII. De son point de vue, Toussaint Delaforge aperçoit les grilles de l'entrée réunie à deux pavillons. Des gardes peu féroces y traînent la semelle. Serait-ce parce que les trésors à surveiller s'y font rares ? S'il a perdu son pont-levis, l'ancien relais de chasse de Louis XIII s'est vu gratifié d'une avant-cour encadrée par deux ailes. Celle du sud accueille les écuries et sa basse-cour. Celle du nord, les offices, doublée d'un même appendice. L'ensemble est équilibré, mais, à l'exemple de la reine venue ici voilà plus de deux ans, Delaforge juge que ce manoir provincial en forme de U inversé n'a pas grand-chose de *souverain*. Plus étonnant encore, rien ne semble avoir changé, malgré la fougue et l'empressement que montrait le roi. Pourtant, quand l'architecte Le Vau parle de Versailles, ses yeux brillent. Un jour, ce château dépassera le *Palacio del Buen Retiro* du roi Philippe IV, chef-d'œuvre de l'âge d'or ibérique décoré par Diego Rodríguez de Silva y Velasquez[1], prétend-il. De grâce, soupire Delaforge, on n'y est vraiment pas. Ce qu'il voit ne ressemble presque à rien

1. Aujourd'hui apprécié par les Madrilènes pour ses jardins, le *Palacio del Buen Retiro* se trouvait non loin du Palais royal. Ces (environ) cent cinquante hectares de bois devinrent l'occasion pour les monarques espagnols d'exprimer leur vision de l'art et du mécénat. Velasquez a, entre autres, décoré le *Salón de Reinos.*

et, sans le savoir, ses pensées rejoignent donc celles de Marie-Thérèse, reine de France. Oui, rétorquerait sans doute l'architecte du roi, et de feu Mazarin, *mais un jour*… Louis Le Vau a ses entrées au Louvre et il sait écouter.

Le roi n'a pas de plus grandes amours que Versailles, n'eût été peut-être celui qu'il réserve à Mademoiselle Louise de La Baume Le Blanc[1], complice charmante et nouvelle favorite qui se plaît autant que son amant dans ces lieux propices à leur idylle. Tout y est secret, inédit, et si différent de l'étiquette du Louvre et de Saint-Germain. Nul besoin de se cacher par crainte de croiser le regard vitreux et courroucé de la reine. On peut rire, s'embrasser, marcher main dans la main, laisser venir la nuit avant de se nicher dans une chambre dépouillée de l'apparat pesant de la Cour. Ici, la vie devient sincère et Louis aime se retrouver ainsi. Sa maîtresse partage son attachement à la nature sans contraintes. À l'inverse de son épouse espagnole, elle apprécie la forêt, les chemins à peine débroussaillés. C'est elle qui, dès le matin, réclame une selle, un cheval, et rivalise d'audace, galopant à bride abattue, sautant le lit d'une rivière, fouettant les flancs de sa monture pour qu'elle affronte sans détour les obstacles. Troncs d'arbre, fossés, haies sauvages, rien ne lui fait peur. Parfois, le roi lui-même peine à la suivre. Elle tire sur les rênes, jette un regard au-dessus de l'épaule, rit à gorge déployée, cingle le sang de l'animal. Elle provoque son royal amant, annonce qu'elle arrivera la première à Versailles. Ils y parviennent épuisés, le visage en sueur, se serrant l'un à l'autre en gravissant l'escalier qui les mène à leur chambre. Une autre course folle débute. Le lit est douillet, mais il n'y a ni or ni argent. Les sols sont couverts de planchers de sapin ou de simples carreaux de terre cuite, les cheminées sont en plâtre. Que ce domaine a du bon…

---

1. Louise de La Baume Le Blanc, future duchesse de La Vallière (1667). Maîtresse en titre de Louis XIV à partir de 1661. Elle donnera cinq enfants au roi et, finalement, quittera la Cour pour connaître une autre vie, celle de religieuse.

Si Versailles ne plaît pas encore à Marie-Thérèse, il n'en est rien des intimes qui se joignent à Louis XIV dans ses escapades libertines. Depuis 1661, bas les masques ! Les cœurs se livrent nus. Titres, honneurs, stricte hiérarchie s'effacent. Tous endossent un uniforme conçu par le roi. C'est un signe de compagnonnage, l'habit de son armée privée dont le règlement principal est de s'aimer, de s'amuser. Il s'agit de justaucorps à brevet – car le mot signifie bien que seuls le portent les fidèles, brevetés et « adoubés » par Sa Majesté. Serrée à la taille, évasée vers le bas, cette veste de forme longue, de couleur bleue, est richement ornée d'or, d'argent et de passements de dentelle. Sitôt à Versailles, on l'endosse. Et Paris s'efface. Oui, c'est un monde à part, refuge d'une vie différente et personnelle. Nul frondeur, nul calculateur, nul intrigant ne passe pour l'instant la frontière de ce royaume privé. N'y entre que l'amour et, pour le plus grand malheur de Marie-Thérèse, la fidélité aux vraies valeurs du roi. Voilà qui est dit. Versailles serait une parenthèse.

Comment imaginer qu'il en soit plus ? Un palais pour accueillir la Cour ? Louis XIV en aurait l'intention. Delaforge en doute. Ce qu'il voit est sans allure, sans grâce. En un mot, peu majestueux. Il lui vient l'image des cabanes que construisent les enfants pour abriter leur petit paradis. *Una piccola casa che fa fabricare a Versaglia per ricreazione.* Le roi y renoncera un jour. Versailles sera son dernier jouet.

Fichtre ! La sentence ne plairait pas à Le Vau, le premier architecte. Il prétend que Sa Majesté aurait de grands projets, dépassant en magnificence Vaux-le-Vicomte, la merveille dont il fut l'artisan pour le compte de Nicolas Fouquet, surintendant des Finances[1].

1. Le surintendant des Finances, Nicolas Fouquet, fit construire par le trio Le Vau, Le Brun, Le Nôtre, le très riche et très beau château de Vaux-le-Vicomte. En août 1661, Fouquet y reçoit le roi entouré de trois mille personnes. Quelques jours plus tard, Fouquet est arrêté par d'Artagnan. Jugé pour des détournements de fonds (on parle de huit à onze millions de livres !), la légende accuse la jalousie d'un Louis XIV n'ayant pas supporté l'extravagance somptuaire du maître de Vaux-le-Vicomte. Voyons-y plutôt la ténacité du sobre Colbert qui se chargea d'établir un rapport accablant sur Fouquet, avant de se voir confier les fonctions de contrôleur général des Finances…

Versailles sera grandissime, *gigantissime*, *extravagantissime*. Inventions et superlatifs se bousculent dans la bouche de cet homme trop enthousiaste. Car, sur place, qu'en est-il ? Non, ce n'est pas encore Rome, lui confiera Delaforge à son retour. Et bien sûr, Le Vau s'emportera. Balayant les sarcasmes, il reprochera à Delaforge son habituelle *manque de vision*. Bâtir, dit-il, c'est anticiper. Dans dix ans, vingt, peut-être, Versailles deviendra le plus extraordinaire écrin du monde. Vingt ans ! Qui pourrait voir aussi loin ? Les princes sont impatients. Une heure ici, une nuit là. Comme les astres, d'autres lubies feront tourner la tête du Roi-Soleil. Versailles, ce château de conte pour tout petits, s'endormira, retournera à l'oubli. Diable ! s'insurgera Le Vau. Il est le mieux placé, après Colbert, pour savoir que près de deux millions de livres (une folie à ne pas ébruiter, chuchote-t-il) ont déjà été investis en deux ans dans l'embellissement du domaine de Louis XIV. La somme excite la curiosité, l'affaire devient sérieuse. C'est ce qu'il faudra pour bâtir le collège des Quatre-Nations[1]. À Versailles, où sont passés ces fameux millions ?

Delaforge est impatient d'approcher et de voir par lui-même le miracle dont lui a parlé Le Vau. Depuis peu, il travaille pour l'architecte et s'intéresse aux chiffres. Son expérience lui permet à présent de juger les faits, plus parlants à ses yeux que les prédictions architecturales. Bien que loin de l'entrée du petit château, il aperçoit l'ornementation des toitures, il note le ceinturage du premier étage par un balcon en fer forgé. En étant généreux, voilà cent mille livres. Il sait que des peintures de Charles Errard décorent l'intérieur. Il y ajoute la pose de serrures aux portes des appartements. Et dépense cent mille de plus. Il veut bien ne pas oublier le jasmin que le roi veut partout et qui étourdit un Colbert,

1. Situé quai Conti, face au Louvre, le collège des Quatre-Nations (Alsace, Artois, Pignerol et Catalans du Roussillon et de Cerdagne) fut construit par Le Vau, à partir de 1662. Destiné à accueillir et à former les gentilshommes des nations réunies au royaume de France par les traités de Westphalie et des Pyrénées, c'est aujourd'hui le siège de l'Institut de France.

grappillant les sous et gémissant dans l'espoir de freiner l'enthousiasme de son maître. Mais deux millions de livres ! Delaforge les cherche et ne les trouve pas.

Le Vau est un panier percé, un incorrigible dépensier, un arrangeur de devis pour le plus grand bien de ses intérêts. Il orchestre les folies de Louis XIV, y trouve son compte, et tant que la manne descend du ciel – tant que Colbert ferme les yeux –, il se remplit les poches. Delaforge tient les comptes de l'architecte. Il est bien placé pour savoir que ce dernier a le sens des affaires. Mais qu'il cesse de lui mentir ! Versailles n'existe pas.

Au premier regard, l'ennui domine. Les routes ne sont pas pavées, les arbres manquent, la terre est gorgée d'eau et voici que des moustiques entrent dans le carrosse, porteurs des fièvres qui infectent ces cloaques que l'on voit partout. L'humidité se mêle à la chaleur du jour, l'air devient lourd, étouffant, l'alchimie est parfaite pour que la cohorte des diptères aspire le sang frais des explorateurs. On en manque ici à coup sûr, on est affamés, car rien ne se montre, n'eût été une poignée de paysans indigènes mal fagotés, traînant le sabot et regardant de traviole l'attelage luxueux des Parisiens.

Delaforge soupire et baisse la tête sur ses souliers. Est-ce la tenue qu'il fallait ? Pourvu qu'il n'ait pas à marcher. Ah ! Ce Le Vau… Que trouve-t-il de beau dans cette campagne ? Il imagine un instant que l'architecte aurait pu vouloir se moquer de lui. Une farce comme il les aime, aux dépens de son jeune associé. Non, c'est de trop. Delaforge est en service commandé. Il vient vérifier les thèses de l'architecte : Versailles serait une mine.

« Un filon qui profitera à celui qui l'aura trouvé… »

Mais que faut-il chercher ? Et où ? Le Vau a souri :

— Je vous prête Bourdine. En rentrant, passez me voir…

*

Pour Delaforge, ce n'est pas un jour à résoudre des énigmes. La conduite de Bourdine a aggravé le charivari qui martyrise sa tête. Vacarme et tintamarre ! Il faut surtout accuser le manque de sommeil et ce vin de Champagne dont chaque bulle lui coûte plus cher que la nourriture de ses chiens. Mais sa maîtresse, la gourmande comtesse Angélique de Saint-Bastien, en réclame à cor et à cri. Les bulles de son élixir préféré, de son « philtre d'amour » dit-elle, exacerberaient sa sensualité. De fait, elle en avale un peu, lance la coupe au feu et se jette au cou de son amant réclamant toutes sortes de coquineries que son mari cocu, un comte cacochyme, lui refuse. Tudieu ! Y penser distrait Delaforge du triste spectacle d'un Versailles qui peine à naître. Il enrage d'avoir dû délaisser avant l'aube les caresses de cette jeune femme de dix-neuf ans, manquant d'amour et s'accommodant de ses péchés en répétant que ce n'est pas à trente ans qu'elle jouira de sa beauté. Plus tard, elle deviendra dévote et promet d'aider les indigents, de s'adonner à la prière – des vœux pieux libérant sa conscience. Elle aime les saillies drolatiques, et plus encore, celles de son amant qui, cette nuit, fut merveilleux. Son mari, le vieux comte de Saint-Bastien, est en route pour Carcassonne où il chassera les coléoptères, ces étranges insectes à carapace. Il se passionne pour le scarabée, la coccinelle et, en saison, le hanneton. Début mai, la nature revit. Les bestioles se montrent. Angélique est libre jusqu'à l'automne. Libre de s'étourdir.

Sa passion remonte à un mois et l'affole. Est-elle amoureuse ? Elle a croisé cet homme sur l'île Saint-Louis, près de l'hôtel Lambert. Son mari y édifie une demeure dessinée par Le Vau. La curiosité et le désœuvrement l'ont poussée à s'y rendre au bras du comte. Toussaint établissait un devis. Par quoi fut-elle émue ? La balafre ou la bouche charnelle ? Les yeux gris ou la main gantée, mystère d'une existence brutale, guerrière, aux antipodes de sa vie affadie ?

— Connaissez-vous un ébéniste ? murmura-t-elle en tremblant. Je désire meubler mes appartements…

Le lendemain, Delaforge la guidait faubourg Saint-Antoine. Elle n'a que peu résisté quand, sûr de lui, il s'est approché. Il l'a prise comme une fille de joie, au fond d'un atelier. Elle y a abandonné son honneur, y renonce depuis avec de plus en plus de plaisir, compromet son rang dans des étreintes qui l'enchaînent chaque jour davantage. Madame de Saint-Bastien est déraisonnée, sa passion tourne à la folie. Un mot de lui, elle abandonnerait fortune et titre. Lui ne songe qu'à prendre et donner du plaisir. Et le fit bien cette nuit encore.

*

— Bourdine, je suis fourbu. Guidez-moi et faites au plus court. J'ai hâte de rentrer à Paris.

— Par quoi monsieur veut-il commencer ?

— Ne changez rien à vos habitudes, soupire Delaforge.

Que dire à Le Vau au retour ? Comment ne pas déplaire ? Ce qu'il voit renforce son idée. Versailles n'est rien qu'un bourg. Mais il procédera avec prudence pour ne pas froisser l'architecte du roi. Il en a trop besoin.

« Croyez-moi, s'entête Le Vau. Bientôt, Versailles deviendra le lieu de fête le plus couru du monde… »

Fichtre ! Qu'on se souvienne des festivités de l'an passé. Quoi de mieux que le Carrousel des Tuileries ? Lully composait les ballets, Molière occupait brillamment la scène, l'ingénieur Vigarani activait ses machineries enchanteresses, Le Brun décorait, éblouissait le tout. Aucun spectacle ne saurait rivaliser avec ces moments uniques.

— Versailles dépassera en splendeur tout ce qui a été vu.

Le Vau finit par agacer, mais il avance un dernier argument :

— À l'automne, le roi invitera tout le Louvre à Versailles. On y travaille déjà. Molière écrit des pièces, Lully compose ses notes. Ce ne sera qu'une suite ininterrompue de soupers, de chasses, de plaisirs, et le tout s'intitulera… *L'Impromptu de Versailles*[1].

Eh quoi ! s'interroge Delaforge. Le beau monde sera reçu où ? Trop petit, tout cela. Trop… local.

1. Fêtes données à Versailles à l'automne 1663.

— Où allons-nous, Bourdine ? questionne Delaforge qui n'en peut plus.

— Aux jardins, monsieur. Le roi commence toujours ainsi.

*

Le fouet claque, l'attelage s'ébranle. Le passager ne pense qu'à quitter ce trou perdu, cette cuvette humide et malodorante, décorée de masures lépreuses, d'un clocher maussade. Comment croire que la noblesse de France se laissera séduire par une telle bouffonnerie ?

Non, Versailles n'est certainement pas fait pour recevoir, et il n'y a rien à tirer des chimères royales.

— Nous y sommes, lance le cocher depuis son siège. Penchez-vous pour apercevoir le commencement des jardins.

Bourdine passe à droite de l'aile des écuries et débouche sur un point haut du domaine. À l'instant, le château cachait les vrais décors et c'est comme au théâtre, quand le rideau se lève. Maintenant, voici la scène. Par un enchantement dont Delaforge ne prend pas encore la mesure, lui, le spectateur, se trouve au sommet d'une butte ouvrant sur un tableau baigné de lumières, tourné vers l'occident. Il vient d'aborder le parterre du Midi, rend visite aux jardins, et soudain tout change, tout s'illumine, tout est en marche. Combien d'hommes sont à l'ouvrage ? Des centaines. Peut-être des milliers, songe-t-il, en découvrant une armée de soldats jardiniers plantant, taillant, coupant, arrosant autant de fleurs, d'arbres, de bosquets qu'il s'en trouve dans l'Éden. On retourne la terre ; plus loin, on construit des buttes, on en rase d'autres, on trace des parterres, creuse des trous pour héberger des ornes, des érables plus âgés que celui qui observe. Ils sont alignés, emmaillotés dans des linges blancs qui protègent les mottes comme si la myrrhe miraculeuse des Rois mages s'y cachait. Délicatement, une main vient d'ouvrir l'un de ces linceuls, le libérant de son hiver. Une caresse suffit pour décider que la terre est forte, et que les racines n'ont pas perdu leurs vertus nourricières. Cet arbre sera choisi, son voisin sévèrement écarté. Dix, vingt hommes encadrant l'élu le planteront alors dans son écrin profond, au cercle régulier. Et c'est déjà tout un art.

— D'où provient-il ? demande Delaforge en s'intéressant à la manœuvre qui consiste à relever l'arbre à l'aide d'un jeu complexe de poulies.

— La forêt de Compiègne fournit les ornes. Plus de trois mille ont été déracinés. Mais le roi en veut le double. Plus loin, ce sont des érables. Ils arrivent par centaines du Jardin des plantes de Montpellier.

Quatre hommes soutiennent le trépied auquel est fixé l'orne. Une solide corde de chanvre encercle sa ramure. Au commandement du chef, on hale en cadence en s'aidant de la voix. L'arbre s'élève, plane sans poids, libéré de la gravitation de M. Newton[1], puis abandonne comme à regret l'aérien et vient se placer à l'endroit exact où il vivra désormais. Trois hommes rabattent la terre, couvrent ses racines et se mettent à genoux pour finir son lit, agissant avec douceur, caressant l'humus gras et l'aplanissant pour faire disparaître leur intervention. Déjà quatre autres sont à poste, arrosoir en main. Quand ils ont vidé leur coupe, quatre autres encore prennent la suite et vont ainsi jusqu'à ce que leur ballet s'achève, laissant les lieux comme au jour premier, comme si la main n'avait pas agi, comme si l'arbre était né ici, pour ne jamais mourir. Déjà, le trépied est en place pour continuer son ouvrage. Et la ligne se poursuit ainsi, se noie dans la brume lointaine, auréolée de soleil, sans que l'on sache où elle s'achèvera.

La scène est si reposante que Delaforge s'y abandonne, quand la brise légère se lève, distillant un parfum enivrant de fleurs qui vient du midi, par-delà le parterre où travaillent les pépiniéristes. Voici, sur la gauche, l'Orangerie dont lui parlait Le Vau.

— Quand vous y serez, respirez, l'ami. Faites-le en fermant les yeux. C'est l'île de Malte, les senteurs de l'Asie…

1. Loi démontrée pour la première fois en 1685.

Une promesse que Delaforge jugeait présomptueuse, d'autant qu'il n'a pas la moindre idée de ces mondes exotiques.

Se décidant enfin à quitter carrosse, il avance vers ce nouveau pays, pendant de Babylone. Une patrouille de cinquante horticulteurs tourne autour d'une assemblée de bigaradiers, ces orangers sauvages dont les fleurs blanches et roses exhalent les senteurs virginales d'une nouvelle saison. On vient de les sortir de l'Orangerie pour exalter leur beauté. Leurs feuilles au vert puissant sont nettoyées délicatement, une à une, comme un rameau de cristal. L'hiver a déposé dessus une fine couche de poussière qui accroche les rayons du soleil basculant au-dessus du château. Les parterres du sud profitent de ce semblant de climat méridional pour héberger les premiers crocus, les jacinthes, les tulipes rouges et jaunes, les iris hermaphrodites qu'un bataillon d'horticulteurs regroupe dans des milliers de pots qu'ils iront déposer dès les pétales éclos aux quatre points cardinaux des jardins de Sa Majesté. Et tandis que les narcisses se baigneront dans le bassin de la Sirène, les autres s'en iront au nord, distraire et colorer le bosquet du Bois-Vert, l'allée de cascatelles où chante l'eau claire, le bosquet du Dauphin ou celui de la Girandole[1].

Tout ici est parfait, et l'on peine à croire qu'il s'agit de l'invention des hommes, tant leur belle création s'accouple au naturel. On cherche le laid, ne le trouve point, quand l'œil s'égarant plus loin découvre enfin vers l'ouest l'inachevé. Ce sont des plaies encore ouvertes, ici et là, des monticules de terre, vestiges de ce qui fut. Des prés, des marécages, du bocage fait de bosses et de rigoles, des arbres biscornus, des granges dont le toit de chaume s'effondre, des champs abandonnés, un moulin aux ailes brisées, de pauvres fermes dont la cheminée ne crache plus de fumée, des haies à perte de vue redevenues sauvages, mais que peu à peu le génie et les forces titanesques d'hommes infatigables conquièrent, asservissent et modèlent afin de créer un royaume nouveau, havre

1. Les Deux-Bosquets en 1663.

de beauté, dont il est impossible de fixer les limites tant le regard s'égare de tous les côtés.

— Où s'arrête le domaine ? murmure Delaforge.

Bourdine se fait historien :

— Louis XIII, le père de Sa Majesté, a d'abord exproprié quelques terres paysannes. Mais le plus gros fut acquis auprès de l'archevêque de Paris, Jean-François de Gondi. Depuis, les trois fleurs de lis flottent sur Versailles[1].

Maintenant, il lui plaît d'être géographe :

— À gauche, au midi et un peu plus à l'ouest, il y avait autrefois la paroisse Saint-Pierre de Choisy. À droite, on trouvait Notre-Dame de Trianon. Sa Majesté a tout acheté.

Fouet en main, il vient de faire un arc de cercle, dessinant les contours imprécis d'un empire qui suit les courbes du soleil. Dedans, du lever au couchant, c'est désormais Versailles.

Les deux millions sont là, se dit Delaforge en se rendant sur le perron du parterre occidental qui donne sur les jardins. Ici, il prend la mesure de ce qui existe. Quelle est la taille de ce parc ? Il se place au centre afin d'apprécier la profondeur de l'allée centrale, mais cette ligne infinie[2] désoriente l'esprit. Au bout, il imagine qu'on y creusera bientôt un bassin[3], qui lui-même se prolongera encore[4], puisque des paysans, guère plus gros que des fourmis, retournent la terre, rasent, bêchent, brûlent. Jusqu'où ? Sur des centaines de perches, sûrement[5]. Jusqu'à quand ? Vingt ans, ce n'est pas de trop, réalise-t-il, donnant raison pour la première fois à Le Vau. Il se retourne pour regarder le château. Bientôt, le vieux relais de chasse de Louis XIII sera comme une verrue au milieu de ces splendeurs. Il faudra le raser, en reconstruire un autre. Vingt ans, en effet. Peut-être plus. Et combien de millions

1. La ville devenue terre du roi, les armes des Gondi (deux masses) s'effacèrent.
2. Future Allée royale.
3. Futur bassin d'Apollon.
4. Future tête du Canal.
5. Cent perches représentent 584 mètres (environ).

de livres ? Des dizaines, calcule-t-il. Non, corrige-t-il, faisant enfin sienne l'exaltation de l'architecte du roi, des centaines… Des centaines de millions… Delaforge ne sait ni toiser ni tailler les pierres, mais il sait compter.

*

— Approchez, lance Delaforge à Bourdine resté en retrait.

Le cocher s'exécute.

— Savez-vous où logent ces gens ?

Il montre l'armée des jardiniers.

— Certains arrivent des villages voisins. Ils espèrent ainsi échapper à la misère. Les autres sont venus de Vaux-le-Vicomte après le bannissement de Fouquet. Ils ont suivi les arbres et les plantes puisque Le Nôtre s'est servi sur place. Ils ont amené leur savoir.

— Ça ne fait pas le compte, estime Delaforge. J'en vois trop.

— Après, ça fonctionne comme le bouche-à-oreille. Un ouvrier parle de Versailles à un cousin, qui prend son baluchon et quitte son pays… Il en arrive chaque jour.

— Merci, Bourdine. Maintenant, rentrons à Paris.

Delaforge a compris pourquoi Le Vau a les yeux qui brillent quand il parle de Versailles.

Le filon est bien ici, et il vient de le découvrir.

Chapitre 24

LE MARDI 6 AOÛT 1658, Toussaint Delaforge avait quitté pour toujours la sacristie de l'église Saint-Médard. Il ne possédait rien d'autre qu'une chemise blanche, lavée jusqu'à l'usure pour en effacer les taches de sang, un pantalon noir et des bottes, vestiges du temps lointain où on l'appelait l'invincible. Dans sa poche gauche, battait le couteau du lutteur. La droite était cousue. Marchait à ses côtés le père Calmés, fidèle parmi les fidèles, et les deux allaient de concert vers la rue de la Mortellerie[1], derrière le palais du Louvre, à deux enjambées de la Seine. *Passe-Muraille* montrait une énergie nerveuse, pressant le pas tel le tambour conduisant l'infanterie à l'assaut. Toussaint le suivait, s'étonnant de la vivacité du jésuite. Quel âge avait-il ? Enfant, le collégien l'imaginait vieux, sans établir de réelle hiérarchie entre le sénescent Père supérieur et le préfet de discipline, d'autant que du gris se mêlait aux cheveux coupés ras de ce dernier. Comme tous les détenteurs de l'autorité, Calmés appartenait indistinctement à l'armée des adultes. Mais, aujourd'hui, il affichait la même allure impersonnelle et lisse de l'homme intraitable qui l'avait accueilli, le 3 juin 1646, à l'entrée du collège de Montcler. Douze années s'étaient écoulées. Rien ne changeait chez lui. Décliner avait-il un sens pour ce parangon de la discipline ? Et

1. Disparue, la rue de la Mortellerie prolongeait la rue de l'Hôtel-de-Ville, depuis la rue de Brosse jusqu'à la rue de Lobau.

si l'on retranchait quelques rides de sévérité au coin des yeux et à la commissure des lèvres, la silhouette de l'ascète au regard perçant n'avait pas varié. Le résultat donnait un homme alerte, pour ainsi dire sans époque, la sienne s'étant arrimée à celle de la cinquantaine, sans que l'on sache s'il l'avait atteinte, moins encore dépassée, et sans que ce détail compte vraiment. À une date lointaine, indéfinissable, on le verrait barbon, *Passe-Muraille* pour de bon, canonique tel Moïse. Son pas, moins franc, ralentirait, sa main tremblerait et il s'éteindrait lentement comme la bougie dans la nuit, l'âme en paix, mission accomplie. La sienne, en ce jour, consistait à se rendre chez le maçon Nicolas Pontgallet puisque Delaforge lui avait donné son accord d'une voix égale qui l'avait laissé pareillement de marbre. Mais son protégé avait-il d'autres choix ? À son habitude, le jésuite, connaisseur des âmes, s'interdisait de crier victoire. Ce n'était que la première étape d'une transformation dont la sincérité exigeait d'être confirmée.

— En route.

Sans prononcer d'autres mots, le préfet de discipline sortit de la sacristie. Delaforge suivait, ignorant où il se rendait, abandonnant sa veste déchirée par la lame de Beltavolo. Saint Médard, patron des prisonniers, avait lui-même donné ses vêtements à un pauvre. La légende ajoutait qu'un aigle était venu voler au-dessus du saint pour le secourir de la pluie. Mais qui protégerait Toussaint de sa haine ? Calmés comptait sur Pontgallet dont il avait pris soin d'éprouver préalablement la générosité.

*

En voyant le préfet de discipline se présenter chez lui, un soir de juillet, le maçon s'imaginait qu'un chantier l'attendait. Aussi s'était-il empressé de faire asseoir ce visiteur et d'aller chercher du vin.

— Merci pour votre générosité, monsieur Pontgallet, débuta Calmés en refusant qu'on le serve, mais je souhaiterais y faire appel autrement.

Le bâtisseur pinça les lèvres. Lui demanderait-on de financer les bonnes œuvres du pensionnat ?

— Il ne s'agit pas d'argent, précisa le prêtre, devinant à quoi songeait son hôte.

L'ambiance devint plus légère.

—... Plutôt d'une assistance.

À Montcler, le correspondant du maçon avait été Baltius, le responsable de la chapelle, mais il connaissait Calmés et sa réputation de préfet économe et mesuré. Il pensa à quelques menus travaux qu'il devrait effectuer *gratis pro deo* – ce qui, somme toute, était cohérent puisque ce collège avait un rapport avec Dieu. Trois ou quatre pierres à sceller, un peu de plâtre à gâcher, et le tour serait joué. Un service, en somme, que ce brave chrétien rendrait de bon cœur. Hélas, tout se compliqua lorsqu'il apprit qu'on lui demandait de fournir du travail à un ancien du collège. Aussitôt, Pontgallet se montra réservé, gémissant qu'il courait après les commandes, fort insuffisantes pour occuper ceux qu'il employait. Mais quand il sut que ce garçon avait vingt ans, il ne cacha plus sa contrariété. Former prenait du temps, des années, et pour supporter la dureté du métier, il fallait débuter jeune.

Il se frotta la barbe :

— Il faut l'échine souple et des reins solides. À vingt ans, on se croit homme, on veut sa liberté. Obéir, accomplir des tâches ingrates, les répéter cent fois, et jusqu'à l'épuisement, voilà qui n'est pas facile. Si vous goûtez au pain blanc, difficile d'avaler le noir. Croyez-moi, mon père, notre vie n'est pas facile.

— Ce garçon a enduré le pire, répondit Calmés.

— Savez-vous ce qu'on réclame au dos pour porter les pierres en haut de l'échafaudage ?

— Je doute en effet que, sur ce point, il vous vienne en aide.

Ah ! En plus, il est paresseux, gronda Pontgallet en plissant les yeux.

— Non, ce n'est pas cela.

— Alors quoi ? Serait-il difforme ?

— Manchot, répondit froidement Calmés.

Le maçon étouffa un rugissement.

— De surcroît, de la main droite, entendit-il encore.

Le teint de l'entrepreneur devint rouge écarlate et les veines de son cou plus épais que celui du taureau se mirent à gonfler.

— Palsambleu ! jura-t-il. Que ferait-il chez moi ?

— Compter, établir vos devis, négocier vos achats…

— Vous voulez qu'il prenne ma place ? Sans rien connaître !

— Vous lui apprendrez, monsieur Pontgallet… Il ne manque pas d'intelligence.

— Et il faudrait le nourrir ? sembla-t-il céder.

— Le loger, aussi. Mais une paillasse dans vos combles suffira.

C'était de trop. Il brandit ses mains épaisses, blanchies par le plâtre, comme s'il repoussait le diable.

— Oubliez-vous que le collège fit appel à vos services ? tenta le père jésuite.

— J'ai bonne mémoire, se décida son hôte en gonflant sa solide carcasse. Assez pour croire que mon travail fut apprécié et payé à son prix juste, et…

— Je l'ai dit, l'interrompit le jésuite. Ce n'est pas une affaire d'argent.

Passe-Muraille s'approcha :

— Je sollicite la charité chrétienne.

La bonne conscience du maçon en prit un coup. Comment se défiler en usant d'un tel argument ? Il allait affirmer que, sur ce sujet, il n'avait rien à se reprocher, quand le prêtre continua :

— Vous souvenez-vous du jeune garçon qui ne vous quittait pas pendant vos travaux ?

Pontgallet cherchait.

— Un gamin plutôt taciturne dont le visage était barré par une cicatrice.

Le visage d'en face s'éclaira :

— Il était toujours dans mes pieds… Comment s'appelait-il ?

— Delaforge.

— Oui, oui, murmura Pontgallet tandis que sa barbe s'écartait pour laisser passer un semblant de sourire. Toussaint Delaforge.

— Et n'en pensiez-vous pas du bien ?

— Dame ! oui, bredouilla-t-il en se sentant piégé.

— Il vous répétait qu'il voulait devenir maçon, et je crois même architecte.

— Il ne l'a pas fait en sortant de Montcler ?

— Deux ou trois impondérables ont retardé ce dessein, esquiva le visiteur, féru de casuistique.

— Je devine que son bras en moins en fait sans doute partie... Mille regrets, mon père, mais si vous dirigez la maison du Seigneur, je connais mon affaire quand il s'agit d'édifier celles des hommes. Il ne *peut* devenir bâtisseur. Il lui *faut* renoncer à ses projets.

L'argument était imparable. Le maçon reprenait le dessus.

— Montrez-lui comment toiser ou dessiner des plans. N'est-ce pas ainsi que l'on devient architecte ?

— Vous oubliez le temps, mon père. Ce métier s'apprend avec patience. Croyez-vous que l'on puisse sauter les étapes et faire fi des méthodes séculaires ?

— Combien demandez-vous pour former un apprenti ? rompit Calmés, formé à l'excellentissime méthode qui consiste à se défausser d'une question gênante en s'intéressant à une autre.

— Vingt livres, lui répondit son interlocuteur à mi-voix.

— C'est une somme, rétorqua le préfet de discipline sur un air de reproche.

— Je ne suis pas un ingrat, s'assombrit l'entrepreneur. L'accord marche dans les deux sens. Je paye mon manœuvre dix-huit sols par jour. De plus, il est nourri. Autant d'avantages que je ne peux offrir à quelqu'un qui me serait inutile.

— Je vous donnerai le double, mais gardez votre langue.

— Ah non ! Je n'en veux pas. Ni de lui ni de votre or.

Vous prendrez les deux, lança sèchement *Passe Muraille*.

Pontgallet ne manquait pas de courage, mais l'intransigeance de la soutane l'impressionnait. La peur de déplaire à un soldat de Dieu le faisait hésiter. Comment dire non sans compromettre son âme et ses bonnes relations avec le monde ecclésiastique ?

— Tentez un essai, s'adoucit Calmés. Six mois. Je viendrai vous voir, et si ça ne va pas...

Six mois, se disait le brave homme. Un arrangement. Six mois seront vite passés, et il le logerait dans les combles pour le surveiller.

— Trois mois, céda-t-il brusquement, décidant que l'épreuve qu'on lui imposait raccourcirait peut-être son temps au purgatoire.

— Soyez béni.

— Et je ne demande rien. Si ça va, on continue. Sinon...

— Dieu vous en rendra grâce.

— Ne me remerciez pas, mon père. Je ne prends aucun sou et ainsi, je suis libre. Au premier écart...

— Je réponds de lui, s'avança le jésuite de Montcler.

— Vous en êtes le garant. S'il ne s'y fait pas, je viendrai aussitôt me plaindre au collège. À vous, et au Père supérieur.

Et Calmés se garda de lui dire combien lui-même se mettait en danger.

*

Goulot humide où la lumière entrait peu, la rue de la Mortellerie n'avait rien de séduisant. Mais Pontgallet ne l'aurait jamais quittée, tant il s'y sentait chez lui. C'était son royaume et celui des siens, de son épouse Marguerite, née Talédot, de son fils, Jean, de sa fille, Anne, tous deux âgés de plus de dix-huit ans. Cette maison, Nicolas Pontgallet l'avait construite de ses propres mains, et il s'y sentait bien : simplement quatre murs, un toit solide, un étage abritant quatre chambres – sans compter les combles et l'atelier dans la cour –, mais le symbole d'une réussite obtenue à la force du poignet. Ce coin du monde était à lui, il y avait vu ses enfants grandir, jouer, rire, apprendre, protégés et surveillés par une mère aimante et généreuse qu'il entendait dès le début de la rue appeler les petits pour le souper. Le sentiment du travail fait, il retrouvait sa tribu, heureux et harassé, comme au temps où il n'était que compagnon et qu'il s'en revenait, courbaturé, le visage poussiéreux, les mains engourdies par la masse s'abattant et brisant la pierre. Avant même d'avoir franchi le seuil de sa maison, il savait que sa femme était allée chercher pour lui l'eau au puits de la cour, qu'il grommellerait de plaisir en plongeant son visage dans la cuvette pleine, qu'elle lui tendrait un linge afin qu'il se nettoie. Après le repas, il aurait le temps de prendre ses enfants sur les genoux, de les écouter raconter leur journée et, en échange d'un dernier baiser, de les voir cavaler dans l'escalier, avant que la nuit ne vienne. Alors, il profiterait de la veillée pour raconter à sa bien-aimée ses projets pour demain. Un jour, il deviendrait maître, bâtisseur pour le roi. Dans ces moments de sérénité, il détaillait le profil apaisant de Marguerite allant et venant dans la lueur vacillante de l'âtre, éveillant ce désir qui n'avait jamais faibli et, quand il reposait, attendri par le bonheur, il écoutait les craquements familiers du bois dont il avait choisi chaque planche. Sa maison valait tous les palais des riches, cette rue paisible, éloignée des fureurs, tous les pays de cocagne. Alors, avant de fermer les yeux, il remerciait Dieu de lui offrir tant de félicité.

*

Cet ancien apprenti de Philibert Le Roy, l'architecte de Louis XIII qui avait élevé le premier château de Versailles en lieu et place du relais de chasse, trimait depuis l'âge de douze ans et, à bientôt cinquante, ne s'en plaignait jamais. Fils aîné d'un petit laboureur du Perche, il avait quitté les siens, baluchon sur l'épaule, porté par la devise qui lui avait tant réussi : *On ne peut rien contre le travail.* À force de courage et d'honnêteté, il avait gravi un à un les échelons du monde des entrepreneurs, rejoignant Lefebvre, Villedo, Hanicle, d'Orbay, les illustres maîtres des Bâtiments du roi. Et entrer dans ce cercle, c'était comme trouver le Graal.

Pontgallet se souvenait de son admission. Après dix années de compagnonnage, le maître général des œuvres de maçonnerie, clef de voûte de la profession, lui fit savoir qu'un jury composé de trois maîtres réputés, Villedo, Mazière et Bergeron, examinerait son cas. Cette digne délégation vint d'abord le visiter sur un chantier, afin de vérifier la façon dont il montait les murs d'une maison bourgeoise de la rue de la Verrerie, appartenant à un gentilhomme exerçant le noble art de verrier[1]. Le terrain étant marécageux et en pente, on prit soin de toiser les fondations. Rien d'autre ne fut prononcé, ni critique ni *satisfecit*, jusqu'à ce lundi 15 juin 1648 où ce même jury le convoqua à huit heures chez le maître général des œuvres de maçonnerie et lui remit le sujet du chef-d'œuvre qu'il devrait produire : une colonne dorique, expression de l'art de l'ancienne Grèce. *Cannelée à arêtes vives, la colonne comportera un chapiteau à échine nue et un entablement qui conjuguera en une alternance triglyphes et métopes*[2]. *Il en sera réalisé, en une seule journée, le trait géométrique, puis son exécution.* Tel se présentait l'énoncé[3]. Alors, on le conduisit dans une pièce éclairée par le peu de ciel gris que laissait passer une fenêtre haute. Puis on ferma la porte à clef, abandonnant le candidat aux affres de la création avec pour compagnie un taillant, une pointerolle, un marteau appelé têtu, une massette, une gouge que d'autres désignent burin, une polka pour bûcher la pierre, une râpe, une ripe, une scie, etc., et trois blocs de calcaire arrivant des carrières de Caen.

À la fin du jour, Pontgallet avait débité, dégrossi, équarri, tracé, taillé, poncé, taillé encore, et n'était pas satisfait. Il frappa pour qu'on lui ouvre, supplia le cerbère qui veillait devant la porte de lui fournir une chandelle. On lui répondit qu'il devait se retirer. Pouvait-il revenir la nuit ? Le gardien, inflexible, le poussa dehors, ferma la pièce à double tour et lui conseilla d'aller se reposer car le lendemain serait épuisant. Pontgallet n'en pouvait plus, mais, rentré chez lui, il ne trouva pas le sommeil,

1. Par exception remontant à Saint Louis, la verrerie était considérée comme un art, ce qui permettait à un noble d'exercer ce métier.

2. Ornements de la frise dorique.

3. Description d'une autre admission à la maîtrise (celle du compagnon Philippe Joüet), dans *Versailles, le chantier de Louis XIV*, Frédéric Tiberghien, Tempus.

ruminant sur son travail, regrettant sa fébrilité et son empressement.

Le lendemain, à dix heures, le jury vint pour examiner l'œuvre en présence de son auteur. Villedo s'entretenait avec Mazière qui se tournait vers Bergeron afin de recueillir un avis. Ils s'exprimaient à voix basse, usaient d'airs entendus, opinaient rarement, et toujours gravement. Pontgallet sut qu'il était perdu. À midi, le jury annonça qu'il se retirait pour délibérer et rendrait son jugement après dîner, soit à quatorze heures[1]. Le pauvre Pontgallet ne put rien avaler tant son estomac s'y refusait. Il passa le repas à marcher de long en large, faisant le guet, attendant le retour du jury. Ne voyant rien venir, il se présenta à deux heures, convaincu d'être reçu par un moins que rien déclarant son échec. C'est ici qu'il entendit les maçons attablés dans un salon, discutant de leurs affaires et n'échangeant pas un mot sur sa personne et son chef-d'œuvre. Ils ferraillaient plutôt sur la création d'une entente réunissant charpentiers et couvreurs afin de répondre à une commande émanant de la surintendance. On citait tous les noms, sauf le sien et il songeait à se retirer quand Mazière ouvrit la porte, les joues rosies par le vin d'Alsace.

— Avez-vous mangé ? demanda-t-il.

Le candidat fit comprendre que non.

— C'est regrettable car vous n'en avez pas fini.

*

Il restait une dernière épreuve avant de décider de l'ensemble, et c'était la plus redoutable. À la tombée du jour, alors qu'il titubait de fatigue, on le fit entrer dans une vaste pièce dont le fond seul était éclairé par trois flambeaux. On l'y conduisit, l'obligeant à traverser les lieux qui, pour le reste, restaient plongés dans la pénombre. C'était comme au théâtre. Il se rendait sur la scène, baignant dans la lumière, tandis que les spectateurs s'installaient

1. On dînait à l'heure du déjeuner. On soupait à l'heure du dîner.

pour le détailler car, ici, on ne manquait pas de monde, et, malgré le peu de clarté, le compagnon Pontgallet comprit que cette assemblée comptait de nombreux maîtres venus l'auditionner. Ses craintes grandirent encore quand une voix qu'il ne connaissait pas le pria de s'asseoir, dos tourné, de telle sorte qu'il n'apercevait rien de la masse humaine.

— Voulez-vous devenir maître, Nicolas Pontgallet ?

Ce timbre-ci lui était tout aussi étranger et en s'entendant prétendre qu'il désirait rejoindre les bâtisseurs du roi, il ne reconnut pas plus le sien, noué par l'émotion.

Ensuite, on l'avait questionné sur les raisons profondes qui l'avaient décidé à devenir maçon. Étrange demande pour un homme simple et droit qui se levait tôt, partait au travail, accomplissait son œuvre sans s'interroger. Pourquoi bâtissait-il ? Posé sur un tabouret, au cœur de l'illustre aréopage qu'il rêvait de rejoindre, l'impétrant se sentait nu et fragile tel le nouveau-né. Derrière, on s'impatientait, on le pressait de se décider. Que fallait-il répondre ? Du côté éclairé par les flambeaux, là où il se trouvait, il discernait un crâne posé sur une colonne, symbole de la brièveté de l'existence. Lui demandait-on si construire faisait *essentiellement* partie de sa vie comme si, au moment de mourir, il devait se retourner sur son passé et séparer l'accessoire du principal, le fugace de l'immuable ? Il garda longtemps le silence. Une voix retentit – était-ce Bergeron ou Mazière ? –, exigeant qu'il se livre. Sans y réfléchir davantage, il dit :

— Tout homme a besoin d'un toit pour se sentir libre. Je le sais pour l'avoir connu.

Le souvenir avait jailli d'un coup. Il arrivait de très loin, du fin fond du Perche où il avait vécu. Il s'était vu à l'âge de douze ans, sa mère sur le pas de la porte, l'embrassant une dernière fois, lui faisant jurer d'être sage, et de se servir de ce que lui avait appris le curé pour lui écrire. Elle ne savait pas lire, mais un peu d'encre la rassurerait. Il suffirait qu'il barbouille un *N*, comme Nicolas en bas du feuillet. Elle saurait que c'était lui, qu'il était vivant. Il avait juré de revenir pour lui construire sa maison, qu'ainsi elle n'habiterait plus jamais chez les autres, à la grâce de Dieu, à la merci d'une mauvaise récolte ou d'un loyer de retard. Et elle avait souri, répétant que son père était fier de son fils, même s'il était absent, car il s'en allait loin, cueillir, biner, vendanger, faire le miséreux pour quelques deniers qui manquaient cruellement en hiver. Nicolas était parti, se retournant cent fois et levant le bras jusqu'à ce que la colline qu'on appelait ici *le Pas de la Mule* engloutisse la silhouette de sa mère et celle des trois petites sœurs accrochées à ses jupes. Il avait écrit. Peu. Sans obtenir de réponse. Puis il avait enfoui ces images au plus profond de lui, attendant cinq longues années avant de faire le parcours dans l'autre sens.

En haut de la colline du *Pas de la Mule*, c'était un après-midi de septembre, il avait aperçu la fumée épaisse du bois de mélèze sortant de la cheminée et ce simple détail lui retournait le ventre. Il avait dévalé la dernière butte, faisant sonner les cent livres enfouies dans sa bourse, et mises de côté pour les donner aux siens. Ce n'était pas assez pour construire une maison, mais suffisant pour offrir des robes, des foulards, et toutes ces choses que les femmes adoraient. Une enfant le regardait approcher d'un air méfiant et lui-même s'alarmait car il ne reconnaissait aucune de ses sœurs. En criant, la petite avait appelé son père et l'homme qui se montrait n'avait rien de commun avec ses souvenirs. Où étaient-ils ? L'inconnu qui occupait sa maison avait montré le cimetière. Deux ans, peut-être. Tous emportés par la fièvre. Il avait pris la suite. Pour combien de temps, racontait sa mine épuisée ? Nicolas Pontgallet avait tiré dix sols de sa bourse afin d'acheter une poignée de ces roses grimpant sur la façade de la maison qui n'appartenait pas à cet homme. Il avait déposé les fleurs sur leur tombe, puis attaqué la colline du *Pas de la Mule*, sans jamais se retourner.

— Viendras-tu à notre aide si l'un de nous en fait la demande ?

Une voix encore, toujours inconnue, l'interrogeait. Il ne put en entendre plus et, sans comprendre ce qui se produisait, sans mesurer ce à quoi il cédait, il se libéra du poids de sa conscience en racontant son histoire aux ombres de la pièce.

— La seule vraie maison que j'aurais dû bâtir, je n'ai pu la faire, murmura-t-il pour finir.

C'était immensément douloureux, *essentiellement* sincère. C'était sa façon de séparer l'accessoire de l'immuable, et il s'imagina qu'après avoir confessé tant de misères ses rêves de maître maçon s'effaçaient. Mais, derrière lui, la clarté revenait, la pièce s'illuminait. Sans résister davantage, il se retourna et vit que chaque bâtisseur tenait entre ses mains une chandelle allumée. Mazière, au premier rang, leva la sienne pour que l'on voie son visage :

— Nous avons tous connu des épreuves, Nicolas. Maintenant, tu es des nôtres. Tu peux t'appuyer sur chacun de nous, et tous, nous compterons sur toi.

Il vit alors ses alliés pour toujours. Ils venaient, souriaient et lui tendaient la main. Puis il y eut un banquet. Pontgallet avait faim. Il entrait dans la *famille* des maçons.

*

Il n'existait sans doute pas d'autre mot que celui-ci – *famille* – pour définir le fonctionnement de cette société solidaire aux règles strictes, arbitrant les conflits et réglant ses affaires. La solidité d'un tel édifice se comparait à celle d'un temple aux colonnes inusables. Tout y était discuté. Contrats, prix, méthodes, savoir, tout s'y débattait. De la sorte, les maîtres des Bâtiments du roi, une centaine d'hommes, gardaient la main sur les travaux commandés par la surintendance du roi. Devait-on craindre les *combinazione* et d'autres effets pervers d'un système aux apparences opaques et tentaculaires ? Tous ses membres s'en défendaient. Leur chapelle réunissait d'excellents talents qui, guidés par leurs aînés, et au prix de nombreux efforts, parvenaient au sommet de la pyramide et livraient le meilleur d'eux-mêmes.

— Mais vois-tu combien le parcours est difficile ?

Chaque instant, Pontgallet le répétait à son nouvel apprenti, Toussaint Delaforge, en prenant son exemple. À douze ans, il cassait la pierre comme le forçat, à seize, il la taillait, à vingt, il commençait à bâtir et il avait dû attendre l'âge de trente-huit ans pour connaître l'apogée.

— La moitié de ceux que je connaissais n'ont même pas atteint la trentaine.

Pour qu'on le comprenne encore, il ôtait douze à trente-huit, et concluait :

— Vingt-six années de patience...

Et, se disait-il à lui-même, avec une seule main, il faudrait plus que doubler ce temps.

La vérité entrait-elle dans le crâne assez jeune de Toussaint pour qu'il renonce à ses chimères et tente une autre voie ? Le maçon en doutait, sans pouvoir reprocher quoi que ce soit au manchot qui, depuis son arrivée, soit depuis un mois, se levait dès l'aube sans rechigner, se présentait à l'atelier, saluait. Attendait, prêt, semblait-il, à obéir. Il y avait cependant quelque chose d'étrange et de gênant chez ce jeune homme. Son attitude distante, ce regard froid, supérieur, ne collaient ni avec l'âge ni avec le statut de l'apprenti. Sans rien savoir de son passé, Pontgallet imaginait, soupçonnait, inventait toutes sortes d'aventures et de désordres. Calmés lui avait assuré que le collégien avait quitté Montcler à seize ans (bien sûr, sans rien préciser des circonstances). Il fallait combler quatre années et, le maçon ne s'en privait pas. Il le voyait marin, pirate, peut-être pêcheur basque s'en allant en Nouvelle-France, chasser la baleine à Tadoussac sur les bords du fleuve Saint-Laurent. Des récits formidables circulaient sur la férocité de ces monstres aquatiques, tués à l'aide d'un harpon que seul un bras puissant pouvait brandir et lancer à cent pieds au moins. Le bâtisseur s'y connaissait mieux qu'un autre en matière de force et s'il détaillait Delaforge, il fallait convenir que le gaillard ne manquait pas de muscles. Nerveux, sec, affûté... Comme un guerrier ?

Alors, il lui venait d'autres hypothèses. Il n'avait pas perdu la main et l'avant-bras dans une lutte à mort avec le roi des mammifères, mais au combat, comme mercenaire. Peut-être en servant le roi d'Espagne. En y regardant de près, il comprit que l'amputation était récente. À quand remontait la bataille des Dunes où Louis XIV avait écrasé les troupes du frondeur Condé et de Don Juan José ? Trois mois[1]. L'hypothèse se tenait. Il avait été blessé, et pour éviter les galères, il s'était réfugié auprès de son ancien maître, le jésuite de Montcler. Voilà qui n'arrangeait pas les affaires de Pontgallet. Hébergeait-il, par malheur, un fuyard, ennemi du roi ? À cette confusion, née du silence, du mystère, des doutes et de la personnalité de cet étranger, s'ajoutait l'infirmité qui – combien de fois l'avait-il répété à Calmés ! – rendait impossible sa formation au métier de maçon. Que pouvait-il donner à faire à ce maudit… apprenti quand l'essentiel consistait à ranger les outils, charger la charrette, atteler la mule, passer un coup de balai, aller chercher l'eau, porter les sacs de chaux, et tant de choses rendues impossibles par son état ? Pontgallet se mordait la langue pour ne pas le couvrir de reproches. Il enrageait, maudissait ce poids. Il n'aurait pas dû accepter. Il devait le renvoyer.

Un mois passa donc, inconfortable, gênant, empoisonné de soupçons, avant qu'il ne décide de s'en ouvrir à Bergeron venu lui rendre visite. Ils étaient dans la cuisine, la porte restait entrebâillée. Delaforge passant, il n'eut nul besoin de tendre grandement l'oreille pour comprendre que son sort serait bientôt joué. Mais étrangement, cela ne convenait pas au protégé du jésuite, du moins, tant que ses comptes ne seraient pas réglés avec le marquis et sa clique. Pour cela, il avait besoin de temps – et comment vivre à Paris sans logement et sans repas ? L'hospitalité de Pontgallet dénouait ces deux questions. Le reste était affaire d'organisation et de patience. Il agirait selon un plan qu'il mûrissait depuis son arrivée et qui, pour l'essentiel, se résumait à frapper

1. 14 juin 1658. La victoire de Louis XIV s'obtint, avec l'appui des Anglais, contre l'Espagne et le propre cousin du roi, le prince de Condé, à la tête de la fronde de la noblesse (voir *1658, L'Éclipse du Roi-Soleil*, même auteur).

aveuglément. Il le pouvait, il en avait encore la force. Il agirait par surprise et fuirait sans demander son reste. Aucun indice, aucune preuve ne le désignerait. À la seule condition que son mentor relâche sa surveillance. Oui, dès qu'il pourrait sortir, circuler librement – chose formellement interdite jusqu'à nouvel ordre, avait décidé Pontgallet parce qu'il se méfiait de l'apprenti.

Mais une autre raison expliquait que l'ancien invincible se soumette au moins provisoirement au statut de l'apprenti car, s'il n'en subissait pas l'esclavage du fait de cette infirmité qui lui interdisait de porter comme les autres dix fois son poids en pierre, matin et soir, il apprenait vite et beaucoup sur ce nouveau monde. Pontgallet, en effet, respectant sa parole donnée à Calmés, l'entraînait à sa suite, là où le menait son métier. Au moins, se disait-il, avec ce tour d'horizon le lascar comprendra combien ce gagne-pain lui sera à jamais inaccessible. Décourager l'apprenti, c'était la façon quelque peu paradoxale de le former. Et de s'en débarrasser, travail fait et conscience tranquille. Chaque visage croisé, chaque mot échangé ressemblait donc à une leçon. Un tourbillon de contacts et de conversations menées à la baguette visant à démontrer combien rien ne s'inventait, qu'il fallait des jambes, une tête et deux mains, que tout était fait d'expériences, de connaissances et de relations. Clients, fournisseurs de matériaux, associés, tous défilaient. Pontgallet sautait d'un chantier à un projet, du carreleur à l'architecte, du grippe-sou au bon payeur, de la mauvaise foi à la droiture, écoutant les récriminations et les remerciements avec le même plaisir. Ce bref abécédaire des usages et des méthodes de la profession ne suffisait pas pour apprendre, mais il apportait la preuve de la juste opinion du formateur qui s'amusait à montrer au jeune homme trop souvent muet (parce qu'il était impressionné, se disait il) que son art n'était pas surfait. « Ah ! plastronnait-il, quand il entraînait l'ignorant à sa suite. Tu mesures combien c'est compliqué. » Et il se félicitait de voir son souillon plongé dans ses pensées, comme tétanisé par les rouages de la maçonnerie.

Le maître ne se trompait pas sur un point. Le novice mesurait que ce métier pénible qui exigeait de gravir lentement les échelons ne lui convenait pas, et il le laissait volontiers aux tâcherons qui se soumettaient à la docilité et à la servitude. Mais, au-delà des apparences, il y avait perçu la promesse d'une renaissance qui servait son projet secret. Une lueur qui se précisait de jour en jour. En un mois, son opinion était en effet arrêtée, et il remerciait ce Pontgallet, drapé dans sa suffisance, car, grâce à ce qu'il lui faisait découvrir, tout n'était pas décourageant. Bien au contraire, *l'instruction* lui ouvrait des horizons inespérés.

*

Entrer dans l'ordre des maçons du roi, c'était comme s'emparer de la Toison d'or. Du moins, Pontgallet, qui n'y connaissait pas grand-chose en matière de mythologie, l'imaginait-il ainsi[1]. Dix ans plus tôt, il avait accédé au statut de maître-bâtisseur et profitait depuis, au même titre que ses pairs, les fournisseurs du roi, d'un flux ininterrompu de commandes qui apportait richesse et respectabilité. Ce fils d'un laboureur mort en s'acharnant au travail s'étonnait encore de sa chance. Il fréquentait les puissants, gagnait très bien sa vie, amassait, marierait honorablement ses enfants, héritiers de ses efforts. Voilà ce que je suis, se disait-il en pensant à cet apprenti hors norme ; voilà ce qu'il ne sera jamais. Il n'y avait nulle cruauté. Ce n'étaient que les certitudes d'un parvenu, fier d'une vie qu'il jugeait honnête et morale, en dépit de ce besoin maladif de ne jamais rater une occasion d'étaler sa réussite.

— Vois-tu, disait-il à Delaforge alors qu'ils se rendaient chez le maître Bergeron – celui-là même qui avait examiné son chef-d'œuvre –, cet ami est l'exemple de notre prospérité. Il est comme moi fils d'un simple laboureur, il n'avait presque rien en débutant. Or, bientôt, son fils épousera la fille de Mazière. Et je sais déjà

1. Quête par Jason et ses compagnons, les Argonautes, d'un trésor fabuleux.

que les parents de cette dernière apporteront en dot quinze mille livres.

Tout en marchant, Pontgallet faisait le calcul.

— C'est la moitié de la valeur d'une maison qu'il possède rue Neuve-Saint-Roch, murmura-t-il.

Sans doute comparait-il avec ce qu'il possédait, et même ce qu'il offrirait au mariage de sa fille, Anne, avec le fils d'une lignée de maçons car le rapprochement entre *gens du même monde* était fréquent. De fait, on devenait bâtisseur, puis on transmettait le flambeau à la génération suivante. Ainsi, la puissance ne se fractionnait pas. Au contraire, elle se renforçait et s'étendait, la descendance engendrant des entrepreneurs, des architectes, des intendants des Bâtiments, des jurés des œuvres de maçonnerie, dans l'espoir que les enfants produiraient à leur tour des trésoriers généraux des Bâtiments ou qu'ils seraient, un jour, anoblis[1] ou posséderaient leur banc à Notre-Dame[2].

L'élévation sociale, véritable *credo* de ce milieu, fonctionnait sur des règles précises dont le dessein premier était de se cuirasser contre toutes les ingérences extérieures. L'autre, c'était l'ennemi. Rien ni personne ne devait briser le cercle qui protégeait les possesseurs de l'honorable titre de maître maçon. La cooptation permettait de trier le bon grain de l'ivraie, de choisir des collègues qui deviendraient des associés car, entre *personnes de bonne compagnie*, on parvenait toujours à s'entendre. Pour preuve, Delaforge avait été témoin, le second lundi de son apprentissage, d'une réunion, rue de la Mortellerie, à propos d'une société de construction visant à unir les forces de deux familles qui, ainsi, se répartissaient les rôles, les travaux et les risques financiers. Nul besoin de contrat pour ce pacte. Les décisions se prenaient et s'actaient d'un simple

1. C'est le cas de la famille Gabriel, de très illustres maçons, alliée à Jules Hardouin-Mansart. Voir en ce sens la description de cette dynastie par Frédéric Tiberghien, *Le Chantier de Versailles*, *op. cit.*.

2. C'est le cas de Léonard Aumasson, dit La Fontaine, bâtisseur et propriétaire de nombreuses maisons à Versailles.

hochement de la tête. Ce fut donc rapide, franc et direct. Le vrai sujet n'était pas là. On craignait plus la présence d'un maçon inconnu – il arrivait du Limousin et s'appelait Volton –, usurpant le titre d'architecte, et cherchant à se faire une place à Paris. Les architectes se plaignaient du faussaire, exigeant que chacun reste à sa place, et demandaient aux maçons de régler ce différend. Il y eut peu de discussion. Il fallait maintenir une séparation stricte entre les métiers. On chargea donc Nicolas Pontgallet d'informer l'Académie d'architecture que les maçons soutiendraient la condamnation du Limousin, la règle essentielle étant de maintenir, et de renforcer s'il le fallait, les frontières fixant les domaines de chacun. Et l'assemblée se dispersa. Sitôt les visiteurs partis, Delaforge rompit la règle du silence qu'il s'était fixée et questionna son cicérone sur cette position qui interdisait aux maçons, au même titre que l'accusé, d'empiéter sur le territoire des architectes. Ravi de faire comprendre l'habileté de la manœuvre, Pontgallet s'expliqua :

— En protégeant les architectes, nous agissons d'abord pour nous. À chacun son pré, le leur est petit, le nôtre grand. Qu'y a-t-il à gagner à tirer des traits, faire des esquisses, suer pour obtenir l'accord versatile d'un client qui n'aimera pas une courbe, discutera la pente d'un toit à l'infini ? Quand le maçon arrive, tous se taisent. Il s'agit de bâtir des murs et non de discuter des finesses de l'art, sujet où le plus idiot des hommes se croit utile. Nous alignons *bêtement* des pierres et il faudra qu'elles soient droites. Mais qui connaît notre science ? Qui pourrait dire le prix, le poids, la quantité des choses ? Ces secrets, il faut surtout les protéger. En empêchant le maçon de se prétendre architecte, nous exigeons en retour que l'inverse soit aussi vrai. Ainsi, nous coupons l'herbe sous le pied à ceux qui auraient compris que la fortune vient à ceux qui bâtissent. Nous voulons que les métiers soient cadrés, organisés, délimités, et tous croient que ces règles nous pénalisent. Non ! Elles nous défendent car, si chacun reste à sa place, nous sécuriserons le trésor qui niche entre nos mains.

Il y avait beaucoup de bon sens chez cet homme, mais aussi l'envie d'éblouir l'ignorant. Or donc, il ajouta :

— Mon fils deviendra architecte. À quoi bon vouloir exercer ce métier si l'un de nous s'en empare et en partage les bienfaits entre les familles ? Voici à quoi servent les alliances...

La réunion des intérêts entre les maçons et les architectes se produisait donc par la répartition des rôles et la conclusion d'accords souvent cimentés au gré de rapprochements familiaux. Une dernière raison expliquait ainsi que les maçons, autant que les architectes, protègent *mordicus* leur statut : les uns et les autres, mariés ou associés, se partageaient les immenses promesses des constructions privées. Voilà où résidait le vrai secret – *la Fortuna* : être architecte ou maçon du roi rapportait de faibles revenus, mais une aura qu'on faisait payer à ceux qui souhaitaient profiter de ces talents. Le prestige s'obtenait en servant le roi, la fortune se gagnait en travaillant pour ses sujets.

Tant de ruses et d'adresse donnaient une autre allure au triste métier du maçon. Oui, il y avait moyen de s'enrichir, de s'élever et de se joindre au monde des puissants qui avait tant fait pour le malheur de Toussaint Delaforge. Mais était-il nécessaire de casser la pierre, de la tailler, de se martyriser la couenne pour profiter de la manne ? À bien y réfléchir – l'apprenti s'y employait la nuit, dans la chambre que le maçon avait mise à sa disposition dans les combles –, il y avait peut-être d'autres solutions, y compris les moins honnêtes.

La plus évidente lui était apparue alors qu'il se trouvait chez Pontgallet depuis un mois. Pour être plus exact, peu avant le jour où il avait entendu son hôte se plaindre auprès de Bergeron de l'inutilité et du poids du jeune homme.

✦

Fallait-il une nouvelle fois accuser la vanité de Pontgallet, accroché à sa réussite, et si tenté de l'exposer ? Toujours est-il que ce dernier ne résista pas au plaisir discutable d'apporter une ultime preuve de la supériorité de ce métier inaccessible à un novice, de surcroît manchot, en le conviant à un dernier entretien avec un fournisseur. Après quoi, il n'aurait plus qu'à annoncer à Delaforge qu'en son âme et conscience il ne l'imaginait pas maçon, qu'il n'avait nul besoin d'un maladroit pour toiser, que dessiner était l'apanage des architectes. Mais avant, il lui offrait cette démonstration qui flattait son orgueil et prouvait à ce jeune homme qui ne montrait ni entrain ni passion combien il lui fallait rejoindre d'autres cieux.

Pour bâtir, professait Pontgallet d'un ton doctoral, il faut des matériaux. Delaforge se retenait de soupirer. Le prenait-on à ce point pour un sot ?

— C'est pourquoi je fais appel à des sous-traitants, comme ce marchand de carreaux.

Le maître-maçon poussa la porte de son atelier de la rue de la Mortellerie. Il passa devant pour saluer Mathieu Lefort, un carreleur picard. L'ultime leçon débutait. Elle se prolongea jusqu'à midi. Que fallait-il en retenir ? L'adresse du maçon pour négocier ou la rouerie de son vis-à-vis gémissant qu'on l'assassinait ? Certainement un peu des deux. L'accord avait demandé trois bonnes heures quand le tout aurait pu être conclu en peu de temps. Mais pourquoi se priver du bonheur des palabres ? Était-ce le seul enseignement à retenir ? Non, il y avait beaucoup plus important : Lefort avait obtenu 24 livres pour chaque mille de carreaux livrés. La suite consistait à calculer combien un solide employé, soumis au rythme intolérable de son patron, posait de carreaux par jour. En comptant vingt carreaux par heure, Delaforge arrivait à deux cents. En cinq jours, les mille carreaux étaient consommés et 24 livres dépensés par l'apprenti. Combien Pontgallet en soumettait-il à sa loi ? Chaque jour, des dizaines, et si l'on ajoutait ceux de tous les maçons de Paris, des centaines. En n'en prenant que cent, on dépensait à Paris 2 400 livres de carreaux tous les cinq jours. En comptant trois cents jours par an, on arrivait à la somme vertigineuse de 144 000 livres. Seulement pour les carreaux. Et combien pour les pierres, la chaux, le ciment, le marbre ?

En partant, Lefort fit un cadeau à Pontgallet. Une veste en soie achetée chez un luxueux drapier. Une pièce qui valait cent livres. C'est donc, se dit Delaforge, qu'il peut en donner davantage. Deux cents ? Mille ? Combien pour demeurer fournisseur ? Voilà qui promettait plus que les années de soumission prônées par Pontgallet, stupide amoureux de l'effort. Le négoce ! L'argent à prendre s'y trouvait. Mais un manchot sur le point d'être renvoyé pouvait-il espérer devenir l'entremetteur d'un puissant maçon ? Désormais, Delaforge voyait les choses clairement. Il fallait d'abord gagner la confiance de Pontgallet, sans attendre, quitte à concevoir un plan diabolique. La vengeance ? Elle viendrait ensuite, car le marquis et son sbire, le père Marolles, ne sortaient pas de ses pensées. Là aussi, il progressait vite, oubliant de plus en plus souvent qu'il ne pensait qu'à mourir, un mois avant.

Chapitre 25

Ce soir-là, Delaforge ne changea rien à ses habitudes. Il se présenta dans la pièce commune à l'heure du souper, s'assit à l'extrémité du banc situé contre le mur. De là, il avait une vue d'ensemble sur les lieux et ses occupants. Au fond, la femme du maçon finissait de préparer le repas. La tête penchée sur l'âtre, elle s'aidait d'une grande cuillère en bois pour touiller et gratter l'intérieur de la marmite où mijotait un ragoût de lièvre au parfum alléchant. Sa silhouette était élancée, ses attaches plutôt fines et, si elle tournait le visage de côté, Toussaint lui reconnaissait du charme, celui de la femme mûre, épanouie, à qui l'âge ne nuisait pas. Près d'elle, Anne, sa fille, sortit cinq écuelles d'une solide armoire dont les portes en chêne grinçaient, provoquant comme chaque soir l'agacement du maçon et la promesse vaine de graisser la ferrure au cours de la veillée – ou alors, demain. Elle alla poser le tout sur la table, ainsi que les bols dans lesquels seraient versés plus tard le jus et le bouillon de la cuisson. Elle vérifia que chaque objet était à sa place, prenant tout son temps et cherchant visiblement à intéresser Toussaint qui, lui, gardait les yeux baissés. Le père, à son habitude, surveillait le travail de ses femmes en coupant le pain. Le fils ne faisait rien. Le maçon Pontgallet jeta un regard de reproche aux garçons parce qu'ils étaient installés et attendaient qu'on les serve. Toussaint se releva aussitôt et alla remplir un broc d'eau au puits situé dans la cour. Dehors, il expira lourdement. Il n'en pouvait plus de regarder ces gens, cette pièce sans charme, ses murs de chaux grise égayés seulement par un christ qui surveillait la scène et semblait s'ennuyer. Il écouta le bénédicité prononcé par la mère. Pendant le repas, garda le silence, mangea modestement, aida à débarrasser et salua ce monde banal en annonçant qu'il allait se coucher. Il débuta poliment par Marguerite Pontgallet, avant de se tourner vers les enfants de celle-ci. En souhaitant bonne nuit à la jeune Anne, il vit qu'elle rougissait. Puis il monta d'un pas lourd, choisissant les endroits où le plancher craquait.

— Je le déteste, s'emporta Jean, le fils de la famille, dès qu'il le crut assez loin pour ne pas être entendu.

— Allons ! corrigea sa mère. Avant ta naissance, nous avons nous aussi souffert de la pauvreté et de l'ingratitude du prochain.

— C'est une bouche inutile ! Il ne sait rien, n'apprend rien et il vole notre pain ! Pourquoi ce régime de faveur ? Pourquoi est-il chez nous, toujours dans les pieds de mon père ?

Ce dernier acquiesçait en silence. Jean était bien son fils. Tous deux réagissaient de même.

— Va te coucher ! lui ordonna sa mère.

— Demain, renchérit le patriarche d'une voix adoucie, n'oublie pas de te lever tôt. Il y a du retard sur le chantier des Gaillard.

— Il faudra faire le travail pour deux, lâcha-t-il entre ses dents.

Jean se leva en fureur et jeta sa chaise. Anne ne bougea pas, elle rêvait, semblait-il, le regard perdu sur l'escalier où avait disparu Toussaint. Voici une autre bonne raison de se débarrasser de l'intrus, songea Nicolas Pontgallet.

— Demain, répéta-t-il, tout ce chambardement sera fini.

Jean n'entendit pas. Anne sortit de ses songes :

— Que dis-tu ?

— L'apprenti s'en va. Je le rends au père Calmés.

Sa fille ne comprit pas tout de suite le sens de ses paroles.

— Il a décidé de nous quitter ? demanda-t-elle sur un ton presque chagrin.

— Penses-tu ! grogna le bâtisseur que les minauderies de sa fille agaçaient. La soupe de ta mère est bonne, et ce n'est pas le labeur qui l'étouffe. Il part car je l'ai décidé.

Anne étouffa un cri qui renforça l'agacement de son père.

— Tu romps la promesse faite au père Calmés ! le défia-t-elle.

Pour toute réponse, il engouffra d'un coup un gros morceau de pain qu'il poussa d'une gorgée de vin coupé d'eau.

Elle bondit aussi brutalement que son frère :

— Dieu vous punira !

Elle fuyait. Sa mère tenta de la retenir :

— Anne !

Elle cavalait déjà dans l'escalier sans retenir ses larmes.

— Nicolas, mon mari… commença l'épouse.

— Tais-toi, répondit-il aussitôt. Tu vois bien que ce garçon est devenu un problème. Depuis qu'il est chez nous, rien ne fonctionne comme avant. C'est dit. Je n'y reviendrai pas. Il décampe.

Il alla se poser devant la cheminée, oubliant sa promesse de graisser les portes de l'armoire.

La nuit porte conseil, songea Marguerite. Demain est un autre jour.

*

À quoi pensait Delaforge, niché dans la petite chambre des combles ? La dispute familiale des Pontgallet ne lui avait en rien échappé. Les murs de la maison étaient peu épais et il se gardait bien de fermer sa porte. Tout d'abord, il était renvoyé. Pouvait-il espérer un ultime revirement grâce au soutien de madame et celui de sa fille qui, ce soir, n'avait su cacher l'attachement qu'elle lui manifestait ? Était-elle charitable, comme sa mère, ou plutôt amoureuse ? Il fallait y réfléchir froidement, voir en quoi la réponse se révélait, soit intéressante, soit encombrante. D'abord, pouvait-elle être attirée par un manchot ? L'examen lucide et froid des avantages que lui procurait son infirmité auprès d'une femme avait quelque chose d'humiliant et de détestable pour l'ancien lutteur des arènes, mais il se soumettait hypocritement à tant de choses intolérables depuis un mois… Cette fille aux allures de sainte était-elle émue par son infériorité ? Bouleversée ? Ce sentiment révoltait celui qui se voulait toujours invincible et lui convenait à la fois, car il pouvait s'en servir pour la réussite de son plan. Lui-même, qu'éprouvait-il ? Absolument rien. Elle n'était ni laide ni belle. Plutôt falote et inconsistante. Allongé sur le lit d'une chambre aussi dénudée et impersonnelle que celle que lui avait procurée Roger de la Montagne au *Chapeau rouge*, il passa en revue son sujet : cheveux filasses, petits seins, derrière plat. Anne portait des vêtements tristes, reflets de ses yeux qui accueillaient un regard naïf et désespérément éteint. La fille suait l'ennui. Mais ce manque d'attirance arrangeait Delaforge qui, gardant la tête froide, ne manquait pas une occasion de lui sourire – seulement quand son père ne les regardait pas. Ainsi, une sorte de complicité, aussi fausse que niaise, l'unissait à la pucelle. Elle lui servirait demain, tout comme la gentillesse sincère de sa mère avec qui elle partageait la sensibilité nigaude des gens qui, après avoir beaucoup manqué, se reprochaient de vivre dans l'aisance.

Mais, sans événement nouveau, l'influence des deux femmes ne compterait pas face aux deux lourdauds du clan. Le fils, jaloux, aigri, aussi fat que stupide, vivait dans l'ombre du père. Il détestait Delaforge depuis la première heure comme s'il craignait l'intrus, comme si sa présence mettait en danger le cocon dans lequel il vivait. Sa rage se fondait sur ce qu'il voyait : sa mère prenait la défense du gêneur tandis que sa sœur envoyait au même des œillades pitoyablement langoureuses… Depuis un mois, il se sentait rejeté, moins aimé, et rien ne paraissait plus faux, mais pour ce jeune homme aussi capricieux que l'enfant gâté, le renvoi du mufle, de l'inutile mangeant à sa table, prendrait l'allure d'une victoire. À la manière du lutteur, Toussaint Delaforge jaugeait les forces en présence, cherchait les points faibles, choisissait la façon d'attaquer. Paradoxalement, ce fils influençable et faible était le plus dangereux. Il voulait qu'on le soutienne, savoir s'il comptait, en faisait une affaire de principe. L'ascendant et la réussite de son père pesaient tant sur cet esprit inférieur et fragile que les mobiles le poussant à réclamer le départ de l'apprenti crevaient les yeux. En obtenant gain de cause, il mesurerait son pouvoir sur sa meute, tel le jeune loup ambitionnant le trône et le rang du mâle dominant. Sa faiblesse et sa petitesse représentaient donc un véritable péril pour cet étranger, devenu un symbole. L'homme à abattre, c'était lui, Jean Pontgallet. Ainsi, et malgré ses façons de rustre, son père semblait plus malléable, victime des mêmes scrupules moraux qu'une épouse dont il prenait soin de recueillir l'avis avant d'établir le sien. En fait, il craignait de la voir se fâcher, qu'elle repousse ses avances, lui qui se montrait toujours amoureux, comme l'oisillon inséparable accroché à son double. Ses coups de gueule qui impressionnaient le rejeton cachaient un cœur de soupe au lait, un versatile, capable du meilleur et du pire. Il pouvait encore surseoir à sa décision, si Marguerite employait les mots justes, mais surtout, si un fait nouveau venait désarçonner les certitudes de la veille. La nuit commençait. Il ne restait qu'elle pour obtenir le sursis dont Delaforge avait besoin pour mettre à exécution le second volet de son dessein : la vengeance implacable et totale qu'il réservait à Marolles, à son marquis, à tous ceux qui de loin ou de près lui avaient nui.

Il n'y avait qu'à attendre qu'ils ferment les yeux, accueillent Morphée et espérer que tout se produirait comme prévu au moment décisif.

*

La cloche de Saint-Germain-l'Auxerrois fit enfin entendre le tintinnabulement des matines. Un timbre si faible qu'il dut tendre l'oreille. L'aube viendrait dans une heure.

Il se leva prudemment, s'empara du couteau des arènes, et descendit en frôlant chaque lame du parquet, chaque marche de l'escalier. En rejoignant le rez-de-chaussée, son pas de félin n'avait fait entendre que deux ou trois grincements. C'était de trop puisque Pontgallet entendit le craquement du bois encore vivant qu'il avait tranché, raboté, cloué. Il ne s'inquiéta pas de ce bruit familier, mais eut soudain soif. Aussi descendit-il muni d'une chandelle pour se rendre à la cuisine. Et entendit le vacarme.

C'était un mugissement étourdissant, le galop d'un cheval, le roulement d'un tambour, le sifflement précédant l'écho du canon. Tout tremblait, tout rugissait. Au son se mêlait une odeur, étouffante et piquante. Bientôt, sa vue se brouilla, l'air se raréfia. Une fumée épaisse rampait dans la maison, envahissait les lieux, les prenait d'assaut. Un feu venu d'ailleurs commençait à brûler son refuge.

Pontgallet attrapa un linge et s'entoura le visage. Puis il bondit à l'étage pour réveiller sa nichée, trébuchant dans le noir. Il fallait sortir, fuir. Une main le saisit. C'était Anne. Sa mère se trouvait à ses côtés.

— Jean !

Le fils sortit comme un fou.

— Dehors ! hurla son père.

Se tenant l'un à l'autre, ils redescendirent et se jetèrent dans la cour éclairée comme en plein jour. L'atelier rougissait. Au milieu de l'incendie, flottant dans l'air qui se consumait et brouillait la vue, une silhouette se montrait. Elle luttait comme un beau diable contre les flammes. D'une main. Ils reconnurent Delaforge, torse nu, affrontant le brasier, cherchant à l'étouffer avec sa chemise. Mais partout la fureur l'encerclait.

— Nom de Dieu ! jura le maçon. Il faut l'aider… Jean ! Puise l'eau du puits, et toi, Anne, aide ta mère… Trouve des bassines, des brocs, n'importe quoi.

Dans peu de temps, l'apprenti serait mort, brûlé vif.

Enfin, Pontgallet balança un premier seau au milieu du chaos. L'enfer rugit, laissa croire qu'il pliait, et redoubla l'instant suivant. Au deuxième seau jeté à l'aveugle, la fumée se dissipa un peu. Le cercle rougeoyant de lave se brisa. Un passage étroit se formait. Delaforge pouvait passer.

Viens ! cria le maçon.

L'apprenti secoua la tête.

— Du sable ! Et plus d'eau ! commanda-t-il sans faiblir.

Son courage galvanisa le clan. La mère était au puits, la fille en second, le fils jetait l'eau. La chaîne s'organisait, le père s'emparait d'une pelle, grattait le sol, arrachait la terre qu'il lançait à grands coups de rein dans la fournaise. À l'intérieur, Delaforge se battait toujours, se servant de sa chemise pour étouffer les flammes qui léchaient le pilier soutenant les poutres. Anne ne le quittait pas des yeux. Dieu punissait son père d'avoir voulu chasser son héros. Et Jean lui-même reconnut que ce diable de manchot se battait comme dix hommes.

*

À six heures, quand le jour se leva, le feu était maîtrisé. Peu de choses en fait avaient brûlé. Cela tenait du miracle, il fallait remercier l'ange qui veillait depuis toujours sur l'épaule du maçon, et plus encore Toussaint. Tous étaient réunis dans la cuisine, attablés autour d'un bol de lait tandis que Marguerite tartinait de confiture de belles tranches de pain. Nicolas Pontgallet avait donné à Delaforge sa chemise du dimanche. L'intrépide la méritait.

— Merci Toussaint, commença le maçon d'une voix émue.

Le champion resta muet.

— Sans toi…

Les mots ne sortaient pas.

— Comment as-tu fait pour te trouver là avant nous ? lâcha le fils, d'un ton méfiant.

Delaforge le fixa intensément :

— J'ai senti le feu.

— Tu as le nez fin…

— Et toi, sois moins imprudent, désormais, répliqua l'apprenti.

— Que veux-tu dire ?

— Est-ce toi qui as fermé l'atelier ?

— Oui, bredouilla le questionné.

— As-tu bien éteint la lampe à huile en partant ?

Le fils n'en savait plus rien. À son habitude, il perdit tous ses moyens. Et regarda son père. De ce côté-ci, il n'obtiendrait aucun secours.

— Le feu a débuté sur la table, là où tu la poses.

Delaforge se fendit d'un sourire :

— Peu importe puisque tout finit bien.

Pontgallet regarda Marguerite. Oui, bien sûr, ce n'était plus un jour à renvoyer leur sauveur.

*

À midi, Delaforge se félicitait. Tout avait fonctionné au-delà de ses espérances, et mieux que la manœuvre initialement prévue. Au départ, il songeait à mettre le feu dans la maison. Une bûche tombait de la cheminée, roulait et embrasait le fatras qui encombrait la pièce. Bien sûr, il y mettait fin – pas trop tôt ! –, prétextant être descendu alerté par l'odeur. Réveillé par le combat livré contre les flammes, Pontgallet le découvrait en train de sauver les biens de sa famille. Tant de courage méritait de reconsidérer sa décision. L'apprenti y gagnait de quoi négocier un délai. En profiterait-il pour séduire Anne ? La priorité était d'obtenir la confiance du maçon afin d'agir librement par la suite. En y réfléchissant, tant d'incertitudes ne pouvaient pourtant qu'échouer. Quand, partant d'un geste aussi audacieux que désespéré, l'affaire tournait finalement en sa faveur. L'apparition inopinée de Pontgallet dans la cuisine avait contraint Delaforge à improviser. Le pas du bâtisseur s'entendait de loin. L'un et l'autre allaient se trouver face à face, et c'en serait fini. Faisant confiance à l'instinct qui l'avait si souvent sauvé, l'ancien lutteur chercha son salut en se jetant dans la cour. Là où se trouvaient l'atelier et les trésors du maçon, sa richesse et ce qui lui en procurait. Instruments, contrats, dettes et avoirs, même une cassette emplie d'argent. Mais, pour entrer, il fallait fracturer la serrure ; son couteau à la pointe brisée lui fut utile. Il ne restait qu'à raviver la lampe, abandonnée par le fils, à utiliser le rien de braise qui sommeillait dans la cheminée de l'atelier, et à briser le récipient en terre cuite, gorgé de graisse. La table prit feu sur-le-champ. Trois rouleaux de plan s'embrasèrent. Un résultat si rapide que Delaforge fut piégé. Sortir, c'était se condamner. Alors, entouré de flammes, il arracha sa chemise, ne songeant qu'à sa peau. Et quand Pontgallet se montra, il vit une silhouette s'entêtant à sauver ce qui lui était cher.

Midi sonnait. Ils se trouvaient tous deux dans l'atelier noirci de suie, mais l'essentiel était sauf.

— Mordiou ! nous aurions pu tout perdre...

Delaforge ne releva pas ce *nous* qui pouvait laisser entendre qu'il était désormais associé au collectif. Il hocha simplement la tête et cette nouvelle preuve de modestie renforça l'opinion du maçon. Le garçon ne cachait rien de tordu. Sa nature était simplement à l'opposé de celle de son fils. Discret, solide, modeste, avare de paroles quand elles étaient inutiles.

— Jean a fait une belle bêtise.

— Ne l'accablez pas. J'aurais pu commettre la même.

En plus, il ne profitait pas de son triomphe.

— Peut-être, bougonna le candide.

Il s'arrêta là. Un détail lui revenait qui assombrissait la scène : l'apprenti n'avait pas la clef de l'atelier.

— Comment es-tu entré dans l'atelier ?

Delaforge sut qu'il allait jouer quitte ou double.

— Avec ce couteau, dit-il en montrant son arme.

Il le tendit à Pontgallet qui vit, malgré l'usure, le *N & P* prouvant son origine.

— Je vous l'avais... emprunté quand j'étais un enfant, avoua le fautif. Il ne m'a jamais quitté. Et, voyez-vous, si je ne l'avais pas eu...

Le maçon y vit un signe des cieux. Dieu ne l'avait pas puni, comme le prédisait sa fille. Pas encore, puisque le renvoi n'était pas prononcé.

— C'est le seul objet qui fût, un jour, en ma possession, ajouta Delaforge d'une voix douce. Gardez-le. Il est à vous.

Les mots prononcés le soir où il avait été reçu par les maîtres-bâtisseurs revinrent à l'esprit du maçon :

Nous avons tous connu des épreuves. Maintenant, tu es des nôtres. Tu peux t'appuyer sur chacun de nous, et tous, nous compterons sur toi.

— Nous avons tous connu des épreuves, répéta-t-il à mi-voix. Les tiennes furent sans doute grandes, et je n'y ai pas prêté attention. Maintenant, tu compteras pour moi.

Et il lui rendit le couteau.

*

Depuis, tout avait changé. Toussaint Delaforge était resté rue de la Mortellerie. Il avait même été payé. Dix-huit sols ôtés du pécule rescapé des flammes, gages de l'apprenti pour le travail du mois. Le maçon ajouta une livre tirée de sa poche – et bien méritée, selon cet homme crédule. La scène se produisit lors du repas du soir, assorti d'un discours souligné de remerciements tant l'orateur se reprochait secrètement d'avoir imaginé congédier le récipiendaire. Pontgallet, mal à l'aise et gêné, s'aidait des sourires bêtifiants de sa fille et de ceux, protecteurs, de son épouse. Ce cérémonial exaspérait l'héritier. Tête baissée, mâchoires serrées, épaules rentrées, il ruminait sa défaite. Avait-il oublié d'éteindre la flamme de la lampe ? Avec le recul, il n'en était plus certain. Mais qui l'écouterait depuis cette supposée bévue ? La rancune, tenace comme la vengeance, progressa. Au cours du bénédicité, il pria pour que vienne le jour où chuterait le manchot, devenu son ennemi irrémédiable.

Hélas, la *Fortuna* ne lâchait plus ce dernier. La chance n'arrivant, en effet, jamais seule, Calmés rendit visite à Pontgallet dix jours plus tard afin d'apprécier la situation. Il venait plaider la cause de l'ancien collégien, convaincu d'entendre une litanie de reproches et, à sa grande surprise, le compte rendu du maçon fut dithyrambique. Toussaint se pliait sans rechigner, se taisait le plus souvent, ayant compris que l'apprenti restait muet quand le maître parlait. De fait, il apprenait vite et faisait preuve de courage malgré son handicap.

Tant d'éloges étonnèrent le jésuite. Un retournement si rapide relevait du miracle. L'homme d'Église voulut des preuves. L'affaire de l'incendie fut contée sur le ton de l'épopée, décrite comme un moment de bravoure. Calmés s'interdit de douter, même quand il sut que Toussaint avait senti l'odeur du feu depuis sa chambrée, qu'il était descendu sans faire le moindre bruit, couteau en main, forçant la serrure sans appeler à l'aide, et quand il vit l'œil ému du maçon probe et droit, il lui vint l'idée qu'il avait peut-être eu tort de confier à ces gens un cas si… complexe.

Le lutteur des arènes dans la peau du bienfaiteur le dérangeait. Il s'en voulut néanmoins sur-le-champ. Delaforge n'était-il pas l'illustration de la thèse qu'il défendait ? Tout homme pouvait accéder au pardon. Partagé entre la prudence que lui inspirait l'expérience de préfet de discipline et l'espoir d'une sincère conversion, il n'osa répéter au bâtisseur qu'il ne devait jamais relâcher son attention. C'était condamner Delaforge ; au mieux, instiller le doute au moment où tout semblait changer.

— Bien, soupira *Passe-Muraille* à la fin de l'entretien. Dieu nous a sans doute entendus. Du moins, espérons-le…

La moue qui accompagna cette sorte de conclusion étonna Pontgallet, mais il ne comprit pas le message. Ce ton sec et cette allure raide illustraient la méfiance légendaire du jésuite, ennemi du sybarite et connu pour la dureté de son jugement à l'égard du pécheur. Il en vint même à plaindre Toussaint, interprétant son silence et ses airs de secret comme le juste retour d'une éducation trop stricte. Mais, sous sa conduite, tout changerait. Il lui rendrait le sourire. Il en ferait un être nouveau.

— Merci, mon père, dit-il d'un ton peu avenant. Laissez-moi penser que le meilleur ne demandait qu'à éclore.

— Je n'en doute pas. Cependant, la modération reste de mise.

Ces simagrées ne firent qu'accroître l'agacement du bâtisseur :

— J'ai de grands projets le concernant.

— Mais vous disiez vous-même qu'un manchot…

— N'est-ce pas vous qui me conseilliez de l'essayer au dessin ?

— Si, en effet…

— Et je le crois bon pour négocier. Même d'une main.

— Dans ce cas, céda Calmés, vous m'en voyez ravi.

Il gagna la sortie :

— Je ne vois pas Toussaint… tenta-t-il encore.

— Je l'ai chargé d'une mission. C'est une expérience… Je veux savoir de quoi il est vraiment capable.

— Vous l'avez laissé seul dans Paris ?

— Allons ! Ce n'est plus un collégien… Et c'était nécessaire, répondit le maçon sur un air de mystère.

Il n'en fallut pas plus pour inquiéter son visiteur.

— Ah bien, murmura ce dernier prudemment. Je suis curieux de vous entendre…

— Volontiers. Ainsi, vous mesurerez combien je mise sur la confiance.

Tout doux, se retint de dire Calmés.

— Dites-moi tout d'abord une chose, mon père : pensez-vous comme moi que ce garçon a vécu assez de choses pour distinguer ce qui va bien ou mal ?

— Je l'imagine…

— Oui, bien sûr, vous n'en direz pas plus…

— J'en serai bien incapable, répliqua-t-il sans préciser s'il refusait de répondre ou n'en savait rien.

— Le croyez-vous assez aiguisé pour repérer les filous de tout poil ?

— Continuez, je vous prie, se défila *Passe-Muraille*.

— J'ai besoin que quelqu'un me renseigne sur ce qui se passe chez moi quand je n'y suis pas.

— Chez vous ?

— Je veux dire sur mes chantiers. Si je viens sur l'un d'eux, on s'active. Si j'en pars, tout s'arrête. Comment savoir qui se joue de moi ?

— Vous parlez de surveiller vos employés ?

— En effet. L'idée vient de Toussaint Delaforge lui-même.

Le préfet de discipline se tendit :

— Votre fils ne convenait-il pas pour ce genre d'affaire ?

Pontgallet soupira :

— Fort à propos, notre jeune apprenti m'a fait remarquer que tous les gens à mon service le connaissaient.

Delaforge dans le rôle du mouchard, Calmés flairait la filouterie. Que cachait cette invention ? Mais il se garda, là encore, de partager ses doutes, voire son début d'inquiétude, afin de ne pas passer lui-même pour le sycophante[1].

— Ne faut-il pas s'y connaître en maçonnerie ? tenta-t-il une dernière fois.

— Pas pour noter le nom de ceux qui baillent aux corneilles… J'attends les premiers résultats dès ce soir. Au revoir, mon père.

*

En rentrant de sa mission, Delaforge fit un compte rendu très détaillé. Il avait les noms des cossards, des tire-au-flanc et même celui des meneurs qui ralentissaient le labeur au prétexte d'être mal payés. Jamais son fils n'avait obtenu d'aussi bons résultats.

— Je vais les renvoyer sur-le-champ ! tonna le maçon.

— Permettez-moi d'imaginer autre chose, intervint l'espion.

Pontgallet tendit l'oreille.

— Si vous vous séparez de certains, il faudra dire pourquoi.

Le raisonnement se tenait.

— Apprenant qu'ils sont surveillés, tous deviendront prudents. Les consignes circuleront d'un chantier à l'autre. « Attention ! Méfiez-vous des têtes inconnues et trop curieuses… »

Il montra sa manche qui flottait au vent.

— Je serai bientôt confondu.

— Que proposerais-tu ? demanda le maçon impressionné par le flegme de son apprenti.

— Envoyez-moi partout. J'établirai des rapports. Quand le tableau sera complet, agissez au cas par cas, en douceur, prétextant de mauvaises affaires pour vous séparer des fainéants. En attaquant de face, vous risqueriez de créer un mouvement de révolte auquel se joindraient les bons éléments.

— D'où te vient ce savoir ? murmura le maître.

1. Délateur, dans l'Antiquité.

— Au pensionnat, les qualités individuelles étouffaient sous la tyrannie du nombre. Ainsi, la masse se protégeait. Ne provoquez pas les médiocres qui font corps pour se sauver. Débarrassez-vous d'eux en silence, faites le tri sans les alerter. Après avoir éliminé les mauvais éléments, il restera le meilleur, purgé des cas inutiles qui nuisent à la santé de vos affaires. Le médecin pratique de même : il saigne pour tuer les mauvaises humeurs.

Le ton ressemblait à celui du sermon, mais Toussaint avait bien retenu les leçons des jésuites, et les mots dont avait usé ce modeste apprenti achevèrent d'impressionner Pontgallet.

— Procédons de la sorte, dit ce dernier, subjugué par la démonstration. J'ai trente chantiers en cours.

— Combien d'hommes ?

— Environ deux cents apprentis et compagnons.

— Je visiterai deux chantiers par jour.

— Cela te laisse quinze jours pour me fournir l'état des lieux.

— Je vous ferai un relevé précis chaque soir.

— Parfait. Demain, tu vas au Châtelet. Trois mois de retard ! Il y a sûrement du gibier de potence…

*

Au deuxième jour, Delaforge détenait une liste de neuf noms. Six méritaient, selon lui, d'être exclus immédiatement. Mais les cadences ne risquaient-elles pas d'en souffrir ?

— Rien ne changera, affirma-t-il. Ceux-là sont inutiles. Au moins, vous y gagnerez leurs soldes.

Le troisième jour, il livra trois noms, issus d'un seul chantier, mais pas un du deuxième.

Voici la preuve que les bons éléments s'aiguillonnent, expliqua-t-il. Il y a moins de fainéants, les meilleurs ne subissent pas leur tyrannie, l'excellence s'accouple donc à l'excellence.

L'équipe sans défaut construisait une maison, île de la Cité. De fait, le calendrier était respecté. Pas un jour de retard.

— En vous séparant des mauvais, vous devenez plus riche. Et demain, il se pourrait que vous le soyez plus encore.

La promesse attisa la curiosité de l'entrepreneur.

— À quoi penses-tu ?

— Je souhaite expérimenter une autre méthode.

— Rien de saugrenu ? demanda par principe le maçon.

— Que du profitable pour vous. Mais douteriez-vous ?

Le passé parlait de lui-même. Soupçonner revenait à nier ce qui s'était produit depuis dix jours. À vexer Delaforge inutilement.

— Il me faudra rentrer tard, ajouta-t-il, car j'aurai à discuter.

Avant qu'on demande avec qui, et sur quel sujet, l'apprenti s'imposa une mine courtoise, ajoutant sur le ton le plus poli :

— Pardonnez-moi, mais je souhaite ménager ma surprise. Et, si j'ai raison, répéta-t-il, croyez-moi, vous serez bientôt plus riche…

*

Le lendemain, au quatrième chantier visité, Toussaint prit soin d'étudier attentivement chaque homme au travail, s'attachant à celui qui dirigeait le groupe. C'était le plus âgé et on le devinait usé. Le pas était lent, le geste peu sûr. Il s'asseyait souvent, se levait en soupirant quand un autre venait le questionner. Fallait-il attaquer ce pignon ou ajuster les pierres servant d'encadrement aux fenêtres ? Il haussait les épaules, laissait faire sans direction, puis sondait le ciel pour calculer l'heure, anticipant la pause de neuf heures, avançant celle d'un repas pris en commun avant même que ne retentisse l'angélus de midi. Bien sûr, aucun ne lui en fit le reproche, préférant bavasser en tirant sur le tonneau de vin. Si bien que la reprise fut difficile. On s'y remit trop tard pour attaquer les fondations d'une loge prévue dans la cour. La journée s'étira alors en tâches secondaires, à touiller les gravats, à ranger les pelles, les pioches et les pics qui l'étaient déjà, décidant de mettre fin au travail avant l'heure convenue. Il y avait peu à rapporter pour que ce chef médiocre, Fernand Duchêne, entre dans le camp des condamnés. Un nom sur la liste, et son sort serait joué.

— Tu vas souffrir, lui lança tout à trac Delaforge.

Duchêne sonda ce manchot au regard méchant, posté sur ses jambes, faisant face malgré son handicap et dont l'allure générale était celle d'un risque-tout. Qui osait lui parler ainsi ? L'autre ne fit aucun obstacle à se présenter, précisant son rôle et qui l'envoyait. Fernand Duchêne pâlit.

— J'ai calculé, ajouta son accusateur : vous êtes douze et vous avez chômé trois heures, prises sur le pain du maçon. Ce qui ne fait pas moins de trente-six heures payées à rien foutre. Puisque vous gagnez un sou de l'heure, chaque jour, vous en volez trente-six. Près de deux livres. Tu devines combien ça fait au bout d'un mois ?

Les chiffres n'étant pas le fort de Duchêne, il ne chercha pas à calculer. On l'accusait, il fallait se défendre.

— Qu'est-ce que tu connais à mon métier, l'infirme ? jeta-t-il en serrant les poings.

Delaforge aimait qu'on lui résiste. Il grimaça, plus décidé que jamais :

— Tu joues les malins. Tu te crois fort ?

— Des gringalets comme toi, j'en ai maté plus d'un. Dégage !

— Si je tourne les talons, t'es fini. C'est ça que tu veux ?

Le séide de Pontgallet fit deux pas en avant :

— Allez ! dis-le. Donne-moi l'ordre de partir… J'en crève d'envie.

Tant d'assurance troubla Duchêne. Qui était ce fou ?

— Dans une heure, Pontgallet sera informé. Je lui dis que toi et les autres, vous le volez. Il me croira. Au mieux, tu n'auras rien à bouffer demain. Mais je ferai en sorte que tu payes davantage.

De quoi parlait cette grande gueule ?

— Dis un mot de travers et je ruinerai ta vie… On te traînera devant un tribunal. Tu devras rembourser ce que tu as escroqué.

Tes gosses finiront dans la rue ! Car toi, tu iras pourrir en prison.

Fernand Duchêne se souvint qu'il avait été autrefois condamné pour un petit larcin. L'affaire, bien qu'ancienne, pouvait-elle resurgir ? À l'époque, un juge au nez d'aigle l'avait menacé : un écart et c'était la galère. La peur remonta d'un coup.

— Cinquante livres, mon bonhomme.

De l'argent maintenant... Et pourquoi ? Le manchot embrouillait les pensées de Duchêne.

— C'est la somme que vous tous, vous détournez chaque mois, grâce à ta complicité. Et je connais des juges qui pendent les fraudeurs pour moins que ça.

Le balafré n'avait pas plus de vingt ans et prenait le dessus sur l'homme mûr.

— Alors, il y a deux solutions, reprit-il, et c'est toi qui choisis. Ou je file chez Pontgallet, et je lui raconte tout, ou je me tais...

Pourquoi s'en priverait-il puisque c'était son travail ? Fernand Duchêne n'attendit pas pour le savoir.

— Tous les mois, j'exige douze livres que tu récupéreras chez tes gars. Une par personne.

— Tu veux ma mort ?

— Tu allongeras aussi la journée d'une heure, répondit le rançonneur sur le même ton assuré. Et ça viendra en plus des douze livres.

Il força davantage la grimace :

— Il faut bien que je donne quelque chose à notre maître. Si je lui dis que tout va bien et que vous continuez à vous tourner les pouces, il s'en rendra compte. Je serai renvoyé, et il n'est pas sûr que celui qui prendra ma place sera aussi conciliant...

— Une heure de plus, souffla Duchêne.

— Tu calcules mal, l'ami. Ici, vous ne travaillez que sept heures tant vous traînassez. J'en reprends une pour rétablir l'équilibre. C'est toujours moins que ceux qui triment ailleurs, et souviens-toi que vous serez payés pour dix. Reconnais que le contrat est bon.

En face, on calculait vaille que vaille. Douze livres, une par tête, chaque mois. Quoi d'autre ? Une heure de travail en plus. Sinon ? La délation.

— Tout le monde s'en sort bien… Et réfléchis : as-tu vraiment le choix ?

Fernand rechignait toujours. Alors, Delaforge tourna les talons.

— Attends !

— Non. Si je suis là, c'est que vous êtes en sursis. Pontgallet vous avait déjà à l'œil. Un mot de moi, et c'est fini.

— Reviens demain…

— Je serai avec le patron.

— Ne bouge pas, céda Duchêne. J'en parle aux autres.

— Dis-leur ce que j'ai décidé. Deux heures de repos au lieu de trois et douze livres pour moi. Ou plus rien ! Et même pire…

Ceux-là, la masse, le nombre, surveillaient la scène et voyaient bien que le climat n'était pas bon.

— Oh ! Fernand ! Qu'est-ce qui se passe ? On s'en va ou quoi ?

— J'arrive ! jeta-t-il. Ne bougez pas.

Le contremaître serra les poings et fit demi-tour. Delaforge se posa sur un quartier de pierre. Il faudrait un peu de temps pour que ça entre dans les crânes. Duchêne expliqua d'abord le rôle du maudit manchot. On apprit ainsi qu'on était épiés. Tout de suite, les premières dissensions apparurent. Un membre du groupe injuria son voisin, lui reprochant de trop tirer sur la corde. Ils en seraient venus aux mains si Duchêne n'avait mis le holà. Il y avait plus grave : le rançonnage. Un instant, les rangs se resserrèrent. Ça grognait, ça jetait des coups de menton menaçants dans la direction de Delaforge, mais aucun n'osa venir le trouver. Et, faute d'action, les camps se reformèrent. D'un côté, les résistants et, de l'autre, les soumis, parce qu'ils avaient peur. Mais les meneurs finiraient par l'emporter, les faibles s'inclinant toujours. Peu à peu, la révolte gagnait du terrain. Sans hésiter, le maître chanteur avança alors jusqu'au groupe.

— Qui n'est pas d'accord ?

Neuf têtes se baissèrent, trois autres, hargneuses, se redressèrent.

— Aucun problème ! Vous bûcherez vos dix heures, rugit-il en s'adressant aux résistants. Et au premier écart, dehors !

Il se tourna vers le clan des malléables. Duchêne en était.

— C'est la meilleure affaire de votre vie. Ces idiots vont travailler à votre place. Vous ferez huit heures, payées dix. Et je vous protège. Mais ce service vous coûtera une livre à chacun à la fin du mois. Soit, neuf au total.

— Rien ! jeta Duchêne dans un sursaut de courage.

— Six, répliqua Delaforge, et j'oublie tout, y compris ta grande gueule.

À l'heure habituelle de débaucher, affaire conclue, il fila avec trois livres d'avance dans la poche et un sourire aux lèvres mêlant cruauté et triomphe.

*

Si Delaforge procédait ainsi pour chaque chantier, c'était cent livres au moins qu'il récupérerait à la fin du mois. Voilà pour la théorie. Dans les faits, comment s'assurer qu'aucun rançonné ne se révolterait ? La délation marchait dans les deux sens. Combien de temps tiendrait la combine ? Pour l'instant, son auteur calculait peu. Il s'en moquait ; il se moquait de tout. En se dirigeant vers la Seine, il se représentait le visage qu'il voulait retrouver à tout prix. Dans une heure ou deux, le bâtisseur s'inquiéterait, Duchêne aurait peut-être changé d'avis. Un ou deux braves retourneraient la masse engourdie des médiocres. Alors, tous réagiraient en se souvenant qu'ils étaient des hommes, prêts à risquer gros pour ne pas entrer en esclavage. Delaforge se refusait de penser à ce qui n'était que l'acte I – le plus facile – d'une journée capitale.

Arrivé au quai du Pont-Neuf, il ne perdit pas de temps avec les souvenirs. Il ne vit pas les lavandières, juste Paillard, vautrée dans l'ombre, moitié morte, moitié increvable, plus ridée, plus laide, plus usée que jamais. Il s'avança sans hésiter, se posta devant elle. Et attendit qu'elle ouvre les yeux. La puanteur était épouvantable, mais il ne sentait rien. Sa main ne tremblait pas, son regard ne faiblissait pas. Le temps s'arrêta jusqu'à ce qu'elle devine sa présence. Elle clappa du gosier, cligna des yeux, hésitante, cherchant où s'arrêtait le délire, où commençait le vrai. En découvrant Toussaint, elle sut qu'il y avait du danger. Montra-t-elle de l'effroi ? Sûrement pas, tant la mort l'attendait depuis longtemps. Elle parvint même à produire un sourire méchant. Ses yeux allaient du visage balafré au bras sans vie.

— Mon garçon, cracha-t-elle enfin, ils t'ont salement amoché.

Il serra le poing gauche. Elle l'avait reconnu.

— J'ai encore assez de force pour tuer, murmura-t-il.

— Tu es né pour ça. Tu as le sang des autres en toi. Tu es l'enfant du diable. Je l'ai compris tout de suite. Tu es fait pour répandre la terreur… Ma vie t'intéresse ? Prends-la !

À nouveau, il se sentit faiblir comme ce jour où elle l'avait saisi à la gorge et serré à lui.

— J'ai de quoi vous aider à vous confier sans vous faire de mal, se força-t-il à sourire en montrant les trois livres prises aux maçons.

Elle haussa les épaules :

— Ce que je peux t'apprendre vaut plus. Personne, pas même le corbeau noir qui est venu me questionner, ne connaît ton histoire.

— Celle d'un garçon né au fond d'une cave, rue de la Tonnellerie, lança-t-il dans l'espoir de la surprendre.

— Bien, ricana-t-elle simplement. C'est un bon début…

Elle se mit à tousser, crachant une glaire épaisse et rouge.

— Dépêche-toi de parler, gémit-elle entre deux convulsions.

— Et vous étiez là, ajouta-t-il, brûlant ses dernières cartouches.

— Pour sûr. Sinon, tu ne serais pas avec moi ce soir, la cervelle farcie d'idées noires.

Elle tenta de se redresser. Y renonça.

— Tu es venu pour m'arracher le cœur, hein ? Foutre de branleur, il était temps d'arriver…

Elle s'empara de sa main et la mit sur sa gorge.

— L'histoire de ta vie mérite mieux que trois livres. Ton rêve, c'est de l'échanger contre la mienne. Un donnant, donnant, toi qui me prends ce que je connais, et moi qui m'en débarrasse. Vas-y, sale pisseux ! Promets-moi d'étouffer ta sorcière, sinon, elle ne racontera rien.

Il chercha à se dégager, mais une force étrange, plus puissante que la sienne, l'empêchait d'agir. Ses doigts s'ancraient dans cette peau répugnante.

— Ce serait plus facile avec ton couteau. Je le sens. Il est dans ta poche. Mais pour le prendre, il faut que tu me lâches.

Il voulut se détacher.

— Non ! Ce sera comme j'ai décidé.

Elle appuya un peu plus sa main contre la sienne :

— Voilà. On y est. Pour ta mère, ce fut pareil. J'étais costaude à l'époque. Je n'ai pas eu besoin de longtemps. D'ailleurs, elle était déjà presque morte.

Elle ne l'emprisonnait plus. Ce n'était pas nécessaire puisque Delaforge s'accrochait de plus en plus à son cou fripé.

— Tu as mal, parvint-elle à articuler. Bien fait ! C'est toi qui l'as voulu… Moi, je ne sens rien. Allez, serre ! Et questionne-moi encore pour que je me libère…

— Pourquoi l'avez-vous tuée ? s'entendit-il demander tandis que la douleur et la colère lui ordonnaient d'écrabouiller la devineresse.

— L'autre corbeau, celui qu'est venu te chercher, il m'a dit qu'il dirait une prière pour elle. Fallait comprendre ce bougre de salaud : Paillard devait se farcir le boulot et vivre avec. Mais maintenant, c'est fini…

Sa voix diminuait. Delaforge se força à soulager la pression.

— Non, non, mon garçon. Tu y es presque. Tue-moi !

Pas encore… Pas encore, se répétait-il.

— L'avez-vous enterrée ?

Le regard de Paillard s'échappa vers la Seine :

— Tu m'y balanceras aussi.

Elle reprit sa main, la guidait.

— La vieille te dit adieu. Maintenant, c'est à toi de porter tout ça. Tu vivras avec, tu seras rongé. C'est le dernier cadeau de Paillard.

Le visage se défripa, les traits s'assagirent, les lèvres se fermèrent à jamais. Et tout le Mal semblait avoir fui. L'avait-il vraiment tuée ? Delaforge n'y songeait pas en retournant au pas de course chez Pontgallet. Seule sa mère le hantait, l'appelait, le suppliait de la sortir de l'eau noire de la rivière Seine, et ceux qui le croisèrent en chemin aperçurent un manchot, frayant son passage à coup d'épaules, se parlant à lui-même comme les fous possédés par le démon.

*

Pontgallet avait remis une bûche dans la cheminée et, ce soir-là, Marguerite avait beau l'appeler pour qu'il monte se coucher, il ne décollait pas de son siège. La nuit était tombée depuis belle lurette et rien, aucun bruit, ne dérangeait la sérénité de la rue de la Mortellerie. Le sentiment d'avoir été trahi attristait le maçon. Quatre jours de liberté et l'oiseau s'était envolé. Demain, songeait-il, il irait à Montcler et parlerait à Calmés. Non, au Supérieur ! Et que sa femme ne s'aventure plus jamais à déranger son jugement. Dans le douillet abri du bâtisseur, un seul savourait son triomphe : le fils, Jean. Au cours du souper, pris dans un silence pesant, les oreilles se dressaient, espérant entendre le pas de l'apprenti. Seul l'héritier redoutait son apparition. Anne émit l'hypothèse d'un accident. Elle encore y croyait lorsqu'elle monta, après de nombreux rappels à l'ordre de sa mère, de fort mauvaise humeur. Il fallait se rendre à l'évidence : Delaforge avait disparu et Nicolas Pontgallet, le dernier convaincu, en ressentait une cruelle désillusion. Aussi, fut-ce dans ce désordre des sentiments qu'il entendit la porte s'ouvrir.

Toussaint entra et alla sans un mot se servir à boire. Ce n'est qu'ensuite qu'il se tourna vers le maçon.

— Par tous les saints ! s'emporta ce dernier. Où étais-tu ?

— J'avais un rendez-vous. Je vous l'ai dit.

L'œil noir et ces manières dures variaient terriblement du matin même.

— À cette heure ? s'adoucit le bâtisseur, surpris par le bonheur qu'il ressentait à voir l'apprenti.

— Non sans mal, je vous rapporte trois livres, annonça-t-il en jetant d'un geste rageur les pièces sur la table.

Pontgallet s'approcha, mais n'y voyant pas bien, chercha la chandelle pour l'enflammer.

Delaforge recula pour rester dans la pénombre. Aussi, ne vit-on point son visage, torturé, blanc comme la mort, et ses yeux rougis.

— Où les as-tu prises ?

— Dans votre poche, se força-t-il à railler.

— Que dis-tu ?

— La vérité. On vous vole, monsieur Pontgallet, et depuis fort longtemps. En voici la preuve.

Le récit s'arrêta au seuil du chantier. Mais ce qui précédait, jusqu'à l'acompte des trois livres sommeillant sur la table, fut narré et enluminé à l'avantage du rapporteur. Relever le nom des malandrins ne suffisait pas, il fallait savoir jusqu'où ils étaient prêts à se hasarder pour dépouiller le bâtisseur. Son rançonnage, prétendait-il, n'avait pas pour dessein de voler le maçon. Corrompre était la seule façon de faire éclater la vérité, de curer la lie, de fouiller jusqu'à extirper l'oisiveté, nichée au cœur d'une entreprise pâtissant de ces pratiques ruineuses. Le vice gangrenait l'édifice, le mettait en danger. Menaçait ses profits. Voilà ce qui devait se démontrer. Et l'était.

La tête de Pontgallet dodelinait dans le reflet des flammes.

— Les misérables, répétait-il à chaque nouveau détail. Ainsi, ils me volent et sont prêts à payer pour me chaparder encore plus ! Même Duchêne, un vieux à qui j'aurais donné le bon Dieu sans confession.

Delaforge recouvrait ses esprits. Les tremblements qui ne le lâchaient plus depuis l'étranglement de Paillard s'estompaient, et il se dit bientôt qu'il avait faim.

— Allons, viens. Approche-toi du feu…

Le remue-ménage finit par réveiller la maisonnée. On fit un beau résumé. Anne et sa mère jetèrent une poignée de racines et du gras de cochon dans la marmite qui ne quittait pas l'âtre. Sur la table, trônaient les deniers de Judas. Dans un coin, Jean suivait la scène, cherchant ce qui était faux et s'accusant dans le même temps d'être injuste. Delaforge avait du courage et il le mettait au service de son clan. Pour autant, entre fureur et rancœur, intérêt et remerciement, il hésitait. Ennemi ou allié ?

— Tu as été imprudent, dit tendrement l'épouse.

Toussaint se fendit d'un sourire ravageur que l'éclat de la chandelle rendit mystérieux. Dieu, songea sa fille, que la bouche de cet homme est séduisante.

— Pourquoi es-tu rentré si tard ? s'enquit enfin le mari.

— Je me sentais en danger. J'étais menacé, je craignais d'être suivi. Imaginez s'ils m'avaient vu entrer ici.

On le félicita pour cette nouvelle preuve d'adresse. Seul le fils se retint d'émettre un avis. Le héros était beau, trop dévoué. Mais ce n'était pas un soir à déclencher une bagarre. À coup sûr, il l'aurait perdue. Son père, en revanche, était un bloc de certitudes. Il fallait frapper durement, mater les corrompus, briser les meneurs, chasser, châtier. Le récit de son apprenti lui donnait des idées. Il allait nommer un homme sur chaque chantier, responsable des cadences. Il se tourna vers le seul en qui il avait confiance :

— Toi, que pourrais-tu faire ?

Il devenait impossible d'envoyer Delaforge espionner. Il était connu. Désormais, on se méfierait.

— Avec mon infirmité, dit-il en levant sa manche, je n'ai plus grand-chose à offrir, si ce n'est dans le négoce où j'espère vous avoir convaincu de mes qualités.

— Ton bras, répondit aussitôt Pontgallet, j'en fais mon affaire.

Il croqua de bon cœur dans un morceau de jarret :

— Et pour ce qui est de commercer, j'ai mon idée.

Chapitre 26

PARFOIS, LE BRAS MANQUANT de Delaforge se réveille. Il imagine que sa main existe toujours. Il lui arrive de gratter le vide, d'être démangé comme si un moustique avait sucé son sang. Ce jour d'avril 1663, en rentrant d'un Versailles en chantier infesté de bestioles affamées, il ressent cette impression gênante et, dans le carrosse qui le ramène à Paris où il rencontrera son associé Le Vau, il ne peut retenir le geste qu'il juge humiliant : remonter nerveusement la manche de sa veste et frictionner le morceau de bois, substitut de son membre. La main, le poignet, l'avant-bras, il ne les montre, n'en parle jamais. Tout se cache sous un gant de cuir et une chemise qu'il n'ôte que pour la comtesse de Saint-Bastien, femme volage et maîtresse douée d'un homme de plus en plus en vue. Angélique est seule à connaître ses détails secrets. L'appendice d'ébène, une essence rare venant de contrées mystérieuses et sauvages, la trouble plus que de raison. Elle aime sa froideur, écho mortifère du corps vif et ardent de son amant. Caresser la forme oblongue à la dureté troublante la rend folle. En libertine, elle jouit de ces prémices immorales, avant de se glisser nue dans le lit pour réclamer le sexe vivant de son galant et l'accueillir sans retenue. Selon le sens donné à la nuit et au jour, il est tard ou tôt quand l'un et l'autre se lassent du plaisir. Si l'aube paresse, ils allumeront trois chandelles de plus, boiront du vin doucereux de Porto, se gorgeront des premiers fruits de saison. Angélique voudra qu'ils se recouchent et, chose faite, le suppliera d'expliquer l'origine de son infortune. Bien sûr, il restera muet. Elle sait simplement que la pièce de bois brun aux reflets clairs vient de Macassar, une ville ancienne d'Asie, et qu'un ébéniste a fabriqué pour lui seul ce chef-d'œuvre[1].

Pour Angélique, c'est un conte comme ceux que rapportent pirates et corsaires, les aventuriers du nouveau monde. L'étrangeté lui remue le sang, attendrit son cœur, la rend *toute chose*. Sa main court sur les sillons ambrés de ce fragment de bois arraché aux forêts impénétrables du bout du monde, emporté dans la cale d'un navire affrontant les tempêtes des océans jusqu'à parvenir à un ébéniste et ciseleur de Paris, détenteur des secrets de son art. À la pâle lueur de la bougie, tout semble vrai et humain dans ce bras faux. C'est un travail d'orfèvre, celui d'un de ces artisans qui, depuis les temps anciens, sait que l'art accompli – la perfection – réside dans la reproduction idéale des merveilles divines. L'ouvrage fut dessiné, taillé au ciseau, observé à la loupe, poli, lustré, poncé des heures jusqu'à représenter à s'y méprendre l'apparence de la vérité. La nervure des veines, le grain de la peau, tout y est. Même les ongles restituent l'irréparable. La pièce s'attache au coude par un système de lanières dont le cuir a été attendri dans un bain d'huile rare et de rose d'Arabie. Puis l'attirail complexe remonte jusqu'à l'épaule.

Angélique adore *déshabiller* son adoré, lui ôter ces amarres, comme elle s'amuse à le dire. Détachés, le bras et sa doublure sont sans vie, inutiles, mais les deux réunis, ils s'accordent à la manière du guerrier et du glaive et, en songeant à ces derniers mots, Angélique soupire et se languit déjà. Elle désire les deux, elle les veut maintenant, et la comtesse de Saint-Bastien n'est pas de celles à se plaindre de la raideur du manchot.

*

Delaforge reçut ce cadeau trois mois après son arrivée chez son bienfaiteur. La commande fut passée fin septembre 1658, dans les

1. Ou Makassar. Ville d'Indonésie.

jours qui suivirent l'affaire du rançonnage. Tel que l'avait imaginé son instigateur, Fernand Duchêne s'était rendu chez Pontgallet dès le lendemain pour dénoncer à son tour les méthodes scandaleuses de l'infirme qui avait tenté de corrompre ses hommes. Il parlait au nom de tous, mais en rustre, gêné aux entournures par la veste usée qui le serrait au ventre. Il fallait un avocat, un plaideur, et lui n'en employait ni les tournures ni les arguments. Pontgallet écouta la défense en silence, et ce fait inhabituel aurait dû alerter son auteur. À la fin, quand Duchêne dodelinant se tut, le maçon dit sur un ton glacial :

— En avez-vous terminé ?

— Dame, oui. Un beau salopiaud, quoi…

— Et comment vous appelleriez-vous ? tonna le bâtisseur. Un homme méprisable ?

L'ouvrier perdit pied aussitôt. Il lui revint qu'il était contre cet entretien, qu'il s'y était résolu sous la pression des gros gueulards qui le traitaient de lâche, mais, dans la panique, ne savait plus pourquoi il soutenait que rendre visite à Pontgallet était plus balourd que de glisser un peu de sous dans la main collante de l'estropié.

— Non seulement, vous reconnaissez que vous me volez en ne travaillant pas comme il se doit…

— Mais… tenta de s'interposer le maladroit.

— Ce n'est pas vrai ?

Silence.

— Et ça ?

Pontgallet mettait les trois livres sous le nez de Duchêne qui n'y comprenait plus rien.

— Il en est heureusement de plus honnête que vous, s'emporta le maçon. Ce garçon que vous accusez est aussitôt venu me rapporter ce que vous lui aviez donné pour qu'il se taise ! Et si vous l'avez payé, c'est que vous vous saviez coupable !

Oui, se dit le susvisé. C'est ça qu'il craignait. En cédant, il avait reconnu ses torts. Parbleu ! Pourquoi avait-il écouté les autres ?

— Sans parler des menaces que vous avez proférées contre lui. Et de la brutalité commise à son endroit.

De quoi causait le patron ? Trois mots vachards, c'était tout. Ils ne l'avaient pas frappé. Il aurait pu le dire – il allait le faire sans doute –, mais on le saisit par le col de sa veste qui y abandonna ses boutons. On le poussa dehors en le traitant de noms d'oiseaux. On le menaça d'un procès, de sanctions terribles pour lui et sa clique de galériens.

Le compte rendu de l'émissaire à sa bande fut désastreux. De fait, il ne fallait ni verser la rançon ni s'en plaindre. Tous avaient tort, et ils s'avouèrent avoir été salement piégés. Balantier, l'un des trois révoltés, jura de se venger. Il avait le type dans l'œil, il le trouverait, et sa poigne puissante racontait la méthode dont il userait. Duchêne et les autres rompirent et se dispersèrent, le cœur gros et la démarche lourde.

Bien sûr, l'histoire de ces hommes fit le tour des chantiers, enluminée de détails aussi faux qu'excessifs. Bientôt, l'exécrable dicton – *il n'y a pas de fumée sans feu* – s'imposa. On commença par raconter que Duchêne était connu pour avoir un sacré poil dans la main et qu'on croyait savoir qu'il graissait déjà celle des autres afin d'obtenir la paix. Finalement, on affirma que c'était lui qui prélevait un impôt sur ses hommes. La hargne à son endroit grossissait surtout parce qu'on lui reprochait d'avoir créé un climat de peur et de soupçon sur les autres chantiers. Et comme il se disait que Pontgallet, depuis cette triste affaire, avait missionné des guetteurs afin de surveiller ses gens, on travailla plus, sans rien obtenir en retour.

Ainsi, peu prirent la défense de Duchêne quand, dans le même temps, il lui revint aux oreilles assez de rumeurs détestables pour qu'il décide de se pendre à la poutre de la maison qu'il construisait, jadis, sur l'île de la Cité. Personne ne se déplaça pour l'enterrer, par crainte d'être pris pour un ami. Aucun de l'ancienne équipe, qui depuis rasait les murs et cherchait du travail ailleurs, ne se manifesta non plus afin de venir au secours de sa veuve et de ses enfants. L'incident fut clos.

Le maçon-bâtisseur n'y vit que son profit puisque les murs montaient plus vite et pour le même prix. Donc Delaforge avait eu fichtrement raison, et se révélerait un fin négociateur en chef, sitôt formé aux arcanes techniques du bâtiment.

Aussi, l'idée d'une promotion germait-elle peu à peu dans la tête de Pontgallet d'autant qu'il était devenu impossible à Delaforge de continuer son espionnage tant son allure était reconnaissable. Chaque jour, le maçon trouvait de saines raisons justifiant ses projets, à commencer par ce qu'avait fait Toussaint pour lui et les siens : l'incendie, l'ordre restauré dans ses chantiers quand lui-même, un vieux renard, n'avait ni vu ni su le vice qui nuisait à ses intérêts. S'ajoutait une gentillesse exemplaire à l'égard de son épouse. Mais le plus important, pour le cœur d'un père, c'était la tendre affection que son protégé manifestait à l'endroit de sa fille, sans jamais franchir la frontière qui déshonorerait son nom. Pourtant, il ne faisait aucun doute qu'Anne se pâmait d'amour pour lui. Si bien que Pontgallet appréciait la réserve polie du balafré, ses distances calculées afin de ne pas peiner la soupirante. Tant qu'il s'agissait d'une amourette, il regardait ces deux jeunes-là avec compassion et tolérance. Ferait-il un jour un bon mari ? Il ne songeait pas à sa fille, promise à un avenir solide dans un clan allié, mais Toussaint, compte tenu de ses indéniables qualités, n'avait-il pas droit de s'élever, de caresser le bonheur autant qu'un ancien fils de laboureur ?

Hélas, le bras sans vie représentait un handicap majeur et le bâtisseur y vit le moyen d'offrir une réparation, un juste retour des choses, au jeune homme méritant. Il contacta l'ébéniste Jan Bolt, débarqué de Gueldre et devenu français sous le nom de Boulle, qui étudia son sujet et proposa à son fils surdoué, André Charles, d'exécuter la commande. Âgé d'à peine seize ans, ce dernier y mit toute la science et la patience d'un ancien, prouvant avant que Corneille ne l'écrive qu'*aux âmes bien nées/La valeur n'attend pas le nombre des années.*

Il fallut toutefois trente jours et trente nuits de travail pour parvenir à un résultat qui satisfasse le père et le fils. Pontgallet fut donc averti que l'objet était prêt et, l'impatience chevillée au corps, annonça un matin à Toussaint qu'il devait le suivre sur-le-champ car il lui réservait une surprise.

L'intéressé ne les aimait pas, aussi se méfiait-il, mais en voyant ce que l'ébéniste avait obtenu, il afficha pour la première fois une émotion sincère qui réjouit son bienfaiteur. Donner, c'était bien recevoir. Boulle expliqua un peu son travail. Il s'était inspiré des os d'un bras, humérus, cubitus et radius (sans préciser l'origine !), afin de reproduire le mystère de la création. Et le résultat relevait en effet du miracle. Pontgallet espéra peut-être en apprendre davantage à cette occasion sur les causes de l'accident qui avait handicapé Toussaint, mais, là aussi, il fit chou blanc. Plus tard, se disait-il. Peu à peu, les choses viendront. En essayant l'invention de Boulle, mesurant combien sa silhouette, son allure s'en trouvaient modifiées, Delaforge se dit qu'il avait eu raison d'attendre pour rendre visite au marquis de La Place. C'était comme un renouveau, le retour en grâce du lutteur. Il n'en avait plus la force, mais toujours l'aspect. En se montrant ainsi, il se voulait redoutable, impressionnant, l'égal de ses ennemis. Et tandis que Pontgallet félicitait Boulle, il décida de fixer la rencontre décisive au vendredi suivant, jour où les La Place se rendaient au couvent des Annonciades.

Ce serait donc le 8 novembre 1658.

*

Tuer Paillard ne l'avait pas ému et, en l'étranglant, qui avait été le plus puni ? En se livrant, la sorcière s'était soulagée du désordre qui lui tenait lieu de conscience. Elle s'était servie de lui pour se libérer avant de crever et, dans un ultime élan de cruauté, lui avait transmis son testament empoisonné. Désormais, Delaforge devait vivre avec l'image insoutenable de sa mère étouffée et jetée dans la Seine. Qu'y avait-il de pire ? Être orphelin de tout, ne rien savoir, ou hériter du malheur ? Il préférait la vérité aux ombres tortueuses qui avaient infecté son enfance et fabriqué sa personnalité. Maintenant, il pouvait mettre plus qu'un nom sur son passé. Sa mère était la victime d'une tragédie insupportable. En imaginant les doigts crochus de la *vieille à deux dents*, sa fureur se déchaînait, exacerbée par cette autre découverte : Marolles avait laissé faire la folie de la devineresse. C'était la preuve que Marie et son fils troublaient l'ordonnancement dans lequel vivait le jésuite, suppôt du marquis de La Place.

Ainsi, la scène se précisait, du moins, Toussaint le pensait-il. Il voyait le marquis confesser sans regret qu'il avait séduit – forcé – et engrossé une jolie servante et, ne songeant qu'à la façon de se débarrasser du problème, il lui fallait un homme de confiance capable de régler les détails. Eh bien ! Le prêtre qu'il hébergeait ne lui devait-il pas cela ? Et qu'il fasse en sorte d'effacer la difficulté, qu'elle parte, elle et son gros ventre, et *mette bas* au loin. Y avait-il eu une bourse à la clef ? De quoi envoyer la fille et son chiard à l'autre bout du royaume ? *Ad patres*, au final !

Paillard disait : *« Je n'ai pas eu besoin de longtemps. Elle était déjà presque morte. »* Mais si elle ne l'était pas, on pouvait la sauver ! Au lieu de tout tenter, Marolles avait fui avec l'enfant, annonçant ainsi au marquis que *la part* la plus encombrante de ses ennuis était réglée. Le marmot ? Il s'agissait de la *part* à payer à Dieu. Sept années de pénitence en subissant la présence de sa faute avant de s'en débarrasser en l'expédiant à Montcler – ce qui n'absolvait pas un crime inexcusable, commis à *part égale* par les deux complices.

Lâcheté, vilenie, cruauté, abjection, les motifs justifiant le châtiment ne manquaient pas. En sauvant le nouveau-né, Marolles et La Place n'avaient pas gagné le salut de leurs âmes, mais la certitude d'être punis et, par un formidable retour des choses, le justicier serait celui qu'ils avaient épargné. Voilà pourquoi Toussaint avait survécu. D'un coup, ses actes s'éclairaient et se trouvaient justifiés. Sa brutalité et ses errances participaient à son destin. S'il tuait et mentait, gambergeait-il, il fallait accuser ces gens immoraux et coupables de la rue de la Couture-Sainte-Catherine dont bientôt il se chargerait.

*

Delaforge grattait son bras d'ébène. La nuit, il ne trouvait pas le sommeil. Le 8 novembre approchait.

En attendant, il ne fallait rien changer à son rôle, apprendre encore, endormir le maçon Pontgallet qui se réjouissait des progrès continus de celui qu'il se refusait désormais d'appeler l'apprenti, même si *second* était de trop, à cause du fils ombrageux qui n'acceptait pas l'entichement de son père pour l'employé modèle. Mais à chaque rendez-vous, le bâtisseur mesurait les progrès. À peine sortis d'un entretien au cours duquel il avait ferraillé tel un beau diable pour obtenir les meilleurs tarifs auprès des fournisseurs, Delaforge lui rappelait que la veille il avait négocié mieux, que demain il rencontrait Le Bec, carrier d'Armor, une tête dure de Breton qui fournissait une pierre au grain fin se taillant aisément. Sapristi, convenait Pontgallet, c'était fort vrai. La matière se trouvait en surface au lieu-dit *Tu-es-Roc.* Il suffisait de se pencher pour recueillir la *pierre de renard.* Même les femmes, les enfants pouvaient se mettre au travail, et ceux-là coûtaient moins cher. Le prix d'achat s'en ressentait, la marge se portait mieux.

— Comment y as-tu pensé ? s'étonnait le maître.

— J'ai vu cette pierre dans votre cour et j'ai simplement questionné votre fils.

Tout était ainsi. Ce gaillard grand et sec avait le flair du vieux loup, et alors qu'ils rentraient de concert, le maçon s'étonnait du pas assuré, de l'air nouveau qu'affichait son jeune compère depuis qu'il avait reçu en cadeau le chef-d'œuvre d'André Charles Boulle. Il avait changé, se montrait attentif, vif dans ses jugements (prononcés quand ils se trouvaient seuls), habité d'une maturité d'homme qu'il fallait malheureusement comparer à l'infantilité de Jean. En somme, Pontgallet cherchait des raisons pour freiner son admiration et n'en trouvait pas.

À l'évidence, la recrue possédait un don pour le négoce et s'y plaisait. Donc il convenait de l'encourager en lui confiant la responsabilité de quelques tractations guère difficiles. Une expérience, en quelque sorte, une de plus. Il y songeait, se rétractait l'heure suivante, hésitait encore. Les traits d'un caractère soupe au lait ressurgissaient. Une promotion si rapide pour un jeune qui n'avait jamais tenu un pic, levé, taillé une pierre, n'était-ce pas s'emballer, prendre des risques ? Tantôt, il s'accusait de légèreté et d'impatience, tantôt d'être trop réservé.

Allons, se convainquait-il, si Delaforge avait perdu son bras dans un accident de chantier, ces questions ne se poseraient pas. Et qui le savait ? Lui-même ignorait d'où lui venait cette malheureuse aventure. Seuls devaient être pris en compte son sens des affaires, sa droiture, son honnêteté. Et se souvenir qu'il était orphelin, plus dépouillé que l'ancien fils d'un pauvre laboureur du Perche qui avait promis après l'incendie de lui venir en aide. C'est dire si le maçon brûlait les étapes.

*

Le mardi 5 novembre 1658, Toussaint demanda poliment un soir de liberté pour le vendredi suivant. On était à table. Le chef de famille fronça les sourcils, Anne pâlit. Sa mère se figea, cuillère en main.

— Je souhaite me rendre au couvent des Annonciades célestes.

La nouvelle rassura, mais étonna.

— Pour y suivre l'office.

Cette fois, elle stupéfia. Delaforge ne prêtait guère d'intérêt aux choses de l'Église.

— C'est ainsi chaque année, mentit-il. Je le fais en souvenir de ma mère, Marie, morte ce jour-là.

On le crut, s'interdisant d'en demander plus de peur d'éveiller de douloureux souvenirs, et Anne soupira. Non seulement, Toussaint ne courait pas les tavernes, mais il se révélait fidèle à son passé. Un bon fils ferait un bon père, se dit-elle en se levant pour débarrasser la table, le cœur pincé, et plus émue qu'elle ne le devait. Jean ne montra rien. Sa mère ressentit un surplus d'affection pour l'apprenti, se demandant même, et très injustement, si les siens la regretteraient aussi sincèrement. Pontgallet songea à ce jour où il était rentré chez lui pour fleurir la tombe de sa propre mère et se dit qu'il existait des ressemblances entre leurs vies. Si le portrait de l'orphelin demeurait flou – mais Calmés pouvait lui en apprendre plus –, tous deux avaient souffert de leurs disparus. Lui avait trimé jeune ; l'autre s'était vu imposer la dureté du pensionnat. Deux destins jalonnés de difficultés expliquaient sans doute pourquoi ils s'entendaient bien.

*

Le beau couvent des Annonciades célestes[1], installé rue de la Couture-Sainte-Catherine, avait été créé à l'initiative de la marquise de Verneuil quelques années plus tôt. En 1622, croyaient se souvenir les habitants de ce quartier. On ne se rendait pas dans son église pour entendre le sermon d'un curé austère, à cheval sur les principes, et qui pinçait la bouche au moindre gazouillis des jeunes novices. L'affluence s'expliquait principalement par la présence du tableau du maître-autel de Nicolas Poussin, dédié à la foi et la prière. Deux cierges éclairaient la Vierge Marie entourée de l'ange annonciateur et du Saint-Esprit. Le ciel s'ouvrait pour la venue du Fils de Dieu. La dominante sobre du jaune, couleur de la Juive romaine, prouvait que la beauté n'avait nul besoin d'excès et de prétention. Le génie de Poussin se montrait dans cette œuvre, dépouillée des contraintes liturgiques. S'asseoir et la contempler, c'était entrevoir les promesses du paradis.

Les premiers bancs de l'église étaient bondés pour l'office du soir. Delaforge se souvenait parfaitement de l'emplacement de celui des Voigny : premier rang, face à Dieu, et pour que tous les voient. Il prit appui sur le dossier d'une chaise commune et s'agenouilla pour un signe de croix impeccable. En se relevant, l'ébène heurta le bois du siège. Un bruit mat se fit entendre, attirant le regard irrité d'un paroissien. Delaforge n'en décida pas moins d'avancer vers le chœur, certain que sa chemise et sa veste

1. À son emplacement, 27, rue de Sévigné, se trouve aujourd'hui le lycée Victor-Hugo.

neuves lui offraient le meilleur des passe-droits. Il trouva à s'asseoir, à l'abri d'un pilier, à vingt pas des Voigny. D'ici, il voyait tout et, en reculant la tête, devenait invisible au vieux marquis, entouré de sa fille Aurore et d'Antoine, insipide et mollasson, tout le contraire de François, l'aîné, le soldat arrogant qui avait traité la mère de Toussaint de catin. Ce dernier ne se montrait pas. Avait-il pris ses quartiers d'hiver ou battait-il toujours la campagne ? L'étude du cas et de ses dangers viendrait plus tard.

Pour l'heure, Delaforge accueillait ses émotions, ne sachant celle qui dominait : la colère ou la jouissance amère que procurait l'espionnage de l'ennemi. Dans sa poche, le métal froid du couteau caressait sa cuisse. Ici, il ne pouvait agir. Il fallait attendre, ce qui lui convenait car il ne ressentait aucune envie de se précipiter. L'absence de François, un impulsif qui aurait bondi sur-le-champ en l'apercevant, lui laissait le temps de détailler ses victimes et de se torturer. Qu'apprenait-il ? Tout chez eux était en paix, rassuré ; aussi, qu'il serait bon de détruire leur harmonie, d'y entrer de plain-pied de manière expéditive et brutale. Mais ses pensées furent dérangées par le déroulement de l'office car venait le moment du sermon, écouté assis. Alors qu'elle se posait, Aurore regarda Antoine qui lui renvoya un sourire complice. Avant que le prêtre ne parle, elle tourna à nouveau le visage vers son frère, montrant son nez droit et fin. Une mèche rousse s'échappa du voile en dentelle qui lui donnait des airs de madone. C'était toujours la grâce et la douceur de celle qui avait bercé son enfance. Toussaint se reprit pour ne pas se laisser attendrir, et se souvint que, dans l'ordre des condamnés, le père arrivait en premier, et la fille en dernier.

Assis, le pilier de l'église lui cachait ses ennemis. Delaforge s'obligea à s'intéresser au prêchi-prêcha de l'officiant entouré d'une cohorte de seconds, parmi lesquels se comptaient les enfants de chœur, un vicaire, un ou deux prêtres encore, et un jésuite : Joseph de Marolles. L'attention de Toussaint était si tournée vers l'assemblée qu'il n'avait guère pris le temps de surveiller l'autel, mais le bougre s'y trouvait, plongé dans la prière, yeux clos, mains jointes, dans le rôle du parfait faux dévot. À cette distance, l'un et l'autre pouvaient se voir et se reconnaître, sauf que, par tradition, l'ecclésiastique, à l'exception du prédicateur, se désintéressait des ouailles. Son sacerdoce l'obligeait à se consacrer entièrement à Dieu. À se tourner vers Lui, Son Fils et Ses icônes. Le tableau de Poussin servait à cela. Marolles s'abandonnait à la contemplation de Marie et Toussaint y songeait comme à sa mère. L'image fut trop forte. Sa main valide frappa le dossier du banc situé devant lui et il fit de même avec celle qui lui manquait tant.

Le coup donné par la masse d'ébène retentit jusqu'à la voûte, au moment où le prêcheur reprenait sa respiration. Des têtes se dissipèrent, d'autres se redressèrent, celle d'Aurore pivota, blanchit sur le moment, et, sa bouche bellement dessinée, laissa s'échapper un « ah ! » d'étonnement. Elle apercevait Toussaint et s'en trouvait tétanisée. Le frère avait lui aussi repéré l'intrus. Il ne fit qu'écarquiller benoîtement les yeux, sans qu'il soit dit s'il s'agissait de surprise ou de peur. Le père, en revanche, n'avait pas bougé d'un iota. Épaules droites, il ne lâchait pas l'orateur, mais à l'autel, Marolles, lui, avait vu la scène, d'autant que son filleul ne faisait rien pour se cacher. Au contraire, Toussaint se leva en plein sermon et toisa l'ecclésiastique, brandissant sa main gantée, menaçant en silence l'homme qui, en quatre ans, n'avait pas changé. C'étaient les mêmes traits terreux, l'œil fuyant de celui qui lui avait offert la bourse trop bien remplie. Marolles se sentit submergé par la surprise et la panique. Voir ce corrupteur affolé expiant déjà sa faute réjouit Delaforge plus encore que s'il lui avait donné la mort.

Le remue-ménage finit par attirer l'attention du marquis de La Place, qui dévissa la tête et découvrit le trouble-fête, toujours debout. Sans manifester étonnement ou terreur. Cherchait-il qui était l'imbécile dressé, au milieu des autres, rompant le cérémonial et faisant injure à la foi ? Son fils Antoine se pencha pour lui glisser un mot à l'oreille. Alors, son visage s'empourpra. Dieu ! Était-ce lui, treize ans plus tard, lui, ce gamin dont il avait oublié les traits, l'existence et pourquoi il vivait ? Lui, cette petite chose qui avait osé forcer son *chez-lui*, rue de la Couture-Sainte-Catherine, après sa fuite de Montcler ?

L'orphelin fixa le marquis, dans l'espoir qu'il baisse les yeux, montre sa peur, mais le chef de ce clan ne fit que grogner sourdement. La belle surprise, s'amusait Delaforge. Voici le retour de l'abandonné ! Voici le justicier venu régler ses comptes ! Voigny cédait de plus en plus à l'agacement, mais sa fille lui attrapa le bras et lui-même se saisit de sa main, comme si l'un et l'autre se protégeaient du danger. Les misérables, les désemparés ! Ils font pitié, pensa celui qui les menaçait. Qui devait-on plaindre ? Ceux qui subissaient ce cauchemar ou celui qui en avait vécu tant d'autres ? Oui, il y avait du plaisir à patienter, à leur laisser venir des idées sombres, à imaginer ce qu'ils inventaient : un scandale, ici, dans l'église, ou un coup de force plus tard ; une attaque soudaine ou une déclaration en forme de menace…

À voir ces visages regroupés, serrés autour du marquis de La Place, une évidence s'imposa. Le tuer de suite, c'était lui éviter la torture, la douleur des regrets. Sa faute irrémédiable méritait d'être traitée *particulièrement* en s'attaquant *individuellement* à ceux qui l'entouraient. Voilà : la guerre était déclarée. Elle serait ciblée, monterait *crescendo*, jusqu'à détruire la tête de noble qui affrontait Delaforge. Mais par qui commencerait-il ?

En les revoyant, un projet se dessinait, et il réjouissait tant Delaforge qu'il sourit. Le marquis s'en aperçut, chercha à se lever pour se rapprocher du provocateur. Ajouter à ce désordre serait de trop, songea Toussaint. À quoi bon gâcher un tel moment par l'exclusion *manu militari* comme cela s'était produit en son fameux hôtel ? Sur ses terres, le marquis demeurait intouchable, mais ailleurs – et demain…

Toussaint salua ironiquement et sortit de l'église sans un regard pour ses proies.

Chapitre 27

DANS LE CARROSSE de l'architecte Le Vau qui le ramène à Paris, Toussaint Delaforge brasse ses souvenirs. Celui de l'église du couvent des Annonciades célestes tient une place particulière. Il y a un avant et un après – un déclic. C'est à partir de ce jour de novembre 1658 que tout bascule, tout s'active, tout devient clair. Précédemment, il ne se sentait pas maître de sa vie. De Montcler aux arènes de Lutèce, il y avait toujours quelqu'un, Marolles, Calmés ou Raymond de la Montagne, pour lui dicter ce qu'il devait faire, si bien que ses fautes – tuer, voler, mentir – auraient été celles de la jeunesse. À la façon du solitaire qui n'a que lui pour juger ses actes, cet homme de vingt-cinq ans ne cède pas au repentir. Il se compare au jeune chien fou qui mord dès qu'il sent le collier sur son cou. Il fut celui-là, *mea culpa*, il ne l'est plus. Non que résister lui déplaise, mais l'insurrection, même pour une cause juste, serait l'arme du faible. Réussir exige de posséder un esprit retors, tout le contraire d'une nature impulsive. Dont acte. Ce qui est fait est fait.

Il regarde son bras mort et regrette de ne pas avoir compris plus tôt les règles présidant le monde. À quoi bon ruminer ? Ses erreurs sont le prix de l'apprentissage. Le sien s'est arrêté chez Pontgallet. Ce temps fut à la fois la fin d'une époque et le commencement d'une autre qu'il appelle sa *Fortuna*. Si les événements se sont ensuite enchaînés à son avantage, c'est parce qu'il est l'addition d'êtres différents – l'orphelin, le pensionnaire, le lutteur – dont il a endossé un temps les habits pour mieux s'en défaire.

Qui a connu autant de vies à son âge ? Qui a progressé aussi vite ? Qui oserait prétendre que sa maîtresse n'est pas l'une des dix plus belles femmes de Paris ? Qui n'envierait ce manchot qui la fait trembler de désir ? Delaforge aime se comparer aux puissants qu'il manipule, trompe, corrompt. Bientôt, il sera leur égal, et ce n'est pas la seule raison qui le pousse à agir. Il se venge aussi de ces existences antérieures, du mal qu'elles lui ont fait. Et c'est tout le paradoxe de ce personnage : chercher à s'aimer et se détester autant.

Ce jour d'avril 1663, il quitte Versailles. Il rentre sur Paris. Le voici seul, un fait devenu rare, une belle occasion de passer en revue, en secret, ses réussites comme l'avare comptant et recomptant son or à l'abri des regards. Il cherche à quand remonte sa rencontre avec Le Vau, le premier architecte du roi. Au printemps ou au début de l'été 1659 ? Quelques mois, se souvient-il, avant ses derniers jours chez Nicolas Pontgallet.

En revoyant ces moments jalonnés d'événements qui ont failli gâcher son ascension, la colère qui revient parfois et qu'il cherche à dominer assombrit son humeur. Il ne faut pas. Chaque fois qu'il s'emporte, il commet des fautes. Mais bougre, le cocher de Le Vau ne fait rien pour l'adoucir. Il braille et fait entendre le fouet pour réveiller ses bêtes. Le carrosse grince, gémit, le dos cogne contre la banquette, la poussière pénètre par la fenêtre et menace la veste jasmin du passager. Fracas, charivari, secousses !

— Bourdine ! Arrêtez ce tumulte. J'ai besoin de réfléchir.

Il cogne le toit en se servant de sa main en bois. La réponse ne tarde guère. On passe au trot, puis au pas…

— Voilà qui est mieux, grommelle-t-il en se calant dans le fond de la banquette recouverte de velours rouge.

Il lui reste une heure avant de retrouver Le Vau chez lui, dans sa belle maison bâtie au coin de la rue de la Croix-Blanche et de celle des Juifs[1]. Il y soupera. La table est bonne. Ils discuteront

1. Située dans le quartier Saint-Gervais (IVe arrondissement), la rue de la Croix-Blanche est, aujourd'hui, la rue du Roi-de-Sicile. La rue des Juifs fut renommée rue Ferdinand-Duval, après l'affaire Dreyfus.

affaires, et ce rendez-vous capital pourrait bien le rendre riche. Ensuite, il retrouvera sa maîtresse qui fera semblant de se venger de son absence d'un jour en lui infligeant ses supplices dissolus. Un programme aussi bien rempli exige qu'il s'y prépare en se reposant et le meilleur moyen est de plonger dans ce passé dont il est fier. Où en était-il ? Ah oui ! Ce vieux Pontgallet.

*

L'affaire avait débuté dès son retour dans le nid du maçon. Delaforge n'avait eu que la nuit pour repenser et jouir de son effet au couvent des Annonciades célestes. Le lendemain, un Calmés enragé s'était présenté au domicile des Pontgallet. Son état s'expliquait par une entrevue très matinale avec Joseph de Marolles. Le confesseur du marquis de La Place avait en effet déboulé au collège de Montcler, réclamant un entretien immédiat avec le Supérieur. Calmés avait eu un mal fou à le contenir, l'obligeant à se rendre dans son bureau pour mettre fin au désordre qui réjouissait les élèves, habitués à la placidité légendaire de *Passe-Muraille*.

— Calmez-vous !

Marolles n'écoutait pas le préfet de discipline.

— Au moins, asseyez-vous.

Lui le fit dans l'espoir d'être imité.

— C'était le diable en personne…

— Mais enfin, de quoi parlez-vous ?

— Delaforge… Hier, il est venu me menacer…

Calmés vira au gris. Ce qu'il craignait s'était produit. Les démons qui hantaient ce garçon avaient pris le dessus.

— Il faut agir, le trouver, l'arrêter ! C'est à vous de le faire, pour qu'il rende compte des exactions commises sur l'un de vos élèves !

— Pour cela, dites-moi où le trouver.

— Je n'en ai aucune idée, reconnut Marolles en s'asseyant.

— Bien, soupira Calmés. L'affaire se complique…

Il pensait évidemment l'inverse.

Depuis l'incendie, *Passe-Muraille* n'avait fait qu'une apparition chez le maçon. L'épisode du feu semblait étrange, mais le bilan s'annonçait prometteur : l'apprenti progressait, apprenait, était discipliné. Nicolas Pontgallet ne parlait plus de mettre fin à sa formation au bout de trois mois. Pas de nouvelles, bonnes nouvelles, racontait-on. Au nom de cet adage, le jésuite de Montcler avait opté pour la discrétion, si bien qu'il ignorait la transformation physique de Delaforge. Il restait sur l'idée que plus le temps passait, plus l'espoir d'une conversion grandissait. Et voilà tout remis en question.

— Peut-être voulait-il renouer avec vous ? tenta-t-il sans trop y croire.

— Allons ! Même arrogance, même air de me défier...

— N'avez-vous rien trouvé de changé chez lui ?

— C'était le même qu'il y a quatre ans !

Calmés nota que Marolles ne parlait pas du bras manquant.

— Aucun détail ne vous a frappé ? insista-t-il sans se découvrir.

— C'est un homme, maintenant. Voilà tout.

— En somme, vous l'avez vu de loin.

— À vingt pas !

À cette distance, il était impossible de ne pas voir la manche flottant dans le vide. Quelque chose clochait. Mais bien sûr, il ne dit rien.

— Il ne vous a pas parlé ?

— Dans l'église, en plein sermon ! Voyez-vous ça ?

— Donc, il ne vous a pas menacé...

— Je le connais assez pour savoir qu'il venait dans ce dessein.

Calmés se contentant d'afficher une moue dubitative, Marolles comprit que ses arguments manquaient de poids :

— Il n'en demeure pas moins qu'il est toujours accusé du crime contre cet élève de Montcler... Comment s'appelle-t-il ?

— Une histoire ancienne, rompit le préfet de discipline sans livrer de nom. D'ailleurs, à l'époque il s'en est sorti...

— Eh quoi ! s'emporta le visiteur. Les faits sont là !

— Et on pourrait en discuter jusqu'au Jugement dernier, cingla le préfet de discipline. L'enquête a démontré que ce pensionnaire brutal n'était pas innocent. Le Supérieur a lui-même décidé de son renvoi, concluant que les torts étaient partagés.

— Enfin… Il a été jeté par la fenêtre !

— Aucun témoin ne l'a assuré. Depuis, tous se sont éparpillés.

— Il reste la victime.

— Disparue, d'après ce qu'on m'en a dit, au cours d'un règlement de comptes prouvant, si nécessaire, que ce garçon n'était pas une blanche colombe.

— Ainsi, balbutia Marolles. Ainsi…

— Voyons plutôt ce qu'il en est du présent. Aussi, j'insiste et le demande à nouveau : avez-vous été pris à partie ?

— Non, murmura à regret Joseph de Marolles.

— A-t-il saisi je ne sais qui par le col de sa veste ?

— Calmés, ne jouez pas à l'idiot ! Vous savez comme moi que sa présence n'avait rien de gratuit.

— Ne voulait-il pas simplement faire la paix avec son parrain ?

Marolles se tut. Il était impossible de raconter qu'il avait cédé au chantage quatre ans auparavant en se séparant d'une bourse trop bien remplie.

— L'affaire est peut-être plus simple que votre imagination ne l'a conçue.

— Je dispose de témoins. Je soutiens que ce garçon est venu faire le mal, essaya le confesseur du marquis de La Place une dernière fois.

— Attendons encore. Voyons s'il s'entête. D'ailleurs, nous ne disposons pas d'autres moyens pour lui mettre la main dessus.

— Et je serai la chèvre attachée au poteau chargée d'attirer le loup !

— Pourquoi croyez-vous que Toussaint vous en voudrait à ce point ? glissa sournoisement *Passe-Muraille*.

Marolles haussa les épaules :

— Vous ne m'êtes d'aucune aide !

— Est-ce vous qu'il faut le plus secourir ou ce garçon qui a tant manqué d'affection depuis la mort de sa mère ?

Marolles se raidit. Que sous-entendait le père *La Rigueur* ? Que cachait son air de défiance ? Pour un peu, c'était lui, l'agressé, qu'on accusait.

— Je ne suis pas le seul à me plaindre. Le marquis de La Place est très inquiet.

— Dites-lui que je comprends sa surprise.

— Cela ne suffira pas !

— Si Toussaint Delaforge se manifeste à nouveau et agit de manière brutale, nous serons sans pitié. Il faudra qu'il s'explique.

— Voilà qui est mieux…

— Et vous serez amené à témoigner.

Il marqua un temps et reprit :

— Sur ces faits nouveaux et sur le passé…

— Je vous demande pardon ? déglutit Marolles.

— Je me dois de découvrir le comment et le pourquoi de cet acharnement.

Calmés se leva, faisant ainsi comprendre que l'entretien était clos. L'autre hésita, le regard perdu, plongé dans ses pensées.

— Pardonnez-moi. J'ai beaucoup de travail. Vous-même, qu'en est-il ? Toujours à confesser le marquis et les siens ? glissa Calmès cruellement.

— J'ai aussi ses œuvres sur les bras.

— Et moi, la charge et le sort de trois cents élèves. Bonne journée.

*

Le soir même, après une journée où on le vit de très mauvaise humeur, Calmés s'était rendu au domicile de Pontgallet. Il fallait se rendre à l'évidence, le maçon ne tarissait pas d'éloges :

— Et depuis qu'il a recouvré une allure plus… équilibrée, tout le reste s'en ressent.

— Que voulez-vous dire ?

— Son bras, répondit le bâtisseur sans cacher son bonheur.

Il expliqua en détail le travail du fils Boulle. En effet, ce don valait toutes les déclarations.

— Vous me demandez s'il se comporte bien ? ajouta-t-il. Hier, il s'est rendu au couvent des Annonciades célestes afin de prier pour sa mère.

Le maçon n'ignorait rien de son escapade sur les terres de son enfance. Toussaint ne se cachait pas. N'était-il pas innocent et Marolles, qu'il détestait, un fabulateur ?

— Moi, je connais peu de gens aussi respectueux de leur passé, continua le bâtisseur.

Un pèlerinage ? Calmés doutait.

— Le vrai mystère n'est pas là, glissa Pontgallet.

Le préfet tendit l'oreille.

— Savez-vous qui était sa mère ? Il n'en parle jamais.

— Lui-même l'ignore.

— Diable ! Pardonnez-moi, mon père… Il fut abandonné ?

— Je crois savoir que sa mère est morte à sa naissance.

— Voyez-vous cela, s'attendrit le maçon. Il n'en a jamais parlé.

De toute évidence, chaque mot prononcé fortifiait l'opinion de Pontgallet. En bien ou en mal, il était sous le charme.

— Où se trouve actuellement Toussaint ? demanda enfin Calmés.

— À l'atelier. Chaque soir, il prépare la journée de demain.

*

Au premier coup d'œil, il était difficile de se rendre compte que son bras droit était faux. La main gantée ajoutait à l'illusion et, en faisait fi de la raideur de l'ensemble, c'était la silhouette d'un homme jeune, grand, racé, finement musclé, aux cheveux bouclés et longs. Il n'y avait plus rien du lutteur, de la colère qui balayait si souvent son regard. Toussaint semblait apaisé, différent et la tranquillité qu'il afficha en découvrant *Passe-Muraille* ne fit qu'augmenter le trouble qui gagnait ce dernier. Le passé était-il enterré ?

— Vous avez toujours le pas léger, je ne vous ai pas entendu.

Calmés attendait un entretien tendu, une explication brutale et froide. Mais rien ne fonctionnait comme prévu. On lui souriait.

— Monsieur Pontgallet se serait-il plaint de moi ?

Delaforge ne pouvait ignorer ce qui amenait ce visiteur, mais il faisait montre d'un sang-froid déroutant. Malgré lui, le prêtre sentit ses défenses faiblir.

— Joseph de Marolles est venu me voir.

— Et il crevait de peur, grinça Toussaint.

— Tu confirmes donc que tu cherchais à le menacer ?

— Je suis venu regarder dans les yeux celui qui a tué ma mère.

C'était dit sans hausser la voix, sans que le poing ne se ferme de rage. Calmès découvrait un autre être, aussi bouleversant que le petit garçon de Montcler ou que le lutteur désespéré des arènes.

— Que racontes-tu ? bredouilla son ancien préfet de discipline.

Et Toussaint parla de sa rencontre avec Paillard.

*

En sortant, Calmés avait à peine salué Pontgallet. Son esprit était ailleurs, balayé d'émotions contraires. Si Delaforge ne mentait pas, tout s'éclairait sous un nouveau jour et, malgré ses croyances, il en venait à comprendre, presque pardonner, la haine de son protégé. Un tableau ignoble se dessinait, et dedans, se montraient deux êtres détestables, impardonnables, inexcusables. Marolles et le marquis. Du coup, la foi dans le pardon à laquelle il s'accrochait corps et âme lui semblait inconcevable, et ce nouvel état anéantissait ses plus intimes convictions. En passant sur le Pont-Neuf, il s'adressa au Ciel. « Dieu, par pitié, pria-t-il, venez au secours de Votre serviteur. Montrez-lui que Votre grâce est toujours concevable. » Mais en arrivant au collège de Montcler, son trouble ne céda en rien. Qui, de La Place ou de son confesseur, était le plus coupable ? Les deux à égalité, se dit-il, sans jeter un regard sur les élèves qui se rendaient en rang au réfectoire. Qu'arrivait-il à *Passe-Muraille* ? Voilà qu'il montait sans un mot dans sa chambre. Tous virent que le jésuite sans âge pouvait lui aussi avoir les traits tirés, la fatigue au visage et le dos voûté.

On ne l'aperçut qu'au soir, l'allure plus sombre encore que l'habituelle. Il refusa de répondre à Baltius s'inquiétant de son état. Il mangea peu, fit une rapide apparition au dortoir des pensionnaires, puis alla se coucher et dormit du sommeil des justes.

On l'entendit se lever tôt le lendemain. Sans dire où il allait, il sortit de Montcler et traversa à nouveau la Seine pour se rendre en l'hôtel du marquis de La Place. Quand il s'y présenta, il dut frapper et sonner afin de se faire reconnaître. Le serviteur distant qui vint ouvrir s'étonna d'une visite si matinale, mais cette soutane usée désirait voir le révérend Joseph de Marolles sans tarder.

— Revenez dans une heure, s'entendit répondre le trouble-fête.

— J'attends, rétorqua celui-ci. Annoncez-moi : Calmés.

La soutane était peut-être fatiguée, mais l'air qui la portait sacrément décidé.

— Mais…

— Allez, je vous dis, et je prends le pari qu'il sera ici avant que vous veniez m'avertir.

Calmés aurait gagné. Marolles cavalait, le cheveu en bataille, la pupille rétrécie, la mine verte.

— J'ai des nouvelles.

Le confesseur de la rue de la Couture-Sainte-Catherine cligna des yeux :

— Je vous demande pardon ?

— Toussaint Delaforge.

Le ton était plus que froid. Marolles sentit le danger. Il passa une main sur son front pour soumettre une mèche.

— C'est que…

— Je n'en ai que pour peu de temps.

Eh bien, voyons nous après le dîner.

— Hier, le sujet occupait toutes vos pensées.

— Entrez ! finit par céder Marolles.

L'invitation se limitait au vestibule.

— Notre entretien mérite un peu plus d'intimité.

— Ah bien, est-ce grave à ce point ?

— Paillard, la sorcière que vous avez payée, a tout avoué à Toussaint. Le serviteur qui m'a ouvert écoute derrière cette porte. Voulez-vous qu'il entre dans la confidence ?

Le confesseur de La Place ouvrit la bouche, la ferma.

— Suivez-moi, finit-il par barboter.

Marolles marchait à petits pas, s'accrochait au mur, à la rampe de l'escalier. Ils entrèrent dans son repaire. Il s'assit sur le lit comme une masse, mains croisées sur les genoux. Sa tête, penchée en avant, balayait l'air. Rien de cela n'émut Calmés :

— Vous devez avouer et réparer vos fautes. Tout comme votre marquis !

Les yeux hagards, Marolles cherchait comment s'en sortir. Soudain, il se leva et saisit une étole posée sur le prie-Dieu placé à côté de son bureau. Il la tendit à Calmés :

— Portez-la, supplia-t-il d'une voix tremblante. Il le faut pour m'entendre en confession.

Chapitre 28

« TOUT CE QUE *nous apprendrons en confession ne pourra jamais être su d'un autre.* » Au nom de quoi, un prêtre espère la plus totale sincérité de celui qu'il entend. Mais un roi, fils aîné de l'Église, oint du Seigneur et Messie, ne rend-il pas des comptes uniquement à Dieu ? Pour autant, Louis s'emploie à l'humilité et à la sincérité quand il s'agenouille et se confie à son directeur de conscience, Hardouin de Péréfixe de Beaumont, l'archevêque de Paris. Il est cependant un sujet qu'il oublie lors de ses conversations intimes et personnelles avec ce fils d'un ancien maître d'hôtel du cardinal Mazarin : Versailles. La question le touche de trop près et appartient à son jardin secret. C'est ainsi, depuis ce rendez-vous de chasse avec son père où, pour une fois, ils furent seuls. La solitude, voilà la seule et la vraie question dont Louis aimerait parler avec celui qui, en principe, se penche sur sa conscience. Mais être roi, c'est vivre au singulier, au milieu d'un ou deux milliers de serviteurs, isolé et porté par des millions de sujets qu'il faut en retour protéger. Roi veut autant dire être libre d'agir que prisonnier – de la Cour, de l'étiquette, des pairs du royaume, des seigneurs, encerclé depuis la naissance par l'envie, la lâcheté, la trahison, la flatterie. Roi, c'est se forcer à rester lointain et se vouloir proche. Pour cela, il faut taire ses propres craintes, exhiber sa personne et surtout la cacher, paraître en ne montrant jamais ses sentiments, taire ses désirs ou ses peurs quand il suffit d'ordonner pour obtenir l'inaccessible. Depuis la mort de Mazarin, en 1661, Louis règne en maître. Il l'a voulu ainsi, s'interdisant en retour toute faiblesse. Oui, il est seul, désormais. Et ses décisions, ses actes, feront ou pas de lui un grand roi. Aurait-il un doute qu'il n'en parlerait. Versailles en fait partie. Non le lieu qu'il chérit, mais ce qu'il veut y produire. Versailles, le Palais de toutes ses promesses : est-ce ainsi qu'il deviendra puissant et indestructible ? Dieu, se retient-il de murmurer à son directeur de conscience, le sujet est si immense. Si inhumain… Même, et surtout, pour un roi.

Du Versailles de son père, il connaît les recoins. Il pourrait le dessiner, yeux fermés, sans oublier les deux ailes prolongées par un pavillon d'angle. Il a arpenté une à une les allées dessinées par Jacques de Menours, Jacques Boyceau, Hilaire Masson, Claude Mollet, les jardiniers de son père. Il connaît le nom du cheval – Néron –, attelé à la pompe tirant l'eau de l'étang de Clagny qui alimente les jardins. Il est venu tant de fois, *incognito*, accompagné peut-être d'un garde ou deux, s'échappant de Saint-Germain ou du Louvre. Il aime aller, sans le regard d'un autre, dans les pièces qu'occupa son père. Ému comme aucun ne le verra jamais, il entre dans les appartements de Louis XIII, caresse les quatre meubles que Christine de France, duchesse de Savoie, offrit au roi juste, tous de velours à fond d'argent, bleu, gris-de-lin, vert, nacré de rouge, brillant au feu d'une simple chandelle car les volets restent fermés. Sa main caresse les cheminées de plâtre, son pied fait craquer les lattes du plancher de sapin.

Mais que faire de Versailles, l'héritage dont lui seul connaît le poids et l'importance ? Depuis 1661, la question l'assaille au quotidien. Il a décidé de passer à l'action, sans vraiment annoncer son dessein. À la naissance du Dauphin, voilà peu[1], il a débuté les travaux, fixant le siège de ce qui fera ou pas sa grandeur et celle de sa descendance. C'est un combat contre le temps et les éléments. Domestiquer l'indocile, est-ce possible ? Pourtant, Louis a décidé de

1. Louis de France, dit Monseigneur, né à Fontainebleau, le 1er novembre 1661, et mort au château de Meudon le 14 avril 1711.

partir de presque rien, de saisir le flambeau que lui a tendu son père pour marquer son empreinte et bâtir son histoire. À Versailles, dans ce damier de champs et de marais incertains où perche un manoir provincial, il a planté les lis royaux. Ce sera sa trace, son territoire, choisi comme la clairière par le cerf de son enfance. Le combat sera rude, mais, à vaincre sans peine, on ne gagne aucune gloire.

Sans le savoir, son épouse, Marie-Thérèse, et sa maîtresse, Louise de La Vallière, ont joué aussi un rôle dans sa décision. L'adoration sensuelle et presque animale qu'éprouve la favorite pour Versailles, ses forêts, ses terres rudes et sauvages ressemble formidablement à ce qu'il ressent : il veut s'approprier l'endroit. Le dompter. Et l'opinion si critique de la reine renforce son avis. Il faut tout entreprendre ? Tant mieux ! Ce royaume vierge reste à conquérir. Ce sera l'œuvre – la preuve – d'un grand roi.

Autour de lui, les talents se pressent. Le trio Le Vau, Le Brun, Le Nôtre rêve de servir et il manque un projet à la mesure de Vaux-le-Vicomte, un galop d'essai quand le roi songe à ce qu'il veut et obtiendra. Versailles ? Le maître domestiquera l'hostilité du domaine dont il a hérité comme il le fit pour ce royaume frondeur, menacé dans son enfance par les puissants seigneurs féodaux[1]. *Ce n'est qu'en vous montrant grand que vous deviendrez indestructible.* Louis était si petit, mais il croit se souvenir que ce sont les paroles de son père quand il mit en fuite le cerf qui les menaçait. Aussi, triomphera-t-il des éléments, des rudesses du territoire. Le vent y est fort, les terres infertiles et marécageuses, la vermine y niche : sa victoire sera plus éclatante.

Peu à peu, le projet avance, le parc se façonne. Il fallait commencer par lui : ce qui pousse est plus long à venir que ce qui se bâtit. Des courbes naissent, d'autres s'adoucissent. Tantôt, voilà que surgit un bosquet, tantôt de grands arbres plantés rompent

1. Allusion à la Fronde qui marqua considérablement l'enfance du roi et ne fut pas étrangère à sa décision de rassembler la Cour en un seul lieu – Versailles – afin de mieux la contrôler.

la morne linéarité de la plaine. Il y ajoutera des bassins, des bosquets, des allées, des grottes. Il a tout pensé. Maintenant, Louis tourne le regard vers le château de son père. Qu'en fera-t-il ? Comment préserver le passé, et ce qu'il lui doit, sans le détruire ? Il faut créer un palais, immense, accueillant plus encore que le plaisir et les fêtes. Il le voit comme l'élévation d'une nouvelle capitale où tous les pouvoirs, réunis et encadrés, viendraient à lui. À Versailles, il réduira la noblesse, la soumettra à son règne absolu. En parler à qui ? On doutera, on croira ce projet impossible. Personne, pas même son confesseur et directeur de conscience, ne le comprendrait. Alors, le roi se tait, puisqu'il est seul.

*

Pauvreté, abstinence, obéissance, le révérend Calmés n'avait jamais transigé avec ces trois vœux, et s'il les respectait tous, il plaçait la soumission aux lois de Dieu au-dessus de tout. Parmi elles, trônait le secret de la confession, absolu, irréfragable, dont la transgression entraînait l'excommunication, c'est-à-dire l'exclusion de la communauté des chrétiens partageant le sang et le corps du Christ. Mais ce n'était pas encore cela qu'il craignait, pas plus que de brûler dans les flammes de l'enfer jusqu'à la fin des temps, balivernes juste bonnes pour le tribunal de l'Inquisition. En revanche, son apostolat se fondait sur le pardon du pécheur, même s'il s'agissait du plus vil des hommes. Jésus avait aimé ceux qui L'avaient accusé et tué à tort. Se prétendre meilleur que le Fils du Tout-Puissant constituait à ses yeux une saine raison d'être excommunié. Il devait entendre, absoudre, et non punir. Ainsi, rompre l'engagement de garder pour lui, à jamais, ce qu'il avait entendu revenait à renoncer à ce qui charpentait sa vie. Si la chose lui semblait impossible, le jésuite enrageait car il n'était pas le Sauveur, mais seulement un de ses sujets, imparfait et soumis à la tentation.

Ainsi, en baisant l'étole ornée d'une croix, en la passant sur ses épaules, en fermant les yeux, en prononçant les paroles rituelles qui ouvraient la confession de Marolles, il s'était condamné au silence et mesurait depuis son erreur. En cédant à la soif d'apprendre, il avait pris connaissance de faits dont il ne pourrait jamais faire usage. À quoi bon supporter le fardeau d'un aveu s'il n'en tirait aucun avantage ? Était-il stupide ou fallait-il accuser le confessé, un habile manipulateur qui l'avait emprisonné ?

À présent, Calmés s'en voulait d'avoir écouté sans broncher. Il n'avait fait qu'un signe de croix et béni celui qui maintenant se taisait. *Amen.* La messe était dite. Le secret était connu et enterré. Il posa l'étole, tourna les talons. Il sortait. Marolles le saisit à l'épaule :

— Qu'allez-vous faire ?

— Prier pour le pécheur.

— Il vous en sera rendu grâce.

Ce ton, ces manières mielleuses dégoûtèrent Calmés.

— Que ferez-vous d'autre ?

— Je porterai la croix de ce que j'ai entendu.

Autant de paroles et de serments qui soulageaient Marolles. À l'air qu'il prenait, il était convaincu de s'en sortir. Jamais plus on ne le questionnerait. La confession l'empêchait. Ce fut de trop.

— Mais prenez garde ! gronda le jésuite de Montcler.

— Vous êtes tenu par la confession, s'opposa l'autre d'une voix ferme, et…

— Je le sais ! hurla Calmés en s'avançant. Ne me dites surtout pas ce qu'un prêtre doit faire. Mais vous n'ignorez pas qu'il ne peut y avoir de pardon sans regret sincère.

— Je crois que l'auteur du péché que vous avez entendu y est sincèrement décidé.

Ce diable d'homme ne citait aucun nom, rien qui puisse être répété puisqu'il y avait une différence capitale entre une simple conversation et l'interdiction absolue d'utiliser les mots prononcés en confession. Ce qui se racontait maintenant pouvait être utilisé. Donc, Marolles se méfiait.

— Et pour que la contrition soit complète, ajoutez-y la peur ! lâcha Calmés.

— S'agit-il d'une menace ?

— Je dis que, sans regret et sans crainte, il n'est de repentir.

— Je le sais, rétorqua un Marolles plus modeste. Soyez certain que j'y veillerai.

— C'est votre intérêt. N'oubliez pas que Paillard a reconnu que vous étiez au côté de la mère de Toussaint et que vous ne lui vîntes pas en aide. Sur cela, je ne suis pas obligé de me taire. Et Delaforge encore moins !

Fichtre ! Ce prêtre ne lâchait rien.

— Que pèsera le témoignage de cette sorcière ? se défendit Marolles.

Et sans doute eût-il été plus ferme s'il l'avait su morte.

— J'ai sauvé un enfant d'une disparition certaine. Comment me le reprocher ?

— Vous l'avez fait parce que…

— Tout doux, glissa-t-il en levant une main. La suite, vous seul la connaissez.

— Ne me provoquez pas, gronda Calmés entre ses dents.

— Je n'en ai nul besoin. Vous devrez vivre avec ce que je vous ai appris comme moi je le fais depuis vingt années.

— Nous verrons, jeta le préfet de discipline en fonçant sur la porte.

— Vous serez excommunié si…

Passe-Muraille sourit, ce qui était rare, et haussa les épaules.

— N'oubliez pas. Sans repentir, il n'y a pas d'absolution… Et, dans ce cas, la confession n'est plus qu'un aveu… mortel.

Sur le seuil, il se retourna :

— À l'inverse de moi, Toussaint Delaforge n'est aucunement tenu au pardon. Vous devriez vous méfier…

La porte claqua. Marolles laissa filer l'ombre, tétanisé par ces dernières paroles. Quand son cauchemar s'achèverait-il ?

*

Depuis, Calmés avait le sentiment de vivre dans le mensonge, un malaise insoutenable pour un homme droit. Il fallait sans doute y voir une des raisons qui expliquaient la distance soudain prise avec Delaforge. Condamné à se taire, il ne pouvait rien lui apprendre de plus sur ses origines et la mort de sa mère, ce qui aurait sans doute profondément transformé sa vie. En bien ? Calmés ne décidait pas, se répétant que Dieu l'avait voulu. Et cédant ainsi à la fatalité, il tentait de soulager le poids qui tenaillait son âme. Au moins, il n'avait pas parlé à Toussaint de son projet de rencontrer Marolles, et s'en félicitait. Ainsi, il lui était plus facile de cacher la vérité. Mais celle-ci ne le lâchait plus, le rongeait, ne demandait qu'à jaillir. *Passe-Muraille* manquait d'exercice en matière de mensonge. Pourquoi garder le silence ? Les conditions dans lesquelles Toussaint était né et le mépris de Marolles abandonnant sa mère suffisaient pour que la victime se déchaîne d'elle-même tôt ou tard.

Il pensait à tout cela en se rendant chez Pontgallet, un vendredi de décembre, deux ou trois semaines après avoir entendu Marolles, miné par ce qu'il craignait d'apprendre. Les révélations de Paillard pouvaient détruire les progrès obtenus. La folie risquait de s'être à nouveau emparée de Toussaint. La neige tombait drue et son manteau n'était pas assez épais pour le réchauffer. Alors il marchait à grands pas, espérant ainsi se remuer le sang, et se faufilait entre ceux qui se déplaçaient lentement de peur de glisser.

Çà et là, des enfants échappaient à la surveillance de leurs mères pour rouler dans leurs menottes rougies des boulets de pacotille. Surgissant comme le loup au coin du bois, ils canardaient l'ennemi et, patatras ! voilà que les projectiles explosaient sur la tête, dans la nuque ou le dos, déclenchant le cri de victoire et la fuite des petits sacripants. Une soutane échappait à leur jeu. Celle de Calmés, trop rapide, trop raide. Inquiétante.

La rue de la Mortellerie était envahie de marmots excités qui n'avaient guère pris le temps de se vêtir. Ils braillaient, se poussaient dans la neige, partaient à l'assaut d'un glacier de trois pieds dont un costaud avait pris possession.

— Allez vous couvrir !

Le ton de *Passe-Muraille* suffit pour qu'ils reviennent sur terre.

— Voulez-vous attraper la mort ?

— C'est pas tous les jours qu'on s'amuse, tenta un imprudent.

Calmés le saisit par l'oreille :

— Exécution !

*

Un beau feu éclairait la pièce principale du maçon Pontgallet et Calmés ne fut pas malheureux de s'approcher des braises. Depuis peu, le froid lui faisait horreur. Sans doute vieillissait-il, même s'il se moquait des ans. La table était dressée pour le dîner et le pain sagement coupé. Il compta cinq morceaux, espérant que la part de Toussaint s'y trouvât. Mais, alors que le repas approchait, la maison était silencieuse. Aucun bruit. Ni dehors ni dedans. La femme du maçon quittant rarement sa demeure, il appela. Personne. Il posa le pied sur la première marche de l'escalier et tendit l'oreille. Toujours rien. Restait l'atelier. Dans la cour, il entendit enfin une voix. Celle de Toussaint. Il approcha sans bruit. Une conversation joyeuse battait son plein, mais du givre dulcifiait la fenêtre de l'atelier et l'empêchait de voir. Il reconnut cependant le timbre cristallin d'Anne, la fille de Pontgallet. Elle riait de bon cœur. Il ouvrit sans frapper.

Ils se tenaient tout près l'un de l'autre et Anne fit un bond de côté. Elle rougit, se sentant prise en défaut. Si Toussaint ne broncha pas, son visage se crispa. Le prêtre ne semblait pas bienvenu.

— Je vais en cuisine, crut utile de préciser Anne.

Les yeux baissés, saluant à peine le révérend, elle sortit.

— *Passe-Muraille* gagne encore, il entre par surprise, mais cette fois, la neige l'a bien aidé, se força à sourire Delaforge.

Le préfet de discipline ne répondit rien. Il ôta son manteau et le posa sur une chaise, regrettant aussitôt son geste. Il faisait froid dans l'atelier. La cheminée était éteinte et le carreau d'un œil-de-bœuf, brisé dans l'incendie, n'avait pas été changé.

— Comment te portes-tu, Toussaint ?

— Le mieux du monde.

— Tu ne travailles pas aujourd'hui ?

— Je vérifie les comptes de Nicolas Pontgallet.

La confiance régnait donc, et de plus en plus.

— Tu apprécies sa fille ?

Le manchot haussa les épaules :

— Je crois que l'inverse est encore plus vrai.

Il n'y avait aucune effronterie, aucune vanité dans sa façon de parler. C'était une évidence, édictée platement.

— J'espère que tu ne songes pas...

— À quoi ? fit-il semblant de ne pas comprendre.

— Ah ! ne m'oblige pas... Tu sais bien que...

— Anne est votre nouveau sujet d'inquiétude ?

Toussaint se moquait, mais gentiment.

— Ce n'est pas le seul, bougonna Calmés.

— Allons, mon père, racontez-moi vos soucis.

Il saisit une chaise de sa main valide, la tendit au jésuite. Lui-même s'assit sur un tabouret. Il ne portait qu'une chemise fine, mais ne semblait pas souffrir de la température glaciale. Il posa son bras en bois sur le rebord de la table. Malgré le handicap, ses gestes restaient gracieux aux yeux de Calmés.

— Où en es-tu ? demanda le préfet de discipline en forçant sa froideur.

— J'apprends. Je crois que je progresse. Et Pontgallet paraît satisfait. Resterez-vous dîner ? Car, si c'est le cas, il faut prévenir Anne. Elle se fera un plaisir d'ajouter...

— Par tous les saints ! Je n'ai pas traversé Paris pour souper ! Ce qui m'inquiète, c'est...

— Marolles ? le coupa brutalement Delaforge.

— Oui, Marolles, répéta-t-il. Qu'as-tu décidé ?

— Je me vengerai, soyez-en certain, et j'en ferai autant à propos du marquis, asséna son protégé avec un calme déconcertant.

Il prit de la main gauche un ciseau servant à tailler la pierre qui traînait sur la table et le fit tourner habilement.

— Je n'utiliserai pas ce moyen, dit-il en le reposant sur la table. Ce temps est fini.

— Bien, murmura le prêtre, songeant qu'il lui fallait s'opposer plus durement. Mais la confession de Marolles tournait dans sa tête.

— As-tu l'intention de gâcher ce que tu as entrepris depuis peu ?

Le prêtre se leva. Debout, il se sentait plus sûr de lui.

— Est-ce ta manière de me remercier ? Je suis venu à ton aide, j'ai éclairé ton chemin, et toi, tu ne songes qu'à éteindre cette lumière, synonyme de rachat et d'espoir.

— Je mesure ce que vous avez fait et je vous en sais gré.

— Ce n'est pas encore assez. As-tu renoncé à la violence ?

— Vous m'avez convaincu qu'elle ne menait à rien.

Mais cette façon détachée, désabusée, de s'exprimer se révélait plus inquiétante que la rage ancienne du lutteur des arènes.

— Quoi alors ? Qu'es-tu en train d'imaginer ?

Toussaint le regarda intensément et sourit à demi.

— Dites-moi d'abord si vous avez réfléchi à ce que je vous ai appris au sujet de Marolles ?

— Bien sûr, répondit prudemment le préfet de discipline.

— N'avez-vous pas eu envie d'aller le trouver et de le menacer des flammes de l'enfer ?

— Prétendre que je n'y ai pas pensé serait mentir…

— Parce qu'il serait juste que le coupable soit puni.

— Dieu se chargera de lui, mon fils.

— Et moi, je lui fournirai un avant-goût de ce qui l'attend.

« Il va le tuer… », chuchota Calmés.

Toussaint l'entendit, remua la tête de droite à gauche :

— La souffrance est peut-être plus dure que la mort.

Le jeune homme se leva aussi et ferma le livre de comptes sur lequel il devait travailler. Tout chez lui était calme.

— J'apprends depuis peu la patience, mon père, et je découvre ses bienfaits. Vous m'avez… converti, sourit-il à nouveau.

Il regarda son bras inerte :

— D'ailleurs, je ne suis plus le même homme.

— Oui, l'encouragea Calmés. Tu as changé. Ce qui est bon en toi est en train de se montrer. Pontgallet t'apprécie. Sa femme aussi. Ils me l'ont dit, et, si j'en juge à ce que j'ai observé tout à l'heure, Anne n'est pas indifférente. Ne vois-tu pas ce qui s'offre à ta vie ?

Le préfet de discipline s'enflamma :

— Il paraît que tu sais négocier le prix des choses. N'as-tu pas trouvé ton chemin ?

— Il m'arrive de m'en convaincre...

Le jésuite se prit à espérer :

— Il n'y aura d'avenir qu'en renonçant à la vengeance. Crois-moi, il faut repartir à zéro.

— En somme, vous m'ordonnez d'oublier Marolles.

— Et le marquis de La Place.

— Vous en demandez beaucoup...

— Je te supplie de te tourner vers demain, d'effacer le passé. Parce que c'est ton intérêt.

Il vérifia que personne ne se trouvait dans la cour :

— N'oublie pas Ravort... Et le lutteur des arènes.

— Un donnant, donnant ? se tendit Delaforge.

— C'est le prix à payer pour que la société t'accueille.

— Votre justice est tordue. Moi, j'expie mes fautes. Et eux ?

La vérité entendue en confession remonta. Calmés ne sut quoi répondre. Delaforge chercha à reprendre l'avantage :

— Marolles a abandonné ma mère. Il l'a laissée mourir ! S'en est-il repenti ? Mérite-t-il qu'on efface sa dette ? Moi, le lutteur des arènes, j'ai donné mon bras. Lui, que faut-il qu'on lui fasse ? Rien ? Je veux qu'il souffre, qu'il se repente ! martela Toussaint.

— Tu recommences ! s'emporta Calmés.

— Non, mon père, s'adoucit à nouveau son ancien pensionnaire. Je vous ai dit que j'avais changé, et c'est vrai. Ils ne méritent pas que je compromette ma vie.

— Voilà qui est mieux.

— Mais pour cela, vous devrez m'aider encore.

— Ce que je pourrai faire te sera accordé, se prit à espérer le prêtre.

— Allez trouver Marolles. Dites-lui ce que je vous ai appris.

Dieu ! Mais il l'avait déjà fait.

— Vous serez sa conscience, continua Toussaint. Et elle ne le lâchera plus jamais. Je veux qu'il soit inquiet, qu'il crève de peur, que ses jours deviennent un enfer. À cette condition, je ne toucherai pas à sa vie.

Ce rôle rendait plus léger le devoir de réserve du confesseur. Et il aurait moins besoin de mentir.

— Promets-tu de ne plus te servir de la violence ? insista-t-il cependant, comme s'il validait le marchandage.

— Tant qu'il m'en croit capable et me craint, je n'en userai pas.

— Alors c'est d'accord, se décida rapidement le jésuite.

Sans doute se demanda-t-il également si Delaforge ne lui avait pas parlé de Paillard afin de l'obliger à devenir son complice. Et ce ton, ces menaces voilées, étaient-elles une ruse pour le piéger, l'obliger à transiger, mais selon sa façon ? Calmés n'eut guère le temps de s'interroger davantage car Pontgallet choisit ce moment pour entrer.

— Eh ! lança-t-il joyeusement. Vous dérangez mon apprenti en plein travail.

De toute évidence, le maçon était ravi de les voir tous deux.

— Resterez-vous pour dîner ?

— Merci. Je dois rentrer à Montcler.

— Vous ratez une omelette au lard préparée par Marguerite ! Et, se tournant vers Delaforge : viens dès que tu peux. Le repas est servi.

Il semblait s'adresser à son fils. Il sourit même en sortant.

— Tu as tout à gagner avec cet homme. C'est ton avenir, insista Calmés.

Toussaint baissa la tête.

— Tu n'agiras pas sans que nous en parlions, martela le jésuite. Jure que tu ne t'en prendras pas à Marolles.

— Allez le voir, parlez-lui de ce que vous savez à propos de ma mère, usez de votre froideur pour qu'il se ronge à son tour. Alors, je ne ferai rien contre lui, s'engagea-t-il en évitant de parler du marquis et de sa famille.

Sixième Partie
Le sacre du démon

Chapitre 29

LOUIS LE VAU EST PLUTÔT un bel homme. On le voit arriver de loin, toujours en mouvement, toujours nerveux, pressé, l'œil à tout et la tête emplie de ce qu'il lui reste à faire aujourd'hui. Il ne s'arrête pas, court au-devant du lendemain, s'agite, pense à dix projets à la fois, en prépare cent en même temps. S'il s'assoit, c'est pour se lever aussitôt, plume à la main. Il faut qu'il écrive, qu'il dessine, qu'il jette trois mots sur son mémento afin de ne pas oublier de houspiller ses gens, de se plaindre du retard de ses fournisseurs, des délais qui ne seront pas tenus. Il cite Colbert, dit qu'il n'est pas *le Nord* pour rien[1], craint de lui toutes sortes de procès, gémit qu'on lui demande de justifier ses frais. Et le roi ? Ah ! le roi. Voilà que ce dernier le convoque séance tenante. Non, il ne lui parle pas du Louvre, des Tuileries ou de Vincennes, mais de la ménagerie de Versailles qui n'est pas achevée et doit déjà être agrandie. Le premier architecte de Louis XIV est aussi entrepreneur, propriétaire d'une manufacture de fer-blanc qui produit des canons et des boulets pour la flotte royale. Il ajoute en soupirant qu'il a trop de biens, d'affaires à gérer. Qu'il lui faut sans cesse troquer, parlementer, satisfaire

1. Intendant des Finances dès 1661, puis contrôleur général des Finances en 1665, il est de fait le premier conseiller du roi et le chef de son gouvernement. *Le Nord* est le surnom que lui a donné Madame de Sévigné qui juge cet homme dur, intraitable et froid.

les clients, tenir à bout de bras un empire chancelant, suivre les chantiers, et que tout lui pèse. Il replace une perruque épaisse qu'il porte avec raffinement. Il faut cela, de l'élégance, répète-t-il en lissant d'un doigt la moustache finement taillée ourlant une bouche qu'on dit gourmande. Le Vau est toujours en action. Ce soir, Delaforge vient de sonner, et déjà il le pousse dans son bureau, tend un siège, reste debout :

— Alors, que pensez-vous de Versailles ?

Delaforge a préparé ses mots. Mais la porte s'ouvre.

— Quoi encore ! enrage Le Vau.

Une gouvernante montre son visage austère.

— N'oubliez pas que vous recevez du monde ce soir.

— Qui donc ?

— Des clients à vous, invités pour le bien de vos affaires…

— Aidez-moi à remettre les choses en place. De qui s'agit-il ?

— Vos voisins d'autrefois, du temps où vous habitiez dans l'île Saint-Louis avec votre épouse.

Il cherche encore.

— Quand vous résidiez quai d'Anjou, s'impatiente la matrone.

Soudain, tout revient.

— Lambert ! Le président de la Chambre des comptes. En effet, il faut se méfier de ce filou…

Le Vau oublie de préciser qu'il a profité de la construction pour noyer dans les frais l'élévation de sa propre maison, voisine de l'hôtel Lambert. Et pour le terrain, le notaire qui en était propriétaire fut très complaisant. Il n'était rien de moins que le père de Jeanne Laisné, son épouse, aujourd'hui décédée[1].

— Merci, ma chère Rosette.

— Je vous en prie, monsieur.

— Dérangez-moi aussitôt qu'il sera arrivé.

— Bien, monsieur.

— Rosette !

1. L'hôtel Lambert se trouve au coin du quai d'Anjou et de la rue Saint-Louis-en-l'île.

— Oui, monsieur.
— Que mangeons-nous, ce soir ?
— Truites de Normandie et cochon de lait…
— Quelques mignardises ?
— Bien sûr, monsieur. Et des huîtres pour débuter.
— Sauvez-vous, Rosette, lance un Le Vau ragaillardi.
Aussitôt, il se tourne vers Delaforge :
— Versailles…
Le regard pétille de malice, les doigts pianotent sur le bureau.
— Racontez-moi tout, mon cher Toussaint.

*

La rencontre entre Le Vau et Delaforge remontait à trois ans et s'était faite par l'intermédiaire de Pontgallet. Voilà qui illustrait la puissance du réseau des bâtisseurs. Le maître-maçon avait connu le premier architecte du roi alors qu'il n'était que compagnon, et l'autre architecte ordinaire. Tous deux venaient d'un milieu simple, l'un, fils d'un tailleur de pierre devenu entrepreneur, l'autre d'un laboureur. Le Veau (son nom s'écrivait alors ainsi) avait entamé sa carrière aux côtés de son père, héritant de son prénom et de la même passion pour la construction. À douze ans, Louis, ce gamin surdoué, citait de mémoire des extraits de *La Manière de bastir pour toutes sortes de gens*, le traité d'architecture de P. Le Muet[1]. Sa formation s'était poursuivie chez Villedo, un des maçons qui avaient soutenu l'entrée de Pontgallet dans la société des bâtisseurs du roi. À seize ans, il montrait l'étendue de son génie en intervenant sur le projet de l'hôtel du surintendant des Finances Bullion, construit non loin du palais appelé en ces temps Cardinal[2]. Les plans étaient de sa main, la décoration de Simon Vouet, le tout, digne des demeures royales.

1. Pierre Le Muet a construit le Val-de-Grâce en association avec Mansart.
2. Construit par l'architecte Jacques Lemercier pour Richelieu, ce palais dit « Cardinal » devint royal par legs de son propriétaire au roi Louis XIII.

Dix ans plus tard, bien que modeste architecte ordinaire du roi, Louis Le Vau (le *e* de son nom ayant sauté), achetait un premier terrain sur l'île Saint-Louis, point de départ d'un vaste projet l'amenant à construire avec son frère François, également architecte, une série de maisons et d'hôtels sur cette île. Selon l'habitude de la profession, Le Vau s'était associé à sa famille et à ses amis afin de mener l'opération. Pourquoi le maçon Comtesse avait-il obtenu d'importants contrats ? Parce que le frère de Jeanne, la femme de Le Vau, était marié à la fille du maçon Comtesse.

Dans ce monde où tous se connaissaient, deux travailleurs acharnés tels que Le Vau et Pontgallet s'étaient rapidement appréciés, au point de se partager marchés et labeur. Puis il y avait les dimanches qu'ils passaient en famille, et tandis que leurs femmes discutaient au sou près le prix des friperies aux marchands du Louvre, les hommes baguenaudaient et échafaudaient des projets. Louis Le Vau avait quatre filles, Pontgallet, un fils. Le rêve de tout père étant de concevoir plus grand pour sa descendance, chacun idéalisait l'avenir. L'un espérait de beaux mariages, l'autre pensait à transmettre une affaire profitable le moment venu. Et parce que les épouses tardaient à se montrer, ils dépensaient leur temps en parlant des chantiers en cours, de ceux à venir, de celui de Vaux-le-Vicomte, le château de Nicolas Fouquet dont la construction venait de s'achever. Ainsi, difficultés ou joies, tout y passait.

Chez ces hommes où la fidélité et le conseil tenaient un grand rôle, Pontgallet n'oubliait pas Toussaint Delaforge dont il vantait les qualités de négociateur. Les preuves ne manquaient pas. Au fil des mois, les coûts d'achat des matériaux de l'entreprise – marbre, pavé, pierre, sable, chaux, etc. – avaient sensiblement baissé. Désormais, on dépensait dix livres quand, hier, il en coûtait douze. Sans conteste, le maçon disposait d'un excellent second, mais il ne serait pas venu à l'esprit de Le Vau de le débaucher si son ami ne lui avait laissé entendre qu'un jour il se résoudrait à s'en séparer. Le bâtisseur prétendait qu'il vieillissait, ou encore qu'un accident pouvait se produire, toutes sortes de prétextes derrière lesquelles se cachait sa vraie raison : son fils, qui prendrait un jour la suite, ne s'entendait pas avec celui qui était devenu la coqueluche du maçon. Dieu ! qu'il aurait aimé voir ces deux-là unis, tels Le Vau et lui ! Mais les choses allaient de mal en pis. Et même s'il n'appréciait pas que l'on entre trop dans ses affaires, il avait partagé sa contrariété avec l'architecte en marchant le long des Tuileries où se montraient au loin les épouses.

— Toussaint mériterait de s'élever. Chez moi, c'est impossible. Jean est l'héritier. Aussi nous quittera-t-il.

— Souhaiteriez-vous que je l'engage ?

— Il lui reste à apprendre et j'éprouverais du déplaisir à le voir partir tout de suite. Mais puisque nous travaillons souvent ensemble, dites-moi ce que vous pensez de lui.

— Vous voulez que je sonde ses capacités ?

— Oui. Et le moment venu, nous déciderons ensemble s'il peut ou non rejoindre votre équipe.

— Après tant d'éloges, vous risquez de le perdre…

— Je le sais, soupira Pontgallet. Soyez certain que je le regrette et que je vous envie.

Le maître-bâtisseur exagérait-il ? Au premier coup d'œil, Le Vau avait apprécié le jeune homme dont le maçon vantait sans cesse les qualités de négociateur. Mais ce n'était pas assez. Pour arrêter son opinion, l'architecte avait pour coutume de présenter ses réalisations à ceux qui l'intéressaient. La visite s'organisait tambour battant. D'une rive à l'autre de la Seine, son œuvre était passée en revue. Ici et là, il posait ses questions, demandait un avis, exigeait qu'on le critique – ce qui était difficile et souvent dangereux. Débutée au matin, la revue se déroulait jusqu'à midi. Ainsi, les esprits se relâchaient. À un moment ou à un autre, le masque tombait. Il était donc impossible de cacher son jeu à l'architecte et, en se séparant avant le dîner, les dés étaient jetés, la décision prise. Il n'y revenait plus.

À propos de Toussaint, Le Vau arrêta son jugement le 12 juin 1659 bien avant midi. Il fallait qu'il se rende à l'hôtel Bullion pour y deviser quelques travaux de réfection. S'il remportait le marché, il y aurait à faire pour le maître Pontgallet. L'occasion était trouvée de... tester son génie. Ils se rendirent donc tous deux rue du Coq-Héron, non loin de l'ancienne demeure de feu Richelieu et de la belle place des Victoires où Le Vau avait dessiné et construit plusieurs hôtels. Ils furent reçus avec égard, firent le tour des bâtiments, l'architecte ne manquant pas l'occasion de vanter son travail en s'attardant sur la grande galerie et les détails des boiseries du cabinet du premier étage.

— J'avais seize ans, dit-il. Ma main était moins ferme.

Sa fausse modestie servait souvent à déclencher les protestations des flatteurs. Mais ce coup-ci, il n'en fut rien. Le novice resta muet. Le Vau en fut agacé. Ce garçon était-il capable d'émettre un avis ? Alors qu'ils repartaient, Delaforge souhaita cependant faire un nouveau tour des extérieurs, en passant par l'entrée principale, située rue Plâtrière.

— J'imagine que le surintendant des Finances a apprécié votre plan, se décida enfin Toussaint.

— Évidemment ! bougonna Le Vau.

— L'idée des deux entrées, l'une rue du Coq-Héron, l'autre, rue Plâtrière, est-elle de vous ?

— Absolument !

— Voilà qui me semble parfaitement bien conçu.

— Et pourquoi ? s'intéressa davantage l'architecte.

— Est-ce Bullion, le surintendant des Finances, qui a imaginé le louis d'or, cette nouvelle monnaie ?

— En effet, glissa Le Vau, surpris qu'un apprenti n'ignore pas cette création.

— Un homme qui manie tant de trésors a besoin justement de deux portes. L'une pour que l'or entre, l'autre pour que la même matière en sorte, et plus discrètement. Aussi, je vous félicite, monsieur.

Le Vau se souvint alors que le surintendant avait insisté pour qu'on aménage deux passages. Ses affaires réclamaient la discrétion.

— Continuons, glissa-t-il simplement entre ses dents. Je veux vous montrer autre chose...

En fait, il allait vérifier sur-le-champ si ce manchot avait vraiment de l'esprit.

*

Ils traversèrent la Seine et se rendirent sur l'île Saint-Louis. Le Vau aimait revenir sur les lieux enchanteurs où il avait connu le bonheur auprès de son épouse Jeanne Laisné, disparue depuis peu. Il se laissa aller à quelques confidences, racontant que l'endroit abritait l'esprit et les erreurs de la jeunesse, l'insouciance et le risque. À près de cinquante ans – il était né en 1612 –, il regardait cette création, simple et charmante, et y trouvait, à l'en croire, plus de joie que dans la contemplation du joyau de Vaux-le-Vicomte. Il prit ainsi le temps d'expliquer combien il était fier de sa galerie d'Hercule, située dans l'hôtel Lambert.

— C'est étrange, finit par lâcher celui qui ne pipait mot jusque-là.

— Que voulez-vous dire ?

— Il me semble…

— Allons, parlez sans crainte.

Delaforge se tourna vers l'extrémité ouest de l'île :

— Il y a peu, je me suis rendu à l'autre bout de l'île Saint-Louis.

Où voulait-il en venir ?

— J'ai vu sur le fronton d'une maison appelée *le Centaure* un médaillon représentant Nessus.

— En effet…

— Si je crois bien me souvenir, Nessus, ou Nessos en grec (Le Vau apprécia), versa du sang empoisonné sur le manteau d'Hercule.

— Continuez…

— Ainsi, par une étrange coïncidence, Hercule, à l'est, répond à celui qui le tua, et dont l'effigie se trouve à l'ouest.

— Ce n'est pas une coïncidence, se rengorgea Le Vau.

— Ah bien ?

— Je suis l'auteur de ce médaillon.

La légende valait d'être contée. Le puissant Hercule décida de faire traverser le fleuve Evénos à son épouse Déjanire et, pour cela, il fit appel à Nessos. Mais, au milieu du fleuve, le centaure voulut violer Déjanire qui se mit à appeler au secours. Armant alors son arc d'une flèche infectée par le fiel de l'hydre de Lerne qu'il avait tuée, Hercule atteignit le centaure qui se vengea avant de mourir en offrant à Déjanire un manteau souillé de sang mortel. L'innocente le fit porter à son mari, croyant, selon les dires du centaure, que celui-ci lui serait ainsi éternellement fidèle. Hercule s'en vêtit et ressentit tant de douleurs qu'il se jeta dans un bûcher, périssant à son tour.

— « Je ne disparaîtrai sans me venger », glissa Delaforge.

— Que dites-vous ?

— Ce sont les paroles du centaure avant de s'éteindre.

— Vous me l'apprenez, avoua un Le Vau impressionné.

— Il faut remercier un bon jésuite de Montcler, sourit-il enfin.

— Vous êtes le premier à rapprocher la galerie d'Hercule et le médaillon du centaure, commenta l'architecte. À mes yeux, c'est une sorte de clin d'œil pour le seul initié…

— Soyez certain que votre… *secret* se trouve en de bonnes mains.

Il levait son bras mort en riant de bon cœur. Le Vau l'imita.

— On peut donc vous faire confiance ? demanda-t-il d'un air chafouin.

— Je vous le prouverai si vous m'en donnez l'occasion.

Bientôt, elle ne manqua pas.

*

La grande idée de Toussaint Delaforge se résumait ainsi : plus il passait de commandes, plus les prix baissaient. Si Pontgallet avait besoin de mille livres de fonte, soit près de cinq cents kilos, il paierait cent sols. S'il en achetait le double, il n'aurait à ajouter que cinquante sols selon la loi du commerce en gros.

— Je vois bien l'intérêt, calcula le maçon.

— La moitié du prix pour la même quantité de matériaux. Et le raisonnement s'applique à toutes les fournitures.

— Certes. Mais que ferai-je de deux mille livres de fonte…

— Ou de pierre…

—… Si je n'ai besoin que de la moitié ?

— Vous, peut-être, mais qu'en est-il de vos alliés ?

En regroupant les achats, on économisait à tous les échelons : sur le prix du produit, sur son transport, sur son magasinage…

— Et si vous payez comptant, insista l'inventeur du procédé, on peut tirer encore les prix.

— Je suis solide, mais je manque d'argent liquide, se plaignit Pontgallet.

C'est ici que Le Vau entra dans la danse.

— Votre ami architecte est un riche homme d'affaires, avança Delaforge. Il peut vous faire crédit et avancer la somme en échange d'une commission.

— Tout cela est nouveau et je ne sais pas s'il l'entendra de la sorte…

Le maçon raisonnait à l'ancienne et ne savait trop quoi penser de ces méthodes. Mais en face, on s'entêtait :

— Depuis peu, je le vois assez souvent et je pourrais lui parler.

— Peut-être, mais voilà qu'il saura ce dont j'ai besoin, combien je dépense et si mes affaires tournent ou non…

— Je croyais que vous lui faisiez confiance.

— En effet, mais il y a des frontières à ne pas dépasser.

S'allier, oui, mais en restant chacun chez soi.

— Je dirai qu'il s'agit de mon idée. Ainsi, vous pourrez toujours faire marche arrière.

À contrecœur, Pontgallet céda. Sans doute parce qu'il avait lui-même voulu le rapprochement entre Le Vau et Toussaint, même si leur entente dépassait ses espérances. Et l'agaçait un peu…

*

Non sans de nombreux allers et retours, le contrat fut conclu et Delaforge chargé de négocier les achats communs de Le Vau et Pontgallet. Le caractère affairiste de l'architecte se plia facilement à ce mode de fonctionnement. Il aimait l'argent et y gagnait, d'autant qu'il oubliait de déduire de ses factures la marge dégagée. Pontgallet, plus honnête, y vit le moyen de satisfaire ses clients et ne s'en mit pas plein les poches. Outre la complicité qui ne cessait de grandir entre lui et Le Vau, Delaforge prit soin de récupérer chaque mois auprès des fournisseurs un quota personnel qu'il volait à ses deux employeurs. En six mois, il détourna ainsi deux mille livres. L'argent achetait tout et il savait quoi en faire. On le vit mieux vêtu, et il le fallait pour pénétrer dans l'univers policé de ses ennemis. Par le biais des clients de Pontgallet et surtout de Le Vau, architecte et conseiller du roi qui ne jurait plus que par ce négociateur talentueux, il put accéder aux salons des moralistes du Marais, accueillant ceux qui savaient mordre, piquer férocement et avaient de l'humour, ce à quoi Toussaint s'efforçait. Il y croisa l'illustre Scarron, époux de la jeune Françoise d'Aubigné. Ce poète satirique au corps tordu par la maladie attisait la curiosité des oisifs séduits par l'originalité des experts en bons mots, en vers adroitement tournés, en sonnets burlesques[1]. Dans ce joyeux désordre orchestré par un être aussi laid que Scarron, Delaforge ne choquait pas. Son allure étrange, son bras d'ébène, sa cicatrice et ses yeux gris excitaient les femmes et la jalousie des hommes.

Ce n'était qu'un début… une patiente ascension. Il n'avait pas encore croisé la comtesse de Saint-Bastien. Au cours de l'automne 1659, il vécut *en état de grâce*, s'étourdit des perspectives nouvelles

1. Scarron, poète et salonnard, épousa Françoise d'Aubigné, la future Madame de Maintenon et l'épouse morganatique de Louis XIV. L'homme était beaucoup plus âgé que son épouse et affreusement difforme du fait d'une paralysie des jambes qui finit par lui tordre tout le corps. La maladie semblait responsable, mais s'y mêlait une légende qui renforçait le portrait du personnage. L'auteur du *Roman comique*, son œuvre la plus connue, aurait subi ces maux qui l'obligeaient à se déplacer en fauteuil roulant à la suite d'un bain pris nu, une nuit de carnaval…

qui se présentaient. Calmés lui rendit peu visite puisque le maçon paraissait satisfait. Informé du rapprochement avec Le Vau, le prêtre jugea que ces faits participaient au progrès qu'il espérait. Le temps passait, l'espoir d'une saine transformation progressait. Rien d'imprévu, aucune alerte n'arrivait de Marolles. Toussaint respectait donc sa parole et semblait même avoir oublié la promesse de Calmés de rencontrer le confesseur du marquis de La Place afin de l'inquiéter. Mais s'il n'en parlait plus, *Passe-Muraille* avait toutefois préparé sa réponse. Il dirait qu'en effet il l'avait vu et que l'autre tremblait. Il s'en tiendrait là et, d'avance, ce nouveau mensonge par omission le rongeait. De sorte qu'il s'éloignait par lâcheté, en se répétant que tout allait bien. C'est pourquoi il ne fit aucun commentaire en apprenant, vers la fin d'octobre 1659, que Delaforge avait quitté la rue de la Mortellerie pour être hébergé chez Le Vau.

En revanche, Pontgallet avait renâclé. Une rivalité était née entre Le Vau et lui. Ce grand cœur s'agaçait, mais se résignait. Que pouvait-il offrir à son employé ? À l'évidence, ce dernier ne serait jamais maçon, prouvant en revanche, chaque matin, ses qualités et son sens des affaires. Et n'avait-il pas poussé son ancien apprenti dans les bras de l'architecte ? L'annonce, faite vers le 15 octobre, soit un peu plus d'une année après son arrivée, provoqua en tout cas un petit séisme, rue de la Mortellerie : Toussaint s'en allait.

Le dernier soir, Marguerite Pontgallet mit les petits plats dans les grands. On dressa la table en y ajoutant une nappe, Anne insista pour la décorer avec deux candélabres, brûlant ainsi quatre grandes chandelles pour le prix de dix-huit sols. Au moment de servir le cochon de lait, doré comme du bon pain, Toussaint ne se montrait pas. Il se trouvait encore dans la petite chambre située au grenier, à rassembler ses effets. On le vit enfin descendre, un gros sac suspendu à l'épaule, et un autre, bourré à craquer. Jean, le fils jaloux, se demanda comment il pouvait être aussi bien équipé, mais se garda d'intervenir dans cette scène qui mettait fin à son calvaire. Une heure, et dehors ! Au diable l'apprenti ! Qu'il aille se faire pendre chez Le Vau.

En se présentant en bas de l'escalier, le manchot observa la scène. Tous debout, en rang d'oignons, Nicolas et Marguerite attendris, Anne attristée et le fils Jean, rongeant son frein. Bien que trouvant ce spectacle très niais, Delaforge sourit à son tour. Ce ne fut pas tout. Il posa le baluchon qu'il portait en bandoulière, l'ouvrit sans un mot et sortit un paquet ficelé dans un papier fin, parfumé à l'orange, qu'il offrit à son hôtesse en murmurant d'un ton faussement hésitant : « Merci pour votre gentillesse à tous, je ne l'oublierai jamais. » Anne applaudit sottement, son père bougonna qu'il ne fallait pas, et eux trois s'approchèrent pour découvrir d'adorables rubans de soie dont l'un, le vert amande, fut aussitôt noué au cou de la gâtée. Ce petit rien-du-tout suffit à renforcer la grâce de Marguerite. La couleur s'accordait à celle de ses yeux et Delaforge fut lui-même impressionné par le port altier de la femme du maçon. Pontgallet se tourna vers *le déserteur* et hocha la tête afin de le remercier. Si son départ était mal vécu, on ne lui en tiendrait pas rigueur – et c'est ce qu'il se dit au cours du dîner fort joyeux qui suivit. Toussaint s'éloignait, mais il restait dans la famille, comme l'un des leurs puisqu'on continuerait à le faire travailler. Jean, lui, n'en pouvait plus et comptait les minutes, comme Anne, qui inexorablement annonçaient la délivrance pour lui et le chagrin pour elle.

Au moment du départ, sur le seuil de la maison de la rue de la Mortellerie, il y eut encore de nombreuses effusions, des embrassades, des au revoir bruyants pendant que Toussaint s'échappait dans la nuit. Et l'on resta ainsi jusqu'à ne plus entendre le cliquetis des dix pièces d'une livre que le maçon avait glissées dans la poche de son ancien apprenti.

— Allons, promit Pontgallet en serrant Marguerite dans ses bras, il ne part pas vraiment. Je le revois demain. Et je te parie qu'il reviendra bientôt manger à ta table qui est si bonne.

Jean tourna les talons, plus enragé que jamais. Anne ne put retenir quelques larmes. Sa mère se rapprocha d'elle :

— Ton père a raison. Il ne part pas vraiment…

La jeune fille y crut. L'espéra. Mais une, puis deux semaines défilèrent sans que la silhouette de Toussaint ne se montrât rue de la Mortellerie autrement qu'en coup de vent, toujours pressé, passant directement à l'atelier pour rencontrer le maçon, sans même prendre le temps de la saluer.

*

Delaforge goûtait à la liberté, s'attachait à devenir irremplaçable aux yeux de Le Vau, naviguant entre deux rives, celles de Pontgallet et de l'architecte, travaillant le double avant d'épuiser les heures qu'il lui restait en devenant un familier du Marais. Au cours de cette époque, tout lui réussit et il retrouva même l'envie de faire briller les yeux des femmes. Rien de grave, si le libertinage s'était limité aux oisives du Marais, attirées par l'allure troublante de ce jeune homme de vingt et un ans, auréolé d'une fameuse réputation d'amant, fabriquée par celles qui avaient cédé à ses lèvres sensuelles. Mais qu'en était-il lorsque l'attirance blessait le cœur d'une jeune fille naïve ?

*

Ne pouvant supporter plus longtemps son indifférence et désireuse de connaître son opinion à son endroit, Anne s'aventura un jour dans le nouveau nid de Toussaint, transie d'appréhension, d'espoir et d'amour.

C'était au milieu de novembre, un dimanche matin, dix-sept jours exactement après le dîner d'adieu. Le Vau recevait à l'étage d'en dessous. Il ne risquait pas de se montrer. D'ailleurs, on accédait au petit appartement de Toussaint par une entrée séparée. Anne avait toqué d'une main tremblante à la porte, retenant son souffle, prête à déguerpir si on ne lui ouvrait pas dans la seconde. Elle s'était pourtant forcée à respirer trois fois, épiant et redoutant le bruit d'un pas. Elle tournait les talons, remerciant l'Éternel de ne pas avoir accédé à sa folle demande quand l'huis grinça. Toussaint se montra en robe de chambre, nu, sans doute, sous le tissu chamarré, et plus beau que jamais. Quel jeu amusant pour un dimanche, se dit-il en la découvrant. Il aurait dû la chasser, mais ne le fit pas, et lui demanda plutôt si son père ou sa mère savait où elle se trouvait. Anne répondit qu'eux et son frère entendaient la messe à Saint-Paul et, en baissant les yeux, qu'ils iraient ensuite se promener sur les quais de la Seine.

— Pourquoi n'y es-tu pas ? s'enquit-il.

— J'ai... J'ai fait croire que j'étais malade, balbutia la jeune fille en rougissant.

Elle avait couru, mais ce n'était pas pour cela que son front était moite.

— Que veux-tu ?

— Toussaint... Toussaint, répéta-t-elle. Je crois que je t'aime. Mais toi ? J'ai besoin de savoir...

Sans réfléchir, il céda à la tentation de s'approcher. Maintenant, il la pressait et ce n'était pas ce qu'elle attendait. Anne venait déclarer son amour, espérant une réponse en retour, mais, quand il la colla au mur, une lueur narquoise dans le regard, et souleva ses jupes, elle eut si peur de le décevoir, de le perdre, simplement de ne pas *être à la hauteur*, qu'elle se laissa faire. Existait-il une preuve plus forte que d'offrir sa passion aux coups de rein de son amant ? Elle se donna sans y être préparée, se mordant les lèvres pour ne pas avouer qu'il lui faisait mal, que le bras mort calé derrière son dos la martyrisait. Lui la prit sans égard, en rut, violemment.

Elle avait pleuré, mais juré qu'il s'agissait de bonheur quand, après, il lui avait demandé d'expliquer ses larmes et ne lui avait même pas proposé de rester, fatigué aussitôt par sa présence. Il avait ouvert la porte, avant de lui asséner :

— Moi, je ne t'aime pas. Je t'ai donné tout ce que je pouvais. Voilà qui te fournira de quoi rêver quand tu seras mariée avec un solide maçon, fils d'un ami de ton père.

En rentrant, l'âme sale, flétrie par les dernières paroles de Toussaint et le corps douloureux, elle monta dans sa chambre et refusa de se joindre aux autres pour le souper. Sa mère Marguerite y vit les suites de la petite fièvre qui l'avait empêchée de venir à la messe. Plus profondément, elle imagina que son désarroi s'expliquait par l'absence de Toussaint. Nicolas Pontgallet, aussi aveugle qu'excellent père, répéta qu'il regrettait d'avoir laissé partir celui qui réjouissait tant la maisonnée.

Un seul exprima sa fureur. Le fils, encore, fou de rage en voyant que cet inconnu aveuglait les siens. Depuis le départ de l'apprenti, il méditait sur ces deux sacs emplis de riches vêtements dont il n'avait vu qu'une part lorsque cet intrus avait offert des rubans ridicules à sa mère. Comment expliquer sa soudaine réussite, son aisance, ses tenues élégantes ? Et les ennuis de tous commencèrent ainsi, au début de l'an 1660.

Chapitre 30

Une pensée pour ce cher Pontgallet.

Le Vau débute toujours ainsi quand il retrouve Delaforge. Ce soir, il ne déroge pas à la règle. Son invité, le surintendant Lambert, tarde à venir et il propose de l'attendre en commençant à discuter du voyage à Versailles. Il vient de demander à Rosette de leur porter un flacon de vin du Jura. Il a lui-même rempli à moitié deux beaux verres de cristal. Il lève le sien, hume ce *délice*, puis se met au garde-à-vous :

— À Nicolas ! Un brave homme…

Delaforge soutient son regard pendant ce rituel. Dans sa tête, la succession des événements défile.

*

Jean Pontgallet, cet abruti, avait pour une fois joué d'adresse, allant même jusqu'à réfléchir. Si Delaforge ne manquait pas d'argent, où le trouvait-il ? Il s'était mis dans la peau de celui qu'il détestait. Tirait-il des services rendus à Le Vau des intérêts non convenus avec le maçon ? L'hypothèse tenait, mais un tel accord ne suffirait pas à déchaîner l'ire de son père, prêt à pardonner à son prodige qui, répétait-il, méritait mieux que sa solde. Il fallait donc décortiquer sa méthode afin de trouver le talon d'Achille. La qualité de ce qu'il commandait ? Parfaite. Les délais de livraison ? Itou. Les prix ? Excellents. La réputation de ses fournisseurs ? Aucun moyen de les juger, la plupart étaient nouveaux. Delaforge prétextait qu'il faisait appel au sang neuf pour obliger les gens en place à réviser leurs tarifs à la baisse. Après avoir obtenu mieux auprès de ceux qui sacrifiaient leur marge afin de séduire, rien n'interdirait de revenir aux relations anciennes. Ce coup de semonce ne sacrifiait pas le passé, mais rendrait plus dociles les entrepreneurs qui profitaient depuis des lustres des largesses et de la mansuétude de la maison Pontgallet – et le maçon avait jugé excellente cette observation car il y avait du bon à s'entendre dire qu'on était généreux. Cette mise en concurrence, il la soutenait. Personne ne devait s'endormir sur ses lauriers. Mais il aurait applaudi toutes les initiatives du flagorneur, ce qui enrageait son fils. Et qu'en était-il de la cohorte des lésés qui avaient vu fondre les achats ? Sans doute se montraient-ils encore plus furieux. Ainsi, en conclut Jean, pour assaillir de critiques l'inventeur d'une formule qui leur avait fait perdre énormément, on ne pouvait s'adresser à de meilleurs accusateurs. Il décida donc de se rapprocher de ceux qui vomiraient l'homme et ses façons. Et tout le mal qu'ils proféreraient serait rapporté à son père. Son plan devint limpide. À lui de mener une enquête à charge, dans le seul dessein de nuire.

Un matin de janvier, il alla rendre visite à Étienne Vallon, un marbrier chez qui son père avait autrefois ses habitudes et qui ne travaillait plus depuis que Delaforge en avait choisi un nouveau, au prétexte que l'ancien vendait plus cher. La venue du fils réjouit Vallon, convaincu de son retour en grâce. Mais le visiteur le découragea aussitôt.

— Selon Delaforge, débuta Jean, vos tarifs sont excessifs.

— Ce diable a voulu me saigner aux quatre veines.

— Cent livres la charrette chargée et livrée sur le chantier, c'est le prix que nous payons désormais.

— Bougre, j'ai proposé pareil, s'insurgea le marbrier. Dix de moins qu'avant. C'était un sacré effort…

Jean Pontgallet sentit les poils de ses bras se dresser.

— Il faut croire que non. Sinon pourquoi changer ?

— Cent livres, je le jure, mais…

Il hésitait.

—… Il est des choses que vous semblez ignorer.

— Confiez-vous. Vous ne pouvez qu'y gagner.

Pour la première fois depuis que Delaforge infectait sa vie, Jean se sentait sûr de lui, décidé. Il agissait comme son père l'aurait fait. Il redevenait son fils.

— Bientôt, c'est moi qui dirigerai tout et je me tournerai sûrement vers vous, si vous me donnez des arguments.

— Pour avoir son marché, lâcha brutalement Vallon, ce n'était pas cent livres qu'il fallait donner comme prix, mais quatre-vingt-dix… Et avec le système d'un filou, vous auriez continué à payer cent.

— Pourquoi ? demanda Jean, preuve que son esprit péchait par trop de candeur ou qu'il restait limité.

— Bah ! dame ! vous ne voyez pas ?

Vallon glissa la main dans sa poche.

— Ni vu ni connu. Pas vu pas pris.

Jean réfléchissait encore.

— Dix livres de côté pour votre maudit Delaforge. Dix livres pour chaque livraison. C'est ainsi qu'il rançonne les entrepreneurs ayant accepté son trafic.

— Combien sont-ils ? murmura le fils Pontgallet qui comprenait enfin.

— Tous ceux qui vous servent aujourd'hui.

Voilà qui expliquait ces têtes, ces noms récents.

— Il fallait vous révolter !

Le marbrier haussa les épaules.

— Vous êtes un beau naïf. Je n'ai aucune preuve. Delaforge parle à demi-mot. Il jurera que j'ai inventé, qu'il s'agit de médisance, de rancœur, que je suis mauvais perdant et j'y gagnerai la certitude de ne plus jamais travailler pour votre entreprise. Non, je n'ai pas plié. Mais si je le fais comme les autres, il promet de revenir vers moi.

— Je vais aller trouver les fournisseurs qu'il escroque et…

— Aucun des profiteurs ne vous avouera la combine. Il y a trop à perdre. Et moi-même, je ne gagne rien à vous parler. On n'aime pas les dénonciateurs. Croyez-moi, le mieux est d'attendre que votre Delaforge se trahisse. Ensuite, tout redeviendra comme…

— Nous verrons !

Déjà il tournait les talons.

— Une seconde, s'emporta le marbrier. Moi, je n'ai rien dit. J'ai déjà assez d'ennuis.

— Vous êtes un lâche, monsieur Vallon.

— J'en ai autant à votre service, se vexa-t-il. En agissant sous le coup de la colère, vous ferez fuir les rats. Non, non, soyez prudent. Il faut en discuter avec votre père. Lui, il saura quoi faire.

On le prenait donc pour un incapable ! Mais il allait sur-le-champ faire avouer sa trahison à Delaforge. Dès lors, il dénoncerait ce fourbe à son père, exigerait son départ. Ainsi, et grâce à lui, tout redeviendrait comme avant.

*

Ce bonhomme aux jambes courtes marchait vigoureusement vers la rue de la Mortellerie, mais ses pas restaient petits, même en forçant la cadence. Fluet, réduit, la carrure étriquée, il tendait le cou, piquait la tête en avant à la manière du coq. L'allure était saccadée et nerveuse, presque comique pour ceux qui cédaient le passage à ce fou poursuivi par le diable. Quand le souffle lui manquait, il donnait des coups de rein pour accroître son courage. Quand ses pensées devenaient trop brouillonnes, trop confuses, il passait la main sur son front enfiévré et la remontait vers des cheveux en désordre. La tignasse était grasse. Le teint blême, presque maladif, complétait la description du petit être malingre, débordé par ses émotions. Les poumons en feu, il poussa la porte de sa maison, appela sans prudence, sortit pareillement pour se rendre dans l'atelier. Ah ! Son bonheur était complet. Delaforge s'y trouvait. Seul. Personne ne viendrait s'opposer, lui mettre des bâtons dans les roues, le tirer par la manche en exigeant qu'il se calme. Jean réglait ses comptes. Définitivement.

— Bougre de salaud ! Je sais tout. Tes combines, tes vols ! Nul besoin d'avouer. Vallon a parlé. Ce soir, mon père te chassera, hurla-t-il.

— Il n'est pas rentré ? demanda calmement l'ancien lutteur.

— On n'est que tous les deux. Tu vas y passer, le manchot...

Sans prendre le temps de calmer sa respiration, Jean fit un bond en avant, mains tendues, ne masquant aucunement ses intentions. Il allait empoigner l'adversaire. Une manœuvre si limpide, qu'en face on s'effaça simplement de côté, dans un mouvement plein de souplesse et si rapide que Jean accrocha le vide et baissa la tête, offrant sa nuque au bras d'ébène, une masse terrible qui s'abattit dessus. Les os craquèrent. Le fils s'effondra. Roide sur le coup. Du sang et un peu de matière cervicale s'écoulaient déjà de la plaie. Delaforge ne fut ni ému ni inquiet, pas même surpris de la facilité avec laquelle il avait réglé son compte au crétin. Dans les arènes de Lutèce, il avait produit dix, cent fois ce geste. Le lutteur sommeillait, ne demandait qu'à surgir, et au premier appel, il était revenu. *Vivo ad extremum.* Ce tatouage, gravé autrefois sur sa peau, surgissait du néant. *Si tu cesses de vivre, c'est par ta faute.* Voici les mots qu'il prononçait à l'oreille de ses victimes. Rien n'avait changé. Comme hier, il ne cédait pas à la panique et fut même réconforté en pensant à sa vengeance. S'il devait se battre contre un des fils du marquis de La Place, il gagnerait aussi.

Alors, seulement, Delaforge se tourna vers le mort.

— Depuis le temps que tu me cherchais, murmura-t-il.

L'oraison funèbre s'acheva. On l'avait attaqué, il ne fallait pas. Il vérifia dans la cour que personne n'était rentré puis revint dans l'atelier, décidé à maquiller le meurtre en accident. Déjà, il s'emparait du corps, le tirait d'un bras dans l'escalier qui conduisait au mi-étage de l'atelier, une sorte de balcon sans rambarde sur lequel s'entassait le fatras poussiéreux du maçon, tout ce qu'il repoussait au lendemain, tout ce qu'il laisserait, disait-il en plaisantant, à son héritier afin qu'il le range le jour de l'éternité. On comptait vingt marches assez étroites et la progression se fit difficilement. En haut, Delaforge prit son temps pour apaiser le rythme décousu de sa respiration. Calme, calme… Ne rien oublier. Anne et sa mère se trouvaient dehors, Pontgallet sur un chantier. Il traîna le corps jusqu'au bord du balcon de façon à se trouver au-dessus de la table en bois, exactement à l'aplomb des arêtes vives du plan de travail. Il dénicha dans le fatras poussiéreux les plans d'une maison que venait d'achever le maçon, les roula, les glissa dans la main droite de Jean et serra de toutes ses forces pour que les doigts un peu engourdis du mort s'y accrochent. La scène se précisait, le stratagème se mettait en place : faire croire que Jean était monté chercher des papiers – d'ailleurs, il les tenait – et s'apprêtait à redescendre, mais qu'en se retournant son pied avait rencontré le vide. Dès lors, il était tombé comme une masse.

Comme maintenant.

Le corps s'écrasa en effet sur la table, la tête rebondit sur le bois. Des os du crâne se brisèrent, aggravant l'hémorragie. La terre battue s'en reput. Il fallait effacer également les traces du combat. En bas, rien ne choquait – tout s'était déroulé si vite –, mais en haut, le maudit sang s'étalait sur le plancher et les marches. Delaforge ôta sa chemise et frotta le bois gras, et si sale que les souillures se noyèrent dans la masse. S'il restait quelques taches, dans une heure, tout serait sec.

Il bondit ensuite dans la cour, entra dans la maison et monta quatre à quatre jusqu'aux combles. Dans son ancienne chambrette, il trouva le vêtement donné par Pontgallet la nuit où il avait provoqué l'incendie, se félicitant de ne pas avoir emporté cette chemise trop grande, trop rêche, le jour de son départ. Il glissa celle marbrée de salissures sombres sous la paillasse qui lui servait autrefois de lit et enfila l'autre. Une minute plus tard, il marchait rue de la Mortellerie, redoutant l'apparition de l'épouse du bâtisseur ou de sa fille dans cette souricière. Ce fut l'épreuve la plus pénible. Si l'une ou l'autre se montrait, c'en était fini. Mais la chance refusait de le lâcher. En sortant de l'impasse, il se jeta dans l'ancienne rue aux Moines-de-Longpont[1] et s'engouffra dans un recoin d'où il pouvait surveiller ses arrières.

*

Il n'attendit que peu avant de voir la mère de Jean. Le panier battant ses hanches, elle entrait, apaisée et heureuse, dans la rue qui la ramenait chaque jour vers son petit royaume. Sa vie était sereine et ce bonheur la rendait belle. Elle affichait le charme troublant de la femme épanouie, ronde, pulpeuse comme le fruit défendu. Delaforge comprenait que son mari soit toujours amoureux. Mais dans un instant, rien ne serait plus comme avant. Elle serait brisée, vieille d'un coup, chaque seconde virerait au calvaire.

Invisible, à l'abri, le criminel cherchait à imaginer ce qui se produirait. Elle entrerait, elle poserait son cabas. En chantonnant, elle battrait la douzaine d'œufs frais qu'elle venait d'acheter. Son fils adorait son omelette aux lardons. Marguerite passerait dix fois devant l'atelier sans jeter un œil. À quoi bon puisqu'elle était seule. Avant que son monde rentre, elle mettrait en ordre la maison qu'elle aimait et finirait par aller voir dans la cour pour avoir cru entendre un bruit, simplement parce qu'elle s'inquiétait de l'absence de Jean.

Delaforge pouvait raconter la scène. Il s'attardait sur le visage figé de la mère découvrant son enfant mort. Il connaissait son futur et en éprouvait un plaisir troublant.

*

Delaforge prit soin de faire grand bruit toute la journée, allant de chez Le Vau à un chantier où il retrouva Pontgallet.

— Je vois que tu portes ma chemise ! lança-t-il joyeusement. Je finissais par croire qu'elle ne te plaisait pas.

1. Successivement appelée rue Port-Saint-Gervais et rue du Longpont. Aujourd'hui, rue de Brosse, en souvenir de Salomon de Brosse, autre grand architecte et créateur du palais du Luxembourg.

— Je la garde pour les grandes occasions, répondit le tueur.

— Que vas-tu m'annoncer ? s'inquiéta le maçon.

— Parlons-en ce soir.

— Oui, viens à la maison pour le souper.

Le bâtisseur cligna de l'œil :

— Anne sera contente de t'apercevoir.

— Moi aussi.

Pontgallet sourit.

— Où vas-tu maintenant ? Négocier encore chez je ne sais qui ?

— Le chantier de la rue Saint-Antoine tourne au ralenti. Je vais voir ce qui s'y trame.

— Bien, fit le maçon. J'aime quand il en est ainsi.

Il posa les mains sur les hanches :

— Tu sais, nous allons revoir la façon dont sont faits les achats. Je ne critique pas ton travail, mais j'ai – comment dire – de l'affection pour ceux qui me suivent depuis toujours, et ça me coûte de les avoir écartés. Plus cher que ce que tu m'as fait gagner ! Et puis je crois que la leçon leur a servi. Désormais, ils y regarderont de près avant de me facturer plus que le dû.

— Comme vous voudrez, répondit Delaforge en s'efforçant de ne pas montrer sa colère.

La journée se déroulait vraiment mal et il ne put retenir plus longtemps le désordre qui l'assaillait. Pontgallet le vit. Qu'aurait-il pu imaginer ? Il ne fit que froncer le sourcil :

— Qu'est-ce qui t'inquiète ?

Le ton demeurait aimable, sans méfiance.

— Rien ! Sinon que je perds mon temps et qu'il y a du travail ! lança rageusement Toussaint.

Qu'avait-il ? Depuis peu, le maçon le trouvait distant. Préparait-il un départ plus définitif afin de se consacrer uniquement aux tâches que lui confiait Le Vau ? C'était peut-être ce qu'il annoncerait ce soir, et cette petite trahison lui retournait le sang.

— Si je t'ai blessé, pardonne-moi, Toussaint, chercha à l'apaiser Pontgallet.

La mine d'en face restait renfrognée. Ce garçon est triste, pensa le brave homme. Comme au premier temps, quand il était arrivé, débraillé et manchot, le regard éteint et méfiant. Croyant le soulager, il changea de sujet :

— Crénom ! Je cherche mon fils depuis ce matin...

— Jean, ah oui ! murmura Delaforge, désormais sur ses gardes.

— Il m'a parlé d'un rendez-vous sur un air de secret.

— Savez-vous avec qui ?

Le père secoua la tête :

— Il en faisait tout un mystère. Il m'a simplement prévenu qu'il me retrouverait ensuite. Mais peut-être est-il à l'atelier ?

— Je vous laisse l'attendre. Ce soir, il nous en apprendra plus.

— Oui, ce soir, répéta le bâtisseur. Ne viens pas trop tard...

*

Delaforge avait passé l'après-midi à réfléchir, sans regretter ce qui s'était produit. Lui seul comptait et, dans l'immédiat, que risquait-il ? Il tournait la question, ne voyait que des avantages. La mort de Jean bouleverserait la vie des Pontgallet. Chagrin, enterrement, deuil. Suivraient des jours et des jours emplis de silences et de tourments. Il faudrait du temps pour surmonter l'épreuve. L'entreprise passerait au second plan. La famille y abandonnerait un autre morceau d'elle-même. Avant que le maçon ne se préoccupe des fournisseurs, l'eau coulerait sous les ponts. Si tout se passait bien, le criminel pouvait même s'en trouver grandi. On lui demanderait de l'aide puisque le courage manquerait. Pardi ! Un fils – l'héritier de surcroît –, ce n'était pas rien. Delaforge s'interdisait de penser au-delà, mais un jour, l'affaire tomberait peut-être comme un fruit mûr.

Dans ce tableau, il y avait aussi Marguerite, une femme sensible qui s'effondrerait, ce qui n'atteignait nullement le meurtrier de son fils. Anne ? Elle ne comptait pas. Delaforge s'imaginait des choses, l'avenir tournait à son avantage. À condition qu'on ne le soupçonne pas... Allons, se rassurait-il, il n'y a ni témoin ni indice.

Il repassait froidement la scène, analysait ses gestes. Il n'avait rien laissé dans l'atelier. Mais il restait la chemise couverte de sang cachée dans la chambre. Une erreur ? Un acte mûrement réfléchi au contraire. Qu'aurait-il fait s'il avait croisé Marguerite avec ce linge souillé et trop encombrant pour le glisser sous sa veste ? Il y avait pensé. Sa décision était bonne. D'ailleurs, pourquoi paniquer ? Personne ne montait dans les combles, personne ne fouillait. Et ce soir, il la récupérerait.

*

Il arriva en nage, son faux bras pesait lourd, les liens de cuir martyrisaient sa chair. Il fallait prendre un air de circonstance, celui du travailleur honnête, fatigué par sa journée. Il entra sans frapper, car il agissait toujours ainsi. Dans la pièce qui servait de cuisine et de salle à manger, il ne trouva personne. Crevant d'envie de se rendre dans la cour, il s'interdit de jeter un coup d'œil. Il allait appeler, cherchant le ton juste, innocent et gai, quand il entendit des chuchotements où se mêlaient des pleurs. Ces bruits indiscernables venaient de l'escalier. Il avança. Des voisins, des amis, les maçons Bergeron et Mazière s'y serraient. En le voyant, ils se turent. Il prit un air inquiet tandis que ses yeux interrogeaient ce silence. Qui ? Pourquoi ? Une main se posa sur son épaule :

— Mon pauvre Toussaint…

C'était Madame Camus, une voisine du quartier.

Sans demander plus, il força le barrage qui bouchait l'entrée de la chambre du couple Pontgallet. Marguerite était à genoux, Anne se tenait debout, juste derrière. Les pauvresses retenaient leurs larmes et se tordaient les mains en regardant le lit. Mais dedans, pas de Jean. On y voyait le maçon, yeux clos, visage gris, et s'il n'était pas mort, il vivait ses derniers instants.

Delaforge fit un pas en arrière et chercha Madame Camus.

— Que s'est-il passé ?

— Jean s'est brisé le cou. Il est tombé dans l'atelier.

On ne parlait pas de crime. Sa crainte s'évanouit.

— Et Monsieur Pontgallet ? dit-il en faisant trembler sa voix.

— Il n'a pas supporté le choc. En voyant son fils, allongé dans son sang, le crâne éclaté, il est tombé raide, sans parler. Depuis, il n'a pas décollé les paupières. Son corps est, comme qui dirait, paralysé.

— Il faut faire venir le médecin.

— Il est déjà reparti, mon pauvre Toussaint. La saignée n'a rien donné. Maintenant, on va appeler le curé, parce que cette nuit…

Delaforge choisit de ne rien dire. Ainsi, il ne risquait pas de se trahir. Il cherchait l'attitude idoine, d'autant que çà et là, on le regardait. Il assistait à son œuvre et devait l'oublier. Se mettre dans la peau de la victime. Il finit par avancer, s'efforçant de paraître affligé et perdu. Il pensa qu'il serait bien vu de se mettre à genoux, à côté de Marguerite, dans une attitude humble et charitable. Il commença à ânonner un *Pater Noster.* Marguerite se tourna vers lui. Sa peine se montrait, abyssale, terrifiante, misérablement humaine. Il lui sourit et le regretta aussitôt : il aurait dû la prendre dans ses bras et pleurer. Il se tourna vers Anne. Le chagrin bouffissait son visage. Elle priait, les mains sur un chapelet de bois et, dans ses lamentations, on entendait qu'elle demandait sans cesse pardon à la Vierge Marie.

Le temps passait et Delaforge avait mal aux genoux. La pose durait, le bras pesait. Alors qu'il commençait à se relever, Marguerite le retint.

— Je suis désolé, chuchota-t-il aux yeux verts noyés de douleur.

Le regard d'émeraude s'assombrit :

— Je ne veux plus te voir… Va-t-en !

La voix basse n'empêchait pas la dureté. Delaforge se tendit.

— Pourquoi ? demanda-t-il tout bas.

Marguerite se tourna vers Anne et revint vers lui.

— Jean avait raison. Depuis que tu es là, le malheur nous est tombé dessus. Va-t-en, je te dis !

Chapitre 31

LE MARDI 12 JANVIER 1660, à trois heures du matin, Pontgallet mourut. L'étrange horloge humaine choisissait souvent le mi-chemin, entre minuit et le chant du coq, pour trancher le fil de la vie. Madame Camus, la voisine, disposait de cent exemples qui allaient en ce sens. D'après elle, on trépassait moins le jour et, à trois heures, si le couperet ne tombait pas, on pouvait espérer. Si bien que les présents s'étaient accrochés à cette croyance puisqu'ils n'avaient qu'elle pour passer le temps. Et quand le curé sortit de la chambre et dit : « C'est fini », tous en conclurent qu'il était trois heures et le racontèrent ainsi en retournant chez eux. Delaforge avait quitté la rue de la Mortellerie depuis longtemps, chassé par Marguerite, sans savoir ce qu'elle lui reprochait, sans même attirer le regard d'Anne, prostrée et figée, marmonnant ses prières, perdue dans son monde. Il n'avait pas réveillé Le Vau, attendant le petit matin pour l'avertir de la situation. Le fils du maçon s'était tué et le père en avait ressenti un malaise si terrible qu'il flottait entre la vie et la mort, dans une sorte de profond évanouissement. L'architecte, toujours affairé, préparait un déplacement dans le Nivernais, région où il comptait de nombreuses attaches afin d'étudier l'installation d'une manufacture de fer-blanc à Beaumont-la-Ferrière. D'habitude, il n'écoutait qu'à moitié, songeant à ce qui l'appelait ailleurs. Cette fois, il se posa.

— Par tous les saints ! Jean. Et Pontgallet, cette montagne…

Il ne se souciait jamais de son âge, mais se souvint de suite qu'eux deux naviguaient dans les mêmes eaux. La nouvelle le frappait doublement. Le maçon était un ami et il avait lui-même perdu son épouse. Mais un fils… Soudain, il se sentit mal.

— Je renonce au Nivernais. Passez devant, je vous rejoins.

Le plus dur arrivait.

— C'est que je n'y retournerai pas, glissa Delaforge.

Le Vau cligna des yeux. Il ne comprenait pas.

— Et sans doute, jamais plus.

— Que s'est-il passé ?

— Madame Pontgallet m'a clairement fait comprendre qu'elle ne désirait plus me voir. Elle m'a dit : « Va-t'en ! »

— Chassé ?

— C'est le mot.

Toussaint enrageait d'avoir à raconter la scène. Mais comment cacher la façon dont on l'avait traité ?

— Allons, tempéra Le Vau qui le devinait embarrassé et voulait lui venir en aide. Sa mauvaise humeur s'explique par le chagrin.

— Selon elle, rien ne va depuis que je suis chez eux.

— Un fils, comprenez-la. Elle est perdue. Mais je vous accorde que c'est mal récompenser ce que vous faites.

L'architecte se leva d'un coup.

— Je vais de ce pas lui adresser mes condoléances et prendre des nouvelles de Nicolas. Attendez-moi ici.

Les heures qui suivirent furent interminables. Delaforge eut le temps de tout imaginer. Un indice le trahissait, la chemise avait été trouvée, un témoin l'avait vu sortir… De fait, à midi, la mine de Le Vau n'était guère encourageante.

— J'ai de très mauvaises nouvelles, annonça-t-il aussitôt, en se gardant de le regarder.

Delaforge se pensa perdu.

— Notre ami maçon est décédé cette nuit, probablement vers trois heures du matin.

Dieu ! Qu'il dut se retenir pour ne pas s'exclamer : « Est-ce tout ? »

— Il sera enterré jeudi.

Rien ne venait à son sujet.

— Mais il y a le Nivernais… Comment faire ? Que décider ?

Le Vau changeait de sujet. La menace s'éloignait. Delaforge échapperait-il au pire ? Brusquement, son hôte y revint.

— J'ai aussi demandé à Madame Pontgallet ce qui expliquait sa soudaine… froideur à votre encontre.

— Ah ! bien, marmonna le criminel.

— Et j'ignore toujours pourquoi elle vous en veut.

Une réponse à demi rassurante.

— Que me reprocherait-elle ? jeta-t-il.

Le Vau fut surpris par son énervement.

— Voyons, je n'en sais rien ! Vous-même, le savez-vous ?

— J'ai cherché, croyez-moi. Aucune raison n'explique sa colère.

— Voulez-vous entendre mon avis ? Il lui faut un coupable pour accepter son malheur. Elle vous a choisi parce que vous êtes un étranger à sa famille.

— Elle m'accuse sans preuve, osa-t-il.

— Y a-t-il matière à penser qu'elle le pourrait ?

Delaforge ouvrit la bouche, mais aucun son n'en sortit.

— Voilà ! s'exclama Le Vau en levant les bras. Elle est injuste, et vous n'osez me le dire, mais comprenez-la. C'est à vous de lui pardonner…

Et il ajouta :

— Laissez faire le temps et les cœurs se cicatriseront. Marguerite finira par comprendre que son jugement était inique. Ne songez pas à vous. Ce qu'elle endure est insoutenable. Elle se retrouve seule avec sa fille qui, me semble-t-il, n'est ni finaude ni jolie. Que fera-t-elle de l'entreprise ? Que seront ses jours et ses nuits, veuve trop tôt, sans autre ressource que le soutien de ses amis maçons ? Aussi, ôtez-moi cet air courroucé. Priez plutôt pour celui qui vous a accueilli et formé.

— C'est vous qui avez raison, soupira Delaforge. Je vais tout tenter pour qu'on se réconcilie et si je peux lui venir en aide, je m'y emploierai, soyez-en sûr.

— Voilà ce que je voulais entendre. Maintenant, lança-t-il de ce ton d'homme d'affaires qu'il lâchait rarement, il me faut revoir le déplacement dans le Nivernais. Colbert cherche un homme solide pour prendre en main une manufacture de fer-blanc, mais il y a de la concurrence. Samuel Daliès de La Tour est sur le coup, décidé à me couper l'herbe sous les pieds. Je joue gros car je me suis engagé à me libérer et *le Nord* n'aime pas les rebuffades. Daliès de La Tour est puissant, apprécié de Colbert. Si je recule mon voyage ne serait-ce que de quelques jours, la chance me tournera le dos.

— Qu'entendiez-vous faire là-bas ? questionna Toussaint trop heureux de trouver un sujet l'éloignant des Pontgallet.

— Pour le moment, occuper le terrain. Il faut se montrer, s'intéresser, prendre des contacts, dîner à l'évêché, passer au château de Beaumont que je viens d'acheter... et houspiller les ouvriers qui travaillent à sa réfection. Trois journées perdues et pourtant fort utiles, mais elles me coûtent énormément. Comment ne pas être présent à l'enterrement de Nicolas Pontgallet ?

— Je vois une solution.

— De grâce, faites-m'en profiter.

— Je n'imagine pas travailler de sitôt pour l'entreprise de feu Nicolas Pontgallet.

— C'est certain.

— De même, je ne peux être de ceux qui le mettront en terre.

— Et vous le regrettez, je le devine.

— J'ai donc du temps.

— À quoi pensez-vous ? fit Le Vau en plissant les yeux.

— Si vous me croyez digne de vous représenter, car il s'agit, en somme, de marquer le coup, et non de prendre des décisions...

— J'y réfléchis, susurra l'architecte en se lissant la moustache.

— Je pars demain. Je bouge, reçois. Je me montre et répète que vous manifestez de l'enthousiasme pour les forges. Tenez, je note les opinions sur votre personne. Au moins, vous saurez si vous avez des ennemis et si Daliès de La Tour est mieux placé.

Puis j'annonce votre venue pour dimanche. Qui retiendra que vous deviez être là mardi ?

— L'idée me semble intéressante...

— Sauf si vous estimez que l'avis de Marguerite Pontgallet est fondé, ajouta Toussaint perfidement.

— Dans ce cas, sourit l'architecte, il faudrait que depuis six mois vous m'ayez mécontenté...

— Dois-je le craindre ?

— Hébergerais-je un homme qui n'aurait pas ma confiance ?

*

Le voyage dans le Nivernais se déroula au mieux. Delaforge y fit des miracles, travaillant pour le parti de Le Vau et y excellant. On le reçut à l'évêché, en effet, où se trouvait un jésuite, ami du révérend Calmés qui prit grand plaisir à entendre que l'ancien collégien restait toujours en contact après tant d'années avec ce préfet de discipline connu pour sa rigueur, ce qui présumait d'un même état d'esprit chez le visiteur inconnu. On lui demanda aussi de s'exprimer en latin et il le fit courtoisement, récitant de mémoire la première lettre de saint Paul aux Corinthiens qui s'achève ainsi : *« Celui qui veut s'enorgueillir, qu'il mette son orgueil dans le Seigneur. »*

— Voici la seule arrogance dont fait preuve Monsieur Le Vau, le premier architecte du roi. Celle de servir Dieu et ses représentants.

La promesse produisit son effet d'autant qu'il ajouta :

— Dirigée par ce maître, la manufacture de fer-blanc sera d'un bon rapport et l'architecte du roi ne manquera pas d'en faire profiter l'Église.

Delaforge prit soin de se rendre vite au château de Beaumont où les travaux paressaient. On comprit que le manchot, menaçant des pires réprimandes les maçons et les charpentiers, n'était pas né de la dernière pluie et que, malgré son jeune âge, il connaissait la combine. Il fit jurer au contremaître que le vestibule et l'escalier seraient dégagés des gravats, que la chambre d'apparat serait propre et meublée, que le feu brûlerait dans la cheminée, qu'un souper serait servi chaud par une servante accorte et, en ressortant, exigea qu'on ôte les feuilles mortes de l'allée principale. Il alla coucher dans une modeste auberge où il se montra généreux, ce qui étonna les présents, convaincus de l'arrogance hautaine des Parisiens. On le vit encore à la messe, puis avec le curé qui se plaignit du manque d'argent pour remplacer une cloche fêlée et se vit remettre une bourse bien remplie, acompte sur la générosité du sieur Le Vau. Et tandis que le prêtre remerciait en courbant le dos, le visiteur lui demanda encore si les ouailles d'ici manquaient de choses ou d'autres. L'urgent, répondit-il, était de prodiguer des soins à la petite Pierrette, enfant fragile d'une modeste famille. Delaforge fit aussitôt mander le médecin et se rendit de concert au chevet de la jeune malade vérifier la qualité de la saignée. On lui prit un bon litre de sang, assez pour soulager sa fièvre. Les yeux pleins de larmes, la mère remercia le bienfaiteur et le père plus méfiant entendit dire que la manufacture engagerait des hommes comme lui, solide, sérieux et bon mari aussi, ce que son épouse confirma en rougissant. Si bien que Le Vau arriva en terrain conquis le dimanche, juste à l'heure de la messe. Le prêtre consacra l'essentiel du sermon à remercier les cieux d'envoyer sur les terres du Nivernais un homme compétent et bon, venu et accueilli en ami. À la sortie, les visages de ceux qui l'entouraient lui indiquèrent que le curé prédisait vrai.

— Un excellent travail, exulta Le Vau en découvrant que sa chambre au château était prête. Merci, Toussaint. Alors, enchaîna-t-il sans perdre de temps, quelles sont les nouvelles ?

Delaforge aurait préféré que l'on parle de Pontgallet, mais Le Vau piaffait d'impatience.

— Il faudra vous entendre avec Samuel Daliès de La Tour. Cet homme est aussi puissant que craint. Il est le contrôleur général des gabelles et greniers à sel de France. Et qui n'aurait pas envie de plaire à celui qui collecte l'impôt ?

— Que me conseillez-vous ?

— Composer plutôt que se battre. D'ailleurs, souhaitez-vous un plein-temps dans le Nivernais ?

— Non, de grâce... J'ai Paris et bientôt Versailles...

— Dans ce cas, partagez-vous les tâches. Proposez une alliance ou une association avec Daliès de La Tour.

— Un moitié-moitié ?

— Une direction commune. À ce prix, vous aurez les forges et elles ne vous embarrasseront pas.

Delaforge avait étudié le rival. Homme d'affaires et puissant financier, Daliès de La Tour avait l'oreille de Colbert car le passé parlait en sa faveur. On lui réclamait des armes, il les fabriquait. On voulait des vêtements pour la marine, il construisait les ateliers et honorait les commandes sans retard et sans dépassement. Et il était encore pressenti comme l'un des fondateurs de la Compagnie des Indes occidentales[1].

— Lui-même a trop d'occupations pour s'enfermer dans une seule. Je crois qu'il comprendra que vous lui proposez un partage équitable.

L'architecte écoutait attentivement et, pour une fois, affichait un calme olympien.

— Avez-vous d'autres arguments ? finit-il par déclarer.

— Oui. Et n'y voyez pas une critique, mais...

— Poursuivez.

— Samuel Daliès de La Tour possède déjà des forges.

— En Bourgogne, je crois.

— Et en Dauphiné. C'est donc qu'il s'y connaît. Aussi, y aura-t-il du bon à profiter de son expertise.

— Toussaint ?

— Oui.

— Vous m'avez convaincu ! J'irai voir Colbert dès mon retour et je lui proposerai un arrangement qui le soulagera car il déteste les conflits.

1. Cette compagnie créée par Colbert en 1664 sera dissoute en 1674. Elle remplace la Compagnie des Cent-Associés (Voir *1630, La Vengeance de Richelieu*, même auteur), poursuivant l'espoir de peupler le Canada en utilisant notamment les profits tirés du commerce du sucre en Guadeloupe.

Il se frotta les mains et frissonna malgré le feu qui ronronnait.

— Ce château est humide… Et Paris me manque déjà.

Bien, une affaire réglée, pensa Delaforge. Et maintenant Pontgallet.

— Là-bas, quoi de nouveau ? interrogea-t-il sans émotion.

Le Vau chercha. À Paris ? Son visage se chagrina.

— Ce pauvre Nicolas…

— Y avait-il du monde pour son enterrement ?

— Tous les maîtres-bâtisseurs du roi s'étaient déplacés.

— Et son épouse ?

Le Vau se renfrogna :

— Mon ami, vous avez une ennemie…

— Pourquoi ? cria-t-il tel l'innocent condamné injustement.

— Mystère… Elle ne veut rien dire. Je l'ai questionnée, croyez-moi. J'ai juré que vous souffriez de cet éloignement, mais elle n'a pas cédé d'un pouce. Et voulez-vous entendre le fond de ma pensée ?

— Éclairez-moi, s'inquiéta-t-il.

— Il s'agit d'une affaire de superstition. D'un côté, elle vous croit responsable de ses maux, et de l'autre, elle se refuse à avancer un mobile sérieux. Pour accepter la vérité, il faut parfois maudire le destin ou rendre quelqu'un responsable de son malheur. Alors, je m'interroge : porteriez-vous malheur ?

Il éclata de rire aussitôt :

— Je vous taquine, l'ami ! Ces trois derniers jours à Beaumont montrent ô combien vous m'êtes précieux. Aussi, je vous le répète : pour Madame Pontgallet, laissez faire le temps. La tristesse l'aveugle, mais la raison lui reviendra.

L'architecte s'empara d'une cuisse de poulet rôti et mordit de bon cœur.

— Mangeons, Toussaint. N'y pensez plus. Dieu, que c'est bon !

Eh bien, songea Delaforge, il faut peut-être se fier à Le Vau.

— Que décide-t-elle pour l'entreprise ? interrogea-t-il cependant.

Le Vau avala un verre de Bourgogne et soupira lourdement :

— Mazière s'est proposé de lui venir en aide, elle a refusé.

— L'entêtée, bougonna le manchot.

L'appétit lui manquait. Il ne pensait qu'à la chemise.

*

Blessé au cœur. Mort de tristesse. Tombé comme un chêne sur qui la foudre s'était abattue. On expliqua ainsi la mort de Pontgallet et rien d'autre ne surgit au cours des mois suivants.

L'esprit est ainsi fait qu'il parvient peu à peu à composer avec la douleur. Il ne l'efface pas, mais l'amoindrit au point que souvent le chagrin devient presque supportable. Comment vivre, sinon ? Sans retrouver la joie, Marguerite s'accrocha à ce qu'il lui restait. Sa fille et ses souvenirs. Jusqu'au printemps 1660, on la vit prostrée, incapable d'agir, s'interdisant de passer le seuil de l'atelier, calfeutrée dans la cuisine et abandonnant cette ultime amarre pour se traîner jusqu'au lit conjugal où elle s'effondrait et pleurait à chaudes larmes. Anne vivotait de même. Le dimanche, on apercevait les deux à l'église, habillées en noir, fichu sur la tête, fuyant l'assemblée avant le *ite missa est* concluant l'office. Aux beaux jours, on apprit qu'Anne était partie se reposer chez une tante, près de Limoges. Elle dépérissait et sa mère assurait qu'elle se sentait assez forte. On critiqua sa fille en silence, et salua plus encore la volonté inflexible de Marguerite. Mais combien de temps tiendrait-elle, entourée de ses morts ?

Ceux qui ne l'abandonnaient pas décidèrent qu'il fallait un changement. Mazière fut reçu chez elle afin de parler de l'entreprise. Il y avait urgence. Les frais couraient, l'argent rentrait peu. Le mieux était qu'elle se remarie, et il y avait bien Étienne Papon, maître général des œuvres des pavés des Bâtiments du roi qui, lui-même, était veuf et se réjouirait d'épouser une femme encore belle. Papon était du clan Villedo lié par mariage à celui de Bergeron. Voilà qui suffisait pour sauver ce que Nicolas avait bâti. Marguerite sourit tristement. Et refusa. Trois apprentis qui lui restaient fidèles achevaient un reliquat de commande conclue avant la disparition de leur maître. Mais après ? Mazière se retira. Le soir, les maîtres maçons se réunirent et décidèrent, puisqu'ils étaient cent, de céder chacun un centième de leurs travaux à la veuve Pontgallet. Il s'agissait du gros œuvre le moins complexe. Des tranchées pour les fondations, des murs simples à monter et un peu de terrassement quand le terrain n'était pas accidenté. Assez pour que Marguerite survive. On la vit ainsi aller sur les chantiers et se montrer adroite avec ses hommes, ferme et conciliante à la fois, et son attitude droite plut. Sans le dire, on trouva du mieux par rapport au temps du pauvre Jean et du maudit Delaforge. De même, chez nombre de clients, la femme avait de l'autorité dès qu'il s'agissait de questions domestiques – et, par définition, la maison en était une. Au moment de choisir entre deux entreprises, Marguerite l'emporta souvent par solidarité de la gent féminine. On admirait son courage.

L'année se déroula ainsi et une autre débuta. Anne ne rentrait pas et on comprit pourquoi en apprenant qu'elle s'était trouvé un mari. Marguerite fit le déplacement à Limoges au printemps 1662 car sa fille allait mettre au monde un enfant. La veuve revint vite, après la naissance, annonçant que la jeune maman restait en province. Elle s'y sentait bien, entourée d'une fille belle et grande pour son âge et d'un mari, généreux et fidèle. Marguerite espérait qu'ils « monteraient » un jour tous les trois à Paris, si l'affaire résistait. Et n'était-ce pas la preuve que la vie est plus forte que la tristesse ?

Delaforge avait suivi de loin la renaissance des Pontgallet. Le temps passait, ses craintes se dissipaient – et le meurtre de Jean, aussi. Il restait la chemise dans la chambre qu'il n'avait pas récupérée, mais, au fil des mois, cet *ennui* perdait de son acuité, et tout ne le poussait-il pas à aller de l'avant ?

Le Vau travaillait sur le collège des Quatre-Nations, un projet gigantesque. Versailles naissait. Colbert et le roi le réclamant de plus en plus souvent, l'architecte sollicita Delaforge, si excellent à Beaumont. Le temps, en effet, jouait pour tous un rôle important et Toussaint n'échappa pas à la règle. Il s'en servit pour s'amnistier. Rien ni personne ne freinerait son projet.

Chapitre 32

PETIT-JEAN PLEURE. Il a mis ses vêtements les moins abîmés et il pleut en ce jour de septembre 1663. Sa mère lui répète de venir s'abriter sous le porche d'une cabane de fortune, construite de bric et de broc dans le vieux bourg de Versailles. Le gamin ne cède pas. Il veut voir passer le jeune roi dans ses beaux habits et son grand carrosse tiré par quatre puissants chevaux blancs.

— Rentre, maintenant, sinon ton père va te donner une rouste.

La rouste ou volée est un mot de l'Ouest. La mégère qui vient de menacer son fils est née dans ce coin-ci. Il y a trois ans, elle a suivi son mari, Le Faillon, un ancien bûcheron aux mains larges qui sait manier la cognée et le pic. Depuis l'aube, ce dur au labeur terrasse les abords du château comme cent autres hommes avançant mètre après mètre, poussés par les aboiements de Gaillard, le contremaître du maçon Bergeron. Dans quelques jours, Versailles reçoit. L'avant-cour doit être terminée.

*

Nombre de ces tâcherons ont débarqué un matin à Versailles, le ventre vide et sans le sou. Le Faillon est d'abord passé par Paris. C'était en janvier 1660. Son épouse maudissait l'aventure, leur chiard grelottait de fièvre. Lui, il s'accrochait à ce nom, Pontgallet, murmuré par un inconnu passé sur la terre de Gurunhuel où il est né, près de Mousterou, et non loin de Guingamp. Le Faillon, qui y menait jusqu'ici une vie de misère, n'oubliait pas d'être charitable, et quand cet étranger appelé Le Floch lui demanda l'hospitalité pour la nuit, le bûcheron ajouta une écuelle de soupe et un morceau de pain. Le Floch expliquait qu'il rentrait chez lui pour enterrer son père, quitté depuis dix ans, mais avait oublié que la route était si longue entre Bourbriac et Locquirec – à moins qu'il ait vieilli, souriait-il, et que ses pas se fassent plus lourds. Comme quoi, il était content d'avoir frappé à la porte de Le Faillon alors que la nuit venait et il promettait de le remercier. Ce gaillard à la cinquantaine avait fait une bonne impression à Le Faillon, et, par ici, on manquait de visite. Il se tenait bien, ne reluquait pas sa femme et pendant qu'il racontait sa vie, il avait taillé pour le gosse un bonhomme en bois dans une branche sèche de noyer. En connaisseur, le bûcheron avait apprécié l'adresse de Le Floch. Ce dernier travaillait comme compagnon chez un certain Pontgallet et gagnait correctement sa vie. Le patron était honnête, sa femme souriante, la solde toujours payée au jour dit. Depuis peu, un type, Delaforge, avait mis le grappin sur la famille et reluquait la fille. Il s'acharnait sur les hommes et flattait son maître, mais ses combines finiraient par se voir et tout redeviendrait normal. Oui, il y avait du bon à travailler à Paris, chez Pontgallet, et si Le Faillon se décidait à tenter sa chance, Le Floch promettait de lui rendre l'hospitalité.

Le lendemain, le maçon était parti en abandonnant une pièce d'une livre, ce qui, par ici, était beaucoup. Le Faillon l'avait gardée. Parfois, il la sortait du tiroir et s'amusait à la faire tourner sur la table, puis la frottait contre la manche de sa veste et sondait ses éclats lustrés à la lueur du feu. Le maçon disait-il vrai ?

Après le départ de Le Floch, il plut sans discontinuité pendant quatre semaines. Le bûcheron se rendait le dimanche à la messe pour avoir des nouvelles de son pays. Il écoutait la litanie du curé annonçant les morts. Les vieux étaient emportés par la rudesse du climat. Deux ou trois jeunes, embarqués à Binic sur des bateaux de pêche, avaient été avalés par la tempête. Il ne restait que des têtes désespérées et toutes racontaient que rien de bon ne se préparait. Un voisin décéda brutalement le 12 février, foudroyé par une fièvre sournoise. On brûla son corps, faute de pouvoir payer la somme réclamée par le croque-mort. Mais le bruit courait qu'il avait la peste. Il restait à Le Faillon dix sols et la pièce offerte par Le Floch. À la fin février, il fit encore un tour et tapa à toutes les portes afin de trouver du travail. Ceux qui lui ouvrirent étaient aussi pauvres que lui.

Le soir, il prit sa décision. Pour trésor, il emporta sa livre et deux chemises dont celle qu'il portait. Sa femme fit cuire cinq gros pains avec le solde de seigle de l'hiver. Le gosse serra le jouet en bois dans la paume. Tous trois partirent le lendemain à l'aube, sous une pluie battante, sans fermer la maison qui ne leur appartenait pas plus que les trois méchants meubles qu'ils abandonnaient. D'ailleurs, cette masure ne disposait pas de clef. Le Faillon avait travaillé au long du périple, taillant le bois chez les gens de passage en échange d'une place dans la grange aux bêtes, à même la paille, et profitant parfois d'un repas chaud chez les plus généreux. Sa femme se proposait de traire les vaches ou de biner la terre. Petit-Jean subissait la cruauté des gamins haineux qui se moquaient du baragouin du sale étranger.

En vivant d'expédients, ils arrivèrent à Paris, rue de la Mortellerie. Mais Le Floch ne s'y trouvait pas. Il avait, comme tant, déserté l'entreprise Pontgallet après la mort du maître-maçon. Marguerite avait cependant ouvert la porte à cette petite famille et s'était montrée aussi humaine que le racontait Le Floch, gentille et désolée pour eux. Et combien il était touchant de voir cette veuve leur accorder de l'attention quand elle-même connaissait le malheur. Sa générosité fut telle qu'elle proposa de les héberger une nuit dans les combles. Pour cela, elle monta mettre en ordre la chambrette qu'occupait autrefois un apprenti, car elle ne s'y rendait plus.

C'est en soulevant la paillasse servant de lit qu'elle découvrit une chemise encrassée de sang séché. Elle resta interdite, muette, cherchant d'abord d'où venait ce linge, à qui il appartenait.

Soudain, elle comprit et sa bouche se mit à trembler. Le Faillon vit combien elle était bouleversée, mais n'en sut pas la raison. Au prix d'un effort douloureux, Marguerite trouva assez d'énergie pour ramasser le linge et tourna les talons, glissant de dos et d'une voix formidablement égale qu'elle descendait préparer le repas. Quand ils se retrouvèrent, Madame Pontgallet avait recouvré sa contenance et exigea qu'on ne parle pas à sa fille Anne de cette chemise, de peur de réveiller le souvenir du drame survenu trois mois plus tôt. Le Faillon imagina qu'il y avait un rapport avec la mort de son mari ou de son fils. Rien de plus ne fut dit.

La veillée fut lourde et silencieuse. Le chagrin rendait muette Anne, une jeune fille assez fade, et sacrément arrondie du ventre. En montant se coucher, le petit dans les bras, Le Faillon murmura à l'oreille de son épouse que la fille de la maison était sans doute grosse. Enceinte, voulait-il dire. Or le mari ne se montrait pas. Il en conclut que la mère et sa fille bravaient plus de malheurs qu'eux. Épuisé, Le Faillon se réveilla un peu tard. En descendant, il ne vit personne dans la cuisine, mais du lait et du pain trônaient sur la table. Alors qu'il attendait timidement, interdisant au fils de toucher à la nourriture, et se demandant que faire, Marguerite entra. Elle ôta son fichu et sourit tristement.

— Je viens de rendre visite au maître-bâtisseur Bergeron et j'ai de bonnes nouvelles, monsieur Le Faillon. Il vous engage.

Le bûcheron sentit les larmes lui venir.

— Attendez. Il y a une condition.

Il aurait tout accepté.

— Il faudra vous installer à Versailles.

— Versailles ? répéta-t-il, ignorant tout de l'existence de cet ancien relais de chasse royal.

— Un château que possède le roi. Il y entreprend de nombreux travaux et Monsieur Bergeron a besoin d'y établir une base. Il lui faut des gens solides.

Travailler pour Louis XIV. Même Petit-Jean applaudit.

— Madame, balbutia Le Faillon, vous me faites si confiance ! Et ce Monsieur Bergeron…

Elle leva un bras :

— Ne vous réjouissez pas trop vite. Le labeur sera difficile.

— M'en croyez-vous capable ?

— Le seul fait que vous en doutiez m'en convainc. Et puis, Le Floch, le compagnon de mon cher mari, m'avait parlé de vous. Il m'a dit en rentrant de l'enterrement de son père qu'il avait bénéficié de votre gentillesse. Vous ne pouviez avoir de meilleur avocat.

Elle se tourna vers l'épouse :

— Vous avez un bon mari... Veillez sur lui.

Elle s'arrêta un instant, le cœur étreint par l'émotion.

— Allons, se reprit-elle, le plus dur reste à faire. N'en doutez pas, monsieur. Bergeron vous demandera beaucoup.

Le Faillon s'en moquait. Il avait du travail et pourrait donner à manger aux siens. Soudain, il pensa à Le Floch :

— Qu'est-il devenu ?

La tristesse s'empara de nouveau de Marguerite Pontgallet.

— Il nous a quittés après la mort de mon mari. Depuis, je suis sans nouvelles.

*

Dire que la vie est belle serait exagéré. Bergeron est exigeant, dur avec ses équipes, et Versailles ne plaît pas à la femme de l'ancien bûcheron. Le climat ne serait pas bon, leur fils tousse, crache parfois du sang. Mais, au moins, Le Faillon s'en sort vaille que vaille. Tous les jours, on l'embauche et, chaque semaine, Bergeron le paye. Deviendra-t-il compagnon ? Il en doute. Versailles n'est pas Paris et ce qu'on y construit n'a rien à voir avec les beaux hôtels particuliers. Avant tout, il terrasse.

Le gros du chantier se situe dans les jardins, où, à l'exception d'une ménagerie et d'une orangerie, rien de grand et de beau n'est prévu. Du moins, à sa connaissance. Alors, il retourne la terre, l'œil fixé sur le vieux château du père de Louis XIV. À quoi bon un grand parc pour une demeure si étriquée, même si deux ailes viennent récemment d'être construites ? Tant qu'il y a de l'ouvrage, soupire-t-il. Aussi, court-il d'un lieu à un autre, sans direction précise, car le programme change tout le temps. Le roi n'est jamais décidé. Ce matin, Le Faillon a rejoint une armée de besogneux qui recouvrent de pavés la place d'Armes. Hier, volte-face ! il agrandissait une cour. Demain, il paraît qu'il ira creuser une tranchée dans laquelle – Dieu seul sait quand – on installera des tuyaux et des pompes afin d'alimenter un des futurs bassins.

Pourtant, grogne-t-il, l'eau est partout. Foi de Breton, la terre est lourde, le pied colle à la glaise ; ça lui rappelle les marais fangeux de son enfance. De l'eau, il faudrait plutôt en retirer en drainant le sol, et voilà qu'on lui parle d'installer un réseau de canalisations reliées à des aqueducs dans lesquels se jettera le lit des rivières voisines. Gast[1] ! Il connaît son affaire, Le Faillon. Trop d'eau, ça pourrit, ça tue les bêtes et les hommes, ça infecte les corps. Sans compter qu'une fois enterrée, la tuyauterie s'encrasse, la nature reprend ses droits. Dans un an, prédit-il, ce chambardement sera encombré de racines qui perceront et écraseront le plomb, le fer, le cuivre, n'importe quelle matière – et aussi facilement que le coupe-jarret plante sa lame dans le ventre mou d'un innocent. C'est l'une des bizarreries de Versailles. La terre vomit l'eau, pourtant elle manque. Et ce n'est pas dans les tuyaux bourrés de feuilles boueuses et mortes qu'elle passera. Heureusement, les jardiniers du dénommé Le Nôtre sont rusés. Ils ont trouvé un moyen pour nettoyer les conduits. Ils attrapent un ragondin et accrochent à sa queue une raclette en ferraille. Après, ils mettent la bestiole dans le tuyau, et vas-y qu'elle fonce en avant pour trouver la sortie ! Parfois, elle crève. C'est bouché pour de bon. Alors, Le Faillon creuse. Mais tant qu'il est payé ! Il n'empêche, c'est mené à la va-vite, dans l'urgence, parce que Louis XIV l'exige.

Du reste, ça bougonne dans les troupes. Faire et défaire décourage les esprits. À croire que Colbert et sa clique ne savent pas

1. Juron breton fréquemment employé.

compter. Ils dépensent des mille et des cents et sont contents d'eux, mais quand le *vrai maître* arrive, ah ! les mines changent. Le roi descend du carrosse, regarde. Et c'est parti. Ce mur-ci est trop haut, cet arbre-là ne l'est pas assez, les dorures du toit sont « mal dorées », et Le Faillon sait qu'à l'intérieur, ce sera pis. Cet été, ils ont tous eu la paix, Louis XIV ne s'est guère montré. Il était en Lorraine, parti pour tenter d'agrandir son royaume. Depuis son retour, Sa Majesté et ses gens ne décollent pas. Fichue engueulade ! Le Faillon remercie le Tout-Puissant de ne pas être peintre. Il paraît que le roi est resté la matinée à regarder la main tremblante du pauvre abruti qui tentait de finir la décoration d'un cabinet. Après, Sa Seigneurie a assisté aux essais de tenture et même à la pose d'un tableau. Un peu à droite, plus à gauche. Allez, on recommence ! Voilà que ce monarque a voulu tenir conseil dans son cabinet alors qu'on y collait le parquet, manière de vérifier *de visu* que c'était bien ce qu'il désirait. Un menuisier a rapporté à Le Faillon que Colbert était obligé de hurler pour se faire entendre. Le roi ? Il n'a pas bronché. En se levant, il a dit à son conseiller : « Un carreau est cassé. Je serai seulement satisfait quand il sera enfin remplacé. » Le Faillon a entendu Bergeron annoncer que Colbert engloutirait un million de livres dans les travaux, rien que cette année. Le patron peut se frotter les mains. Il paraîtrait aussi que le bourg sera rasé et qu'on y construira de beaux hôtels pour la noblesse. On raconte que Versailles s'appellera bientôt Villeneuve-Saint-Louis et Le Faillon trouve que ce nom a de l'allure[1]. Le château sera lui-même peut-être détruit et remplacé par un autre, plus grand et plus majestueux. Mais alors, pourquoi construire deux ailes et une avant-cour si tout va bientôt disparaître ? Que faut-il faire pour satisfaire le roi ? Personne ne le sait, puisqu'il ne raconte pas où il se dirige. Seul compte que

1. L'opinion de Le Faillon est discutable, mais il est vrai que Versailles faillit porter ce nom tant le projet d'aménagement urbain et la création d'une ville nouvelle vinrent à l'esprit de Louis XIV.

ce soit fait *dans le moment où il dit*. Fichtre, ce roi n'est pas facile…

*

— Rentre, tu vas attraper la mort !

À une lieue du chantier, Petit-Jean ne bouge pas. Il attend, la goutte au nez, au bord de la route de Paris où passera le roi. Mais il fait froid et la faim le tenaille.

— Tu sais, s'adoucit sa mère, c'est jamais certain qu'il vienne. Et si tu ne le vois pas ce coup-ci, il sera là demain ou un autre jour.

En rageant, l'enfant capitule. Il rentre s'abriter. L'odeur de la cuisine aiguise son appétit. Il fait deux pas vers le fourneau. Il a le dos tourné quand le tambour gronde. Un vacarme étourdissant. Le temps de bondir, le roi est passé.

— Tu le verras au retour.

Et Petit-Jean pleurniche.

*

Le mercredi 12 septembre 1663, Louis XIV ne s'arrête pas au château. Il se rend directement à sa Ménagerie, située au sud-ouest du parc. Le lieu le passionne. C'est ici qu'il tiendra réunion avec Jérôme Blouin, le premier valet et intendant de Versailles. Le sujet à l'ordre du jour est l'agrandissement du domaine. Un arrêt du Conseil d'État du 1er septembre 1662 a désigné les experts arpenteurs chargés de toiser et d'estimer les maisons et les terres qui seront bientôt expropriées. Sans cesse, on repousse les limites du domaine. Où s'arrêtera-t-il ? Le roi seul le sait. Jérôme Blouin parle des progrès obtenus. Cent hectares de plus. Louis XIV en exige deux cents, *dans le moment où il dit*. Blouin s'efface. Le Vau s'approche.

— Accompagnez-nous, monsieur le premier architecte. Nous avons bien des choses à vous demander…

Toussaint Delaforge se trouve derrière, à vingt pas. Il suit de loin et n'en revient pas. Qui était-il deux ans plus tôt ?

La construction de la Ménagerie n'est pas encore achevée. Le plus gros est fait – une tour octogonale surmontée d'un toit rond, qui permet d'observer les espèces réparties dans des enclos. On monte à l'étage et, depuis un balcon, on observe le petit royaume animal de Sa Majesté. Quand tout ceci sera-t-il terminé ? La question brûle le regard du roi. Le Vau est dans ses petits souliers. Pourtant, il y a déjà de quoi réjouir un monarque exigeant. En faisant le tour de la pièce, on aperçoit les gazelles, dans un autre espace le chenil et, plus loin, sur la gauche, une volière immense bruissant de mille cris et brillant d'autant de couleurs. Un poulailler, quelque peu incongru, complète le tableau. L'odeur est forte, mais Louis XIV ne semble pas indisposé. Son regard se déplace vers l'est. Une équipe s'active à la construction des prochaines cours où seront accueillies des espèces moins avenantes et plus sauvages. Loups, ours, renards ; ce ne sera pas suffisant ; Louis XIV déclare qu'il veut ajouter des bêtes insolites et baroques. Blouin prend note. Il fera la demande aux émissaires du roi envoyés dans les contrées d'Asie. Il a entendu parler d'étranges curiosités à bosses qui ne boivent jamais.

Pourtant, l'eau, ce n'est pas ce qui manque ici, songe Le Vau *in petto*. La construction des ailes qui agrandissent le château de Louis XIII a ainsi failli tourner au désastre. Le jour, on creusait les fondations, on étayait l'argile trempée de boue noirâtre puant le moisi. Au matin, tout était effondré. Ces fondations, l'architecte en rêvait la nuit. Dix hommes sont morts, d'autres furent blessés gravement. Crânes fendus, os brisés, yeux éborgnés. Il a fallu pester auprès de Colbert pour obtenir le versement d'une pension – trente livres pour un cadavre – aux épouses et aux mères endeuillées. Dans l'eau maudite de ces lieux germent toutes sortes de maladies qui enfièvrent les misérables. Le Vau doit parler au roi des conditions dans lesquelles les forçats du chantier tentent de survivre. Versailles en réclame toujours plus et les derniers arrivants dorment sous des tentes de fortune qui ne protègent ni du froid ni de la pluie. On grogne, râle, peste. La révolte, ce n'est bon pour personne.

Mais le roi, ce matin, a d'autres idées et une scène l'amuse. Dans l'enclos des chiens, un jeune mâle décide de s'attaquer au chef de la meute. La Ménagerie est aussi conçue pour ce genre de spectacle. Le prétendant montre les crocs. Il a tort. Il devait attaquer. D'un bond, l'ancien est sur son dos, griffes dehors, il le saisit au cou et ne le lâchera plus. En bas, deux aides séparent les bêtes à coups de piques. Le novice saigne, il s'écarte en boitant et va lécher sa plaie. Il s'en sortira.

Bien qu'à l'écart, Delaforge apprécie la scène qui lui rappelle ses nuits aux arènes de Lutèce. Fichtre ! Quel chemin parcouru par le lutteur, se dit-il en secret. Afin d'apaiser les chiens, on leur jette de la barbaque. Les femelles approchent, rôdent, grognent pour prendre leur part du butin. Les petits dans leurs pattes jappent, sautillent pour mordiller leurs tétons. Louis XIV se désintéresse. De quoi parlait-il ? D'animaux d'Asie.

— Que l'on songe également aux orangers de ces pays.

Blouin acquiesce.

Le monarque se tourne vers son architecte :

— Il faut de quoi remplir la belle Orangerie que vous m'avez construite, monsieur Le Vau.

Maintenant, il en vient à son projet nouveau, sa folie, la grotte de Thétis qui ornementera le château au nord. Il désire que les murs comportent des saillies afin d'y insérer des galets, des coquillages, des pierres bariolées. Il veut honorer la nymphe marine.

— Le fontainier Francine m'a promis d'inventer quelque chose qui ne s'est jamais vu.

L'architecte est au courant. Il y travaille aussi. Delaforge tend l'oreille à défaut de pouvoir rentrer dans le cercle qui sépare l'initié du *vulgum pecus*. Une barrière invisible exigée par l'étiquette. Tout un monde. Il sait que ce projet commandé par la surintendance, dirigée encore pour quelque temps par Antoine de Rabaton[1], tourmente son mentor. Entouré d'une armée de dessinateurs qui tracent, interprètent ses visions, l'architecte cherche comment étonner, réjouir, stupéfier, simplement satisfaire son plus illustre client. Mais Dieu ! Il faut qu'il se batte avec ce maudit Rabaton, toujours près de ses sous, ne regardant que les chiffres ! L'affaire est claire. Le roi exprime ses désirs, le surintendant enregistre, se tourne vers Le Vau et lui passe sa commande : « Faites-en sorte que les plans conviennent, mais soyez économe. » Voilà ce que les mathématiciens appellent la quadrature du cercle. Plaire au roi sans dépenser… Il faudrait être magicien. Ah ! Combien le créateur hait la ribambelle de petits comptables penchés sur les comptes, biffant, raturant, ôtant et refusant d'ajouter ! Chaque trait, chaque esquisse, chaque perspective, ces avares les passent au tamis, suspectent l'architecte d'avoir la main lourde, les soumettent à l'avis des maçons, des charpentiers, des peintres, des couvreurs, des marbriers, des menuisiers, des vitriers. Combien ? « Faites mieux ! », glapit Rabaton, *rabat-joie*. Mais pour la grotte de Thétis, Le Vau ne se laissera pas faire. Il fendra la carapace austère du petit caissier. Si nécessaire, il passera outre en convainquant le roi. Il a de bonnes raisons. Dernièrement, Francine, le fontainier d'origine italienne, lui a livré son idée. Ce génie songe à une machinerie hydraulique farfelue qui activerait des orgues. Le Vau travaille sur des jeux d'eau comme s'y emploient les artistes d'Italie et qui compléteraient l'invention de Francine. Éblouir Sa Majesté n'est pas une sinécure.

L'entretien dure. Maintenant, le tourment du monarque concerne le château. Malgré l'ajout des deux ailes, la bâtisse manque d'ampleur. Le Vau n'y voit pas une critique, même s'il est l'auteur des appendices. Il a compris le projet secret de Louis XIV. Il sait que Versailles n'est pas assez royal pour lui, pas assez *édifié* pour les fêtes qu'il veut y produire et qui seront plus grandioses encore que les merveilleux spectacles de l'an passé au

1. Jean-Baptiste Colbert succède à Antoine de Rabaton le 1er janvier 1664.

Carrousel du Louvre. Le roi est jeune, il a vingt-cinq ans, l'impatience le pousse à agir. Il veut, on applique.

Dans quelques jours, à Versailles, Louis XIV recevra. On croit à un caprice, ce n'est que le commencement d'un plan mûrement réfléchi qui a pris forme en juillet 1658, quand il reposait dans son lit, presque mort, sauvé autant par l'antimoine du docteur Vallon que par l'affection de Marie Mancini, et qui, depuis, s'est renforcé à chacune de ses visites. Maintenant, il se sent prêt. C'est à Versailles qu'il affrontera son royaume et le subjuguera. Si les fêtes de l'automne 1663 ne sont que des mises en bouche, elles doivent être parfaites. Au menu, il est prévu banquets, soupers, concerts, ballets, promenades pastorales pour ces dames, chasses pour les seigneurs. Quoi encore ? Molière présentera *L'Impromptu de Versailles*. Louis XIV a également demandé aux génies qui ont tant œuvré à Vaux-le-Vicomte et y ont accompli des miracles de faire feu de tous bois. Le Vau, Le Nôtre, Le Brun, ce trio de magiciens, met en scène, habille Versailles. Grâce à leur adresse, le relais de chasse de Louis XIII deviendra, pour le temps que dureront les réjouissances, un écrin envoûtant, merveilleux. C'est une question d'habillage, un théâtre pastoral, un jeu en trompe l'œil. Il s'agit aussi d'une expérimentation, d'un essai grandeur nature de ce que pourrait devenir Versailles. Chaque arbre planté pour l'occasion, chaque pierre dressée, chaque ornementation des allées préfigure ce qui sera ou ne sera pas figé. Pour l'éternité ? Versailles n'a pas cette vocation. Ce qui plaît, on le gardera, le reste disparaîtra. Colbert devra dépenser sans compter.

Dans le parc, on s'active, braille, ordonne. La future Allée royale, qui part du château et s'étire vers ce qui deviendra plus tard le bassin d'Apollon, constituera le cœur de la réception. Maçons, charpentiers, peintres de Paris sont venus en masse pour dresser l'immense scène. On cloue, on scie, découpe, cartonne des parures éphémères, on fixe des tableaux représentant l'automne sur lesquels les peintres de l'atelier de Le Brun, pinceaux en main, mettent une dernière touche de carmin et d'indigo, tandis que les jardiniers de Le Nôtre achèvent l'installation d'arches de verdure satinée aux teintes bucoliques. Ceux de Le Vau, des centaines de Le Faillon, besognent et suent pour les plaisirs prochains du roi et de sa Cour.

Delaforge s'interroge. Est-il possible que tout soit fin prêt au jour dit, à l'heure près, dans quelques semaines ? Dans ce cercle où il n'entre pas et qui entoure Louis le Grand, l'inquiétude se sent, et on voudrait que la visite s'achève pour se précipiter sur le chantier. Mais Sa Majesté désire se rendre dans ses jardins, là où se monte la scène de *L'Impromptu de Versailles*. Son équipage se met en branle et redescend l'escalier de la Ménagerie.

— Nous irons maintenant inspecter les jets d'eau.

*

Le Faillon est loin, mais il a vu que le roi approche. Ma Doué ! C'est qu'il vient, marchant seul devant, Le Vau un pas derrière, prêt à bondir au moindre frémissement de Son Altesse et, loin derrière, le reste de la troupe, regroupée en peloton, prenant soin de se figer si le roi fait de même. Ce beau monde fort bien costumé emprunte les allées couvertes de paille pour qu'aucun ne se crotte. Ils sont habillés de capes bleues, jaunes, jades (à croire que Le Brun les habille), portent un chapeau agrémenté de plumes aux couleurs identiques. Dans ce cortège bigarré, personne n'apparaît vraiment. Pourtant, il y a un rien d'imperceptiblement différent dans l'allure du César qui dirige le mouvement. Ce dernier se distingue par sa façon de se déplacer. Il marche, songe Le Faillon, comme ce danseur aperçu dans une rue de Paris lorsqu'il arrivait de Bretagne. L'ancien bûcheron croyait que les pieds de l'artiste ne touchaient pas le sol. Louis XIV use de la même grâce.

Aïe ! Voilà qu'il s'arrête. Aussitôt, sa suite se donne des airs de statues. C'est ça qu'il faudrait, se dit Le Faillon en se massant les mains endurcies de corne. Des statues pour agrémenter les allées des jardins… Le roi y songe aussi, mais pour l'heure, il s'intéresse à l'un des premiers bassins de Versailles, celui de la Sirène, situé sur le côté nord. Alors qu'il approchait, un jardinier a lancé le signal, un autre actionné le mouvement. L'eau s'élève, retombe en une myriade de gouttelettes. L'effet est saisissant, mais le roi en veut plus. Au plus haut de l'ascension, quand la colonne d'eau suspend son vol et s'accroche encore à l'air avant de redescendre en cascade telle la chevelure de la séduction moitié femme, moitié poisson qui donnera son nom au bassin, chaque bulle ondoyante et cristalline doit accrocher les rayons du soleil qui percent enfin la chape nébuleuse. Pour que les choses conviennent, le roi décide d'actionner lui-même le robinet, augmentant la pression et la baissant l'instant suivant jusqu'à trouver l'exacte hauteur où viendra se nicher l'esquisse fragile d'un arc-en-ciel.

— Vos souliers, Sire…

Jérôme Blouin s'est précipité. Pour un peu, il s'agenouillerait pour protéger son roi. Mais ce dernier n'a que faire de la mare dans laquelle il patauge.

— Il faudra éclairer ce bassin pendant les fêtes, ordonne-t-il à Le Vau.

L'architecte s'incline et calcule. Le réservoir du bassin de la Sirène n'est pas assez grand pour produire l'effet d'un feu d'artifice aquatique au-delà du temps qu'y consacre Louis XIV. Il passe, on lance la machinerie. Il tourne le dos et tout s'arrête…

— Oui, Sire, répond-il pourtant.

À peine un mois pour agrandir le réservoir ! Il faudra creuser, maçonner, enfouir, relier l'ouvrage à une canalisation, enfin refermer. Il jette un œil vers le groupe d'hommes où travaille Le Faillon. Au moins, les bras ne manquent pas. À Paris, il convoquera Bergeron et lui demandera de réaliser un autre miracle. En échange de beaucoup d'argent, tout sera parfait. Il ne pourra en être autrement. Le Vau, Le Brun, Le Nôtre ne sont pas les seuls à se soucier. Molière a-t-il fini d'écrire sa pièce ? Le monarque ne veut pas, ne cherche pas à savoir, comme il ignore Le Faillon et les autres qui s'inclinent à son passage et ôtent leurs chapeaux, ces mêmes qui ne tourneront pas le dos tant que le souverain n'aura pas disparu. Puis ils replaceront leurs cheveux longs sous les galures, et reprendront la cadence jusqu'au soir.

— Au boulot !

Le contremaître jette l'ordre. Il est de très mauvaise humeur. Chaque visite provoque un supplément de travail. Il faudra s'y mettre jour et nuit, répartir les équipes, dispenser de la messe les volontaires du dimanche. L'Église ne protestera pas, c'est pour le roi. Le Faillon le cherche encore avant de donner le premier coup de rein. Mais le seigneur a déjà rejoint son château. Il est trop loin pour l'observer.

Delaforge s'en charge. Depuis la terrasse, Son Altesse détaille ses jardins, sa création. Le Nôtre vient à ses côtés. Il est moins obséquieux, plus proche, et peut-être plus sincère que l'aréopage qui les entoure. Les deux savent ce qu'ils se doivent, la gloire de l'un ne va pas sans le génie de l'autre. Mais le maître reste le maître et Le Nôtre, malgré toute la science qui l'habite et lui souffle ce qu'il obtiendra, un jour, de ces jardins, écoute ce demi-dieu qui a l'audace de son rang et la passion de Versailles. *Je veux*, dit-il encore, et malgré l'immense talent du jardinier, c'est encore le roi qui domine.

*

Depuis son échec du matin, Petit-Jean tend l'oreille. Il va et vient dans la maison et sa ténacité est récompensée. Ce roulement de tambour, c'est le carrosse tiré par ses quatre chevaux blancs. Il bondit dehors, juste à temps pour voir passer son héros.

— Reviens ! hurle sa mère.

Pour un peu, il se jetterait sous les roues.

Son bonheur est déjà loin.

Un jour, se dit-il, lui aussi, il bâtira pour Louis le Grand.

*

— N'est-ce pas ce que je vous annonçais, il y a quelques mois, quand vous reveniez de Versailles ?

Le Vau est très excité. Depuis le départ du roi, il se détend.

— Qui dînait chez moi ? Aidez-moi, Toussaint…

— Beaumont.

Ils sont devant le château. Le Vau fait avancer son carrosse et s'engouffre dedans, tirant Delaforge par la manche.

— Regrettez-vous de m'avoir accompagné ?

Toussaint aurait mauvaise grâce à nier. Mais Le Vau n'écoute pas sa réponse. Sitôt assis, il saisit la plume et gribouille des notes.

— Ne rien oublier, chuchote-t-il. Allons, prenons par le début.

Il lève la tête, cherche, se tourne vers son passager :

— Où étions-nous avant la Ménagerie ?

— Nulle part…

— Que voulez-vous dire ?

— Dans le carrosse, si vous préférez.

— C'est cela…

— Puis nous avons vaqué dans les jardins. Le roi a trempé ses souliers… Mais avant nous avions regardé les chiens se battre.

— En effet, marmonne l'architecte en grattant toujours.

— Ensuite, vous vous êtes isolés, le roi et vous.

— Tout à fait… Sur la terrasse qui domine le parc.

— Un conclave à deux, le taquine Delaforge. Quelle mine vous preniez ! J'ai cru que le roi vous annonçait qu'il rédigeait contre vous une lettre de cachet. Je vous imaginais à la Bastille…

— Ne plaisantez pas ! L'affaire est sérieuse…

— Lui auriez-vous déplu ?

Le Vau lève la plume et sourit :

— Pas le moins du monde, mon ami.

Sa mine redevient grave.

— Du moins, pas encore. Mais sa demande est si formidable…

— Rien de plus à dire ? insiste Delaforge, tanné par la curiosité.

Le Vau se penche vers lui et baisse la voix :

— Le Brun, Le Nôtre ont-ils entendu ne serait-ce qu'un mot de ce que le roi m'a confié ?

— Ils étaient à vingt pas, et moi, au milieu des laquais, et…

— Personne ne s'est approché ?

— Une muraille invisible et infranchissable vous encerclait.

— Très bien. Dans ce cas, écoutez-moi jeune homme, et vous saurez combien je pensais vrai à propos de Versailles.

Il soupire, ménage son effet, et soudain éclate de rire :

— Nous allons avoir du travail, croyez-moi !

Delaforge est désormais habitué aux excès de l'architecte. Son talent se double d'exubérance.

— Oubliez-vous le collège des Quatre-Nations que Colbert et le roi vous ont commandé ? N'est-ce pas assez d'ennuis ?

— Peccadilles, billevesées. Vous êtes là pour exécuter, n'est-ce pas ?

Le collège des Quatre-Nations, voulu par Louis XIV et financé par feu Mazarin, selon son testament, est l'affaire qui occupe l'architecte. C'est même ce qui l'a davantage rapproché de Toussaint Delaforge. Il lui fallait un prête-nom pour conduire de sordides tractations visant à l'enrichir et il ne pouvait trouver mieux. Les deux hommes ont profité de ce chantier pour construire seize maisons de rapport inscrites dans le projet. Ni l'un ni l'autre n'apparaît, mais, dans les coulisses, ils tirent les ficelles. En échange d'une maigre commission, le beau-frère de Le Vau joue les factotums. Eux se versent l'argent produit par la vente des constructions. Imaginant plus grand, Delaforge a aussi négocié l'achat des charpentes. À quoi bon fournir du neuf ? Il recycle des poutres infestées de termites, payées le quart du prix. Mais le gros morceau, c'est le devis de construction du collège, grossi de soixante mille livres. Qu'en dit Le Vau ? Depuis la construction de l'hôtel de Beaumont, l'architecte n'en est pas à sa première indélicatesse. Les deux font la paire, en somme. Voilà pourquoi ils sont inséparables.

— Les limiers de Rabaton sont sur notre piste, insiste Toussaint. Colbert demandera des comptes à propos de ces suppléments. Nous avons bien assez sur le dos pour nous ajouter de nouveaux tracas.

— Je fournirai des détails pour noyer le poisson. Ces idiots n'y connaissent rien, rétorque l'architecte, l'esprit occupé ailleurs.

— Et s'il faut rendre l'argent ?

— Nous nous rattraperons sur les fondations. Une fois enterrées, il devient difficile de les toiser…

Il s'agit de cent mille livres détournées sur la construction, en sus de ce qui n'est pas justifiable. Bien qu'il touche sa part, Delaforge s'inquiète. Ce n'est pas qu'il ait peur, mais le filon est si bon et sert tant ses propres intérêts qu'il ne souhaite pas le voir s'épuiser.

— Nous en reparlerons, s'agace Le Vau. Suivez-moi à présent.

Il bondit hors du carrosse, entraînant son complice à sa suite. Depuis la place d'Armes, il domine le bourg de Versailles.

— Tout cela sera rasé, et on construira des hôtels plus beaux et plus grands que ceux de Paris. Nous gagnerons cent fois ce que nous avons obtenu sur le chantier du collège des Quatre-Nations.

L'architecte est un panier percé et, son projet de manufacture de fer-blanc en Nivernais lui coûtant cher, il vit à crédit, ne s'intéresse qu'au futur. D'ailleurs, il le prouve en se tournant vers le château.

— Adieu, le sage Louis XIII et son petit manoir…

— Vous songez à le démolir ?

— Non, glisse Le Vau en fermant à demi les yeux comme s'il cherchait à visualiser ce qu'il imagine. Je ferai mieux, car j'ai compris aujourd'hui ce que voulait le roi.

— Agrandir, construire d'autres ailes ? Doubler, tripler le tout ?

— Eh non ! jeune ami… Je vais réconcilier le passé et le futur…

— Parlez plus clair, je vous prie.

L'architecte tente de se calmer, mais l'excitation ne le lâche plus.

— Avez-vous vu ces jardins ? Mesurez-vous la patience de Le Nôtre pour transformer ce bourbier en Babylone ? Devinez-vous la complexité des lieux, l'immense défi de créer *ex-nihilo* ? Approchez et voyez combien l'horizontalité est morne et ennuyeuse, qu'il n'y a rien et que l'on manque de tout, sauf d'eau. Pourquoi Sa Majesté en désire-t-elle encore ? Les fontaines, mon cher ! Sans elles, ce serait le royaume de la lassitude… Il faut égayer, éblouir, magnifier !

Il reprend son souffle, bougonne :

— Oui, cela aussi, il faut que je le note…

Soudain, son regard vif se plante dans celui du manchot :

— Tant d'efforts justifiés par la seule élévation d'une Orangerie et d'une Ménagerie ?

Le Vau marque un silence avant d'ajouter :

— Si élégantes que soient ces réalisations, celui qui y pense comprend que cela ne tient pas…

— Sans réduire votre talent, ce ne sont que des divertissements destinées à égayer le roi et sa Cour quand ils se trouvent à Versailles, ces lieux ne seront jamais rien de plus, rétorque Toussaint.

— L'énergie dépensée par les centaines d'hommes que nous entendons gémir au loin, ainsi que le génie de Le Nôtre, Le Brun, et de votre serviteur, ne serviraient, selon vous, qu'à la tenue de fêtes auxquelles on se rendrait pour ne pas déplaire ?

— Ce que le roi veut…

— Votre réponse est un peu courte, jeune homme.

— Eh bien ! Expliquez-moi puisque je suis un âne bâté.

— Votre humeur se brouille. C'est inutile. Écoutez plutôt ceci : ces fêtes ont pour dessein de rendre incontournable Versailles, d'en faire l'endroit à la mode, là où ceux qui comptent se croisent. Or, pour attirer, il faut séduire.

— Bien ! Je suis conquis par Versailles, raille Delaforge. Est-ce pour autant que je vais déserter Paris et vivre à la campagne, à quatre lieues de tout ce qui vit et bouge ?

— Le roi pense heureusement plus loin que vous…

— Vous recommencez à me traiter d'idiot !

— Non, très cher. Je sais des choses… Du moins, je les devine.

— Fort bien. Faites-en profiter un simple d'esprit…

Le Vau ne relève pas. Il préfère s'abandonner à ses pensées, réfléchir encore en scrutant le château construit par Louis XIII.

— Oui, je suis certain d'avoir raison, murmure-t-il.

Il bondit dans le carrosse et en revient muni d'une plume et de papier. Il trace, dessine et parle en même temps.

— Les fêtes de Versailles ne sont qu'une étape. Une manière de nous habituer aux lieux. Et de donner du temps à Le Nôtre pour qu'il conçoive les plus beaux jardins de la création. Quand le moment sera venu, quand tout sera prêt, Versailles deviendra l'épicentre du monde, et tous devront s'y plier. Mais deux ailes et un vieux château en brique ne suffiront pas. Il manque encore ce que je dois imaginer et construire : un palais digne du plus grand des rois.

— Faire fi de Paris, du Louvre et même de Saint-Germain-en-Laye ? Tout miser sur Versailles ? Le pari est risqué. Moi, je n'y crois pas. Comment être certain que Louis XIV a fait ce choix ?

Le Vau lève sa plume. Il a reproduit exactement le château de Louis XIII.

— Le roi me l'a dit. Pas aussi nettement, se reprend-il. Mais au cours de ce bref entretien sur la terrasse…

L'architecte hoche la tête et reprend son travail.

— Il s'interrogeait, continue-t-il. Comment concilier le passé et ne pas étouffer demain ? Oui, comment honorer la mémoire du père et bâtir le château qui ressemblera à son fils, Louis le Grand ?

Il s'interrompt encore.

— Voilà les deux raisons qui freinent son programme. Il faut des jardins, et cela prend du temps. Mais il veut également respecter le passé.

Il a fini son esquisse, la montre à Delaforge :

— Et j'ai trouvé comment marier hier et demain.

On ne reconnaît plus Versailles. Hélas, Le Vau glisse le papier dans sa poche sans que le seul témoin ait eu le temps de voir l'invention.

— Prochainement, vous saluerez mon génie… Et tous les deux, nous en profiterons grassement. Montons ! Vous avez si hâte de rejoindre *votre* Paris.

*

Sur le chemin du retour, l'architecte ne cesse de revenir sur ce sujet : Versailles. Pas un instant, il ne doute de l'ambition de Louis XIV qui, martèle-t-il, y engloutira des millions et des millions de livres.

— Ce château n'est que la proue d'un immense navire. Il réclamera des milliers d'hommes et nous manquons de place. Donc où les loger ? Celui qui misera touchera gros. Être immensément riche : seriez-vous opposé à un tel programme ? Attendez ! Ce n'est pas tout. Pensez à la nourriture, aux plaisirs… Ajoutez ce que la noblesse construira pour se rapprocher du roi. Faites le calcul, Delaforge. Voici qu'est en train de naître le plus grand chantier du siècle !

— Encore faudrait-il que la Cour fût séduite, lance son voisin qui préfère le concret et songe à la construction du fameux collège des Quatre-Nations.

— La fête qui s'annonce est donc primordiale.

— Sans doute, concède Toussaint, et pour en juger, il faudrait en être…

— Ne vous souciez de rien, chuchote l'architecte. Je vous y fais inviter. Ainsi, vous apprécierez par vous-même.

Chapitre 33

La vie n'est-elle pas belle ? Delaforge n'en doute plus. Depuis sa rencontre avec Le Vau, tout se déroule à merveille et tout lui paraît possible. Son rapprochement avec le premier architecte du roi après la mort de Pontgallet lui a ouvert les chemins de la réussite. Et c'est un feu d'artifice. Que font les cieux pour freiner son ambition ? À Montcler, Calmés répétait aux élèves que Dieu veillait sur Caïn et que tout homme s'en prenant à lui serait puni au septuple. Qu'attend-Il alors pour foudroyer Delaforge, lui qui tue, vole, corrompt et n'en ressent aucun effet, ne vit ni dans la peur ni pétri de remords ? Au collège, le jésuite promettait l'errance à celui qui ne respectait pas la Loi du Tout-Puissant. Pour le fautif, c'est le contraire. Il loge à présent dans un appartement, place Royale[1], où il reçoit sa maîtresse Angélique – depuis peu, veuve du comte de Saint-Bastien. Le vieux noble est mort étouffé au cours de l'ascension du mont de la Rhune au Pays basque, son entêtement à chasser le coléoptère lui ayant été fatal. Cette sortie idiote et banale a mis fin à l'idée qui germait dans la tête de Toussaint : deux à trois cuillères de poudre à succession[2], versées dans un bouillon de onze heures pour ne plus l'avoir dans les pieds. Ce vieillard gênait comme la mouche du coche. Angélique devait être à lui seul. Celle-ci n'a rien su de

1. Aujourd'hui, place des Vosges.
2. Expression cynique pour désigner, à l'époque, le poison.

ce projet, mais n'a guère pleuré le défunt. Elle est désormais libre d'aimer un homme ardent, fantasque et prodigue, grâce aux profits qu'il tire de son nouvel emploi. Il s'habille de soie, fréquente le théâtre de Bourgogne où Floridor[1] joue Corneille. Mais ce panorama dulcifié n'est qu'une apparence : vicié par la haine qui le ronge et l'empêche de jouir d'un bonheur bâti sur la fourberie, la violence et le sang, il ne parvient pas oublier Marolles et Philippe de Voigny, le marquis de La Place. Et sa rancune est tenace.

*

Pour le jésuite, il a choisi une torture insidieuse, un poison parfaitement douloureux. Le 5 septembre, on fête la naissance du roi. Et c'est aussi la date où lui-même vit le jour. Les cloches sonnent, les sujets prient, parfois on se réunit en famille pour célébrer l'événement. Eh bien, à cette date, le révérend père Marolles reçoit systématiquement un présent de son filleul – parfaitement empaqueté, livré par un laquais en tenue, rue de la Couture-Sainte-Catherine, en l'hôtel du marquis. C'est ainsi depuis 1658, soit six années.

La première fois, Marolles fut surpris. Inquiet serait plus juste, quand il découvrit le nom de l'expéditeur, signataire d'une missive jointe à l'envoi de deux flacons, l'un empli de champagne, l'autre d'eau. *Nul traquenard,* promettait Delaforge dans son écrit. Le vin pouvait être bu à la santé du roi. L'eau, une offrande plus étrange, venait de la Seine. Les mains du prêtre se crispèrent sur le papier. Il approcha la chandelle et lut la suite : *Je vous déconseille de boire ce nectar. Gardez-le précieusement. Tenez, placez-le auprès du prie-Dieu où vous me fîtes tant de fois agenouiller pour confesser de si légers péchés. Vous-même, à qui confiez-vous vos fautes ? Au diable, sans doute. Mais revenons à notre sujet. Je suis vivant, croyez-le, et en bonne santé. Je compte le rester jusqu'à ce que vos*

1. Josias de Soulas, dit Floridor, gentilhomme et brillant acteur de l'époque.

actes et vos mensonges soient connus et punis. Quand ? Chronos est mon allié, l'eau me sert à marteler le temps. Entendez-vous le bruit des gouttes ? Pas encore. Pourtant, elles s'échappent une à une. Combien s'en écoulera-t-il cette année ? Vous le saurez l'an prochain. Votre filleul, Toussaint Delaforge. Joseph de Marolles jeta prudemment le champagne, mais ne put se séparer de l'eau et ce fut son erreur. Le flacon plein à ras bord trônait dans sa chambre et le narguait. Les premiers mois, il y pensait inlassablement. Puis, le temps fit son œuvre, le printemps et l'été vinrent. Il finit par espérer que tout cesserait.

Le 5 septembre suivant, celui de 1659, on le vit cependant de fort mauvaise humeur. Le matin, il resta cloîtré dans sa chambre, guettant l'annonce d'un visiteur. Rien ne vint. Il se crut sauvé. Mais à l'heure du dîner, on annonça la livraison d'un colis à son attention. Il courut s'enfermer. Il y avait du champagne, de l'eau et un mot : *Monsieur, il m'a tardé d'attendre un an pour vous donner de mes nouvelles. Elles sont bonnes. Je progresse dans la vie et me porte à merveille. Venons-en aux faits. Je vous prie d'apprécier le champagne et de me pardonner pour la pauvreté que j'y joins. De l'eau ! Pour le confesseur du marquis de La Place ? C'est à peu près tout ce que j'ai reçu en héritage. L'eau de la rivière Seine, voici mon sang. Et que pourrais-je vous donner de plus précieux ? J'imagine que le flacon de l'an passé vous a embarrassé, mais j'espère que vous l'avez conservé car, maintenant, je vous invite à comparer les niveaux. Que voyez-vous ? Le nouveau est plus bas. C'est infime, mais il est vraiment plus bas. Pourquoi ? Voici la réponse : quand vous recevrez un flacon enfin vide, il faudra vous méfier. Considérez qu'il s'agit d'un signal, que la vérité est proche. D'ici là, veillez sur vous, je vous prie. J'éprouve tant de délectation à vous savoir rongé par l'inquiétude ! Votre dévoué filleul, Toussaint Delaforge.* Marolles se jeta sur le premier flacon qu'il avait fini par cacher dans un coffre et le compara au second. La différence était minime. À ce rythme, il avait le temps de mourir dix fois avant de subir la vengeance de son tortionnaire.

Mais l'année suivante, quand il reçut le troisième envoi, sa raison défaillit. L'eau avait diminué d'un quart, et la missive était aussi alarmante que courte : *Méfiez-vous. Chronos s'impatiente. TD.*

Depuis, chaque livraison réserve sa part d'horreur et d'angoisse. Tantôt, le niveau diminue peu ; tantôt, la prédiction se précise. Ainsi, le dernier flacon était à moitié vide, ou à moitié plein, si le jésuite avait montré un peu d'optimisme.

*

Chaque 5 septembre, Toussaint s'impose un autre cérémonial. Il dîne avec Calmés. Le repas est frugal. Ni champagne ni bombance. L'eau trône sur la table. Delaforge sourit intérieurement. Le révérend prend des nouvelles. Elles sont bonnes. Bien sûr, il s'est inquiété après la disparition cruelle du maçon Pontgallet. Marguerite, son épouse, l'a reçu froidement. Mais il faut la comprendre : un fils et un mari ! N'imaginant pas autre chose que la douleur et le chagrin, et se sentant impuissant, il prie pour elle et pour sa fille Anne, partie au pays limousin. Il croit que Toussaint, comme les autres employés, a quitté le navire, contraint et forcé. Il ignore tout de son renvoi. Bien sûr, Delaforge inquiète Calmés. Se laissera-t-il tenter à nouveau par le Mal ?

Rien de mauvais n'apparaît. Le préfet de discipline sait que l'architecte Le Vau a pris sous sa coupe l'ancien apprenti et se réjouit d'entendre son protégé lui narrer toutes sortes d'entreprises dont la conclusion est souvent profitable. Il gagne bien sa vie – ses tenues le prouvent –, seconde désormais son mentor, part en Nivernais pour défendre ses intérêts, se mêle à la construction du collège des Quatre-Nations dont Paris parle. Quand ils se voient, Calmés s'exprime peu. Garder pour lui la confession de Marolles le rend mal à l'aise. Il regarde Toussaint, observe combien il change et se bonifie, en oublie parfois le lutteur des arènes, scrute ce jeune homme aux yeux gris et aux lèvres pleines fort charmeur et se dit qu'il ne manque qu'une épouse pour que la conversion soit totale. Mais le pudique Calmés évite ce sujet et se laisse bercer par les propos lénifiants de l'ancien collégien.

Delaforge sait ce qu'il produit chez Calmés et en joue sadiquement. Il se montre adorable, presque tendre, finaude, prend le temps de s'intéresser au collège de Montcler, réclame des nouvelles de Baltius, du Père supérieur, apprend que celui-ci est mort et en conclut que le dernier magister qui pourrait le poursuivre pour la tentative de meurtre sur Ravort a disparu. Quand vient l'heure de se séparer, Delaforge prétend qu'il regrette d'avoir à le faire, mais que Le Vau l'attend. Un moment, il regarde *Passe-Muraille* filer dans la rue. Et se moque intérieurement de ce vieux pantin à la démarche sèche, mal ficelé dans un manteau usé. Il attend que le jésuite se retourne – car c'est la coutume –, pour le saluer une dernière fois. Puis il file retrouver sa maîtresse afin de vider son trop plein de haine, de retenue, de fausseté contenue si longtemps. Calmés, de son côté, rejoint le collège de Montcler où il endosse l'allure immuable du préfet de discipline. Il faut patienter un an avant de revoir son protégé, et lui, sera-t-il en vie ? Au moins, se dit-il, la preuve est faite que tout être a droit au rachat. N'est-ce pas le cas de Toussaint qui, cette année encore, ne lui a parlé ni de Marolles ni du marquis de La Place ? Calmés retourne à son sacerdoce, convaincu de la justesse de son opinion et regrettant de moins en moins d'avoir à supporter seul le poids de la confession de l'ignoble parrain de l'orphelin. La vérité s'oublie donc, imagine-t-il en fermant les yeux, nuit venue, sur une ultime prière.

*

Chaque matin, Delaforge s'arrache d'une couche douillette et des bras d'Angélique pour se rendre chez le Vau où il se présente comme un familier. Il traverse l'atelier de l'architecte du roi, salue de loin les dessinateurs qui tracent et matérialisent les pensées du maître, nées la veille. On lui répond d'un coup de tête, parfois on préfère la baisser. Delaforge n'est pas aimé des gens de Le Vau.

Il s'en moque. Lui seul pénètre dans son cabinet sans frapper. À peine assis, il prend soin de lui réciter le dernier éreintement ou pamphlet publié dans la nuit et qui circule sous le manteau. Colbert, *le Nord*, fait à nouveau les frais de l'esprit satirique. On nargue sa pingrerie, ce qui réjouit l'architecte. Parfois, quelques mots d'esprit du fameux libertin Bussy de Rabutin parviennent à Paris. Le pauvre vit en exil en Bourgogne pour avoir déplu au roi et s'être fait coincer en pleine orgie pendant la semaine sainte[1]. Mais sa plume reste vive et acide. Prudent, Le Vau se garde de l'apprécier ouvertement, de peur de courroucer Louis XIV. En revanche, il réclame le compte rendu des moqueries qui émaillent les soirées des salons du Marais auxquelles se mêle Toussaint, et combien ce dernier pique et mord brillamment quand il décortique ce monde. Chose faite, le premier architecte s'inquiète. S'en est-on pris à lui ? Ses craintes sont justifiées car il y aurait à dire. L'entrepreneur de fer-blanc produit en effet de l'artillerie à la fiabilité discutable. Les boulets, mal formés, touchent rarement leurs cibles, et les canons crachent le feu de travers. S'ajoute cette manie de tricher sur les fondations. Le Vau économise sur les devis, trompe sur les quantités, de sorte que ses constructions sont parfois branlantes. Son toupet est tel qu'on le soupçonne de légèretés à propos de l'élévation de l'hôtel Bautru, rue Vivienne. La chose serait banale si *le Nord* n'envisageait d'acquérir ce bien. Alors, a-t-on parlé de lui ? Delaforge l'apaise : il veille. Allons, se rassure Le Vau, voici qui récompense son audace. Et s'il avait des ennuis, il compte sur le fidèle Toussaint pour les aplanir.

Aussi, passent-ils une partie de la matinée à régler les questions en cours. Les dettes, tout d'abord. De sorte que les vices d'une

---

1. Roger de Rabutin, comte de Bussy, était le cousin de Marie de Rabutin, baronne de Sévigné, la fameuse marquise de Sévigné, moraliste à la plume dure et connue pour ses descriptions moqueuses de la Cour. L'esprit caustique de Bussy de Rabutin n'était pas en reste. Chassé de Paris après l'éclat de l'orgie de Roissy, il s'aventura à écrire de brillantes descriptions de la vie de Cour qui déplurent au roi. Exilé en son château, il écrivit l'*Histoire amoureuse des Gaulles* où il était question des galanteries royales. Ce qui n'arrangea pas son cas.

vie dispendieuse apparaissent. Le Vau aime le luxe. Il s'entoure de frivolités, de vases antiques, d'ivoire, de marbre, de meubles précieux – et même d'une horloge astronomique. On le croit riche, la vérité est plus crue. Il fonctionne à crédit, emprunte, mais ne rembourse jamais. Il lui faut de plus en plus de liquide. Et Delaforge en trouve. La pose de charpentes de « seconde main » sur les maisons entourant le collège des Quatre-Nations est son idée. Les faux devis aussi. Le non toisage des fondations sort de son esprit. Delaforge a le génie d'un retors et Le Vau ne peut plus s'en passer. Bien sûr, ces services ont un prix. L'exécuteur des sales besognes prend sa part. Un moitié, moitié sur lequel Le Vau est peu regardant. Si bien qu'en septembre 1663 l'ancien apprenti de Nicolas Pontgallet, le manchot, ex-lutteur des arènes, l'orphelin de la Seine, possède déjà cinquante mille livres. Il est riche, occupe le premier étage d'un hôtel donnant sur les arbres joliment taillés de la place Royale, emploie un valet, dispose d'une servante, circule dans sa voiture. Doute-t-il de sa réussite ? Elle l'amuse quand il se remémore ses sinistres pensées dans l'église Saint-Médard. Mourir ? À quoi bon, maintenant ? Pour que son extase soit parfaite, il ne lui manque plus qu'à exécuter sa vengeance sur le clan La Place. De fait, un à un, ses pions avancent.

L'autre soir, il a croisé Antoine, le fils cadet de Voigny, au cours d'une réception chez le marquis de Villarceaux. Mais la rencontre ne fut pas fortuite. Villarceaux se dit peintre et c'est vrai. L'ami du poète Scarron aime l'art parce qu'il soulagerait la conscience et ouvrirait les âmes. Est-ce en usant de tels arguments qu'il parvint à convaincre la jeune épouse de Paul Scarron, pas encore Maintenon, de poser nue pour lui ? Il en reste une toile réussie[1], témoignage de l'esprit qui règne autour de Villarceaux : peu de pudibonderie. Aussi, ces soirées sont-elles prisées. On y court si l'on est invité et la manœuvre a fonctionné à merveille lorsque Delaforge pria Villarceaux de convier un vieil ami, perdu de vue. Un garçon de bonne famille.

1. Ce tableau se trouve dans la salle à manger du château de Villarceaux.

— Point trop, je l'espère, soupira-t-il.

— Un fils de marquis.

— Tous ne sont pas fréquentables, assura son hôte en pensant peut-être à lui.

— Un gentilhomme qui ne manque pas de conversation sur l'art, lui assura Delaforge en se souvenant que, plus jeune, Antoine de Voigny se prétendait séduit, attiré par les statues antiques.

— Eh bien ! s'exclama Villarceaux, je connais les La Place. Un fils soldat et que l'on dit brutal. Une fille, Aurore, bigote et sérieuse – mais Dieu ! que cette rousse est jolie. Et un autre fils, dites-vous ?

— Antoine… Plus discret.

— Oui, oui. Je le vois maintenant. Un bouclé, la chevelure en pagaille, piochant ses mots et plutôt gauche… Je ne le devine pas à l'aise, mais enfin, nous verrons. Je lui ferai porter une invitation.

Le jour dit, le jeune homme, convié à sa grande surprise, se présenta, intimidé, visiblement peu habitué à fréquenter ces lieux où les femmes sulfureuses de Paris et du Louvre comptent parmi les familières. Delaforge l'aperçut et l'observa de loin, mesurant combien le cadet des Voigny manquait d'expérience. Il se tenait raide, hésitant, cherchant à qui parler, n'osant saisir le verre de vin que lui tendait un serviteur. Il le laissa mûrir dans sa gêne jusqu'à la seconde où le candide allait renoncer et se retirer.

— Diable ! quelle surprise !

Le craintif Antoine de Voigny chercha un moment qui l'interpellait si cavalièrement. Soudain, il se figea. Toussaint Delaforge. L'orphelin qu'ils avaient accueilli, le filleul du jésuite Marolles et l'ami d'enfance d'Aurore… Il sourit maladroitement avant de se souvenir que ce fier jeune homme, vêtu comme un prince, accompagné d'une femme en tout point gracieuse, était aussi le double de celui qui s'était montré à l'église du couvent des Annonciades célestes, celui-là encore que son frère François avait humilié, blessé, quelques années plus tôt. Il crut peut-être qu'il allait se faire corriger, mais rien ne vint. Delaforge se montra aimable, chaleureux, tandis que ce rejeton maladroit entendait qu'on le présentait à la comtesse de Saint-Bastien, s'inclinant aussitôt devant elle et profitant quelques secondes de la vue que lui offrait son décolleté outrancier.

— Antoine, quel plaisir de vous revoir ! s'exclama Delaforge en le poussant à l'écart, privant son vis-à-vis de la vue de la comtesse. L'orphelin affichait l'assurance d'un noble et ce ton familier renforçait sa prestance. Le jeune Voigny le détailla encore. Et vit enfin ce bras mort à la main gantée.

— Vous regardez ceci ? se moqua Toussaint.

Antoine rougit et resta muet.

— Le prix de l'infortune, mon cher. Passons là-dessus. Dites-moi plutôt ce qui va bien pour vous...

Il n'avait rien de l'être haineux, dangereux dont lui avait parlé le révérend Marolles. Et d'où lui venait cette solidité car, à n'en pas douter, il ne manquait pas de revenus ?

— Êtes-vous toujours féru de modèles antiques ? s'entendit-il demander.

— Oui, en effet... Et vous-même ? osa-t-il enfin.

— J'ai la même passion que vous pour l'art. Et l'immense joie de servir le premier architecte du roi.

— Le Vau ?

— En personne.

— Eh bien, monsieur, je vous félicite. Je rêve d'être à votre place. Je suis un admirateur de son œuvre.

— Ah ! Il y a du bon à le connaître, surtout pour une personne ayant de l'attirance pour le génie grec et romain. Voyez-vous, Le Vau et moi parlions ce matin de ces statues antiques que nous réclame à cor et à cri Paris. Mais on veut l'original. Où trouver de tels trésors si ce n'est à Rome ? Ah ! Il nous manque du temps et de l'expertise...

La comtesse de Saint-Bastien se montra opportunément à cet instant.

— Je m'ennuie, susurra-t-elle en glissant son bras sous celui de l'infirme et se collant ainsi à lui.

Delaforge se tourna vers Antoine de Voigny :

— Ce que femme veut… Je vous abandonne. Nous nous reverrons peut-être…

Et il le laissa en plan.

Allons, pensa Antoine, l'homme est cordial, de plus il travaille avec Le Vau. Voilà qui pouvait servir. Mais il décida de garder secret ce rapprochement, convaincu que les siens ne l'apprécieraient guère. Aurore serait-elle heureuse d'entendre des nouvelles sur Toussaint ? Il l'imagina et se souvint d'Angélique de Saint-Bastien. Non, trancha-t-il. Elle souffrirait. Pas un mot.

*

Cette scène remonte à quelques semaines. Depuis, silence. Delaforge en espérait davantage. Il croyait l'animal ferré. Il agira donc autrement. Il n'en mesure pas moins les progrès obtenus. Le contact est renoué et n'a provoqué aucun remous. Personne n'est venu le menacer chez Le Vau. François de Voigny ne l'a pas sommé de cesser d'importuner son frère. Calmés ne s'est pas montré. La tactique a du bon. Antoine est le faible par qui il fallait commencer. Il viendra un jour, pense le second de Le Vau, voudra échanger sur les antiques avec le premier architecte du roi. Et il demandera de l'aide. Mais le temps passe, presse. Il faut battre le fer tant qu'il est chaud et l'occasion se présente. Les fêtes de Versailles de l'automne 1663 approchent. Toussaint Delaforge y accompagne Le Vau. Voilà qui permettrait d'organiser une rencontre impromptue. Ensuite, la nasse se refermera. Tout est prévu, calculé, avance au mieux. La vie n'est-elle pas belle ? se demandait-il. Et comment en douterait-il ?

Ce matin, il se trouve à Versailles, tenant compagnie à Le Vau inspectant les derniers préparatifs des fêtes. Depuis leur dernière visite, les progrès sont considérables. Les jets d'eau du bassin de la Sirène percent le ciel. Les jardins rivalisent avec l'Éden, les allées sont tracées au cordeau, les décors qui les enchantent, peints et fin prêts. Déjà, les mirlitons du Louvre sont à l'œuvre, les jardiniers enluminent les immenses buffets de compositions florales. Deux immenses jarres sont remplies de fruits d'automne dont la peau s'orne d'un L et d'un XIV. Chacun a été recouvert d'un pochoir et placé dans une serre, profitant ainsi des derniers rayons du soleil. Un jardinier magicien a laissé agir l'astre royal qui a coloré peu ou prou l'épiderme odorant des pommes où, désormais, les lettres du monarque se détachent et se distinguent. Cet effet[1] est un des miracles que découvriront les hôtes de Sa Majesté. Le Vau, Le Brun, le Nôtre, le trio est satisfait.

— Colbert a *je ne sais quoi* de secret à me raconter, annonce l'architecte soudain contrarié. Je me force, mais je dois rentrer avec lui à Paris. Toussaint, gardez le carrosse et retrouvons-nous ce soir.

Il file déjà, mais soudain se retourne :

— Traînassez dans le bourg, prenez votre temps.

— Qu'y ferai-je ? s'étonne Delaforge.

— Voilà l'occasion rêvée de vérifier ma thèse. S'il y a un palais, il faudra une ville. Il devient crucial de s'intéresser à ce projet immense.

— Je ne suis pas architecte ! Que puis-je imaginer ?

— Souhaitez-vous être riche ? Le filon est là… Il appartiendra à celui qui le trouvera. Cherchez, murmure-t-il en tournant les talons.

L'architecte s'entête à croire qu'il faut investir à Versailles, acheter les masures à bas prix quand il est encore temps, prendre possession des terres, construire et revendre le moment venu.

— Bourdine, faisons un tour, soupire-t-il en s'adressant au cocher.

Le carrosse s'ébranle au pas. Comment croire que ce bourg a un avenir ? Cette auberge délabrée au crépi recouvert de salpêtre en est le meilleur exemple. Le tout vaut cent livres. Au jugé, il calcule qu'on y entasserait peut-être dix, vingt familles.

— Arrêtez-vous, Bourdine. Attendez-moi, je reviens.

1. Le procédé s'employait surtout pour les pêches.

Au moins, il ne partira pas les mains vides et puisqu'il faut apaiser Le Vau, il rentre dans le bouge, prêt à tordre le cou au crève-la-faim qui l'occupe s'il dit quoi que ce soit. Il offrira cent livres, pas plus, décide-t-il alors que se dessine dans la pénombre un boiteux aux jambes tordues. C'est immédiat : il songe à un fantôme et lui vient l'idée de fuir. Trop tard. L'autre le regarde, étirant sa gueule de côté.

Chapitre 34

LE SOLEIL COGNE, mais Fanette, la pouliche du père Colin, tire à tout va la carriole où s'entassent six passagers. À bord, règne le bonheur. On chahute, se bouscule, on est si pressé d'arriver…

— Oh, Fanette !

La bête redresse les oreilles et Colin n'a nul besoin de se servir du fouet pour qu'elle avance gaillardement. Elle connaît sa route et traverse sans hésiter le pont en bois du Mont-Louis qui longe le domaine du comte de La Chaise[1]. La pente devient raide, Colin claque simplement de la bouche. Aussitôt, Fanette s'élance dans les lacets tortueux de Montmartre. Elle trotte sur le chemin caillouteux, laissant à droite les vignes du *Clos Berthaud*, la propriété des abbesses. Dans la courbe suivante, devant *La Sauvageonne*, réputée pour son vin, l'alezane aux crins rougeâtres double l'attelage où s'entasse la famille du tailleur de pierre Paulon. L'attaque a surpris le conducteur qui tente désespérément de réveiller son gros percheron.

— Hue ! dia !

Les deux attelages s'y mettent. Aucun ne cède, mais la bataille est perdue. Fanette a pris trop d'avance. Le courage et la hargne

1. Le domaine de la famille La Chaise (ou La Chaize) se situait à l'emplacement du cimetière parisien du Père-Lachaise. Le comte avait un frère, François d'Aix de La Chaise, confesseur de Louis XIV. Le domaine fut notamment agrandi par les donations auxquelles procéda le roi.

l'emportent sur la puissance. À l'entrée de la *Goutte d'Or*, le domaine viticole où tous se rendent, le clan du père Colin peut crier victoire.

— Je t'aurai au retour ! lance Paulon en éclatant de rire.

— Alors, prends garde à ce que tu bois si tu veux rouler droit ! rétorque Colin.

Le tailleur de pierre se frotte la panse.

— Ne t'inquiète pas de ça. Le réservoir est grand...

*

Une centaine de convives est déjà sur place. On voit Villedo, Mazière, Bergeron, Le Maistre, Hanicle, d'Orbay, Gabriel... Bientôt, les dynasties des maîtres-bâtisseurs du roi seront au complet. Cinq cents présents, en comptant les épouses et les enfants. Voici le grand banquet annuel de la profession, la fête organisée traditionnellement au mois de septembre. Ce rituel est l'occasion de se retrouver. On le fait un dimanche, généralement à la campagne. L'idée de Montmartre vient de Bergeron et il a eu le nez creux. C'est un temps idéal, une fin d'été caressante et douce pour un beau rendez-vous. Si près et si loin de la foule parisienne, cela semble incroyable. Montmartre est à l'abri du monde, protégé par des remparts de vignes qui ont colonisé les lieux ; une montagne gardée par ses moulins – de solides soldats dont les ailes fendent le ciel. On mangera sur l'herbe, entre deux rangs de ceps où les femmes ont déplié de grandes nappes blanches. Chacune y va de son panier, empli de charcutailles, de poulets rôtis, de miches de pain dorées au four. Pour le vin, on se servira sur place. Quatre tonneaux d'une quarte[1] sont posés sur de solides tréteaux. Déjà, les pintes[2] circulent d'une main à l'autre. On se tend les pichets comme les témoins d'un relais, on y goûte au passage – seulement, jure-t-on, pour vérifier que la cuvée de l'année a de la *cuisse* et

1. Environ soixante-dix litres.
2. Environ un litre.

du *tabouret.* Ce vin, on peut en boire tout son soûl, lance le maçon Hanicle, un connaisseur. En jetant au passage une œillade appuyée à sa douce, il ajoute que le breuvage n'a pas que des vertus digestives. Tout serait bon à Montmartre, même son eau qui, de même, ne manque pas. Pas moins de douze sources alimentent les hameaux d'en bas dont ceux de Clignancourt ou de Châteaurouge où l'on vient puiser ce que les abbesses appellent les *larmes de la montagne*, réputées pour chasser les humeurs. Oui, tout est bon dans ce paradis où le vin s'intitule *Goutte d'Or.*

Un vieil ami de Bergeron, le fermier des abbesses, a ouvert les lieux aux maîtres-maçons de Paris. Parlera-t-on métier ? Très peu, sauf s'il faut venir au secours d'un allié en péril. Le dessein est plutôt de resserrer les liens « familiaux », de découvrir que la petite Denise Paulon devient une vraie femme et qu'elle n'est pas insensible au charme de Jules, le fils de Blondel qui prendra la suite du père. On s'esbaudit en découvrant les nourrissons, on les prend dans les bras, les compare en secret aux siens et il vient des idées aux jeunes femmes qui se disent qu'après tout elles aussi ont l'âge d'être mère et que depuis ce matin leurs hommes, bougrement nerveux, ont la main plutôt baladeuse. La fête des maçons est une parenthèse qui renforce les alliances. Chacun s'installe peu à peu autour des nappes, cimenté aux autres comme les maillons d'une même chaîne. Ainsi, les Noblet se mêlent aux Villedo depuis le mariage de Libéral Bruant, architecte du roi, avec la fille du maître général des œuvres du bâtiment Noblet, lui-même époux de la fille du maître général des œuvres de maçonnerie Michel Villedo. En fait, c'est un fin tissage, une accumulation de fils solidement noués par les générations et il faut être maçon pour savoir qu'en invitant Bergeron et les siens à se joindre à eux, ils accueillent l'époux d'une autre Villedo…

Le clan des Bergeron se monte à six. Et il ne reste que quatre places. Qu'importe. Pour que tous mangent ensemble, père, beau-frère, oncle se serreront. Marguerite Villedo a épousé Antoine Bergeron après le décès de son mari, Jean Taradon. Elle renonçait au veuvage, car la vie continuait. Le bonheur serait-il possible pour certaines, en dépit du pire ? Marguerite Pontgallet s'interroge. Les autres années, elle n'a pas réussi à se joindre aux maçons. La veille, tout était prêt, le panier, la robe de saison ; le jour dit, quelqu'un venait la chercher rue de la Mortellerie. Mais au dernier moment, elle trouvait un prétexte, se disait fatiguée, accusait le travail. Tous connaissaient cette histoire. La mort de Jean Taradon avait pareillement transformé sa veuve en ombre famélique. Il avait fallu s'y mettre à plusieurs pour lui redonner goût à la vie. Les femmes se relayaient chez elle, lui portaient à manger, la forçaient à sourire. Après deux longues années d'effort, elle était parvenue à sortir d'un labyrinthe hanté de souvenirs et de pensées funèbres. Le rapprochement avec Antoine Bergeron s'était réalisé au banquet des maçons. Depuis, elle rayonne. Pourquoi n'en serait-il pas de même pour Marguerite ?

Alors, en ce beau jour, Paulon est passé chez elle, convaincu d'essuyer un refus. Mordiou ! Elle se tenait devant sa porte, fin prête. Les surprises ne faisaient que commencer. Anne, sa fille et son mari l'entouraient. Ils arrivaient de Limoges et n'étaient pas venus seuls. Une sauvageonne s'accrochait à la robe de sa grand-mère. Paulon s'était mordu les lèvres. Une grand-mère comme celle-là, il n'aurait pas craché dessus. Quel âge avait-elle ? Quarante-cinq, cinquante, peut-être. Sa taille restait fine, son visage doré se montrait sans rides. Il voulut l'embrasser, elle tendit une main douce qui s'échappa trop vite hors de la sienne :

— Ma fille Anne, vous la reconnaissez ?

La dernière image remontait à la mort du père Pontgallet. Anne était inconsolable. Il se souvenait qu'elle était partie du côté de Limoges et y avait trouvé un mari. Et donc, c'était…

— Léon, lança gaiement Marguerite. Mon gendre. Je l'ai décidé à venir à Paris pour me seconder.

Les affaires de la veuve n'étaient guère florissantes et sans le soutien des maçons, elle aurait perdu pied depuis longtemps. Le tailleur de pierre se demanda s'il y avait assez de travail pour une bouche de plus. Trois, se reprit-il en songeant à Anne et à son bout de chou.

— Et voici Amandine…

La petite lui tourna le dos et refusa de le saluer. Elle méritait une remarque, mais ni son père ni sa mère ne le firent. Bien au contraire, ils se mirent à rire. Ce bourru de Paulon en fut vexé et Marguerite le comprit.

— Auriez-vous de la place pour cette grande famille, même si elle compte une enfant un peu mal élevée ? lança-t-elle aussitôt.

Paulon en a forcément trouvé.

*

Marguerite s'est donc enfin enhardie à retrouver le cocon des maîtres-maçons, et la présence de sa fille compte pour beaucoup dans sa décision. Anne est revenue, accompagnée de Léon et d'Amandine. Pour tout dire, Paulon trouve ce prénom étrange et trop original[1], mais, en mettant de côté son fichu caractère, il reconnaît que cette gamine le porte à merveille. Ses yeux gris-bleu, rehaussés de longs cils, ont la forme ovoïde du fruit de l'amandier. Elle semble timide, sauvage, peut-être. Qui ne serait pas effrayé par le monde bruyant et joyeux qui l'entoure et se presse maintenant autour de Marguerite. Cette femme se détache, attire les regards, accroche ceux des hommes. À coup sûr, elle rendrait heureux un de ces gaillards.

Le veut-elle ? Si on lui lance des regards doux, évoque le futur, soupire en lui assurant que le sien, mêlé à celui d'un autre, à celui qui en parle, par exemple, pourrait être radieux, la veuve Pontgallet s'en amuse. Bien sûr, elle reconnaît que de telles attentions la flattent. Plus précisément, aime-t-elle que le dénommé Étienne Champs lui fasse la cour ? Ce maçon du roi est un sacré bel homme. Et, raconte-t-on, un coureur de jupons. Assagi, s'empresse-t-il d'ajouter, et décidé à se ranger si Marguerite lui disait oui. Il pense surtout à s'emparer de ce corps qui n'a connu

1. Peu employé au XVIIe siècle. Il existe toutefois quelques sœurs *Amandus* ou Amandine.

aucune caresse depuis longtemps. Il veut souffler sur la braise encore vive. De fait, Marguerite s'imagine parfois avec Étienne Champs. Elle baisse les paupières, se souvient de la chaleur d'un homme, de la dureté de son corps, des mots dont elle usait autrefois pour freiner son ardeur. Elle se voit nue, indolente, offerte. Oui, le plaisir est là, à portée de celle, prête à succomber, découvrant qu'une joue s'est nichée dans son cou, descend sur l'épaule, qu'une bouche à présent baise ses seins, l'un après l'autre. Mais ses yeux se dessillent, la jouissance fuit, elle ne peut avoir d'amant. Ce serait tromper Nicolas. Étienne Champs s'évanouit de ces rêveries lascives.

Serait-ce mieux, simplement possible, avec le gentil Pierre Maldonnier qui agit à l'inverse du premier ? Ce travailleur acharné se montre gauche avec elle. Et si prévenant. Son manque d'assurance en devient touchant. Le dimanche, il dépose un bouquet de fleurs à la porte de la maison de la rue de la Mortellerie, ne frappe pas et s'enfuit. Quand elle le croise à l'église Saint-Paul, Maldonnier la salue de loin ; c'est elle qui va au-devant de lui pour le remercier. Elle le croit capable de l'attendre jusqu'à la fin des temps sans prononcer un mot, sans émettre le moindre reproche. Mais que ferait-elle d'un homme soumis et silencieux, d'un poids qui viendrait troubler le silence de sa vie dans lequel niche toujours Nicolas ? Elle se souvient de la faconde de son mari, de sa manière de raconter ses journées, de lui donner envie d'être à demain. Et de réjouir ses nuits.

Marguerite soupire. Il lui reste un troisième prétendant. Ce n'est ni pour la conversation ni pour l'amour qu'elle pourrait se décider, et la façon dont elle le voit est terriblement froide. Michel Falon prétend être riche et ne ment pas. De même, il ne promet pas de l'éblouir ou de la faire rire du matin au soir, d'être son Éros et, elle, son Aphrodite. Non ; il lui garantit la sécurité, le confort, d'assurer la survie de l'entreprise Pontgallet. En se forçant à la raison, Michel Falon pourrait l'emporter, mais la qualité a son défaut : on le dit pingre, vachard avec les locataires des cinq bâtisses qu'il possède au Quartier latin. De plus, il est gros et respire lourdement. Voilà peu, il lui a proposé une balade dominicale dans Paris. Soit. Il a marché des heures sans dire d'autres mots que : « Cette maison est à moi ; celle-là, bientôt. » Ce n'est pas lui qu'elle choisirait. D'ailleurs, en vérité, aucun des trois. Rien ne lui allait mieux que son regretté Nicolas.

Alors, elle reste aimable, laisse planer le doute, qu'aussitôt les trois convertissent en espoir. Elle s'amuse ainsi, pas méchamment, mais, ce dimanche, son regard se tourne vers la place, au bout de la nappe, restée vide pour honorer la mémoire de Nicolas Pontgallet, son mari devant l'Éternel.

*

— Bonjour, Marguerite…

Fichtre ! Le craintif Pierre Maldonnier s'est lancé à l'assaut. Il est habillé de neuf, rasé de près, s'avance portant dans chaque main quatre pintes de vin dont il tente de se débarrasser en cherchant un coin libre sur la nappe.

— Pierre, donne-moi ça !

Bergeron vient à son secours.

— Assieds-toi.

Maldonnier hésite. Il aimerait tant que cette femme aux yeux verts lui en fasse la demande.

— Pas là, grommelle Bergeron. Mets-toi à côté de Marguerite.

— Aucune fleur, aujourd'hui, monsieur Maldonnier ? taquine-t-elle le pauvre homme qui rougit.

— Maman, soupire sa fille Anne, installée en face.

— Allons, venez ici, Pierre. Et posez ce vin si vous voulez manger, ordonne Marguerite de la voix chaude et chantante qui le trouble tant.

— Merci, merci, balbutie-t-il en ne regardant qu'Anne tant il est impressionné.

La fille de Marguerite a changé. Depuis qu'elle est maman, sa silhouette s'est affinée, ses seins se sont gonflés et se montrent sans fausse pudeur dans le creux d'un corsage orné de dentelle.

Elle a de l'assurance, sourit à nouveau. Elle s'est débarrassée de la fragilité de l'oisillon. Son allure, ses gestes n'ont plus rien de la jeune gourde d'autrefois. Ce changement s'explique sans doute par la présence de Léon, son mari, un homme solide et qui se montre bon père. Sans nul besoin de le lui demander, il se lève pour aller voir ce que fait Amandine, partie jouer avec les autres enfants à « un, deux, trois, soleil ! ». On le voit revenir à pas lents, attentif à la fillette qu'il tient tendrement dans ses bras, désireux de l'entendre raconter ses aventures d'une voix hésitante, à l'aide de quelques mots qu'il complète par les siens pour venir à son secours. Ce Limousin est calme, droit, franc du collier, on le devine tout de suite. La gamine vient d'apercevoir sa maman et tend les bras vers elle. Aussitôt, Léon rend la liberté au trésor blond qui court se nicher contre la poitrine d'Anne et réclame son câlin, pouce dans la bouche. L'enfant est grande pour trois ans à peine et belle par-dessus tout. On cherche la ressemblance avec ses parents. Amandine a hérité de la couleur de cheveux d'Anne, mais les siens se rebellent. Une mèche bouclée descendant sur un grand front souligne son regard gris-bleu si séduisant et si différent de celui marron de son père. De quoi a-t-elle donc hérité ? Sa bouche boudeuse et gourmande n'a rien de commun avec les siens. Sans doute que ce trait charmant lui vient comme à tous les petits gâtés. Maintenant Amandine se lasse. Sans hésiter, elle trottine sur la nappe posée sur le sol et personne ne lui en fait le reproche. Elle est l'enfant roi. Mais de qui ? Son père est brun et carré, elle, fine comme une liane. Par chance, elle n'a pas non plus son nez, épais et rond et, côté caractère, celui de Léon se devine sans malice, comme celui de son épouse. La fillette n'a que trois ans, dit-on, mais, naturellement, elle joue de son charme, car l'animal est tout sauf sot. Marguerite regarde ce trio, vestige de son ancien bonheur. Le visage de son fils Jean se superpose à celui de Nicolas et il lui faut du courage pour retenir ses larmes.

*

Son gendre a vu son malaise et la regarde comme s'il devinait ses pensées. Elle lui envoie son pareil en souriant, si bien qu'Anne découvre leur complicité et rien ne lui ferait plus plaisir. Elle se tourne vers son mari, se penche sur son épaule. Il l'enlace aussitôt, protecteur et doux. En voyant cela, Amandine se jette dans les bras de ses parents et les embrasse tous deux. C'est un bon père, un bon mari, pense Marguerite. Il les rend heureuses. Elle le sait depuis qu'ils ont débarqué à Paris, attendant patiemment qu'Amandine ait presque quatre ans car l'enfant est plus âgée d'un an qu'on le croit. Et à l'exception des Le Faillon, ces Bretons hébergés une nuit chez Marguerite peu après la mort de son mari et de son fils, personne ne sait qu'Anne était enceinte avant son mariage. Avant même de connaître Léon.

Elle en avait fait l'aveu à sa mère le soir du double drame. « Je suis enceinte, hoquetait-elle. J'ai péché. Dieu nous a punis. » Marguerite, penchée sur Nicolas, inerte depuis la découverte de Jean, n'avait pas réagi sur le coup. Peu avant, un voisin l'avait arrachée à son fils. Puis le corps avait été monté dans une des chambres et quelqu'un de brave s'était chargé de le laver afin d'effacer les traces de sang maculant son visage. On avait gentiment forcé Marguerite à sortir. Oui, elle reviendrait pour l'habiller. Il valait mieux qu'elle reste aux côtés de son mari, qu'elle lui parle pour l'aider à s'accrocher à la vie pendant qu'une âme charitable courait après le médecin. Elle le faisait depuis, balbutier, bredouiller, sans comprendre ce qu'il lui arrivait, sans même réaliser que sa fille pleurait et se tenait droite, à deux pas derrière. Quand soudain, Anne avait lâché ces mots :

— Je suis enceinte. J'ai péché. Dieu nous a punis.

Marguerite fixait Nicolas : entendait-il ? Maintenant, cela aussi entrait dans sa tête et commençait à y faire des ravages. Elle avait tourné une épaule pour s'assurer que celle qui s'était exprimée n'était pas une ombre.

— Enceinte ? avait-elle répété sans lâcher la main du moribond.

Anne n'avait fait que baisser la tête.

— De qui ?

Après un temps infini, sa fille avait répondu :

— Toussaint. Toussaint Delaforge.

Et Marguerite aurait juré que la main de Nicolas s'était raidie.

Avant qu'elle ne puisse réagir, le médecin était apparu, exigeant qu'on s'écarte du maçon – de l'air afin qu'il travaille ! Un bras solide avait saisi celui de Marguerite pour la conduire jusqu'à la chambre de Jean.

Anne est enceinte, se répétait-elle, en contemplant le corps de son fils décédé. Elle devait gérer un maelström de sentiments contraires. La vie, la mort, sans céder au désespoir, sans rien dire, accrochée à l'espoir, suppliant Dieu de ne pas emporter ses deux hommes à la fois et ne sachant plus vraiment pourquoi elle vivrait si cela arrivait. Un enfant ? Le jour où le sien disparaissait ? La vie, la mort, elle balançait entre les deux rivages, tanguait, hésitait lorsque Delaforge s'était montré, s'agenouillant près d'elle comme ce fils qu'elle venait de perdre. Voilà pourquoi elle avait jeté dehors l'apprenti dont le visage ne montrait ni peine ni désordre. Ce diable par qui le malheur arrivait, celui qui avait détruit son royaume, était le père. D'instinct, elle reliait les tragédies. Jean, Nicolas, s'il mourait, et maintenant sa fille. Tout se déroulait mal depuis l'arrivée de l'apprenti qui avait envoûté son clan.

Dans la nuit, peut-être à trois heures – quelle importance ? –, Nicolas s'était éteint et Marguerite avait dû étouffer son chagrin afin d'accueillir celui de sa fille. Malgré tout, il fallait continuer. Anne lui avait avoué que Toussaint l'avait séduite et abandonnée le jour même puisqu'il ne l'aimait pas. Bien, soutenait Marguerite, une colonne de force qui refoulait ses larmes et l'envie formidable de disparaître, nul besoin d'un être méprisable, cynique, pour élever et protéger l'enfant. Et les choses allèrent ainsi, de guingois, tantôt en imaginant de signer la paix et de faire revenir le coupable dans le giron, tantôt s'y refusant sans trop savoir pourquoi, peut-être en espérant que lui-même effectuerait le premier pas.

Marguerite imaginait qu'il apparaissait, demandait des nouvelles, pour finir, qu'il réclamait Anne et, en apprenant qu'il allait être père, s'agenouillait, demandait pardon et promettait d'être un solide tuteur – et peut-être bon époux. Ce rêve, elle l'avait caressé, et s'y accrochait. N'était-ce pas la seule façon de juger enfin ce garçon, de se convaincre qu'elle avait eu tort de le chasser, que le chagrin avait brouillé son opinion ? Delaforge ne se montrant pas, la vie aurait boitillé entre regret et remords, si elle n'avait trouvé la chemise dans les combles lors du passage des Le Faillon. Delaforge était-il le *mal* ? Elle en détenait la preuve. Après, que faire ? Revivre mille fois la scène au cours de laquelle Jean mourait, et hurler son désespoir, l'étouffer en inventant toutes sortes de punitions. Souffrir le martyre, oui, des nuits durant, et y renoncer pour ne pas apprendre à sa fille que le père de l'enfant était sans doute le meurtrier de Jean. Dénoncer Delaforge revenait à accabler un peu plus Anne, à la convaincre qu'elle était responsable, à tuer à nouveau la vie, y compris celle qui allait naître.

Depuis, Marguerite vit avec ses démons, et ne peut s'y résoudre. Mais en revoyant Anne, si heureuse, si épanouie, elle approuve ses choix. Son fils et son mari n'ont pas été vengés ; elle seule le sait, elle seule en souffre, et rien ne prouve que Delaforge ne réparera pas un jour. Pour le moment, elle prend ce qui vient. Par amour, Léon a épousé aussi le passé d'Anne, accepté Amandine sans reproche. Il ne réclame aucune explication. Il a raison, songe la veuve, il en souffrirait. Le regard d'Anne posé sur Amandine suffit pour comprendre que le souvenir de Toussaint ne la quitte jamais.

*

— Marguerite ?

— Oui, Pierre, se force-t-elle à sourire.

Le maçon Maldonnier est mal à l'aise. Il préfère construire. Mais s'il veut conquérir le cœur de sa voisine…

— Irez-vous, dimanche prochain à Saint-Paul ?

Sapristi, cet homme n'a que l'église et la prière à la bouche…

— Je n'aurai guère de temps avant ou après. Je dois me plonger dans les comptes.

Mais Pierre Maldonnier a décidé de se montrer audacieux.

— Je pourrais vous aider…

— Ne vous donnez pas de tant de mal. Il n'y a pas assez de travail pour que ma tâche soit aussi compliquée.

Il devrait sauter sur l'occasion, lui dire que, si ce n'est pas trop long, ils iront en barque sur la Seine, mais le maçon est moins habile que son concurrent Étienne Champs, le tombeur de ces dames.

À trois pas de là, Bergeron suit discrètement la scène et sent que ses espoirs tombent encore à l'eau. Marguerite ne changera pas d'opinion. Son Nicolas est là, assis à ses côtés, sous sa peau. Le gentil Maldonnier ferait mieux d'abandonner.

— Marguerite, demande-t-il, voyant que le prétendant l'ennuie. Ce n'est pas dans les habitudes, surtout un jour comme celui-ci où on ne parle pas en principe des affaires, mais…

— Ne t'inquiète de rien, Antoine, l'interrompt-elle gentiment. Je m'en sors. Et puis, maintenant, j'ai Léon.

Ce dernier redresse la tête. Le regard est limpide. Oui, semble-t-il dire, on peut compter sur lui. Bergeron opine. Le gendre lui fait bonne impression. Le Limousin est connu pour être travailleur et savoir manier le mortier et la terre, l'agrégat dont on se sert pour lier les moellons entre eux. *Limousin* est aussi un titre que pourrait porter le maçon, mais cette appellation particulière tient à un subtil distinguo. Le maçon utilise le plâtre. Pour le reste, le coup de main est le même. Mais chacun a son pays, son réseau, sa culture et toutes ces choses qui font l'appartenance et participent à l'orgueil. Pourquoi le Breton jette-t-il des pierres au Normand par-dessus le Couesnon ? Parce que, *dans sa folie*, cette petite rivière, *a mis le Mont-Saint-Michel en Normandie.* Depuis 1009, la frontière fait la différence entre deux mondes assez inconciliables. La comparaison est osée, mais il y a un peu de ça quand un limousin et un maçon se croisent. Ils ne peuvent s'empêcher de se mesurer. Bergeron a depuis longtemps décidé de ne pas prêter d'importance à la querelle, mais l'occasion semble trouvée d'éprouver ce jeune homme encore inconnu.

— Ainsi, tu es manœuvre ?

L'attaque est brutale. Le manœuvre se situe à l'échelon le plus bas de la hiérarchie, en dessous de l'apprenti. Pourtant, Léon reste calme :

— Je pense pouvoir faire mieux, glisse-t-il aimablement.

— Sans doute, mais tu ne sais pas appareiller comme nous autres…

Un maçon se flatte de disposer d'un savoir-faire supérieur. Il peut monter les murs, fixer les cheminées et les poutres, ce qui n'est pas le cas du Limousin…

— Je crois bien que si, ne s'énerve pas Léon.

— Ah bien ! Et quoi d'autre ?

— Mon mari n'est pas du genre à se vanter, intervient Anne, mais, que cela vous plaise ou non, monsieur Bergeron, il a quitté un poste de piqueur pour venir à Paris.

Elle se tourne vers Léon et lui sourit tendrement :

— Il l'a fait pour m'être agréable…

Piqueur ? Palsambleu ! Voilà qui le place en haut du panier… Le piqueur[1] est celui qui seconde le maître-maçon sur le chantier. Il embauche les ouvriers, gère l'approvisionnement en matériaux, tient les comptes et distribue la paye. C'est l'homme de confiance.

Bergeron va-t-il encore se moquer ?

— Cela ne m'étonne pas, décide-t-il. Tu me fais une bonne impression, Léon. Bienvenue chez nous…

Le maître-maçon en ayant fini avec l'interrogatoire, il éprouve le besoin de bouger. Il se lève en se massant le dos. À cinquante ans, il y a longtemps qu'il ne taille, ni ne scie plus la pierre. Mais l'époque lointaine où il était simple compagnon a laissé des traces.

— Marguerite, j'ai des fourmis dans les jambes. Ça te dirait de marcher un peu ?

Elle n'espérait qu'un mot pour se débarrasser de Maldonnier. Les voici donc, partant d'un pas tranquille, au milieu des vignes.

1. Le piqueur est également celui qui « pique » les ouvriers absents.

Le soleil est sur Paris, éclairant le tableau jusqu'à la Seine. Les couples vont ici et là, et s'aventurent entre les rangs gorgés de grappes de raisin, parfois ils s'allongent, disparaissent. Cette journée est belle…

— Ta fille est bien tombée, débute Antoine.

Marguerite partage cet avis.

— Léon me semble beaucoup mieux que l'apprenti engagé par Nicolas. Je crois bien que ce bougre de Delaforge tournait autour d'Anne.

La veuve ferme les yeux de peur qu'ils la trahissent.

— Tu sais qu'il *manigance* pour Le Vau ?

— Je ne veux rien savoir de lui, cingle-t-elle.

Le maçon s'incline.

— Je te remercie encore, reprend Marguerite d'une voix apaisée. Sans toi et ce que tu me donnes comme travail, je serais perdue…

— Non, non ! C'est toi qu'il faut féliciter. Écoute, tout ce que je te confie est parfait.

— Ce n'est pas compliqué ! Faire des trous et raser des bosses. Je ne suis pas dupe. Je crois que tu me favorises…

— Détrompe-toi.

— Eh bien ! Si je te suis utile, soutiendras-tu mon projet ?

Marguerite parle de s'installer à Versailles et Bergeron le sait. L'idée a-t-elle du bon ? Elle vendrait sa maison et repartirait à zéro. Jusqu'à présent, le maçon se méfiait. Mais il y a Léon et Anne.

— Je ne veux plus rester rue de la Mortellerie.

Antoine la comprend. Tant de souvenirs atroces y gisent dans le silence.

— Léon est décidé à m'aider, continue-t-elle. Si l'entreprise se développe, il fera venir des collègues limousins.

Marguerite a l'air si heureuse. Comment faire fructifier ce petit rien de bonheur qui la rend si belle ?

— Si tu te décides, tu pourras compter sur moi, acquiesce Bergeron.

— C'est vrai ? lance-t-elle joyeusement.

Un instant, il revoit Marguerite au temps où Nicolas vivait.

— À Versailles, j'ai une équipe. Tu te souviens de Le Faillon, l'ancien bûcheron ?

Comment pourrait-elle l'oublier ?

— Le Vau et Colbert en demandent de plus en plus, continue le maçon. Avec les fêtes qui se préparent, on a besoin de bras. Crois-moi, vous aurez du travail tout de suite.

— Je ne suis pas si pressée, mais j'y penserai. Merci, Antoine.

— Non, non, écoute-moi, insiste-t-il en se rapprochant.

Bergeron porte fièrement la moustache et son visage viril, taillé à la serpe, trouble Marguerite.

— C'est le bon moment pour vous installer. Avant que tout le monde ne se précipite. Et je te répète que je pourrais faire beaucoup pour toi, murmure-t-il.

Marguerite connaît cet air de maquignon.

— Allons, s'échappe-t-elle. Ce n'est pas un jour à parler affaires, comme tu disais. Retournons voir les autres…

Chapitre 35

Mi-octobre, on grelotte à Versailles. Le château est humide, le confort rustique, les chambres des invités sombres et poussiéreuses. Qui oserait se plaindre ? Le roi accueille la Cour, la reçoit, et, ce soir, Molière et sa troupe interprètent *L'Impromptu de Versailles.* À vrai dire, le spectacle surprend. On répète encore alors que le rideau se lève, et ce n'est pas fini. Dès la première scène, on comprend que rien ne va. Les comédiens ne connaissent pas leur texte, le désordre règne. Jouera-t-on la pièce qu'attendait le roi ? Est-ce cela, *L'Impromptu de Versailles*, chaos et désordre ? Molière tente de réunir les artistes, mais ces bougres traînassent. Ils protestent ! *« Je crois que je deviendrai fou avec tous ces gens-ci »*, s'exclame le dramaturge. *« Eh têtebleu ! Messieurs, me voulez-vous faire enrager aujourd'hui ? »* L'un d'eux lui répond : *« Que voulez-vous qu'on fasse ? Nous ne savons pas nos rôles. Et c'est nous faire enrager vous-même, que de nous obliger à jouer de la sorte. »* Voilà qui est contrariant car le roi est là, en chair et en os, assis au premier rang, tout proche de sa très belle maîtresse, Louise de La Baume Le Blanc, future duchesse de La Vallière.

Toussaint Delaforge se trouve, au fond, bien loin. Pourtant, il s'étonne de sa bonne fortune. Angélique de Saint-Bastien se serre à ses côtés. Le Vau se montre devant. L'ancien orphelin de Montcler est au cœur de la fête de Sa Majesté Louis XIV. Têtebleu ! comme l'écrit Molière, ce moment vaut le poids de tracas et d'ennuis auquel il doit faire face depuis peu. Allons, se rassure-t-il, la ruse lui réussit toujours et, en songeant aux sujets d'inquiétude qui se bousculent, il voit même dans la pièce de Molière l'illustration de la justesse de ses méthodes. Pour réussir, il faut user d'audace, prendre des risques. N'est-ce pas le cas de Jean-Baptiste Poquelin, attifé d'un sacré toupet quand il avoue que sa pièce n'est pas prête ? Voilà comment s'affirmer : en n'ayant jamais peur, en faisant front, en combattant l'adversité. La preuve point à l'instant. Les comédiens expliquent que le temps manque, qu'il en faut pour écrire et mettre en scène, qu'ils ont été pressés, secoués, bousculés, qu'ils se sont échinés à produire le meilleur pour que la fête soit belle. Ils parlent au nom de tous, de Le Nôtre, de Le Brun, de Le Vau. Louis XIV leur en tient-il rigueur ? Non. Mieux, il sourit et se tourne vers sa favorite afin qu'elle comprenne combien il aime cet instant et regrette de ne pas être encore plus près d'elle. C'est l'art de Molière de dire les choses, mais de les toujours tourner en la faveur du roi. On se plaint depuis la scène, mais, si fait, on ajoute : *« Les rois n'aiment rien tant qu'une prompte obéissance, et ne se plaisent point du tout à trouver des obstacles. Les choses ne sont bonnes que dans le temps qu'ils les souhaitent. »*

Ces mots, Le Vau ne cesse depuis des mois de les répéter à Delaforge, et les présents devraient retenir la leçon : Molière est le complice royal. Son message n'est autre que celui de Sa Majesté : obéissez, vous serez récompensés. Le divertissement n'a donc rien de gratuit. Il reflète l'opinion d'un monarque entendant un discours qu'il aurait pu prononcer et qu'un artiste fidèle déclame à sa place. Ce qu'il veut. *À l'instant où il dit*, quelles que soient les difficultés.

Les fêtes de 1663 sont voulues ainsi. Ce sont celles d'un prince jeune, détendu, attentif à ses hôtes, et encore accessible. Mais se profile déjà le souverain absolu, celui qui ne supporte pas d'anicroches. Comme pour tout ce qui se produit à Versailles, ses ordres sont *impromptus*, souvent contraires. Peu lui en chaut. Il exige ce qu'il a obtenu d'un Molière à la fois libre et soumis à la loi du maître. L'alchimie fonctionne, l'obéissance se marie à la légèreté puisqu'il s'agit de séduire, de convertir à Versailles, non pas d'écraser. Ainsi, la manœuvre tourne à l'étourdissement.

Ce *tour de magicien* est possible grâce à la cohésion de l'équipe entourant le maître de cérémonie. On voit Molière sur la scène, Le Vau dans la salle, mais il y en a d'autres, placés ici et là, maillons indissociables du projet qui porte Louis XIV depuis qu'il a décidé que Versailles serait le *Palais de toutes les promesses*. Une telle aventure s'apparente à la guerre et on ne la gagne pas sans soldats, plus encore s'ils sont encadrés d'excellents officiers. Les généraux de Versailles sont au nombre de trois. Ils se connaissent, s'apprécient et ont déjà mené ensemble la bataille de Vaux-le-Vicomte, demeure somptuaire de Fouquet. Le Vau, Le Brun et Le Nôtre forment une équipe soudée. Il faudrait y ajouter les maîtres maçons Villedo et Bergeron.

La rumeur prétendit que Louis fit arrêter Nicolas Fouquet à cause des fêtes extraordinaires organisées à Vaux-le-Vicomte, le 17 août 1661. Le soleil aurait pâli devant tant d'éclat. Un roi jaloux d'un de ses sujets ? Balivernes, s'il s'agit de celui qui ne se compare à nul autre. Mais un déclic, sûrement oui. Car cette année 1661 est vraiment un tournant pour Louis : la mort de son parrain et mentor, Mazarin, la naissance du Dauphin, la liaison capitale avec une Louise aimant Versailles, et surtout le domaine de feu son père, le futur phare de son pouvoir absolu. Mais de l'idée à sa réalisation, il restait un pas immense, un fossé peut-être infranchissable, jusqu'à trouver la merveille qu'abritait la terre : Vaux-le-Vicomte. Ce *tour de magicien* n'était pas l'œuvre du financier Fouquet – l'argent n'est pas une question –, mais celle de ce trio génial : un peintre, un jardinier, un architecte.

En quittant la réception du surintendant des finances, Marie-Thérèse, reine de France ne décolérait pas. Meubles, tapis, lustres de cristal, marbres, dorures, sans parler des jardins illuminés, des parterres de buis, des arbres, des allées ! La fille du roi de l'âge d'or espagnol n'avait jamais vu autant de merveilles réunies en une seule fois. Fouquet narguait Louis, se mesurait à lui. Non, il voulait l'égaler. Et pourquoi pas le surpasser ! L'audace et l'affront, impardonnables, méritaient une sanction. Dans le noir du carrosse, son époux souriait : « Ah ! madame, est-ce que nous ne ferons pas rendre gorge à tous ces gens-là[1] ? » Pour éliminer Fouquet, on comptait sur Colbert. Cet ennemi forcené du maître de Vaux-Le-Vicomte tenait scrupuleusement, en comptable, la liste des détournements de son concurrent et attendait le procès du corrompu pour s'emparer de sa place. Mais que deviendraient les *magiciens* de son château somptueux ? Maintenant, Louis XIV pouvait croire à Versailles. Les tapissiers de Maincy qui avaient tant œuvré pour Fouquet seraient déplacés aux Gobelins, les beaux meubles de Vaux, emportés et mis à l'abri en attendant que soit bâti le nouvel écrin qui les accueillerait, les arbres, les orangers et même des carreaux de marbre, seraient chargés sur des charrettes, et les cartons créés par Le Brun pour Fouquet ne demandaient qu'à être ornés des armes de Louis XIV pour changer *par magie* de propriétaire. Dépouiller Vaux s'apparentait à une opération fort simple. C'était la razzia du vainqueur, pas encore son œuvre. La bataille ne s'achèverait qu'après avoir érigé Versailles. Mais désormais, Louis a trouvé ses mercenaires, comme le prouve la fête de *l'Impromptu de Versailles*.

Peu avant, le roi a montré les progrès obtenus dans les jardins, évoqué ses projets, en se gardant d'être trop précis, et pris la tête de l'expédition qui s'est rendue à la Ménagerie où il a été demandé que la pompe soit mise en branle. De là, le roi a décrit ce que sera l'Allée royale, s'est rendu à l'Orangerie avant de déclarer sans ambages qu'il était temps de se restaurer. On l'a suivi jusqu'aux buffets, dressés dehors. Ce fut bon, servi en musique, sans préciosité, chaleureux en somme, malgré la pluie fine qui ne cessait de tomber. Pressons, il y avait Molière. Demain, *Sertorius* de Corneille, la chasse, le ballet, deux ou trois promenades…

Depuis ce matin, l'humeur est au plaisir mutin. Le roi y tient tant qu'il allège l'étiquette, n'hésite pas à se mêler aux autres. Ce

1. Selon l'abbé de Choisy *(Mémoires)*.

n'est pas le Louvre, ici ! Un ami recevant ses intimes ? C'est de trop, mais les candides tombent sous le charme, excités et ravis d'apprendre qu'ils camperont, du moins les élus, dans une des chambres minuscules situées dans les deux grandes ailes ajoutées récemment à l'entrée, dans l'avant-cour. Au nord, voici les offices ; au sud, les écuries. Que diable, pour une nuit, on dormira au-dessus, mêlés à la piétaille. À la guerre comme à la guerre. À l'automne 1663, les fêtes de Versailles ressemblent à une aimable partie de campagne, prétexte pour visiter les travaux d'une *nouvelle maison*. Ce n'est pas la somptuosité des *Plaisirs de l'Isle enchantée*[1], parachevant l'entreprise de séduction qui débute et vise à emprisonner les courtisans dans la cage dorée que deviendra Versailles. L'idée est de plaire et de comprendre que le roi s'y plaît.

Mais l'heure tourne, le souper viendra tôt. *« Les grands princes n'aiment guère que les compliments qui sont courts »*, annonce Molière, ce soir, grand chambellan de Sa Majesté. *Ces étranges animaux que sont les comédiens* sont là pour réjouir et non lasser. La comtesse Angélique de Saint-Bastien trouve aussi le temps long. Elle profite de la pénombre pour poser sa main sur la cuisse de son amant, puis se hasarde à caresser le bras d'ébène. La manœuvre tourne au supplice. Il lui faudra attendre pour donner libre cours à son imagination. Dormir à Versailles et y faire l'amour, elle en rêve et s'offrira dans les communs comme une paysanne. Tant mieux si les cloisons ne sont pas épaisses : songer que les autres l'entendront gémir décuplera son plaisir.

Delaforge est moins à son affaire, partagé entre la jubilation de se trouver à Versailles et les soucis qui s'accumulent. Le premier de tous est d'avoir revu Ravort vivant. Dans l'auberge borgne, c'était lui. Bossu, cagneux, gueule de travers, mort, croyait-il, cinq ans plutôt, place de la Contrescarpe. Gorge ouverte, affalé dans son sang, tandis qu'un dernier râle s'échappait de sa bouche tordue. Mais aujourd'hui, survivant. Et ce cauchemar lui souriait.

1. *Plaisirs de l'Île enchantée.* Fêtes phénoménales de 1664 dont il sera question.

*

— Je vois que tu n'es pas mieux, le lutteur…

Ravort parlait du bras. Delaforge ne répondait rien, abasourdi par la vision, cherchant à comprendre. Les souvenirs de cette époque s'étaient embrouillés, dissous ; sans doute, parce qu'ils cherchaient à les effacer. Peu à peu, Raymond de la Montagne refaisait surface. Cet ami le prenait à l'épaule car lui-même perdait son sang. La douleur avait brouillé sa vue. Pourtant, une dernière image demeurait nette. Ravort ne bougeait plus.

— Dis-moi, tu portes beau, l'orphelin !

Ravort ne semblait pas surpris par l'apparition de Delaforge

— Je t'ai vu arriver de loin avec ton carrosse de riche, précisa-t-il. Tu tournais près de chez moi. Vas-y que je détaille et que j'espionne. Je me suis méfié. Alors, j'ai monté à l'étage pour mieux regarder et crois-moi, les yeux sont encore bons. Foutre de merde ! Delaforge. Celui qui m'a balancé par la fenêtre ! Le lutteur des arènes, le tueur de Beltavolo…

Tout remontait, tout ce que Delaforge voulait effacer. Il jeta un regard sur la salle. Ils étaient seuls. Sa main gauche se serra. Ravort comprit la signification de ce geste, pourtant il chercha un siège et s'y posa lourdement :

— La vie t'a réussi, on dirait… Mis à part ce bras. Au combat ?

L'ancien lutteur ne répondit pas.

— Tu as aussi perdu ta langue, ou quoi ? Moi, c'est de la gorge que j'ai failli crever.

Il leva le cou. La balafre était là. Profonde. Mal recousue.

— Je suis comme les chats, grommela-t-il. J'ai sept vies.

Delaforge recouvra son calme. L'autre s'en était sorti. Une nouvelle dont il se serait moqué éperdument, si elle n'annonçait un cortège de désagréments. L'infirme était le témoin d'un passé qu'il avait jusque-là réussi à enterrer avec le soutien de Calmés. Il songea à le tuer tout de suite, sans réfléchir, mais il lui manquait une arme et Ravort était trop malin pour s'approcher. Et qui marchait au-dessus ?

— J'ai des gens, annonça Ravort en voyant le coup d'œil de son visiteur vers la cage d'escalier. Autant dire des témoins, ricana-t-il.

Il se leva plus prestement que son allure ne le laissait supposer.

— Tu bois quelque chose ? Au passé ? À l'amitié ! dit-il en allant tirer du vin à un tonneau.

Toussaint en profita pour détailler l'endroit. La salle était plus grande qu'il n'y paraissait de l'extérieur, et crasseuse comme il l'avait imaginée. Une graisse noirâtre, épaisse, barbouillait les murs, et le sol de terre battue collait aux semelles. Toutes les tables étaient dressées, et, dans le feu, accrochée à une crémaillère souillée de suie, pendait une énorme marmite d'où s'échappait l'odeur du chou et du navet. Le repas des manœuvres et des goujats du chantier voisin, en conclut-il en se souvenant du fumet du réfectoire de Montcler. L'endroit était trop fréquenté pour agir *illico*.

— Du vin ? Oui, je veux bien... se décida Delaforge.

— À la bonne heure. Le manchot a de la voix ! C'est pourquoi il va me dire ce qu'il manigance par ici et comment il porte pour plus de dix livres de vêtements sur le dos. Tu les as volés, salaud ? Dis-moi vite que j'aille le gueuler sur les toits...

L'ordure commençait son chantage.

— Après la Contrescarpe, se décida Toussaint, j'ai failli mourir.

— On est deux. Beltavolo ne m'a pas raté.

— J'ai toujours pensé que tu m'avais trahi...

— Et ça ? grogna-t-il en cisaillant l'air avec le pouce. T'as bien vu l'estafilade ! Tous deux, on s'est fait avoir par Beltavolo. Qu'il couche en enfer...

Il cracha sur le sol.

— Ton bras ? C'est Beltavolo aussi ?

— Oui. Il a fallu l'amputer.

— Mais toi, on t'a bien arrangé. Mordiou, du beau travail, siffla-t-il entre ses chicots jaunis. Et ça doit coûter son pesant d'or...

— Je suis dans les affaires, répondit sèchement Toussaint.

— De même, mon frère... De même...

— C'est à toi ? demanda Delaforge en parlant de l'auberge.

— Payé comptant. Tu te souviens que j'étais un sacré bon négociateur pour les coupe-jarrets de la Bastille. Eh bien, j'ai repris ma place quand ça a été mieux. Et j'ai fait ce travail pendant trois ou quatre ans. J'ai mis de côté, quoi. Mais parfois, il faut savoir devenir invisible. S'effacer. Faire le mort, ricana-t-il. Les affaires, si tu es dedans, tu sais que c'est compliqué. Versailles, ça m'allait bien. Ni trop près ni trop loin de Paris. Et ça bouge ici, le filon est bon…

Delaforge ne put s'empêcher de penser à Le Vau qui employait le même mot. Le filon. Le bossu avait toujours eu du nez, et celui-là, personne n'y avait encore touché. L'histoire se précisait, Ravort avait connu une mauvaise passe et, sur ce point, il pouvait le comprendre. Pour éviter d'y laisser une autre vie, il s'était écarté de Paris.

— Moi aussi, je cherche à placer par ici, se risqua Toussaint.

— C'est pourquoi tu es venu faire ta fouine. Et pan ! Tu tombes sur Ravort. Pas de chance, mon gars. Pas de chance… Car je n'oublie pas que tu as voulu me tuer autrefois.

— Alors, nous sommes quittes.

— Et pourquoi ?

— Je pense que tu étais vendu à Beltavolo et…

— Je te jure que non, protesta-t-il – et on pouvait le croire.

— Écoute, Ravort, s'emporta soudainement Delaforge. Soit on tire un trait sur le passé et j'oublie que tu avais truqué le jeu de cartes, soit tu continues ton numéro. Alors…

— Quel numéro ?

— Tes menaces voilées ! Tu veux me dénoncer ? Tu perdras la vie pour de bon. Jamais deux sans trois. Crois-moi, le dicton est plus vrai que tes sept vies !

— Du calme, l'ami. Je voudrais bien oublier que je t'ai vu, mais je ne suis par certain.

— Tu veux de l'argent ?

— Peut-être, grimaça l'autre.

Bon Dieu ! Ravort le tiendrait ainsi et ce serait pour toujours… Comment aller et venir à Versailles si l'infirme se trouvait dans ses pattes ? Il cédait une fois, c'était à jamais. Non, il fallait le tuer.

— Je ne suis pas aussi riche que tu le penses.

— Tu te moques, l'orphelin. Tu me prends pour un âne ! Le bras droit, si je peux dire, de Monsieur Le Vau serait sans le sou ?

— Comment sais-tu cela ? murmura Delaforge, l'œil noir.

— Je t'ai déjà aperçu par ici. En avril, je crois. Ton carrosse fait un peu *m'as-tu-vu*. Pour quelqu'un qui a autant à se reprocher, ce n'est pas malin. Les gens s'ennuient dans ce trou, alors dès qu'on aperçoit une tête nouvelle, on se renseigne. Je n'ai pas eu besoin de chercher longtemps. Tiens, il paraît même que tu te promenais ce matin avec le roi… La servante que tu entends là-haut me l'a dit avant que tu arrives. Et je pensais bien qu'un jour, je te croiserais pour qu'on règle nos comptes une bonne fois pour toutes.

Il dodelina de la tête comme s'il semblait désolé :

— Mon état m'a rendu patient, mais il y a des limites. Tu payes et je t'oublie. Tu tentes quoi que ce soit contre moi, dis adieu au beau monde ! Tu finiras pendu parce que les galères ne voudront pas d'un estropié. Je le sais. Pour moi, c'est pareil…

— Du calme. Je t'ai connu plus malin. Autrefois, tu savais où se nichaient tes intérêts.

— C'est tout réfléchi, grinça *Traîne la patte* (et c'était sa façon de rire). Faut que tu fasses un geste.

Un geste ? Voilà que la menace s'adoucissait.

— Partage ce que tu voles avec ton ami.

Partager ? C'était déjà mieux que de se faire rançonner.

— Pour discuter de ça, commence par rentrer dans ta petite tête tordue que je ne vole rien, rétorqua Delaforge.

— Et toi ! s'emporta brusquement Ravort, n'oublie pas que tu es à jamais le lutteur des arènes. Ça va faire mauvais genre quand ceux avec qui tu commerces l'apprendront.

— Avant d'agir, entends ce conseil : trahis-moi, mais surtout, ne me laisse pas en vie… Oui, trahis encore, et tu y perdras tout.

Toussaint ne cédait pas. Ce fou, se dit Ravort, n'a toujours peur de rien. Mais le passé avait habitué le boiteux aux cas difficiles. Avec eux, il fallait parfois en passer par les tractations.

— T'as toujours été mauvais associé ! fulmina-t-il.

Il se força à soupirer :

— C'est bien dommage, car deux gars comme toi et moi qui se connaissent... On aurait formé une belle équipe.

On y venait, se dit Delaforge. On engageait les pourparlers.

— Tu me parles d'une entente ?

— Pourquoi s'entêter ? Y a pas un moyen de trouver le bonheur à deux ? Tu veux la paix, moi de l'argent. Est-ce qu'on est obligés de se battre ? Jadis, on combinait nos talents et ça marchait pas mal.

C'était l'art de l'ancien négociateur de la Bastille, et Toussaint le connaissait. S'il ne passait pas en force, Ravort biaisait. Quelle que soit la manière, seul le résultat comptait.

— Qui prenait les paris aux arènes ? continua-t-il. Qui s'arrangeait pour qu'ils montent ? T'ai-je une seule fois fait défaut ? T'ai-je volé un sou ?

La litanie s'accompagnait d'un bel air de malheureux.

— On s'entend pas et ce sera la guerre, haussa-t-il les épaules. Et qui gagnera ? Y a que ça de vrai...

— Les deux y laisseront des plumes, l'aida le manchot qui voyait à quoi rimait son changement d'attitude.

— Tandis que si on trouve un arrangement, glissa Ravort en y ajoutant un clin d'œil...

— Tu y penses depuis quand ?

— Depuis le début, mentit-il.

— Alors, pourquoi m'as-tu menacé ?

— Je voulais voir si t'étais toujours aussi décidé qu'avant.

Bien sûr que non ! S'il avait pu escroquer sa victime, Ravort ne se serait pas gêné. Mais il se souvenait de celui qui l'avait poussé par la fenêtre et encore du lutteur. Infaillible, intraitable, inflexible. C'était toujours le même, manchot ou pas. Que risquait-il d'un tel ennemi ? Un mauvais coup. Maintenant ou plus tard. L'homme ne manquait pas d'argent, à coup sûr. Il lui serait donc facile d'organiser un traquenard. Et, à l'étage, la vieille femme qui besognait en faisant ce tintamarre ne lui serait d'aucun soutien.

— Dis-moi, lâcha Delaforge, sentant qu'il prenait le dessus. Il n'y a pas que moi qui suis en danger.

— Qu'est-ce que tu mijotes ?

— Que va dire le clan de la Bastille en apprenant que tu es bien en vie et que tu loges à Versailles ?

Ravort y pensait aussi. Il avait trop parlé. À présent, le chantage marchait dans les deux sens.

— Tu as peut-être raison, ajouta Toussaint pour enfoncer le clou : on a sans doute mieux à faire qu'à se chercher des noises.

— Ici, il y a de l'or à prendre, rebondit Ravort. Assez pour deux.

En pensait-il un mot ?

— Je vais y réfléchir. Je reviendrai te voir.

— Quand ?

— Pour les fêtes qui se préparent, lâcha-t-il, non sans hésiter.

Il fallait donner quelque chose, un appât pour retenir la digue.

— Eh bé ! tenta de siffler le difforme, tu fréquentes la haute.

— Comme quoi, tu aurais tort de te priver de mes relations.

— D'accord, cracha soudainement Ravort. Mais je te préviens, envoie personne pour me faire danser. Ici, il y a du monde, et je n'ai pas à me forcer pour raconter ta vie à quelqu'un qui se chargera de la rendre publique.

— Et toi, ne trahis pas ta poule aux œufs d'or. La dernière fois, tu sais ce qu'il t'en a coûté. Si j'ai le moindre ennui avant de te revoir, je saurai que ça vient de toi. Même si on m'arrête, il y aura toujours une bourse bien remplie pour exécuter mon testament.

— Ne t'inquiète pas de ça. Je sais où est mon intérêt. Occupe-toi plutôt de me faire une proposition qui me rendra sage.

— Dans un mois, en octobre.

— J'attendrai. Je suis devenu patient, je te l'ai dit…

*

Le roi est ravi. Il s'amuse. La pièce se termine. Ce sera un franc succès. Béjart, personnage prude dans *L'Impromptu de Versailles*, surgit pour rassurer Molière : « *Je viens pour vous dire qu'on a dit au Roi l'embarras où vous vous trouviez, et que, par une bonté toute particulière, il remet votre nouvelle comédie à une autre fois, et se contente, pour aujourd'hui, de la première que vous pourrez donner.* » Molière n'a plus qu'à conclure : « *Ah ! Monsieur, vous me redonnez la vie ! Le Roi nous fait la plus grande grâce du monde de nous donner du temps pour ce qu'il avait souhaité, et nous allons tous le remercier des extrêmes bontés qu'il nous fait paraître.* » Le message est clair : Versailles, ce pays ensorceleur, demande tant d'efforts, de génie et de passion que son maître peut *aussi* être magnanime. Le rideau tombe. Louis XIV applaudit, la salle suit immédiatement.

— À quoi penses-tu, mon amour ?

Toussaint Delaforge s'arrache à ses pensées. Angélique montre son mignon visage.

— Rêves-tu d'une autre femme ? minaude-t-elle.

— J'ai faim, ment-il.

— De moi ? chuchote la jeune femme en lui mordillant l'oreille.

— Attends que nous soyons seuls, glisse-t-il en se collant à elle.

Il reste une dernière nuit avant de retrouver Ravort. Ce sera demain, après la fête, et Delaforge révise le plan qu'il a concocté pour écraser le pou qu'est le bossu. Il devrait plutôt être à ce qu'il fera dans un instant.

*

On touche à tout, goûte à tout, on ne mange pas vraiment. Il y a tant de mets, de plats, de couleurs, de parfums. Pour commencer, les potages, alchimie de perdrix et de pigeons, cuits entiers, carcasse et chair mêlées et broyées jusqu'à se dissoudre dans un suc parfumé de gingembre, de muscat et de thym qui équilibre la puissance du gibier. Le souper se tient dehors. Par chance, la pluie a cessé. Angélique se régale ou hésite. Elle ne sait où picorer. Faut-il qu'elle aille chercher plus loin, sur l'un des autres buffets dressés le long de l'allée principale éclairée par des centaines de flambeaux ? Delaforge a la tête ailleurs. Il cherche le fils cadet du marquis de La Place, aperçu tout à l'heure. Et doit le trouver avant que celui-ci ne tombe sur Le Vau.

— Où vas-tu ?

Sa maîtresse s'agace. On vient d'apporter des chapons truffés et une armée de grives alors que son chevalier servant s'éloigne.

— Où vas-tu ? insiste-t-elle.

Angélique en demande trop, sa passion devient collante. Toussaint ne prend même pas la peine de lui répondre. Il file entre les ombres agglutinées autour des buffets comme des insectes attirés par la lumière. Le roi s'est retiré, on se laisse aller. Le chevalier Saint-Val propose une partie de bassette, ce jeu de cartes dont on sort le plus souvent ruiné. Ailleurs, Molière fait les frais d'un critique grincheux. Delaforge, lui, force les barrages. Il vient d'apercevoir Le Vau qui se gave de pieds de porc.

— Ah ! Toussaint, vous tombez à merveille.

L'architecte s'essuie les doigts sur sa veste et tire son second à l'écart.

— Sa Majesté est enchantée, chuchote-t-il. Dieu du ciel, avez-vous goûté au boudin blanc ?

Sans écouter la réponse, il poursuit, excité :

— Je vous confirme en tous points ce que je vous annonçais.

Il lorgne le plateau argenté débordant de pâtisseries que porte un valet en tenue et fait même un bond de côté pour saisir une part. Ni vu ni connu. Le morceau disparaît en deux bouchées.

— Versailles ! postillonne-t-il. L'Eldorado…

C'est l'exact moment que choisit Antoine de Voigny pour se montrer. Il fait le pied de grue, bras ballants et sourit benoîtement.

— Ce monsieur… commence Delaforge.

— Qu'on dirait frappé par la Gorgone[1] ? plaisante Le Vau.

— Ce n'est pas faux. Il aime les statues.

— Que voulez-vous que cela me fasse ?

— C'est le fils du marquis de La Place.

— Soit. Félicitez ce gentilhomme.

— Souvenez-vous. Vous l'avez fait ajouter à la liste des invités.

— Et pourquoi donc ? interroge-t-il, visiblement oublieux.

— Je vous en ai fait la demande.

1. La Méduse, l'une des Gorgones, était si laide que ceux qui la regardaient étaient aussitôt transformés en statue de pierre.

— Sans doute, mais rappelez-m'en la raison.
— C'est peut-être un futur client.
Aussitôt, Le Vau se tourne vers Antoine qui ne bouge pas.
— Qu'a-t-il ? s'inquiète l'architecte.
— Je le crois timide.
— Tant mieux. Il discutera moins mes conseils…

*

— Ai-je été comme il le faut ? s'inquiète Antoine.

Quel niais ! songe Delaforge. Un nom, des rentes, et le voilà perdu, froussard. Le contraire de son maudit frère. Ce jeune homme mal fini se montrait ainsi quand il était petit, se souvient l'orphelin. Effacé, timide, subissant les sévices sans broncher, courant se cacher dans les jupes de Berthe, la cuisinière, ou de sa sœur Aurore.

— Excellent. Vous avez impressionné Le Vau.

— Il faut croire qu'il en réclame peu car je n'ai prononcé que quelques mots, reconnaît-il, faisant preuve de lucidité. D'ailleurs, lui aussi… Et rien sur la sculpture antique.

— Laissez-moi agir. Je m'engage à faire progresser votre cause.

— Merci Toussaint. Mais il faut que je vous dise…

Il s'arrête, hésite et se décide.

— Vous n'avez pas bonne réputation chez mon père…

— Eh bien ! Quelle nouvelle, s'exclame à merveille Delaforge. Et auriez-vous pris le risque de… dévoiler aux vôtres que vous me fréquentiez ?

— Non, non ! Ce ne serait bon ni pour vous ni pour moi. Mais j'avoue que je ne comprends pas cet acharnement, car je vous vois ce soir et l'autre soir encore, et vous agissez toujours avec franchise et honnêteté. Aussi, ai-je décidé d'en parler afin de corriger l'opinion de…

— N'en faites rien, l'interrompt le bonimenteur. Je sais pourquoi on me juge mal. Hélas, j'en ai eu la confirmation au couvent des Annonciades célestes, quand je m'y suis montré, ne cherchant que l'apaisement. Votre père semblait fort agacé… Ce climat regrettable remonte à mes seize ans. En sortant de Montcler, j'étais sauvage. Et je l'ai montré chez vous…

— C'est en effet le souvenir que j'en garde.

— Indompté, ombrageux, et je regrette les paroles que nous échangeâmes votre frère et moi.

— Voilà qui est élégant, car il vous a blessé.

— Tout était ma faute.

— Votre esprit… chevaleresque me surprend. Vous semblez si différent de ce que j'ai entendu à votre sujet.

— Oubliez tout cela. Parlons plutôt de cette conversation avec le premier architecte du roi.

— Vous ne voulez pas savoir ce qu'on pense de vous ?

— À quoi cela servirait-il puisque je ne suis plus celui dont vous dresseriez le portrait ? L'essentiel est ce qu'on fait aujourd'hui. Alors, j'insiste, revenons à votre entretien avec Le Vau.

— Selon moi, ce fut court.

— L'homme est ainsi. Pressé. Mais comptez sur moi pour qu'il ne vous oublie pas.

— Comment vous remercier ?

— Ne montrez plus cet air perdu. Il faut croire en vous !

— Mon père et mon frère pensent que je suis dans l'erreur…

— Parce que vous aimez la sculpture ? Nous leur prouverons le contraire ! Maintenant, allons nous amuser !

Les voici devant Saint-Val, cherchant toujours un quatrième pour sa partie de bassette.

— Antoine, seriez-vous tenté ? s'enquiert son cicérone.

— Eh bien, il faut vous avouer que je ne connais rien au jeu…

— Je vous aiderai ici aussi, murmure Delaforge. Soyez-en certain.

Chapitre 36

RUE DE BEAUCE, dans le quartier du Marais, *Sapho* reçoit. *Sapho* est le surnom que s'est choisi Mademoiselle de Scudéry, animatrice hors pair du salon qu'elle tient le samedi, en son hôtel. Les précieuses se pressent à ce rendez-vous couru qui, en quelque sorte, a pris la suite du salon de Catherine de Vivonne, devenue marquise de Rambouillet, faiseuse de talents et de réputations en son temps. Chez *Sapho*, les dames dissertent sur les tourments du cœur, imaginent des sujets de roman, fredonnent des airs, aiment les tournois poétiques, et tout cela est vraiment charmant.

Aujourd'hui, on y croise Madame de Sévigné, et Madame de La Fayette, de passage à Paris. Le débat du jour devrait être l'amour, vu sous l'angle suivant : ce noble sentiment est-il compatible avec le mariage ? La conversation sera enflammée et fournira une belle occasion de faire feu de tout bois, de briller et, sait-on jamais, d'être applaudi. Les camps se forment, resserrent les rangs. Les pour, d'un côté – ils défendent les liens sacrés du mariage – ; les contre, à l'opposé – s'unir revient à délaisser la passion. Ce sera plus amusant que l'autre soir où l'abbé d'Aubignac a contesté à Mademoiselle de Scudéry la création de la *Carte du Tendre*, cette vision géographique des méandres amoureux qui jalonnent toute vie[1]. Aubignac soutenait que cette œuvre était

1. Vision précieuse du cheminement amoureux, Tendre est un pays imaginaire dans lequel le cœur croise les villages Jolis-Vers, Billet-Doux et Billet-

sienne. L'odieux sermon, l'ennuyeux débat. Est-on réunis pour revendiquer la propriété des bons mots qui fusent ? Qui invente quoi ? Tout se dit, circule, progresse, s'enrichit par l'effet de l'esprit qui, stimulé par le trait précédent, l'emprunte, le développe, puis innove, et progresse à chaque nouvelle proposition, provenant, il faut en convenir, le plus souvent des femmes. Aubignac, un homme qui, comme le conçoivent les dames, n'en est pas exactement un, aurait-il eu l'idée de se moquer d'elles, de discuter leur primauté ? Qu'il prenne garde, se méfie de leur pouvoir. Quand il faut séduire, la gent féminine reprend le dessus et impose sa loi – ce que l'abbé, en principe, ne sait pas. Dans l'intimité, le sexe fort est moins arrogant et, pour obtenir sa pitance charnelle, le voici prêt à reconnaître que l'esprit des femmes niche ailleurs que là où il veut tant poser la main. Il le fait pour obtenir gain de cause, ignorant combien les qualités de ces êtres chéris s'épanouissent pleinement lorsque la fougue du rustre ne les brime pas.

Ce soir, c'est le cas. Les dames seront seules. Elles parleront d'amour et de mariage, sans avoir à subir l'engeance masculine. Conrart, Chapelain, Pellisson[1] ne se mêleront point au débat. Le duc de Montausier se trouve au Louvre, La Rochefoucauld écrit ses *Maximes*[2]. C'est pourquoi, ce samedi de mai 1664, elles ont hâte de débuter la séance à laquelle se joindra Angélique de Saint-Bastien, l'égérie de la coquinerie. L'amour, l'amour ! Le beau sujet. La vision qu'en a l'audacieuse comtesse s'accorde mal au mariage. La vie de la jeune veuve est un hymne à Éros, une prouesse des sens, un roman consacré à l'art de la jouissance sans que rien ne l'endigue. Aussi, attend-on le point de vue de la chère polissonne sur ce sujet brûlant. L'impatience est grande, l'héroïne se fait rare. Pour une raison que les poétesses ignorent, Angélique ne se montre

---

Galant, mais évite le lac d'Indifférence et la mer Houleuse, symbole de passion. Aubignac inventera la *Carte de la Coquetterie*, pamphlet contre l'invention précédente…

1. Hommes de lettres et poètes du siècle.
2. Deux familiers des salons de Rambouillet et de Mademoiselle de Scudéry.

plus depuis plusieurs mois. Il faut sans doute accuser la passion dont certaines se méfient : la comtesse, en effet, ne vit plus que dans l'ombre de son amant, un certain Delaforge. L'affection, n'est-ce pas mieux que l'ardeur ? chuchotent celles qui prétendent que le mariage a du bon.

Sapho décide de ne pas se hâter tant que l'avis d'une femme sans entraves depuis le décès fortuit de son vieux mari ne sera pas recueilli. Les échanges s'annoncent excitants. Angélique entrera dans un instant et rayonnera, habillée de soie chatoyante, certaine de son charme, souriant dès qu'on l'interroge, avant même de tourner la tête vers celle qui réclame son conseil, répondant sans détour, et refusant la tasse de chocolat qu'un valet lui tendra, au prétexte que l'amour se nourrit d'eau fraîche – et nécessite une taille de guêpe. Alors, sans la moindre gêne, elle racontera en prose la poésie de son corps, cette véritable *Carte de l'Amour*.

Hélas ! Angélique vient enfin de paraître et son beau visage s'est comme étiolé. La rebelle semble vaincue. Sa peau est moins nacrée, son front se plisse, sa bouche accueille l'amertume. Angélique va mal. Elle s'assoit, on l'entoure, elle soupire. Deux larmes glissent sur ses joues, hier, colorées. Peu de temps après, ses amies comprennent que le mal dont elle souffre n'est autre que celui qui la rendit heureuse. Le doux esclavage de Toussaint Delaforge, son amant, est devenu une prison. Voudrait-elle s'en défaire qu'elle ne le pourrait. L'attachement irrationnel, voici où le bât blesse. Pendant quatre ans, ils se sont vus chaque jour, chaque nuit, et rien ne venait éteindre le feu qui brûlait et consumait sa jeunesse. Tout chez elle était à lui, et, convient-elle, il y avait quelque chose d'insensé dans sa relation. Serait-elle possédée ? L'aventure libertine exige du recul, et Angélique avoue qu'elle n'en a pas, vaincue par l'ignoble sentiment de la jalousie – le pire effet de sa captivité. Toussaint se détache, prétend-elle. Plus il s'y emploie, plus elle devient folle. Ce changement cruel et radical remonte aux fêtes de Versailles, soit à l'automne dernier. Quel détestable moment ! C'est à peine si elle l'a vu. Ce soir-là, il a comme disparu, s'entichant d'un garçon peu déniaisé, le fils cadet du marquis de La Place.

Ce n'est pas tout. Il ne l'a rejointe que fort tard dans la nuit – rendez-vous compte ! – alors qu'ils logeaient à Versailles. Il s'est montré indifférent, pas un geste, pas un mot tendre, et c'était la première fois. À l'aube, il a prétexté on ne sait quelle sordide affaire pour filer dans le bourg. Angélique ne l'a revu qu'au soir, ayant eu assez de temps pour s'ennuyer, le haïr, détester Versailles, s'inquiéter et comprenant pour finir qu'elle ne pouvait se passer de lui. À son retour, elle s'est jetée dans ses bras, au risque de passer pour une idiote ; il l'a repoussée, accusant la fatigue et annonçant le départ immédiat pour Paris. En route, pas un mot d'explication ou d'excuse. Son visage est resté fermé, ses traits crispés. Une violente tempête intérieure avait pris possession de lui.

Angélique s'interrompt. Revivre la scène est une épreuve. *Sapho* songe à la mer Houleuse, mais se garde d'intervenir car la comtesse reprend sa confession. Elle se tord les mains. Pourquoi se montrait-il brusquement ainsi ? s'interrogeait-elle alors que Paris approchait. De quoi s'était-elle rendue coupable ? Elle cherchait encore quand le carrosse s'arrêta devant chez elle. Elle se pencha vers lui, réclama un baiser, il la repoussa sèchement. Il la quittait, ayant à entreprendre « des choses » – tenez-vous bien, mesdames ! – qu'une femme comme elle ne pouvait comprendre.

Angélique se tait, brisée par la colère. Les poétesses s'exclament, *Sapho* se dit que cet homme fréquente le lac de l'Indifférence, et qu'ainsi le bonheur a toujours son revers, le plaisir son travers. Oui, cela sent la fin car, apprend-on encore, Angélique de Saint-Bastien ne voit presque plus *son* Toussaint qui ne cesse de se rendre à Versailles et, quand il rentre, consume ses soirées avec ce nouvel ami, Antoine de Voigny, le fils du marquis de La Place. La victime n'ose imaginer leur programme, mais soupçonne une série de vices où se mêlent le jeu, les femmes et le vin. Parfois, il la rejoint enfin chez elle d'où elle n'ose bouger, de peur de le manquer. Il cogne à la porte, exige qu'on lui ouvre, pousse le valet, monte lourdement l'escalier, jette ses bottes, s'approche sans égard et ordonne à sa maîtresse de se taire, de ne lui poser aucune question. Que sont devenus ses caresses, ses paroles mélodieuses, son doux regard ? Il s'endort *après*, assommé de fatigue, ivre d'excès, grognant dans son sommeil – des cris, des hurlements – et s'enfuit au matin, sans jamais dire s'il reviendra. Est-il fou ? s'interroge à haute voix Angélique, qui elle-même perd chaque jour un peu de sa raison. *Sapho*, fataliste, déclare que cette fâcheuse histoire est la terrible preuve qu'il faut éviter les rivages de la passion, la mer Houleuse de la *Carte du Tendre*.

Mais la soirée s'achève, il est temps de mettre un point final au sujet qui les réunissait. Après ce témoignage, comment oser tirer à boulets rouges sur l'institution du mariage ? Celles qui en doutent conviennent *sub secreto* qu'il y a moins d'embarras à s'organiser de petits écarts, un amant de passage, que de se noyer dans une aventure périlleuse ; les autres reconnaissent qu'un mari, même lénifiant, est toujours bon à prendre. Se souvient-on de l'Angélique resplendissante quand le sien, même vieux et cacochyme, vivait ? Le spectacle qu'elle donne est désolant. Elle souffre, affronte une tempête, les convulsions impétueuses de son cœur se nourrissent de sanglots. Malgré tout, elle gémit encore qu'elle aime cet amant violent, disgracieux et troublant à la fois. Par-dessus tout, il serait irremplaçable. *Sapho*, gardant la tête froide, se dit que sa *Carte du Tendre* vient d'y gagner une nouvelle contrée : le gouffre de la Vengeance. Et, n'en déplaise à Aubignac, le devoir de la poétesse est de partager sa découverte.

— Vengez-vous de cet aventurier, rendez-lui le mal qu'il vous fait, punissez ce mufle, chuchote-t-elle à l'oreille d'Angélique qui s'apprête à partir.

Angélique de Saint-Bastien a-t-elle entendu ? Elle s'échappe, tête basse, bras ballants, sans élégance. La jeune femme de vingt-cinq ans fait vieille.

*

En ce mois de mai 1664, Versailles, aux jardins agrandis et sur lesquels veille toujours le vieux château de Louis XIII, se prépare à de nouvelles fêtes. Celles-ci n'ont rien de commun avec les réjouissances passées. Le roi a vu grand. Le duc de Saint-Aignan, premier gentilhomme de la chambre, a choisi un fil directeur inspiré d'*Orlando Furioso* du poète l'Arioste. Versailles deviendra le palais d'Alcine, Louis XIV, le chevalier Roger. Ce seront huit journées grandioses au cours desquelles quatre cents hôtes, peut-être six cents, danseront, mangeront, écouteront Lully, riront des bons mots de Molière, s'extasieront en voyant Louis XIV lancer la javeline sur des (fausses) têtes de Turc et de Maure. Il y aura des tournois chevaleresques, un défilé d'étranges animaux venus d'Afrique. Un théâtre en plein air a été construit dans les jardins, des dizaines de musiciens – trompettes et timbaliers – conduiront le chevalier Oger le Danois et sa suite vers les invités, avant que le char d'Apollon ne se montre, entraînant les Quatre Siècles d'Or, d'Argent, d'Airain, de Fer. Après une course de bague[1], et à la nuit tombée le cortège des Quatre Saisons, éclairé par des centaines de flambeaux, annoncera une somptueuse collation, portée sur la tête de dizaines de pages et de vendangeurs.

Et ce n'est qu'un début. *Les Plaisirs de l'Isle enchantée* veulent séduire la Cour et éblouir la future duchesse de La Vallière, toujours favorite. Le lendemain, on verra des ballets et des comédies dans les jardins en fleurs, agrémentés pour l'occasion de kiosques, d'abris et de pavillons de bois. Les allées seront ceintes de toiles, ornées aux armes de Louis XIV. Vigarani se chargera des machines, Lully l'accompagnera en musique, Molière mettra en scène cette ville éphémère et furtive, née en un clin d'œil et appelée à disparaître aussi vite.

Depuis deux mois, les manœuvres par centaines s'attellent à construire ces décors féeriques. Ils viennent des environs, mais aussi de Paris, agissant sous le commandement des maçons et des

1. Jeu d'adresse inspiré des tournois chevaleresques consistant à attraper avec le bout d'une lance un anneau suspendu à un poteau. Le tout à cheval…

charpentiers de Sa Majesté. En apprenant ce que le roi désirait, en mesurant l'urgence et l'immensité des tâches à venir, le bâtisseur Bergeron a fini par convaincre Marguerite Pontgallet de s'installer à Versailles. Mais après les fêtes ? Bergeron sourit lorsque Marguerite s'inquiète. S'il suffisait seulement d'entretenir ce qui est, il y aurait déjà trop de travail. Or le roi a décidé de construire la grotte de Thétis sur laquelle s'échinent le fontainier Francine et Le Vau.

Quoi d'autre ? De nombreux bassins viendront ornementer les jardins. Ce n'est pas tout. Sans eau, pas de fontaines. Francine exige un réservoir afin d'activer les pompes. Une tour sera bâtie dans l'urgence. Après ? Bergeron croit savoir que Le Vau travaille, en secret, sur la transformation (ou la destruction ?) du château de Louis XIII. Voilà de quoi fournir du travail à l'entreprise Pontgallet pour une génération.

Et Bergeron baisse la voix avant de parler de la suite. On recruterait des voyers[1] pour toiser et agrandir les chaussées. Un autre indice ? Des gens avertis – hauts placés - lui demandent de plus en plus souvent d'étudier la construction de maisons aux abords du château, dans le vieux bourg et dans ce qui deviendra le quartier Saint-Louis. La raison se devine : si le roi continue de s'enticher de Versailles, la Cour devra s'y rendre constamment. Pourquoi ne pas y bâtir ? D'illustres noms, tels que Guitry, Noailles, Lauzun, envisagent l'installation de leurs propres hôtels. Il est vrai que le confort rustique de Versailles les y incite. À coup sûr, Soissons, Longueville, Bouillon suivront. Ils seront forcés.

Il se murmure aussi que Colbert, nouveau surintendant des Bâtiments du roi, étudie la distribution de *brevets de dons de place à bâtir*. Que signifie ce jargon ? s'inquiète Marguerite. La fortune, lui répond Bergeron. Du moins pour ceux qui en seront les bénéficiaires car il s'agit de terrains donnés gratis ou presque sur les-

1. Ceux qui entretiennent la voirie.

quels il sera permis d'édifier. Ce n'est pas tout. Aucune taxe ne sera réclamée à l'occupant et le logement de craie[1] sera supprimé. On se jettera dessus. On viendra à manquer. Forcément, les prix monteront. Bergeron a ses idées, il investira le moment venu. D'ailleurs il n'est pas seul, d'autres ont senti le bon coup, preuve que tous y gagneront.

Tant de bonnes nouvelles ont fini par décider Marguerite. En janvier 1664, elle a visité Versailles une première fois. Un dimanche, ils sont montés tous les quatre, Anne, Léon, Amandine et elle, dans la charrette du père Colin qui a accepté de la leur prêter. Hue ! Fanette. La forêt était couverte de givre et la neige étouffait le trot de la pouliche. Amandine se serrait contre sa grand-mère qui chantonnait P*romenons-nous dans les bois*... et lui répétait qu'il n'y avait pas de loup. Le Faillon, l'ancien bûcheron qu'elle avait hébergé, les accueillit et fit la visite. Au vieux bourg, peu de choses étaient à voir, et peu de gens aussi. Peut-être trois ou quatre cents, dans ce bout du monde, expliquait Le Faillon. Dans les ruelles sans âme vaquaient des journaliers désœuvrés n'ayant pas profité de l'hiver, période où le chantier ralentit et le château s'assoupit, pour rejoindre les leurs. Nombre entraient dans la catégorie des « sans aveu », ces gens sans domicile, sans papier, parfois hors-la-loi.

Le vieux bourg n'avait rien de commun avec l'agitation familière de Paris et ils se sentaient comme des migrants découvrant un nouveau pays. Mais les jardins et le château plurent à Amandine. Marguerite interrogea Anne du regard qui elle-même sonda Léon. Ce fut décidé. Le goût de l'aventure était fort et ils allaient se serrer les coudes. Versailles serait un bon endroit pour changer de vie, tout reprendre à zéro. Bien sûr, il leur fallait une maison. Le Faillon fit la grimace. Par ici, il n'y en avait guère de libre, mais les voisins, Nathan et Jeanne Dubec, un couple de paysans âgés, expropriés de leur terre par le roi qui demandait à agrandir

1. Un usage féodal, au temps où la Cour était nomade, obligeait à recevoir le roi et sa suite – et bien sûr, *gratis pro Deo.*

son parc, occupaient une chaumière bien tenue disposant à l'étage de chambres proprettes qui feraient l'affaire avant de trouver mieux. On s'entendit vite sur un prix d'occupation, d'autant que Jeanne Dubec voyait d'un bon œil l'arrivée du quatuor. Deux femmes de plus, soit quatre bras pour le ménage et la cuisine – sans parler du travail au poulailler –, la soulageraient.

La femme de Le Faillon les reçut ensuite chez elle pour un bon repas. Amandine partit jouer avec Petit-Jean, le fils Le Faillon. Léon les rejoignit dans la cour pour les aider à fabriquer un bonhomme de neige. Le Faillon se mêla au jeu. Les deux hommes s'entendaient. Ils avaient la même gentillesse et des mains cagneuses, synonymes de courage. Anne et l'épouse de Le Faillon ne tardèrent pas à devenir complices, parlant de leurs enfants et de leurs maris qu'elles taquinaient tendrement. Avant de repartir, on visita une grange qui appartenait aux Dubec et qui se trouvait bien placée, sur la route menant au château, près de l'entrée du chantier. Il fallait redresser un ou deux murs, maçonner, changer une poutre et réparer la moitié de la toiture, mais contre une livre par mois, Dubec accepta de la louer. Voilà qui constituerait le dépôt et le siège de l'entreprise Pontgallet. On y emmagasinerait les matériaux, y tiendrait les réunions, y embaucherait les apprentis et les manœuvres.

Le retour se fit à la nuit, au pas, sous un ciel sans nuage. Amandine regardait les étoiles, s'amusait à leur inventer des sobriquets. Bonheur, amour, Versailles, Louis XIV… La plus grosse fut renommée Petit-Jean Le Faillon. Et elle s'endormit dans les bras de Léon, épuisée et heureuse.

Le lundi suivant, Marguerite alla trouver Bergeron, fort surpris que tant de décisions aient été prises si rapidement. Deux heures plus tard, l'affaire était conclue. Les travaux reprendraient en mars. Avec les préparatifs des *Plaisirs de l'Isle enchantée* et la somme d'ouvrages envisagée par la surintendance, Antoine Bergeron avait de quoi occuper une centaine de saisonniers jusqu'à l'automne et il lui devenait difficile, soutint-il, d'être ici et à Paris. Il fallait voir les choses en grand, anticiper ce qui allait se développer. Comme il l'avait promis, il sous-traiterait le gros œuvre et le terrassement à l'entreprise Pontgallet qui ne pouvait tomber mieux car son contremaître, Gaillard, ne reviendrait pas à Versailles après l'hiver. Le pays lui manquait. Très naturellement, on décida que Léon occuperait ses fonctions. À ce titre, il engagerait les saisonniers, et on devait se presser afin que tout soit d'aplomb en mars. Le maçon accélérait la manœuvre pour obliger Marguerite à sauter le pas, mais ce n'était pas nécessaire puisqu'elle parla d'embaucher de suite Le Faillon afin de remettre en état la grange de Nathan Dubec. La maison Pontgallet, sourit-elle, devait avoir fière allure pour séduire son client principal, Bergeron. Ils se quittèrent ainsi. Antoine la regarda partir, ému par sa silhouette fine et l'énergie qui s'en dégageait.

Mi-février, Marguerite abandonna Paris, semble-t-il pour toujours, après avoir vendu la maison de la rue de la Mortellerie, construite par son mari, dix-huit mille livres, soit en dessous de sa valeur, mais le temps manquait et il fallait financer le projet. Elle y laissa ses souvenirs, bons et mauvais. Les meubles attendraient, en dépôt chez Bergeron. Et pour ce nouveau départ, elle refusa de s'encombrer. Trois grosses malles… et une chemise ensanglantée, voilà à quoi se limitait le fardeau.

*

Dès les premiers jours, la folie s'empare de l'entreprise. Léon s'active pour organiser les tâches, répartir les hommes. Dix recrues, anciens de Bergeron, iront à la Ménagerie, vingt autres au château où il faut finir de poser les pavés de l'avant-cour. Léon court partout, rentre à la nuit, repart avant l'aube. Le Faillon dirige le terrassement de l'allée où sera dressé le théâtre des fêtes de mai et se plaint de manquer de bras. Léon a écrit dans son pays du Limousin, en appelle aux cousins, aux neveux, aux amis, et promet du travail à tous. Mais où logeront-ils ? Marguerite est à l'entrepôt où elle reçoit les matériaux et les outils qui arrivent de Paris et bientôt de Caen, du Havre, de Compiègne. Un matin, il faut plus de pierres, un autre, on réclame des bêches, des pioches, des pics, des brouettes, on décide de les fabriquer sur place, même le paysan Dubec s'y met. Au soir, la veuve apprend que trois tombereaux servant à charrier la terre ont été brisés. Léon fonce sur Paris, fait l'aller et le retour dans la nuit, en trouve par tous les moyens. En deux mois, six mille livres, le tiers de la vente de la maison de la rue de la Mortellerie, sont englouties dans l'affaire. La nuit, Marguerite, qui n'avait pas imaginé toutes ces difficultés, se laisse enfin aller : elle pleure dans son lit. Nicolas lui manque. Lui, il saurait comment faire, d'autant qu'elle doit affronter un nouveau souci : les rustres se présentant à l'embauche rechignent à travailler pour une femme qui, à les écouter marmonner, n'aurait sa place qu'aux fourneaux.

Un soir, Léon écrit une nouvelle lettre aux Limousins. Il faut trente hommes de plus, il en demande le double. Hélas ! aucun ne vient. Avril est entamé. Le retard s'accumule. Bergeron ne leur pardonnera pas, pense Marguerite. Mais au matin, elle se ressaisit et s'accroche. Léon est solide comme un roc et on ne déplore ni mort ni blessé grave parmi les ouvriers. En descendant dans la cuisine, elle s'oblige à sourire à Amandine qui, aujourd'hui encore, ne verra guère sa maman. Par chance, les Dubec se montrent de vrais amis. Jeanne se charge des tâches ménagères et Nathan prétend qu'il n'a pas mieux à faire que d'emmener la petite nourrir les poules et ramasser les œufs. Après, il s'assoit à la porte et surveille l'enfant en attendant le retour des siens, exténués et gagnés par le découragement.

Le lundi 21 avril 1664, il faut se rendre à l'évidence. Les délais ne seront pas tenus et, pour ne pas détruire la réputation d'Antoine Bergeron, Marguerite décide de l'informer. Elle se rendra à Paris, le jour même. Léon baisse la tête. Il partage cet avis. Sans bras, sans hommes, ils ont perdu. On en discute encore, le cœur gros, quand Le Faillon entre comme un beau diable chez les Dubec. Il sourit, ce qui est rare, et se jette sur Marguerite qu'il embrasse, ce qui ne s'est jamais produit. Il se tourne vers Léon :

— Tu en voulais combien ?

— De quoi parles-tu ? lui répond le mari d'Anne.

— Tes costauds du Limousin ! Ils sont là.

— Que racontes-tu ?

— Douze ! Forts comme cinquante. Ils piaffent d'impatience...

— Bon Dieu ! grogne Léon en se précipitant dehors.

*

Tout va mieux depuis l'arrivée du secours limousin. Léon les connaît, et eux le respectent. Fin avril, le retard s'estompe, le rythme s'installe, chacun trouve sa place. En travaillant le dimanche, le théâtre en plein air sera fixé le 4 mai, dix jours avant l'ouverture des fêtes des *Plaisirs de l'Isle enchantée*. Molière et Lully pourront répéter, Vigarani le décorera et Bergeron sera satisfait.

Mais il reste un dernier sujet d'inquiétude. Où loger le surplus d'hommes, d'autant que trente autres sont annoncés ? L'entreprise n'a rien conçu pour les accueillir. Les premiers s'entassent vaille que vaille chez l'habitant en attendant la livraison de solides et grandes tentes de toile – trois mille livres dépensées en plus – qui feront l'affaire au moins jusqu'à l'été. Mais ceux qu'on attend en renfort, où dormiront-ils ? Aussi, décide-t-elle de rechercher des chambres chez les rares cabaretiers du bourg.

Celui chez qui elle se présente pourrait porter le nom d'*aubergiste des sans aveu.* Il tient un bouge sombre, sale, aux murs couverts de graisse, au sol repoussant de saleté. Les chambres, selon le père Dubec, s'y loueraient dix sols le mois. Ce sera cinq, pas plus, et une paillasse par homme, ou elle tournera les talons. Elle avance, décidée à négocier et demandera à visiter les chambres avant de s'engager. L'établissement semble vide. Tous sont au chantier. Il faut s'habituer à la pénombre pour deviner deux silhouettes, assises à la table la plus retirée. Elle fait un pas, puis deux. Cela suffit pour que les têtes se lèvent. Celle qui lui fait face est tordue ; celle qui se tourne, balafrée.

*

Ce jeu de cartes, la *Bassetta*, bassette en français, fait fureur à Venise et comme nombre de trouvailles venant de la belle république italienne, la mode a investi Paris, divisant du même coup la société en deux mondes irréconciliables d'exaltés et de réfractaires. À propos de la bassette, les opinions sont si tranchées, si sectaires, qu'il serait plus aisé de convertir un dévot au libertinage que d'asseoir à la même table l'ami et l'ennemi de cette curieuse passion qui, selon ses détracteurs, ne mènerait qu'à la ruine. Sans prendre position, car le faire serait un excellent moyen de se fâcher avec la moitié de ses connaissances, il est vrai qu'on cherche ce qui motive les affidés de la bassette. On ne connaît pas de joueur qui se soit enrichi, pas un qui ait sauvé sa mise, mais tous y laissent leur fortune. Du moins, *jusqu'à ce jour*. Voilà peut-être le secret de l'envoûtement auquel a cédé Paris. *Jusqu'à ce jour* signifie que l'exploit reste à produire, qu'il est possible, qu'il surgira ce soir, cette nuit ou demain.

À défaut d'une autre quête plus glorieuse, la bassette est une sorte de Graal pour les désœuvrés du Louvre. « Les autres non, mais moi, je réussirai à battre le banquier », se dit chacun. Car il faut parler de ce personnage, le banquier, qui mène la partie au détriment des pontes, ces joueurs qu'il prend pour proie. Le tragique et le déroutant de l'affaire, c'est que la victime n'ignore pas qu'elle court à sa perte. Hors de la table, le ponte tient même des propos sensés et convient qu'en s'adonnant à sa passion il caresse une chimère. Nul besoin de le sermonner pour le convaincre qu'il commet une bêtise. Mais s'il s'assoit, il oublie tout. La sagesse, les conseils de ses amis, les promesses de la veille, la rente que lui verse annuellement son père. Il joue, mise, perd. À l'inverse, le banquier, qu'on nomme aussi tailleur – comme celui qui taille des croupières –, n'est pas empoisonné, infecté par le vice, débauché. Il calcule, joue, gagne.

Cet état d'esprit compte bien plus que l'explication des règles assez simples auxquelles il faut venir car une partie se montre chez Toussaint Delaforge, dans son appartement de la place Royale.

C'est un samedi de mai, le même que celui où Angélique de Saint-Bastien avoue son malheur. La nuit est venue depuis longtemps et tandis que la comtesse rumine dans son lit les paroles de *Sapho* l'invitant à se venger, la partie de bassette s'achève. Quatre joueurs font face au banquier qui, après six heures de jeu acharné, a empoché quarante mille livres. La prudence serait d'arrêter maintenant, mais une voix intérieure pousse les perdants à continuer. Un dernier tour ? Oui, car tous sont convaincus de gagner enfin. Le banquier a devant lui deux jeux de cartes. Un pour lui seul ; l'autre à partager entre les quatre joueurs. C'est fait. Il a distribué. Treize cartes par tête quand lui en détient cinquante-deux. Pour faire simple, la règle s'apparente à celle de la bataille, carte contre carte, à la nuance près que ce n'est pas la plus forte qui l'emporte. Le duel ne vise que les cartes identiques. Un sept contre un sept, un as contre un as, etc. Mais en cas d'égalité, comment désigner celui qui triomphe ? C'est à tour de rôle. D'abord, la carte du banquier prime, ensuite ce sera celle du ponte. C'est pourquoi chaque manche se joue avec deux cartes. La première, le banquier prend la main. S'il tient, par exemple, un valet et un autre joueur aussi, il gagne. Pour la seconde carte, on inverse la priorité. Si le banquier montre un as et le ponte également, ce dernier gagne la mise. Une première injustice se dessine donc. Doté de cinquante-deux cartes, le banquier a plus de chances de posséder la carte qui rivalisera avec celles de ses adversaires. Quatre fois plus, en réalité. Le hasard fait-il le reste ? La mémoire entre en jeu. Il faut se souvenir de ce qui a été joué, espérer ne pas se tromper, miser sur ce fichu valet en croyant savoir que le banquier n'en a plus – ou espérer, à coup de prières et de mimiques superstitieuses qu'il ne s'agit pas de la prochaine figure qu'il montrera. La fatalité compte pour beaucoup chez le joueur peu averti.

C'est pourquoi, à la table de Toussaint Delaforge, l'un d'eux, visiblement emprunté et peu à son affaire, hésite plus que les autres. Les cartes défilent dans sa tête, les heures s'accumulent, la fatigue et la tension troublent sa réflexion. Il ne sait plus ce qui a été joué. Doit-il tenter son va-tout ? Les levées précédentes lui ont coûté quinze mille livres, autant dire une fortune. Antoine de Voigny tente désormais d'éviter la faillite. Le fils du marquis de La Place a changé depuis l'automne dernier. En six mois, la candeur a disparu, le teint se grise, le regard est fixe. Cette nuit, il joue très gros. La main serrant ces deux cartes tremble et, dans l'espoir de mettre fin à la nervosité, il saisit le verre qui se trouve sur sa droite et le vide d'un trait. Les vapeurs délétères brouillent son cerveau. Lui y voit un soulagement. La pression retombe, il doit se concentrer.

Cela commence par un énième coup d'œil furtif, inquiet, sur les cartes qui le sauveront ou le condamneront. En premier, c'est donc un valet. Le banquier en a-t-il ? En cas d'égalité, selon la règle, le tailleur l'emporte. Diantre, se motive Voigny, la malchance ne peut pas être chaque fois au rendez-vous. Il se fie au hasard, se confie à la *Fortuna*, oubliant – mais l'a-t-il jamais su ? – que la seule arme dont dispose le ponte est de se remémorer les cartes déjà sorties. Avant de s'enhardir, l'intrépide devrait repasser la partie dans sa tête. Le vin ne l'aidant pas, il cherche son salut en se tournant vers son voisin qui, lui, a le sens du calcul. Que décide-t-il, puisque c'est à lui de parler ? Sa décision compte et influencera celle d'Antoine car c'est un de ceux qui perdent peu à la bassette. Lui, il parvient à retenir les cartes abattues aux tours précédents. Si le banquier n'a plus de valet, il le sait. Oui, il faut se fier à Toussaint, cet ami qui pose sur la table un valet de pique et engage – tudieu ! – cinq mille livres. S'il fallait une preuve que le banquier n'a plus de valet, la voici. On ne risquerait pas cinq mille livres sans certitude.

Désormais, tout s'enchaîne. Delaforge a montré la voie, Antoine doit le suivre, miser cinq mille, même s'il ne les a pas. Dans un instant, il touchera le double, et les pertes de la soirée seront en partie couvertes. Il faut oser, se dit-il, en se plongeant une dernière fois dans son jeu. Qu'y chercher ? Un signe de son ange gardien ? Rien ne vient. Mais la décision de son voisin lui souffle ce qu'il faut faire : parier afin de récupérer le double. Dix mille, oui. Il les imagine dans sa poche. Par tous les diables, ce serait injuste, inhumain si, à cause d'un maudit valet… Allons, se rassure-t-il, son sauveur est là, à ses côtés. Delaforge a sauté le pas. Le reste, la prudence, la sagesse, tout se mélange, devient confus. Il s'empare de son verre, le vide alors qu'il l'est déjà, trouve le temps de se dire que le banquier va perdre, mais peut-être aussi qu'il peut…

— Antoine, c'est à vous. Que décidez-vous ?

Le ton de Toussaint est ferme, maîtrisé, assuré. La manière dont s'y prend ce fidèle est la marque du vainqueur. Trop adroit, trop rusé pour se lancer sans raison. Il faut tenter gros. Cinq mille livres ? Où les trouvera Voigny s'il perd encore ?

— Eh bien… bredouille le fils du marquis de La Place.

— Si vous n'êtes certain de rien… l'interrompt Delaforge.

Voilà qu'il passe pour un idiot. Enfin quoi ! Un valet. Il suffit d'annoncer cinq mille livres, et c'est fait.

— Je mise, annonce-t-il enfin en montrant un valet de carreau.

Les deux autres joueurs se retirent. C'est donc qu'ils n'ont pas de valet. Le banquier ? Il pince une carte entre ses doigts comme s'il effeuillait une rose. Un valet surgit, il est de cœur.

— Vous me devez chacun cinq mille livres.

Le banquier ne dit rien d'autre.

— Toussaint… gémit Antoine. Le croyez-vous ?

— Attendez, ce n'est pas fini, bougonne Delaforge.

Se souvient-on que chaque levée se joue avec deux cartes, et, qu'au second tour, la règle s'inverse ? Si le ponte dispose de la même carte que le banquier, il emporte la mise. Celle du banquier est un roi. Antoine n'a qu'un dix. Heureusement, il avait passé la main. À l'inverse de Toussaint qui avait annoncé :

— Dix mille livres.

Et calmement, il montre maintenant Alexandre le Grand, le roi de trèfle.

— Le valet perd, mais le roi gagne… Je vous devais cinq mille livres du coup précédent, annonce-t-il au banquier. Et vous, dix mille sur celui-ci.

— Pour vous payer, il faudra que Monsieur de Voigny honore sa dette, répond froidement le tailleur.

Delaforge se tourne vers Antoine :

— Eh bien, Antoine, signez un billet et n'en parlons plus…

Le perdant calcule vaguement ce qu'il doit à ceux qui lui prêtent depuis des mois. Cent mille livres au moins. La somme l'étourdit et l'étouffe. Son honneur est en jeu, son nom atteint, la faillite en vue.

— C'est que…

— Auriez-vous misé sans prudence ? s'agace le banquier.

— Je couvre la dette de Monsieur Antoine de Voigny.

Delaforge vient le sauver.

— N'oubliez pas de me rembourser demain, lui glisse-t-il d'un ton chaleureux et formidablement détaché compte tenu du montant.

*

À l'aube de ce dimanche de mai 1664, alors qu'Angélique se ronge, se retourne dans son lit et songe à la vengeance, Delaforge raccompagne banquier et joueurs à la porte de son appartement de la place Royale. La partie s'achève entre chien et loup. L'esprit vogue, l'humeur vagabonde, les regards sont éteints. Les perdants conviennent que la bassette est un maudit fléau. Il faut y renoncer. Ce vœu pieu tiendra jusqu'au soir.

— Nous nous voyons bientôt ? demande Toussaint à Antoine de Voigny alors que celui-ci s'avance vers la sortie, les yeux fixés sur ses souliers vernis.

— Antoine, m'entendez-vous ?

Ils sont seuls. Les autres ont filé. Voigny sort de sa rêverie, hésite, tangue sur place.

— Je ne peux pas vous payer, bredouille-t-il à voix basse.

— L'affaire se complique, se raidit Delaforge. J'ai moi-même pris des engagements et, si vous ne respectez pas votre parole, je me retrouverai dans une situation fort délicate.

Il grimace un sourire :

— Je n'ai ni votre nom ni votre situation…

— Oubliez-les ! hurle Antoine. Je suis fini. Ruiné !

— Votre père… débute froidement le manchot.

— Il me maudira et ne pardonnera pas mon inconstance.

Voigny s'effondre sur un fauteuil et pleure comme un enfant.

— Qu'ai-je fait… Qu'ai-je fait…

Toussaint pourrait énumérer la somme des erreurs commises par cet oisif, plus fragile qu'une pucelle, et s'étonne de la facilité avec laquelle le cadet du marquis s'est abandonné au jeu, à l'alcool, aux catins, subjugué par les tentations auxquelles l'invitait un sybarite. Un mois a suffi pour que l'assuétude s'installe, l'asservissement soit total. Tout a débuté à Versailles quand le chevalier Saint-Val a proposé une partie de cartes. La facilité déconcertante avec laquelle Antoine de Voigny avait été dupé donnait à espérer. Dans les veines de la victime coulait bien le sang d'un père dissolu, corrompu, qui avait séduit, engrossé et abandonné Marie, contrainte de donner vie à son malheur sous un pont de Paris. Delaforge n'avait pas été déçu. Le vice du dévergondé ne demandait qu'à éclore. Quelques sorties suffirent pour le happer, l'emporter tel un fétu de paille. Une gitane, payée grassement, avait déniaisé ce crétin qui en était tombé amoureux et se montrait jaloux. L'aventure s'était prolongée jusqu'à ce qu'il provoque en duel un coupe-jarret qui serrait de près sa conquête. Delaforge avait mis fin à l'incident en soudoyant le filou. Voigny ne devait pas tomber ainsi. Les femmes, ce n'est pas ce qui manquait, promit-il. Et le vin les rendait belles. La luxure progressait, l'art et la sculpture s'effaçaient. Depuis longtemps, on n'en parlait plus. Voigny, élève et disciple soumis de Marolles, respectueux jusqu'alors des conventions de son rang, était tombé dans le piège comme le faon délaissé par sa mère.

— Qu'en est-il vraiment de votre situation, Antoine ? s'inquiète Toussaint.

Le spectacle désolant du désespéré donne du relief au projet d'un homme, hier, soumis à la loi des puissants, orphelin et esclave de sa condition, mais gouvernant désormais le destin de la descendance certifiée du marquis de La Place. Sous la couenne tendre et fragile du cadet, dans ce corps élevé au lait, secouru jusqu'à ce jour dès le premier danger, pétri de protection, le poison de la malédiction pénètre peu à peu.

— Je n'ai plus rien, pleurniche le garçon. J'ai engagé ce qui ne m'appartenait pas. J'ai volé ma famille, menti à mon père en lui cachant ce qu'était devenue ma vie…

Delaforge jouit en répondant :

— Votre père… N'est-ce pas son rôle de vous secourir ?

Antoine relève la tête. Il ferait pitié au cœur le plus dur.

— Il me répudiera en apprenant que j'ai vendu les bijoux qui lui venaient de ma mère. Car, avant-hier, j'ai commis cela aussi. Mais j'espérais tant de notre dernière partie ! Avec dix mille livres, j'aurais pu supplier cet usurier de me rendre mon bien. Maintenant, c'est fini…

— Allons, jubile l'autre sans le montrer, quelqu'un de la qualité de votre père aura la noblesse de vous pardonner. Parlez-lui du prêteur et…

— Vous ne comprenez pas ! Vous le connaissez si mal…

— Il est vrai que ce n'est pas mon père, murmure Toussaint en serrant le poing.

— C'est votre chance, rétorque l'héritier ruiné.

— Et François, votre aîné ?

— Il ne montre que du mépris, me traite de poule mouillée parce que j'ai le dégoût des armes et se moque de mon attirance pour les arts et la sculpture.

Antoine secoue la tête :

— Ces… choses qui me passionnaient et que j'ai abandonnées si vite pour m'adonner à des passions regrettables…

Attention, songe Delaforge. Dans un instant, ce lâche m'accusera d'être responsable de sa déchéance.

— Si votre famille refuse de vous venir en aide, glisse-t-il à voix basse, tournez-vous vers moi et voyez-moi comme un frère.

Va-t-il se lever ? Hurler que son mal vient de lui ?

— Vous êtes déjà si bon, et je vous dois tant. Merci, Toussaint, mais il est trop tard. J'arrive au bout de mon errance…

Le garçon se lève, décidé à partir. Peut-être songe-t-il à mettre fin à sa vie. Mais ce n'est pas ainsi que Delaforge voit les choses.

— Résumons, relance ce dernier comme au jeu. Il vous manque de l'argent. Eh bien, il suffit d'en trouver…

— Cent mille livres. Plus ce que je vous dois.

— Diable ! Cent mille. Je n'ai guère de telles disponibilités pour vous sauver.

— Et je le refuserais ! Un Voigny ne mendie pas…

L'orgueil se montre… Que sait-il de la misère, le fils bien né ?

— Mais je connais un moyen d'obtenir rapidement ce qui vous fait défaut.

L'œil du perdant s'allume, l'espoir revient. Un joueur s'accroche toujours à l'impossible.

— Parlez ! supplie-t-il. À quoi pensez-vous ?

— Je sais même comment réconcilier cette gêne passagère avec votre passion pour l'art.

Le sujet qu'il tenait, hier, en adoration ressurgit. Antoine revient de si loin qu'il lui faut réfléchir. La sculpture, ce domaine sans bassesse, sans souillures, ce rêve qu'il a délaissé… Et on lui parle d'un moyen d'effacer sa faute ? De revenir comme avant…

— Le Vau me proposerait-il enfin quelque chose ?

— Tout doux, Antoine. L'architecte du roi n'a rien à voir dans ce à quoi je pense. C'est une démarche personnelle, risquée, où moi-même, pour vous aider, je me mettrais en danger.

— Ah ! Dieu ! vous feriez encore quelque chose pour moi ?

— La solution à vos problèmes.

Présentée ainsi, l'offre a de quoi séduire.

— Il faudrait que vous partiez pour l'Italie.

— L'Italie ?

— Nous y allons pour chercher du marbre.

— Du marbre. Et… en quoi puis-je vous servir ?

— Il n'y a pas que ça. Je parle, sous le sceau du secret, d'autres chargements. Et voici qui vous intéressera. La mode est aux antiques, aux statues. L'Italie n'en manque pas. On nous en réclame à Paris…

— Tout ceci est intéressant. S'agit-il de choisir, d'acheter ?

— De négocier aussi. Et sous le manteau…

— Qu'entendez-vous par là ?

— Un trafic, Antoine. Le Vatican s'oppose au pillage de l'Italie. Il faut donc convoyer ces reliques dans la clandestinité.

— Dieu ! vous me parlez de commettre des… irrégularités et…

— Le chargement, coupe Delaforge, se monte à un million de livres. Cinquante statues. Cent mille pourraient vous revenir…

— Cent mille, dites-vous…

— Vos dettes seraient effacées d'un coup. Qu'y a-t-il de mieux pour l'art que de l'exposer dans les palais et les hôtels du royaume de France ? Qui volerez-vous ? Personne puisque ces statues n'ont pas de propriétaire. À l'inverse, nos clients se comptent parmi les grands, et les noms que je pourrais citer vous surprendraient. Il s'agit des vôtres, de votre monde. De celui dans lequel vous voulez revenir…

— Il faut que j'y réfléchisse, cède Voigny. C'est si nouveau…

— Bien sûr, rien ne presse, sourit Delaforge. Le convoi ne part que demain. Il vous reste jusqu'à midi pour vous décider.

Chapitre 37

Le Marquis de La Place n'apprécie pas les cérémonies, l'outrance bruyante et stérile des oisifs, les mots pour le plaisir de briller, aimer se faire remarquer. Sa vie se partage entre la quiétude de son hôtel de la rue de la Couture-Sainte-Catherine et son domaine en province, aux limites de l'Anjou et de la Touraine. Il fait sienne la douceur angevine vantée par Joachim du Bellay dans son poème, *Heureux qui comme Ulysse.* Quand il demeure à Paris, il ne se sent pas pour autant en exil. Il apprécie l'effervescence de la rue, l'émulsion des nouveaux esprits, même s'il leur préfère le génie des humanistes. Ceux au goût du jour s'écouteraient trop parler. Son modèle reste Henri IV et son époque, teintée de tolérance et de retenue. Des qualités qu'il ne retrouve pas chez Louis XIV, impétueux et fougueux, et dont le règne s'annonce démesuré. Les fêtes des *Plaisirs de l'Isle enchantée* auxquelles il s'est rendu contraint et forcé en sont la preuve. Nul moyen d'échapper à la débauche. Défilés costumés, agapes, ballets, spectacles, tournois, ribambelles de musiciens, d'artistes, de décors… Trop de tout en somme. Ce nouveau Camp du Drap d'or[1] ne le séduit pas. Le marquis est-il bigot ? Pas le moins du monde. Ce veuf encore vert aime les frasques et, de

1. Le Camp du Drap d'or fut le cadre d'une rencontre capitale entre François Ier et Henri VIII, roi d'Angleterre, en juin 1520. Malgré le faste que le roi de France y montra (ou à cause de lui), l'entrevue échoua.

temps à autre, il ne lui déplaît pas de s'encanailler comme au temps de sa jeunesse. On le voit, alerte et mince – un beau quinquagénaire –, marchant droit, moustache fine et taillée de près, détaillant ces dames qui piaffent d'impatience et se mêlent à la bousculade à l'annonce de la prochaine collation. Mais ce soir, il reste à l'écart et fuit le frôlement des corps alors que l'allée rétrécit et que la nuit tombe. La pagaille l'agace.

Hélas, tout est de la sorte chez Louis le Grand. L'exubérance est son mode de vie. Il aime le faste, la compagnie des femmes, la danse – plus encore, la campagne versaillaise. Que trouve-t-il à ce vieux château sans confort, gardé à l'entrée par deux petits pavillons coiffés d'une toiture en ardoise rehaussée en dôme ? Voilà le lieu choisi pour organiser les extravagants plaisirs de cette *Isle enchantée*. Car, ce soir, c'est sans limites. À l'inverse du roi béarnais dont le goût, selon le marquis, était aussi sobre que sûr, masculin et viril, son petit-fils se passionne pour un style que l'on nomme baroque (bâtard, estime La Place), alliant le génie de l'Italie aux lourdeurs d'un genre qui se cherche et se voudrait français. À ce mélange ébouriffant, aussi désordonné que les travaux engagés à Versailles et dont on ne comprend pas vraiment la ligne générale, le marquis préfère la sobriété du Louvre, le vieux Paris où le luxe et les secrets de famille se cachent derrière de hauts murs comme ceux qui entourent son repaire du Marais. Les *Plaisirs de l'Isle enchantée* l'ennuient fichtrement. Trop de monde, d'excitation, se répète-t-il. Trop de parvenus, aussi.

La noblesse de robe se mêle à celle d'épée ; celle qui a fait ce royaume-ci en offrant son sang. Qui se souvient qu'un marquis est d'abord un soldat chargé de veiller sur les frontières ? Être noble se mérite. Et que voit-il ? Des commis, élevés vers le sommet pour la raison qu'ils sont riches. Voici Le Vau, l'architecte, parlant fort et se vantant d'obtenir bientôt le titre de secrétaire du roi. Qui est cet homme, de quelle extraction surgit-il ? Par quel moyen a-t-il fait fortune ? Ce soir, il faudra encore endurer le banquet, quand le marquis de La Place voudrait sauter dans son carrosse, s'en retourner à Paris. Mais peut-on déplaire au roi trop longtemps ? L'an passé, il ne s'est pas rendu à son invitation d'automne, prétextant une attaque de goutte. Une excuse frisant l'irrespect quand on le découvre, l'œil vif, saluant la duchesse de Créqui assortie à la princesse de Bade. Et le battement des paupières que déclenche son sourire en dit long sur le charme de la maturité. Le marquis en remontrerait à nombre de jeunes pédants désœuvrés. Sa réputation fait le reste.

Mignonne, dit-il aux femmes qu'il séduit, *allons voir si la rose... et son teint au vôtre pareil...* Il aime la poésie de Ronsard et, sans se complaire dans la paillardise, souscrit aux préceptes de Rabelais, ami, comme lui, de la Touraine. Jouir de la vie ! La prendre à bras-le-corps, aimer ce qui est frais, bien formé, alléchant, naturel ! Rien de mieux que les beautés pastorales de l'Anjou et de la Touraine. Il regrette du reste de ne pas y être alors que la sève éclôt, que bourgeonne le printemps, de perdre son temps dans les circonvolutions de ces jardins. La Place est obtus – c'est un de ses défauts. Il critique trop les choix de Sa Majesté, et cela pourrait lui coûter cher. Il suffirait qu'il se montre aimable, qu'il se joigne par exemple au groupe où brille la marquise de Montespan. Parmi les gracieuses qui la suivent, il repère une jolie Cassandre[1] – tendre chair dont il raffole. Mais le marquis s'ennuie. Ces fêtes pompeuses manquent selon lui de sincérité. Il juge ridicule que les princes du royaume se déguisent en chevalier, a détesté la course de bague où le roi se fit applaudir par les flatteurs et trouve déplacé que le duc de La Vallière ait reçu de la reine mère une épée d'or sertie de diamants brillants à laquelle furent ajoutées des boucles de baudrier. Car en passant par le vieux bourg, il a aperçu les misérables, silencieux, amassés au bord de la route, venus admirer le défilé des hôtes de Sa Majesté accostant sur son île enchantée.

Ces gueux ont travaillé nuit et jour, sans repos, pour le plaisir d'une nuit[2]. Le résultat – à contrecœur, le marquis finit par en

1. Le poème de Ronsard, *Mignonne, allons voir si la rose,* est adressé à Cassandre.

2. En réalité, les fêtes se prolongeront quelques jours.

convenir – est fantastique. Une fois passé côté jardin, on oublie le château de Louis XIII. On est subjugué par les décors qui se suivent, s'enchaînent le long des allées. Bosquets, chapiteaux, scènes de théâtre, théâtres de verdure, trompe-l'œil, fresques monumentales, banquets, flambeaux plantés dans le sol jusqu'à l'infini... Mais tout sera détruit, sans respect pour le travail de centaines d'hommes désireux de bien faire.

Le jouisseur serait-il doté de sensibilité ? Les besogneux, juge-t-il, ont seuls inventé ce miracle qui a transformé des terres infertiles en jardins merveilleux. Ce sont eux qu'il faut admirer, et non l'aréopage d'invités qui caquettent et piétinent les broderies des parterres de buis et de fleurs. Est-ce le discours d'un frondeur ? Nenni. Le marquis ne défend pas la cause des indigents. Il critique l'outrance des présents arborant ces titres de *savonnettes à vilain*, distribués à tour de bras[1].

Attention ! Tant d'amertume finira par se savoir. Le roi s'est agacé auprès d'un proche de son absence aux fêtes de l'année passée. Aussi, cette fois, le voici obligé d'en être, arborant son épée d'apparat, trophée qu'il confiera au soir de sa vie à son aîné, officier bienheureux d'échapper au *pensum* puisqu'il manœuvre avec le vicomte de Turenne. François ! Sa fierté... Celui qui aurait pu le représenter à Versailles. Son cadet ? Il soupire. Ce fils emprunté ne lui apporte que des déconvenues. Voilà peu, Antoine annonçait qu'il partait pour l'Italie. Se déciderait-il à visiter le monde pour devenir enfin homme ? Nouvelle déception. Son projet toucherait à l'art, un entichement grotesque remontant à l'enfance.

Le marquis y voit la triste illustration d'un caractère fragile dont la cause remonte à la mort soudaine de sa mère, emportée par de vilaines humeurs, malgré d'innombrables saignées. Quel âge avait

1. Expression pour le moins péjorative marquant le fossé séparant la noblesse de robe de celle d'épée. Un titre (une charge) de conseiller du roi, par exemple, acheté au prix fort, servait, selon la noblesse d'épée, de *savonnette à vilains* et, en somme, nettoyait et curait le passé roturier de ceux qui n'étaient pas de l'aristocratie, la vraie noblesse, celle d'extraction.

ce gamin ? Six ans, trois de moins que son aîné, plus solide. Il s'était réfugié dans les jupes de Berthe, la cuisinière, et partageait les jeux niais de sa sœur, Aurore. Impossible de lui donner le goût de la chasse, l'envie des tripailles, de ces choses qui fabriquent l'instinct grégaire du mâle. Son père avait songé à le faire entrer dans les ordres. Il s'en était ouvert à Joseph de Marolles, son précieux confesseur, qui ne le vit pas plus en soldat de Dieu. Le sacerdoce exigeait une main de fer et ce fils manquait cruellement de conviction. Il se montrait instable, sujet aux influences, velléitaire, ne possédait aucun don, pas même celui de sculpteur, contrairement à ce qu'il rabâchait. Imaginait-on un La Place bâtissant une vie avec de telles billevesées ? Il restait les terres dont il aurait pu se charger. Il y eut une expérience en décembre, non que le père fût convaincu de ses capacités, mais c'était un moyen d'éloigner le jeune homme de ses nouvelles fréquentations, mystérieuses puisqu'il n'en parlait jamais.

La mutation remontait à la fête d'automne qui s'était déroulée dans ces mêmes jardins où, cette nuit, son marquis de père rumine. Ah Dieu ! quel changement à son retour ! Il avait découvert le monde, le décrivait avec l'émotion d'une jouvencelle. Le Vau lui ayant parlé, il lui semblait découvrir la vérité ! Son père s'était emporté. Invité par Le Vau. Chez le roi ! Mesurait-il ce qu'il y avait de déshonorant dans le fait d'être convié par un affairiste menant grand train ? Sans cette inutile colère, Antoine aurait parlé de Toussaint Delaforge. Mais il s'était tu, moins montré rue de la Couture-Sainte-Catherine, rentrant à l'aube, dépensant trop – sans qu'on puisse imaginer la déchéance financière dans laquelle il sombrait. Il avait maigri, sa mine était devenue affreuse. La vie saine à la campagne lui ferait du bien, espérait son père. Alors, Antoine était parti fin novembre… et revenu en janvier. Il s'ennuyait, détestait la saison, ses scènes bucoliques. Qu'y avait-il de si envoûtant à Paris ?

Le marquis n'a pas cherché plus loin et, ce soir, il se sent même presque soulagé par le départ de son fils en Italie qui – Dieu du Ciel ! – irait étudier *in situ* les vestiges de Rome, preuve d'une nature impulsive, immature. L'errance n'en finit plus, soupire La Place. À quoi bon lutter contre l'évidence ? Antoine n'est pas François et, pour amoindrir ce malheur, il se répète que l'aîné seul héritera de son titre. Avec lui, le marquisat sera entre de bonnes mains.

*

Antoine est en effet en Italie. La manœuvre de Delaforge avance ; tout se présente selon ses prévisions, n'eussent été ces incidents agaçants qui l'ont obligé à improviser. Ainsi, la rencontre avec Ravort aurait pu tourner mal. Il a dû mener une transaction dont il se félicite finalement alors que débutent les *Plaisirs de l'Isle enchantée* auxquels il ne participe pas. Qu'importe si Le Vau n'a pu renouveler l'exploit de le faire inviter : Ravort est désormais son relais à Versailles, agissant comme au temps où cette gueule de travers négociait pour le clan de La Bastille. Il achètera tout ce qui se présentera. Granges, maisons, caves insalubres, il faut loger les manœuvres dont les rangs ne cessent de grossir. Ravort touche sa part, et bien mieux que s'il trahissait son pourvoyeur. Que lui rapporterait une énième infidélité ? *Traîne la patte* a réfléchi. Ne sont-ils pas *les plus vieux amis du monde*, comme il ose l'affirmer ? Ravort a aussi accepté parce qu'il craint pour sa vie. Les menaces de mort en cas de dénonciation ne sont pas tombées dans l'oreille d'un sourd. Et selon l'adage, qui ne risque rien n'a rien. Il a misé pour voir de quoi était capable l'ancien collégien de Montcler et ne songe pas – du moins, pour le moment – à changer d'avis, d'autant que les fonds du manchot semblent inépuisables. Ravort ignore que mille livres ne sont rien pour celui qui détourne sa part sur les chantiers de Le Vau. Avant de rejoindre Versailles, Delaforge a soustrait vingt mille livres sur la construction du collège des Quatre-Nations et dix mille encore sur un prêt accordé par Colbert pour la manufacture de fer-blanc du Nivernais. Adroitement, le second n'oublie toutefois pas de servir son maître et tient les comptes les plus justes, conservant dans un cahier noir la trace des malversations. Sait-on jamais… s'il fallait se défendre.

Et tout irait bien de ce côté, si, l'autre jour, alors que Ravort lui fournissait le résultat de son enquête à propos des propriétaires des maisons éparses du futur quartier Saint Louis, l'épouse de Pontgallet n'avait pointé son nez… Voilà où construire des auberges, calculait Delaforge, et Ravort, l'increvable, se voyait riche, même si sa part se limitait à un tiers. Puis, ils avaient levé les yeux en entendant du bruit. Marguerite écarquillait les siens. Le diable manchot lui faisait face. L'affrontement avec le tueur de son fils et le père d'Amandine durait, n'en finissait pas. Son ventre se tordit de douleur et elle crut vomir. Il lui fallait de l'air, vite. Elle étouffait. Elle trouva le salut en tournant les talons, fuyant sans se retourner, sans prononcer un mot.

— Elle habite à Versailles ? glissa froidement Delaforge alors qu'elle disparaissait.

— Chez Dubec, je crois, répondit Ravort. C'est la veuve d'un maçon…

Toussaint encaissait, mais ne montrait rien.

— Elle vient de s'installer avec sa fille et un autre type, le mari de la jeune.

— Je veux tout savoir sur elle…

Le Tordu ne demanda pas pourquoi. Il trouverait aussi pour quelle raison cette femme plutôt belle dérangeait son associé.

*

Ce soir de mai 1664, le marquis de La Place décide qu'il est temps de quitter Versailles. Il va s'esquiver quand une femme au regard mutin s'avance. Alors le séducteur se réveille, bombe le torse, détaille l'inconnue, prêt à braconner.

— Comtesse de Saint-Bastien se présente-t-elle cavalièrement.

La Place se souvient d'un vieux gentilhomme passionné par les insectes ayant épousé une beauté formidable peu avant de mourir.

— Je souhaite vous parler d'Antoine, votre fils.

La voix est sensuelle. Un instant, le jugement qu'il porte sur sa descendance s'améliore. Son rejeton aurait-il eu affaire à elle ?

— Il court un grand danger.

Que veut l'aventurière ?

— Il vit sous le joug d'un être diabolique, Toussaint Delaforge, lâche celle qui a décidé de se venger.

La Place se fige. Delaforge ! Il croyait ne plus jamais en entendre parler, mais cette sangsue s'accroche à ses basques. N'en aura-t-il donc jamais fini avec l'orphelin ?

Chapitre 38

LE VOYAGE DÉBUTE BIEN. Antoine de Voigny file sur Toulon et un temps idéal l'accompagne. Depuis Lyon, le ciel est éblouissant de bleu. Plus il s'éloigne de Paris, plus le climat s'arrange, se répète-t-il en songeant à celui de ses affaires. L'éloignement physique agit sur le moral. Il croit être sauvé quand il ne fait que fuir. Voilà dix jours, il a tout quitté sur un coup de tête et ne le regrette pas. Cela se passera bien. L'offre de Toussaint fut brutale, admet-il, mais tout aussi inespérée. C'est pourquoi, il n'a pas hésité, voyant dans sa réaction la preuve d'une détermination qui lui fait défaut par ailleurs. Son caractère se réveille, s'affirme enfin ! Il fuit, oui, mais n'y voit aucune lâcheté et si cette idée surgit quand le carrosse bringuebale ses pensées, il échappe aux doutes en concluant qu'il n'existait pas d'autres choix. Cent mille livres de dettes d'un côté, et autant au retour de son périple. De quoi effacer le passé, repartir à zéro en ne cédant jamais plus au jeu. Vu sous cet angle, son voyage a belle allure. C'est une sorte d'acte de foi, de contrat sur le futur, de rédemption. Il part tel le fils prodigue et reviendra, purifié de ses fautes. Bien sûr, la mutation ne se peut sans épreuve. Mais, pour obtenir le pardon, il les surmontera car la roue tourne. Après tant d'infortune, la balance revient à l'équilibre.

Et que lui demandait-on pour qu'il en soit ainsi ? Toussaint s'était montré rassurant, bon conseiller, parlant sans détour du commerce d'antiques, preuve de la sincérité de leurs relations. Il s'agissait d'une aventure formidable qui le tentait aussi. Un séjour en Italie ? Ah ! Le sauveur de Voigny aurait aimé en être si Le Vau ne le suppliait pas chaque jour de rester à ses côtés. Il y était prêt, décidé à écouter la voix qui lui soufflait de s'accorder un peu de plaisir, mais voilà, il fallait laisser sa place pour secourir l'ami dans le besoin. « Allons, Antoine, ne tardez pas à répondre. Ou plutôt refusez, et je prends moi-même le départ. » Cent mille livres et deux mois de liberté – huit semaines – pour se vider la tête, purger cette humeur qui tordait les entrailles du ruiné et lui laissait le sale goût de la culpabilité dans la bouche. Afin de se décider, il ne manquait qu'un rien d'explication, une présentation générale destinée à mesurer de quoi il retournait ; or, il suffisait *simplement*, assurait son allié, de veiller à l'authenticité de statues, de têtes et de bustes provenant de Vérone et de Pompéi. Les difficultés passagères d'Antoine tombaient en quelque sorte à pic puisque l'opération réclamait un expert. Celui qui s'imaginait ainsi avait redressé le torse.

Quoi d'autre ? *Secundo*, contrôler le chargement et l'arrimage des pièces à bord d'un navire rapide qui le conduirait dans une crique déserte, non loin de Gènes. *Tertio*, certifier le paiement sans se préoccuper des détails. Il faudrait verser les dix mille livres que lui confierait Toussaint à un receleur italien. Le reste, dix mille à nouveau, la part du transporteur, serait payé à la livraison à Paris, selon des conventions établies au préalable. Ainsi, ce n'était pas la première fois ? s'intéressa Antoine. Non, répondit l'aigrefin, prouvant ainsi que la mécanique était rodée. Si bien qu'une fois rentré, l'endetté dirait adieu pour toujours aux contrariétés. Au plus tard, il serait de retour en juillet, débarrassé de la peur insoutenable d'être failli, répudié par son père, peut-être embastillé pour banqueroute.

Delaforge trouvait les paroles justes pour étouffer les scrupules, calmer la peur. Ces statues n'appartenaient à personne, pas même au passé de l'Italie puisque Rome était un bien universel. La rapine venait de temples en ruine, désertés, abandonnés depuis des siècles à l'usure du temps, oubliés par l'histoire. Vue sous cet angle, l'entreprise avait donc des allures de sauvetage, d'autant que l'érosion et la pluie menaçaient ces chefs-d'œuvre, abandonnés à des paysans incultes utilisant les vestiges d'anciennes acropoles pour bâtir leurs masures ou soutenir les murs des vignes plantées en espalier. Ainsi, dans ce monde rustre et en plein désordre disparaissaient peu à peu les reliques sur lesquelles César et Auguste avaient posé les yeux. On les ressuscitait en agissant de la sorte et cette démarche méritoire ne pouvait laisser insensible un passionné d'arts anciens.

Antoine entendait ce qui apaisait sa conscience aux abois, retenant que les risques étaient infimes, une fois en mer. Et quel danger courrait-il à terre ? Arrivé du côté de Gènes, il débarquerait pour remonter, en compagnie d'un guide de toute confiance, jusqu'au village de Monte San Quirico, non loin de Pise, après avoir longé la *via Aemilia Scaura* construite en bord de mer par les Romains. Et il y avait de quoi rêver en s'imaginant l'infinie beauté des rayons argentés du soleil miroitant dans le clapot de l'eau avant de s'évanouir à l'ouest, où cent mille livres l'attendraient. Mais avant le bouquet final, il lui faudrait piquer sur la gauche et entrer au cœur de la belle Toscane.

Une balade printanière dans ce pays avait de quoi ravir l'esprit le plus insensible aux merveilles de la création. Qu'en serait-il chez un poète où sommeillait l'âme de l'artiste ? expliqua Toussaint. Il était possible qu'Antoine tombe amoureux des paysages, de ces tableaux pittoresques où dominait un camaïeu de vert, de ces jours passés en bras de chemise tant l'air restait chaud, de la beauté ahurissante de la lumière à nulle autre pareille. Delaforge répétait ce qu'il avait entendu ici et là. Avant d'être rassasié par ce spectacle idyllique, continuait-il, le bienheureux voyageur atteindrait Monte San Quirico, situé dans les montagnes. Son mentor le conduirait alors à l'église aux fins d'une entrevue discrète avec le rabatteur de statues. Antoine n'aurait qu'à vérifier leur authenticité.

— Et aucun autre que vous ne pourrait mieux en juger…

Le flagorné se garda de mettre en cause les qualités qu'on lui attribuait car, désormais, il ne songeait qu'à partir et oublia de préciser que ses connaissances se limitaient à l'étude de dessins dont le souvenir confus et lointain lui interdisait d'affirmer avec certitude ce qui différenciait Vénus d'Aphrodite ou de Turan[1].

— Fichtre ! Vous en parler me donne envie ! s'enflamma Delaforge. Je suis tenté de prendre votre place… Alors, qu'en pensez-vous ?

La décision fut entérinée en apprenant que la mission s'achevait par un retour sur Paris muni d'un droit à circuler librement sur terre et sur l'eau, sans avoir à payer de taxes – et donc, sans subir de contrôle – comme il était d'usage pour le transport de matériaux destinés au roi. Le passe-droit venait de la construction de Versailles. Le roi réclamait du marbre, des arbres, du cuivre, du fer… et, pour amoindrir le coût du transport, ordonnait l'abolition des impôts réclamés par les villes et les ports de passage. C'était un passeport, en somme. La garantie de l'immunité. Antoine remonterait sur Paris avec une cargaison annoncée comme du marbre d'Italie. Personne n'oserait soulever la bâche d'un convoi destiné à Sa Majesté.

Oui, cent mille livres, pour une promenade champêtre au pays des anciens Romains, c'était sacrément bien payé. Et Antoine accepta en se félicitant de la confiance qu'on lui accordait.

*

Depuis le 12 mai 1664, Antoine de Voigny s'enfonce dans les méandres labyrinthiques du rapatriement d'œuvres conçu par son commanditaire. Le voici, fin du mois, à Toulon. Il se rend sur le port où l'attend Marcelius Spoza, le capitaine sarde d'une corvette de charge, qu'on appelle également une flûte dans la marine hollandaise, nom venant du fait que le pont du navire a été débarrassé de l'armement en canons pour augmenter la cargaison. *La Cardinala*, baptisée ainsi, semble solide et, bonne surprise, la propreté règne à bord. Dix hommes sont à la manœuvre et s'apprêtent

1. Il s'agit de la même, la déesse de l'Amour, respectivement dans la mythologie des Romains, des Grecs et des Étrusques…

à hisser les grands-voiles carrées du trois-mâts. Spoza parle peu. Il veut partir, bougonne qu'ils ont deux jours de retard. Eh quoi ! Antoine a pris son temps. Des statues, par deux fois presque millénaires, peuvent attendre un peu. Le Sarde ne répond rien. Ce jeune homme emprunté n'a guère la tête de l'emploi, mais il a les dix mille livres promises en échange de la livraison. La mer, c'est son sujet, le reste, il s'en moque. Spoza hausse donc les épaules et rompt quand son pilote, un mulâtre, torse nu, le réclame. Le bateau est difficile à la manœuvre et les courants viennent s'ajouter à un vent de travers. La sortie du port réclame de l'attention, rançon d'un faible tirant d'eau qui permettra d'accoster non loin de Boccadasse, un petit port de pêche au sud de Gènes.

Partie à huit heures, *La Cardinala* laisse à bâbord les îles d'Hyères, peu après midi. Ensuite, cap à l'est. Vent régulier et mer peu formée, la traversée s'annonce idéale. Dans ce cas pourquoi Marcelius Spoza se montre-t-il tendu, inquiet ? Antoine finit par poser la question. Le capitaine craint les galères françaises. Mais avant qu'on lui demande pour quelle raison, il ajoute : « Qu'ils viennent, ils seront reçus. » Et en le disant, il soulève une des bâches qui recouvrent le pont. Un, puis deux… au total *La Cardinala* aligne dix canons. Faudra-t-il se battre ? Le passager ne le saura pas. Le Sarde a déjà tourné les talons pour donner ses ordres : augmenter la toile afin de profiter de la brise. La vitesse est l'alliée des pirates. Antoine vient de penser à ce mot – pirate –, et entrevoit son odyssée sous un angle différent. Il n'avait pas pensé aux galères. L'une d'elles peut les aborder, réclamer des explications. Fouiller aussi. À l'aller, rien n'est grave. Mais au retour ?

Au loin, se dessine une voile blanche. Spoza, l'œil à tout, annonce qu'il s'agit d'une frégate française. Il repose sa longue-vue et crache par-dessus le bastingage. Son navire a pris trop d'avance pour être rattrapé avant la nuit. « Il faut espérer que les nuages masqueront la lune », grogne-t-il en sondant un ciel limpide.

Au matin, calme plat. Le navire n'avance plus. Ou si peu. Ainsi, pendant cinq jours et cinq nuits, une peur sourde, lancinante ne lâche pas le jeune Français. Il peine à manger puisqu'il déteste le poisson séché, ne boit pas assez d'eau, finit par se plaindre de violents maux de tête. Spoza parle d'une sorte d'insolation, bougonne qu'il l'a mis en garde contre l'air salé qui brûle le gosier et ce pont sans ombre. Il finit par lui ordonner de descendre dans sa cabine, une cambuse empestant le vin, inondée de chaleur, équipée d'un hamac dans lequel Antoine s'allonge pour vomir sa bile. Patience, tente-t-il de s'apaiser, le véritable voyage dont parlait Toussaint ne débute qu'en Toscane.

Au matin du sixième jour, il est tiré brutalement de la torpeur à laquelle il a fini par céder. Sur le pont, ça cavale dans tous les sens. Un moment, le passager pense qu'ils ont été arraisonnés par une galère quand Spoza montre sa barbe de vieux loup de mer et, pour la première fois, sourit. Le port de Boccadasse est en vue. Antoine doit préparer ses effets. Sitôt seul, il caresse la doublure de son sac. Les dix mille livres que réclamera le voleur de statues y sont. La crique où ils font halte se trouve à l'écart du village. Si on pose des questions, on dira qu'il y a un cas de peste à bord. Une chaloupe est mise à la mer, direction le port. Les marins à la rame resteront sur le bateau tandis que Spoza et Voigny débarqueront. Ils ont rendez-vous à l'*Ostello di Pescatori* avec Angelo Bardali.

Spoza le connaît. C'est sa troisième expédition. Bardali est là. Il fait le pied de grue depuis deux jours et grommelle qu'il ne faudra pas se plaindre si sa présence fait jaser. Du coup, les *gendarmi* sont passés. Si on pose des questions, l'affaire sera présentée ainsi : Antoine de Voigny visite la Toscane ; il a besoin d'un guide. Le Sarde écoute d'une oreille discrète, ce n'est plus son problème. Il ne songe qu'à retourner sur *La Cardinala* qui appareille pour la Corse. « Je serai de retour dans trois semaines. J'attendrai deux jours devant le port de Boccadasse. Pas un de plus. » Pour la centième fois depuis le départ, Antoine songe à renoncer. Il hésite. Mais, il est trop tard. Spoza tourne les talons. *Avanti !*

Bardali est debout, un baluchon sur l'épaule. Il connaît trois mots de français ce qui est toujours mieux qu'Antoine qui peut tout juste dire *ciao, addio*. C'est court pour tenir une conversation pendant des jours et des jours, les mains accrochées à l'encolure d'un mulet. Pourtant, malgré les courbatures, les repas frugaux, la marche forcée sur des chemins fréquentés uniquement par la lune, il éprouve plein d'allégresse. Pour la première fois de sa vie, il lui semble communier avec la nature. Dieu ! *Voir la Toscane et mourir*... Hélas, ils ont voyagé de nuit la plupart du temps et, pour l'observation, il faudra revenir. Il sourit en pensant à ce qu'il racontera au retour à Toussaint. Fichtre ! Il moquera cet ami optimiste qui lui a brossé un tableau trop parfait. Mais enfin, à la guerre comme à la guerre. Et, au bout du chemin, cent mille livres l'attendent.

Au neuvième jour, alors que le soleil monte au zénith, il pénètre dans Monte San Quirico. Les deux hommes ont rendez-vous devant la *chiesa*, l'église qui domine ce petit bourg niché en montagne. D'en haut, le spectacle est féerique. Il voit la Toscane. Enfin ! Là-bas, très loin, au fond des vallées, ce ne sont que champs tapissés d'or et pâtures verdoyantes. Un tableau divin lui inspirant l'idée de s'intéresser à la peinture, car il déborde de projets. Sa vie va changer. Ainsi, il se promet de visiter pour de bon ce pays quand tout sera fini, les dettes effacées, puisque c'est décidé : il choisira le camp de la probité. Ce n'est qu'un des progrès qu'il constate chez lui. La peur et le danger ont un effet bénéfique. Il sent que l'apprentissage lui est profitable. Son père a raison, les voyages forment la jeunesse.

Devant l'église, traînent des gosses qui détaillent l'étranger sans méfiance. Bardali s'adresse au plus grand. Antoine comprend qu'il demande où se trouve le *signore Bernardini*. Par chance, il s'agit de son fils Pietro qui court chercher le *Padre*. La suite est rassurante. Bernardini se montre affable et volubile. Quarante ans, peut-être, bâti en force, taillé dans la roche de son pays, il parle avec les mains, à haute voix, sans craindre d'être entendu. Il est vrai que ses deux autres fils l'entourent, exhibant à la ceinture de longs couteaux. *Venire, venire*, répète-t-il pour qu'on le suive. Les statues sont entreposées dans une grange. Il veut que *Monsignore Antonio di Voigny* les inspecte tout de suite. L'expert s'exécute volontiers, s'arrêtant sur une statue de Jupiter qui lui semble un peu neuve, mais, ma foi, comment juger à coup sûr ? Elle vient d'Italie. À Paris, qui contestera l'origine ? La friponnerie et l'exploit de les convoyer auréoleront ces morceaux de pierre d'un mystérieux vernis. Leur valeur vient de là. Et ce n'est pas celui qui les achètera qui pourra oser se plaindre. Antoine trouve qu'il commence à penser juste, à la façon de Toussaint. Oui, le voyage a du bon. Sans conteste, il mûrit. Bernardini tend la main : *coretto ?* Oui, c'est correct. Le pouce se frotte à l'index. *Pagare.* Payer ? Antoine réclame un couteau et déchire la doublure de son sac. Les dix mille livres sont là. Bernardini s'avance et propose une accolade. *Coretto.*

Maintenant, au travail. En s'aidant de poulies et de cordes, six hommes sombres et muets chargent les œuvres sur quatre charrettes tandis que Bernardini invite les visiteurs à se rendre dans sa maison. L'intérieur est plus cossu que la façade lézardée ne le laissait penser. Une femme en noir s'active dans une cuisine située dans le prolongement de la pièce. Il s'y trouve aussi une jeune fille qui ne lève pas les yeux lorsque les étrangers entrent. *Figlia*, annonce fièrement son père, Bernardini. De loin, la silhouette gracieuse de sa fille est celle d'une madone. Sa chevelure est recouverte d'un voile qui cache entièrement son visage. Il faut qu'elle se tienne de face et de près pour qu'Antoine capte son regard. C'est chose faite, au moment du repas, quand elle sert les hommes à table. Les yeux verts et immenses entrent dans ceux du petit Français, puis se baissent pudiquement. Antoine en profite pour détailler son nez fin et droit, ses lèvres sensuelles qui s'entrouvrent quand elle tend le bras pour poser un immense plat de *pasta*, parfumé de ciboulette. Dans ce mouvement plein de grâce, les manches de son corsage se relèvent et les attaches se montrent, délicates, et une peau nacrée, brillante. Il fait chaud. Antoine imagine son corps nu cherchant la fraîcheur dans le lit d'une rivière.

Il a appris que celle du village s'appelle Serchio. Il s'y voit, se baignant avec elle, et l'émotion est si grande qu'il murmure *Grazie*. Un sourire se glisse entre deux fossettes attendrissantes, et les yeux de la belle battent l'air jusqu'à s'apercevoir que son père la regarde. Alors, Amalia – elle se prénomme ainsi – reprend la pose figée de la Vierge qui trône dans l'église de Monte San Quirico. Mais il reviendra, se redit ce jeune homme déjà amoureux. Il conquerra ce pays pour s'y sentir libre, aventurier, et prodigieusement lui-même.

*

Le retour est morne, mené toujours de nuit, sous la pluie qui ne cesse de tomber. Quatre hommes de Bernardini accompagnent les trafiquants Bardali et Antoine de Voigny. Il faut sans cesse descendre pour guider les attelages, fagoter les bâches détrempées qui couvrent les statues, ces centaines de milliers de livres, se cachant en dessous. Le fils du marquis de La Place paye cher sa dette d'argent, l'esclavage du jeu, le renoncement à l'honneur et à son nom, car le labyrinthe n'en finit pas. Alourdis, moins mobiles, douze jours sont nécessaires pour rejoindre le petit port de Boccadasse. Mais on y est enfin, sans anicroches, sans avoir été une seule fois inquiétés. Bien sûr, à trop solliciter la chance, celle-ci se détourne : *La Cardinala* et le capitaine Spoza ne se montrent pas. Aucune voile à l'horizon. Et les hommes de Bernardini sont repartis *fissa*.

Bardali devient nerveux. Il regarde le ciel, décide qu'il est midi. En se servant de ses doigts, il compte jusqu'à six. À six heures, lui aussi sera parti. Le travail est fini, il retourne à Monte San Quirico pour prendre sa part du butin. À cinq heures, tout semble perdu et le Français panique quand trois voiles découpent l'azur à la pointe de Boccadasse. Merci, Seigneur. *La Cardinala* est de retour.

Spoza se tient à la proue, cherchant les rochers pointus qui menacent la coque. Il porte à la ceinture un *dock-lock*, le pistolet anglais, et le sabre court et recourbé du Maure. Une galère française rôde en mer, explique-t-il sur un ton bourru. Il faut charger et partir à la nuit.

Le transbordement n'est pas simple. On amarre une statue, on fixe le cordage à la bôme de la grand-voile qui pivote sur l'axe du mât et on hale, on tire pour passer au-dessus du bastingage. Dix fois, le bout cède. Les haubans gémissent, la bôme plie à se rompre. À la nuit, les pièces sont enfin à bord. Pas le temps de les sangler, on le fera en mer.

L'ancre est levée. Un coup de barre à tribord, le tourmentin se gonfle à contre, *La Cardinala* vire sur elle-même et file bientôt ses six nœuds. Toulon est tout droit. Quel jour est-on ? demande Antoine. Le 21 juin. Il sera à Paris début juillet.

*

Jour et nuit, un port comme celui de Toulon vit. On gueule, s'invective, on siffle les filles, on charge et décharge, et tout ce saint-frusquin est une aubaine pour ceux qui cherchent à se faire oublier. Le capitaine décide pourtant de rester à l'ancre à un demi-mille de la côte. Il veut être certain que les chariots qui prennent la suite seront là. Spoza embarque dans une prame avec deux hommes qui souquent ferme jusqu'à la côte. Ils reviennent au petit matin sans montrer plus d'émotion. Pourtant, tout va bien. On se glissera le long de ce quai-ci, isolé, où les tombereaux attendent. Tout est prévu. Il y a même un treuil pour faciliter le chargement.

À la nuit suivante, le fouet claque sur les flancs du cheval qui mène le convoi. La charge est lourde. Le retour se fera au pas. Quinze jours au moins. Antoine n'a pas dormi depuis des lustres. Épuisé, il s'effondre sur la banquette du chariot de tête. Spoza le salue du bout des dents et se carapate. Voigny s'en moque. Il a le passeport qui lui garantit de ne pas être ennuyé au passage des villes. Il sombre lourdement dans le sommeil.

Il faut un tintamarre du diable pour qu'il soulève les paupières. Et s'effraie. Le 27 juin, non loin de Lascours, au pied de la montagne du Garbalan, à dix lieues de Toulon, une poignée de gens d'armes oblige le convoi à se ranger.

Le passeport que brandit Antoine ne désarçonne par un gradé soutenant qu'il est faux. Le sang bleu de Voigny se glace dans ses veines. De quoi parle-t-on ? Il revoit le visage souriant de Toussaint, et les certitudes dont l'abreuvait son ami.

— Vous mentez ! jette-t-il au soldat qui a vu tellement de têtes de voleur que rien ne pourrait le troubler. Vous accusez le fils du marquis de La Place d'être un falsificateur ?

— Descendez, monsieur, lui répond-on simplement. Et mettez-vous en rang, à côté de vos charretiers.

Antoine se redresse, fixe le malotru et, malgré sa tenue négligée, sa barbe de deux mois, tente d'user des manières hautaines que lui a enseignées sa famille :

— Prenez garde ! Vous serez sévèrement blâmé…

— S'agit-il d'une menace ?

— Oui, rétorque l'impudent. Et vous n'avez encore rien vu…

Le gradé soupire et se tourne vers sa troupe :

— Attachez-moi l'agité et ôtez les bâches, qu'on voit ce qu'il transporte.

Et tandis que les soldats s'émerveillent à la vue d'une telle prise, le fils Voigny, découvre qu'il sera mené à pied, mains attachées dans le dos, à Aix-en-Provence.

Chapitre 39

À VERSAILLES, CE DIMANCHE de fin juillet, Marguerite Pontgallet s'accorde un jour de repos. Depuis que les *Plaisirs de l'Isle enchantée* se sont achevés, elle n'a guère eu le temps de penser à elle. À peine le rideau retombé, à peine les invités dispersés, le chantier a repris. Un grand tumulte, un tonnerre de sabots quand ce monde est reparti, un silence assourdissant après le tintamarre, mais la bataille s'achevait sur une victoire. Le roi était satisfait.

Il faut avoir vécu ce moment de vide quand tout s'arrête. La machine est rouillée, les os endoloris, la cervelle embrouillée. Mais on doit continuer, poser un pied devant l'autre. Versailles n'attend pas, Versailles avance. L'installation des grandes tentes commandées par Marguerite est terminée depuis dix jours. Les Limousins y logent. En rentrant chaque soir, ils trouvent un feu sur lequel cuit la tambouille roborative de Jeanne Dubec, la paysanne qui abrite le clan Pontgallet. Les hommes viennent humer la marmite où rissolent de bons et gros morceaux de viande. Quand l'un d'eux veut goûter, elle le menace de sa longue cuillère en bois culottée par le gras d'innombrables repas et lui ordonne d'aller se décrasser. À l'instant, tous étaient épuisés, mais Anne, l'épouse du solide Léon, se montre. Elle apporte le pain cuit du soir. La croûte croque ; c'est bon de mordre la mie. Et puis, avant de s'installer à table, il y a toujours un gaillard pour parler des siens qui sont loin ou un autre qui attrape une flûte et joue un air du pays. Le samedi, la veillée s'étire. Demain, Madame Pontgallet l'a promis, c'est jour de repos. On sera bien ici, ensemble, mieux que chez les cabaretiers qui vendent une paillasse pouilleuse à prix d'or.

Léon a fait les comptes. Malgré les dépenses du départ, ils s'en sortent à peu près. Il reste prudent, bataille pour sauver chaque sol, mais le maçon Bergeron tient parole. Il paye chaque semaine les heures des manœuvres et n'a toujours pas réclamé le prix des matériaux commandés pour les fêtes. Du bois, des clous, des pics, des pioches, des marteaux... Mais ça tiendra, on le sait, on le sent chez les Limousins et, ce soir, l'humeur est à rire, à se moquer du Robert qui, voilà trois jours, a reçu une poutre sur le front et qui est tombé comme une masse de l'échafaud. Mordiou ! on le croyait mort quand ce solide a ouvert les yeux, essuyé le sang qui lui coulait dans le cou, et s'est relevé, braillant qu'il allait s'y remettre. On a dû attraper cette masse par le col et la faire asseoir. Marguerite Pontgallet est arrivée en courant, a sondé la plaie, conclu qu'il s'en remettrait à condition de lui ordonner un repos. Six jours. La paye, il la recevrait comme les autres. Les Limousins ont apprécié. Depuis, ils se démènent pour rattraper le travail de celui qui manque à l'appel. Hier, Robert, surnommé depuis *Le Têtu*, n'a pu s'empêcher de passer voir. Il s'ennuie. Le pansement de Marguerite lui donne l'allure d'un soldat s'en revenant de la guerre.

La comparaison est juste : Versailles est un combat contre le temps, les éléments qu'il faut domestiquer, amadouer, selon les vœux du roi. La construction de son nouveau monde vire à l'aventure, et aucun ne regrette d'en être. Oui, la veuve du maçon Pontgallet se réjouit, et les Limousins admirent cette dame, solide et belle, qui se montre courageuse et tenace. Ils la respectent, l'écoutent, obéissent, si bien que Marguerite est en train de réussir le pari que nombre jugeaient impossible.

*

Dans cette scène qu'on croit idéale se profile cependant une angoisse depuis qu'elle est entrée chez Ravort et a vu Delaforge. Marguerite croyait ce démon disparu et il s'est montré, chez le tavernier, les deux discutant tels des maquignons, préparant elle ne sait quelle manigance pour salir, détruire encore. Combien de temps pourra-t-elle cacher la présence du père d'Amandine à sa fille ? Allons, l'autre, le manchot, n'est pas idiot. S'il revient – et il l'a déjà fait car elle l'a revu de loin et sait qu'il cherche à acheter tout ce qui se peut à Versailles –, il croisera Anne et la petite. Et c'est ainsi que ça se passera : Anne ne résistera pas. En présence de celui qu'elle n'a jamais oublié, elle se trahira, avouera la vérité. Et détruira son couple, sa vie, celle de la petite. Delaforge et sa malédiction, celle qu'il traîne avec lui comme la mort, il faut y mettre fin – et détourner ce monstre de leur chemin.

— Maman !

Anne sourit. Elle apporte le pain cuit du soir. Les Limousins l'accueillent avec des vivats. Un ou deux reluquent ses hanches. Sa fille devient de plus en plus belle. Qu'attend Léon pour lui faire un enfant ? Marguerite serre les poings. Rien, personne ne viendra briser le vrai bonheur qu'elle tente de reconstruire et auquel elle s'accroche, réservant ses larmes et sa colère à elle seule, quand elle finit par aller se coucher et sombre sous les assauts du chagrin et de la fatigue.

— Grand-mère !

Amandine court rejoindre Marguerite et se jette dans ses bras. Non, décidément : rien ni personne ne viendra détruire ce petit cœur plein d'amour.

*

À Paris, fin juillet 1664, Le Vau s'affole, les comptes virent au rouge. Dépense-t-il trop ? La vérité est qu'il ne mène pas bien ses affaires. Pourtant, les commandes affluent. En voici une nouvelle, celle de l'église Saint-Louis-en-l'Île, et tout irait bien si les marguilliers, ces scribouilleurs qui surveillent les travaux des édifices religieux n'étaient sur son dos. Ils s'interrogent sur la solidité du futur édifice. Que diraient-ils en apprenant que Le Vau envisage de grappiller sur les fondations comme il s'y emploie sur le chantier du collège des Quatre-Nations ? Il rogne sur la largeur et la profondeur, mais comment vérifier quand des tombereaux de terre ont été versés ? C'est pourquoi il s'arrange pour qu'on ne toise pas ce qu'il construit. Il gagne une perche par-ci, par-là[1]. Autant qu'il ne dépense pas en matériaux et en heures de travail. Au final, les gains se montent à des milliers de livres, archivées dans le carnet noir de Delaforge. Cela ne retire rien au génie de son maître qui a le défaut de dépenser trop à cause de ses coûteuses aventures en Nivernais. La manufacture de fer-blanc ressemble à un gouffre sans fond. Le don de trente mille livres obtenu auprès de Colbert ne fut pas suffisant. Le Vau a dû contracter un emprunt, fort de la promesse d'une commande de canons et de boulets pour la marine. Encore faut-il savoir les fabriquer. Or l'architecte n'a plus guère de talent quand il s'agit de couler la fonte. Les essais sont désastreux. Les canons explosent. Et pour… corriger le tir, il lui faut de l'argent puisqu'on lui fait de moins en moins crédit, s'ajoutant à cela la menace d'un procès pour cette ennuyante histoire de poutres « pas tout à fait neuves » (et facturées comme telles) qui charpentent les maisons construites près du collège des Quatre-Nations. Dédommagements, intérêts, avocats, procédures ! Argent ! Argent ! Tout est-il bon pour en trouver ? Et voilà que depuis peu, Delaforge, qui profite largement des « écarts » de l'architecte, en réclame davantage. À croire qu'il cherche à acheter tous les terrains, toutes les maisons du bourg de Versailles s'imagine Le Vau. Et ce dernier voudrait faire de même : investir dans l'Eldorado. Hélas, les échéances sont si urgentes qu'il songe à se séparer de l'argenterie[2].

1. Une perche égale 18 pieds, soit environ 6 mètres.

2. Il finira par la vendre. Frédéric Tiberghien (*Versailles, le chantier de Louis XIV, op. cit.*) évoque une succession qui fit apparaître un passif de 600 000 livres…

Delaforge deviendra-t-il riche, au point d'être jalousé par son maître ? En fait l'architecte ignore que son second a utilisé ses fonds pour financer le trafic de statues provenant d'Italie et dépensé des dizaines de milliers de livres afin d'accabler Antoine de Voigny. Les deux sont donc aussi mal sur le plan financier. Mais le plus jeune se garde d'en parler et ne semble pas même s'inquiéter du danger qui lui pend au nez. Pourtant, Delaforge sait, comme tout le monde à Paris, que le fils cadet du marquis de La Place a été arrêté à Aix-en-Provence, accusé d'avoir tenu le premier rôle dans un brigandage d'antiquités. Le caractère d'Antoine est trop faible pour qu'il n'avoue pas qui fut son commanditaire. Tôt ou tard, les liens qui l'unissent à Toussaint ne manqueront pas d'apparaître. Le scandale risque même d'emporter l'architecte du roi, déjà persécuté par les petits contrôleurs de Colbert et menacé de faillite sur la manufacture de fer-blanc. Tout va mal, en effet. Mais, ce matin encore, Toussaint sourit et se montre enjoué car un bruit nouveau circule à propos du déshonneur d'Antoine de Voigny.

*

À Paris, fin juillet, mais rue de la Couture-Sainte-Catherine, le marquis de La Place s'est enfermé dans le cabinet de travail du premier étage dont les visiteurs envient le luxe et la richesse. Il n'y est pour personne, refuse d'ouvrir quand un valet frappe, a renoncé au dîner, fera de même pour le souper. « Antoine est mort. » Il répète ces mots, tente de les faire entrer dans son crâne. Son fils est mort ? La vérité s'obstine, et pourtant, elle demeure irréelle. Antoine de Voigny, soupçonné d'agissements criminels concernant des œuvres antiques, propriétés du grand-duché de Toscane, a été arrêté le 27 juin par le capitaine Villefaut au poste de garde de Lascours. Le suspect ne s'est opposé que brièvement avant de reconnaître la totalité des faits : son chargement arrivait illégalement d'Italie et les charretiers conduisant l'expédition n'étaient pas informés. Ce comportement de gentilhomme, son nom, sa soumission – une sorte de soudain découragement – laissaient croire qu'on pouvait lui accorder la liberté de circuler sans chaînes. Ce fut la seule erreur du capitaine Villefaut. Profitant de la crédulité de son geôlier, le prisonnier s'est appliqué une peine plus grave que celle à laquelle il n'aurait pu échapper ; il s'est pendu. On l'a trouvé ainsi, dans sa cellule, sans un mot d'explication pour apaiser le chagrin des siens. On ne saura donc rien, ni sur ses motivations ni sur ses complices. Son corps suit. On l'enterrera en Anjou, la semaine prochaine.

Malgré l'opinion détestable qu'il n'a jamais cessé de montrer, son père est profondément touché. Il ne craint pas le qu'en-dira-t-on des désœuvrés du Louvre avides d'esclandres et se moque même que son nom soit sali. Ce soir, il cherche un fils qu'il a mal connu, sans doute mal aimé et dont il critiquait la mollesse morale. Combien de fois a-t-il brocardé son manque d'ambition ? Ce mépris a fini par donner le pire. Antoine a-t-il fait *cela* – devenir un voleur – afin d'exister ? Pour le savoir, il eût fallu qu'il l'ait connu. Il ne reste que l'image fugace d'un être qui parlait peu par crainte d'être raillé, parce que ses actes étaient critiqués avant de se produire. Qui pourrait raconter à ce père qui fut Antoine ? Qui le rassurerait en lui jurant qu'il n'est pas responsable de sa mort pour l'avoir abandonné ?

Le marquis cherche et réalise combien il ne sait rien de son fils perdu. Trouver quelqu'un ayant été proche de lui ? Il pense à sa sœur, Aurore. Mais lui demander de parler d'Antoine, aujourd'hui, parce que son père en a besoin, serait attiser sa douleur et il craint une réaction furieuse. En apprenant la mort de son frère, elle s'est évanouie, ne revenant à elle que pour hoqueter qu'il s'était tué pour n'avoir jamais été aimé de son père, *le modèle.* Elle se repose à présent dans une chambre et, bien qu'il désire plus que tout s'y présenter pour lui demander de l'aider à comprendre Antoine, le marquis se l'interdit par crainte de l'entendre hurler qu'il devait s'en préoccuper avant, qu'il n'a rien vu, rien fait. Qu'il se morde les doigts, vive avec ses remords et se tourne vers François, le seul enfant dans lequel il se reconnaisse ! Aurore est capable de cette férocité-là. Elle est enflammée, libre, et l'a toujours été. Son père est habitué aux révoltes volcaniques de sa fille et, autrefois, ce caractère vif l'amusait. Désormais, les reproches seraient insupportables parce qu'ils lui sembleraient vrais. Vers qui d'autre se tourner pour expliquer la folie qui a gagné Antoine ? Tudieu ! Qui lui parlerait de son fils ? François est en Anjou. D'ailleurs, il n'en dirait que du mal. Qui d'autre, Seigneur ? Un visage finit par venir, agréable et beau, celui de la comtesse de Saint-Bastien.

*

La rencontre s'était donc produite à Versailles où le marquis s'ennuyait, les *Plaisirs de l'Isle enchantée* ne lui seyant point. Elle avait surgi de l'ombre, entre deux flambeaux aux teintes laiteuses. Son air grave, ses jolis traits ourlés d'une indicible tension lui donnaient l'allure d'une aventurière aux abois. L'idée l'avait excité. Hélas, elle avait parlé d'un fils, dont, *autrefois*, il se moquait éperdument, et ce qu'elle avait raconté aggravait le portrait du lâche, soumis à l'ascendant d'un autre – ce que son père traduisit par de la soumission. Antoine, le débauché, jouait, se ruinait, s'encanaillait, mais, avait-elle corrigé, il n'était pas coupable. Ainsi, la délatrice s'était faite protectrice. Pourtant ce qui était dit pour secourir l'âme se noyant avait aggravé le jugement de son père. Son fils avait besoin d'une femme pour se défendre, et si celle-ci se montrait agréable, le pédant marquis n'avait pas supporté l'idée qu'un sien ne sache se défendre seul. La comtesse, inconsciente de ce qui agaçait son vis-à-vis, avait continué, accusant un être redoutable dont le marquis devait sans doute ignorer l'existence. Toussaint Delaforge.

Elle avait attendu qu'il la questionne. Il n'avait fait que lui sourire. C'est elle qui avait été surprise (et fort marrie) en apprenant qu'il connaissait ce triste individu et ne s'inquiétait pas de ça, ne manifestant qu'un peu d'étonnement narquois, rien de plus, rien qui puisse laisser croire qu'il était furieux, pis, inquiet. Ce quidam

– un olibrius – n'éveillait aucunement sa colère, mais plutôt un air de dire que son fils était tombé bien bas pour s'acoquiner avec ce genre d'individu et que son intérêt pour de tels sujets s'arrêtait là. D'ailleurs, il avait balayé le débit de la comtesse d'un revers de la main :

— Ce fils, j'en ai fait le deuil. Il ne réussira jamais rien. Je le sais… J'ai cru que vous m'approchiez pour m'apprendre qu'il y avait entre vous et lui quelque chose… Et je me serais réjoui de son bon goût.

— Toussaint Delaforge le mène à sa perte, avait insisté Angélique en ne relevant pas le compliment. Et vous ne répondez rien ?

— Je croisais ce garçon alors que vous n'étiez pas née et mon opinion est faite depuis longtemps.

Elle avait écarquillé ses beaux yeux :

— Vous mesurez alors son pouvoir de nuisance…

La Place avait ri :

— Je n'y crois pas un instant !

Il s'en souvenait comme d'un petit orphelin, balafré et secret qu'il avait hébergé et dont le seul souvenir pénible était l'attachement presque grotesque qui l'unissait à sa fille, Aurore. Mais il se garda d'en parler.

— Depuis toujours, il s'intéresse à ma famille. Son histoire est sans attrait, croyez-moi.

Angélique était déçue. Écoutant son amie *Sapho*, elle cherchait à se venger et son projet tournait court. Sa rage avait décuplé :

— Je vous aurai averti. Il conduira votre fils au désespoir. Mais sans doute n'est-ce pas vous qui le sauverez. Bonsoir, monsieur !

Cette jolie femme était folle, excessive pour le moins, avait alors jugé La Place, cherchant ce qui pouvait justifier son courroux. Si elle voulait nuire au *petit* Toussaint, quelle était sa raison ? La haine se combinait souvent avec le sentiment amoureux. Était-elle éprise ? Cela aussi lui avait semblé insensé.

Ainsi, il ne voyait chez Delaforge que l'enfant en guenilles et refusait de l'imaginer en séducteur mettant à mal le cœur d'une belle comtesse. De même, pas une fois, il n'y avait songé tel à un fils et, s'il se souvenait vaguement que ce garnement avait forcé la porte de la rue de la Couture-Sainte-Catherine après s'être enfui de Montcler, ce n'était qu'une anecdote, comme son apparition, quelques années plus tard, en l'église du couvent des Annonciades célestes. La Place, que tout désignait comme le père de Toussaint, pouvait-il, même s'il s'agissait d'un bâtard, se montrer si indifférent ?

*

Alors qu'Antoine est mort, son père s'interroge et se montre fragile – si différent du portrait du fat de Versailles. Dans ce moment de solitude où le doute et le chagrin apparaissent sans fard, le marquis n'a nulle raison de ne pas être sincère, au moins avec lui-même. Or il ne voit en Delaforge qu'une *quantité négligeable.* Du plus profond de son être ne surgit ni rejet ni colère. À nouveau, il n'y pense pas comme à un fils indésirable. Est-il donc le père que cherche Delaforge depuis si longtemps ? À moins qu'il ne l'ait jamais su ? Le marquis cavaleur aurait-il séduit Marie et oublié l'aventure, cette rose cueillie, effeuillée un jour, pressé de passer à la suivante, ignorant que sa jolie servante – quantité tout aussi *négligeable* – était grosse ?

Marie ayant informé Marolles de son état – et quoi de plus normal puisqu'il s'agissait du confesseur familier de la rue de la Couture-Sainte-Catherine –, ce dernier aurait pu agir en secret, sans prévenir le père, craignant une réaction brutale. Qu'elle avorte ! aurait sûrement rétorqué le marquis, s'il avait su. Les faiseuses d'anges existaient pour cela… Mais le prêtre, soucieux de ne pas déplaire à Dieu – avorter étant un péché mortel –, avait enfreint les ordres. La suite n'était alors que maladresse, négligence et imprudence.

Vu ainsi, tout s'éclaire, en effet, même les actes les plus graves. La cave, rue de la Tonnellerie, la fin atroce de Marie, le rôle de la sorcière, la réaction de Marolles et le silence de Berthe. Le Tout-Puissant a choisi, s'était alors répété mille fois le jésuite. Marie s'éteignait ; et qu'il en soit ainsi… Lui avait récupéré l'enfant, tout en regrettant le crime contre sa mère.

Il détiendrait donc deux secrets : celui le concernant – lui, le complice, voire le co-auteur d'un meurtre – et celui du marquis – un père qui ignorerait l'existence de Toussaint. Il aurait sauvé l'enfant, mais resterait coupable d'avoir abandonné Marie. Et c'est cela qu'il ne veut pas que l'on découvre. Or, trouver qui est le père de Toussaint reviendrait à mettre à jour son rôle. Alors, sa vie s'écroulerait. Voilà pourquoi il aurait caché cet enfant à La Place.

Mais ce marquis, peut-il s'exonérer de son acte ? Il ignorerait ses liens avec Toussaint, sa faute s'en trouverait-elle amoindrie ? En fait, en son âme et conscience, il ne s'interroge pas sur ce qui l'unirait à ce garçon. Et, cette nuit, alors qu'il pleure son cadet, il pense à Delaforge comme à un orphelin qu'il a eu la gentillesse d'accueillir sept années durant et se demande si le garçon qu'il a sauvé du pire a bien agi contre Antoine en le poussant vers le déshonneur, ainsi que le prétend Angélique de Saint-Bastien. Delaforge est-il responsable de la déchéance et de la mort de son fils ? À défaut de pistes plus solides, il existe, pour répondre à ces questions, la mise en garde de la comtesse. L'homme perdu, désespéré qui l'entendit ne sait que s'y accrocher. Aussi, décide-t-il de rencontrer cette femme. Et de mieux l'écouter.

*

La nuit qui suit l'annonce de la mort d'Antoine, La Place se ronge et ne dort pas. Au matin, sa décision est prise. Il est prêt, habillé de noir. Le visage est gris, la démarche lasse, il ira seul dans Paris, déclare que personne ne l'accompagnera. Aura-t-il seulement la force de se rendre chez la comtesse de Saint-Bastien ? Il se peut qu'il renonce, décide de baguenauder sans dessein, uniquement parce qu'il étouffe, et tout pourrait s'arrêter sur un secret, si Marolles, informé que son hôte sort et s'en étonne, ne venait de se montrer, soumis, servile à son habitude. Le prétexte est tout trouvé : le berger de Dieu est là pour secourir l'âme en peine. Peut-il lui venir en aide ? Le marquis désire-t-il discuter ? Mais les paroles et la mine convenue du jésuite ne le touchent pas. Il est à nouveau résolu à se rendre à son entretien, ne serait-ce que pour ne plus supporter les mimiques de circonstance de son confesseur.

— Partager sa souffrance est souvent un excellent moyen de l'alléger, susurre ce dernier.

— Et partager ses doutes ? bougonne celui qui l'abrite.

— Oui, bien sûr, grimace Marolles sans comprendre qu'on le pique.

Il croise les mains, ferme les yeux :

— Douter : qui n'y céderait pas en de telles circonstances ? Ainsi, je devine que, ce matin, la question de l'éternité vous agite. La mort nous met face à Dieu. Pourquoi n'a-t-Il pas secouru Sa brebis et…

— Ce genre d'interrogation ne m'assaille pas.

— Alors quoi ? sursaute le révérend.

— Je cherche à comprendre qui était Antoine et ce qui l'a mené aux abysses…

— Ce garçon était si discret, si secret…

— Lors de vos confessions, n'avez-vous jamais décelé un signe annonçant le drame ?

— Ce qui se dit à ces moments-là reste à jamais enfoui. Je suis incapable de vous éclairer.

— Marolles, ne me provoquez pas ce matin !

— Au moins, puis-je vous assurer que rien de ce qu'il m'a confié ne jurait avec la volonté de Dieu. Mais il est vrai aussi que je ne l'avais pas entendu depuis longtemps. Six mois, peut-être…

La Place songe que cette soutane ne lui sert à rien depuis des années, quand il réalise que, selon la comtesse, c'était à peu près depuis ce temps-là, six mois, qu'Antoine fréquentait Delaforge.

— Eh bien, éclairez-moi alors sur votre filleul. Ne l'avez-vous jamais revu ?

Marolles se fige. Quel rapport ?

— Pourquoi pensez-vous à lui aujourd'hui ?

La voix est tendue, mais le marquis ne s'en rend pas compte.

— On s'entête à me faire croire que ce garçon serait coupable du malheur qui a touché Antoine, murmure-t-il.

— Que dites-vous…

Et La Place raconte d'une voix monocorde sa rencontre avec la comtesse à Versailles.

— Elle prétendait que Delaforge orchestrait la déchéance de mon fils. Même si je n'y crois guère, je m'en vais l'interroger et, cette fois, je prêterais plus d'attention à ce qu'elle m'apprendra.

Que dira-t-elle ? Et d'abord, que sait-elle ? s'inquiète aussitôt le jésuite. S'il s'agit de son filleul, tout devient danger. Dès lors, la peur le conseille. Il ne pense qu'au flacon contenant de l'eau de la Seine. Le dernier était presque vide. Un mot l'accompagnait. *« La menace approche. Chronos est fatigué d'attendre. »*

— C'est un monstre !

Ses mains, sa bouche tremblent, son teint est pâle, et voici Marolles qui vomit les pires insultes sur Toussaint, le traitant même d'*erreur de la nature* ! L'attaque est si violente qu'elle produit le contraire de ce qui était recherché. Le marquis déteste soudainement l'accusateur, ses insanités et sa façon de s'exprimer dans la maison de son fils, mort à cause du mépris qu'on lui manifestait. Comment expliquer tant de haine chez celui qui parlait à l'instant de Dieu ?

— Que vous a-t-il donc fait ? grogne le marquis en songeant au mal dont lui-même s'accuse à l'égard d'Antoine.

— À moi ? s'enferme le révérend. Voyons… Rien.

— Que lui reprochez-vous alors ?

— D'avoir toujours voulu vous nuire…

— N'est-ce pas vous qui l'avez introduit chez moi ?

— Chaque matin, je regrette d'avoir montré tant d'indulgence…

— Si Delaforge est le *mal*, c'est vous, son parrain, son tuteur, qu'il faut accuser. Ne lui jetez pas la pierre en premier ; elle pourrait se retourner contre vous.

*

La Place a déjà tourné le dos. Marolles, pantelant, le regarde partir. Tous les démons de l'enfer s'unissent pour lui nuire ! Après Paillard, Calmés, voici une comtesse. Qui se présentera encore pour lui rappeler combien ce fut une erreur de sauver cet enfant ? Assez ! Il faut en finir à jamais avec le poison qui ronge sa vie, décide le jésuite en remontant dans la chambre austère où il a conçu ses pires manigances. Il se jette sur le prie-Dieu, supplie le Seigneur – tant de fois renié – et s'abîme dans une prière qui plairait à Satan. Dans son brouillon enragé de mots, il est question de détruire, d'étouffer Toussaint. Mais comment s'y prendre ?

À entendre le marquis, d'autres que lui voient en son filleul l'incarnation du *mal*. La comtesse de Saint-Bastien par exemple. Le mieux n'est-il pas de s'emparer de ce qu'elle raconte pour nuire à celui qu'il déteste, de monter l'accusation et de racheter Antoine de Voigny en mettant tout sur le dos du balafré ? Mais de qui se servir pour venger la mémoire du mort en dénonçant le vrai coupable ? Un nom vient de surgir. Il existe un homme, courageux et fort, qui ne pardonnera pas à Delaforge d'avoir nui à Antoine. Marolles saisit une plume, il va écrire à ce justicier. En lui apprenant qu'un témoin lui a fourni la preuve de la culpabilité de la crapule, sa vengeance s'appliquera à coup sûr.

*

Deux lettres sont écrites ce 2 juillet 1664. L'une, par Marolles ; l'autre, par Angélique de Saint-Bastien qui, n'oubliant pas les conseils de *Sapho*, se débat à l'entrée du gouffre de la Vengeance. Et ce matin, en ouvrant sa porte au marquis, elle y plonge hardiment.

Avant de le recevoir, Angélique a pris son temps car elle n'a pas oublié le dédain avec lequel, à Versailles, son visiteur a accueilli sa mise en garde. Ignorant la raison de sa visite, elle a choisi une robe de soie rose et verte qui met en valeur sa beauté. Son amie *Sapho* lui conseille de plaire, de se faire désirer, il n'y aurait rien de plus efficace pour se *désempoisonner* de Toussaint. Le remède s'accompagne d'une cure. Elle soigne l'amour par l'amour… en multipliant les aventures. Un écuyer, un gentilhomme de la chambre du roi, un chevalier l'ont rassurée sur son pouvoir de séduction. Elle les a enchaînés. Ses amants se tueraient entre eux si elle le leur demandait. La voici à nouveau mutine, désirable, et décidée à punir les hommes, à ne plus jamais être esclave de ses sentiments. Du moins, tant qu'elle ne songe à Toussaint dont elle ne parvient à se libérer. Son mal est profond, il la dévore, et, paradoxalement, plus elle se laisse séduire, plus elle désire se venger du genre masculin. Si bien que lorsque son valet Bonnefoix a toqué et passé le nez pour annoncer la visite du marquis de La Place, elle s'est d'abord étonnée et promis de lui faire payer l'air de mépris qu'il montrait à Versailles. De plus, il est veuf et on le dit vert. Un marquis ? Il en manque un à son tableau de chasse.

— Qu'il patiente au salon. Je le recevrai plus tard.

Bonnefoix est reparti. La Place attend. Midi vient. Bonnefoix se montre à nouveau.

— Madame…

— Il veut partir ?

— Non, il ne bronche pas. Et pour tout dire, il ne bouge pas de son siège.

— Je viens, soupire-t-elle, ravie de l'effet qu'elle produit.

La comtesse vit dans la somptueuse maison que lui a construite Le Vau, non loin de l'hôtel Lambert. L'escalier est sonore. Elle sait que le cœur de ses visiteurs bat quand son pas fait de même sur les marches. Ils se lèvent, pétrifiés, la saluent et espèrent. La Place, lui, est tassé, rabougri, méconnaissable. Cet homme a changé depuis Versailles, ne cherche pas à faire moins que son âge. Une barbe de trois jours grisaille ses joues et, s'il redresse la tête, des yeux cernés se montrent. En l'entendant raconter la mort d'Antoine, Angélique oublie la torture qu'elle imaginait lui infliger, mais lorsque le nom de Toussaint Delaforge surgit, sa colère renaît. C'est lui le responsable. Il a conduit un garçon innocent et faible à sa perte. Il l'a *empoisonné.* Sa vision des événements est limpide : Antoine a cédé à l'attrait du jeu et de la débauche et, pour se sortir de l'ornière, a tenté l'impossible en se lançant dans une aventure malhonnête et périlleuse.

— Je ne lui connaissais aucune dette, corrige son père.

— Il vous les cachait, invente-t-elle car elle ne l'a jamais su. J'ai mesuré la perversité de Monsieur Delaforge. Il vous envoûte afin que vous deveniez sa proie. Puis il vous garrotte…

Ses derniers mots se noient dans des sanglots. Elle parle d'elle et La Place le comprend. Cette femme, se dit-il, décrit ce qu'elle vit. Son opinion est corrompue par son propre malheur. Que ne ferait-elle pour nuire à celui qu'elle aime désespérément ?

— Je n'imaginais pas que son influence fût telle qu'on finisse par devenir son jouet, murmure-t-il, s'étonnant de ce qu'il découvre sur celui qu'il a hébergé.

La remarque est humiliante, inutile, mais La Place n'est plus lui. Ce marquis suffisant la prend pour une sotte, se révolte Angélique. La douleur ne le change pas. Seul son avis compte.

— Je ne mens pas ! Hélas ! la perte d'un fils ne retire rien à votre aveuglement. Vous n'écoutez que vous. Eh bien ! Allez, monsieur, et souffrez égoïstement.

Elle se lève, le congédie et lui se résout. Il sort péniblement de son fauteuil, fait un pas vers la porte tel un pantin de bois animé par une main qui voudrait le rendre ridicule. Au dernier moment, il se retourne.

— Madame, pardonnez-moi si je vous ai blessée, glisse-t-il d'une voix morne. J'ai eu tort de ne pas vous écouter.

— Vous changez d'avis comme la girouette se plie au vent !

— Sur un point, je ne varie point…

— Lequel, je vous prie ?

— Votre beauté. Et je l'estime assez pour imaginer qu'elle vous évite les chausse-trappes. Pourtant, reconnaissez que celui dont nous parlons possède assez d'atouts pour l'avoir bouleversée.

— Qu'en déduisez-vous ?

— Je me suis peut-être trompé sur son cas et vous avez raison. Le diable est en lui…

— Vous ouvrez enfin les yeux !

— J'en ferai de même avec la boîte de Pandore, glisse-t-il sans desserrer les dents.

Le marquis s'est redressé. Ses yeux brillent.

— Que voulez-vous dire ?

— Si j'obtiens la preuve de ce que vous avancez, je le tuerai, assène-t-il froidement.

Elle voulait qu'on la croie, se venger, mais le voir mort ? En vérité, la comtesse garde l'espoir impossible et vain de le retrouver. Et par sa faute, La Place risque d'y mettre fin.

— Il est fort, tente-t-elle de s'opposer d'une voix tremblante.

— Il me reste un fils. François. Si vous avez raison, Delaforge y laissera la vie. Adieu, madame…

*

Le marquis s'en va, plus troublé que convaincu. La comtesse s'enferme dans sa chambre. *Sapho* a menti. La vengeance ne l'apaise pas. Ce qu'elle veut, c'est lui, Toussaint, vivant, de nouveau dans son lit. Elle se ronge ainsi jusqu'au soir, rumine, réfléchit, balaye tour à tour les sentiments qui l'habitent, s'avoue enfin ce qu'elle désire, en vérité. Toussaint est en danger par sa faute. Dès lors, elle seule peut le sauver. Oui, il peut comprendre qu'elle agit par amour, autant en l'ayant accusé hier qu'en voulant le protéger aujourd'hui. Au fond, cette affreuse histoire peut tourner en sa faveur. En s'y prenant bien, elle l'attirera, le verra, le touchera, l'embrassera, jouira encore de lui. À six heures, elle saisit une feuille, une plume, et écrit : « Tu es en péril. Viens me voir. Je t'aime. » Elle sonne Bonnefoix qui désespérait de voir réapparaître sa maîtresse.

— Cours ! Reviens avec une réponse…

Bonnefoix file place Royale. Toussaint ouvre et lit sur-le-champ. Bonnefoix revient. Il a la réponse. C'est Delaforge en personne qui entre chez Angélique.

Chapitre 40

FRANÇOIS DE VOIGNY accourt ventre à terre à Paris. Il a reçu la lettre de Marolles reprenant les accusations de la comtesse de Saint-Bastien à l'encontre de Toussaint. L'effet chez l'aîné est redoutable car le réquisitoire parvient le jour où son père l'informe également du décès de son frère. Il n'en faut pas plus pour que le soldat prenne le mors aux dents. Il ne gémit pas, ne pleure pas. Il crie vengeance. Le coupable se nomme Delaforge, cela ne fait aucun doute. Aussi ne s'interroge-t-il pas davantage. Le sang versé en blessant le bâtard au bras, il y a longtemps, l'a laissé sur sa faim, tel le chien qui mord une fois et devient pour toujours enragé. La haine qu'il éprouve envers le maudit orphelin s'explique grandement par l'affection que lui portait sa sœur, Aurore. C'est en somme une affaire de jalousie autant que de mépris. Il ne supportait pas ce souillon balafré qui occupait son territoire, son camp, violait ses frontières et se comportait en conquérant. Et désormais, il maîtrise encore plus parfaitement l'arme qui a déjà fonctionné contre Delaforge : il est guerrier, excellent dans tous les arts de son métier, voilà sa qualité. Son épée tranche les débats ; elle y met fin. Il a confiance en sa méthode.

Il selle son cheval, part le 1er août avant midi et arrive à Paris le 5 au soir. Il enrage. Il ne peut rien apprendre de plus de son père car, l'informe un serviteur, celui-ci fait exactement le chemin inverse, accompagnant le corps de son fils qui sera enterré dans le domaine familial le 9 au matin. François ne dispose donc que de quatre nuits et de trois jours pour se faire justice et rentrer à temps afin d'assister à l'enterrement de son frère. Mais cet homme est inépuisable, courageux, habitué aux rudesses soldatesques. Au retour, il galopera à bride abattue, sans se reposer, trouvera des chevaux frais dans les relais, les achètera si besoin car il est riche. Il leur martyrisera les flancs avec sa cravache et ses bottes jusqu'à ce qu'ils rendent gorge. Fils d'un marquis, il y arrivera. Mais en ayant d'abord réglé ses comptes.

*

François de Voigny n'a pas besoin de son père pour trouver Delaforge puisque Marolles a pris soin d'écrire le nom de l'accusatrice condamnant l'infâme. Le 5 août, avant la nuit, il se présente chez la comtesse de Saint-Bastien, sans avoir pris soin de se changer. Sale, poussiéreux, il pue la sueur animale, mais sa silhouette racée, puissante, sa beauté brutale d'étalon émeuvent Angélique et lui rappellent Toussaint. Dans leurs veines coule la même passion, songe-t-elle. Ils sont pareillement orgueilleux, et formidablement convaincus de leur supériorité. L'un et l'autre iront jusqu'au bout et, s'ils se rencontrent, à coup sûr l'un d'eux y laissera la vie.

— Madame, je sais tout à propos d'Antoine, débute-t-il, plus impressionné qu'il ne le voudrait pas la beauté de celle qui l'accueille.

— Votre père vous a tout raconté ? glisse-t-elle timidement en baissant les yeux.

— Qu'importe le messager, le coupable est celui que vous avez désigné.

Il sort la lettre de Marolles de sa manchette :

— Tout est ici, authentifié par le parrain du criminel. Et votre nom figure en tête : vous avez affirmé et répété à mon père qu'Antoine courait un grand danger en restant aux côtés de Delaforge. Maintenant, c'est mon affaire !

— Et si je me suis trompée ?

François de Voigny sourit. Dieu, que ce grand brun large d'épaules est charmant.

— Mille regrets, madame. Vous avez vu juste. Je le sais depuis très longtemps, mais j'ai eu la faiblesse de laisser en vie ce paltoquet ! S'il est trop tard pour réparer le mal qu'il a fait, reste à l'empêcher de nuire davantage. Aussi, dites-moi où le trouver.

— Je ne veux pas qu'il... meure. Mon dessein était d'avertir votre père des risques que prenait votre cadet, mais...

— Madame, coupe-t-il. Est-il vrai que Delaforge fut nuisible à mon frère ?

— Cela ne fait aucun doute, lâche Angélique après avoir hésité, mais doit-on l'accuser de tous les... maux qu'Antoine a supportés ? Non, non... C'est aller trop loin et trop vite...

— Laissez-moi lui demander de quoi il est responsable.

Il serre sa main toujours gantée :

— Je suis certain qu'il me répondra.

Elle hésite de plus en plus, devine ce qui se produira. En face, le soldat est inflexible.

— Promettez-vous, espère-t-elle négocier, que, s'il jure d'être innocent, vous n'engagerez aucune action violente sur sa personne ?

— Madame, s'impatiente Voigny, avez-vous oui ou non mis en garde mon père contre les agissements de Delaforge ?

— C'est vrai, je l'ai fait. Mais les circonstances ont changé et...

— L'homme que vous dénonciez est le même ! Vous n'avez pas menti.

— Bien sûr que non.

— Vous dites qu'il est dangereux et vous vous rétractez ?

— Je ne retire rien au tableau que j'ai dressé. Votre jeune frère semblait prisonnier de Monsieur Delaforge et...

Donc, nous sommes d'accord. Il faut l'empêcher de nuire, répéte-t-il. Aussi, répondez-moi. Où vais-je le trouver ?

— Chez lui, voyons, jette Angélique, convaincue de ne rien commettre de grave en livrant ce détail.

— Son adresse, s'il vous plaît.

Le silence s'épaissit.

— Je la découvrirai. Faites-moi gagner du temps ! Je dois rentrer en Anjou enterrer Antoine, tombé par la faute du pégreleux.

— Place Royale, marmonne-t-elle. Sortez, maintenant.

*

Avant la nuit, Voigny toque place Royale. Un valet – le manchot a un valet ! – accepte de lui dire que « monsieur » – *monsieur* ! – est ailleurs. Il manque de le rudoyer, se retient.

— Vous le trouverez à Versailles où ses affaires le mènent en ce moment, ajoute-t-on sans méfiance.

Versailles ? Mais où ? Voigny enrage.

— Demandez l'auberge d'un dénommé Ravort, explique le serviteur volubile. C'est ici qu'il se rend et tient siège.

*

Sans prendre de repos, Voigny enfourche un cheval, parcourt les quatre lieues et demie qui le mènent à Versailles. Il avance au pas, lutte contre le sommeil, s'y soumet par à-coups, reprend sa monture en main, la pousse, la force. Il a les reins brisés par les heures infinies passées en selle. Mais, avant l'aube, il entre dans le bourg et trouve l'auberge des *Sans aveu* alors que le coq chante.

François de Voigny se félicite de sa chance. Il va pouvoir agir vite et rentrer aussitôt en Anjou.

*

— « *Tu es en péril. Viens me voir. Je t'aime.* » Voilà ce que tu m'as écrit.

Delaforge se tenait à l'entrée de la maison de l'île Saint-Louis, et c'était donc avant la visite de François de Voigny. La mission du valet Bonnefoix avait donné un résultat inespéré.

— Le plus important, c'est que tu affirmes m'aimer, glissa-t-il sans montrer la moindre peur.

En le voyant devant elle, tenant sa lettre à la main, la comtesse crut que tout pouvait revenir comme aux premiers jours. La passion n'avait pas que des désavantages, elle permettait d'expliquer les foucades, les caprices, les jalousies, la trahison – et même la vengeance jalonnant le parcours amoureux. Oui, elle avait eu tort de parler au marquis de La Place, admit-elle en se rapprochant lentement de Toussaint. À qui la faute ? Un baiser servit de réponse. Il le lui donna, elle en réclama un second. Son ventre se colla à lui, elle posa la main sur le bras d'ébène. Angélique gémit, oublia tout. Quand elle reprit ses esprits, les paupières de son amant étaient fermées. Il était apaisé, ne paraissait ni courroucé ni inquiet, dormait à poings fermés. Elle se pencha sur lui et cela suffit pour qu'il dessille les yeux et sourie.

— Je ne regrette pas ce que j'ai fait, murmura-t-elle. Maintenant, tu me vois. Tu me regardes enfin. Sans cela, tu m'aurais oubliée…

— Je n'ai jamais cessé de penser à toi.

— Menteur ! gloussa la voluptueuse en espérant le contraire.

— Traîtresse, répondit-il doucement.

— Pour te retrouver, il le fallait peut-être…

— Et me tuer ?

Toussaint, se redressa et chercha où avait atterri sa chemise.

— Tu t'en vas ?

— Par ta faute, Angélique. Le marquis de La Place me cherche et tu me dis aussi qu'il t'a parlé de son fils, François. S'ils sont après moi, il va falloir que je me défende.

— Tu n'auras aucun mal à prouver que tu n'es pour rien dans la mort d'Antoine. Car… ce n'est pas ta faute, n'est-ce pas ?

Toussaint ne baissa pas les yeux :

— Je n'y suis pour rien. Sa faiblesse seule l'a condamné.

— Tu le jures ?

— As-tu besoin de ces balivernes pour me croire ?

— Non, non, bien sûr… Pardonne-moi.

— Il n'en sera pas de même avec cette famille de fous.

— Le marquis ?

— Vaniteux, prétentieux, sûr de lui...

Angélique ne pouvait aller contre un tel jugement. À Versailles, le marquis s'était montré odieux. Seule la mort de son fils l'avait rendu plus humain. Et parce qu'y croire la rassurait – qu'en somme, elle avait raison d'être nue avec cet homme dans son lit –, elle se convainquit que Toussaint disait vrai.

— Mais ce borné au bras tremblant n'est que billevesées par rapport à François qui, lui, ne me demandera pas de m'expliquer. Dès qu'il me verra, il cherchera à me fendre le cœur avec son épée.

Angélique porta la main sur le sien.

— François de Voigny me hait et me jalouse depuis l'enfance, continua Delaforge en surveillant sa maîtresse du coin de l'œil. Il se trouve que nous sommes... presque nés sous le même toit.

Le marquis avait également dit qu'ils se connaissaient depuis très longtemps. Non, Toussaint ne fabulait pas.

— Crois-moi. Je n'invente rien. J'y laisserai ma peau.

— Et tout cela par ma faute...

— Veux-tu te faire pardonner ? glissa Toussaint en lui baisant le cou.

Elle se serait même taillé les veines s'il le lui avait demandé.

— Je vais m'éloigner pour un temps de Paris, commença-t-il.

Comment le lui reprocher puisqu'elle était fautive ?

— Si François de Voigny ou son père reviennent te voir pour te demander où je peux être, dis-leur simplement où j'habite.

— Oui, oui, car tu n'y seras pas.

Elle se redressa brusquement :

— Mais ils finiront par te retrouver !

— Peut-être... Si je le décide ainsi.

*

Toussaint est reparti le jour même. Depuis, il reste silencieux. Angélique a peur. Elle n'ose sortir, attend que l'on sonne, compte les minutes, les secondes, ne répond pas aux missives de son amie *Sapho*, sa mauvaise conseillère. Quand François de Voigny se présente, elle ne doute plus de Toussaint. Ce soldat puissant veut le tuer, il l'a dit. Aussi ne regrette-t-elle en rien de trahir à nouveau, et cette fois les La Place. Sa vie, elle l'a fabriquée ainsi, la passion l'écorche inexorablement. Elle craint pour Toussaint, mais c'est elle qui se détruit peu à peu.

Chapitre 41

RAVORT AIME QUAND les hommes qui logent aux *Sans aveu* partent au travail. Tailleurs ou scieurs de pierre, piqueurs, éteigneurs de chaux, porteurs, charpentiers, ferronniers, terrassiers, couvreurs, barbouilleurs, vitriers, ils bougonnent, crachent, et ça se plaint de la pluie, du soleil, du froid, du chaud. Il faut que les choses se mettent en marche, que les corps se dérouillent, ranger dans un coin les maux de la veille. Les muscles sont froids, fatigués et ce n'est que mercredi. Encore quatre jours de labeur avant la pause du dimanche. Ravort est à la porte. Il se tient debout, comme il peut. Il ne salue, n'encourage personne, mais il compte ses sous. Dix, vingt, trente bonhommes défilent, têtes basses, épaules rentrées, sans un regard pour le tenancier. Le flot ne s'arrête pas. Ils sont plus de cinquante.

— Eh toi !

Au passage, *Traîne la patte* attrape par la veste un petit maigrelet qui se faufilait entre deux carrures.

— Tu ne m'as pas payé cette semaine.

Le type a une sale mine. Son front ruisselle de sueur.

— J'ai pas travaillé depuis samedi.

— Pourquoi ? insiste la grimace.

— J'suis malade. Ça s'voit pas !

— T'as joué, oui. T'as perdu. C'est ça qui te tourne l'estomac.

— J'vais m'refaire. C'est promis. Vous aurez tout dimanche.

— T'as intérêt, mon gars. J'en ai dix qui sont prêts à m'offrir cinq sols de plus pour prendre ta place.

— Faut qu'j'y aille. J'vais rater l'embauche.

— T'es chez qui ?

— Marguerite Pontgallet.

Ravort déteste la bonne femme qui lui fait de la concurrence et loge les manœuvres sous des tentes pour trois fois moins cher.

— Tu loges pas avec les autres ? grogne-t-il d'un air menaçant.

— Y a plus un coin de libre. Mais elle a promis que c'était que du provisoire. Elle attend de nouvelles tentes…

— Je te donne jusqu'à demain pour payer ce que tu me dois… Allez, du balai !

Le Maigriot ne demande pas son reste.

Ravort fulmine. Cette garce casse les prix. Un jour, il foutra le feu à son camp, et on verra bien où ses Limousins iront dormir. Puis il claque méchamment la lourde porte des *Sans aveu* et se pose sur la table du fond, là où il calcule, reçoit, négocie, mange et passe la journée jusqu'au soir en attendant le retour de ceux qui font peu à peu sa fortune. C'est un moment de calme. Plus rien ne bouge, ne s'entend chez lui. Tout à l'heure, une commère viendra préparer la soupe du soir. Lui se réserve les bons morceaux. Le gras du glouton. À ce rythme, il grossit. Sa panse rebondie se dessine sous la chemise crasseuse, et s'il se déplace de plus en plus difficilement, ça n'a guère d'importance. Il possède des gens, maintenant, pour les besognes qui réclament de la poigne. S'il faut secouer un débiteur, impressionner un paysan qui rechigne à lui vendre son bien, il trouve les bras idoines. Tréboud, Coudray, Baillot arriveront à midi et, en raclant leur écuelle, lui raconteront les potins du bourg. Qui couche, qui boit, qui vole, qui est décidé à vendre. Ravort a déjà acquis trois maisons qui seront bientôt retapées, transformées vite fait en dortoir. Pour la suite, il devra patienter. L'argent de son mécène manque. Delaforge digère une grosse dépense – *un règlement de compte*, sourit-il mystérieusement – qu'il refuse d'expliquer, mais promet que le flot va bientôt reprendre. Il le lui a encore affirmé hier soir, car il loge depuis six jours dans les combles, un endroit qui n'a rien de propre ou de beau. C'est toujours mieux qu'à l'étage du dessous. Au moins, là, il est seul.

Les lieux rappellent le temps où le lutteur des arènes se cachait chez Raymond de la Montagne, à l'auberge du *Chapeau rouge*, avant de guerroyer et de triompher. Mais le balafré n'est plus l'invincible. Pourtant, il va devoir se battre. Du moins, il l'a déclaré en arrivant. On viendra le chercher pour le tuer. Aujourd'hui, demain ? Au matin, à la nuit ? *Traîne la patte* reste sur sa faim. Et l'autre, le sait-il ? Il s'agit d'une histoire personnelle qui a trait à l'enfance, avant même le collège de Montcler, croit comprendre le boiteux. L'orphelin chercherait à se venger et Ravort est bien placé pour savoir qu'il vaut mieux s'en méfier, ne pas chercher à lui nuire. Après, soutient Delaforge, plus rien ne s'opposera aux projets que tous deux échafaudent. Versailles est leur territoire. Ils voient grand, s'imaginent très riches. Un jour, raconte le manchot, il sera roi. Roi de Versailles ! *Le Tordu* le raille, ricane, se tape sur les cuisses. Et puis, s'arrête net : Toussaint le regarde de cet air qu'il avait, la nuit où il l'a balancé par la fenêtre du dortoir de Montcler.

— Un jour, je serai roi, répète-t-il.

D'abord, il faut purger le passé, l'enterrer une bonne fois pour toutes. Quand ? s'impatiente le boiteux qui manque de patience, et la réponse tombe : ce sera aujourd'hui. Ce matin.

*

— Toi, tu connais Toussaint Delaforge !

L'homme qui entre dit s'appeler François de Voigny.

— Je sais qu'il se cache dans ton foutoir !

Ravort a déjà jaugé l'intrus. Un sacré soldat. L'allure, la démarche, la façon de repérer le champ de bataille, tout y est. Pourtant, il manque de sommeil, ses yeux sont gonflés, rougis par la poussière, mais y brille une lueur impitoyable qui rappelle à *Traîne la patte* le regard du lutteur des arènes.

— Où est ce lâche ? hurle l'enragé en posant la main sur son épée.

Traîne la patte s'apprête à répondre qu'il n'y a personne, cherche à gagner du temps, prévenir Delaforge, organiser un piège tordu dans lequel tombera le risque-tout qui imprudemment se présente seul mais, là-haut, des pas résonnent. Voigny bouscule le boiteux pour forcer le passage, quand il entend une voix surgissant de l'escalier :

— Ravort, as-tu offert du vin à notre visiteur ?

Toussaint descend, brandissant ostensiblement le couteau qui faisait de lui, autrefois, le redoutable, l'imbattable, l'irrésistible.

— Armé ! raille Voigny. Tu es donc coupable et tu as peur…

— La dernière fois que nous nous vîmes, j'ai payé le prix fort. Je suis prudent, voilà tout.

— Prudent, ce ne sera pas assez. Je viens venger Antoine !

L'orphelin ne recule pas pour autant. À dix pas de celui qui le menace, il fait face et le toise :

— Qui te dit que je suis responsable ?

— Ne me tutoie pas !

— Pourquoi ? Qu'as-tu de meilleur que moi ?

— Je vais te tuer, Delaforge.

— Essaye toujours ! raille l'inconscient.

François de Voigny rugit et dégaine. Toussaint se campe sur ses jambes, prêt à bondir, mais l'ébène pèse lourd et le gêne considérablement. Il n'est plus le lutteur des arènes.

Ravort ? Il a disparu. Le lâche a compris que c'était la fin.

— As-tu de l'honneur, Delaforge ? grogne Voigny.

— Cette vertu coule dans mon sang autant que dans le tien…

— Bâtard, ignoble bâtard qui se voudrait noble ! Si tu es tel que tu le prétends, il t'est interdit de mentir.

— Interroge moi, tu verras bien.

— Je n'aurai qu'une question : es-tu responsable de la mort de mon jeune frère ?

— Je cherchais à salir son nom, donc le tien, mais surtout celui du marquis de La Place, crache Toussaint sans manifester la moindre émotion. Et j'ai tant réussi que ce nigaud a mis fin à sa vie. En fait, pour être sincère avec toi, j'espérais qu'il agirait ainsi, mais je n'en étais pas certain. Antoine était si lâche… Grand Dieu ! Pour finir, il aura fait preuve de courage…

Voigny avance encore, le visage en feu.

— Pourquoi ? hurle-t-il. Pourquoi nous hais-tu ?

— C'est ta deuxième question et tu n'en annonçais qu'une, mais je te répondrai. J'ai décidé de vous détruire un à un, vous, les Voigny, les La Place. Antoine était stupide, naïf. J'ai choisi de commencer par la facilité.

Le soldat s'arrête. Il regarde sa victime et ne la comprend pas.

— Pourquoi t'acharnes-tu ! Es-tu fou ? Es-tu le diable ?

— Peut-être… Seul ton père le sait. Demande-lui… si tu parviens à me tuer. Maintenant, cesse de bavasser comme une femmelette ! Viens te battre !

*

L'épée s'élève, siffle l'air, le bras se courbe pour aller chercher le flanc. L'attaque de Voigny est foudroyante. Sa lame fend le vide. Tout être ignorant le combat y aurait laissé la vie, mais Delaforge a paré le coup en tournant d'un quart sur les talons. La pointe saisit sa chemise et la déchire. Du sang jaillit. Une simple écorchure, un répit que Toussaint exploite en détendant son bras gauche armé du couteau fraîchement aiguisé, qui trouve l'épaule droite de Voigny et y pénètre assez pour le blesser sérieusement, l'obligeant sous la douleur à reculer. On s'est répondu coup pour coup. Et Delaforge a pris le dessus. Voigny se méfie désormais, et la blessure raidit sa main droite. Alors, il passe l'épée dans celle de gauche, mais la manie avec autant de dextérité.

— Tu as mal, Voigny ? Ce n'est rien. Te souviens-tu du jour où tu m'as blessé à la main ? Fichtre, comment te battre ensuite ? Tu as gagné ce jour-là, maintenant, c'est différent. Vas-y ! Essaye de me toucher. Moi, je ne sentirai rien…

Il tapote son bras d'ébène avec sa lame.

— Allez, approche. Finissons-en.

Malgré la fatigue et sa blessure, Voigny possède trop de force et de volonté pour ne pas l'emporter. Il ne parle plus, se concentre, se met en garde, mouline, prépare sa botte. Son œil s'attarde sur le flanc droit. Delaforge comprend l'attaque quand son assaillant avance le pied afin de frapper plus vite que l'éclair. Alors, il répond en se servant de son bras mort comme d'un bouclier. Surpris, Voigny doit se dégager, il est trop près de l'autre. Le bois est un piège, la pointe s'y est enfoncée, s'accroche. Un coup sec du poignet, un second… Avant que Voigny ne s'en dépêtre, le couteau de Delaforge le frappe au ventre, au-dessus de la ceinture, et tranche ses muscles. La brûlure est terrible, Voigny résiste. Il parvient à redresser l'épée et frappe Delaforge au visage avec le pommeau. La mâchoire et la tempe du balafré sont salement touchées. Toussaint s'écarte pour reprendre son souffle, mais tout tourne, devient flou. Où est Voigny ? Devant. Une ombre qui danse, approche en titubant – car il n'est guère mieux –, mais à qui il reste assez de force pour lever une dernière fois son arme. Le soldat va frapper au cœur. Delaforge s'y prépare. Il tombe à genoux, croit voir Marie, sa mère. S'il ne l'a pas entièrement vengée, au moins, il la retrouve. Et ses yeux se ferment avant de sentir le froid de l'épée se glisser entre ses côtes.

Chapitre 42

Le Vau est sans nouvelles depuis plus de dix jours. En quittant l'architecte, Toussaint lui a simplement annoncé qu'il serait à Versailles où des affaires pressantes l'attendent. Soit. Mais dix jours. Quel jour est-on ? Le 7 août. Jeudi, déjà. Une semaine va s'achever et son second lui manque cruellement. Bien sûr, c'est le moment choisi par les marguilliers pour questionner l'architecte sur toutes sortes de sujets financiers auxquels il n'entend rien. Ses comptes doivent être mis à jour, les échéances se précisent. De quelle somme dispose-t-il exactement ? Tout se trouve dans le carnet noir que conserve son second. Et voilà que la manufacture de fer-blanc le réclame afin d'effectuer de nouveaux essais de fabrication de canons. Demain, si Delaforge ne se montre toujours pas, Le Vau se rendra à Versailles.

*

Philippe de Voigny, marquis de La Place, enterre Antoine le 9 août à dix heures. Il reposera aux côtés de sa mère, Isabelle, décédée trop jeune, trop tôt, et son mari mesure combien sa vie et celle de ses enfants auraient été différentes si elle se trouvait toujours à ses côtés. Il se dit qu'il serait sans doute installé ici, à l'année, loin des agitations de la Cour, que le domaine serait beau, mieux entretenu, qu'il aurait fait un parfait gentilhomme de campagne, partageant son temps entre la chasse et les profits de la terre, marchant au pas lent des saisons et profitant pleinement de leurs bienfaits. Peut-être aurait-il été plus proche de son cadet, et l'aurait-il mieux compris, accepté ? Et s'il n'avait pas eu assez d'intelligence ou de tolérance pour l'écouter, son épouse aurait corrigé ses défauts et fait en sorte que les qualités de leurs enfants s'épanouissent. Les a-t-il seulement vus grandir ? Il a confié l'éducation de sa progéniture au révérend Marolles qui n'a eu de cesse de leur répéter à l'infini la définition du bien et du mal, sans jamais chercher à explorer leurs caractères, leurs personnalités.

Que lui reste-t-il ? Une fille révoltée, instable, fragile, ni promise ni abbesse, mais qui ne montre aucune attirance pour le mariage, s'y refuse même, s'arrange pour faire fuir les prétendants au motif qu'elle a vécu trop d'années dans la société des hommes pour ne pas en connaître la tyrannie. Aujourd'hui, c'est pis encore. Depuis l'annonce de la mort d'Antoine, elle ne lui a pas adressé la parole, le tenant pour responsable de la déchéance du cadet. Qui lui reste-t-il ? psalmodie le vieux Philippe de Voigny. François. Un fils orgueilleux, impulsif avec qui il ne parle que de la guerre et des armes. Le marquis réalise qu'il s'enfoncera seul dans la vieillesse. Il frissonne. Ce 9 août, la chapelle du domaine est humide, froide.

— Même s'il meurt avant l'âge, le juste trouvera le repos…

Marolles est debout, à l'autel. Il a choisi un extrait du Livre de la Sagesse. Il était déjà là quand Isabelle de Voigny est morte. Il est celui qui a connu tous les secrets de la famille, mais n'a jamais été un intime pour La Place. Oui, qui reste-t-il à ce père pour l'aider et le secourir ? Pas même un enfant.

— La dignité du vieillard ne tient pas au grand âge, poursuit le jésuite. Elle ne se mesure pas au nombre des années. Pour l'homme, la sagesse surpasse les cheveux blancs, une vie sans tache vaut une longue vieillesse. *Amen*…

Une longue vieillesse. Celle du marquis le sera et il n'est pas sans tache. Combien de péchés a-t-il commis ? Quand arrivera le moment de les payer ? Antoine était pur, intact, naïf, incapable de nuire. Il faut accuser la candeur ou peut-être ce Toussaint Delaforge qui aurait ourdi une machination. La Place est sorti troublé de son entretien avec la comtesse de Saint-Bastien, mais continue à douter. Aussi, a-t-il décidé de mener son enquête après l'enterrement et, s'il manque de force, François viendra à son secours. Au moins, il demandera cela au soldat.

Philippe se tourne sur la droite et regarde le siège réservé à François. Vide. Voilà dix jours qu'il a quitté l'Anjou et, depuis, il ne donne aucune nouvelle. En arrivant à son domaine, le marquis a appris qu'il était parti comme un fou dès l'annonce de la mort de son frère. Il rentrait pour Paris. Pour retrouver son père ? Le soutenir ? Le geste est émouvant, et plus encore emporté, à l'image du personnage trop souvent irréfléchi.

Et voilà qu'il manque les funérailles. Que s'est-il passé ?

*

Le lendemain de l'enterrement, le 10 août, Marolles décide de musarder. La journée précédente fut éprouvante. Le marquis était l'ombre de lui-même, une loque, une chiffe. Qu'était devenu celui qui se montrait si dur avec son fils ? Reproches, vexations, humiliations, mépris, critiques publiques, il n'a rien épargné au cadet et maintenant, il le regrette. Ah ! La nature humaine est étrange, songe le révérend, versatile et changeante. Voici que Philippe de Voigny serait tombé en adoration devant le cher disparu. Il fallait s'y prendre autrement, lui témoigner de l'affection et un tant soit peu de respect. Mais ce n'est pas un jour à tancer un bienfaiteur, pense le jésuite. Il attendra une prochaine confession pour lui en faire le reproche. C'est ainsi, en pesant sur les consciences, qu'il préserve son ascendant. Et plus encore sa place. Marolles laissera donc tout le monde en paix et profitera de l'agréable chambre du manoir familial qu'on met chaque fois à sa disposition.

La pièce se situe au second étage. Il y est bien et il y a de l'espace, une belle cheminée, une literie douillette et quelques jolis meubles qui le changent du mouroir dans lequel il se réfugie, rue de la Couture-Sainte-Catherine. Il descendra tout à l'heure, pas avant que huit heures ne sonnent à l'horloge qui bat la mesure tout près d'un bureau offrant une vue à l'ouest, sur le parc, et combien il aime s'y asseoir, caresser le bois précieux et toujours propre, ciré à neuf ! Il y écrit toutes sortes de notes inutiles, souvent copiées dans les Livres saints, et laisse traîner quelques feuillets pour le cas où un œil tombe dessus. Il juge bon de faire croire qu'il s'intéresse à l'exégèse. En bas, il se rendra dans la cuisine où le thym se mêle aux parfums de saison. Des servantes accortes le prieront de s'installer, de goûter à la confiture, de reprendre du pain.

Rassasié, il s'en ira, mains dans le dos, trottiner dans le parc, reflet de la douceur angevine. À l'ombre des tilleuls et des hêtres, il fera mine, à l'exemple du faux dévot, de réciter sa prière, remerciant le Seigneur pour les beautés de la création. À midi, il reviendra pour le dîner et composera une tête de circonstance. Il y aura le marquis et sa fille, Aurore, une peste qu'il déteste parce que sa langue bien pendue se moque des airs de piété de celui qu'elle accuse d'être trop bon vivant. Ce supplice achevé, il restera l'après-midi pour profiter du meilleur. Une carriole tirée par un âne docile sera à sa disposition et l'aidera à s'échapper vers les coteaux fleuris du domaine. Il longera des prés et des champs où les gens du marquis travaillent. Si on lui demande de bénir un enfant ou un malade, il s'y emploiera de bon cœur, et s'arrêtera dans une ferme pour boire de l'eau fraîche du puits. Il adore reluquer ces personnes *rustiques*, fortes en gueule et belles en chair. Les jeunes vierges, surtout, qui ne sont ni craintives ni avares de sourires, contrairement aux insolentes de Paris. Il se réjouira de ce spectacle authentique et sincère et se souviendra avec émotion du passé.

C'est ici, à Voigny, qu'il a rencontré Marie, la mère de Toussaint, avant qu'il ne vienne à cette paysanne la mauvaise idée de monter à Paris pour devenir servante. Mais il faut qu'il cesse d'y songer. Il doit les oublier, elle et les soucis qu'elle a engendrés. Hélas, la rêverie à laquelle il s'est sottement abandonné l'a rendu de mauvaise humeur. Toussaint Delaforge, quelle erreur ! Un instant de culpabilité – laisser mourir un enfant, innocent, à l'inverse de ses parents, c'était à coup sûr s'attirer les foudres du Seigneur –, et voilà qu'en se donnant bonne conscience, il avait été mal récompensé : vingt-cinq années d'enchaînement. Il aurait dû l'abandonner, sans regret, sans remords, comme sa mère. Rien de grave ne se serait produit et Antoine serait sûrement vivant. Pour lui, il ne fait aucun doute que ce gamin devenu démon est la cause du drame qui atteint les Voigny. Mais bon, tente de se calmer Marolles, le cas de son filleul devrait bientôt être réglé.

Le jésuite sait évidemment pourquoi François n'est pas présent. Il connaît sa fougue incontrôlable. Le soldat impétueux a reçu la lettre dans laquelle Delaforge était accusé sur la base du témoignage indiscutable de la comtesse de Saint-Bastien. La machine implacable s'est mise en route, précipitant le fils vengeur sur Paris afin de faire taire à jamais le coupable. À l'heure où il y pense, l'affaire est entendue. L'aîné du marquis apparaîtra d'ici peu, annonçant qu'il a obtenu du maudit orphelin l'aveu de ses turpitudes et que l'honneur est lavé. La mémoire d'Antoine sera sauve, et tout rentrera dans l'ordre.

Marolles se détend. Ici, en Anjou, tout semble si simple, et c'est l'humeur légère (mais en se contenant au cas où il croiserait le marquis ou sa fille) qu'il rejoint le vestibule.

*

Le contremaître, un dénommé Montaillier, le chapeau dans la main, l'air malheureux, dodelinant sur ses pieds, une boîte en bois coincée sous le bras, s'y trouve. Quel nouveau malheur vient-il annoncer ? Un manant s'est blessé avec une faux, un autre a été écrasé par un cheval, un petit s'est noyé dans la mare… ? Marolles devra sans doute aller voir une famille inconsolable et sa promenade sera compromise. Quelle guigne ! Le jésuite s'avance donc, peu courtois, sévère comme Dieu.

— Qu'y a-t-il ?

— C'est le fils de monsieur le marquis…

François ? Marolles déglutit. Il pense à un accident. Serait-il tombé de cheval à deux pas d'ici ?

— Un coursier arrive en trombe de Paris.

— Et quoi ?

— Monsieur François est mort.

Le confesseur des La Place a besoin d'un fauteuil. On court le chercher.

— Le coursier a aussi apporté ce paquet pour vous.

Marolles se lève, renverse le siège, monte quatre à quatre l'escalier, s'enferme dans la chambre qu'il adore, ouvre le colis en y laissant deux ongles.

Un flacon. Vide. Absolument vide.

Un mot lui est joint : *« Chronos en a assez d'attendre. »*

*

N'eût été cette tempe bleuie, Delaforge a fière allure. Calmés n'en démord pas : plus les années passent, plus il devient racé. Le bras qui pend sur le côté et la balafre sur le visage n'ôtent rien au charme et ajoutent même une part de mystère, de distinction. Derrière, qu'en est-il ? Calmés sait désormais qu'un mal profondément ancré s'accroche aux plaies incurables de l'âme. C'est un échec pour le jésuite, une remise en cause de ce qui forge sa croyance. Tout être peut-il se réformer ? Ce cas démontre le contraire. Rien de bon ne pourra en sortir, regrette-t-il en détaillant Delaforge puisqu'ils se retrouvent, comme chaque 5 septembre.

Passe-Muraille est arrivé en avance ; Toussaint, en retard. Sa silhouette élancée s'est vue dès l'entrée de l'auberge. Il allait d'un pas alerte, souriait, apaisé. Aucun signe, à l'exception de cette tempe, n'indiquait ce qui s'était produit. Avant même qu'il soit assis, Calmés savait qu'il parlerait de Versailles, son ambitieux projet, et raconterait combien tout là-bas changeait, ayant donc mille fois raison d'investir dans ce modeste bourg plus grand chaque jour. Puis il prendrait des nouvelles avant de commander le repas. Et, en effet, tout, jusque-là, s'est déroulé ainsi. L'ancien collégien lisse et poli, le protégé, est un modèle de droiture, d'honnêteté, et il pourrait tromper son monde, laisser croire qu'avec l'aide du Saint-Esprit, la rédemption a accompli un miracle. Mais le préfet de discipline sait.

Marolles, rentré à Paris, s'est précipité au collège, accusant Delaforge d'être responsable de la mort des deux fils du marquis. Comment en était-il sûr ? l'interrogea Calmés, incrédule. Le jésuite de la rue de la Couture-Sainte-Catherine avoua avoir écrit à François après la mort d'Antoine, suggérant prudemment, sur la foi d'Angélique de Saint-Bastien, comtesse de bonne moralité, que l'orphelin avait joué un rôle dans cette sinistre affaire. Hélas, François, le soldat, avait réagi imprudemment en se jetant sur la piste de l'incriminé – ce que, jurait le délateur, il n'avait nullement proposé.

— Un soldat ! Vous saviez qu'il s'emporterait, regimba Calmés.

— Pas aussi brusquement, tenta de modérer Marolles.

Or donc, on l'avait retrouvé mort, à Versailles, percé de part en part, à vingt pas de la taverne d'un infirme dont le témoignage n'avait rien donné. Un cri l'avait fait sortir, non sans mal, de chez lui. Le tueur fuyait. La victime se vidait de son sang.

— Malgré la promesse d'une belle récompense, ce... Ravort ne nous a guère aidés.

Calmés se figea. *Le tordu* surgissait d'outre-tombe.

— Répétez, je n'ai pas entendu...

— Ravort. C'est le témoin. Le cabaretier. Ce nom vous parle ? Par tous les saints ! Ravort était vivant... Et toujours aux côtés de Delaforge.

— Pourquoi me dirait-il quelque chose ? grommela-t-il pour cacher son émotion. Allons, votre dossier est maigre. Comment établir un lien avec Delaforge ?

— François ne cherchait que lui.

— À Versailles ? fit mine de s'étonner le préfet de discipline.

Marolles, entêté, secoua la tête :

— Il est derrière ! J'en suis certain. Il faut l'arrêter avant que...

— Qu'il ne s'en prenne à vous ?

— Tout est possible avec ce dément, admit-il, tête baissée, d'autant que la lettre destinée à François a disparu. Le criminel la détient sûrement. Or, je l'ai signée de ma main…

— Et vous me voyez tenir quel rôle ?

— Je ne dispose pas vraiment de preuve, mais il y a l'affaire du collégien qu'il défenestra.

Calmés se leva calmement et vint du côté de Marolles :

— L'enquête sera longue et lourde. On sollicitera l'avis de tous et le passé remontera. En sortirez-vous indemne ?

Marolles serra les poings :

— Ce qui a été dit en confession est enterré à jamais.

— Si bien que la vôtre ne sera jamais utilisée. Je sais tout cela. Mais comment faire la lumière sur cette affaire si on ne peut parler de la vérité qui explique les actes de Delaforge ? Pour faire son procès et tirer au clair ce qui relèverait de sa responsabilité et ce qui incomberait à d'autres, nous devrions exhumer ce qui ne se peut. Aussi, conclut-il, nous voilà tous deux prisonniers de ce que vous m'interdisez d'utiliser. Votre demande étant donc irrecevable, je prierai pour votre âme. Au revoir, Marolles. Et soyez prudent…

*

Maintenant Calmés est face à son ancien élève. Il contemple le *mal* et se sent vieux pour la première fois de sa vie.

— Toussaint ?

— Oui, mon père…

— Je ne mangerai pas à la même table que toi. Plus jamais.

— Pouvez-vous m'expliquer pourquoi ? répond-il d'une voix égale.

— Je sais que tu as exercé ta vengeance sur les fils du marquis de La Place. Tu as forcé le premier à se pendre ; le second, tu l'as tué. Marolles m'a tout raconté.

Delaforge ne s'étonne de rien. Pis, il sourit méchamment :

— Je corrige ce diable de jésuite. François, ce n'est pas moi.

— Ravort, que tous croyaient mort, est donc le coupable ?

— Je vois que *Passe-Muraille* a toujours du talent. Mais je vais être franc. Je voulais percer le cœur de François quand Ravort m'a cru perdu. Il ne voulait pas perdre sa poule aux œufs d'or…

— Vous êtes… de nouveau associés ? À Versailles ?

— Comme les cinq doigts de cette main, ricane-t-il brandissant son morceau d'ébène.

— C'est ton choix. Il te mènera à ta perte.

— Nous en reparlerons dans dix ans, quand je serai riche.

— Les remords t'étoufferont avant…

— Que pourrais-je regretter ? éclate-t-il franchement de rire.

— Ta vengeance, car tu t'es trompé.

Le visage de Delaforge se crispe. La cicatrice se montre.

— Que voulez-vous dire ?

— La vérité, mon fils. Celle que j'ai entendue en confession. Tu t'en es pris au marquis de La Place et tu as eu tort.

— Que savez-vous ? Parlez !

— Je ne te dirai rien, même si tu me jetais au lion comme les premiers martyrs, mais, écoute ceci. Tu crois que le marquis de La Place est ton père. As-tu imaginé qu'il pouvait ne pas l'être ou qu'il ne le savait pas ? Alors, de quoi l'accuserais-tu ? Pas même de t'avoir abandonné, puisqu'il ignorait ton existence. Il te faudrait des preuves pour accepter que tu te trompes depuis toujours. Écoute-moi encore : Marolles est le seul à avoir voulu te voir disparaître. C'est lui qui a excité le fils du marquis en t'accusant de la mort d'Antoine. *Passe-Muraille* te le dit : son père n'a jamais agi contre toi. Et je ne t'ai jamais menti.

Calmés se lève. Il enfile son vieux manteau.

— Désormais, l'abîme du doute s'ouvre sous tes pieds. Tu as peut-être tué des êtres qui n'étaient pas responsables. Tu vivras avec cela, sans connaître la vérité. Ce sera ta punition.

— Allez au diable ! hurle Delaforge à l'ombre qui fuit. Je saurai, que vous le vouliez ou non ! Je saurai qui est mon père !

Chapitre 43

ON ACCÈDE À CE JOYAU *architectural du quartier du Marais par une cour d'honneur indécelable depuis l'extérieur. Avant de pousser un lourd portail orné d'un cartouche où la gouge de l'artiste a gravé les initiales L & P, tout n'était qu'impatience, et voici qu'au milieu du silence, le bruit du gravier roulant sous la botte du visiteur devient assourdissant…*

Un homme avance d'un pas décidé, le regard fixé sur les fenêtres du premier étage où se trouve le cabinet de travail. Les carreaux ondoyant sous les caresses du soleil font barrage à la vue, mais on aperçoit toutefois les glaces décorées de feuilles d'or de cette pièce dédiée aux paisibles œuvres de l'esprit. Une silhouette passe furtivement derrière l'une des fenêtres et s'efface. Il est là. Peut-être écrivait-il ou lisait-il dans un fauteuil, peu avant d'être alerté par le crissement du gravier ? Il n'attend personne, ne souhaite aucunement parler. C'est l'ordre que récite à longueur de journée le valet posté devant l'entrée principale, et il s'apprête à le répéter à l'homme élégant et fort bien habillé qui s'arrête à trois pas de lui, sous le fronton où a été sculptée une allégorie de la Vérité.

— Annoncez-moi au marquis de La Place.

Le valet, un inconnu, a ouvert la porte. Il toise le visiteur.

— Je crains fort que monsieur le marquis ne reçoive pas en ce moment. Vous ignorez sans doute que…

— Annoncez-moi, je vous dis !

Le ton est sans appel.
— Un nom, alors ?
— Toussaint Delaforge.

*

Le 6 septembre 1664, peu avant midi, Delaforge pénètre dans le vestibule monumental où se trouve, sur la gauche, l'escalier d'honneur menant au cabinet de travail. La Place s'y terre depuis la mort de son fils François. Le manchot s'est renseigné. Il lui a suffi de se rendre au couvent des Annonciades célestes et de se présenter comme un ami souhaitant – mais anonymement – faire dire une messe en mémoire des deux fils du pauvre Voigny. Le bedeau chargé des cérémonies qui l'a reçu, un bonhomme aussi épais que son vin de messe, s'est montré disert en voyant apparaître une bourse d'au moins vingt livres. « Dieu, quel malheur ! Et on craint aussi pour le père qui refuse de sortir de chez lui et ne mange plus et, à ce qu'on dit, reste nuit et jour dans son cabinet de travail sans changer d'habits, sans se raser. » Delaforge avait écouté patiemment le *lamento.* Il n'était plus pressé. Il attendait le rendez-vous avec son père depuis vingt-cinq ans. Mais ce dernier le recevrait-il ? Là aussi, il n'avait aucun doute. Le marquis de La Place gardait forcément en tête la mise en garde de la comtesse de Saint-Bastien, et la lettre de Marolles qu'avait reçue François de Voigny et qui avait déchaîné son ire – lettre que Toussaint avait en effet trouvée sur le soldat mort – prouvait que le petit monde de La Place gravitait autour de l'orphelin et le soupçonnait d'être l'auteur d'au moins un des deux drames. Le marquis n'avait pas encore réagi parce qu'il était paralysé par le chagrin, songeait Toussaint, ou qu'il redoutait l'affrontement, mais en se présentant à lui, il y serait forcé. Et, s'il le fallait, se répétait-il en serrant le manche du couteau enfoui dans la poche de sa veste, il provoquerait la rencontre.

Dans le vestibule, rien n'a changé depuis sa venue au temps de ses seize ans. *La desserte d'acajou, la vitrine abritant la collection de porcelaines, les six fauteuils aux accoudoirs ciselés et, sur les murs, des trophées de chasse – l'essence de l'âme la placienne – rivalisant d'attitudes féroces, grâce au talent d'empailleurs ayant fixé pour l'éternité le dernier rictus de fauves herculéens.* Le sang. La mort. Ce matin, il en sera question. Le miroir de Murano ciselé d'argent est à sa place. Il détestait l'image de l'enfant laid qu'il renvoyait. Le balafré approche. Son visage a-t-il, un jour, connu l'innocence ? Lorsqu'il était venu ici en sortant de Montcler, il s'était abîmé dans l'étude de sa personne et Aurore était apparue dans son dos. Il ferme les yeux, se souvient. *Sa longue chevelure retombait sur les épaules. C'était une boule de feu couleur bronze d'où émergeaient des yeux immenses emprisonnant le bleu céruléen d'un saphir. Sur ce visage d'opale, un peintre avait semé ça et là d'émouvantes touches de rousseur – au creux des paupières, non loin de la commissure des lèvres et sur le vallon des seins, nichés dans le décolleté d'une robe en soie rose.* Aurore est-elle ici ? Dans ce même vestibule, François de Voigny et Toussaint Delaforge s'étaient affrontés. L'aîné l'avait emporté. Aujourd'hui, se joue la dernière manche. Pour ce tableau final, songe l'orphelin, il manque Marolles, le parrain ignoble qui a excité la colère du soldat Voigny. Chaque chose en son temps. *Chronos* est à l'œuvre.

— Monsieur le marquis vous attend dans son cabinet de travail, s'étonne encore le valet.

Le marquis veut, comme lui, savoir. Delaforge est dans l'escalier, le cerbère court après.

— Aurore de Voigny est-elle là ?

Le valet écarquille les yeux. Qui est cet étranger ?

— Et Joseph de Marolles ?

— Oui, oui, répond le domestique, vaincu.

— Berthe se trouve-t-elle toujours au service du marquis ?

— Berthe ?

— La vieille cuisinière.

Il cherche. Soudain, se souvient :

— Ah ! Je crains qu'il s'agisse de cette personne fort estimée dans cette maison et dont on m'a parlé, mais qui n'est plus, malheureusement.

— Inutile de me montrer le chemin, répond simplement Delaforge, plus touché qu'il ne le voudrait par la nouvelle. Je connais.

*

Il ment. Il n'est jamais monté à l'étage. Ce n'était pas sa place. Il entre sans frapper dans le cabinet de travail, par surprise, à la volée, en soudard ! pour prendre le dessus, étouffer dans l'œuf toute éventuelle rébellion. La pièce est plus grande, moins intime et moins surprenante qu'il ne l'imaginait enfant. Ce n'est pas la salle au trésor dont le sol serait voilé de tapis d'Orient. Il n'y a ni pyramide d'or, ni rivière de diamants, ni antre d'alchimiste, comme avait fini par le croire le petit Toussaint, tant les lieux étaient interdits. Le marquis n'y cache aucun mystère, peut-être aucun secret, mais un fatras de tableaux brossant des scènes cynégétiques – la traque du renard, la mise à mort du cerf, la meute assoiffée de sang, la chasse à courre, à cor et à cri ! – et deux chiens, bien vivants, allongés, près de la cheminée de marbre où leur maître se tient debout, affublé d'une veste veloutée, ouverte sur une chemise populacière et tachée. Il tient entre les mains un livre épais et grand, très ancien et recouvert de cuir, qui doit provenir de la vaste bibliothèque se trouvant dans son dos car une des portes en chêne est ouverte. Il est surpris et on le voit, incongru, pitoyable, tel qu'il n'aurait jamais accepté de paraître avant les malheurs qui endeuillent son clan. Avant, oui, il se serait emporté, exigeant que le jean-foutre osant forcer sa porte sorte sur-le-champ. Or il ne fait qu'un geste de la main pour renvoyer le valet qui s'apprêtait à intervenir. Laissez, sortez… On s'exécute. Ils sont seuls.

Les deux hommes ne disent pas un mot. Le visage de La Place est terne, sa démarche lente quand il s'approche, hésitant, comme s'il ne voyait pas bien. Ici, le soleil à midi bascule de l'autre côté du toit et la pièce orientée à l'est perd désormais en clarté et gagne en intimité. Le marquis ferme sa veste, passe la main dans ses cheveux en désordre, plisse les yeux et tend le cou en avant, pour apprécier le visiteur sans l'approcher, car il s'est arrêté prudemment à distance.

— Est-ce vous ? murmure-t-il. Toussaint Delaforge ?

C'est celui qu'il croisa au couvent des Annonciades célestes, mais il doute encore que cet homme jeune, richement vêtu, soit l'orphelin pouilleux hébergé dans ses murs pendant sept ans.

Delaforge s'avance jusqu'à le toucher. L'autre ne bronche pas. Il est saisi à l'épaule, n'en revient pas, ne comprend pas, est dépassé, et se laisse même faire quand, doucement, on le force à pivoter afin que les deux se retrouvent face à l'un des miroirs dorés du cabinet de travail.

Côte à côte, ils ont la même taille.

— Regardez ce visage. Ce nez, ce regard ! Ôtez-en la cicatrice. Vous ne me reconnaissez pas ?

Le marquis réagit enfin et s'écarte brusquement. Un forcené lui parle. Marolles a raison. Il recule, s'approche des molosses qui ne sentent pas sa peur quand il se colle à eux, ne font rien pour le protéger.

— Que cherchez-vous ? gronde-t-il d'une voix qu'il cherche à rendre plus ferme.

Sa main s'agrippe fermement au dossier d'un fauteuil brodé de fils d'or, le regard est moins terne. Il se tourne vers le bureau où la lame d'une miséricorde accroche les derniers rayons du soleil.

— La vérité. N'est-ce pas ce que vous annoncez au fronton de votre belle maison ? Cette promesse est-elle un mensonge ? insiste-t-il.

— J'apprécie la vérité, rétorque Voigny qui redevient peu à peu maître de lui. Et vous, y consentirez-vous si j'exige de l'entendre ?

— Soyez plus franc encore. Vous vous demandez si j'ai joué un rôle dans la mort de vos fils, c'est cela ?

Le marquis se raidit. Il jauge l'adversaire comme il s'y emploie pour le gibier, se demande si on est venu le tuer. Qu'importe ! S'il doit mourir, tant mieux. Ce qu'il veut, en effet, c'est la vérité. Comprendre enfin ce qu'il s'est passé. Dénouer la torture qui ronge son ventre, et qu'on lui dise pourquoi ses fils sont morts !

— D'aucuns se sont efforcés de me convaincre que vous étiez responsable, lance-t-il sur le ton solide dont il usait hier. Méfiez-vous, jeune homme. Ne me provoquez pas ! Si vous êtes innocent, dites-le vite. Sinon, vous me forcerez à vous défier.

Delaforge sourit. Il prend son temps, nargue le vieil homme, attend ce moment depuis si longtemps. Le voici s'approchant sans crainte des chiens et caressant le mâle qui se tourne sur le ventre et se soumet. La femelle en réclame autant. Lui est déjà debout. Il va où le marquis a déposé le grand livre qu'il consultait, et s'en saisit. C'est un exemplaire ancien et rare du *Speculum humanae salvationis*, un livre de prières et de théologie, si l'on veut, enluminé par un moine d'abbaye, voilà des siècles. Le cuir est écorné, les pages jaunies, polies par les milliers de doigts qui les ont feuilletées. Celle sur laquelle s'était arrêté le marquis évoque le récit de la Genèse.

— Répondez, monsieur ! s'impatiente ce dernier.

Delaforge fait mine de l'ignorer. Il se plonge dans la Genèse. La Place s'intéressait à l'histoire d'Abraham recevant l'ordre du Tout-Puissant de sacrifier son fils, Isaac, mais Dieu retint sa main. Un père ne peut tuer son enfant, quoi qu'il fasse. Quoi qu'il dise…

— Je détaillerai tout, soyez-en sûr, finit-il par répondre, mais seulement si, moi, je trouve ce que je suis venu chercher. Donnant, donnant ? C'est la règle du… jeu que je propose. L'acceptez-vous ?

— Petit monstre, je vais te…

— Halte, ordonne Toussaint. Assez de vos airs tyranniques, et cessez de lorgner sur la miséricorde car je doute que vous vous en serviez après m'avoir entendu.

— Sois certain que j'en ferai usage si…

— Vous mentez ! s'emporte alors l'intrus en brandissant l'exemplaire du *Speculum humanae salvationis.* Abraham n'a pu tuer son fils.

— Pourquoi parlez-vous de lui ? bredouille La Place, dépassé par les événements et ces phrases et ces mots en forme de rébus.

— Patience. Asseyez-vous. C'est la règle.

*

Le récit de ce diable débute par la mort de sa mère, Marie, une servante qui travailla autrefois dans cette maison pour le compte du marquis. Engrossée, la fille accoucha dans une cave infecte, non loin, et mourut. Son fils survécut. C'est lui, Toussaint, sauvé par Marolles, et accueilli ici. L'histoire est triste et il y a de quoi plaindre l'orphelin. Mais pourquoi l'entend-il ? se demande La Place. Voilà que la scène s'éclaire : le narrateur prétend maintenant qu'il est son père.

Voigny ne bronche pas, ne réagit pas. Est-il honteux, confus, repentant ? On le serait à moins. Enfin, sa tête bouge, dodeline, mais son regard reste droit. Il scrute celui qui se dit son fils, ouvre la bouche, va parler.

— Est-ce la raison pour laquelle vous avez voulu vous venger ? murmure-t-il.

— Répondez d'abord ! Avez-vous abandonné ma mère ?

— Jamais.

— Vous ignoriez donc qu'elle était enceinte ? questionne-t-il plus doucement, même si sa colère ne faiblit pas.

— Oui, concède Voigny après avoir longuement hésité.

Il a répondu sans montrer de regret, et ce n'est pas qu'il s'en moque. Il est ailleurs, loin de Marie, secoué, prisonnier d'un maelström, assailli d'émotions cruelles qui étouffent sa raison. Mais il s'accroche afin d'assembler les morceaux, et comprend peu à peu, réalise lentement que ses fils sont sans doute morts à cause de la vie misérable et stupide de celui qui, en face, le martyrise.

— Je ne savais rien, ajoute-t-il, en se redressant, le feu de la colère brouillant désormais son regard.

Il s'arrache à grand-peine du fauteuil auquel il s'accrochait. Il est de retour, au présent, et une fureur douloureuse gonfle son thorax et l'oblige à hurler :

— Devines-tu pourquoi je t'ai dit que ton existence m'était inconnue, maudit bâtard ?

Ses mains tremblent, ses joues rougissent, le sang bat, afflue.

— Je n'ai jamais engrossé ta mère, cette servante. Je ne l'ai même jamais approchée ! Son nom, son visage, son corps, je jure devant Dieu, que tout d'elle m'est autant étranger que toi ! Tu peux m'arracher les yeux, me torturer, je ne t'apprendrai rien !

À l'instant, Delaforge croyait avoir triomphé de la fatalité, éclairé sa vie et brisé le joug qui l'emprisonnait. Il avait un père. Sa quête s'achevait. Mais ce menteur tente encore de lui voler ce qui est à lui !

— Vous torturer ? Le mot est trop faible, c'est votre cœur que j'arrache. Écoutez celui que vous refusez. Voilà ce qu'il a fait aux fils que vous avez reconnus. Antoine, tout d'abord. Stupide, naïf, une cervelle inachevée ! Moi, le bâtard, je l'ai corrompu, ruiné, forcé à vendre son âme et je l'ai piégé pour que sa déchéance soit complète. Oui, monsieur son père, je l'ai poussé à se tuer.

La Place bondit vers le bureau où se trouve la miséricorde.

— Par tous les diables, je n'ai pas fini ! gronde le persécuteur. Auriez-vous oublié François ? Ce guerrier orgueilleux, convaincu de sa supériorité, est tombé dans un traquenard dont le plus minable des soldats aurait triomphé sans gloire. Se rendant à moi pour venger son frère, et mort, le nez dans la poussière ! Sans une prière, sans même que je lui ferme les yeux.

Les larmes viennent au marquis. Sa vue se brouille, il tâtonne avant de s'emparer de la miséricorde, la saisit enfin, la tient fermement en main. Il va égorger le manchot possédé par le Mal. Delaforge regarde et ne tente rien pour l'empêcher, prisonnier d'une obsession, enfermé dans un raisonnement qui, s'il lui échappait, le conduirait à la démence. Il n'a pu survivre à sa naissance, à Montcler, au personnage du lutteur des arènes, à ce bras amputé, il n'a pu tromper le maçon Pontgallet, puis briser le cou de son fils Jean, mentir, tricher, voler, et accomplir tous ces forfaits afin de savoir qui il était… Et échouer pour finir ? Non, s'entête-t-il, il ne se trompe pas. Voigny est bien son père, mais il refuse de le reconnaître parce que son aveu serait terrible : par sa faute, il a donné vie au meurtrier des siens. Faut-il employer la brutalité pour qu'il avoue ? Le torturer, comme il en parlait ? Cela ne servirait à rien. La Place lisait la *Genèse* où il est raconté qu'un père ne peut tuer son fils. Et s'il tient la miséricorde, il ne la tournera jamais contre son propre sang. Dès lors, si Toussaint veut savoir de qui il est l'enfant, il faut qu'il offre son dos à la mort. Pour cela, il pivote et ouvre la porte. Le bâtard n'est pas fou, il va où ses idées le mènent. Si le sang des Voigny ne coule pas dans ses veines, la lame entrera dans sa chair, et s'il n'est donc le fils de personne, il n'a plus de raison de vivre. Un marquis ou un autre, qu'importe qui se chargera d'achever la besogne.

*

Le valet qui, ce matin, annonçait Delaforge n'est pas loin du cabinet de travail. Son maître lui a ordonné de rester dans le vestibule et, au premier cri, d'alerter. Le ton a monté, il croit avoir entendu une bousculade. Il n'en a pas fallu plus pour qu'il galope dans les longs couloirs de l'hôtel afin de prévenir mademoiselle Aurore. Delaforge a parlé d'elle. C'est donc qu'ils se connaissent. Elle saura sans doute quoi faire. Mais le valet marche sur des œufs. Il est entré dans cette maison voilà peu, et rien ne va ici. Diantre ! ça sent la mort. Il se signe. Un baluchon, son dû, et il quitte le navire, décide-t-il en cherchant qui prévenir encore du grabuge. Cet étrange visiteur a également cité Marolles. Le jésuite loge dans la cour. Par prudence, le valet ira l'alerter. Mais d'abord, il toque à la porte d'Aurore de Voigny. Cette petite peste ne veut pas ouvrir, quand, au nom de Toussaint Delaforge, il l'entend tourner la clef.

— Où est-il ?

Ses yeux rougis par le chagrin sont soudain graves.

— Dans le cabinet de travail de Monsieur votre père.

Elle pousse le valet, s'engage dans le couloir.

— Je m'en vais chercher le révérend Marolles, lance ce dernier.

Aurore ne l'écoute pas. Elle court et quand elle entre dans le vestibule, la scène se dessine. En haut, sur le palier, Toussaint avance vers l'escalier. Elle n'a guère le temps de s'étonner ou de s'émouvoir de sa présence que, derrière, son père surgit, veste ouverte, débraillé, cheveux en bataille. Elle ne l'a pas vu depuis le décès de François, puisque cette mort les a définitivement séparés.

— Toussaint ! hurle Aurore.

La miséricorde est pour lui. Son père va le tuer. L'image de cet homme hagard, bras levé décidé à frapper, tranche avec la sérénité de Toussaint qui s'apprête à descendre lentement l'escalier. Il a levé la tête. Il l'a vue, lui sourit.

— Attention ! Derrière toi...

Delaforge jette un œil par-dessus l'épaule. Le lutteur n'a qu'un geste à faire : s'effacer en se tenant à la rampe. La miséricorde rencontre alors le vide. Un pas de trop et, emporté par son élan, le marquis bascule et tombe, tête première sur le marbre de l'escalier. Chaque rebond de son corps désarticulé, l'écho le renvoie. Il roule jusqu'en bas, ses os se tordent, il grogne, finit par se taire, ne bouge plus.

Pétrifiée, Aurore s'effondre lentement comme le pétale d'une rose fanée.

*

— Dieu du ciel !

Le valet est de retour. À ses côtés, Marolles.

— Je cours chercher de l'aide, balbutie le serviteur.

Il file. Le jésuite, qui n'a pas le temps de le retenir, songe peut-être à faire de même. Mais déjà Delaforge est sur lui, tenant son couteau.

— Pitié, gémit d'emblée le prêtre en s'accroupissant.

Son filleul s'agenouille comme au temps du lutteur et se penche sur sa victime. Va-t-il demander une dernière fois qui est son père ? Toussaint ne cherche plus. Il ne connaîtra sans doute jamais la vérité.

— Vous auriez dû me laisser mourir avec ma mère, murmure-t-il. Tout ce mal ne se serait pas produit.

Alors, pour en finir, l'orphelin demande à *Chronos* de ne plus égrainer les secondes.

— Si tu cesses de vivre, c'est par ta faute, glisse-t-il à l'oreille du jésuite, comme au temps des arènes, lorsqu'il achevait sa proie.

Marolles a relevé la tête. Il tremble, il est misérable.

— Tu ne peux pas.

La main se relâche un instant.

— Dis-moi ce qui m'en empêcherait.

— Tu ne peux tuer ton père.

Chapitre 44

LA CHIQUE MOLLE se traînait à terre et vidait sa conscience. Bredouillant, gémissant, Marolles avouait, Toussaint écoutait, hébété, sidéré, à dix pas du marquis mort, à autant d'Aurore, gisant évanouie. Il était incapable de réfléchir à la suite. Marolles avait prétendu être son père, et cela pouvait être vrai. La Place s'était précipité pour le tuer et, s'il avait été son fils, il n'aurait pas tenté de lui planter son arme dans le dos. Puis venait ce que Calmés suggérait : La Place pouvait être étranger à celui qu'il avait hébergé sept années. Ce doute avait d'ailleurs poussé Delaforge à l'entendre. Calmés cherchait-il à dénoncer un double crime impardonnable parce qu'il savait pour Marolles ?

Submergé par ses émotions, Toussaint écoutait les révélations qui surgissaient en désordre. Il se taisait pour ne pas briser le moulin à paroles qui s'emballait, maintenant que l'aveu le plus dur était fait. Ce pantin ridicule, au débit haché, à moitié allongé, à moitié debout, expulsait vingt-cinq années de mensonges. D'autres gens, alertés par le valet, risquant de surgir, il ne fallait pas l'interrompre. Toussaint jetait de temps en temps un coup d'œil sur Aurore. Son teint était pâle, mais elle respirait et, quand elle reviendrait à elle, Marolles en profiterait sûrement pour se taire. Alors, les portes du monde qui s'entrouvrait se refermeraient. Toussaint serrait le couteau, s'efforçait de rester déterminé. Marolles devait croire qu'il frapperait à l'instant où il deviendrait muet.

Marie, entendait-il, venait d'Anjou. Marie était belle. Marolles était tombé amoureux d'un visage aperçu dans une ferme du marquis de La Place. Le fouet, la haire, cette chemise en étoffe de crin qu'il portait et lui martyrisait le dos, le jeûne, et toutes sortes de pénitences ne purent venir à bout d'une passion dont le pire effet se produisit lorsque Marie décida de rejoindre Paris. Tels Adam et Ève croquant la pomme, ils s'y retrouvèrent et commirent le péché mortel. Marie tomba enceinte et, convaincue d'être damnée pour l'éternité, songea à quitter la rue de la Couture-Sainte-Catherine. Marolles se disait désespéré. Il existait d'autres moyens de surmonter cette épreuve. Il pouvait renoncer à son sacerdoce, tous deux partiraient là où personne ne les connaissait. Il possédait de quoi commencer une autre vie. Marie s'y refusait car elle se sentait coupable et craignait la vie des pestiférés. Elle avait fui sans explications, alors qu'elle était sur le point d'accoucher. Marolles avait tout entrepris pour la retrouver. Même si Marie n'avait jamais avoué de qui elle attendait l'enfant, la cuisinière, sa confidente, devait savoir où elle se cachait. Pour l'obliger à parler, prétendait-il, afin de sauver Marie, il avait affirmé que le marquis était le père de l'enfant qu'elle portait. Affolée, Berthe avait lâché le nom de Paillard, l'accoucheuse du Pont-Neuf. Marolles s'était précipité, ne parvenant qu'à sauver le nouveau-né. En l'apportant rue de la Couture-Sainte-Catherine, Marolles avait fait promettre à Berthe d'oublier l'origine du bâtard. La brave s'était soumise et Marolles avait dû porter seul sa croix.

Bien que brève, heurtée, l'histoire avait de quoi émouvoir, mais qu'y avait-il de vrai ? Presque tout, à l'exception d'un point capital : Marie n'avait jamais aimé Marolles. Plus exactement, elle le haïssait, puisqu'il l'avait violée.

⁂

Il l'avait prise un soir, dans cette chambre minable, piégeant la jeune fille qui venait chercher son linge. Un moment de possession et de folie qu'il n'avait jamais regretté, soulevant sa soutane et faisant de même avec la jupe de la garce, soudoyant son corps, la brutalisant, jurant pendant qu'il besognait et suait qu'elle connaîtrait l'enfer si elle racontait l'aventure. Les gémissements de douleur de Marie excitaient Marolles qui se vida en râlant que la chienne jouissait d'être prise, qu'elle prenait du plaisir. « Hein, tu aimes ! », grognait-il, tandis que Marie, le ventre en feu, serrait sa chemise déchirée pour cacher sa poitrine.

Mais cette idiote pouvait se plaindre. Allons, personne ne la croirait, se répétait-il pour calmer l'inquiétude qui naissait. Par prudence, il avait exigé de l'entendre en confession sur-le-champ afin qu'elle avoue ses intentions, et Marie, martyrisée, choquée, suppliciée par la souffrance autant morale que physique, s'était soumise. S'agenouiller et implorer Dieu pouvait peut-être effacer ses taches. Marolles, recouvrant sans vergogne l'allure sévère du jésuite, avait parlé d'un crime, certes commis à deux, mais dont le principal responsable était le petit air de vicieuse de l'aguicheuse. Usant des ressources extraordinaires qu'offre l'herméneutique, cette science de l'interprétation des textes bibliques, habitué à débattre du sexe des anges ou à défendre n'importe quelle cause et son contraire, il avait conclu que c'était par sa faute car elle l'avait provoqué. Donc, elle seule serait punie, à commencer sur la terre, si elle babillait. « Tu deviendras la catin excommuniée », chuchota-t-il. « Aucun homme ne voudra de la fille du démon qui a couché avec le prêtre, si tu racontes *ce que tu as fait.* » Elle était partie ainsi, attendant la fin du service pour laver à l'eau fraîche ses chairs meurtries dans la cuisine.

Des remords, Marolles n'en avait jamais connu. Si elle passait dans un couloir, elle baissait les yeux, lui les laissait ouverts, sévères, inquiétants. Oui, elle gardait son secret et Marolles se prit à rêver qu'il pouvait renouveler l'expérience. Il résista un temps, tremblant de désir, repoussant ses envies et se donnant autant de bonnes raisons d'y céder. Un soir, il se décida. Marie passait dans un couloir, il la saisit par la taille. Elle lutta, mais il était fort. Ses mains s'accrochèrent. Il comprit que son ventre était rebondi. Il paniqua, exigea un autre péché : qu'elle avorte – ce qui, pour lui, n'était pas tout à fait tuer. Marie s'y refusa ; d'ailleurs, il était trop tard ; et Paillard apparut. Marolles avait-il voulu sa mort ? Elle l'arrangeait et, pour pénitence, il restait ce fils, punition de Dieu, que la peur de courroucer trop de fois les cieux avait empêché d'étrangler. Qui saurait qu'il était son père ? Eh bien il porterait sa croix, synonyme, dans cette cervelle noire, de rachat d'une partie de ses fautes.

Cette vérité complète, seul Calmés l'avait entendue. Marolles, toujours à genoux, répétait qu'il avait aimé Marie et qu'il pleurait sa mort. Le manchot, lui, ne bronchait pas. Il gobait, Marolles se crut sauvé. Mais dans la tête de Toussaint les questions se bousculaient. Cet homme n'avait pu confier Marie à l'ignoble sorcière sans mesurer les risques. Et pourquoi s'était-il tu quand son fils, à seize ans, l'avait supplié de lui révéler de qui il était ? Aussi, ne relâcha-t-il pas son attention. Quand du bruit se fit entendre. Le valet revenait, et il n'était pas seul. Delaforge rangea son arme. Marolles se redressa.

*

On se précipita d'abord sur le marquis, constatant qu'il était roide. On entoura alors Delaforge, sur la foi du témoignage du valet qui le montrait du doigt et répétait qu'il avait entendu comme des cris et le commencement d'une querelle. Pendant ce temps, une femme de ménage s'occupait d'Aurore qui revenait peu à peu à elle. Marolles se taisait. Si on le questionnait, il répondrait qu'il était arrivé trop tard, après les événements, et qu'il ne pouvait témoigner de rien. De fait, il attendait prudemment qu'Aurore s'exprime. Si elle accusait Toussaint de la mort de son père, c'en serait fini du manchot, et personne ne pourrait prétendre que le jésuite avait cherché à lui nuire. Aussi s'occupait-il en se penchant sur le défunt, bafouillant une prière, le corps tourné vers le sol afin qu'on ne voie pas les tremblements de ses mains. Pas une fois il ne regarda son fils ou chercha à le protéger, ce qui persuada Toussaint que Marolles restait lui-même. Des pans de son histoire demeuraient sombres. Quel secret cachait-il encore ? Il ne vint pas à Delaforge l'idée que Marie avait été violée. De même, il ne mit pas en doute le fait que ce révérend fût son parrain et son père. Pour l'heure, il fallait s'en sortir, d'autant que la garde survenait.

On put enfin interroger Aurore qui confirma que Delaforge était connu d'elle et du marquis, qu'il s'agissait d'un orphelin accueilli par le passé et qu'il était sans doute venu présenter ses condoléances. Ne pouvant mieux plaider sa cause, l'incriminé acquiesçait en silence, tandis qu'il prenait peu à peu la mesure de ce qu'avait révélé Marolles. Après ça, quel sort réserver à celui qu'il haïssait ? Rien ne se produisait comme prévu ! Le dégoût s'installa, sa bouche se satura de bile. La désillusion était terrible. Ce qu'il espérait depuis si longtemps se montrait enfin, pour un résultat détestable.

Delaforge en était là, perdu au milieu de la cohue, tandis que la fille de La Place achevait son récit dont il ressortait que Toussaint n'était aucunement responsable de ce qui devint un accident. Pour une raison qui resterait mystérieuse, Voigny avait surgi du cabinet de travail, la miséricorde en main. Avait-il l'intention de s'en servir ? Menaçait-il le visiteur ? Ce dernier l'avait-il lui même agressé ? Même les chiens n'avaient pas bronché. Et il fut admis que le marquis, submergé par le chagrin, avait fini par s'égarer dans la folie. Allons ! Dix jours qu'il refusait d'ouvrir. Dix jours qu'on l'entendait marmonner à travers la porte close. Dix jours qu'il rôdait la nuit dans le vestibule, sortant après s'être assuré qu'il ne croiserait personne, allant jusqu'à la chambre de sa fille, tambourinant pour qu'elle ouvre et elle, refusant par crainte d'affronter l'âme tourmentée d'un père méconnaissable. On l'entendait, racontaient maintenant les serviteurs, rôdant ici et là, débitant des paroles incompréhensibles, escamotant en cuisine de la viande pour ses chiens et s'en retournant dans son antre.

Qu'en pensait son confesseur ? Les têtes se tournèrent vers Marolles. L'opinion était si générale, si partagée qu'il s'y rangea. De fait, bredouilla le jésuite à contrecœur, il n'avait pu le voir depuis l'enterrement de François, son fils aîné. Quand il se présentait, espérant un entretien, le marquis le renvoyait, jurant à travers la porte que Dieu n'existait pas ! Qu'il se vengerait ! Et toutes sortes de blasphèmes prouvant que la foi l'avait abandonné. On se signa. L'affaire était entendue. Le témoignage du prêtre achevait de gracier le jeune homme qu'il présenta lui-même comme son… filleul.

Personne ne nota que son opinion venait tardivement et parce qu'il n'y avait aucun moyen d'accuser Delaforge du meurtre du marquis. En prenant ainsi parti, Marolles espérait amadouer ce possédé et lui prouver qu'il était de son côté. Mais dans un instant, il serait libre, et tout recommencerait. Que déciderait-il à propos de son père ? La lâcheté le persuada qu'il ne devait pas attendre la réponse. Aussi, alors que tout se délitait, que le groupe relâchait la pression qui pesait sur l'accusé, le confesseur s'éclipsa-t-il, prétextant qu'il fallait une croix afin de bénir le mort. Delaforge le regarda partir sans s'inquiéter. Il le retrouverait. Pour parfaire le rôle de l'innocent pris dans une tornade à laquelle il était étranger, il jugea utile de faire illusion en se préoccupant de la bienfaitrice qui l'avait sorti d'un mauvais pas.

Aurore reposait dans un fauteuil, entourée d'une servante qui s'écarta quand il s'approcha pour lui parler. La jeune fille était muette, le visage exsangue, les yeux rivés sur son père que l'on couvrait d'une couverture. Il tira un fauteuil, vint près d'elle. Ils restèrent silencieux un moment, jusqu'à ce que Toussaint, plus effronté que jamais, tente de saisir sa main, le plus étonnant étant qu'elle ne la retira pas.

— Aurore, crois-moi, glissa Delaforge de sa voix la plus douce. Pour ton père, je suis…

Il s'arrêta. Elle redressa la tête et se tourna vers lui.

C'était toujours la même, gracieuse, sauvage, à peine changée, à peine vieillie. *Sa longue chevelure retombait sur les épaules. C'était une boule de feu couleur bronze d'où émergeaient des yeux immenses emprisonnant le bleu céruléen d'un saphir. Sur ce visage d'opale, un peintre avait semé çà et là d'émouvantes touches de rousseur – au creux des paupières, non loin de la commissure des lèvres et, pour achever son œuvre, sur le vallon des seins, nichés dans le décolleté d'une robe…*

Celle qu'elle portait aujourd'hui était noire.

Le charme agissait encore, comme au temps de l'enfance. Il lui revint ce jour de ses seize ans où il s'était présenté ici, plein d'espoir et le cœur bringuebalé par le plaisir de la revoir. Ce jour-là également, il avait tenté sans succès de s'approcher d'elle.

Tout doux, se dit Toussaint. Il fallait d'abord être certain qu'elle ne doutait pas de sa sincérité.

— J'étais venu…, fit-il mine d'hésiter. Je n'ai jamais oublié… ma première famille. Enfin, je croyais bien de vous soutenir, bredouilla-t-il. Et puis voilà…

Oui, voilà le mobile qui expliquait sa présence et, dans les yeux d'Aurore, il ne voyait toujours que le chagrin et l'innocence. Maintenant, il fallait effacer de son esprit l'hypothèse d'une dispute.

— Allait-il s'en prendre à moi ? Et dans ce cas, pourquoi ? Tu le sais, toi ?

Elle ne répondit toujours rien.

Restait à s'assurer qu'elle ne regrettait pas ce qu'elle avait fait pour lui.

— Si tu n'avais pas été là pour témoigner, on m'aurait accusé d'être l'agresseur… En fait, tu n'étais pas obligée de venir à mon secours.

Aurore baissa la tête et fixa le sol.

— Le jour où tu es venu me voir en sortant de Montcler…

L'émotion la submergeait, ses mots s'entrechoquaient.

— François t'a blessé à la main…

Cela venait lentement, comme un aveu trop longtemps contenu.

— Je n'ai rien fait pour prendre ta défense et je t'ai laissé partir. Je m'étais juré, si l'occasion se présentait, de ne plus te tourner le dos. Voilà au moins une promesse accomplie.

— Me crois-tu coupable de la mort de ton père ? demanda-t-il alors sans prudence, submergé par le flot contraire des sentiments qui bouleversait toutes ses convictions.

Elle le regarda intensément :

— Je l'ai vu tomber seul. Et il tenait une miséricorde qui t'était destinée.

Elle balaya l'air lentement :

— Quoi qu'il se soit passé, c'est lui qui a détruit sa famille en ne l'aimant jamais assez.

Non, rien ne fonctionnait comme il l'avait imaginé. Aurore était là, le temps de l'enfance se recomposait, les années s'effaçaient. Pouvait-il faire de même avec ce qu'il avait produit ? Et combien tout serait différent ! Ce fut sans doute l'un des rares moments de l'existence de Toussaint Delaforge où le doute s'installa.

— Aurore… commença-t-il.

Et qu'allait-il avouer ? Mais on vint la prévenir que le marquis allait être déplacé dans sa chambre. Elle se leva, peut-être souritelle tristement, et lui assura-t-elle qu'elle revenait, mais c'était déjà trop tard. Ce qu'il aurait pu dire ne souffrait pas d'attendre. Aussi se décida-t-il à trouver Marolles. Il connaissait le chemin, redit-il à une servante, mais celle-ci secoua la tête. Le prêtre avait disparu.

Et Toussaint comprit qu'il s'était enfui.

Epilogue

1664

Le Roi noir de Versailles

LE CHOU GRAS DU RÉFECTOIRE, les nuits sombres du dortoir, le carrelage froid quand il posait ses pieds nus dessus, les œuvres de Tite-Live lues pendant les repas, la chapelle de Baltius, et le fouet de *Passe-Muraille* martyrisant son dos, tout défile, tout repasse et revient comme s'il était sorti hier du collège. Toussaint l'ignorait, mais il n'a rien oublié de son collège. Bruits, odeurs, images sont gravés à jamais – comme ces grilles derrière lesquelles se dessine la silhouette ascétique de Calmés.

Il porte une vieille soutane usée qui pourrait être celle qu'a connue l'ancien élève. Il se tient droit et raide, mains dans le dos. Il se désintéresse de la rue, ne regarde que la cour de Montcler. Rien ne bouge chez lui et, depuis vingt ans, c'est la façon du préfet de discipline de se fondre dans le décor, de se faire oublier des élèves. Ainsi, de disparaître.

Seule la tête bouge. Elle va par saccades, se tourne vers la gauche, et aussi vite sur la droite. Comme l'épervier, Calmés surveille ses proies, les petits bonshommes habillés de blouses grises. Delaforge corrige aussitôt. Non, il ne cherche pas à dévorer ses oisillons, mais, pour les rendre forts, il n'hésitera pas à leur apprendre la dureté.

Un 5 septembre, alors qu'ils se retrouvaient – et c'était bien avant que tous ces événements ne les éloignent –, Calmés avait expliqué à Toussaint le sens de son éducation.

— Je veux, disait-il, discipliner sans détruire. C'est ainsi que s'épanouit la personnalité de chacun. Ce qui ne tue pas rend plus fort. Dans ton cas, je crois avoir réussi, et même un peu trop !

À l'époque, ils prenaient plaisir à se voir. Du moins, lui, *Passe-Muraille*, suivait-il avec intérêt les progrès de son protégé chez Pontgallet et tout se déroulait au mieux. Mais ce dimanche 21 septembre 1664, plus rien n'existe. Dix heures vont sonner. Viendra la messe. Ensuite, ils iront ensemble, les prêtres et les pensionnaires, au réfectoire où les effluves de chou leur sont familiers, où l'histoire de Rome les attend. Et le jésuite s'accrochera à la quotidienneté de son apostolat jusqu'à ce que les forces lui manquent.

La cloche sonne, en effet, et le préfet de discipline se défait de ses airs de statue. Il se remet en mouvement, tape dans les mains pour rassembler ses troupes et produit un regard circulaire comme le père protecteur sur ses petits. Y en a-t-il derrière lui ? L'œil s'échappe jusqu'aux grilles et, une seconde, observe la rue. C'est ici qu'il voit Toussaint Delaforge et se fige. L'ancien de Montcler avance. Il pourrait même pousser la grille, mais Calmés ne le veut pas. C'est pourquoi il met en branle son pas saccadé et se colle à la grille. Il la garde. On ne passera pas.

— Que veux-tu ? demande-t-il d'une voix glaciale.

— Marolles m'a dit qu'il était mon père.

— Je le sais.

— Qu'y a-t-il que vous ignoriez ? tente de plaisanter Toussaint.

— Rien qui puisse absoudre tes fautes. Marolles est venu me parler voilà peu. Il m'a raconté pour le père de François et Antoine. Le tragédie s'achève. Te voilà satisfait…

— Allez-vous me dénoncer ?

— À ce jour, je ne l'ai pas fait parce que l'orgueil me soufflait que je te changerai, et je me suis cru capable de triompher du démon. Maintenant, va-t'en ou, en effet, je te dénonce.

— Vous vous trompez, mon père. Antoine est mort parce qu'il était faible. C'est lui qui a creusé sa tombe. François est venu pour me tuer et je n'ai fait que me défendre. Le marquis, c'est lui qui…

— Va-t'en, je te dis !

Calmés veut briser là. Les élèves attendent, se demandent à qui parle *Passe-Muraille*.

— Attendez ! Dites-moi si Marolles est mon père…

— Oui. Il te l'a dit, répond-il froidement puisqu'il ne trahit pas le secret de la confession.

— Où est-il ?

— Il se cache. Il a peur de toi, peur de lui, et surtout peur de ce qu'il a produit. Il cherche la rédemption. Et, à l'inverse de toi, ajoute-t-il pour blesser, j'ai confiance. Lui, il la trouvera.

— J'aurais pu le tuer. Je ne l'ai pas fait. Dites-le lui…

— Plus personne ne te croit. Tu as même anéanti l'espoir qu'il y avait en moi.

— Je le ferai sortir de son trou, enrage Toussaint.

— Je ne pense pas, murmure tristement Calmés. La compagnie de Jésus dispose de paisibles et lointaines retraites où l'âme cherche le salut. Joseph de Marolles a quitté le monde de haine, de fureur que tu as fabriqué.

— Ses mensonges, ses traîtrises, les oubliez-vous ?

Calmés reste silencieux.

— Au moins, savez-vous s'il aima sincèrement Marie ?

Le préfet de discipline pivote et lui montre son dos.

— Je vous hais tous ! hurle Toussaint en s'adressant aux élèves qui se serrent les uns aux autres.

Calmés est avec eux. Il les prend sous son aile, les dirige vers la chapelle. Pas une fois, il ne se tourne vers son ancien protégé. Pour lui, tout est dit.

*

Angélique de Saint-Bastien est seule, et ce, depuis l'été. L'automne arrive et, prédit-on, sera froid. La comtesse sonne pour qu'on nourrisse la cheminée. Quand le valet Bonnefoix sera ressorti, elle s'abîmera dans le silence. Toussaint lui a écrit. Une fois. Il lui parlait de sa trahison. Sans elle, sans ce petit rien d'inutile jalousie, rien ne serait peut-être arrivé. Toutefois pas *comme cela*. Et il n'en racontait pas plus. Dans un sens, il la remerciait. Sa vie s'était éclairée et, écrivait-il assez illogiquement, elle s'était un peu plus assombrie. Les mots employés n'étaient pas cruels et, à la lecture de ces deux feuillets, épluchés plus de cent fois, la belle devina qu'une sorte d'irrémédiable désespoir habitait celui qu'elle appelait désormais, et à contrecœur, son ancien amant.

Depuis, elle suit, mais de très loin, ses aventures. Elle sait que de grands malheurs se sont produits chez le marquis de La Place, que celui-ci est mort, emporté par le chagrin et, murmure-t-on, par la folie. Il se serait jeté dans son escalier. Sa fille, Aurore de Voigny, en fut témoin. Mais Angélique n'a nul besoin d'être curieuse pour savoir que Toussaint était présent. Paris cancane. Si elle ajoute à ce terrible événement la disparition inexpliquée de François de Voigny, pris dans un traquenard, à Versailles, la coupe déborde. N'est-ce pas elle qui a vu vivant pour la dernière fois ce fier soldat ? Elle se garde d'en faire état par crainte d'être emportée dans un scandale. Pour cette raison, et un peu par amour, elle ne cherchera pas à nuire à Toussaint – du moins, pas pour le moment. Mais elle s'ennuie. Cet hiver, elle ira rendre visite à Aurore de Voigny. Qui sait ce qu'elles s'apprendront ?

*

Quand un notaire lui parle du domaine familial, des urgences qui le concernent, de la vente d'un champ ou deux pour faire face aux dépenses imprévues, des bêtes qui meurent depuis peu d'une fièvre étrange, des paysans qui jasent et parlent de malédiction, Aurore de Voigny laisse dire et faire. Elle a souvent la tête ailleurs. Toussaint est apparu et s'est effacé aussi vite. Il reviendra. Elle le sait, elle l'a senti dans son regard. Pour le moment, elle refuse de prêter le flanc aux rumeurs qui l'accusent d'être un aventurier, un joueur, un corrupteur. On murmure aussi qu'il *combine* à l'insu de l'architecte Louis Le Vau.

Les critiques les plus graves concernent son ascendant sur Antoine qu'il aurait conduit à sa perte. Mais son frère a lui-même mis fin à sa vie, se répète-t-elle, et elle connaissait sa fragilité juvénile. De plus, il cachait dans sa chambre vingt mille livres de reconnaissance de dettes « au profit de T. Delaforge ». Ce dernier a-t-il réclamé son dû ? Voilà qui suffit à faire taire ses doutes, du moins tant qu'elle ne s'interroge pas sur le cas de François.

Mieux que quiconque, elle sait qu'une rancœur farouche opposait ces deux-là. La jalousie d'un frère qui ne supportait pas l'attachement de sa sœur à un ami d'enfance serait-elle responsable de l'affrontement ? Le croire serait s'accuser d'être la cause du malheur, et rien de pire ne pourrait lui arriver. Mais, en passant dans ce maudit vestibule, peu après la fin cruelle d'Antoine, elle avait entendu son père parler avec Marolles de Toussaint. L'orphelin était soupçonné d'avoir dépravé Antoine. Son père n'y croyait pas vraiment. Pourtant, se souvient-elle, il avait décidé de rendre visite à une certaine Angélique de Saint-Bastien qui accusait le même d'avoir été le mauvais ange du cadet.

Voilà qu'elle nage en eaux troubles et ne s'y sent pas à l'aise. Elle y viendra un jour. Peut-être même qu'elle ira trouver cette comtesse que l'on dit fort belle afin d'entendre ce que son père cherchait auprès d'elle. Pour l'heure, elle tente de survivre aux morts qui l'entourent et l'étouffent. Quand elle se sentira plus forte, elle interrogera Toussaint sur tous ses sujets, puisqu'il reviendra. Elle n'en doute décidément pas.

Si elle imagine le contraire, et qu'alors son cœur se serre, elle pourra toujours faire appel à Marolles, son parrain, afin de savoir ce que lui et son père pensaient *réellement* de l'orphelin. Pourquoi fut-il recueilli ? Pourquoi vécut-il sept ans, rue de la Couture-Sainte-Catherine ? Et toutes ces questions qu'elle ne se posait pas avant, tant il lui semblait évident que Toussaint soit là, comme un membre de sa famille.

Bien sûr, elle prendra l'avis du jésuite avec mesure, car, du plus loin que lui viennent ses souvenirs, elle ne l'a jamais entendu prononcer une parole en faveur de son filleul, et qu'elle sait leurs relations mauvaises. Mais qui d'autre que lui pourrait lui expliquer qui est *vraiment* Toussaint ? Elle ne connaît rien de sa vie, ignore ce qu'il fit et devint après son départ de Montcler, comment même il rencontra l'architecte Le Vau. Et d'où lui vient ce bras d'ébène ?

Aussi se résignera-t-elle à recueillir l'opinion de Marolles, seulement si elle n'a pas d'autre choix. Au moins, elle n'aura pas besoin de supporter la vue de ce prêtre qui ne lâchait jamais son père et qu'elle n'a jamais aimé. Elle lui écrira, cela suffira, puisqu'il est parti, au prétexte que son bienfaiteur n'était plus. Un départ soudain, brutal – une fuite, songe-t-elle, qui l'a finalement soulagée – sans se préoccuper du chagrin d'une tendre jeune fille.

Elle préfère que les choses se soient produites ainsi. Pour le contacter, elle doit écrire au Portugal, à l'*Universidade do Espírito Santo* d'Evora appartenant à la compagnie de Jésus. Elle le fera, sûrement. Plus tard, après l'automne, cet hiver, peut-être, et si Toussaint ne vient pas à elle.

*

Le Vau navigue entre le meilleur et le pire. D'un côté, il tente le diable et se trouve à deux doigts de la faillite ; de l'autre, le voilà conseiller et secrétaire du roi, une charge qui le rapproche de Sa Majesté et le préserve de moult déboires. On n'affronte pas un protégé de Louis XIV qui signe et atteste, par son honnêteté, les engagements d'autrui. Ainsi, il espère tenir vaille que vaille, en empruntant aux plus crédules pour rembourser les créanciers aigris. La cavalerie des crédits durera ce qu'il faut afin qu'il comble le trou de la manufacture de fer-blanc. Si fait, il rentrera dans l'ordre. Et se séparera de Delaforge.

Ce jeune est attirant, adroit, charmant, fidèle dans la gredinerie. Pas une fois, Le Vau ne l'a surpris en train de prendre plus que sa part. Son second tient les comptes, et ils sont justes. Pour autant, le jeune homme va trop loin. « Un jour, je serai roi ! » répète-t-il. Le mot est venu aux oreilles de l'architecte. Mais se moque-t-il de lui ou parle-t-il sérieusement ? Sa cupidité semble sans limites, si bien que les fraudes deviennent par trop visibles. Louis Le Vau lui a expliqué que ce qui compte ce n'est pas ce qu'on vole mais ce que l'on voit ! Il est des choses que l'on peut faire, comme tailler plus court des poutres, creuser moins, jouer sur l'épaisseur des murs, il n'en est pas de même quand l'escroquerie consiste à rançonner les fournisseurs. D'aucuns se plaignent, raillent que les méthodes du manchot sont connues et ont fait crever le maçon Pontgallet. Delaforge sent le soufre... Allez, oust ! Et que viendra-t-il reprocher à l'architecte ? N'a-t-il pas profité pleinement de son statut ? Oui, cela pourrait finir sur une bonne séparation.

Mais il existe ce carnet noir dans lequel les turpitudes des deux compères sont soigneusement consignées. Une bombe si quelqu'un tombait dessus. Le Vau songe à le récupérer. Et sait comment s'y prendre.

*

À l'approche de l'hiver, Louis XIV devient impatient. La saison n'est pas bonne pour Versailles qui s'endort, hiberne, jusqu'au printemps prochain. Les travaux ralentissent, les hommes rentrent chez eux, la terre ne donne rien. Même Le Nôtre devient impuissant. S'il faut se forcer au casernement, prendre ses quartiers comme les soldats, cela n'interdit pas de préparer la prochaine campagne, de corriger les erreurs des manœuvres précédentes. Mais qu'il est dur pour ce roi jeune et fougueux d'accepter les résistances du temps !

Il voudrait que la grotte de Thétis soit déjà achevée, et ne lâche pas Colbert et Le Vau, sommant les deux de réfléchir à l'agrandissement capital du château de son père. Ses idées se précisent. Il désire que la taille soit doublée, triplée, même. Le surintendant des Bâtiments écarquille les yeux ! Mais le roi n'en a pas fini.

À quoi occupera-t-on l'hiver, puisque rien ne doit s'arrêter, pas même un jour ? Si les gelées empêcheront bientôt les travaux dans les jardins, il y a sûrement une vitre fêlée, une planche déclouée, un verrou rouillé méritant la plus grande attention. Et qu'en est-il des essais de tenture pour sa chambre ? Où en est-on à propos de ce tableau dont les finitions souffrent d'un retard, et encore de ce peu de filet d'or manquant aux croisées de l'antichambre de la reine ?

Il faut voir cela avec Le Brun, à qui il est rappelé qu'on attend de lui des projets de statues en plâtre afin de décider de celles qui embelliront les allées au printemps prochain.

Le Vau retient un soupir. Est-ce à ce grand roi de se préoccuper de ces détails ? L'architecte ne connaît pas son bonheur : Louis XIV n'en est qu'au début de la longue liste des doléances qu'il réserve à son trio de génie. Il veut plus d'arbres et des grands, hâte la pose d'une cheminée, s'agace, s'emporte, s'inquiète du descellement d'une pierre dans l'une des assises de l'Orangerie. Il faut que passe l'hiver, freiner l'impatience. Louis a tant d'idées nouvelles pour le printemps prochain !

*

À Versailles, Marguerite Pontgallet s'attend à trois ou quatre mois difficiles. Le 12 novembre, la première neige est tombée. Le maudit froid est précoce. Bientôt, le chantier s'arrêtera, Bergeron n'aura plus de travail à offrir, et il faudra tenir. Le gros de la troupe de Limousins a regagné ses pénates. Peu après la Toussaint, il y a eu une veillée, un grand feu, un bon repas, des chants, des rires, une ou deux engueulades à cause du vin, mais ce petit monde s'est quitté en se promettant d'être là début mars. Marguerite a l'hiver pour s'organiser. Bergeron lui a parlé de la grotte de Thétis et compte sur elle et sur ses troupes pour s'emparer de ce chantier qui plaît à Louis XIV. Il faut aussi s'attendre à la construction d'un réservoir près du château et aussi d'une tour d'eau à l'étang de Clagny. Le roi aurait de grands projets de bassins et de fontaines. Mais ses hommes, s'interroge Marguerite, en seront-ils capables ? Léon, le mari de sa fille Anne, fera face. Elle n'en doute pas. Ils forment une belle équipe et tout irait sans doute pour le mieux si elle ne tournait et retournait dans sa tête le dilemme qui la mine. Doit-elle, oui ou non, dénoncer le crime de Toussaint Delaforge contre son fils ?

Elle était décidée à se taire, à oublier, à renoncer à la vengeance pour le bonheur d'Anne et de sa fille Amandine. Mais d'autres faits très graves se sont produits. Un de son équipe, surnommé gentiment *Le Maigriot*, a vu chez Ravort, aubergiste boiteux des *Sans aveu* et acolyte de Delaforge – celui qui voudrait acheter tout, raconte-t-on dans le bourg –, des choses qu'il n'aurait pas dû. Un matin, qu'il disait, ce salopiot de Ravort avait exigé d'être payé sinon, dehors. Marguerite s'en souvenait très bien puisque ce brave garçon qui crevait de fièvre était venu la supplier de lui trouver une petite place. On s'arrangera, avait gentiment répondu la veuve, et *Le Maigriot* était reparti chercher son baluchon. Mais en arrivant chez Ravort, voilà qu'il avait entendu le bruit d'une sacrée bagarre. En se méfiant, il avait tendu le cou et vu, par le carreau d'une fenêtre, le manchot batailler tel le diable et tomber à terre, estourbi, pendant que le boiteux avançait en traître et frappait le futur vainqueur dans le dos avec une épée.

Le pauvre gars habillé, croyait-il, en officier, y avait laissé la vie. *Le Maigriot* n'avait pas demandé son reste, galopant chez la bonne dame Pontgallet pour raconter l'aventure. Marguerite avait écouté, puis exigé qu'il se taise. L'affaire était dangereuse pour un sans aveu qui ne disposait pas de papiers. Elle s'en chargerait et promettait de ne pas laisser ce crime impuni.

Il lui avait fallu peu de temps pour apprendre que la victime était le fils du marquis de La Place chez qui, se souvenait-elle, l'ancien apprenti Delaforge avait vécu les premières années de sa vie...

Depuis, elle s'interroge. Elle connaît ce monstre et mesure le danger si elle lui déclare la guerre. Mais Delaforge revient de plus en plus souvent à Versailles. Il serait moins proche de l'architecte Le Vau et chercherait à s'installer définitivement. Ici, elle ou lui, l'un des deux est de trop. Alors, cette nuit de novembre 1664, Marguerite a pris sa décision : elle ne le laissera pas agir.

Toussaint Delaforge ne deviendra pas *le Roi noir de Versailles*...[1]

1. *Le Roi noir de Versailles*, Tome II de la série *Le Palais de toutes les promesses*, Flammarion.

Remerciements

À mon très cher ami et éditeur, Thierry Billard, sans qui l'idée même de cette aventure ne me serait jamais venue.

À l'équipe Flammarion au grand complet, qui entoure la sortie de mes romans.

À Franck Ferrand, amoureux de Versailles, qui m'a guidé si amicalement dans les arcanes de Versailles.

À Béatrix Saule, directrice générale de l'Établissement public du musée et du domaine national de Versailles, pour la passion qui l'anime et sa disponibilité.

À vous tous, chers lecteurs, qui me donnez chaque fois l'envie de raconter.

Où s'arrête l'Histoire ? Où commence l'histoire ?

Il est parfois reproché à l'écrivain composant avec l'Histoire de ne pas fixer les frontières entre réalité historique et fiction. Ce qui suit est une sorte de petit guide, non exhaustif, précisant où s'arrête l'Histoire et où commence la mienne.

La *rue de la Tonnellerie*, où naît Toussaint Delaforge reliait la rue Saint-Honoré à la rue Rambuteau. Ce genre de corridor « hanté par la misère et l'insalubrité », existait à Paris, mais la rue de la Tonnellerie n'était pas le bouge que je décris. S'y trouvaient des marchands de futailles (fûts à vin), du fait de la proximité des Halles détruites au siècle dernier. Très longtemps, on prétendit que Molière naquit dans cette rue. Plus vraisemblablement, J.-B. Poquelin vit le jour rue Saint-Honoré. J'ai choisi cette rue à la manière d'un clin d'œil fait à l'un de mes dramaturges préférés.

Pontgallet est le portrait d'un maçon de l'époque. J'aurais pu choisir Bergeron ou Mazière, deux chefs d'illustres lignées de bâtisseurs du roi, mais je devais alors me glisser dans la vie de ces entrepreneurs, m'interdisant les libertés accompagnant celles de ce personnage à qui j'ai donné une maison rue de la Mortellerie où habita Bergeron, marié à Marguerite Villedo. En revanche, j'ai emprunté à Bergeron l'histoire de son père qui fut bien laboureur.

À la *naissance de Louis Dieudonné*, Anne, sa mère, était très entourée. Par qui exactement ? Les personnes que je place à ses côtés me servent surtout à illustrer combien cet événement fut public. Certains ne s'y trouvaient peut-être pas. Bouvart saisit-il son stylet pour « humer le royal placenta » ? Je fais également état de la dévotion entourant la naissance de Louis Dieudonné. Ce ne sont en effet que quelques exemples romancés illustrant la passion qui accompagna l'événement.

Louis XIII a-t-il « chassé » avec son fils dans la forêt de Versailles ? Étant donné l'âge du Dauphin, le doute est permis, mais puisqu'il s'agit d'une sortie secrète, je me suis autorisé à l'imaginer. Louis XIII chassait surtout à l'émerillon, un petit faucon.

Les origines du château de Versailles. Il faut remonter à Henri IV qui aimait y chasser, même si les terres ne lui appartenaient pas. *« Il en montre le chemin à son fils, qui établira, pour chasser lui aussi, un petit domaine commode. »* (P. Verlet, *Le Château de Versailles.*) En 1623, Louis XIII fait construire un relais de chasse. *« Un chétif château, de la construction duquel un simple gentilhomme ne voudrait pas prendre en vanité. »* (*Mémoires* du maréchal de Bassompierre.) Un inventaire de 1630 fait état d'un simple appartement de quatre pièces tendues de tapisseries. Cette demeure modeste est toutefois le siège de la *journée des Dupes* qui décidera de l'avenir politique de Richelieu (voir *1630*, *La Vengeance de Richelieu*, Jean-Michel Riou). En 1631, 1632, Louis XIII accroît sensiblement la taille du domaine, en acquérant les terres alentours et *Versailles-au-Val-de-Galie* à l'archevêque de Paris, Jean-François de Gondi. En 1631, le relais de chasse (dont la construction est attribuée au maçon Nicolas Huaut) fait place au premier château de Versailles, œuvre de Philibert Le Roy. C'est un bâtiment de pierre et de brique recouvert d'un toit en ardoises bleutées, les couleurs choisies évoquant, selon certains avis, celles de la livrée de l'étendard royal. Voilà ce dont hérite Louis XIV.

Le collège de Montcler où sévit Calmés est l'anagramme de celui de Clermont, aujourd'hui connu sous le nom de lycée Louis-le-Grand. C'est évidemment le seul point commun avec l'illustre établissement dirigé, au temps de Toussaint Delaforge, avec honnêteté et passion, par d'excellents jésuites à qui il fut pourtant interdit d'enseigner pendant quelques années à la suite de l'agression de Jean Châtel sur la personne du roi Henri IV. Châtel étant un ancien collégien de Clermont, il n'en fallut pas plus pour faire le lien entre ce geste et l'éducation des jésuites…

Comme je l'écris en note, *la belle demeure du marquis de La Place* est inspirée de l'hôtel Le Peletier de Saint-Fargeau, rue de la Couture (ou Culture)-Sainte-Catherine, aujourd'hui rue de Sévigné, en l'honneur de la moraliste.

Le Vau, un entrepreneur malheureux et finalement ruiné, reste le premier architecte de Versailles. En fait, cet ensemble doit autant à Le Nôtre – et à Le Brun qu'on ne voit pas encore, mais qui apparaît nettement dans *Le Roi noir de Versailles* quand la question se posera de décorer le château. Ce trio forme une solide équipe, parfois concurrente, depuis la construction (1656-1661) de Vaux-le-Vicomte pour Fouquet. Sans ce formidable galop d'essai, Versailles n'aurait sans doute pas connu un destin si fameux.

La création de la Ménagerie remonte aux années 1663-1664. Construite sur le côté sud du futur Grand Canal, on y voit donc un pavillon octogonal équipé à l'étage d'un balcon d'où il est possible d'admirer les pélicans, les autruches, et bientôt des bêtes féroces. On y venait en été pour se distraire et pour admirer une collection de porcelaines. Mais il y avait bien un chenil…

On ne peut évoquer Versailles sans rendre à *Colbert* ce qui lui appartient. On l'accuse d'avoir tenté de freiner (mais en vain) l'ambition du roi. Il est vrai que ce fidèle conseiller, chargé de veiller sur les finances, se plaignait des dépenses somptuaires englouties dans ce qu'il concevait comme un lieu de chasse et de plaisirs. Colbert n'a sans doute pas compris (ou n'a pas voulu voir) le projet de Louis XIV. Attaché au Louvre, quand le roi l'était à Versailles, fidèle à Paris, quand son maître s'en méfiait, Colbert a tenu la surintendance des Bâtiments en traquant les économies… Sans grand succès d'ailleurs, car *ce que le roi veut*… Mais sans passion, Versailles n'existerait pas.

Bibliographie sommaire

Il ne s'agit nullement d'être exhaustif ; de même, les livres et publications cités ci-dessous (romans ou œuvres savantes) ne le sont nullement dans un ordre d'intérêt ou alphabétique. Ce sont ceux qui se trouvent en permanence sur mon bureau et que je consulte continuellement.

*

Frédéric Tiberghien, *Versailles, le chantier de Louis XIV*, Tempus.
Pierre Verlet, *Le Château de Versailles*, Fayard.
Louis XIV, *Manière de montrer les jardins de Versailles*, Mercure de France.
André Félibien, *Relation de la fête à Versailles*, Mercure de France.
Madeleine de Scudéry, *La Promenade de Versailles*, Mercure de France.
Louis XIV et Versailles[1], Géo Histoire.
Simone Bertière, *Les Femmes du Roi-Soleil*, Le livre de Poche.
Jean-François Solnon, *Histoire de Versailles*, Tempus.
François Bluche, *Louis XIV*, Fayard.
Olivier Chaline, *Le Règne de Louis XIV*, « Champs » Flammarion.
Jean-Pierre Dufreigne, *Louis XIV, le lever du Soleil*, Pocket.
Michel de Decker, *Louis XIV, le bon plaisir du roi*, Belfond.
Michel de Grèce, *Louis XIV, l'envers du Soleil*, Pocket.
Georges Bordonove, *Les Rois qui ont fait la France : Louis XIV*, J'ai Lu.
Louis XIV, l'homme et le roi[2], Skira /Flammarion.

1. Œuvre collective : Mathieu Da Vinha, Vincent Borel, Jean-Christian Petitfils, Françoise Chandernagor,...
2. Sous la direction de Nicolas Milovanovic et Alexandre Maral.

Benedetta Craveri, *Reines et Favorites, le pouvoir des femmes*, Gallimard.
Norbert Elias, *La Société de Cour*, « Champs » Flammarion.
L'ABCdaire du château de Versailles[1], Flammarion.

Moins liés à la période visitée, mais tout aussi passionnants :

Jacques Levron, *Les Inconnus de Versailles (les coulisses de la Cour)*, Tempus.
William R. Newton, *La Petite Cour*, Fayard.
William R. Newton, *Derrière la façade*, Perrin.

1. Jean-Pierre Babelon, Thierry Bajou, Claire Constans, Alain Pougetoux, Xavier Salmon.

Les principaux personnages (ou ceux que l'on retrouvera dans *Le Roi noir de Versailles*)

Rois, reines et favorites

Louis XIII, roi de France
Louis XIV, roi de France
Anne d'Autriche, épouse de Louis XIII, reine de France, mère de Louis XIV
Marie-Thérèse, infante d'Espagne, épouse de Louis XIV, reine de France
Louise de La Vallière, favorite de Louis XIV
Athénaïs de Montespan, favorite de Louis XIV

Les magiciens de Versailles

Louis Le Vau, premier architecte du roi
André Le Nôtre, jardinier de Versailles
Charles Le Brun, premier peintre du roi
Jean-Baptiste Poquelin, dit Molière
Vigarani, ingénieur et intendant des Plaisirs du roi à Versailles
Lully, maître de musique
Colbert, surintendant des Bâtiments du roi
Les milliers d'apprentis, d'ouvriers, de manœuvres

Au collège de Montcler

Calmés, dit *Passe-Muraille*, préfet de discipline
Baltius, maître de la chorale
Boulanger, régent et professeur principal
Le Père supérieur
Eusèbe Ravort, collégien et tyran de Montcler, et ses seconds : Granchard, Vantier, Charpentier

Place de la Contrescarpe

Beltavolo, chef du clan de la Contrescarpe
Mezzalira, second de Beltavolo
Raymond de la Montagne, patron du *Chapeau rouge*
L'Irlandais, patron du *Rat gris*
Eva del Esperanza, maîtresse de Beltavolo

Au Pont-Neuf

Paillard, *la vieille à deux dents*, soûlarde et faiseuse d'anges
Hélène, lavandière au Pont-Neuf
Les coupe-jarrets *La Rogue*, *le teigneux* et *le borgne*

Le clan des Pontgallet

Nicolas Pontgallet, le maçon
Marguerite Pontgallet, son épouse
Anne et Jean Pontgallet, leurs deux enfants
Léon, le Limousin, époux d'Anne Pontgallet
Amandine, fille d'Anne Pontgallet

Rue de la Couture-Sainte-Catherine

Joseph de Marolles, parrain de Toussaint Delaforge et confesseur du marquis de La Place
Philippe de Voigny, marquis de La Place
François et Antoine de Voigny, ses fils
Aurore de Voigny, sa fille
Berthe, la cuisinière du marquis de La Place

Les maîtresses femmes

Angélique de Saint-Bastien, veuve du comte de Saint-Bastien, maîtresse de Toussaint Delaforge
Mademoiselle de Scudéry, surnommée *Sapho*

Les bâtisseurs

Les maîtres-maçons du roi : Bergeron, Mazière…
Les apprentis, les compagnons, les maçons : Duchêne, Balantier, Étienne Champs, Michel Falon, Pierre Maldonnier, Le Floch…

Un jour, je serai roi

À Versailles

La famille Judicaël et Soizick Goulwen
Les Dubec, paysans du bourg de Versailles
La famille Le Faillon, travaillant pour l'entreprise Pontgallet
Robert, dit *Le Têtu*
Le Maigriot

Et…

Marie, mère de Toussaint Delaforge
Toussaint Delaforge, bâtard et orphelin

Table

Composition et mise en page

NORD COMPO
multimédia

CET OUVRAGE
A ÉTÉ ACHEVÉ D'IMPRIMER
SUR ROTO-PAGE
PAR L'IMPRIMERIE FLOCH
À MAYENNE EN OCTOBRE 2011

N° d'édition : L.01ELIN000191.N001. N° d'impression : 80634
Dépôt légal : novembre 2011
Imprimé en France